U0620466

陕西省"十一五"古籍整理出版规划重大项目
国家"十一五"古籍整理出版重点规划项目
2011—2020年国家古籍整理出版规划项目

陕西碑刻总目提要初编

第一册

主　编　吴敏霞

本册主编　党斌

科学出版社

北京

内 容 简 介

《陕西碑刻总目提要初编》系陕西省"十一五"古籍整理出版规划重大项目、《国家"十一五"古籍整理出版重点规划》项目和《2011—2020年国家古籍整理出版规划》项目《陕西碑刻总目提要》的阶段性成果。

本书收录陕西境内历代碑、墓志、墓砖、摩崖石刻、造像题记、经幢、塔铭等多种类型的石刻资料;所收各类碑刻年代上自秦汉,下迄民国末年;所收碑刻的著录信息包括碑名、年代、形制、行字、撰书刻者、纹饰、出土地、现藏地、著录情况及提要等多方面内容。

《陕西碑刻总目提要初编》反映了陕西碑刻存藏的总体状况及相关著录和研究状况,是相关领域研究的重要文献资料。

图书在版编目(CIP)数据

陕西碑刻总目提要初编. 第一册/吴敏霞主编;党斌分册主编. —北京:科学出版社,2018.12

ISBN 978-7-03-051374-8

Ⅰ. ①陕… Ⅱ. ①吴… ①党… Ⅲ. ①碑刻-内容提要-陕西-古代 Ⅳ. ①Z88:K877.42

中国版本图书馆 CIP 数据核字(2016)第 324244 号

责任编辑:付 艳 宋开全/责任校对:何艳萍
责任印制:张克忠/封面设计:黄华斌

科 学 出 版 社 出版

北京东黄城根北街16号
邮政编码:100717
http://www.sciencep.com

中国科学院印刷厂 印刷

科学出版社发行 各地新华书店经销

*

2018年12月第 一 版 开本:787×1092 1/16
2018年12月第一次印刷 印张:24 3/4
字数:539 000

定价:1998.00 元(全5册)
(如有印装质量问题,我社负责调换)

陕西省古籍保护整理出版工作
领导小组编纂委员会

主　　任　方光华　陕西省政府副省长

副 主 任　高　阳　陕西省政府副秘书长

　　　　　任宗哲　陕西省文化和旅游厅厅长

委　　员　刘　强　陕西省发展和改革委员会副主任

　　　　　王建利　陕西省教育厅厅长

　　　　　史高领　陕西省科学技术厅副厅长

　　　　　王爱民　陕西省民族宗教事务委员会主任

　　　　　习云杰　陕西省财政厅总会计师

　　　　　罗文利　陕西省文物局局长

　　　　　徐　晔　陕西省文史研究馆馆长

　　　　　雷　湛　陕西省地方志办公室主任

　　　　　明平英　陕西省档案局局长

　　　　　周天游　陕西省古籍整理专家委员会主任

　　　　　白宽犁　陕西省社会科学院副院长、陕西省古籍整理专家委
　　　　　　　　　员会副主任

　　　　　贾二强　陕西省古籍整理专家委员会副主任

顾　　问　任宗哲　余华青

主　　编　吴敏霞

副 主 编　王祥瑞　党　斌

《陕西碑刻总目提要》编纂委员会

主　　任　吴敏霞　裴建平

副 主 任　王祥瑞　赵力光　党　斌

委　　员　吴敏霞　王祥瑞　刘思怡　党　斌
　　　　　高叶青　王　珂　杨志飞　范志鹏

《陕西碑刻总目提要》资料收集委员会

主　　任　任宗哲　赵　荣　罗文利

副 主 任　白宽犁　郭宪曾　周魁英

委　　员　吴敏霞　蔡理华　赵力光　裴建平
　　　　　王祥瑞　党　斌

工 作 组　张晓英　李举纲　张蒙芝　张　岩
　　　　　景亚鹂　张安兴　陈忠凯　马　骥
　　　　　柳秀芳　李雪芳　陈根远　马志祥
　　　　　倪丽烨　杜　文　罗小幸　樊　波
　　　　　郑红莉　王庆卫　张　婷　张　彦
　　　　　侯纪润　张建华

《陕西碑刻总目提要初编》编辑部

主　　编　吴敏霞

执行主编　党　斌

编　　辑　吴敏霞　党　斌　刘思怡　高叶青
　　　　　王　珂　杨志飞　范志鹏　王志勇

《陕西碑刻总目提要》主编单位

陕西省古籍整理办公室

《陕西碑刻总目提要》主要协助单位

陕西省文物局　陕西省民族宗教事务委员会　西安碑林博物馆

《陕西碑刻总目提要》主要支持单位

各市文物局及其辖区相关文博单位、各市宗教事务局及其辖区相关寺院道观存藏单位，包括但不仅限于：

西安市文物局	汉阳陵博物馆
咸阳市文物旅游局	法门寺博物馆
宝鸡市文物旅游局	乾陵博物馆
铜川市文物旅游局	西安事变纪念馆
渭南市文物旅游局	西安市民族宗教事务局
汉中市文物旅游局	咸阳市民族宗教事务局
安康市文化文物广电局	宝鸡市民族宗教事务局
商洛市文化文物广电新闻出版局	铜川市民族宗教事务局
延安市文物局	渭南市民族宗教事务局
榆林市文化广电新闻出版局	汉中市民族宗教事务局
西安碑林博物馆	安康市民族宗教事务局
陕西历史博物馆	延安市民族宗教事务局
陕西省考古研究院	榆林市民族宗教事务局

前　言

一、项目缘起

2004 年 11 月，陕西省古籍整理出版工作座谈会在西安召开，来自全省 10 个地市文化文物局的负责同志、部分县（区）主管文化文物工作的副县（区）长、省直有关部门和单位的负责同志、高等院校的部分专家学者共 52 人参加了会议。会议在回顾总结陕西省古籍整理出版工作成绩和经验的同时，就陕西省古籍整理出版工作中存在的问题、亟须解决的困难，以及中长期规划进行了充分的酝酿和讨论，提出了"摸清底数，制订规划""整合资源，建设队伍""提高质量，抓好精品""加强领导，通力协作"等具体要求。2005 年 1 月，陕西省古籍保护整理出版工作领导小组成立，由主管文化的副省长任组长，省财政厅、省教育厅、省文化厅、省新闻出版广电局、省文物局、省地方志办公室、省宗教事务局等为成员单位，制定了《陕西省 2005—2010 年古籍整理出版规划》，将《陕西古籍总目》《陕西碑刻总目提要》和《陕西金文集成》列为陕西省"十一五"古籍整理出版规划重大项目。其中，《陕西碑刻总目提要》是陕西省境内所存碑刻的总目与提要总集。陕西是碑刻珍藏和拥有数量最多的省份，分布于全省 107 个区县的上万通碑刻，有的散落于民间，千百年来遭受着风雨侵蚀、人为损毁，流失情况相当严重；加之新时期大规模基础设施建设的开展，一大批墓志得以出土。系统梳理和整理陕西现存碑刻，是研究陕西历史和金石学的基础，是抢救历史文物遗产和文化遗产的必要之举。这些碑刻数量相当可观，内容十分丰富，对于研究陕西乃至中国古代历史上的政治、经济、军事、文化、民俗、舆地、宗教、人物等，都将提供翔实可靠的第一手数据，对于古为今用，促进西部大开发中的文化建设，都会起到十分积极的作用。2006 年 4 月，全国古籍整理出版规划领导小组确定，《陕西古籍总目》和《陕西碑刻总目提要》为《国家"十一五"古籍整理出版重点规划》项目；2012 年 7 月，《陕西碑刻总目提要》和《陕西金文集成》被列为《2011—2020 年国家古籍整理出版规划》项目。

二、项目执行情况

《陕西碑刻总目提要》于 2005 年年底被列为陕西省"十一五"古籍整理出版规划的重大项目，2006 年又被列入国家"十一五"古籍整理出版重点规划项目。2007 年 12 月，陕西省古籍整理出版办公室与陕西省文物局签订资料、拓片收集的工作协议，并向陕西省文物局拨付专项经费，由陕西省文物局承担《陕西碑刻总目提要》中涉及陕西省文博部门管理范围内的碑刻（包括拓片）及散存在民间的碑刻资料的搜集、著录工作。同时，陕西省古籍整理办公室又与陕西省宗教事务局签署了委托收集资料工作协议，由其承担陕西全省涉及宗教部门或单位存藏的碑刻资料的收集工作，并给予一定的经费支持。此后，陕西省文物局成立了《陕西碑刻总目提要》项目工作组，西安碑林博物馆受省局委托，具体承办《陕西碑刻总目提要》中涉及全省文博部门存藏的碑刻（拓片）和散存于民间的碑刻资料搜集工作，于 2008 年 1 月向各市（区）文物（文化）局、局直属单位下发了文件，正式启动这一项目。此后，陕西省古籍整理办公室协助西安碑林博物馆及省宗教事务局，于铜川、西安分别举办了两期业务骨干培训班，邀请专家就收集资料时如何拓制拓片、拍照，如何进行基本信息的著录等进行了实地培训和体验，为项目的顺利开展打下了比较坚实的基础。但由于陕西存藏碑刻数量较大，且许多碑刻散存于野外，拓制拓片非常困难，在短时间内按要求完成工作，难度比较大。有的地区由于经费、人员上的困难，对项目落实不积极。

目前收集到的资料，尚存在诸多问题。一是数据不准确，目前仅收集资料 7000 余种。二是资料不完整，项目所需资料包括碑刻著录信息和拓片两个部分。已经完成的工作中，碑刻著录表和拓片无法做到一一对应。三是著录信息不符合标准。有大量碑刻信息与《陕西碑刻总目提要》凡例要求相差较远，如年代错误且未标明公元纪年，缺少形制及尺寸、行款等信息，没有内容简介，部分碑刻超出时限要求等。针对这些问题，我们采取分段处理的办法，即先将收集到的 7000 余种资料进行整理编纂，结集为《陕西碑刻总目提要初编》，先行出版，其他资料仍在收集补充中，待后编纂出版。

三、碑刻存藏情况

陕西碑刻的历史可追溯到先秦时期。随着甲骨文、钟鼎铭文的衰微，代之而起的是碑刻文字。在今陕西凤翔发现的石鼓文，是我国迄今为止最早的石刻文字，世称"石刻之祖"。其后历汉、魏、两晋、南北朝、隋、唐、宋、元、明、清及民国，三秦大地镌刻了数以万计的碑刻，成为中华传统文化承续的重要载体。后世之人对此也多有记载和研究，如宋人欧阳修的《集古录》、赵明诚的《金石录》、田概的《京兆金石录》，明人赵崡的《石墨镌华》，清人毕沅的《关中金石记》、王昶的《金石萃编》、孙星衍的《寰宇访碑录》、陆增祥的《八琼室待访金石录》、武树善的《陕西金石志》等金石专著，以及清人沈青崖的《陕西通志》、张聪贤的《长安县志》、李恩继的《同州府志》，民国宋伯鲁的《续修陕西通志稿》等地方志书，都有关于陕西碑刻的文字记录和研究。中华人民共和国成立以后，随着考古事业的飞速发展，一大批碑刻显现于世，更为久负盛名的陕西碑刻锦上添花。

陕西碑刻存藏较为集中的单位如下所列：

西安碑林博物馆 始建于北宋元祐二年（1087）。时任陕西漕运使的吕大忠等人为保藏因唐末五代战乱而委弃市井的唐《石台孝经》《开成石经》及颜真卿、柳公权等著名书法家书的碑刻而兴建，历经金、元、明、清、民国各代维修增建，规模不断扩大，藏石日益增多。中华人民共和国成立后改为陕西省历史博物馆，1993 年更名为西安碑林博物馆。现有馆藏文物 8700 余件，其中一级文物 303 件，这些国宝以碑刻、石刻艺术品为主；收藏碑刻 2000 余通，为全国之最。且藏品时代系列完整，时间跨度历秦、汉、唐、宋、元、明、清等各个朝代，达 2000 余年。名家荟萃，精品林立，真、草、隶、篆、行各体俱备，堪称石刻典籍和书法艺术之宝库。

药王山博物馆 始建于清末。由于山洪爆发，县城外东南角广圆寺，出现碑石，乡民将发现的两通造像碑移于县城西门内小庙。该县成立高等小学堂后，碑移于小学堂。1935 年前后，该县民团团长雷天一从当时县周围的寺院内迁移各种碑石，连同小学存放的数块，集中放置于县内西仓，命名为"耀县碑林"。1971 年迁至药王山，纳入"药王山石刻"。现共有各类碑刻 279 通，数量较多，内涵丰富。其中《魏文朗造像碑》《姚伯多兄弟等造像碑》《仇臣生造像碑》《三县邑子二百五十人造像碑》《张僧妙法师碑》等为稀世珍宝，是研究民族、宗教、风俗、书法的珍贵史料。另有书法价值极高的宋徽宗"瘦金体"御书《题楮慧龙章云篆诗文碑》，以及极具中医药学价值的《千金宝要碑》《海上方碑》《历代名医神碑》等，亦有"药学碑林"之称。

户县重阳宫　位于户县西10公里祖庵镇重阳宫内，收集陈列宋、金、蒙古、元、明、清时期道教全真教石刻文物80余通，尤以31通巨型元碑最为著名，其中5通为蒙汉文合刻碑。经陕西省文物鉴定委员会鉴定为国家一级文物12通，二级文物10通，三级文物4通。这些碑石记载着道教全真派的历史、教义、修炼要旨等，对于研究元代文献中蒙汉对译及演变有重要价值，也是研究古代蒙古语言的第一手资料。

昭陵博物馆　集中了唐太宗昭陵陪葬墓发现的43通高大墓碑、已发掘墓葬的46合墓志，以及唐永徽年间诏书刻石和经幢碑刻共100余通。其中，唐高宗李治御制御书的《李勣碑》、岑文本撰欧阳询书的《温彦博碑》、褚遂良书的《房玄龄碑》、许敬宗撰王知敬书的《李靖碑》、许敬宗撰王行满书的《周护碑》、许敬宗撰畅整书的《程知节碑》，以及《尉迟敬德墓志》《李勣墓志》《李福墓志》《安元寿墓志》《王大礼墓志》《李贞墓志》等，都是稀世珍品。昭陵碑刻自宋代欧阳修《集古录》和赵明诚《金石录》著录以来，历代皆珍视如宝。

蒲城县博物馆　蒲城县文庙明伦堂内共收藏历代碑刻200余通。其中隋《苏慈墓志》，唐潘炎撰张少悌书李阳冰篆额徐济刻字的《高力士神道碑》、李邕撰并书的《李思训神道碑》、徐峤撰玉真公主书的《金仙长公主墓志》、王焘撰的《唐睿宗妃王芳媚墓志》、刘衍撰的《弥姐亮墓志》、郭谓书的《贞元五年陀罗尼经幢》，清王鼎书的《左拾遗杜甫寓里》等，皆堪称书法之典范，同时也具有非常重要的史料价值和收藏价值。

略阳县灵岩寺博物馆　略阳县灵岩寺地处嘉陵江畔，位于汉中市略阳县境内，始建于唐开元年间。寺由两个天然崖洞组合而成，其前洞大佛像神龛下，嵌着一排历代名碑，位居正中的是宋哲宗御书赠司马光的《忠清粹德之碑》，其次有唐《药水窟名胜画图记碑》《韦行规等游记摩崖石刻》《权德舆颂师德教碑》，宋《仪制令碑》等，同时寺内还珍藏有"汉三颂"之一的《郙阁颂》在内的历代摩崖碑刻130余方，被誉为"陕南小碑林"。

西安市长安博物馆　存藏碑刻200余通。有北朝《韦彧墓志》《宇文瓘墓志》等。有隋代《皇甫忍墓志》《王猛墓志》《何雄墓志》《陈叔兴墓志》等。

有唐代《韦庆嗣墓志》《权万春墓志》《李恪墓志》《长孙弄珪墓志》《阿史那伽那墓志》《韦憕墓志》《韦洵墓志》《武嗣宗墓志》等。其中不少属唐朝皇亲国戚或王侯将相的墓志,如唐太宗李世民二儿子、四儿子和李世民兄弟的墓志,还有《安乐公主墓志》《李微墓志》;有宗教界人士墓志,如《法云墓志》《慈和禅师墓志》《辩惠禅师墓志》等;还有一些唐代著名书法家书写的墓志,如徐浩写的《李岘墓志》。有明代秦王府宗族墓志,如《朱公鑛圹志》《朱公铤圹志》《澄城郡主墓志》《秦惠王继妃嵇兰圹志》《朱存机圹志》等。有清代《柏景伟墓志》《柏汉章墓志》等,以及北魏、北周时期的书法名碑,都具有非常重要的学术价值和历史价值。

陕西省考古研究院　保存有新发现和新出土的历代碑刻 600 余通,其中北周《韦舒墓志》《安伽墓志》、唐《韦昱墓志》《归弘简墓志》、明《朱公镗妃刘淑贞圹志》等,是研究陕西古代政治、经济、文化、军事、风俗、舆地、人物等的重要资料。

西安博物院　保存有新发现和新出土的历代碑刻 800 余通,其中《唐重修内侍省碑》《阿史那摸末墓志》《韦承庆墓志》《炽俟弘福墓志》《文安公主墓志》《李偵墓志》等,是研究西安地区古代及近代政治、经济、文化、军事、风俗、舆地、人物等的重要资料。

咸阳博物馆　陈列的主要碑刻上起北周,下止明清,其中有被于右任誉为三大名碑之一的北周《豆卢恩墓碑》,有唐《张琮碑》《武则天母杨氏碑》《契苾明碑》,明《重修重阳天圣宫碑》,清《重修咸阳明伦堂记》等近百种名碑,被誉为"石质书屋"。

华阴市西岳庙　位于华山脚下。西岳庙历时至今,已有 2000 余年的历史。庙里的碑碣素有"小碑林"之称,有西晋《华百石都训造碑》、北周《华岳颂碑》、唐《华岳精享昭应之碑》、明嘉靖四十一年重刻《宋修西岳金天王碑铭》、清乾隆四十年《岳莲灵澍》、清乾隆四十二年《重修西岳庙上谕》等,存有一批具有极高艺术和研究价值的碑刻。

周至县楼观台　位于周至县境内终南山北麓,是著名的道教圣地。这里存有各种碑刻 170 余通,有记事碑、祖师道行碑、经典碑、墓志、塔铭、题名碑等,从不同角度记载和反映了楼观道坛在各个历史时期的宗教活动与重大历史事件,又保存了唐、宋、元时期许多著名书法家的墨宝真迹,尤以唐代大书法家欧阳询撰并书的《大唐宗圣观记》、苏灵芝行书的《唐老君显见碑》、员半千撰的《尹尊师碑》，元代高翿的《篆书道德经碑》、朱象先撰并书的《楼观先师传碑》、赵孟頫书的《上善池碑》、李道谦撰的《楼观大宗圣宫重修说经台记》等最为名贵，既是中华艺术宝库中的珍品，也是民族文化的精华和瑰宝。

户县草堂寺　位于户县东南草堂镇。创建于距今 1500 多年前的东晋末年，是佛教的著名古刹，也是三论宗祖庭，还是闻名关中的古迹胜境。1956年建碑廊，其中的唐《圭峰定慧禅师碑》《姚秦三藏法师鸠摩罗什舍利塔碑》、金《赵闲闲诗碑》《大朝皇太子令旨重修草堂寺碑》和清《重修草堂寺碑》等，尤具史料和书法价值。

户县钟楼　藏有《香雪斋雁字回文诗》24 通。每通碑身高 1.54 米、宽0.66 米、厚 0.20 米，分上下五栏镌刻，用真、草、隶、篆、行五体书成。每首诗前以韵代题，一诗一韵，凡 296 首。诗为七言律诗，以"雁字"二字为题赋诗，可倒读，称回文。清张玉德撰并书，路德跋，刘义明、杜思白刻。此碑被称为"三绝"碑。

韩城市司马迁祠　位于韩城市芝川镇，共有 66 通碑刻，绝大多数记叙祠墓修葺之事，如北宋靖康元年《新修太史公庙记》等，又有宋、金、元、明、清各代碑记和名人凭吊吟咏。诗文雅健，书法挺秀。其中明张士佩撰并书的《奠汉太史司马公祭文》和明张士佩撰薛之科书武应期镌石的《汉太史公世系碑》最为著名。

佳县白云山　陕北佳县白云山是道教圣地，保存有各种碑刻 150 余通，篆言碑如明万历四十六年的《敕建道大藏经阁记》，记事碑如明崇祯十六年《白云观重建庙记》，述德碑如明万历四十八年《起建藏经阁功德疏》等，都具有一定的史料价值。

三原县博物馆　设在三原县原城隍庙内，存藏有 100 余通碑刻，其中唐《臧怀亮墓志》、宋岳飞书《出师表》、民国于右任书法真迹及《民国续刻贺瑞麟墓表》等为世称颂。

高陵县通远坊天主教堂　高陵县通远坊保存有一批天主教碑刻，其中清乾隆年间立石李成功撰《司教方启升墓碑》，清光绪年间立石《雅尔风徐主教碑》《龚振铎德教碑》，以及民国年间立石《西安教区戴夏德主教碑》等，碑文上半部用拉丁文书写，下半部用汉文书写，对研究中西文化交流和宗教史具有一定的史料价值。

黄帝陵碑廊 黄帝陵轩辕庙东侧珍藏有历代碑刻 57 通，大多数为历代帝王御制祭文，而《黄帝庙免除税粮记碑》《张三丰诗碑》《曹映斗诗碑》等则更具史料和书法价值。

韩城市博物馆 位于韩城市古城区东部的文庙、东营庙及城隍庙内，保存有宋元明清碑刻 150 余通，特别是清代乾隆间进士韩城人王杰撰并书的《庭柯篇并序》《沉云篇并序》两通碑刻最负盛名。

勉县武侯祠博物馆 位于勉县城西 3 公里处的川陕公路之南，汉江之北，保存汉以来各时代碑刻 70 余通，上刻历代文人墨客及军政名流诗词歌赋，如李白、苏轼、王安石、陆游、顾炎武等，都在祠内留有诗文刻石，而其中唐贞元十一年刻立的《武侯新庙碑》最为珍贵。

汉中石门摩崖 石门为东汉杨孟文开凿，镌刻在石壁上的书法作品许多为东汉、三国时期，尤以"汉魏十三品"最为著名。1970 年因石门附近修建褒河水库，全部石刻被转移到了汉中博物馆。最早的石刻是东汉永平六年（63）的《鄐君开通褒斜道摩崖》，记述了汉中郡守鄐君及其部属卂通褒斜道的情况。《石门颂》是东汉建和二年（148）汉中太守王升为顺帝初年的司隶校尉杨孟文所撰写的一篇颂词，书体为汉隶。《衮雪》传为三国曹操路过此地触景生情而书。这些对研究该时期的历史、文学、艺术意义重大，特别是其中的"汉魏十三品"更属人类书法作品中的珍品，其影响远播海外。

榆林红石峡 出榆林城北行 3 公里，就是榆林八景之一"红山夕照"所在的红石峡了，峡东西石壁题刻多达 160 余处。诸家书法各放异彩，真、草、隶、篆俱全，更有少见的蒙文石刻，甚为壮观。有"大漠金汤""长天铁垛""天边锁钥""雄镇三秦""天外奇峰""翰海蓬莱""天开画图""天成雄秀""中外统一""汉蒙一家"等，各具特色。尤其是大革命时期杜斌丞、刘志丹等榆林中学师生题刻的"力挽狂澜"和抗日民族英雄马占山将军驻榆林时亲笔写的"还我河山"，抒发了爱国志士誓保国土、振兴中华的豪情壮志。晚清将领左宗棠所题"榆溪胜地"、近代著名教育家王森然书写的"红石峡"更为红石峡摩崖石刻增辉不少。

可以说，陕西处处是碑林。

四、陕西存藏碑刻的历史文化价值

陕西存藏碑刻，根据形制可分为五大类，即碑碣、墓志、塔铭、造像、摩崖等。根据内容可分为纂言、纪事、述德、文学艺术等四大类。纂言类如官方文书、私家文书、乡规民约、告示、诉讼、制造、禁碑、劝诫碑等；纪事类如各种建筑及道路桥梁的创建、重修碑、兴修水利碑、族谱等；述德类如墓志铭、传记碑、德政碑、墓碑等；文学艺术类如诗词、警句、书法等。

陕西目前所存碑刻具有非常重要的史料价值。碑刻文献由于其制作的特殊性和存在的长久性，以及为当下之文献，其原始性和真实性向为学界所重，占有其他形式的文献所不可取代的学术地位，在考证历史之翔实、补正史籍之阙载、纠正史籍之舛误、佐证史籍之记载等方面，具有重要的作用。如西安碑林保存的国宝级文物——《开成石经》，是现今保存最为完整的一部石刻经书，始刻于唐文宗大和四年（830），完成于开成二年（837），刻写儒家十二部经书共 60 余万字，是研究中国经书历史的重要资料，也是迄今最为翔实的儒家经典历史记录。又如国宝级文物——《大秦景教流行中国碑》，是研究古罗马基督教在中国传播情况和中西交通史的重要史料，刻立于唐德宗建中二年（781），波斯传教士景净撰，唐代著名书法家吕秀岩书。碑文记载了唐太宗贞观年间，古波斯传教士阿罗本历经艰难险阻，跋涉千山万水，沿西域于阗等古国，经河西走廊，来到大唐京师长安，开始在中国传授景教教义，并将景教经典《尊经》翻译成汉文，以使其在中国流行。这些史书缺失的记载，通过碑刻得以流传下来，真正起到了拾遗补阙的作用。同样，西安碑林博物馆珍藏的《汉郃阳令曹全碑》，详细记录了东汉末年黄巾军起义许多不见于史书的情况，也弥补了史籍记载的阙漏。还有高陵通远坊现存的天主教碑，为研究天主教在陕西的传教历史提供了非常重要的资料。类似的许多碑刻，都在历史补阙方面发挥了重要的作用。药王山存藏的南北朝时期的佛教、道教造像碑，其内容涉及社会、民族、宗教、医药、历史地理、古民俗以及文字、文学、音乐、绘画等诸多方面，不仅具有弥足珍贵的文物价值和史料价值，是研究南北朝时期佛、道教发展状况和少数民族北地胡宗教信仰、生活习俗及与汉族关系不可多得的第一手资料，也是我们欣赏魏碑书法绝好的材料。值得一提的是，陕西所出土的自南北朝至明清的千余合墓志铭，为研究中国历史尤其是陕西地方史提供了非常重要的第一手资料。特别是大量唐墓志的出土，为唐史的研究打开了又一扇大门。这些墓志铭，有贵至皇亲国戚之志，如昭陵陵区出土的唐越王《李贞墓志》和赵王《李福墓志》，乾陵陵区出土的唐章怀太子《李贤墓志》和唐睿宗第七女永泰公主《李仙蕙墓志》，富平出土的唐高祖第十二女淮南公主《李澄霞墓志》，蒲城出土的唐睿宗女《金仙长公主墓志》和《唐睿宗妃王芳媚墓志》，西安出土的唐德宗第十七女《文安公主墓志》和唐宣宗孙《李俛墓志》，三原出土的唐高祖从弟《李寿墓志》等。有文臣武将之志，如昭陵陵区出土的唐初大将《张士贵墓志》《尉迟敬德墓志》《程知节墓志》《李勣墓志》，西安出土的《韦承庆墓志》等。有平民百姓庶人之志，如西安出土的《周晓墓志》《王偕墓志》，榆林出土的《徐买墓志》《杨洪素墓志》，咸阳出土的《贾季卿墓志》等。有僧侣尼姑之志，如西安出土的《尼惠因墓志》《僧灵晏墓志》，咸阳出土的《亡尼法通墓志》等。有胡人归汉者之志，如西安出土的启民可汗之孙啜罗可汗之子《阿史那摸末墓志》，昭陵陵区出土的《阿史那忠墓志》《执失善光墓志》，西安出土的突厥族《炽俟弘福墓志》《执失奉节墓志》等。有域外来唐者之志，如西安出土的波斯（今伊朗）人《李素墓志》、李素妻《卑失氏墓志》、《苏谅妻马氏墓志》（汉文与波斯婆罗钵文书写），以及米国（今乌兹别克斯坦附近）人《米继芬墓志》等。亦有宦官之志，如蒲城出土的《高力士墓志》，西安出土的《刘镐澄墓志》《李令崇墓志》等。以上各种墓志，除少数达官贵人两《唐书》有传外，绝大多数史籍阙载，墓志的出土填补了史籍阙载的空白，为研究唐代历史和唐代人物的世系族谱、阙里郡望、生平事迹、职衔官阶、生居死葬、婚姻子嗣及个人信仰等情况，提供了可靠和足资佐证的史料，在补史、纠史、证史等方面，都具有非常重要的价值。又如西安出土的宋代《李宗师墓志》，记载其协助宋代大将种谔讨击来犯西夏军、修筑啰兀城以守护边防等史实；《孙昭谏墓志》，记载其戍守环州、庆州、兰州等史实，对于研究宋代边防军事与边防建设，都有重要的参考价值。宝鸡地区扶风县出土的《董振五墓志》，记载了董振五在辛亥革命中先是追随陕西革命军，后联合民党反陕西督军陆建章，继又与于右任、王家曾等联建陕西靖国军，举旗反陕督军陈树藩等生平事迹。志中记载了陕西辛亥革命中的中心人物、历史事件以及民国时期政权交迭更换的历史事实，对于研究民国历史特别是陕西民国时期历史，具有重要的史料价值。西安市长安区出土的《朱子桥墓志》，记载了民国时期的政治、军事、经济、外交等历史事实，同样对于研究民国历史具有非常重要的史料价值。陕甘回民起义，是陕西、甘肃回民联合当地各族群众掀起的反清起义。1862 年（同治元年）春，太平军、捻军联合入陕，正值华州（今华县）、渭南等处团练武装因回汉纠纷而到处焚掠回民村庄，渭河两岸回民奋起自卫，同州（今大荔）、西安、凤翔三府回民纷起回应。1864 年，清将多隆阿以先抚后剿的欺骗手法击破渭河两岸坚固的回民堡寨。陕西回民军被迫携带妻小退往陕甘边境坚持自卫抗清。1866 年秋，西捻军张宗禹部入陕，陕西回民联同甘肃回民武装及清军溃勇乘势东下，造成"捻回合势"的西北反清高潮。左宗棠率湘军入陕，采取各个击破战略，西捻军在华北平原遭镇压，陕西回民武装再度退往甘肃。出土于大荔县的《李树德墓志》《李怀珍墓志》，出土于铜川的《李天培墓志》，出土于户县的《赵元震暨妻阎氏阡表》《韩福魁墓表》等，对回民起义在陕西的活动皆有记载。《李树德墓志》记载："自回逆煽乱以来，祠宇室庐化为乌有。甫构鸠居二三年，贼复从天而降，焚毁杀戮，为祸更烈，大小内外殉难殒命者六七口。"可见当时斗争之激烈。《韩福魁墓表》记载，"同治初叶，花门变起"，有人劝韩梅岩外出躲避者，梅岩以有老母在不可逃而谢之，回民义军听说此事迹后，为其情义所感动而未去惊扰。《李天培墓志》记载："同治初年，逆回倡乱。被剿后远窜西北。忽于六年上元黎明时，突如而来，公弟三人皆遇害。"从侧面记载了回民起义的简略经过。

在民族关系史研究方面，有户县祖庵重阳宫保存的数十通元代蒙汉合文碑，户县出土的元代《贺仁杰墓志》《贺胜墓志》，提供了大量元代历史和蒙古族的资料。西安碑林保存的《御制平定准噶尔告成太学碑文》，对于考证我国边疆地域提供了一定的史料。榆林保存的《叱奴延辉墓志》《拓跋寂墓志》《李仁宝墓志》等，提供了西夏王国后裔和党项拓跋氏后裔活动于今陕西北部的历史资料，对于研究唐时活动于今陕西北部的叱奴氏族系和拓跋氏族系渊源及其人物事迹，具有重要的史料价值。另外，陕西历年出土的唐代墓志铭，提供了唐王朝与边疆民族、周边部族（如突厥、契苾、铁勒部中的薛延陀部）及邻邦（如高丽、安国、米国、波斯）等友好关系的历史资料。如从西安出土的《独孤开远墓志》《执失奉节墓志》《阿史那勿施墓志》和昭陵陵区出土的《阿史那忠墓志》中，可以看出突厥族在有唐一代内部分裂及归顺于唐朝的兴衰过程。从西安出土的《契苾李中郎墓志》和咸阳出土的《契苾明碑》等所载，可以看出契苾族率部归附、受官受爵及卒葬长安万年县等情况。从《李谨行墓志》中，可以看出唐代东北靺鞨族归顺大唐的情况。西安出土的高丽扶余种似先氏《似先义逸墓志》，记其祖、其父、墓主本人及其子嗣均于中原唐王朝为官，反映了唐王朝与邻邦高丽的友好关系。这些记载，同时也反映了唐王朝以其强盛的国力同化、感化着边疆少数民族，从而形成多民族统一国家的趋势，为研究唐王朝与边疆少数民族的关系，提供了十分珍贵的资料。

在历史地理学研究方面，碑刻对于考证郡县乡里及坊里的历史沿革，是必不可少的参考资料。如唐代渭河三大桥之一的东渭桥，对唐代都城长安与周边地区的经济文化交流起了重要作用，但一直以来不知其确切位置。高陵出土的《东渭桥记》，记载了东渭桥的具体位置，通过该碑记载，考古工作者对旧桥遗址进行了发掘，对研究渭河河道的变迁提供了不可多得的资料。又如从榆林出土的《刘神墓志》《安旻墓志》《张德墓志》《牛兴墓志》《曹恽墓志》《权通墓志》《任遂良墓志》等记载之夏州朔方县（今陕西靖边白城子）等，又从《拓跋寂墓志》记载之静边府圜阴县与银州儒林县中，可以看出今陕西北部榆林地区在唐、五代时期地理设置变化的情况，对研究陕北榆林地区历史地理沿革多有参考价值。大荔县出土的李氏家族墓志，记载李氏祖居大荔八女井，知今大荔县八鱼村清时称八女井村。隋唐长安城坊里的布局与沿革，及隋唐长安周边原阜河流等，集中反映在西安所出土的隋唐墓志中，为今人考证隋唐长安城的历史布局与沿革，及西安实现皇城复兴规划，提供了非常重要的资料。如唐《阿史那勿施墓志》记载之华原里、《何德墓志》记载之金光里、《安菩墓志》记载之金城坊、《陆振墓志》记载之安兴里等，在记述唐代长安城坊的史籍中阙载。在新出土的唐墓志中，反映唐代西安市及城郊地名的，如龙首原、高阳原、少陵原、铜人原、白鹿原、灞陵原、李元原等和洪固乡、进贤乡、长乐乡、白鹿乡、龙首乡、灞城乡、龙门乡、浐川乡、宁安乡、义丰乡、崇义乡、洪原乡、云门乡、承平乡、义阳乡等，为研究唐代西安及周边历史地理提供了丰富的资料。史籍多载周文王、周武王所葬之地毕原，在今陕西省咸阳市东北，但出土于今西安市南郊长安区的《韦孝忠墓志》称其为"京兆杜陵人"，"窆于雍州明堂县毕山之原"；《韦瑱墓志》及《韦瑱妻杜氏墓志》称其均为"京兆杜陵人”，合葬于“雍州城南毕原”；《卢之翰妻韦氏墓志》称其葬于万年县洪固乡（今西安市长安区）之毕原；《韦柏仁墓志》称其葬于万年县（唐代长安城以朱雀大街为中轴，东部为万年县，西部为长安县）毕原，与《史记·周本纪》所载“毕在镐东南杜中”，《晋书·地道记》载“毕在杜南，与毕陌别”，《史记·周本纪》正义引《括地志》曰“文王、武王墓在雍州万年县西南二十八里毕原上”之记载相符，进一步印证了周文王、周武王所葬之毕原当在今西安市长安区郭杜一带。

在社会习俗研究方面，户县出土的元代《贺仁杰墓志》所记兄死妻嫂之俗，原为北方少数民族匈奴的习俗，蒙古族人仍沿袭，甚至扩大到了汉族居住区。在避讳方面，榆林地区出土的唐代《曹公墓志》，于其父及曹公都以空格不列名讳的形式避尊讳；榆林地区出土的唐代《白敬立墓志》记其名讳时以双字单排的形式避尊讳。又如宝鸡地区出土的唐代《元师奖墓志》，于“君”前、“公”前、“朝命”前、“恩旨”前、“纶涣”前、“大唐”前均以空格表示敬讳。长安区出土的《杨隐墓志》，于“公”前、“祖”前、“考”前、“夫人”前均以空格表示尊讳。到了元代，对于避敬讳、避尊讳则不如前代严格。如户县出土的元代《贺仁杰墓志》记载“祖仲德”，“生三子，伯贵，不仕；仲贲”，又载其父“生五子，长公，次义立、礼贵、智明、信仲”，则礼贵不避其伯父“贵”之讳，信仲不避其祖父“仲德”之讳。到了明清时，避讳之风又趋严格。如西安出土的明代《朱松岩妻孙氏墓志》，于“太祖”“帝胄”“天潢”“昭代”“九重”等字词，皆以另起行顶眉书写以示敬讳。

在文字使用方面，俗写字、异体字、武周时期新造字等在碑刻中都有所反映。如《蔡公妻赵氏墓志铭》中简作蕑、著作箸、秩作袟、图作啚，《杜识则墓志》中禮作礼等，都属于当时的俗写字。如《徐买墓志》中裔作衮、尼作𡰥，《王伏兴妻吕氏墓志》中朗作朖、恩作㤙，《贺兰淹墓志》中徇作侚、欢作驩、眄作盻，《韦俊墓志》中肇作肈、雁作鴈，《韦孝忠妻杜大德墓志》中邻作隣、侃作偘、愆作僁，《蔡君妻赵氏墓志》中总作揔、年作秊，《栗涚墓志》中弘作𢎥、哲作悊、祇作袛，《王纶墓志》中期作朞，《安旻墓志》中虎作𧆞等，都是异体字的表现。武周时期所造十七字天、地、日、月、星、年、圣、载、君、臣、人、初、授、证、正、国、照，在陕西所藏碑刻中都有所反映。如月作𠥱或作卍，见《杜识则墓志》；年作𠡦，见《萧寡尤妻卢婉墓志》《任智才墓志》；日作Ⓒ，见《田君妻窦琰墓志》；星作〇，见《萧寡尤妻卢婉墓志》；圣作𡎖，见《徐买墓志》《任操墓志》；人作生，见《杜识则墓志》《任操墓志》；授作稬，见《武征墓志》《王诠墓志》；证作𡧪，见《唐君王夫人墓志铭》《徐买墓志》；天作𠀑，见《萧寡尤妻卢婉墓志》《唐君王夫人墓志铭》；地作𡏡，见《唐君王夫人墓志铭》《徐买墓志》；正像"击"但不出头，见《任操墓志》；国作圀，见《徐买墓志》《武征墓志》等。

从陕西所存碑刻中也可以看到我国书法风格的变迁。书法艺术，是我国特有的一种艺术形式。古代书法墨迹，由于年代久远，缣素纸张难以长期保存，流传下来的真迹少之又少。碑刻不仅是保存历史资料的重要文物，也是保存书法艺术的重要载体。篆、隶、楷、行、草的中国书法发展轨迹，在陕西所藏碑刻中得到了充分体现。唐刻宋复刻唐李阳冰书的《三坟记碑》、元至元二十八年（1291）立石的《篆书道德经碑》、清乾隆三十九年（1774）立石的《大清防护唐昭陵碑》、清乾隆四十三年（1778）立石的《祈雨感应碑》和清同治九年（1870）立石的《重修西岳庙碑》等，都是非常优秀的篆体书法作品。另唐代《高谅墓志》盖文所书籀篆，别具风格，耐人寻味。汉代《张文卿墓葬纪年刻石》之篆刻，其书法形体匀称齐整，笔法遒劲有力，是书法由篆书向隶书过渡时期的典型代表。隶书出现于秦代，成熟于汉代，汉代的隶书笔划平直，结构简便，顿挫明显，榆林出土的汉《田鲂墓葬纪年刻石》是其代表，其字体宽博古拙，系信手写刻，显得天真烂漫。从摹刻汉《西岳华山庙碑》的书体，可以看出中国书体由篆转隶的朴拙风格。合阳发现的《汉郃阳令曹全碑》，则是汉隶的典型代表。魏体碑刻在陕西发现得比较多，药王山《姚伯多兄弟等造像碑》《张僧妙法师碑》，华阴出土的《杨颖墓志》《杨泰墓志》等，是其代表。今西安市长安区出土的隋代《吕思礼墓志》、榆林出土的《叱奴延辉墓志》和铜川存藏的隋《大隋皇帝舍利宝塔铭》，其书体上承元魏之雄拔，下启李唐之秀整，是中国书法史上过渡阶段的典型代表。到了唐代，由于政府的大力提倡，统治阶层的酷爱，使得书法在唐代得到了大发展、大繁荣，名家辈出，书体极盛。而且唐人重碑志，上至皇亲国戚，下至平民百姓，无论家常小事、政府诰文，凡记则刻碑立石，以冀传之永久。其书体庄严秀整，精美绝世。褚遂良、虞世南的书体柔美婉顺，流畅多姿，显得娇贵，如《孔子庙堂之碑》《同州圣教序碑》《房玄龄碑》等。颜真卿的书体肥壮饱满，浑厚有力，显得大气，如《多宝塔碑》《颜勤礼碑》《颜家庙碑》等，被后世视为书法珍宝。特别是柳公权，书体端正俊丽，挺秀劲拔，几乎所有著名作品都是碑刻，其中最为著名的便是《玄秘塔碑》《回元观钟楼铭》《李晟碑》。宋代书法不失工整，但稍乏灵性。最具特色的便是宋徽宗的瘦金体，其代表作《题楮慧龙章云篆诗文碑》，结体瘦长纤细，运笔挺拔自如，在气韵上给人以舒畅流丽的感觉。行书书体在陕西碑刻中不多见，著名者有僧人怀仁《集王圣教序碑》、李邕书的《李思训神道碑》、蒙古宪宗六年（1256）立石现存药王山的《唐太宗赐真人颂》和民国十三年立石的《康有为七言诗碑》。草书在陕西所存碑刻中极少见，著名者有西安碑林藏的《怀素草书千字文》和于右任书的《正气歌》和《于母房太夫人行述》。另外，户县出土的《罗直温墓志》系宋代大儒邵伯温撰并书，户县出土《张孟襄墓志铭》系陕西著名书法家党睛梵所书草书，以及明代咸宁书法家宋百禄书的《李震卿墓志铭》，清代书法家何绍基书的《边靖安先生墓表》、贺瑞麟书的《桐阁先生李公墓表》和《李今楹墓志》，民国书法家宋伯鲁书的《张梦白墓志铭》、叶恭绰书的《朱子桥墓志》等，都充分展示了元代以后名家书法的风采，堪称书法之佳品。值得一提的是，户县文物管理委员会所存藏的张玉德撰并书的《香雪斋雁字回文诗》，用篆、隶、草、行、楷五体书就，笔姿清新，结体秀整，中规入矩，法度严谨，世称"三绝碑"。从汉、魏、隋、唐，历元、明、清直至近代，观摹每一方碑刻，都是一种艺术的享受。

吴敏霞

2016 年 2 月

凡　　例

1. 本书收录陕西境内刻立于 1949 年之前的历代碑刻、墓志、摩崖等石刻。部分出土于其他省份，但早年已流入并在陕西保存者亦在收录之列。

2. 本书收录碑刻包括碑碣、题记、墓志、墓砖、经幢、塔铭、摩崖等多种类型。所收各类碑刻年代，上自秦汉，下迄民国末年。

3. 本书著录碑刻要素主要包括标题简称、全称、年代、形制、行字数、撰书刻者、纹饰、出土地、现藏地、著录情况、备注、内容提要等。简称项依据碑刻原标题或内容拟定，原碑刻无标题者，此项之前添加"*"以示区别；出土、现藏项涉及行政区划及存藏单位名称变更者，依其变更时间，前后略有不同（截至 2014 年）；著录项仅择要列举，且以三项为限。以上诸项，原碑信息缺失者，该项从阙。

4. 本书收录碑刻依时代先后排序，各朝代中刻立时间不能确定者，排在该朝代最后。刊刻年代不详者，排于书末。

5. 本书分四册，另有专为本书编制的碑名、存藏地索引一册，共五册。

目　　录

*峄山刻石

年代：秦始皇二十八年（前219）刻。

形制：圆首方座，双面刻。高 2.18 米，宽 0.84 米，厚 0.14 米。

行字：正文篆书 15 行，满行 15 字。后有郑文宝楷书题记 5 行。

撰书：李斯书。

出土：原立于西安文庙，后移藏西安碑林。

现藏：西安碑林博物馆。

著录：《西安碑林全集》《金石萃编》《关中金石文字存佚考》。

备注：此碑为北宋淳化四年（993）郑文宝据徐铉摹本重新刊立，中部断裂。

提要：据《史记·秦始皇本纪》记载，自公元前 220 年始，秦始皇曾五次出巡，所到之处多立石纪功，《峄山刻石》即为其中之一，颂扬秦始皇废分封、立郡县之功绩。

*鄐君开通褒斜道摩崖

年代：东汉永平九年（66）刻。

形制：呈狭长而不规则的四边形，右窄左宽。共分为三段：前段高 0.80 米，中段高 1.03 米，后段高 1.25 米。上沿宽 2.72 米，下沿宽 2.76 米。

行字：正文书体介于篆隶之间，共 16 行，满行 5—11 字不等，全文隐约可见 97 字。

出土：此摩崖原存汉中石门，因修建石门水库，于 1971 年迁入汉中博物馆。

现藏：汉中博物馆。

著录：《金石萃编》《两汉金石记》《关中金石记》。

提要：此摩崖又称"大开通""开道碑"，全面记述了东汉永平六年（63）汉中太守钜鹿鄐君奉诏受广汉、蜀郡、巴郡刑徒 2690 人，动工开通褒斜栈道的史实。据史籍记载和学者考订，该栈道上著名的古石门隧道，就是由鄐君主持在这段时间首次开通的。此摩崖因年久为苔藓所封，故晏袤之前的欧、赵、洪三家著录中均未记之，至南宋娄机《汉隶字源》始见著录。至南宋光宗绍熙五年（1194）三月，始为南郑县令临淄晏袤发现，并刻长篇题记于侧。但此后 600 余年又为苔藓覆盖，无人问津。到清乾隆间，陕西巡抚、金石家毕沅撰《关中金石记》，复搜访而得之，遂有拓本传世。据载，南宋晏袤发现此摩崖共 159 字，因年代久远，风蚀漫漶，现隐约可见 97 字。该摩崖与《石门颂》《西狭颂》《郙阁颂》并为汉代著名摩崖。

*辽东太守墓葬纪年刻石

年代：东汉永元二年（90）刻。

形制：砂石质。共 2 石。第 1 石高 1.91 米，宽 0.38 米；第 2 石高 1.78 米，宽 0.38 米。

行字：第 1 石隶书 2 行，第 1 行 9 字，第 2 行 7 字；第 2 石隶书 1 行，共 6 字。

出土：1982 年出土于绥德县黄家塔 7 号汉墓。

著录：《考古与文物》（1999 年第 5 期）。

提要：第 1 石刻于绥德县黄家塔 7 号汉墓西耳室的横楣左右两端，左端书"永元二年大岁在卯造""巧工王子王成作"，右端书"辽东太守左宫"；第 2 石刻于东耳室的横楣左端，竖刻"辽东太守右府"。书体近似鸟虫书。

*田鲂墓葬纪年刻石

年代：东汉永元四年（92）刻。

形制：砂石质。高 0.99 米，宽 0.20 米，厚 0.07 米。

行字：正文隶书，上部 2 行，满行 29 字；
下部 4 行，满行 15—19 字不等。

出土：1997 年出土于绥德县四十里铺镇。

现藏：绥德县博物馆。

著录：《榆林碑石》《新中国出土墓志·陕西叁》。

提要：该刻石上部明确记载了墓主田鲂的职官、卒葬时间和地点；下部是为墓主写的招魂词。

*杨孟元墓葬纪年石刻

年代：东汉永元八年（96）刻。

形制：砂石质。高 1.36 米，宽 0.18 米。

行字：正文隶书 1 行，满行 27 字。

出土：1982 年出土于绥德县苏家墕乡苏家圪坨村。

现藏：绥德县博物馆。

著录：《榆林碑石》。

提要：刻石正文为"西河太守行长史事离石守长杨君孟元舍。永元八年三月廿一日作"。

*乐君墓葬纪年刻石

年代：东汉永元十年（98）刻。

形制：砂石质。高 1.21 米，宽 0.17 米，厚 0.10 米。

行字：正文篆书 1 行，满行 15 字。

出土：出土于绥德县四十里铺镇，时间不详。

现藏：绥德县博物馆。

著录：《榆林碑石》。

提要：刻石正文为"徐无令乐君。永元十年造作万岁吉宅"。

*郭元通墓葬纪年刻石

年代：东汉永元十二年（100）刻。

形制：砂石质。高 1.33 米，宽 0.46 米。

行字：正文篆书 1 行，满行 14 字。

出土：1991 年出土于子洲县苗家坪乡银锭山。

现藏：子洲县文物管理所。

著录：《榆林碑石》。

备注：右上角残，"永元"二字略损。

提要：刻石正文为"永元十二年，西河府史郭元通吉宅"。

*王得元墓葬纪年刻石

年代：东汉永元十二年（100）刻。

形制：砂石质。高 1.53 米，宽 0.17 米。

行字：正文篆书 1 行，满行 14 字。

出土：1952 年出土于绥德县保育小学汉墓内。

现藏：中国国家博物馆。

著录：《榆林碑石》。

备注：边沿剥蚀较多。

提要：刻石正文为"永元十二年四月八日，王得元室宅"。

*任孝孙墓葬纪年刻石

年代：东汉永元十六年（104）刻。

形制：砂石质。高 1.32 米，宽 0.12 米。

行字：正文隶书 1 行，满行 22 字。

出土：出土时间、地点不详。1974 年从绥德县四十里铺镇征集。

现藏：绥德县博物馆。

著录：《榆林碑石》。

备注：边沿剥蚀较多。

提要：刻石正文为"永元十六年三月廿五日甲申，西河太守掾任孝孙之室"。

*张文卿墓葬纪年刻石

年代：东汉永元十六年（104）刻。

形制：砂石质。高 1.22 米，宽 0.19 米，厚 0.05 米。

行字：正文篆书 1 行，满行 23 字。

出土：1998 年出土于绥德县中角乡白家山村。

现藏：绥德县博物馆。

著录：《榆林碑石》《新中国出土墓志·陕西叁》。

备注：横断为三截。

提要：刻石正文为"西河圜阳张文卿，以永元十六年十月，造万岁堂张公寿堂"。

*王圣序墓葬纪年刻石

年代：东汉永元十六年（104）刻。

形制：砂石质。高 1.38 米，宽 0.15 米。

行字：正文篆书 1 行，满行 19 字。

出土：1983 年出土于绥德县黄家塔 6 号墓。

现藏：绥德县博物馆。

著录：《榆林碑石》。

提要：刻石正文为"王圣序万岁室宅。永元十六年十二月一日祖下"。

*田文成墓葬纪年刻石

年代：东汉延平元年（106）刻。

形制：砂石质。高 1.37 米，宽 0.15 米，厚 0.07 米。

行字：正文隶书 1 行，满行 25 字。

出土：1980 年出土于绥德县四十里铺镇。

现藏：绥德县博物馆。

著录：《榆林碑石》。

提要：刻石正文为"西河太守掾圜阳榆里田文成万年室。延平元年十月十七日葬"。

*任君墓葬纪年刻石

年代：东汉永初三年（109）刻。

形制：砂石质。高 1.28 米，宽 0.10 米，厚 0.41 米。

行字：正文隶书 1 行，共 31 字。

出土：出土于榆林市榆阳区鱼河峁镇陈兴庄

冯渠山墓葬中，2006 年征集。

现藏：榆林市文物保护研究所。

著录：《文博》（2008 年第 10 期）。

备注：基本完整，有剥蚀，边棱略损。

提要：刻石正文为"乐陵相任君官舍，永初三年三月十五日造作，以四月廿日成，时更仓卒，米石千"。

*费孙墓葬纪年刻石

年代：东汉永建三年（128）刻。

形制：砂石质。高 0.73 米，宽 0.48 米。

行字：正文隶书 2 行，满行 16 字。

出土：1949 年前出土于洛阳东北三十里邙陵上跃店附近。

现藏：西安碑林博物馆。

著录：《西安碑林全集》。

提要：此刻石记载墓主入葬时间、刻石尺寸及排序等。

*尹任墓葬纪年刻石

年代：东汉永建三年（128）刻。

形制：砂石质。高 0.72 米，宽 0.36 米。

行字：正文隶书 2 行，满行 19 字。

出土：1949 年前出土于洛阳东北三十里邙陵上跃店附近。

现藏：西安碑林博物馆。

著录：《西安碑林全集》。

提要：此刻石记载了墓主的入葬时间、刻石尺寸及排序等。

*许伯墓葬纪年刻石

年代：东汉阳嘉元年（132）刻。

形制：砂石质。高 0.73 米，宽 0.35 米。

行字：正文隶书 2 行，满行 17 字。

出土：1949 年前出土于洛阳东北三十里邙陵上跃店附近。

现藏：西安碑林博物馆。

著录：《西安碑林全集》。

提要：此刻石记载墓主入葬时间、刻石尺寸及排序等。

*第丙墓葬纪年刻石

年代：东汉永建至阳嘉年间（126—135）刻。

形制：砂石质。高 0.70 米，宽 0.35 米。

行字：正文隶书 2 行，满行 18 字。

出土：1949 年前出土于洛阳东北三十里邙陵上跃店附近。

现藏：西安碑林博物馆。

著录：《西安碑林全集》。

提要：此刻石记载墓主入葬时间（残缺不清）、刻石尺寸及排序等。

*司马衬红墓葬纪年刻石

年代：东汉永和三年（138）刻。

形制：砂石质。高 0.99 米，宽 0.14 米。

行字：正文隶书 1 行，满行 17 字。

出土：出土时间、地点不详。1972 年从清涧县下廿里铺乡贺家沟征集。

现藏：清涧县文物管理所。

著录：《榆林碑石》。

提要：刻石正文为"永和三年四月廿日，司马衬红张□□宅舍"。

*牛季平墓葬纪年刻石

年代：东汉永和四年（139）刻。

形制：砂石质。高 1.06 米，宽 0.13 米。

行字：正文隶书 1 行，满行 32 字。

出土：1978 年出土于米脂县城郊乡官庄村。

现藏：米脂县博物馆。

著录：《榆林碑石》。

提要：刻石正文为"永和四年九月十日癸酉，河内山阳尉西河平周寿贵里牛季平造作千万盛室宅"。

石门颂

全称：故司隶校尉犍为杨君颂。

年代：东汉建和二年（148）刻。

形制：铲形。通高 2.61 米，宽 2.05 米；题额高 0.54 米，宽 0.35 米。

行字：题额共两行 10 字，正文隶书 22 行，满行 30—31 字不等。

撰书：王升撰，王戒书。

出土：原刻于汉中石门隧道西壁，1971 年迁入汉中博物馆。

现藏：汉中博物馆。

著录：《金石录》《隶释》《金石萃编》。

备注：俗称《石门颂》，又称《杨孟文颂》《杨孟文颂碑》《杨厥碑》。

提要：此摩崖全文共 655 字，全面、详细地记述了东汉顺帝时期汉中太守王升表彰杨孟文等开凿石门通道的功绩。此摩崖系"石门十三品"之第五品，属第一批全国重点文物保护单位。

李君表

全称：右扶风丞李君通阁道记。

年代：东汉永寿元年（155）刻。

形制：高 0.36 米，宽 0.24 米。

行字：正文隶书 6 行，满行 10—13 字。

出土：原刻于汉中石门隧道西壁，1970 年迁入汉中博物馆。

现藏：汉中博物馆。

著录：《褒谷古迹辑略》《金石续编》《石索》。

备注：此摩崖刻痕过浅，石花与渤痕混杂，字迹漫漶不清。

提要：摩崖记载永寿元年四川人李君主持修复褒斜道事。

*仓颉庙碑

年代：东汉延熹五年（162）刻立。

形制：尖首有穿，四面刻。高 1.47 米，宽 0.79 米，厚 0.17 米。

行字：正文隶书 24 行，满行字数不等，最多者 27 字；碑阴 2 栏，每栏 24 行；碑左 3 栏，每栏 4—6 行不等；碑右 4 栏，每栏 6 行。

出土：原在白水县史官村仓颉庙内，1975 年移藏西安碑林。

现藏：西安碑林博物馆。

著录：《金石录》《金石萃编》《西安碑林全集》。

备注：碑阳下部剥落严重，碑阴下部亦已残损，碑文仅存 200 余字，多漫漶不清。有东汉熹平六年（177）乔岳及北宋吕大忠题字。

提要：碑文记载衙县（今白水县）县令孙羡奉刘明府之令，颂扬文祖仓颉之事。

郙阁颂

全称：汉武都太守李翕析里桥郙阁颂。

年代：东汉建宁五年（172）刻。

形制：高 1.70 米，宽 1.25 米。

行字：正文隶书 19 行，满行 27 字。

撰书：仇靖撰，仇绋书。

出土：原刻于略阳县徐家坪镇街口村，1979 年受损后迁至略阳县灵崖寺，黏接复原，嵌于灵岩寺前洞石崖边。

现藏：略阳县灵岩寺博物馆。

著录：《隶释》《两汉金石记》《金石萃编》。

备注：右上额有古代纤绳磨损印痕七道，最长约 0.70 米，最短约 0.20 米。因摩崖刻石地处拐弯，纤夫借此勒绳以省力，故可见其勒痕。

提要：此摩崖俗称《郙阁颂》，全文共计 427 字，现仅存 220 字。先以 36 个四言句描述析里之艰险形势及商旅、游人对旧栈道之畏惧，再记述武都太守修造析里大桥之经过，颂扬其造福于民之功绩。

*杨淮杨弼表

年代：东汉熹平二年（173）刻。

形制：通高 2.16 米，上沿宽 0.67 米，下沿宽 0.50 米。

行字：正文隶书 7 行，满行 24—26 字不等。

撰书：卞玉书。

出土：原刻于汉中石门隧道西壁，1970 年迁入汉中博物馆。

现藏：汉中博物馆。

著录：《隶续》《两汉金石记》《褒谷古迹辑略》。

备注：又称《杨淮表》。

提要：杨孟文之孙杨淮、杨弼为官清廉，颇有政绩。同郡黄门卞玉谒归故里，路经石门，观《石门颂》文，念及杨氏祖孙功德，有感而发，镌刻文字，为其歌功颂德。摩崖全文 173 字，因镌刻于古石门隧道内，故自上而下不平直，侧看有明显弧度。7 行文字中第 4 行是中心行，也是唯一的直行。上半部呈扇形，1、2、3 行上部略向右倾，5、6、7 行上部略向左倾。下部 7 行紧密，字也随之越来越小。此摩崖为"石门十三品"之一。

*熹平石经周易残石

年代：东汉熹平四年（175）刻立。

形制：残为不规则状，双面刻。碑阳高 0.33 米，宽 0.61 米，厚 0.16 米；碑阴高 0.31 米，宽 0.66 米。

行字：正文隶书。碑阳 28 行，共 246 字。

碑阴 20 行，共 191 字。

撰书：蔡邕书。

出土：1929 年出土于洛阳大郊村，1952 年入藏西安碑林。

现藏：西安碑林博物馆。

著录：《西安碑林全集》。

备注：《熹平石经》始刻于东汉熹平四年（175），成于光和六年（183），刻碑 46 石，20 余万字，载儒家七经，残石内容仅为《周易》。

提要：此残石碑阳刻《周易·下经》中的《家人》至《小过》二十六卦；碑阴为《易传》的《系辞下》《文言》《说卦》三篇。

仙人唐君之碑

年代：东汉灵帝熹平、光和年间（172—184）刻立。

形制：青石质，圆首，碑额有晕，额下有穿，双面刻。高 2.02 米，宽 0.67 米，厚 0.17 米。

行字：额篆书"仙人唐君之碑"。碑阳隶书 17 行，满行 31 字。碑阴隶书 15 行，满行 12 字。

出土：原立于城固县许家庙镇唐仙观小学内，1970 年移藏西安碑林。

现藏：西安碑林博物馆。

著录：《关中金石记》（嘉庆）《汉中府志》《汉中碑石》。

备注：俗称《唐公房碑》，碑文漫漶难识，并有缺损。

提要：记述城固人唐公房于王莽居摄二年（7）服用丹药、得道成仙的故事。"一人得道，鸡犬升天"的成语即出于此。碑文对了解道教史及道教在陕南地区的盛行有一定作用。

*汉郃阳令曹全碑

年代：东汉中平二年（185）刻立。

形制：双面刻。通高 2.60 米，宽 0.88 米，厚 0.20 米。

行字：正文隶书，碑阳 20 行，满行 45 字。碑阴 5 栏，每栏 1—26 行不等。

出土：明万历初年发现于合阳县莘里村，1956 年移存西安碑林。

现藏：西安碑林博物馆。

著录：《集古求真》《金石萃编》《西安碑林全集》。

备注：俗称《曹全碑》。碑中部断裂。

提要：碑文记载曹全家族世系及生平情况。曹全，东汉灵帝建宁二年（169）举孝廉，除郎中，拜西域戊部司马，参与平定疏勒王和德之乱，后迁右扶风槐里令、酒泉禄福长，又转拜郃阳令。碑文述及黄巾起义波及郃阳之史实。碑阴刊刻捐资人名单。

*亡父鲁泽墓碑

年代：东汉建安元年（196）刻立。

形制：圆首。高 0.76 米，宽 0.22 米，厚 0.10 米。

行字：正文行楷 3 行，满行 8 字。

出土：出土于志丹县金汤镇，时间不详。

现藏：志丹县文物管理所。

备注：碑左部略残，未损字。

提要：碑正中行楷书"亡父鲁泽墓"5 字，左右两侧小字落款"建安元年十一月二十八日，男鲁纪立石"。

琴吟自叙

年代：东汉建安五年（200）刻立。

形制：青石质。方首。高 0.49 米，宽 0.62 米。

行字：正文隶书 12 行，满行 12 字。首题

"琴吟自叙"，落款"大汉建安五年丞相诸葛孔明著"。

撰书：诸葛亮撰。

出土：清乾隆五十年（1785）出土于勉县武侯祠寝殿，后立于大殿西北。

现藏：勉县武侯祠博物馆。

著录：《忠武祠墓志》。

备注：据《忠武祠墓志》记载，此碑于清乾隆五十年（1785）出土于勉县武侯祠寝殿，嘉庆年间嵌于武侯祠雅音阁中。此碑年代尚有争议，兹依原碑落款时间暂列于此。

提要：碑文录诸葛亮诗文一篇，略叙汉室之兴衰，表达了自己"鞠躬尽瘁，死而后已"的忠君报国精神。

*贾孝卿墓葬刻石

年代：东汉（25—220）刻。

形制：砂石质。高1.33米，宽0.17米。

行字：正文隶书1行，共12字。

出土：出土时间、地点不详。1972年从清涧县下廿里铺乡贺家沟征集。

现藏：清涧县文物管理所。

著录：《榆林碑石》。

提要：刻石正文为"西河太守盐官掾贾孝卿室宅"。

*王威墓葬刻石

年代：东汉（25—220）刻。

形制：砂石质。正方形。边长0.37米。

行字：正文篆书3行，首行4字，其余5字。

出土：1983年出土于绥德县黄家塔4号墓。

现藏：绥德县博物馆。

著录：《榆林碑石》。

备注：第2行"尉"字残损下半部，但仍可辨认。

提要：刻石正文为"使者持节护乌桓校尉王君威府舍"。

*羽林郎墓葬刻石

年代：东汉（25—220）刻。

形制：砂石质。尺寸不详。

出土：1984年出土于绥德县黄家塔1号墓。

现藏：绥德县博物馆。

提要：刻石正文可见"汉羽林郎"4字。

*郭仲理画像刻石

年代：东汉（25—220）刻。

形制：砂石质。高0.34米，宽1.64米。

行字：正文隶书3行，满行5字。

纹饰：四周饰卷云纹，铭文两边为车马出行图。

出土：1920年出土于陕北地区。

现藏：故宫博物院。

备注：刻于横楣石中间方框内。

提要：刻石正文为"故雁门银馆丞西河圜阳郭仲理之椁"。

*"惟居上"刻石

年代：东汉（25—220）刻。

形制：砂石质。共2石。第1石高0.80米，宽0.07米；第2石高0.86米，宽0.06米。

行字：第1石篆书1行，满行18字；第2石篆书1行，满行18字。

纹饰：右边为四组画像，内容有羽人、人物等。

出土：1986年出土于绥德县辛店乡呜咽泉村。

现藏：绥德县博物馆。

著录：《榆林碑石》。

备注：刻于墓室前室后壁左右两侧，系过洞之边框石，第1石在右，第2石在左，均剥蚀严重。

提要：第1石刻"惟居上，宽和贵，齐殷勤，同恩爱，述神道，熹苗裔"；第2石刻"览樊姬，观烈女，崇礼让，遵大雅，贵组绶，富支子"。此刻石从文字、内容、行文格式和所在位置看，与对联类似，其内容为伦理教化，寄托美好愿望。

*"支养丑故"刻石

年代：东汉（25—220）刻。

形制：砂石质。高1.12米，宽0.14米。

行字：正文隶书2行，满行30字。

出土：1984年出土于绥德县黄家塔8号墓。

现藏：绥德县博物馆。

备注：为墓前室南壁中柱石，文字为墨书，墨迹淡化，字形难辨。

提要：该刻石字体较小，正文可辨"支养丑故中□□西河□□□仲□□北安错玄墨之宅"等字。

*"石门"摩崖

年代：东汉（25—220）刻。

形制：高0.82米，宽0.50米，间距0.16米。

行字：正文隶书2字。

出土：原刻于汉中石门，后移藏汉中博物馆。

现藏：汉中博物馆。

著录：《褒谷古迹辑略》《陕西金石志》《石门石刻大全》。

提要：此摩崖系"石门十三品"之一。

*"石虎"摩崖

年代：东汉（25—220）刻。

形制：高0.82米，宽0.50米。

行字：正文隶书2字。

出土：原刻于汉中石门隧道东石虎峰山崖间，后移藏汉中博物馆。

现藏：汉中博物馆。

著录：《褒谷古迹辑略》《石门石刻大全》。

*"玉盆"摩崖

年代：东汉（25—220）刻。

形制：高0.82米，宽0.50米。

行字：正文隶书2字。

出土：原刻于汉中石门隧道南侧河道中巨石上，后移藏汉中博物馆。

现藏：汉中博物馆。

著录：《褒谷古迹辑略》《石门石刻大全》。

*西河圜阳郭季妃之椁刻石

年代：东汉（25—220）刻。

形制：砂石质。高1.22米，宽0.48米。

行字：正文隶书1行，满行9字。

出土：1920年出土于陕北地区。

现藏：故宫博物院。

著录：《中国美术全集·石刻线画》。

提要：此刻石为墓门，门扉上部饰朱雀，中间为铺首衔环。右侧墓门左边竖刻"西河圜阳郭季妃之椁"等字。

*郭君夫人墓葬刻石

年代：东汉（25—220）刻。

形制：砂石质。高1.34米，宽0.19米，厚0.06米。

行字：正文篆书1行，共10字。

纹饰：四周饰几何纹。

出土：1980年出土于绥德县四十里铺镇。

现藏：绥德县博物馆。

著录：《榆林碑石》。

提要：刻石正文为"大高平令郭君夫人室宅"。

*武部太守等题名残碑

年代：东汉（25—220）刻立。

形制：碑残损。残高 1.03 米，宽 0.32 米。

行字：正文隶书，有界格。分为 2 栏，第 1 栏 7 行，第 2 栏 4 行。

出土：清乾隆四十四年（1779）出土于华阴县华岳庙，1929 年移藏西安碑林。

现藏：西安碑林博物馆。

著录：《金石萃编》《关中金石记》《关中金石文字存佚考》。

备注：石断为 3 段。

提要：此碑亦称《华岳庙残碑阴》，残存碑文可见职官及地名等。

*"卓异等伦"残石

年代：东汉（25—220）刻立。

形制：残为不规则状。残高 0.27 米，宽 0.33 米。

行字：正文隶书，残存 4 行 8 字。

出土：1931 年出土于洛阳后沟村，1938 年入藏西安碑林。

现藏：西安碑林博物馆。

著录：《汉晋石刻略录》《西安碑林全集》。

提要：此石残损严重，仅存"而有""卓异等伦""大开"等零星文字，内容无法考证。

*"元年三月"残碑

年代：汉代（前 202—220）刻立。

形制：碑残损。残高 0.26 米，残宽 0.19 米。

行字：正文隶书 2 行，存 8 字。

出土：出土时间、地点不详。

现藏：宜君县文物管理所。

提要：此碑仅存右侧残部，可见"元年三月""□□孙宝"等字。

*三体石经残石（甲）

年代：曹魏正始二年（241）刻立。

形制：残为不规则状，双面刻。残高 0.41 米，宽 0.31 米，厚 0.17 米。

行字：正文为古文、篆、隶等书体。碑阳存 10 行，共 34 字。碑阴存 10 行，共 50 字。

出土：1957 年出土于西安市青年路。

现藏：西安碑林博物馆。

著录：《西安碑林全集》《西安碑林书法艺术》。

提要：该残石亦称《魏石经残石》《正始石经残石》等。其文字用古文、篆、隶三种书体，故称"三体石经"。其内容碑阳为《尚书·梓材》中文字，碑阴为《春秋·成公》中文字。

*三体石经残石（乙）

年代：曹魏正始二年（241）刻立。

形制：残为不规则状。残高 0.26 米，宽 0.18 米。

行字：正文为古文、篆、隶等书体，残存 6 行，共 25 字。

出土：1945 年出土于西安许士庙街小学附近，1962 年入藏西安碑林。

现藏：西安碑林博物馆。

著录：《西安碑林全集》《西安碑林书法艺术》。

提要：残石内容为《尚书·康诰》中文字。

*"衮雪"摩崖

年代：三国曹魏时期（220—266）刻。

形制：高 1.48 米，宽 6.07 米。

行字：正文隶书 2 字。

出土：原刻于汉中石门，后移藏汉中博物馆。

现藏：汉中博物馆。

著录：《石门石刻大全》《褒谷古迹辑略》《陕西金石志》。

*李苞通阁道题记摩崖

年代：曹魏时期（220—265）刻。

形制：高 0.36 米，宽 0.24 米。

行字：正文隶书 2 行，可见 16 字。

出土：原刻于汉中石门隧道北口的峭壁上，1970 年迁入汉中博物馆。

现藏：汉中博物馆。

著录：《褒谷古迹辑略》《石门石刻大全》《秦岭碑刻经眼录》。

提要：此摩崖记述魏元帝景元四年（263）荡寇将军李苞领工修褒斜道之事，虽寥寥数言，却是简明朴素的记实之作，基本反映了当时修道的规模及其经过。

赵氏墓碑

全称：夫人天水赵氏泰始四年七月三日造。

年代：西晋泰始四年（268）刻立。

形制：圭首碑形。高 0.27 米，宽 0.10 米。

行字：正文隶书 2 行，满行 6—9 字不等。

纹饰：碑额饰双兽纹，碑身左右两侧各饰一供养人。

出土：洛阳出土，时间不详。1938 年经于右任捐藏西安碑林。

现藏：西安碑林博物馆。

著录：《西安碑林全集》《中国美术全集·石刻线画》。

提要：志文记载墓主籍贯、姓氏、生平及葬年等信息。

徐君妻菅洛墓碑

全称：晋待诏中郎将徐君夫人菅氏之墓碑。

年代：西晋永平元年（291）刻立。

形制：圆首。高 0.60 米，宽 0.25 米。

行字：额隶书 3 行，满行 5 字，题"晋待诏中郎将徐君夫氏菅氏之墓碑"。正文隶书，碑阳 11 行，满行 16 字。碑阴 7 行，满行 10 字。

纹饰：碑额饰三条弧形碑晕，其下饰螭首。

出土：1930 年出土于洛阳后坑村，1938 年经于右任捐藏西安碑林。

现藏：西安碑林博物馆。

著录：《汉魏南北朝墓志集释》《西安碑林全集》《汉魏南北朝墓志汇编》。

提要：碑文记载了菅洛的家族世系及生平。

敕建惠王行香院碑

全称：西晋孝惠皇帝钦奉圣旨敕建惠王行香院碑。

年代：西晋太安元年（302）刻立。

形制：高 0.51 米，宽 0.65 米，厚 0.18 米。

行字：正文楷书 12 行，满行 25 字。

出土：此碑自立未移。

现藏：户县秦渡镇罗汉寺（行香院故址）。

著录：《户县碑刻》。

备注：关于此碑刊刻年代有多种观点，尚无定论，兹依原碑落款时间暂列于此。

提要：碑文刊载敕建惠王行香院之圣旨。

*华百石都训造碑

年代：西晋永兴元年（304）刻立。

形制：双面刻。碑残损，残高 0.33—0.39 米，宽 0.29—0.31 米。

行字：碑阳刻正文，碑阴为题名。第 1 石碑阳残存隶书 11 行，行残存 9 字。第 2 石碑阳残存 12 行，行残存 9 字。第 3 石碑阳残存 8 行，行残存 8 字。有界格。

出土：1999 年出土于华阴市西岳庙灏灵殿后寝宫地基。

现藏：华阴市西岳庙文物管理处。

著录：《西岳庙碑石》。

备注：碑石断为 3 块，其中第 2 石中部被凿出边长约 0.10 米、深 0.10 米的方形卯槽。

提要：碑文记述了华阴百石官吏歌颂弘农太守河东魏叔始任华阴令时，河东裴仲恂组织人力修立坛庙，并自西岳庙迄华山之阴夹道栽种柏树之事，对于确定西岳庙始建年代有重要的意义。

*邓太尉祠碑

年代：前秦建元三年（367）刻立。

形制：尖首，有穿。高 1.70 米，宽 0.64 米，厚 0.20 米。

行字：正文隶书 9 行，满行 29 字。后题名分为二部分，上部二栏，上栏 9 行，下栏 7 行。下部 11 行，满行字数不等。

出土：原在蒲城县东北洛河沟邓艾祠内，1972 年移藏西安碑林。

现藏：西安碑林博物馆。

著录：《八琼室金石补正》《金石续编》《西安碑林全集》。

备注：碑文漫漶，上部尤甚。

提要：此碑为冯翊护军、建威将军、奉车都尉、城安县侯郑能进修葺建造于东晋初年的邓公（艾）祠后所刊立。邓艾曹魏时官至太尉，《三国志·魏志》有传。

广武将军□产碑

年代：前秦建元四年（368）刻立。

形制：尖首，四面刻。高 1.74 米，宽 0.73 米，厚 0.14 米。

行字：正文隶书。碑阳 17 行，满行字数不清。碑阴及两侧为其部将名字。碑阴上部 15 行，下部 17 行，满行字数不清。有界格。

出土：1918 年发现于白水县仲目镇南彭衙村寒崇祠，1972 年移藏西安碑林。

现藏：西安碑林博物馆。

著录：《八琼室金石补正》《金石萃编》《西安碑林全集》。

备注：碑石漫漶严重，残损字较多，左、右下角残损。

提要：从碑石残存中的文字可知，该碑记叙了广武将军的家族世系，颂扬其政绩。

*崔氏墓志

年代：前秦建元十三年（377）刻。

形制：志长 0.34 米，宽 0.17 米。

行字：志文隶书 3 行，满行 8—10 字不等。

出土：1987 年出土于户县东关朱雀家具公司院内。

现藏：户县秦渡镇罗汉寺。

著录：《户县碑刻》。

提要：此墓砖为青砖质，志文为“秦建元十三年三月己未朔二日，京兆户东乡临利里崔氏□□□□兴甫”。

*吕他墓表

年代：后秦弘始四年（402）刻立。

形制：圆首。高 0.65 米，上宽 0.33 米，下宽 0.34 米，厚 0.09 米。

行字：额横刻隶书“墓表”2 字。志文楷书 5 行，满行 7 字。

出土：20 世纪 70 年代出土于咸阳市窑店镇，1998 年入藏西安碑林博物馆。

现藏：西安碑林博物馆。

著录：《文物》（1997 年第 10 期）《西安碑林全集》《西安碑林博物馆新藏墓志汇编》。

提要：此墓表记载了吕他的籍贯、官职、卒年及葬地等情况。

司马芳碑

全称：汉故司隶校尉京兆尹司马君之碑颂。

年代：晋代（265—420）刻立。

形制：圆首，双面刻，仅存上半段。残高 0.98 米，宽 0.97 米。

行字：碑额篆书。碑文隶书，碑阳 15 行，满行 9—15 字不等。碑阴上部题名 14 行，下残存叙文 18 行。

出土：1952 年出土于西安市广济街南口。

现藏：西安碑林博物馆。

著录：《西安碑林全集》《人文杂志》（1957 第 3 期）《文物》（1965 年第 9 期）。

备注：此碑旧称《司马芳残碑》，仅存碑的上半段已裂为 4 块，据碑阴题字，立碑时代或为北魏泰常年间（416—423）。

提要：该碑首行为“君讳芳，字文豫，河南温（下阙）”，第二行为“虽五德迭兴，而官（下阙）”，第四行为“封国于殷墟，遂家（下阙）”，第五行为“显考儁，以资望之重……”，第六行“孝友穆于家庭，信义（下阙）”，第十三行为“洋洋黄河洪流东回，峨峨（下阙）”等，记司马芳家世。碑阴上部为题名，下部阙不可读。

*晋永安侯墓刻石

年代：晋代（265—420）刻立。

形制：高 0.13 米，宽 0.63 米。

行字：正文横刻隶书 1 行，共 5 字，题“晋永安侯墓”。

纹饰：碑身两侧饰龙、马、羊、怪兽等纹饰。

出土：洛阳出土，时间不详。1938 年经于右任捐藏西安碑林。

现藏：西安碑林博物馆。

著录：《西安碑林全集》《北京大学图书馆藏金石拓片草目》。

提要：此墓石记载了墓主所葬之时代和官职。

*张永昌墓碑

年代：晋代（265—420）刻立。

形制：圭首。高 0.27 米，宽 0.10 米。

行字：正文隶书 3 行，满行 8—9 字不等。

纹饰：碑额饰双兽纹，碑身两侧各饰一供养人像。

出土：洛阳出土，时间不详。1938 年经于右任捐藏西安碑林。

现藏：西安碑林博物馆。

著录：《西安碑林全集》《北京大学图书馆藏金石拓片草目》。

提要：此墓碑记载了张永昌的籍贯、历官情况。其历官谯郡功曹史、镇南将军。

*大中正残石

年代：晋代（265—420）刻立。

形制：残似方形。边长 0.34 米。

行字：正文隶书残存 10 行，满行 9 字。有界格。

出土：1921 年出土于洛阳后沟村，1938 年经于右任捐藏西安碑林。

现藏：西安碑林博物馆。

著录：《西安碑林书法艺术》《西安碑林全集》。

备注：碑阴为北魏《山晖墓志》。

提要：石残难以顺读，仅据文中载“大中正君”文字，故称大中正残石。其碑阴为北魏延昌四年（515）所刻《山晖墓志》，当为北魏时期凿刻前代碑石以作墓志之用。

*魏文朗造像碑

年代：北魏始光元年（424）刻立。

形制：方首，四面造像碑，上失顶盖，下缺基座，仅存中段碑身，其上下榫尚存。高 1.20 米，宽 0.70 米，厚 0.30 米。

行字：正文楷书 11 行，满行 8 字。

纹饰：正面龛内刻阿弥陀佛。背面龛内刻两尊道像，下部刻车马出行图。

出土：1934 年出土于耀县漆河，初置耀县西街小学，1936 年迁于耀县碑林。

现藏：药王山博物馆。

著录：《药王山碑刻》《陕西药王山碑刻艺术总集》。

提要：碑文记载始光元年北地郡三原县民魏文朗为男女造佛道像之事。此碑铭文完整，为国内目前所见最早的北魏造像碑，亦为北魏太武帝拓跋焘大举灭佛后，佛教石刻幸存者之一。

*元嘉十九年阁道碑

年代：南朝宋元嘉十九年（442）刻立。

形制：通高 1.03 米，宽 0.60 米。

行字：正文楷书 17 行，满行 11—17 字。

出土：出土时间、地点不详。汉中杨承伯先生于 1980 年捐赠汉中博物馆。

现藏：汉中博物馆。

著录：《秦岭碑刻经眼录》《碑林集刊》（第10 辑）。

提要：碑文记载了南朝宋文帝元嘉十九年二月，仇池氏首杨难当举兵侵犯汉中，强攻阁道，朝廷诏益州刺史陆徽率军抵御，退敌后全军将士庆功一事。

元理墓志

全称：魏故处士元公墓志。

年代：北魏延兴五年（475）刻立。

形制：志长 0.31 米，宽 0.37 米。

行字：志文楷书 12 行，满行 10 字。

出土：洛阳出土，时间不详。1938 年经于右任捐藏西安碑林。

现藏：西安碑林博物馆。

著录：《西安碑林全集》《江汉考古》（2010年第 2 期）。

提要：志文记载元理的家世及生平等，有学者考证认为此志系伪刻。

*康黄头造像碑座

年代：北魏太和元年（477）刻立。

形制：碑座呈四边形。高 0.20 米，宽 0.60 米。

行字：正文楷书 10 行，满行 25 字。

出土：原存蓝田县清凉寺，1985 年移存蓝田县水陆庵。

现藏：蓝田县水陆庵文物管理所。

提要：记述了康黄头等发愿造佛像之事。

晖福寺碑

全称：大代宕昌公晖福寺碑。

年代：北魏太和十二年（488）刻立。

形制：螭首方座，额下有穿，碑身两侧下部呈弧形对称内敛。双面刻。通高 2.94米，宽 0.90 米，厚 0.17 米。

行字：碑额篆书 3 行，满行 3 字，题"大代宕昌公晖福寺碑"。正文楷书。碑阳24 行，满行 44 字；碑阴题名 9 行。

出土：原在澄城县李润镇晖福寺内，1971 年移藏西安碑林。

现藏：西安碑林博物馆。

著录：《陕西金石志》《西安碑林全集》。

备注：碑阴已漫漶。

提要：此碑记载了宕昌公王庆时在家乡为文明太后和孝文皇帝祈福，为其父兄子弟消灾祛难而建造晖福寺三级浮图之事。

元桢墓志

全称：使持节镇北大将军相州刺史南安王桢墓志。

年代：北魏太和二十年（496）刻立。

形制：志正方形。边长 0.71 米。

行字：志文楷书 17 行，满行 18 字。

出土：1926 年出土于洛阳高沟村，1938 年经于右任捐藏西安碑林。

现藏：西安碑林博物馆。

著录：《汉魏南北朝墓志集释》《汉魏南北朝墓志汇编》《西安碑林全集》。

提要：志文记载元桢的家族世系、生平及历官情况。其历官使持节镇北大将军、相州刺史，封南安王。元桢，《魏书》《北史》均有传。

*魏文朗造像碑

年代：北魏太和二十年（496）刻立。

形制：四面造像碑，顶座皆佚，仅存碑身，上下榫尚存。高1.18米，宽0.60米，厚0.40米。

行字：正文楷书8行，满行4字。

出土：1934年出土于耀县漆河，1936年迁于耀县碑林，1955年迁于耀县文化馆碑廊，1971年迁于耀县药王山。

现藏：药王山博物馆。

著录：《药王山碑刻》《陕西药王山碑刻艺术总集》。

备注：剥蚀严重。

提要：正文可见"太和廿年四月十二，北地郡三原县民魏文朗为七世父母所生之口造石像一区"等字。始光元年（424）《魏文朗造像碑》碑阴题名中有"弟子魏文朗骑马逐"等字，由此推测，此碑与始光元年造像碑同为魏氏家族为祖宗所立。自始光元年至太和二十年短短70余年间，三原县魏氏连连刻碑，足见魏氏家族当时的地位以及北魏石刻造像风气之盛、佛事之兴。

*姚伯多兄弟等造像碑

年代：北魏太和二十年（496）刻立。

形制：四面造像碑，顶座皆佚，榫迹尚存。高1.30米，宽0.70米，厚0.30米。

行字：正文楷书23行，满行28字。

出土：1931年出土于耀县漆河，初置耀县文正书院，1936年迁于耀县碑林，1955年迁于耀县文化馆碑廊，1971年迁于耀县药王山。

现藏：药王山博物馆。

著录：《陕西金石志》《药王山碑刻》《陕西药王山碑刻艺术总集》。

备注：上部左角残损。石璋如先生命名为《姚伯多》，贺梓城先生命名为《姚伯多造像碑》。

提要：碑文记载姚伯多兄弟等为其皇考敬造石像之事。此碑铭文长达1200余字，有赞辞、祈愿、议论，在北魏造像碑中十分罕见。姚氏为北地羌族豪姓，其祖先姚苌为前秦扬武大将军，淝水之战后建言不被采纳，遂于次年（384）率羌人进据北地，建立后秦，称万年秦王，年号白雀。此碑对于研究姚氏家族历史以及北魏时期宗教信仰有一定的参考价值。

*元简墓志

年代：北魏太和二十三年（499）刻。

形制：志长0.73米，宽0.33米。

行字：志文楷书，残存8行，满行18字。

出土：1926年出土于洛阳高沟村，1938年经于右任捐藏西安碑林。

现藏：西安碑林博物馆。

著录：《汉魏南北朝墓志集释》《汉魏南北朝墓志汇编》《西安碑林全集》。

提要：志文记载元简的家族世系、生平及历官情况。其官至太保。元简，《魏书》有传。

元弼墓志

全称：魏故元咨议墓志铭。

年代：北魏太和二十三年（499）刻。

形制：志正方形。边长 0.60 米。

行字：志文楷书 20 行，满行 20 字。

出土：1926 年出土于洛阳南陈庄村，1938 年
经于右任捐藏西安碑林。

现藏：西安碑林博物馆。

著录：《汉魏南北朝墓志集释》《汉魏南北朝
墓志汇编》《西安碑林全集》。

提要：志文记载元弼的家族世系、生平及历
官情况。其历官荆州广阳王中兵参
军、太子步兵校尉、太尉府咨议参军。

*刘氏造像碑

年代：北魏太和二十三年（499）刻立。

形制：四面造像碑，方首。高 0.67 米，宽
0.48 米，厚 0.18 米。

行字：正文楷书 13 行，满行 7 字。

出土：出土时间、地点不详。后入藏耀县文
化馆，1971 年迁于耀县药王山。

现藏：药王山博物馆。

著录：《药王山碑刻》《陕西药王山碑刻艺术
总集》。

备注：碑下部残损。

提要：碑文记载刘伯乐等为先人造像并记其
功德之事。铭文不拘款式，多列供养
人、道民刘氏家系及其亡宗、亡祖、
亡父等人姓名。

元泰安墓志

全称：大魏景明元年岁次庚辰十一月丁酉朔
十九日乙卯景穆皇帝之孙使持节侍
中征南大将军都督五州诸军事青雍
二州刺史故京兆康王之第四子广平
内史前河间王元泰安讳定君墓志铭。

年代：北魏景明元年（500）刻。

形制：志长 0.38 米，宽 0.35 米。

行字：志文楷书 13 行，满行 14 字。

出土：1922 年出土于洛阳高沟村，1938 年
经于右任捐藏西安碑林。

现藏：西安碑林博物馆。

著录：《汉魏南北朝墓志集释》《汉魏南北朝
墓志汇编》《西安碑林全集》。

提要：志文记载元定的家族世系、生平及历
官等情况。其曾任广平内史，封河间王。

*杨缦黑造像碑

年代：北魏景明元年（500）刻立。

形制：方首，单面刻。高 0.90 米，宽 0.78
米，厚 0.15 米。

行字：正文楷书，残存 18 行，满行字数不等。

出土：此碑原属雷天一家藏石，1936 年捐送
耀县碑林，1955 年迁于耀县文化馆碑
廊，1971 年迁于耀县药王山。

现藏：药王山博物馆。

著录：《药王山碑刻》《陕西药王山碑刻艺术
总集》。

备注：此石漫漶不清，铭文和题名不拘款式。

提要：碑文记载杨缦黑于景明元年八月三
十日造像之事。

*杨阿绍造像碑

年代：北魏景明元年（500）刻立。

形制：方首，单面刻。高 1.03 米，宽 0.53
米，厚 0.29 米。

行字：正文楷书 12 行，满行 11 字。

出土：1937 年出土于耀县漆河，存耀县碑林，
1955 年迁于耀县文化馆碑廊，1971
年迁于耀县药王山。

现藏：药王山博物馆。

著录：《药王山碑刻》《陕西药王山碑刻艺术
总集》。

备注：因“景明”二字漫漶，石璋如先生又

将"庚辰"误识为"庚戌",故误断为建明元年(530),且名曰"杨阿如"。

提要：碑文记载杨阿绍造像之事。此造像刻工及文字风格、碑面布局等均与景明元年《杨缦黑造像碑》十分相似。

*元澄妃李氏墓志

年代：北魏景明二年(501)刻。

形制：志正方形。边长 0.51 米。

行字：志文楷书 13 行,满行 14 字。

出土：1932 年出土于洛阳柿园村,1938 年经于右任捐藏西安碑林。

现藏：西安碑林博物馆。

著录：《北朝墓志英华》《汉魏南北朝墓志集释》《西安碑林全集》。

备注：又称《任城王妃李氏墓志》。

提要：志文记载雍州刺史任城王元澄妃李氏的家族世系、生平、配偶等情况。有"前国太农府功曹史臣茹仲敬造"等字。

穆亮墓志

全称：太尉领司州牧骠骑大将军顿丘郡开国公穆文献公亮墓志铭。

年代：北魏景明三年(502)刻。

形制：志长 0.66 米,宽 0.59 米。

行字：志文楷书 20 行,满行 22 字。

出土：1925 年出土于洛阳西山岭头村,1938 年经于右任捐藏西安碑林。

现藏：西安碑林博物馆。

著录：《汉魏南北朝墓志集释》《汉魏南北朝墓志汇编》《西安碑林全集》。

提要：志文记载穆亮的家族世系、生平及历官情况。其历官太尉、司州牧、骠骑大将军。穆亮,《北史》《魏书》均有传。

元诱妻冯氏墓志

全称：魏司徒参军事元诱命妇冯氏志铭。

年代：北魏景明四年(503)刻。

形制：志长 0.60 米,宽 0.53 米。

行字：志文楷书 15 行,满行 18 字。

出土：1923 年出土于洛阳安驾沟村,1938 年经于右任捐藏西安碑林。

现藏：西安碑林博物馆。

著录：《汉魏南北朝墓志集释》《汉魏南北朝墓志汇编》《西安碑林全集》。

提要：志文记载元诱妻冯氏的家族世系、籍贯、生平、配偶等情况。

张整墓志

全称：魏故中常侍大长秋卿平北将军并州刺史云阳男张君墓志铭。

年代：北魏景明四年(503)刻。

形制：志长 0.39 米,宽 0.35 米。

行字：志文楷书 16 行,满行 16 字。

出土：1929 年出土于孟津王庄村,1938 年经于右任捐藏西安碑林。

现藏：西安碑林博物馆。

著录：《汉魏南北朝墓志集释》《汉魏南北朝墓志汇编》《西安碑林全集》。

提要：志文记载了张整的家族、谱系、生平、历官等情况。其历官太官令、中给事中、中常侍、立忠将军、大长秋卿、龙骧将军,赠平北将军、并州刺史。

*正始二年冯神育造像碑

年代：北魏正始二年(505)刻立。

形制：四面造像碑,方首。高 1.48 米,宽 0.70 米,厚 0.39 米。

行字：正文楷书。正面龛左侧 3 行,右侧 4 行,字迹不清;左侧面 6 行,满行 33 字。

纹饰： 龛内雕释迦造像 1 尊，下 3 层，每层刊 8 人，共计 24 人。左侧龛上中间雕如意宝珠和飞天。背面上端高浮雕老子造像，像下线刻道民像 6 层，计 60 人。右侧龛上雕飞天，龛内一佛，佛下雕道民及姓氏。

出土： 清咸丰八年（1858）出土于临潼县栎阳。

现藏： 西安市临潼博物馆。

著录： 《陕西金石志》《临潼碑石》。

备注： 正面龛内大佛头残，左右两侧及背面佛头均残，背面下两角及左上角残。

提要： 发愿词记载冯神育携同邑 200 余人造像之事。由碑文可见是以冯氏家族为主体，其信仰以道教为主，佛教为辅，并记载了造像的时间为北魏正始二年秋九月己巳朔二十六日甲午。

李蕤墓志

全称： 魏故假节龙骧将军豫州刺史李简子墓志铭。

年代： 北魏正始二年（505）刻。

形制： 志长 0.49 米，宽 0.41 米。

行字： 志文楷书 17 行，满行 23 字。

出土： 1931 年出土于洛阳省庄村，1938 年经于右任捐藏西安碑林。

现藏： 西安碑林博物馆。

著录： 《汉魏南北朝墓志集释》《汉魏南北朝墓志汇编》《西安碑林全集》。

提要： 志文记载李蕤的家族世系、历官、生平、子嗣等情况。其历官侍御中散符玺郎中、监御令、步兵校尉、东都太守、司农少卿，并诏赠假节龙骧将军、豫州刺史，谥曰"简"。李蕤，《魏书》有载。

元鉴墓志

全称： 维大代大魏正始四年岁次丁亥三月庚申朔六日乙酉武昌王墓志铭。

年代： 北魏正始四年（507）刻。

形制： 志长 0.43 米，宽 0.46 米。

行字： 志文楷书 20 行，满行 19 字。

出土： 1928 年出土于洛阳前海资村，1938 年经于右任捐藏西安碑林。

现藏： 西安碑林博物馆。

著录： 《汉魏南北朝墓志集释》《汉魏南北朝墓志汇编》《西安碑林全集》。

提要： 志文记载元鉴的家族世系、生平、历官等情况。其历官通直散骑常侍、散骑常侍、冠军将军、河南尹、左卫将军、征虏将军、齐徐二州刺史，封武昌王。

元嵩墓志

全称： 故使持节都督扬州诸军事安南将军赠车骑大将军领军将军扬州刺史高平刚侯之墓志。

年代： 北魏正始四年（507）刻。

形制： 志长 0.58 米，宽 0.53 米。

行字： 志文楷书 17 行，满行 17 字。

出土： 1932 年出土于洛阳柿园村，1938 年经于右任捐藏西安碑林。

现藏： 西安碑林博物馆。

著录： 《汉魏南北朝墓志集释》《汉魏南北朝墓志汇编》《西安碑林全集》。

提要： 志文记载元嵩的家族世系、生平、历官等情况。其历官使持节都督扬州诸军事、安南将军，赠车骑大将军、领军将军、扬州刺史，封高平刚侯。元嵩，《魏书》有载。

侯君妻张氏墓志

全称： 魏武卫将军侯氏张夫人墓志。

年代：北魏正始四年（507）刻。

形制：双面刻。志长 0.42 米，宽 0.26 米。

行字：志文楷书 12 行，满行 10—20 字不等。

出土：出土时间、地点不详。1938 年经于右任捐藏西安碑林。

现藏：西安碑林博物馆。

著录：《西安碑林全集》《西安碑林博物馆新藏墓志汇编》。

备注：边残损。

提要：志文记载张氏的家族世系、生平等情况。

*奚智墓志

年代：北魏正始四年（507）刻。

形制：圆首碑形。高 0.57 米，宽 0.40 米。

行字：志文楷书 14 行，满行 17 字。

出土：1926 年出土于孟津田沟村，1938 年经于右任捐藏西安碑林。

现藏：西安碑林博物馆。

著录：《汉魏南北朝墓志集释》《汉魏南北朝墓志汇编》《西安碑林全集》。

提要：志文记载奚智的家族世系、生平及配偶等情况。

*车氏造像碑

年代：北魏正始四年（507）刻立。

形制：砂石质，碑残损。残高 0.55 米，宽 0.40 米，厚 0.12 米。

行字：正文楷书 10 行，满行 9 字。

纹饰：浮雕千佛。

出土：1989 年出土于彬县城关镇北街村。

现藏：彬县文化馆。

著录：《彬州文化》（2005 年第 3 期）。

备注：又名《北魏千佛造像碑》。

提要：正面上部刻千佛，下面刻供养人姓名 10 多人，供养人大部分为车姓，可辨姓名有佛弟子车保兴供养佛、佛弟子车宜弟供养佛等。

赵超宗墓志

全称：魏故使持节岐州刺史寻阳伯赵公墓志。

年代：北魏永平元年（508）刻。

形制：志长 0.53 米，宽 0.56 米。

行字：志文楷书 15 行，满行 20 字。

出土：出土时间、地点不详。2002 年入藏西安碑林博物馆。

现藏：西安碑林博物馆。

著录：《西安碑林博物馆新藏墓志汇编》。

提要：志文记载赵超宗的家族世系、生平、历官等情况。其历官治中从事使、冠军府中直兵参军、建武将军、龙骧将军、白水汉中二郡太守、清水护军、左中郎将、扶风太守、建威镇南府长史、车骑大将军、带梁郡太守、使持节征虏将军、岐州刺史、西道大使、河东太守，卒赠征虏将军、华州刺史。

石门铭

全称：泰山羊祉开复石门铭。

年代：北魏永平二年（509）刻。

形制：高 1.75 米，宽 0.21 米。

行字：正文楷书 27 行，满行 22 字。

撰书：王远书，武阿仁刻。

出土：原刻于汉中石门隧道崖壁，1971 年迁入汉中博物馆。

现藏：汉中博物馆。

著录：《集古录》《隶释》《金石萃编》。

备注：俗称"石门铭"。右下方另有一段摩崖，高 0.98 米，宽 0.28 米，正文楷书 7 行，满行 7—9 字不等，后有题名，与铭文同时镌刻，前人称其为《石门铭小记》。

提要：该摩崖全文 600 余字，记载了我国最早的穿山隧道——褒斜谷石门的通塞、复开和被誉为栈道之始的褒斜道改道的经过。

*贾三德复通石门题记摩崖

年代： 北魏永平二年（509）刻立。

形制： 高 0.28 米，宽 0.98 米。

行字： 正文楷书 7 行，满行 7—9 字不等。

撰书： 贾三德撰。

出土： 原刻于汉中石门崖壁。

现藏： 汉中博物馆。

著录：《褒谷古迹辑略》《石门石刻大全》。

备注： 石花与泐痕交错，但字迹仍可辨识。

提要： 此摩崖全文 63 字，记叙了北魏永平中，废塞 500 年之后的石门得以复通之事。贾三德作为直接操办者，感于这种历史的巧合而记之。虽未署年月，可推知必在石门复通之后。

元融妃穆氏墓志

全称： 魏章武王妃穆氏墓志铭。

年代： 北魏永平二年（509）刻。

形制： 志长 0.39 米，宽 0.45 米。

行字： 志文楷书 15 行，满行 12 字。

出土： 1935 年出土于洛阳郑凹村，与《元融墓志》同时。1938 年经于右任捐藏西安碑林。

现藏： 西安碑林博物馆。

著录：《西安碑林全集》《六朝墓志检要》《洛阳出土石刻时地记》。

提要： 墓志记载了章武王妃穆氏的卒葬时间及葬地等情况。

元原平妻王氏墓志

全称： 魏黄钺大将军太傅大司马安定靖王第二子给事君夫人王氏之墓志。

年代： 北魏永平二年（509）刻。

形制： 志长 0.57 米，宽 0.65 米。

行字： 志文楷书 20 行，满行 18 字。

出土： 1925 年出土于洛阳徐家沟村，1938 年经于右任捐藏西安碑林。

现藏： 西安碑林博物馆。

著录：《汉魏南北朝墓志集释》《汉魏南北朝墓志汇编》《西安碑林全集》。

提要： 墓志记载了元原平妻王氏的家族世系、生平情况。

*清河崔氏墓志

年代： 北魏永平四年（511）刻。

形制： 志长 0.23 米，宽 0.18 米。

行字： 志文楷书 8 行，满行 6 字。

出土： 1986 年出土于华阴县五方村杨氏墓茔。

现藏： 华阴市西岳庙文物管理处。

著录：《华山碑石》《西岳庙碑石》。

提要： 墓志为北魏杨椿配偶清河崔氏墓志铭，简记其生平事迹。

*元保洛墓志

年代： 北魏永平四年（511）刻。

形制： 志长 0.42 米，宽 0.39 米。

行字： 志文楷书 12 行，满行 12 字。

出土： 1926 年出土于洛阳姚凹村，1938 年经于右任捐藏西安碑林。

现藏： 西安碑林博物馆。

著录：《汉魏南北朝墓志集释》《汉魏南北朝墓志汇编》《西安碑林全集》。

提要： 墓志记载了元保洛的家族世系及生平情况。

杨阿难墓志

全称： 魏故中散杨君墓志铭。

年代： 北魏永平四年（511）刻。

形制：志正方形。边长 0.41 米，厚 0.06 米。
行字：志文楷书 21 行，满行 19 字。有界格。
出土：1984 年出土于华阴县。
现藏：陕西历史博物馆。
著录：《汉魏南北朝墓志集释》《汉魏南北朝墓志汇编》《考古与文物》（1984 年第 5 期）。
提要：志文记载志主杨阿难的家族世系及生平情况。

杨颖墓志

全称：魏故华州别驾杨府君墓志铭。
年代：北魏永平四年（511）刻。
形制：志正方形。边长 0.50 米，厚 0.07 米。
行字：志文楷书 24 行，满行 22 字。有方界格。
出土：1984 年出土于华阴县。
现藏：陕西历史博物馆。
著录：《汉魏南北朝墓志集释》《汉魏南北朝墓志汇编》《考古与文物》（1984 年第 5 期）。
提要：志文记载志主杨颖的家族世系、生平及历官情况。其历官大司农丞、平北府录事参军、华州别驾。

鄯乾墓志

全称：魏故征虏将军河州刺史临泽定侯鄯使君墓铭。
年代：北魏延昌元年（512）刻。
形制：志长 0.57 米，宽 0.48 米。
行字：志文楷书 19 行，满行 22 字。
出土：1931 年出土于洛阳后汉村，1938 年经于右任捐藏西安碑林。
现藏：西安碑林博物馆。
著录：《汉魏南北朝墓志集释》《汉魏南北朝墓志汇编》《西安碑林全集》。
提要：墓志记载鄯乾的家族世系、生平及历官情况。其历官征虏将军、安定内史，赠征虏将军、河州刺史。

封昕墓志

全称：魏故奉朝请封君墓志。
年代：北魏永平五年（512）刻。
形制：志正方形。边长 0.27 米。
行字：志文楷书 12 行，满行 12 字。
出土：1930 年出土于洛阳古耀店村，1938 年经于右任捐藏西安碑林。
现藏：西安碑林博物馆。
著录：《汉魏南北朝墓志集释》《汉魏南北朝墓志汇编》《西安碑林全集》。
提要：志文记载封昕的生平及配偶等情况。

元恪妃王普贤墓志

全称：魏故贵华恭夫人墓志铭。
年代：北魏延昌二年（513）刻。
形制：志长 0.55 米，宽 0.68 米。
行字：志文楷书 27 行，满行 23 字。
出土：1925 年出土于洛阳郑凹村，1938 年经于右任捐藏西安碑林。
现藏：西安碑林博物馆。
著录：《汉魏南北朝墓志集释》《汉魏南北朝墓志汇编》《西安碑林全集》。
提要：墓志记载了王普贤的家族世系、生平等情况。

元宏妃赵充华墓志

全称：大魏高祖九嫔赵充华墓志。
年代：北魏延昌三年（514）刻。
形制：志长 0.33 米，宽 0.46 米。
行字：志文楷书 15 行，满行 14 字。
出土：1928 年出土于洛阳陈庄村，1938 年经于右任捐藏西安碑林。
现藏：西安碑林博物馆。

著录：《西安碑林全集》《汉魏南北朝墓志汇编》。

备注：亦称《高宗充华赵氏墓志》。

提要：志文记载赵充华的生平及子嗣等情况。

长孙瑱墓志

全称：大魏故左军领御仗左右西川子赠龙骧将军洛州刺史长孙史君之墓志。

年代：北魏延昌三年（514）刻。

形制：志长 0.68 米，宽 0.81 米。

行字：志文楷书 20 行，满行 18 字。

出土：1929 年出土于洛阳西山岭头村，1938 年经于右任捐藏西安碑林。

现藏：西安碑林博物馆。

著录：《汉魏南北朝墓志集释》《汉魏南北朝墓志汇编》《西安碑林全集》。

提要：志文记载长孙瑱的家族世系、生平及历官情况。历官左军领御仗、左右西川子，赠龙骧将军、洛州刺史。

*张乱国造像碑

年代：北魏延昌三年（514）刻立。

形制：方首，双面刻。顶座皆佚，上下榫尚存。高 1.25 米，宽 0.60 米，厚 0.27 米。

行字：正文楷书 2 行，满行 11 字。

纹饰：碑阴饰斗龙、飞天、侍人、狮、炉、牛车、骑马人、供养人等。

出土：1934 年出土于耀县漆河。1936 年迁于耀县碑林，1955 年迁于耀县文化馆碑廊，1971 年迁于耀县药王山。

现藏：药王山博物馆。

著录：《药王山碑刻》《陕西药王山碑刻艺术总集》。

备注：碑身右下角残，造像仅存正、背两面。

提要：此碑正反两面均有"张乱国"姓名，因名。此外还有多处张氏族人题名，

但多漫漶。造像正面右侧有铭文两行，题"延昌三年三月七日，弋居县张乱国造石像一区，一心供养"等字。弋居县，西汉置，两汉均属北地郡，故城在今甘肃宁县东。魏文帝时治所迁至陕西频阳县西南（今富平县界）。

*彭进□造像碑

年代：北魏延昌四年（515）刻立。

形制：砂石质，四面刻。高 0.81 米，上宽 0.28 米，下宽 0.31 米，厚 0.18 米。

行字：正文魏碑体 7 行，满行 18 字。

纹饰：碑阳三龛，上雕 5 尊小佛像，下雕一佛二菩萨，龛楣饰忍冬纹，碑阴二龙戏珠纹，中雕一佛二菩萨二供养人，下雕 7 位供养人，龛楣饰忍冬纹。

出土：1949 年出土于麟游县丈八乡。

现藏：麟游县博物馆。

著录：《慈善寺与麟溪桥》。

提要：此碑为彭氏家族造像碑，铭文族系称谓清楚，并有后人楷书重修题记。此外，碑文所载白土县为古地名，为今麟游县之前身。

山晖墓志

全称：魏故鹰扬将军太子屯骑校尉山君墓志铭。

年代：北魏延昌四年（515）刻。

形制：志正方形。边长 0.34 米。

行字：志文楷书 15 行，满行 15 字。

出土：1921 年出土于洛阳后沟村，1938 年经于右任捐藏西安碑林。

现藏：西安碑林博物馆。

著录：《汉魏南北朝墓志集释》《汉魏南北朝墓志汇编》《西安碑林全集》。

备注：阴面为晋《大中正残石》。

提要：志文记载山晖的生平、历官等情况。其历官鹰扬将军、太子屯骑校尉。

王祯墓志

全称： 魏故恒州治中晋阳男王君墓志铭。

年代： 北魏延昌四年（515）刻。

形制： 志长 0.51 米，宽 0.53 米。

行字： 志文楷书 19 行，满行 18 字。

出土： 1929 年出土于洛阳西山岭头村，1938 年经于右任捐藏西安碑林。

现藏： 西安碑林博物馆。

著录：《汉魏南北朝墓志集释》《汉魏南北朝墓志汇编》《西安碑林全集》。

提要： 志文记载王祯的家族世系、生平及历官情况。其历官散骑侍郎、恒州治中，封爵晋阳男。

*大魏显祖成嫔墓志

年代： 北魏延昌四年（515）刻。

形制： 志长 0.34 米，宽 0.29 米。

行字： 志文楷书 10 行，满行 12 字。

出土： 1926 年出土于洛阳南石山村，1938 年经于右任捐藏西安碑林。

现藏： 西安碑林博物馆。

著录：《汉魏南北朝墓志集释》《汉魏南北朝墓志汇编》《西安碑林全集》。

备注： 亦称《显祖嫔成氏墓志》。

提要： 志文记载北魏显祖成嫔的生平情况。

*郭鲁胜造像碑

年代： 北魏延昌四年（515）刻立。

形制： 四棱柱形，上小下大，顶盖皆佚，上下碑榫尚存。方首。高 1.17 米，宽 0.32 米，厚 0.31 米。

行字： 正文楷书 8 行，满行 25 字。

纹饰： 右侧面上部一龛，内 3 尊造像。中部

阿弥陀佛结跏趺坐，罗衣束带，胸部高耸，右手上举，左手下垂置右胫前，掌心向外，二胁侍分立左右。背面上部龛内为佛结跏趺坐。左侧面内亦为佛结跏趺坐，形式与背面佛像相同。

出土： 原存耀县菩萨庙内，1934 年迁于耀县碑林，1955 年迁于耀县文化馆碑廊，1971 年迁于耀县药王山。

现藏： 药王山博物馆。

著录：《药王山碑刻》《陕西药王山碑刻艺术总集》。

备注： 石璋如先生以供养人定名为《梁洪相》，也有误作《郭景胜造像碑》的。

提要： 碑文记载延昌四年四月一日，比丘郭鲁胜为亡弟子昙豐造石像之事。碑中供养人除比丘尼、沙弥尼、夫人等，多系梁氏一家及其亲属，如梁洪相、梁归喜。背面龛旁题名中有一梁豐，当为昙豐的俗名。

崔楷墓志

全称： 大魏殷州刺史崔公墓志铭。

年代： 北魏延昌年间（512—515）刻。

形制： 志长 0.35 米，宽 0.49 米。

行字： 志文楷书 13 行，满行约 15 字。

出土： 洛阳出土，时间不详。1938 年经于右任捐藏西安碑林。

现藏： 西安碑林博物馆。

著录：《西安碑林全集》。

备注： 此墓志右下角残缺，志文漫漶。

提要： 此墓志因志文漫漶，故只知崔楷的生平、职官等情况。其曾任殷州刺史。

元谧妃冯会墓志

全称： 魏熙平元年岁在丙申岐州刺史赵郡王故妃冯墓志铭。

年代：北魏熙平元年（516）刻。

形制：志正方形。边长 0.50 米。

行字：志文楷书 22 行，满行 23 字。

出土：1930 年出土于洛阳东土沟村，1938 年经于右任捐藏西安碑林。

现藏：西安碑林博物馆。

著录：《西安碑林全集》《汉魏南北朝墓志汇编》。

提要：志文记载冯会的家族世系、生平等情况。

*吴光墓志

年代：北魏熙平元年（516）刻。

形制：志长 0.35 米，宽 0.47 米。

行字：志文楷书 18 行，满行 15 字。

出土：1926 年出土于洛阳南石山村，1938 年经于右任捐藏西安碑林。

现藏：西安碑林博物馆。

著录：《汉魏南北朝墓志集释》《西安碑林全集》。

备注：墓志两处残损。

提要：志文记载吴光的家族世系及生平等情况。

吐谷浑玑墓志

全称：魏故直寝奉车都尉汶山侯吐谷浑玑墓志。

年代：北魏熙平元年（516）刻。

形制：志长 0.49 米，宽 0.51 米。

行字：志文楷书 23 行，满行 21 字。

出土：1929 年出土于洛阳姚凹村，1938 年经于右任捐藏西安碑林。

现藏：西安碑林博物馆。

著录：《汉魏南北朝墓志集释》《汉魏南北朝墓志汇编》《西安碑林全集》。

提要：志文记载吐谷浑玑的家族世系、生平、历官等情况。其 20 岁袭父汶山侯爵，宣武皇帝引其为内侍，授奉车都尉直寝。

元广墓志

全称：魏故宁远将军洛州刺史元公之墓志。

年代：北魏熙平元年（516）刻。

形制：志长 0.56 米，宽 0.49 米。

行字：志文楷书 19 行，满行 22 字。

出土：1926 年出土于洛阳姚凹村，1938 年经于右任捐藏西安碑林。

现藏：西安碑林博物馆。

著录：《汉魏南北朝墓志集释》《西安碑林全集》。

提要：志文记载元广的家族世系、生平、历官等情况。其曾任襄威将军，追赠宁远将军、洛州刺史。

杨播墓志

全称：魏故使持节镇西将军雍州刺史华阳庄伯墓志铭。

年代：北魏熙平元年（516）刻。

形制：志正方形。边长 0.66 米，厚 0.08 米。

行字：志文楷书 32 行，满行 32 字。有方界格。

出土：1984 年出土于华阴县。

现藏：陕西历史博物馆。

著录：《汉魏南北朝墓志汇编》《华山碑石》《陕西碑石精华》。

提要：志文记载志主杨播的家族世系、生平及历官情况。其历官北征都督、卫尉少卿、太府卿、华州刺史等，封华阴伯，卒赠使持节镇西将军、雍州刺史。

杨舒墓志

全称：魏故镇远将军华州刺史杨君墓志铭。

年代：北魏熙平二年（517）刻。

形制：志正方形。边长 0.55 米。

行字：志文楷书 28 行，满行 28 字。

出土：1985 年出土于华阴县五方村，1987 年入藏西安碑林。

现藏：西安碑林博物馆。

著录：《汉魏南北朝墓志汇编》《西安碑林博物馆新藏墓志汇编》。

提要：志文记载杨舒的家族世系、生平及历官等情况。其历官散骑郎、扬武长史、大鸿胪丞、司空府中兵参军、伏波将军等，卒赠镇远将军、华州刺史。

*张宜墓志

年代：北魏熙平二年（517）刻。

形制：志长 0.79 米，宽 0.65 米。

行字：志文楷书 22 行，满行 29 字。

出土：1999 年出土于咸阳市窑店镇，同年入藏西安碑林博物馆。

现藏：西安碑林博物馆。

著录：《西安碑林博物馆新藏墓志汇编》。

备注：墓志右边沿残缺，志题多不清。

提要：志文记载张宜的家族世系、生平、历官等情况。其历官莨川就谷二军戍主、宁朔将军，封方城侯，追赠咸阳太守。

*元遥墓志

年代：北魏熙平二年（517）刻。

形制：志长 0.60 米，宽 0.63 米。

行字：志文楷书 29 行，满行 28 字。

出土：1919 年出土于洛阳后海资村，1938 年经于右任捐藏西安碑林。

现藏：西安碑林博物馆。

著录：《汉魏南北朝墓志集释》《汉魏南北朝墓志汇编》《西安碑林全集》。

提要：志文记载元遥的家族世系、生平、历官等情况。其历官员外散骑常侍兼武卫将军、北中郎将兼侍中、平西将军、泾州刺史、七兵尚书、中领军、镇东将军、冀州刺史、征南大将军都督南征诸军事、征北大将军都督北征诸军事，赠使持节车骑大将军、雍州刺史，谥曰"宣公"。元遥，《魏书》《北史》均有传，记载与志文有异。

杨泰墓志

全称：魏故朔州刺史华阴伯杨君墓志铭。

年代：北魏熙平三年（518）刻。

形制：志正方形。边长 0.55 米，厚 0.09 米。

行字：志文楷书 20 行，满行 22 字。

出土：1984 年出土于华阴县。

现藏：陕西历史博物馆。

著录：《汉魏南北朝墓志汇编》《考古与文物》（1984 年第 5 期）。

提要：志文记载杨泰的家族世系、历官情况。其历官伏波将军、千牛备身、朔州刺史，卒赠持节平西将军、汾州刺史。

*神龟元年千佛造像碑

年代：北魏神龟元年（518）刻立。

形制：砂石质。四面造像碑。边长 0.43 米，厚 0.12 米。

纹饰：正面上半部浮雕千佛龛，每行 14 龛，共 13 行。龛中小坐佛均着双领下垂式袈裟，结跏趺坐，施禅定印。下半部正中为主佛龛，拱形，龛楣正中为一口衔双龙龙尾和双忍冬花的兽首，龙身饰龛楣，龙首反卷，口衔忍冬，无足，龙首下为束帛龛柱，柱下有二夜叉双手承托，龛中主尊为高肉髻，半跏趺坐，施无畏与愿印，着褒衣博带式袈裟，左右有二菩萨立于莲座上。龛外两侧开浅龛，刻二力士，足踩托龛柱之夜叉，佛座下有夜叉、走狮、供养人等。碑右侧由四足抱合式忍冬连珠纹及半胸佛组成，碑左侧上部雕五层楼阁式佛塔，每层中刻一坐佛。

行字：正文魏碑体 22 行，满行 11 字。

出土：出土于洛川县土基镇郦城村，时间不详。

现藏：洛川县博物馆。

提要：造像下部刻有供养人姓名和发愿文。此碑造像数量及供养人题名较多，体现了北魏时期佛教在该地区的盛行。

*李榘兰墓志

年代：北魏神龟元年（518）刻。

形制：志正方形。边长 0.59 米。

行字：志文楷书 25 行，满行 25 字。

出土：1920 年出土于洛阳马坡村，1938 年于右任捐藏西安碑林。

现藏：西安碑林博物馆。

著录：《汉魏南北朝墓志集释》《汉魏南北朝墓志汇编》《西安碑林全集》。

提要：志文记载李榘兰的家族世系、生平等情况。

*张安世造像碑

年代：北魏神龟元年（518）刻立。

形制：方首，双面刻。高 1.62 米，宽 0.59 米，厚 0.23 米。

行字：正文楷书 13 行，满行 15—18 字不等。

纹饰：正面上下两龛，上龛以二龙交尾为龛楣，佛正坐台上，头面残破，右臂曲肘前伸，食指、中指下指，掌心向前，左手残，宽袍大袖，衣垂展座下，美若雀屏。下龛同上龛。背面亦两龛，形式与正面相同。

出土：1934 年出土于耀县北寺遗址，后移于耀县碑林，1955 年迁于耀县文化馆碑廊，1971 年迁于耀县药王山。

现藏：药王山博物馆。

著录：《药王山碑刻》《陕西药王山碑刻艺术总集》。

提要：碑文记载神龟元年八月，张安世为皇帝陛下、七世父母、一切众生造石像之事。铭文首行纪年处漫漶不清，但上有"神龟"年号，下有"八月己亥"字样，据此推知此碑为神龟元年立。

杨胤季女墓志

全称：魏故华荆秦济四州刺史杨胤季女之墓志。

年代：北魏神龟二年（519）刻。

形制：志正方形。边长 0.35 米，厚 0.08 米。

行字：志文楷书 11 行，满行 12 字。

出土：1981 年出土于潼关县五方村。

现藏：潼关县文物管理委员会。

著录：《汉魏南北朝墓志汇编》《潼关碑石》。

提要：志文记载墓主为东汉太尉杨震之后，北魏华、荆、秦、济四州刺史杨胤之季女。

*神龟二年造像碑（甲）

年代：北魏神龟二年（519）刻立。

形制：四面造像碑，顶座皆佚。高 1.80 米，宽 0.72 米，厚 0.26 米。

行字：碑阳下端中部楷书 14 行，满行 12 字；

碑阴额上角楷书 6 行，满行 20 字；右侧下部楷书 9 行，满行 29 字。

纹饰：正面龛内雕老子和二菩萨，龛外雕两侍者侧立像，龛雕双龙交缠和二飞天，其下雕 3 层供养人立像及姓名；右侧龛内雕老子，龛下中雕如意宝珠和二邑子，有姓名；背面龛内雕一佛二胁侍，座下雕 5 层供养人立像及姓名；左侧龛内一佛，龛下刊邑子立像和姓名两行，每行 4 人。

出土：临潼栎阳出土，民国时移于临潼县署，后移于华清池碑亭，"文化大革命"中拆除，1957 年移于临潼县博物馆。

现藏：西安市临潼博物馆。

著录：《陕西金石志》《临潼碑石》。

提要：临潼区目前共发现北魏神龟二年造像碑两通，与该地区发现的北魏正始二年（505）造像合称"三道士造像碑"。

*神龟二年造像碑（乙）

年代：北魏神龟二年（519）刻立。

形制：四面造像碑，方首。高 1.72 米，宽 0.57 米，厚 0.35 米。

纹饰：正面龛内为老子像，右侧龛上雕火焰，龛内老子像，下雕道民、邑子、弟子立像。背面龛上两鸡对鸣，龛内同正面，下部为道民等像。

出土：出土于临潼栎阳，时间不详。

现藏：西安市临潼博物馆。

著录：《陕西金石志》《临潼碑石》。

备注：碑已断为两截。造像头部残，左侧面下部缺。

提要：此碑为栎阳出土之北魏神龟造像之二，碑主体雕刻老子造像，下为道民、邑子、佛弟子造像及姓名。此

碑虽然主体内容属道教，但融入了部分佛教内容，体现了佛、道融合的趋向。

*元遥暨妻梁氏墓志

年代：北魏神龟二年（519）刻。

形制：志长 0.38 米，宽 0.49 米。

行字：志文楷书 10 行，满行 7 字。

出土：1919 年出土于洛阳后海资村，1938 年经于右任捐藏西安碑林。

现藏：西安碑林博物馆。

著录：《汉魏南北朝墓志集释》《汉魏南北朝墓志汇编》《西安碑林全集》。

提要：志文记载梁氏的配偶元遥的职官、爵位及合葬等情况。元遥妻梁氏葬年当为北魏正始元年（504），另元遥卒年为北魏熙平二年（517）。志文记载此志乃元遥卒后二年，即北魏神龟二年，元遥与其妻合葬所刻。故此墓志当为夫妇合葬之记。

元琔妻穆玉容墓志

全称：魏轻车将军太尉中兵参军元琔妻穆夫人墓志铭。

年代：北魏神龟二年（519）刻。

形制：盖盝形，志正方形。志、盖尺寸相同。边长 0.48 米。

行字：盖文楷书 6 行，满行 5 字，题"魏羽林监轻车将军太尉府中兵参军元琔字珎平妻穆夫人墓志铭"。志文楷书 20 行，满行 20 字。

出土：1920 年出土于洛阳南陈庄村，1938 年经于右任捐藏西安碑林。

现藏：西安碑林博物馆。

著录：《汉魏南北朝墓志集释》《汉魏南北朝墓志汇编》《西安碑林全集》。

提要：志文记载元琰妻穆玉容的家族世系、生平及配偶等情况。

*夫蒙文庆造像碑

年代：北魏神龟二年（519）刻立。

形制：四面造像碑，方首，顶座皆佚，上下榫尚存。高 1.02 米，宽 0.42 米，厚 0.30 米。

行字：正文楷书 19 行，满行 8 字。

纹饰：正面上部大龛内刻 3 尊造像。中佛结跏趺坐于须弥座上，罗衣横纹，且奇长，下披座下；高肉髻，有佛光；其左手垂置膝上，右手上举于胸前；两胁侍拱手分站左右。龛楣为二龙交尾式。龛上有二飞天，龛左右各有三小龛，左龛内各坐一佛，右龛则仅一龛有佛。龛下两层为供养人线刻立像二尊；右侧面上部龛内三尊造像，龛上有二飞天。飞天之旁有二房，左角有飞鱼一。龛下两层。上层为清信士光姬参佛图。图中有一高台古寺，寺内结跏趺坐一佛。寺左侧一人持莲恭立，右侧为一牛车。车高篷，篷上有帷幕，内坐三人，为一主一侍一御者。牛车左前方一御者持鞭，车后右侧一侍者紧随。车上贵妇人端坐于中，二侍女侍坐两侧。背面上部开一龛，形式与正面相同。龛上为二飞天，左右各有房三，内各一人。龛下线刻供养人像。左侧面上部开一龛，形式与正面相同。龛上为二飞天，龛下为供养人线刻立像四，其下为发愿文。

出土：1934 年出土于耀县坡头村，存耀县碑林，1955 年迁于耀县文化馆碑廊，1971 年再迁于耀县药王山。

现藏：药王山博物馆。

著录：《药王山碑刻》《陕西药王山碑刻艺术总集》。

提要：碑文记载神龟二年八月十五日，夫蒙文庆为亡父、亡妹、七世父母因缘眷属造像之事。石璋如先生名之为"蒙文度"，且言"后面一龛，二佛并坐，当为《法华经》之释迦与多宝"，有误。"夫蒙"为复姓，亦有简作"蒙"者。因古无轻唇音，"夫"读如"不"，故《魏书》等史籍多作"不蒙"。《旧唐书·南诏蛮》谓：夫蒙"本乌蛮之别种也"。《元和姓纂》曰："夫蒙，今同蒲二州多此姓。"

元晖墓志

全称：魏故使持节侍中都督中外诸军事司空公领雍州刺史文宪元公墓志铭。

年代：北魏神龟三年（520）刻。

形制：志正方形。边长 0.69 米。

行字：志文楷书 31 行，满行 31 字。

纹饰：志四侧饰朱雀、玄武、青龙、白虎四神图案。

出土：1926 年出土于洛阳陈凹村，1938 年经于右任捐藏西安碑林。

现藏：西安碑林博物馆。

著录：《汉魏南北朝墓志集释》《汉魏南北朝墓志汇编》《西安碑林全集》。

备注：志石左下角残。

提要：志文记载元晖的家族世系、生平、历官等情况。元晖一生军功显著，他自国子生入仕，历任司徒参军事、尚书郎、太子洗马、散骑中书郎、给事黄门侍郎、辅国将军、河南尹、冀州刺史、尚书右仆射、左光禄大夫、尚书左仆射，追赠使持节都督中外诸军事、司空公、雍州刺史，谥曰"文宪公"。元晖，《魏书》《北史》均有传。

穆亮妻尉太妃墓志

全称：故太尉公穆妻尉太妃墓志铭。

年代：北魏神龟三年（520）刻。

形制：志正方形。边长 0.55 米。

行字：志文楷书 16 行，满行 24 字。

出土：出土于洛阳，时间不详。1938 年经于右任捐藏西安碑林。

现藏：西安碑林博物馆。

著录：《汉魏南北朝墓志集释》《汉魏南北朝墓志汇编》《西安碑林全集》。

提要：志文记载穆亮妻尉太妃的家族世系、生平等情况。

元孟辉墓志

全称：魏故给事中晋阳男元君墓志铭。

年代：北魏神龟三年（520）刻。

形制：志长 0.53 米，宽 0.55 米。

行字：志文楷书 22 行，满行 21 字。

出土：1926 年出土于洛阳陈庄村，1938 年经于右任捐藏西安碑林。

现藏：西安碑林博物馆。

著录：《汉魏南北朝墓志集释》《汉魏南北朝墓志汇编》《西安碑林全集》。

提要：志文记载元孟辉的家族世系、生平、官职等情况。

*锜氏合邑廿人等造像碑

年代：北魏神龟三年（520）刻立。

形制：方首，四面造像碑，顶座皆佚。高 1.27 米，宽 0.57 米，厚 0.37 米。

行字：正文楷书 8 行，满行 28 字。

纹饰：正面上部龛内 3 尊造像。中佛结跏趺坐，高髻冠，短髭长须；罗衣下垂，且过座甚多，散披座下；衣纹重叠，美若舞衣，腰束宽带；两臂自然下垂，手置膝上，掌心向上；二胁侍侧立左右，但造型奇小。二龙交腹为龛楣。龛旁上部各有一圆形图饰，右圆内饰一金蟾，左圆内饰一乌鸟，当为日月之象。下部线刻供养人侧立像。龛下 3 层，首层正中为一高颈熏炉，其下均为线刻供养人像；右侧面上部龛内造像服饰如前，唯佛作法界定印。龛上图饰漫漶不清。背面上部龛内 3 尊造像，龛上二龙为楣，左右菩提对称，中间青鸟成双。龛座两侧各有线刻六齿象一只，龛下两层。首层居中为炉，炉左右为线刻侧立像，皆着冠，有长须，宽袍大袖，合掌执香炷，面炉而立。下层左刻有一蹲兽，舌吐口外，其右为凤夔图。左侧面上部龛内一尊造像，神态服饰同右龛。龛下为炉，炉下为线刻侧立像，再下为兽斗图。

出土：1913 年出土于耀县漆河，后迁于耀县文正书院。1936 年迁于耀县碑林，1955 年迁于耀县文化馆碑廊，1971 年迁于耀县药王山。

现藏：药王山博物馆。

著录：《药王山碑刻》。

提要：碑文记载神龟三年四月锜氏合邑 20 人等发愿造像之事。碑文题名的 20 余人中，除一县令、一邑正为王姓外，其余均为锜氏家族成员。碑中的六齿象、金蟾、乌鸟、蹲兽、雉鸡、倒立人等反映了北魏时期宗教意识、民族生活、社会文化等方面内容。

*神龟三年造像碑

年代：北魏神龟三年（520）刻立。

形制：螭首方座，座佚。高 1.63 米，宽 0.67 米，厚 0.14 米。

行字：正文隶书 17 行，满行 30 字。

纹饰：碑额饰龙、螭纹。

出土：1976 年出土于永寿县永泰乡。

现藏：永寿县文化馆。

备注：碑面风化严重。

提要：此碑为咸阳地区发现的年代较早的造像碑，虽然碑面风化严重，多数文字难以辨识，但其年款尚可辨识，其形制、刻工则属北魏时期造像的典型风格。

元君妻赵光墓志

全称：魏故元氏赵夫人墓志铭。

年代：北魏正光元年（520）刻。

形制：盖盝形，志长方形。志、盖尺寸相同。长 0.45 米，宽 0.41 米。

行字：盖文楷书 3 行，满行 4 字，题"魏故元氏赵夫人墓志铭"。志文楷书 20 行，满行 20 字。

出土：1926 年出土于洛阳姚凹村，1938 年经于右任捐藏西安碑林。

现藏：西安碑林博物馆。

著录：《汉魏南北朝墓志集释》《汉魏南北朝墓志汇编》《西安碑林全集》。

提要：志文记载赵光及其配偶元君的家族世系、生平等情况。

刘阿素墓志

全称：大魏正光元年岁在庚子魏宫内大监刘阿素墓志铭。

年代：北魏正光元年（520）刻。

形制：志长 0.45 米，宽 0.36 米。

行字：志文楷书 13 行，满行 16 字。

出土：1918 年出土于洛阳杨凹村，1938 年经于右任捐藏西安碑林。

现藏：西安碑林博物馆。

著录：《汉魏南北朝墓志集释》《汉魏南北朝墓志汇编》《西安碑林全集》。

提要：志文记载刘阿素的家族世系、生平等情况。刘阿素，正史无载。

叔孙协墓志

全称：魏平北将军怀朔镇都大将终广男叔孙公墓志铭。

年代：北魏正光元年（520）刻。

形制：志正方形。边长 0.38 米。

行字：正文楷书 16 行，满行 16—23 字不等。

出土：1929 年出土于洛阳翟泉镇，1938 年经于右任捐藏西安碑林。

现藏：西安碑林博物馆。

著录：《汉魏南北朝墓志集释》《西安碑林全集》《古志新目初编》。

提要：志文记载叔孙协的家族世系、生平、官职及配偶等。其曾任平北将军、怀朔镇将。

邵真墓志

全称：魏故河阳令假安定太守邵君墓志铭。

年代：北魏正光元年（520）刻。

形制：志长 0.98 米，宽 0.95 米。

行字：志文楷书 11 行，满行 15 字。

出土：1955 年出土于西安市任家村。

现藏：西安碑林博物馆。

著录：《西安碑林全集》《新中国出土墓志·陕西贰》。

备注：志石边残，志面有多处擦痕。

提要：志文记载邵真的家族世系、生平及历官等情况。

*正光元年造像碑

年代：北魏正光元年（520）刻立。

形制：螭首龟座。高 2.03 米，宽 0.70 米，厚 0.26 米。

行字：正文楷书，碑阳 29 行，满行 51 字；
　　　碑阴 32 行，满行 41 字。碑左 11 行，
　　　满行 40 字。碑右 10 行，满行 32 字。

纹饰：四面各有佛龛，正面线刻 8 个吉兽和
　　　6 个人物像，背面为盘龙。

出土：1999 年出土于泾阳县泾阳镇先锋村。

现藏：泾阳县太壶寺文物管理所。

提要：此碑是北魏佛教盛时社会民众对佛
　　　供养的功德碑，铭文为发愿造像人
　　　员姓名。

*王遗女墓志

年代：北魏正光二年（521）刻。

形制：志长 0.38 米，宽 0.35 米。

行字：志文楷书 15 行，满行 16 字。

出土：1919 年出土于洛阳杨凹村，1938 年经
　　　于右任捐藏西安碑林。

现藏：西安碑林博物馆。

著录：《汉魏南北朝墓志集释》《汉魏南北朝
　　　墓志汇编》。

提要：志文记载王遗女的生平等情况。

杨氏墓志

全称：大魏宫内司高唐县君杨氏墓志。

年代：北魏正光二年（521）刻。

形制：志长 0.37 米，宽 0.52 米。

行字：志文楷书 23 行，满行 16 字。

出土：1918 年出土于洛阳杨凹村，1938 年经
　　　于右任捐藏西安碑林。

现藏：西安碑林博物馆。

著录：《北朝墓志英华》《汉魏南北朝墓志集
　　　释》《汉魏南北朝墓志汇编》。

提要：志文记载高唐县君杨氏的家族世系及
　　　生平情况。杨氏祖父杨屈曾任北济州
　　　刺史，父杨景曾任平原太守。

张安姬墓志

全称：大魏正光二年岁在辛丑三月己巳朔
　　　二十九日丁酉宫第一品张墓志铭。

年代：北魏正光二年（521）刻。

形制：志、盖尺寸相同。长 0.47 米，宽 0.53 米。

行字：盖文楷书 2 行，满行 4 字，题"魏宫
　　　品一墓志铭"。志文楷书 16 行，满行
　　　15 字。

出土：1922 年出土于洛阳杨凹村，1938 年经
　　　于右任捐藏西安碑林。

现藏：西安碑林博物馆。

著录：《北朝墓志英华》《汉魏南北朝墓志集
　　　释》《西安碑林全集》。

提要：志文记载张安姬的家族世系、生平等
　　　情况。

穆纂墓志

全称：魏故东荆州长史征虏将军颍川太守
　　　穆君墓志铭。

年代：北魏正光二年（521）刻。

形制：志、盖尺寸相同。长 0.56 米，宽 0.55 米。

行字：盖文楷书，题"穆君墓志铭"。志文
　　　楷书 26 行，满行 26 字。

出土：1926 年出土于洛阳水泉村，1938 年
　　　经于右任捐藏西安碑林。

现藏：西安碑林博物馆。

著录：《北朝墓志英华》《汉魏南北朝墓志集
　　　释》《汉魏南北朝墓志汇编》。

提要：志文记载穆纂的家族世系、生平及历
　　　官等情况。其历官南荆州刺史、东荆
　　　州长史，赠颍川太守。

*锜麻仁合家一百廿九人造像碑

年代：北魏正光二年（521）刻立。

形制：四面造像碑，方首。高 1.57 米，宽

0.77 米，厚 0.15 米。

行字：正文楷书 5 行，满行 15－21 字不等。

纹饰：正面上部龛内 3 尊造像。中像盘膝正坐，高冠长须，左手下伸置膝上，右手上扬至胸，衣下垂过座。二胁侍殊小，分立左右。龛上有舞龙、飞凤图纹。龛左上方有一圆形图饰，内刻一乌鸟。龛下为供养人锜氏家族线刻侧立像 6 层。背面无龛，共有 9 层线刻供养人侧立像，皆为锜氏家族女眷。左侧面无龛亦无像，为锜氏家族题名。

出土：1913 年出土于耀县漆河，存耀县文正书院，1936 年迁于耀县碑林，1955 年迁于耀县文化馆碑廊，1971 年迁于耀县药王山。

现藏：药王山博物馆。

著录：《陕西金石志》《药王山碑刻》《陕西药王山碑刻艺术总集》。

备注：碑断裂为四，今依原貌黏合，惜有两小块残失。因上部残失，部分碑文受损。

提要：碑文记载正光二年锜麻仁合家 129 人造像之事。

*王氏兄弟造像碑

年代：北魏正光三年（522）刻立。

形制：四面刻。顶座皆佚，上下略有收分。高 2.01 米，宽 0.64 米，厚 0.54 米。

行字：正文楷书，正面行字数无法辨别。背面 18 行，满行 15 字。右侧 13 行，满行 15 字。左侧 19 行，满行 17 字。

纹饰：正面中上部开龛，龛内一佛二弟子。中部有小佛龛 52 个，上部纹饰不清。背面中上部开龛，龛内一佛二弟子，龛上部有花盖，两侧有璎珞，中部开 32 小佛龛，下部有僧人及供养人题名 32 人。右侧中上部开龛，龛内一佛二

弟子，龛上部及两侧有线刻纹饰，中部有小龛，龛内有一佛二弟子，龛顶部及两侧有线刻人物、屋脊、璎珞等图案，中部开小佛龛 54 个，下部为发愿文。

出土：原立于富平县莲湖小学内，2003 年移存富平县文庙。

现藏：富平县文庙。

备注：发愿文磨泐不清。

提要：碑文记载王氏兄弟造像之事。

元诩妃卢令媛墓志

全称：魏故充华嫔卢氏墓志铭。

年代：北魏正光三年（522）刻。

形制：志正方形。边长 0.57 米。

行字：志文楷书 23 行，满行 23 字。

出土：1926 年出土于洛阳小梁村，1938 年经于右任捐藏西安碑林。

现藏：西安碑林博物馆。

著录：《北朝墓志英华》《汉魏南北朝墓志集释》《西安碑林全集》。

提要：志文记载卢令媛的家族世系、生平等情况。

*正光四年造像碑

年代：北魏正光四年（523）刻立。

形制：四面造像碑，六螭首，座佚。高 2.19 米，宽 0.74 米，厚 0.19 米。

行字：正文楷书，正面 28 行，满行 19 字；背面 10 行，满行 40 字。左、右两侧均 10 行，满行 24 字。造像正面及背面上部均有宋人加刻楷书题记。正面 19 行，满行 10 字。背面 20 行，满行 10 字。

纹饰：四面龛内均造佛像。正面额上雕四只龙爪，龛内雕老子像，龛两侧雕邑师

像和姓名。背面额上雕四只大龙爪，拱形龛内雕一佛二菩萨，龛楣上雕 3 层 38 小佛龛，左侧龛雕有一佛，龛内雕像主及姓名，右侧雕邑子、邑师像和姓名。

出土：1981 年出土于临潼县徐阳乡邓王村。

现藏：西安市临潼博物馆。

著录：《临潼碑石》。

备注：又名《师录生造像碑》。四面龛内造像佛头均残损。

提要：碑文记载邑子 71 人于正光四年七月二十六日发愿造像之事。

元斌墓志

全称：魏故襄威将军大宗正丞元君墓志铭并序。

年代：北魏正光四年（523）刻。

形制：志正方形。边长 0.66 米。

行字：志文楷书 15 行，满行 31 字。

出土：1927 年出土于洛阳后海资村，1938 年经于右任捐藏西安碑林。

现藏：西安碑林博物馆。

著录：《北朝墓志英华》《汉魏南北朝墓志集释》《西安碑林全集》。

提要：志文记载元斌的家族世系、生平、历官等情况。其历官并州章武王骑兵参军事、光州征房录事参军、襄威将军、大宗正丞。

元仙墓志

全称：魏故镇远将军前军将军赠冠军将军正平太守元君之墓志铭。

年代：北魏正光四年（523）刻。

形制：志正方形。边长 0.55 米。

行字：志文楷书 25 行，满行 25 字。

出土：1927 年出土于洛阳徐家沟，1938 年经

于右任捐藏西安碑林。

现藏：西安碑林博物馆。

著录：《汉魏南北朝墓志汇编》《汉魏南北朝墓志集释》《西安碑林博物馆新藏墓志汇编》。

备注：墓志残成四块。

提要：志文记载元仙的家族世系、生平、历官等情况。其历官太子舍人、员外散骑侍郎、给事中、轻车将军、司空、皇子中兵参军、镇远将军、前军将军，赠冠军将军、正平太守。

元引墓志

全称：魏故龙骧将军元公墓志铭。

年代：北魏正光四年（523）刻。

形制：志正方形。边长 0.44 米。

行字：志文楷书 16 行，满行 15 字。

出土：1925 年出土于洛阳姚凹村，1938 年经于右任捐藏西安碑林。

现藏：西安碑林博物馆。

著录：《北朝墓志英华》《汉魏南北朝墓志集释》《汉魏南北朝墓志汇编》。

提要：志文记载元引的家族世系、生平、历官等情况。其历官虎贲中郎将、直阁将军、龙骧将军。

元秀墓志

全称：魏故假节督洛州诸军事龙骧将军洛州刺史河南元使君墓志铭。

年代：北魏正光四年（523）刻。

形制：志正方形。边长 0.66 米。

行字：志文楷书 24 行，满行 25 字。

出土：1926 年出土于洛阳伯乐凹村，1938 年经于右任捐藏西安碑林。

现藏：西安碑林博物馆。

著录：《北朝墓志英华》《汉魏南北朝墓志集

释》《西安碑林全集》。

提要：志文记载元秀的家族世系、生平等情况。

元灵曜墓志

全称：魏故征虏将军平州刺使君墓志序铭。

年代：北魏正光四年（523）刻。

形制：志正方形。边长 0.77 米。

行字：志文楷书 27 行，满行 27 字。

出土：1927 年出土于洛阳后海资村，1938 年经于右任捐藏西安碑林。

现藏：西安碑林博物馆。

著录：《北朝墓志英华》《汉魏南北朝墓志集释》《西安碑林全集》。

提要：志文记载元灵曜的家族世系、生平、历官及配偶尉氏的家族世系等情况。其历官轻车将军、尚书殿中郎中、射击校尉、镇远将军、右军将军、骁骑将军，诏赠征虏将军、平州刺史。

元谭妻司马氏墓志

全称：大魏元宗正夫人司马氏志铭。

年代：北魏正光四年（523）刻。

形制：志正方形。边长 0.57 米。

行字：志文楷书 20 行，满行 20 字。

出土：1927 年出土于洛阳安驾沟村，1938 年经于右任捐藏西安碑林。

现藏：西安碑林博物馆。

著录：《北朝墓志英华》《汉魏南北朝墓志集释》《西安碑林全集》。

提要：志文记载元谭妻司马氏的家族世系、生平及其夫君元谭的简况等。

王基墓志

全称：魏故处士王君墓志铭。

年代：北魏正光四年（523）刻。

形制：志正方形。边长 0.54 米。

行字：志文楷书 21 行，满行 24 字。

出土：1927 年出土于洛阳山岭头村，1938 年经于右任捐藏西安碑林。

现藏：西安碑林博物馆。

著录：《北朝墓志英华》《西安碑林全集》《汉魏南北朝墓志汇编》。

提要：志文记载王基的家族世系、生平等情况。

奚真墓志

全称：魏故孝廉奚君墓志铭。

年代：北魏正光四年（523）刻。

形制：志正方形。边长 0.47 米。

行字：志文楷书 20 行，满行 20 字。

出土：1926 年出土于孟津田沟村，1938 年经于右任捐藏西安碑林。

现藏：西安碑林博物馆。

著录：《北朝墓志英华》《汉魏南北朝墓志集释》《汉魏南北朝墓志汇编》。

提要：志文记载奚真的家族世系、生平及其配偶等情况。

*三县邑子二百五十人造像碑

年代：北魏正光四年（523）刻立。

形制：四面造像碑，顶盖下平而上斜，四周外出于碑身，上作瓦隆形，下部正中凿方臼，以纳碑身上榫。基座呈长方形，素面，上部凿臼，以纳碑身下榫。通高 2.20 米，宽 0.95 米，厚 0.30 米。

行字：正文楷书 8 行，满行 24 字。

纹饰：正面上部龛内为一尊结跏趺坐佛，二龙交腹为龛楣。龙首向外而内望，左右青鸟各一。龛左右皆分两层，上层内侧有线刻菩萨各一。右菩萨右手上扬至肩，左手曲肘贴胸部，持物不清，后有佛光圈及舟形背光。左菩萨略同，唯扬左手而贴右手。上层外侧各刻有二人，一圣僧，一侍主。圣僧持莲在前，侍主捧香随后。右侧上部龛内一尊造像，佛罗衣结跏趺坐，两手相交置腿上，手不外露。龛上纹饰不清。背面上部并列两龛，龛内各一尊造像，风格与正面相同。龛下为供养人线刻像。左侧上部一龛，款式与右侧相同。

出土： 原立于耀县青龙村，1980 年迁于耀县药王山。

现藏： 药王山博物馆。

著录： 《药王山碑刻》《陕西药王山碑刻艺术总集》。

备注： 此碑原名《青龙魏碑》，亦名《青龙碑》，为药王山现存唯一碑身、顶、座完整的造像碑。

提要： 此碑长期露立荒野，故漫漶严重，碑文无法辨识。但因碑之一侧背风，加之下部长期埋于土中，得到自然保护，故部分文字尚可辨识。在 250 人的邑子题名中，按姓氏而分，同琋氏最多，其次为夫蒙姓。同琋，一作"铜鞮"，西羌别种之一。东汉永初初年，西羌东掠赵魏，侵及河内，其一部聚居于今山西沁水上游铜鞮山一带，故以之为姓。晋元康年间，随郝散起义，失败后渡河西迁，居于北地诸县。后简作"同"姓。

杨顺妻吕法胜墓志

全称： 魏故洛州史君恒农简公杨懿之第四子妇天水吕夫人之殡志。

年代： 北魏正光四年（523）刻。

形制： 盖盝形，志正方形。志、盖尺寸相同。

边长 0.33 米。

行字： 志文楷书 9 行，满行 11 字。

出土： 1993 年出土于华阴市五方村杨氏墓茔。

现藏： 华阴市西岳庙文物管理处。

著录： 《华山碑石》《西岳庙碑石》《新出魏晋南北朝墓志疏证》。

备注： 此墓志与《杨顺墓志》同时同圹出土。

提要： 志文记载杨顺妻子吕法胜（字春儿）的卒年及葬地等信息。

*杨法暎夫妇造像碑

年代： 北魏正光五年（524）刻立。

形制： 高 1.57 米，宽 0.75 米，厚 0.27 米。

行字： 正文楷书 5 行，满行 8 字。

纹饰： 正面上部开两龛，龛内各有造像一尊，下部泐蚀不清。右侧上部开龛，龛内造像一尊，下部有供养人线刻像及题名。左侧上部开龛，龛内造像一尊，下部有供养人线刻及题名，底部刻发愿文。

出土： 出土于富平县长春乡檀山学校，时间不详。

现藏： 富平县文庙。

备注： 此碑阴附刻宋代安众寺碑记。

提要： 碑文记载杨法暎夫妇为求家族繁衍、福乐无边发愿造像之事。

郭显墓志

全称： 魏故中给事中谒者关西十州台使郭显墓志铭。

年代： 北魏正光五年（524）刻。

形制： 志长 0.49 米，宽 0.50 米。

行字： 志文楷书 22 行，满行 21 字。

出土： 1926 年出土于洛阳姚凹村，1938 年经于右任捐藏西安碑林。

现藏： 西安碑林博物馆。

著录：《北朝墓志英华》《汉魏南北朝墓志集释》《汉魏南北朝墓志汇编》。

提要：志文记载郭显的家族世系、生平、配偶、子嗣、官职等情况。

*元璨墓志

年代：北魏正光五年（524）刻。

形制：志正方形。边长 0.72 米。

行字：志文楷书 22 行，满行 26 字。

出土：1926 年出土于洛阳张羊村，1938 年经于右任捐藏西安碑林。

现藏：西安碑林博物馆。

著录：《北朝墓志英华》《汉魏南北朝墓志集释》《汉魏南北朝墓志汇编》。

提要：志文记载元璨的家族世系、生平、历官等情况。其历官秘书佐郎、司徒主簿、荆州长史、太中大夫、辅国将军、太常少卿，赠使持节左将军、齐州刺史，谥曰"文公"。

元宁墓志

全称：魏故轻车将军元府君墓志。

年代：北魏正光五年（524）刻。

形制：志正方形。边长 0.44 米。

行字：志文楷书 20 行，满行 20 字。

出土：1926 年出土于洛阳伯乐凹村，1938 年经于右任捐藏西安碑林。

现藏：西安碑林博物馆。

著录：《北朝墓志英华》《汉魏南北朝墓志集释》《汉魏南北朝墓志汇编》。

提要：志文记载元宁的家族世系、生平、历官等情况。其历官殿中将军、轻车将军。

元崇业墓志

全称：魏故持节辅国将军平州刺史元使君墓志铭。

年代：北魏正光五年（524）刻。

形制：志正方形。边长 0.53 米。

行字：志文楷书 20 行，满行 20 字。

出土：1927 年出土于洛阳安驾沟村，1938 年经于右任捐藏西安碑林。

现藏：西安碑林博物馆。

著录：《北朝墓志英华》《汉魏南北朝墓志集释》《汉魏南北朝墓志汇编》。

提要：志文记载元崇业的家族世系、生平、历官等情况。其历官秘书郎中、司徒录事参军、宁朔将军、员外散骑常侍，诏赠持节辅国将军、平州刺史。

檀宾墓志

全称：魏故龙骧将军平阳檀府君之墓志铭。

年代：北魏正光五年（524）刻。

形制：志正方形。边长 0.55 米。

行字：志文楷书 27 行，满行 27 字。

出土：洛阳出土，时间不详。1938 年经于右任捐藏西安碑林。

现藏：西安碑林博物馆。

著录：《北朝墓志英华》《汉魏南北朝墓志集释》《汉魏南北朝墓志汇编》。

提要：志文记载檀宾的家族世系、生平、历官等情况。其历官徐州刺史、宁朔将军、步兵校尉、左中郎将、建兴太守、魏郡太守、西河内史、龙骧将军、游击将军、平阳太守。

元平墓志

全称：大魏故宣威将军白水太守小剑戍主元公墓志铭。

年代：北魏正光五年（524）刻。

形制：志正方形。边长 0.49 米。

行字：志文楷书 18 行，满行 18 字。

出土：1925 年出土于洛阳姚凹村，1938 年经
于右任捐藏西安碑林。

现藏：西安碑林博物馆。

著录：《北朝墓志英华》《汉魏南北朝墓志集
释》《汉魏南北朝墓志汇编》。

提要：志文记载元平的家族世系、生平、
历官等情况。其历官青州安东府功
曹参军、宣威将军、白水太守、小
剑戍主。

*杜法真墓志

年代：北魏正光五年（524）刻。

形制：志、盖尺寸相同。边长 0.55 米。

行字：盖文楷书 1 行，共 4 字，题“杜傅母
铭”。志文楷书 12 行，满行 16 字。

出土：1932 年出土于洛阳南石山村，1938
年经于右任捐藏西安碑林。

现藏：西安碑林博物馆。

著录：《北朝墓志英华》《汉魏南北朝墓志集
释》《汉魏南北朝墓志汇编》。

提要：志文记载杜法真的籍贯、生平等。

元子直墓志

全称：魏故使持节散骑常侍安南将军都官
尚书冀州刺史元公墓志铭。

年代：北魏正光五年（524）刻。

形制：志正方形。边长 0.79 米。

行字：志文楷书 27 行，满行 31 字。

出土：1922 年出土于洛阳南陈庄村，1938 年
经于右任捐藏西安碑林。

现藏：西安碑林博物馆。

著录：《北朝墓志英华》《汉魏南北朝墓志集
释》《汉魏南北朝墓志汇编》。

提要：志文记载元子直的家族世系、生平、
历官等情况。其历官散骑郎、中书侍
郎、通直常侍、黄门侍郎、冠军将军、

梁州刺史，赠散骑常侍、安南将军、
都官尚书、冀州刺史，谥曰“穆公”。
元子直，《魏书》有载。

*仇臣生造像碑

年代：北魏正光五年（524）刻立。

形制：方首，双面刻。碑残损，残高 1.00
米，宽 0.42 米，厚 0.18 米。

行字：正文楷书 11 行，满行 18 字。有界格。

纹饰：正面上部残存半龛，就可见残龛判断，
龛内原有三尊造像。中佛结跏趺坐，
露右足，右手抚胸，左手扶膝，衣下
垂过座，二胁侍侧立。左侧面被后人
磨用，右侧线刻供养人及题名尚可辨。

出土：出土时间、地点不详，原为雷天一家
藏石。1938 年捐送耀县碑林，1955
年迁于耀县文化馆碑廊，1971 年迁于
耀县药王山。

现藏：药王山博物馆。

著录：《西京金石书画集》《药王山碑刻》。

备注：碑上部残失一段。

提要：碑文记载仇臣生发愿造像之事。文中
有多处俗体字，为研究魏碑俗体字提
供了一定的资料。

元宝月墓志

全称：魏故持节都督秦州诸军事平西将军秦
州刺史孝王墓志铭。

年代：北魏孝昌元年（525）刻。

形制：盖盝形，志长方形。志、盖尺寸相同。
长 0.70 米，宽 0.66 米。

行字：盖文篆书 3 行，满行 3 字，题“魏故
平西元王墓志铭”。志文楷书 29 行，
满行 30 字。

出土：1929 年出土于洛阳马坡村，1938 年
经于右任捐藏西安碑林。

现藏：西安碑林博物馆。

著录：《北朝墓志英华》《汉魏南北朝墓志集释》《汉魏南北朝墓志汇编》。

提要：此墓志详细记载了元宝月的家族世系、生平等情况。元宝月 23 岁亡，诏赠持节都督秦州诸军事、平西将军、秦州刺史，谥曰"孝王"。

元焕墓志

全称：魏故龙骧将军荆州刺史广川孝王墓志铭。

年代：北魏孝昌元年（525）刻。

形制：盖盝形，志长方形。志、盖尺寸相同。长 0.84 米，宽 0.86 米。

行字：盖文篆书 5 行，满行 5 字，题"魏故宁朔将军谏议大夫龙骧将军荆州刺史广川孝王墓志铭"。志文楷书 31 行，满行 30 字。

出土：1926 年出土于洛阳张羊村，1938 年经于右任捐藏西安碑林。

现藏：西安碑林博物馆。

著录：《北朝墓志英华》《汉魏南北朝墓志集释》《汉魏南北朝墓志汇编》。

备注：盖四角残。

提要：志文记载元焕的家族世系、生平、历官等情况。其历官宁朔将军、谏议大夫，赠龙骧将军、荆州刺史，谥曰"孝"。

元诱妻薛伯徽墓志

全称：魏故使持节仪同三司车骑大将军雍秦二州刺史都昌侯元公夫人薛氏墓志铭。

年代：北魏孝昌元年（525）刻。

形制：志长 0.77 米，宽 0.82 米。

行字：志文楷书 22 行，满行 23 字。

出土：1932 年出土于洛阳安驾沟村，1938 年经于右任捐藏西安碑林。

现藏：西安碑林博物馆。

著录：《北朝墓志英华》《汉魏南北朝墓志集释》《汉魏南北朝墓志汇编》。

提要：志文记载薛伯徽的家族世系、生平及配偶等情况。

元诱墓志

全称：魏故使持节车骑大将军仪同三司都督秦雍二州诸军事雍州刺史恭惠元公之墓志铭。

年代：北魏孝昌元年（525）刻。

形制：志正方形。边长 0.78 米。

行字：志文楷书 25 行，满行 25 字。

出土：1932 年出土于洛阳安驾沟村，1938 年经于右任捐藏西安碑林。

现藏：西安碑林博物馆。

著录：《北朝墓志英华》《汉魏南北朝墓志集释》《汉魏南北朝墓志汇编》。

提要：志文记载元诱的生平、历官及王子身份等情况。元诱初以王子知名，召为散骑侍郎，后迁太子中舍人、中庶子、卫尉少卿、南秦州刺史，赠使持节车骑大将军、都督秦雍二州诸军事、雍州刺史、都昌县侯，谥曰"恭惠公"。元诱，《魏书》有载。

*元义华墓志

年代：北魏孝昌元年（525）刻。

形制：志正方形。边长 0.26 米。

行字：志文楷书 9 行，满行 9 字。

出土：1956 年出土于西安市西郊土门。

现藏：西安碑林博物馆。

著录：《西安碑林全集》《新中国出土墓志·陕西贰》。

提要：志文记载元义华的家族世系、生平等情况。

公孙猗墓志

全称：魏故假节东夏州刺史公孙猗墓志铭。

年代：北魏孝昌二年（526）刻。

形制：盖盝形，志正方形。志、盖尺寸相同。边长 0.83 米。

行字：盖文篆书 4 行，满行 3 字，题"魏并夏二州使君公孙公墓志"。志文楷书 22 行，满行 26 字。

出土：1926 年出土于洛阳小梁村，1938 年经于右任捐藏西安碑林。

现藏：西安碑林博物馆。

著录：《北朝墓志英华》《汉魏南北朝墓志集释》《汉魏南北朝墓志汇编》。

提要：志文记载公孙猗的家族世系、生平、历官等情况。其历官武骑常侍、积射将军、给事中、赵兴太守、冠军将军、中散大夫、假节东夏州刺史、征虏将军，赠持节平北将军、并州刺史。

元珽墓志

全称：魏故左军将军司徒属赠持节督豫州诸军事龙骧将军豫州刺史河南元君墓志铭。

年代：北魏孝昌二年（526）刻。

形制：盖盝形，志正方形。志、盖尺寸相同。边长 0.48 米。

行字：盖文楷书 3 行，满行 4 字，题"魏故豫州刺史元珽墓志铭"。志文楷书 15 行，满行 18 字。

出土：1922 年出土于洛阳南陈庄村，1938 年经于右任捐藏西安碑林。

现藏：西安碑林博物馆。

著录：《北朝墓志英华》《汉魏南北朝墓志集释》《汉魏南北朝墓志汇编》。

提要：志文记载元珽的家族世系、生平、历官等情况。

杨乾墓志

全称：魏故清水太守恒农男杨公之墓志。

年代：北魏孝昌二年（526）刻。

形制：盖盝形，志正方形。志、盖尺寸相同。边长 0.60 米。

行字：盖文篆书 3 行，满行 3 字，题"魏故清水太守墓志"。志文楷书 23 行，满行 23 字。

出土：1929 年出土于洛阳后沟村，1938 年经于右任捐藏西安碑林。

现藏：西安碑林博物馆。

著录：《北朝墓志英华》《汉魏南北朝墓志集释》《汉魏南北朝墓志汇编》。

提要：志文记载杨乾的家族世系、生平、历官等情况。其曾任鹰扬将军，赠秦州清水太守。

秦洪墓志

全称：唯大魏孝昌二年岁次丙午十月丁卯朔十八日甲辰东莞太守秦府君墓志。

年代：北魏孝昌二年（526）刻。

形制：盖盝形，志正方形。志、盖尺寸相同。边长 0.43 米。

行字：盖文楷书 1 行 11 字，题"魏故东莞太守秦府君墓志"。志文楷书 21 行，满行 21 字。

出土：1926 年出土于洛阳小寨沟村，1938 年经于右任捐藏西安碑林。

现藏：西安碑林博物馆。

著录：《北朝墓志英华》《汉魏南北朝墓志集释》《西安碑林全集》。

提要：志文记载秦洪的家族世系、生平等情况。

侯刚墓志

全称： 魏故侍中使持节都督冀州诸军事车骑大将军仪同三司冀州刺史武阳县开国公侯君之墓志。

年代： 北魏孝昌二年（526）刻。

形制： 盖盝形，志正方形。志、盖尺寸相同。边长 0.82 米。

行字： 盖文篆书 4 行，满行 4 字，题"魏侍中车骑大将军仪同三司武阳公志"。志文楷书 33 行，满行 33 字。

撰书： 戴智深撰。

出土： 1927 年出土于洛阳马沟村，1938 年经于右任捐藏西安碑林。

现藏： 西安碑林博物馆。

著录：《北朝墓志英华》《汉魏南北朝墓志集释》《汉魏南北朝墓志汇编》。

提要： 志文记载侯刚的家族世系、生平、历官等情况。其历官虎威将军、奉车都尉、武卫将军、通直常侍、右卫将军、散骑常侍、卫尉卿、抚军将军、侍中卫将军、本州大中正、车骑将军、御史中尉、车骑大将军，赠冀州刺史、武阳县开国公。侯刚，《魏书》《北史》均有传。

丘哲妻鲜于仲儿墓志

全称： 大魏孝昌二年八月十八日故乞银曹比和真曹匹纥曹四曹尚书奏事给事洛州刺史河南河阴丘使君之长子威远将军太尉府功曹参军之命妇鲜于氏墓志。

年代： 北魏孝昌二年（526）刻。

形制： 志长 0.52 米，宽 0.58 米。

行字： 志文楷书 18 行，满行 20 字。

出土： 1927 年出土于洛阳马沟村，1938 年经于右任捐藏西安碑林。

现藏： 西安碑林博物馆。

著录：《北朝墓志英华》《汉魏南北朝墓志集释》《汉魏南北朝墓志汇编》。

备注： 与《丘哲墓志》一同出土。

提要： 志文记载鲜于仲儿的家族世系、生平及配偶等情况。

元恪嫔李氏墓志

全称： 魏故世宗宣武皇帝嫔墓志。

年代： 北魏孝昌二年（526）刻。

形制： 志正方形。边长 0.64 米。

行字： 志文楷书 20 行，满行 20 字。

出土： 1926 年出土于洛阳南石山村，1938 年经于右任捐藏西安碑林。

现藏： 西安碑林博物馆。

著录：《北朝墓志英华》《汉魏南北朝墓志集释》《汉魏南北朝墓志汇编》。

提要： 志文记载北魏世宗宣武皇帝嫔李氏的家族世系、生平等情况。

拓跋濬妻于仙姬墓志

全称： 魏帝先朝故于夫人墓志。

年代： 北魏孝昌二年（526）刻。

形制： 志、盖尺寸相同。长 0.46 米，宽 0.38 米。

行字： 盖文楷书 3 行，满行 4 字，题"大魏文成皇帝夫人于墓志铭" 12 字。志文楷书 13 行，满行 15 字。

出土： 1926 年出土于洛阳南石山村，1938 年经于右任捐藏西安碑林。

现藏： 西安碑林博物馆。

著录：《北朝墓志英华》《汉魏南北朝墓志集释》《汉魏南北朝墓志汇编》。

提要： 志文记载北魏文成皇帝夫人于仙姬的家族世系、生平等情况。

韦彧墓志

全称： 魏故使持节散骑常侍太常卿尚书都督

雍州诸军事抚军将军豫雍二州刺史
文烈公韦使君墓志铭。

年代： 北魏孝昌二年（526）刻。

形制： 志长 0.78 米，宽 0.62 米。

行字： 志文楷书 35 行，满行 44 字。

出土： 1998 年出土于长安县韦曲北原。

现藏： 西安市长安博物馆。

著录：《长安新出墓志》《长安碑刻》《新出魏晋南北朝墓志疏证》。

提要： 志文记载韦彧的家族世系、生平、婚姻、子嗣及历官情况。其历官司空中郎、司徒中郎领掾、大将军中郎、散骑侍郎、太常卿、假节督东豫州诸军事、平远将军、东豫州刺史、大将军长史、征虏将军、持节都督征幽军事、七兵尚书、西道行台、开国男，赠使持节都督雍州诸军事、抚军将军、雍州刺史。

于纂墓志

全称： 魏故银青光禄大夫于君墓志铭。

年代： 北魏孝昌二年（526）刻。

形制： 盖盝形，志正方形。志、盖尺寸相同。边长 0.67 米。

行字： 盖文楷书 3 行，满行 4 字，题"魏故银青光禄大夫于君墓志"。志文楷书 25 行，满行 24 字。

出土： 1926 年出土于洛阳伯乐凹村，1938 年经于右任捐藏西安碑林。

现藏： 西安碑林博物馆。

著录：《汉魏南北朝墓志集释》《汉魏南北朝墓志汇编》。

备注： 盖残断为四块。

提要： 志文记载于纂（字荣业）的家族世系、生平、历官等情况。其历官秘书郎、

符玺郎、通直散骑侍郎、辅国将军、中散大夫，加恒州大中正，赠银青光禄大夫。

元朗墓志

全称： 魏故安西将军银青光禄大夫元公墓志铭。

年代： 北魏孝昌二年（526）刻。

形制： 志正方形。边长 0.53 米。

行字： 志文楷书 29 行，满行 29 字。

出土： 1927 年出土于洛阳后李村，1938 年经于右任捐藏西安碑林。

现藏： 西安碑林博物馆。

著录：《北朝墓志英华》《汉魏南北朝墓志集释》《汉魏南北朝墓志汇编》。

提要： 志文记载元朗的家族世系、生平、历官等情况。其历官步兵校尉、左中郎将、直阁将军、持节征虏将军、平城镇将、河州刺史、行台尚书节度关右、使持节安西将军，赠持节安北将军、并州刺史。元朗，《魏书》《北史》有传。

伏君妻昝双仁墓志

全称： 大魏龙骧将军崇训太仆少卿中给事中明堂将伏君妻昝氏墓志铭。

年代： 北魏孝昌二年（526）刻。

形制： 志正方形。边长 0.50 米。

行字： 志文楷书 17 行，满行 17 字。

出土： 1926 年出土于洛阳东山岭头村，1938 年经于右任捐藏西安碑林。

现藏： 西安碑林博物馆。

著录：《汉魏南北朝墓志集释》《汉魏南北朝墓志汇编》《西安碑林全集》。

提要： 志文记载昝双仁的籍贯、生平及配偶等情况。

*孝昌三年造像碑

年代：北魏孝昌三年（527）刻立。

形制：四面造像碑，顶残座佚。高 1.51 米，宽 0.45 米，厚 0.23 米。

行字：正文楷书 30 行，满行字数无法辨识。

纹饰：正面龛内雕一佛，龛下共 6 层，线刻邑子、弟子像及题名。背面为道教造像，额部雕老子及仙童。

出土：1962 年出土于临潼县代王乡张贾村。

现藏：西安市临潼博物馆。

著录：《临潼碑石》。

提要：此碑正面保存较完好，其他三面漫漶，线条模糊。碑身下部发愿文多数字迹模糊，但落款处"孝昌三年四月八日"等字尚清晰可辨。

*董伟墓志

年代：北魏孝昌三年（527）刻。

形制：志长 0.37 米，宽 0.48 米。

行字：志文楷书 6 行，满行 12 字。

出土：1925 年出土于洛阳马沟村，1938 年经于右任捐藏西安碑林。

现藏：西安碑林博物馆。

著录：《北朝墓志英华》《汉魏南北朝墓志集释》《汉魏南北朝墓志汇编》。

提要：志文记载董伟曾任宣威将军、骑都尉。

苏屯墓志

全称：魏故密阳令武功苏君墓志铭。

年代：北魏孝昌三年（527）刻。

形制：志正方形。边长 0.36 米。

行字：志文楷书 17 行，满行 17 字。

出土：1929 年出土于洛阳太仓村，1938 年经于右任捐藏西安碑林。

现藏：西安碑林博物馆。

著录：《汉魏南北朝墓志集释》《汉魏南北朝墓志汇编》《西安碑林全集》。

提要：志文记载苏屯的家族世系、生平、官职等情况。

元融墓志

全称：使持节侍中司徒公都督雍华岐三州诸军事车骑大将军雍州刺史章武武壮王墓志铭。

年代：北魏孝昌三年（527）刻。

形制：志正方形。边长 0.85 米。

行字：志文楷书 35 行，满行 36 字。

出土：1935 年出土于洛阳郑凹村，1938 年经于右任捐藏西安碑林。

现藏：西安碑林博物馆。

著录：《北朝墓志英华》《西安碑林全集》《汉魏南北朝墓志汇编》。

提要：志文记载元融的家族世系、生平、历官等情况。其历官骁骑将军、并州刺史、青州刺史、抚军将军，赠使持节、侍中、司空、雍州刺史。元融，《北史》《魏书》有传。

和邃墓志

全称：魏故使持节后将军肆州刺史和君墓志铭。

年代：北魏孝昌三年（527）刻。

形制：盖盝形，志正方形。志、盖尺寸相同。边长 0.55 米。

行字：盖文篆书 3 行，满行 3 字，题"魏肆州刺史和君墓铭"。志文楷书 24 行，满行 24 字。

出土：1927 年出土于洛阳马沟村，1938 年经于右任捐藏西安碑林。

现藏：西安碑林博物馆。

著录：《北朝墓志英华》《汉魏南北朝墓志集释》《汉魏南北朝墓志汇编》。

备注：盖残破为 4 块。

提要：此墓志记载了和邃的家族世系、生平、历官等情况。其历官员外散骑侍郎、南台侍御、宁朔将军、左卫司马、镇远将军，赠使持节后将军、肆州刺史。

于纂墓志

全称：魏故假节征虏将军岐州刺史富平伯于君墓志铭。

年代：北魏孝昌三年（527）刻。

形制：志正方形。边长 0.55 米。

行字：志文楷书 27 行，满行 27 字。

出土：1910 年出土于洛阳刘家坡村，1938 年经于右任捐藏西安碑林。

现藏：西安碑林博物馆。

著录：《北朝墓志英华》《汉魏南北朝墓志集释》《汉魏南北朝墓志汇编》。

提要：志文记载于纂（字万年）的家族世系、生平、历官等情况。其历官明威将军、威远将军、平城镇平北府长史、宁远将军、怀朔镇冠军府长史、秀容太守、辅国将军兼大鸿胪卿，赠假节、征虏将军、岐州刺史。

宁懋墓志

全称：魏故横野将军甄官主簿宁君墓志。

年代：北魏孝昌三年（527）刻。

形制：志长 0.42 米，宽 0.41 米。

行字：志文楷书 17 行，满行 17 字。

出土：洛阳出土，时间不详。1938 年经于右任捐藏西安碑林。

现藏：西安碑林博物馆。

著录：《汉魏南北朝墓志集释》《汉魏南北朝墓志汇编》《西安碑林全集》。

备注：志文有剥蚀。

提要：志文记载宁懋的家族世系、生平、配偶、官职等情况。其官至横野将军、甄官主簿。

元谭墓志

全称：魏故使持节卫大将军仪同三司青州刺史城安县开国侯真惠元公墓志铭。

年代：北魏建义元年（528）刻。

形制：志正方形。边长 0.84 米。

行字：志文楷书 29 行，满行 30 字。

出土：1927 年出土于洛阳安驾沟村，1938 年经于右任捐藏西安碑林。

现藏：西安碑林博物馆。

著录：《汉魏南北朝墓志集释》《北朝墓志英华》《汉魏南北朝墓志汇编》。

备注：志文有剥蚀。

提要：志文记载元谭的家族世系、生平、历官等情况。其历官羽林监、高阳太守、直阁将军、太仆卿、冠军将军、大宗正卿、征虏将军、泾州刺史、平南将军、武卫将军、安北将军、幽州大都督、司徒左长史、安西将军、唐州刺史、秦州刺史，赠使持节卫大将军、仪同三司、青州刺史。元谭，《魏书》《北史》均有传。

唐耀墓志

全称：魏故持节左将军襄州刺史邹县男唐使君墓志铭。

年代：北魏建义元年（528）刻。

形制：志长 0.41 米，宽 0.40 米。

行字：志文楷书 21 行，满行 23 字。

出土：1920 年出土于洛阳马沟村，1938 年经于右任捐藏西安碑林。

现藏：西安碑林博物馆。

著录：《汉魏南北朝墓志集释》《北朝墓志英

华》《汉魏南北朝墓志汇编》。

提要：志文记载唐耀的家族世系、生平、
历官等情况。其历官中山王国中尉、
东秦州水曹参军、侍中、车骑大将
军、仪同三司、国子祭酒、奉东都
尉、游击将军。

元周安墓志

全称：故使持节卫大将军仪同三司定州刺史
俊仪县开国男墓志铭。

年代：北魏建义元年（528）刻。

形制：志正方形。边长 0.59 米。

行字：志文楷书 22 行，满行 22 字。

出土：1925 年出土于洛阳南陈庄村，1938
年经于右任捐藏西安碑林。

现藏：西安碑林博物馆。

著录：《汉魏南北朝墓志集释》《北朝墓志英
华》《汉魏南北朝墓志汇编》。

提要：志文记载元周安的家族世系、生平、
历官等情况。其历官羽林监、都水使
者、游击将军、城门校尉、营构明堂
都将、太仆少卿、通直散骑常侍、龙
骧将军，赠使持节卫大将军、仪同三
司、定州刺史。

元湛墓志

全称：魏故使持节征东将军仪同三司都督
青州诸军事青州刺史元使君墓志铭。

年代：北魏建义元年（528）刻。

形制：志正方形。边长 0.59 米。

行字：志文楷书 29 行，满行 28 字。

出土：1921 年出土于洛阳安驾沟村，1938
年经于右任捐藏西安碑林。

现藏：西安碑林博物馆。

著录：《汉魏南北朝墓志集释》《北朝墓志英
华》《西安碑林全集》。

提要：志文记载元湛的家族世系、生平、历
官等情况。其历官秘书著作郎、骑兵
参军、尚书左士郎中、左军将军、中
书侍郎、吏部郎中、前将军、通直散
骑常侍、卫尉少卿，赠使持节征东将
军、青州刺史。元湛，《魏书》有传。

吐谷浑氏墓志

全称：魏故武昌王妃吐谷浑氏墓志铭。

年代：北魏建义元年（528）刻。

形制：志长 0.50 米，宽 0.48 米。

行字：志文楷书 17 行，满行 17 字。

出土：1921 年出土于洛阳前海资村，1938
年经于右任捐藏西安碑林。

现藏：西安碑林博物馆。

著录：《汉魏南北朝墓志集释》《北朝墓志英
华》《汉魏南北朝墓志汇编》。

提要：志文记载吐谷浑氏的家族世系、生平
等情况。

元廠墓志

全称：魏故使持节中军将军征东大将军散
骑常侍瀛州刺史元君墓志铭。

年代：北魏建义元年（528）刻。

形制：志正方形。边长 0.66 米。

行字：志文楷书 22 行，满行 28 字。

出土：1921 年出土于洛阳安驾沟村，1938
年经于右任捐藏西安碑林。

现藏：西安碑林博物馆。

著录：《汉魏南北朝墓志集释》《北朝墓志英
华》《汉魏南北朝墓志汇编》。

提要：志文记载元廠的家族世系、生平、历
官等情况。其历官员外散骑侍郎、骑
兵参军、襄威将军、员外散骑常侍、
十州都将，赠使持节中军将军、瀛州
刺史、征东大将、散骑常侍。

元愔墓志

全称: 魏故辅国将军广州刺史元君墓志铭。

年代: 北魏建义元年（528）刻。

形制: 志长 0.60 米，宽 0.58 米。

行字: 志文楷书 22 行，满行 24 字。

出土: 洛阳出土，时间不详。1938 年经于右任捐藏西安碑林。

现藏: 西安碑林博物馆。

著录: 《汉魏南北朝墓志集释》《北朝墓志英华》《汉魏南北朝墓志汇编》。

提要: 志文记载元愔的家族世系及生平、历官等情况。其历官司空府参军、员外郎，赠辅国将军、假节、广州刺史。

元悛墓志

全称: 魏故龙骧将军太常少卿元君墓志铭。

年代: 北魏建义元年（528）刻。

形制: 志正方形。边长 0.57 米。

行字: 志文楷书 20 行，满行 21 字。

出土: 1926 年出土于孟津姚凹村，1938 年经于右任捐藏西安碑林。

现藏: 西安碑林博物馆。

著录: 《汉魏南北朝墓志集释》《北朝墓志英华》《汉魏南北朝墓志汇编》。

提要: 此墓志详细记载了元悛的家族世系及生平等情况。元悛 7 岁为国子学生，诏赠龙骧将军、太常少卿。

元信墓志

全称: 魏故假节龙骧将军晋州刺史元君墓志铭。

年代: 北魏建义元年（528）刻。

形制: 志正方形。边长 0.52 米。

行字: 志文楷书 21 行，满行 21 字。

出土: 1929 年出土于洛阳陈凹村，1938 年经于右任捐藏西安碑林。

现藏: 西安碑林博物馆。

著录: 《汉魏南北朝墓志集释》《北朝墓志英华》《汉魏南北朝墓志汇编》。

提要: 志文记载元信的家族世系、生平、历官等情况。其卒赠龙骧将军、晋州刺史。

元均之墓志

全称: 魏故平西将军瓜州刺史元君之墓铭。

年代: 北魏建义元年（528）刻。

形制: 方柱形。高 0.48 米，每面各宽 0.11 米。

行字: 三面刻楷书，第一面 5 行，第二面 4 行，第三面 3 行，共 12 行，满行 20 字。

出土: 1928 年出土于洛阳徐家沟、安驾沟村之间，1938 年经于右任捐藏西安碑林。

现藏: 西安碑林博物馆。

著录: 《汉魏南北朝墓志集释》《西安碑林全集》《河南金石志图》。

提要: 志文记载元均之的家族世系、生平、历官等情况。其历官瀛州平北府中兵参军、录事参军、赵郡太守，赠平西将军、瓜州刺史。

元顺墓志

全称: 魏故侍中骠骑大将军司空公领尚书令定州刺史东阿县开国公元公墓志铭。

年代: 北魏建义元年（528）刻。

形制: 志长 0.62 米，宽 0.61 米。

行字: 志文楷书 28 行，满行 34 字。

出土: 1937 年出土于洛阳柿园村，1938 年经于右任捐藏西安碑林。

现藏: 西安碑林博物馆。

著录: 《汉魏南北朝墓志集释》《北朝墓志英华》《汉魏南北朝墓志汇编》。

提要: 志文记载元顺的家族世系、生平、历官等情况。其历官给事中、中书侍郎、太常少卿、黄门郎、恒州刺史、安东将军、护军将军、散骑常侍、中军将军、吏部尚书、骠骑大将军，赠司空公、尚书令、定州刺史。元顺，《魏书》《北史》均有传。

元彝墓志

全称：魏故使持节都督青州诸军事车骑大将军仪同三司青州刺史任城王之墓志铭。

年代：北魏建义元年（528）刻。

形制：志长 0.50 米，宽 0.53 米。

行字：志文楷书 28 行，满行 28 字。

出土：1932 年出土于洛阳柿园村，1938 年经于右任捐藏西安碑林。

现藏：西安碑林博物馆。

著录：《汉魏南北朝墓志集释》《汉魏南北朝墓志汇编》《西安碑林全集》。

提要：志文记载元彝的家族世系、生平、历官等情况。其历官羽林监、骁骑将军、通直散骑常侍，赠车骑大将军、青州刺史，谥曰"文昭"。元彝，《魏书》《北史》均有传。

元瞻墓志

全称：魏故散骑常侍抚军将军金紫光禄大夫仪同三司车骑大将军司空公光兖雍三州刺史元公墓志铭。

年代：北魏建义元年（528）刻。

形制：志正方形。边长 0.84 米。

行字：志文楷书 32 行，满行 33 字。

出土：1932 年出土于洛阳柿园村，1938 年经于右任捐藏西安碑林。

现藏：西安碑林博物馆。

著录：《汉魏南北朝墓志集释》《北朝墓志英华》《汉魏南北朝墓志汇编》。

提要：志文记载元瞻的家族世系、生平、历官等情况。其历官步兵校尉、员外散骑常侍、前军将军、显武将军、龙骧将军、光州刺史、平南将军，赠车骑大将军、司空公、散骑常侍、雍州刺史。元瞻，《魏书》有传。

元子永墓志

全称：魏故镇军将军豫州刺史元使君墓志。

年代：北魏武泰元年（528）刻。

形制：志正方形。边长 0.44 米。

行字：志文楷书 20 行，满行 20 字。

出土：1926 年出土于洛阳陈庄村，1938 年经于右任捐藏西安碑林。

现藏：西安碑林博物馆。

著录：《汉魏南北朝墓志集释》《六朝墓志检要》《北朝墓志英华》。

备注：部分志文剥蚀。

提要：志文记载元子永的家族世系、生平、历官等情况。其历官给事中、冠军将军、员外散骑常侍，赠使持节镇军将军、豫州刺史。

穆君妻元洛神墓志

全称：魏故侍中司徒公太子太傅宜都军王穆君之曾孙故冠军将军散骑常侍驸马都尉恭侯孙故司徒左长史乘乾太守之元子伏波将军尚书北主客郎中大司农丞之命妇元氏墓志铭。

年代：北魏武泰元年（528）刻。

形制：盖盝形，志长方形。志、盖尺寸相同。长 0.69 米，宽 0.70 米。

行字：盖文楷书 3 行，满行 3 字，题"魏故穆氏元夫人墓志"。志文楷书 23 行，满行 24 字。

出土：1928 年出土于洛阳白鹿庄村，1938
年经于右任捐藏西安碑林。

现藏：西安碑林博物馆。

著录：《北朝墓志英华》《西安碑林全集》《汉
魏南北朝墓志汇编》。

提要：志文记载元洛神的家族世系、生平及
配偶等情况。

元举墓志

全称：维大魏武泰元年岁次戊申二月己丑朔
二十一日己酉故员外散骑侍郎元君
墓志铭。

年代：北魏武泰元年（528）刻。

形制：志长 0.42 米，宽 0.45 米。

行字：志文楷书 29 行，满行 26 字。

出土：1934 年出土于洛阳南陈庄村，1938
年经于右任捐藏西安碑林。

现藏：西安碑林博物馆。

著录：《汉魏南北朝墓志集释》《北朝墓志英
华》《汉魏南北朝墓志汇编》。

提要：志文记载元举（字景昇）的家族世系、
生平、历官等情况，其曾任青州骑兵
参军。

元举墓志

全称：魏故宁朔将军梁国镇将元君墓志铭。

年代：北魏武泰元年（528）刻。

形制：志长 0.48 米，宽 0.50 米。

行字：志文楷书 21 行，满行 20 字。

出土：1926 年出土于洛阳安驾沟村，1938
年经于右任捐藏西安碑林。

现藏：西安碑林博物馆。

著录：《北朝墓志英华》《西安碑林全集》。

提要：志文记载宁朔将军元举（字长融）的
家族世系、生平、历官等情况。其曾任
散骑侍郎，赠宁朔将军、梁国镇将。

元礼之墓志

全称：魏故安东将军光州刺史元使君墓志。

年代：北魏永安元年（528）刻。

形制：志正方形。边长 0.44 米。

行字：志文楷书 19 行，满行 19 字。

出土：1926 年出土于洛阳北陈庄村，1938
年经于右任捐藏西安碑林。

现藏：西安碑林博物馆。

著录：《汉魏南北朝墓志集释》《北朝墓志英
华》《汉魏南北朝墓志汇编》。

备注：志后刻"世妇鲁国唐氏"。

提要：志文记载元礼之的家族世系、生平、
历官等情况。其官至给事中，追赠使
持节安东将军、光州刺史。

杨暐墓志

全称：魏故使持节都督雍州诸军事卫将军
仪同三司雍州刺史杨公墓志。

年代：北魏建义元年（528）刻。

形制：志正方形。边长 0.45 米。

行字：志文楷书 21 行，满行 21 字。

出土：1989 年出土于华阴县五方村杨氏墓
茔，2003 年入藏西安碑林博物馆。

现藏：西安碑林博物馆。

著录：《华山碑石》《新出魏晋南北朝墓志疏
证》《西安碑林博物馆新藏墓志汇编》。

提要：志文记载杨暐的家族世系、生平、历
官等情况。其历官司徒西阁祭酒、司
空外兵参军、直阁将军、散骑侍郎、中
坚将军、尝食典御、冠军将军、通直散
骑常侍、安南将军、武卫将军、南北二
华州大中正，赠使持节都督雍州诸军
事、卫将军、仪同三司、雍州刺史。此
志末尾"太昌元年迁葬于华阴之旧茔"
数字与墓志其他文字不类，当为杨暐由
洛阳迁葬华阴时补刻。

丘哲墓志

全称：魏故使持节征虏将军华州诸军事华州
刺史丘公之墓志。

年代：北魏永安二年（529）刻。

形制：志正方形。边长 0.45 米。

行字：志文楷书 19 行，满行 19 字。

出土：1927 年出土于洛阳马家沟村，1938
年经于右任捐藏西安碑林。

现藏：西安碑林博物馆。

著录：《汉魏南北朝墓志集释》《北朝墓志英
华》《汉魏南北朝墓志汇编》。

备注：此志载墓主卒时为武泰元年正月廿一
日，次年十一月戊寅朔十九日丙申葬
于北芒之南。《丘哲妻鲜于仲儿墓志》
于同地出土。

提要：志文记载丘哲的家族世系、生平、历
官等情况。

王翊墓志

全称：魏故散骑常侍镇南将军金紫光禄大夫
领国子祭酒济州刺史王使君墓志。

年代：北魏永安二年（529）刻。

形制：志正方形。边长 0.46 米。

行字：志文楷书 30 行，满行 30 字。

出土：1926 年出土于洛阳马沟村，1938 年
经于右任捐藏西安碑林。

现藏：西安碑林博物馆。

著录：《汉魏南北朝墓志集释》《北朝墓志英
华》《汉魏南北朝墓志汇编》。

提要：志文记载王翊的家族世系、生平、历
官等情况。其历官秘书郎中、员外散
骑侍郎、襄威将军、司空主簿、中书
侍郎、济州刺史、平东将军、平南将
军、散骑常侍、安南将军、镇南将军、
国子祭酒。

筍景墓志

全称：魏故使持节卫大将军仪同三司冀州刺
史博野县开国公筍君之墓志铭。

年代：北魏永安二年（529）刻。

形制：盖盝形，志长方形。志、盖尺寸相同。
长 0.68 米，宽 0.74 米。

行字：盖文篆书 3 行，满行 3 字，题 "魏
故仪同筍使君墓铭"。志文楷书 27 行，
满行 26 字。

纹饰：盖四刹饰迦陵频伽、莲花、翼牛、翼
兔、火珠及云纹等。

出土：1928 年出土于洛阳陡沟村，1938 年
经于右任捐藏西安碑林。

现藏：西安碑林博物馆。

著录：《汉魏南北朝墓志集释》《北朝墓志英
华》《汉魏南北朝墓志汇编》。

提要：志文记载筍景的家族世系、生平、历
官等情况。其历官宁朔将军、帐内别
将、抚军将军，追赠卫大将军、冀州
刺史。

元继墓志

全称：大魏丞相江阳王墓志铭。

年代：北魏永安二年（529）刻。

形制：志、盖尺寸相同。志长 0.62 米，宽
0.68 米。

行字：盖文篆书 3 行，满行 3 字，题 "魏故
大丞相江阳王铭"。志文楷书 31 行，
满行 30 字。

出土：1927 年出土于洛阳大杨树村，1938
年经于右任捐藏西安碑林。

现藏：西安碑林博物馆。

著录：《汉魏南北朝墓志集释》《北朝墓志英
华》《汉魏南北朝墓志汇编》。

提要：志文记载元继的家族世系、生平、历

官等情况。其历官青州、恒州、司州等州牧，左卫将军，赠使持节都督雍泾岐华四州诸军事、雍州刺史等。

邢峦妻元纯陀墓志

全称： 魏故车骑大将军平舒文定邢公继夫人大觉寺比丘元尼墓志铭并序。

年代： 北魏永安二年（529）刻。

形制： 志正方形。边长 0.57 米。

行字： 志文楷书 29 行，满行 30 字。

出土： 洛阳出土，时间不详。1938 年经于右任捐藏西安碑林。

现藏： 西安碑林博物馆。

著录：《北朝墓志英华》《西安碑林全集》《汉魏南北朝墓志汇编》。

提要： 志文记载元纯陀的家族世系、生平及配偶等情况。

尔朱绍墓志

全称： 魏故使持节侍中骠骑大将军司徒公都督冀州诸军事冀州刺史赵郡开国公尔朱公之墓志铭。

年代： 北魏永安二年（529）刻。

形制： 志长 0.64 米，宽 0.75 米。

行字： 志文楷书 29 行，满行 26 字。

出土： 1928 年出土于洛阳十里头村，1938 年经于右任捐藏西安碑林。

现藏： 西安碑林博物馆。

著录：《汉魏南北朝墓志集释》《北朝墓志英华》《汉魏南北朝墓志汇编》。

提要： 志文记载尔朱绍的家族世系、生平、历官等情况。其历官宁朔将军、步兵校尉、抚军将军、散骑常侍、左卫将军、侍中、御史中丞，赠使持节骠骑大将军、司徒公、冀州刺史、赵郡开国公，谥曰"文贞"。

尔朱袭墓志

全称： 魏故使持节车骑大将军仪同三司都督定州诸军事定州刺史万年县开国伯尔朱君之墓志铭。

年代： 北魏永安二年（529）刻。

形制： 盖盝形。志、盖尺寸相同。长 0.64 米，宽 0.74 米。

行字： 盖文篆书 3 行，满行 3 字，题"魏故仪同尔朱君墓铭"。志文楷书 28 行，满行 26 字。

纹饰： 盖四周饰四神图案，四角饰夔纹。

出土： 1928 年出土于洛阳十里头村，1938 年经于右任捐藏西安碑林。

现藏： 西安碑林博物馆。

著录：《汉魏南北朝墓志集释》《北朝墓志英华》《汉魏南北朝墓志汇编》。

提要： 志文记载尔朱袭的家族世系、生平、历官等情况。其历官中坚将军、员外散骑常侍、右军都督，赠使持节车骑大将军、雍州刺史、定州刺史、万年县开国伯，谥曰"武恭"。

山徽墓志

全称： 魏故谏议大夫建城侯山君之墓铭。

年代： 北魏永安二年（529）刻。

形制： 志正方形。边长 0.51 米。

行字： 志文楷书 24 行，满行 24 字。

出土： 1929 年出土于洛阳后营村，1938 年经于右任捐藏西安碑林。

现藏： 西安碑林博物馆。

著录：《汉魏南北朝墓志集释》《北朝墓志英华》《汉魏南北朝墓志汇编》。

提要： 志文记载山徽的家族世系、生平、历官等情况。其历官定阳太守、威远将军、平北府司马，赠谏议大夫。

穆彦墓志

全称： 魏兖州故长史穆君墓志铭。

年代： 北魏永安二年（529）刻。

形制： 盖盝形。志、盖尺寸相同。长 0.43 米，宽 0.45 米。

行字： 盖文篆书 3 行，满行 3 字，题"魏故穆君之墓志铭"。志文楷书 23 行，满 23 字。

出土： 1928 年出土于洛阳白鹿庄村，1938 年经于右任捐藏西安碑林。

现藏： 西安碑林博物馆。

著录：《汉魏南北朝墓志集释》《北朝墓志英华》《汉魏南北朝墓志汇编》。

提要： 志文记载穆彦的家族世系、生平、历官等情况。其历官员外散骑侍郎、大司农丞、伏波将军、中坚将军、洛阳令、辅国将军。

*雷氏造像碑

年代： 北魏永安二年（529）刻立。

形制： 方首，三面刻。碑残损，残高 1.02 米，宽 0.76 米，厚 0.23 米。

行字： 正文楷书 17 行，满行 10 字。

纹饰： 正面中部龛内 3 尊造像，像残不清。龛上正中有一方头侏儒，两手上托，两腿下蹲弓张。左右为二神兽，为上部残龛下部之纹饰。龛右残缺不清，龛左上刻二窟，内各一佛。下为一鹿，鹿旁一童持幡而立。龛下前为一骑马人，左手执辔，右手前举，执物不清。后随四侍，一持华盖，三持菩提叶。背面上部残，下部为骑士图。左侧面为雷氏家族成员题名。

出土： 1927 年出土，地点不详。为雷天一收藏，1936 年捐送耀县碑林，1955 年迁于耀县文化馆碑廊，1971 年迁于耀县药王山。

现藏： 药王山博物馆。

著录：《药王山碑刻》《陕西药王山碑刻艺术总集》。

备注： 碑身上部残缺，右侧面残损。贺梓城先生称此碑为《雷汉仁造像碑》，石璋如先生称为《雷汉仁》，皆取供养人题名中"伯父雷汉仁"之名。

提要： 碑文记载雷氏发愿造像之事。残存碑文可辨"所愿如是□州建忠郡□□县……年七十六，今假忠部太守永安二年十一月戊寅朔十日辛亥"等字。

*李黑城造像碑

年代： 北魏永安三年（530）刻立。

形制： 砂石质。高 1.60 米，宽 0.51 米，厚 0.17 米。

行字： 正文楷书 12 行，满行 41 字。

纹饰： 碑额为交尾垂首蟠龙，碑首开拱形龛，龛中高浮雕一佛二菩萨，主尊头部已毁，圆形头光，半跏趺坐于高方座上，施说法印，两侧菩萨，头戴花蔓冠，颐颊稍丰，颈饰项圈披帛在胸前交叉下垂，然后上搭于肘部，下着羊肠裙。

出土： 出土于洛川县土基镇鄜城村，时间不详。

现藏： 洛川县博物馆。

著录：《考古与文物》（1984 年第 5 期）。

提要： 碑文记载李黑城等人发愿造像之事。

元液墓志

全称： 魏故使持节镇东将军冀州刺史长平县开国男元公墓志铭。

年代： 北魏永安三年（530）刻。

形制： 志长 0.63 米，宽 0.73 米。

行字： 志文楷书 36 行，满行 31 字。

出土： 1929 年出土于洛阳瓦店村，1938 年经于右任捐藏西安碑林。

现藏：西安碑林博物馆。

著录：《汉魏南北朝墓志集释》《汉魏南北朝墓志汇编》《北朝墓志英华》。

提要：志文记载元液的家族世系、生平、历官等情况。其历官外兵参军、征虏将军，赠使持节镇东将军、冀州刺史、长平县开国男。

寇霄墓志

全称：魏故先生寇君墓志。

年代：北魏永安三年（530）刻。

形制：志正方形。边长 0.50 米。

行字：志文楷书 19 行，满行 19 字。

出土：1925 年出土于洛阳拦驾沟村，1938 年经于右任捐藏西安碑林。

现藏：西安碑林博物馆。

著录：《汉魏南北朝墓志集释》《北朝墓志英华》《汉魏南北朝墓志汇编》。

提要：志文记载寇霄的家族世系、生平等情况。

元天穆墓志

全称：魏故使持节侍中太宰丞相柱国大将军假黄钺都督十州诸军事雍州刺史武昭王墓志。

年代：北魏普泰元年（531）刻。

形制：盖盝形，志正方形。志、盖尺寸相同。边长 0.83 米。

行字：盖文篆书 4 行，满行 4 字，题"黄钺柱国大将军丞相太宰武昭王墓志"。志文楷书 35 行，满行 36 字。

出土：1926 年出土于洛阳营庄村，1938 年经于右任捐藏西安碑林。

现藏：西安碑林博物馆。

著录：《汉魏南北朝墓志集释》《汉魏南北朝墓志汇编》《西安碑林全集》。

备注：右下角残。

提要：志文记载元天穆的家族世系、生平、历官等情况。其历官征虏将军、并州刺史、安北将军、京畿大都督、行台大都督、太宰，赠侍中、丞相、柱国大将军、雍州刺史，谥曰"武昭"。元天穆，《魏书》《北史》均有传。

*元弼墓志

年代：北魏普泰元年（531）刻。

形制：志正方形。边长 0.48 米。

行字：志文楷书 25 行，满行 27 字。

出土：1926 年出土于洛阳安驾沟村，1938 年经于右任捐藏西安碑林。

现藏：西安碑林博物馆。

著录：《汉魏南北朝墓志集释》《汉魏南北朝墓志汇编》《西安碑林全集》。

提要：志文记载元弼的家族世系、生平、历官等情况。其历官司空府行参军、羽林监直寝、龙骧将军、郢州防城别将、南兖州刺史、使持节智武将军、侍中、使持节征北大将军、尚书右仆射，封新兴县开国侯、新兴王。

赫连悦墓志

全称：魏故使持节镇北将军都督建兖华三州诸军事华州刺史罩平县开国伯赫连公墓志铭。

年代：北魏普泰元年（531）刻。

形制：志长 0.69 米，宽 0.67 米。

行字：志文楷书 30 行，满行 30 字。

出土：1936 年出土于洛阳北王村，1938 年经于右任捐藏西安碑林。

现藏：西安碑林博物馆。

著录：《北朝墓志英华》《西安碑林全集》《汉

魏南北朝墓志汇编》。

提要： 志文记载赫连悦的家族世系、生平、历官及配偶等情况。其历官宁朔将军、员外散骑常侍、直阁将军、持节龙骧将军、建州刺史、冠军将军、河内太守、使持节北道大都督、使持节平东将军、兖州刺史、河内太守，诏赠使持节镇北将军、华州刺史。

元诲墓志

全称： 魏故司徒范阳王墓铭。

年代： 北魏普泰元年（531）刻。

形制： 盖正方形。边长 0.64 米。

行字： 盖文篆书 3 行，满行 3 字，题"魏故司徒范阳王墓铭"。志文楷书 27 行，满行 27 字。

纹饰： 盖四侧饰忍冬、荷花及朱雀等纹样。

出土： 洛阳出土，时间不详。1938 年经于右任捐藏西安碑林。

现藏： 西安碑林博物馆。

著录：《汉魏南北朝墓志汇编》《六朝墓志检要》。

备注： 志石今佚，仅存志盖。国家图书馆藏有志石拓本。

提要： 墓主元诲，字孝规，河南洛阳人，魏孝文帝之孙，广平武穆王元怀之子。其历官散骑侍郎、城门校尉、通直常侍、太常少卿、武卫将军、散骑常侍、河南中正、抚军将军、平西将军、潼关都督、左光禄大夫、车骑将军，封范阳王，赠使持节骠骑大将军、司徒公、冀州刺史，谥曰"文景王"。

韩震墓志

全称： 魏故使持节都督恒州诸军事前将军恒州刺史韩使君墓志铭。

年代： 北魏普泰二年（532）刻。

形制： 志长 0.53 米，宽 0.54 米。

行字： 志文楷书，志阳 20 行，满行 27 字；志阴 20 行，满行 22 字。

撰书： 韩光撰。

出土： 1926 年出土于洛阳游王庄村，1938 年经于右任捐藏西安碑林。

现藏： 西安碑林博物馆。

著录：《北朝墓志英华》《汉魏南北朝墓志集释》《汉魏南北朝墓志汇编》。

提要： 志文记载韩震的家族世系、生平、历官等情况。其历官平北主簿、襄威将军、秀容令、桑乾太守，赠使持节都督恒州诸军事、前将军、恒州刺史。

杨顺墓志

全称： 魏故太尉公录尚书事相州刺史杨公墓志铭。

年代： 北魏太昌元年（532）刻。

形制： 志正方形。边长 0.51 米。

行字： 志文楷书 19 行，满行 26 字。

出土： 1993 年出土于华阴市五方村杨氏墓茔。

现藏： 华阴市西岳庙文物管理处。

著录：《华山碑石》《西岳庙碑石》《新出魏晋南北朝墓志疏证》。

备注： 杨顺墓为夫妇合葬墓，其妻子吕法胜墓志为正光四年（523）所刻。

提要： 志文记载杨顺的名字、籍贯、家族世系、生平和历官情况。其历官员外散骑常侍、镇远将军、直阁将军、辅国将军、骁骑将军、平西将军、银青光禄大夫、武卫将军、北中郎将、太仆卿、冀州刺史、天柱府长史、征东将军、右光禄大夫、骠骑将军、左光禄大夫，封三门县开国伯。

杨侃墓志

全称： 魏故车骑大将军开府仪同三司秦州刺史杨君墓志铭。

年代： 北魏太昌元年（532）刻。

形制： 志正方形。边长 0.50 米。

行字： 志文楷书 21 行，满行 26 字。

出土： 1986 年出土于华阴县五方村杨氏墓茔。

现藏： 华阴市西岳庙文物管理处。

著录：《华山碑石》《西岳庙碑石》《新出魏晋南北朝墓志疏证》。

提要： 志文记载墓主杨侃的姓氏、籍贯、家族世系、生平和历官情况。其历官骑兵抚军府录事参军、车骑大将军府录事参军、谏议大夫、行台左丞、通直散骑常侍、冠军将军、东雍州刺史、岐州刺史、度支尚书、镇军将军、给事黄门侍郎、金紫光禄大夫，袭爵华阴伯，封济北郡开国公。

杨遁墓志

全称： 魏故车骑大将军仪同三司幽州刺史杨君墓志铭。

年代： 北魏太昌元年（532）刻。

形制： 志长 0.57 米，宽 0.50 米。

行字： 志文楷书 26 行，满行 26 字。

出土： 1985 年出土于华阴县五方村杨氏墓茔。

现藏： 华阴市西岳庙文物管理处。

著录：《华山碑石》《西岳庙碑石》《新出魏晋南北朝墓志疏证》。

提要： 志文记载杨遁的家族世系、生平、历官情况。

元项墓志

全称： 魏故使持节侍中太尉公尚书令骠骑大将军都督雍华岐三州诸军事雍州刺史东海王墓志铭。

年代： 北魏太昌元年（532）刻。

形制： 志长 0.67 米，宽 0.73 米。

行字： 志文楷书 32 行，满行 28 字。

出土： 1920 年出土于洛阳南陈庄村，1938 年经于右任捐藏西安碑林。

现藏： 西安碑林博物馆。

著录：《北朝墓志英华》《汉魏南北朝墓志集释》《汉魏南北朝墓志汇编》。

备注： 志石断为两块。

提要： 志文记载元项的家族世系、生平、历官等情况，其历官散骑侍郎、中书郎、武卫将军、光禄卿、给事黄门侍郎、平北将军、相州刺史、中军将军、大宗正卿、侍中、车骑将军、中书监、本将军、尚书左仆射，追赠使持节侍中、太尉公、尚书令、骠骑大将军、都督雍华岐三州诸军事、雍州刺史。元项，《魏书》《北史》均有传。

元馗墓志

全称： 魏故司空府参军事元君墓志铭。

年代： 北魏太昌元年（532）刻。

形制： 志正方形。边长 0.44 米。

行字： 志文楷书 16 行，满行 18 字。

出土： 1927 年出土于洛阳前海资村，1938 年经于右任捐藏西安碑林。

现藏： 西安碑林博物馆。

著录：《北朝墓志英华》《汉魏南北朝墓志集释》《汉魏南北朝墓志汇编》。

提要： 志文记载元馗的家族世系、生平、官职等情况。元馗年十七卒于华阴，赠使持节都督徐州诸军事、辅国将军、徐州刺史。

*元袭墓志

年代： 北魏太昌元年（532）刻。

形制： 志长 0.50 米，宽 0.52 米。

行字： 志文楷书 26 行，满行 28 字。

出土： 1927 年出土于洛阳安驾沟村，1938 年经于右任捐藏西安碑林。

现藏： 西安碑林博物馆。

著录： 《北朝墓志英华》《汉魏南北朝墓志集释》《汉魏南北朝墓志汇编》。

提要： 志文记载元袭的家族世系、生平、历官等情况。其历官著作佐郎、司徒主簿、辅国将军、直阁将军、河东太守、平东将军，诏赠使持节散骑常侍、都督青州诸军事、中军大将军、青州刺史，谥曰"文公"。

于君妻和醜仁墓志

全称： 魏故平州刺史钜鹿郡开国公于君妻和夫人之墓志铭。

年代： 北魏太昌元年（532）刻。

形制： 志正方形。边长 0.50 米。

行字： 志文楷书 20 行，满行 22 字。

出土： 1926 年出土于洛阳伯乐凹村，1938 年经于右任捐藏西安碑林。

现藏： 西安碑林博物馆。

著录： 《北朝墓志英华》《汉魏南北朝墓志集释》《汉魏南北朝墓志汇编》。

提要： 志文记载于君妻和醜仁的家族世系、生平等情况。

*薛孝通墓志

年代： 北魏太昌元年（532）刻。

形制： 志长 0.28 米，宽 0.39 米。

行字： 志文隶书 17 行，满行 12 字。有方界格。

出土： 洛阳出土，时间不详。1938 年经于

右任捐藏西安碑林。

现藏： 西安碑林博物馆。

著录： 《汉魏南北朝墓志汇编》《六朝墓志检要》《鸳鸯七志斋藏石》。

备注： 墓志边剥蚀，字迹不清。《汉魏南北朝墓志汇编》《六朝墓志检要》均以此志为伪刻。

提要： 志文记载薛孝通的家族世系、官职、生平等情况。志首题"大魏太昌元年□月十八日代郡刺史薛孝通历叙世代赊后券"。

王悦暨妻郭氏墓志

全称： 魏故使持节平西将军秦洛二州刺史王使君郭夫人墓志铭。

年代： 北魏永熙二年（533）刻。

形制： 志长 0.66 米，宽 0.64 米。

行字： 志文楷书 25 行，满行 25 字。

出土： 1927 年出土于洛阳山岭头村，1938 年经于右任捐藏西安碑林。

现藏： 西安碑林博物馆。

著录： 《北朝墓志英华》《汉魏南北朝墓志集释》《汉魏南北朝墓志汇编》。

提要： 墓志记载了王悦的家族世系、生平、历官及配偶郭氏等情况。其历官强弩将军、侍御都水使者、宁远将军、奉车都尉、冠军将军、略阳太守、征虏将军、侍御史，赠持节平西将军、洛州刺史、秦州刺史，谥曰"简公"。

乞伏宝墓志

全称： 魏故使持节都督河凉二州诸军事卫大将军河州刺史宁国伯乞伏君墓志。

年代： 北魏永熙二年（533）刻。

形制： 志正方形。边长 0.62 米。

行字： 志文楷书 30 行，满行 30 字。

出土：1928 年出土于洛阳白鹿庄村，1938
年经于右任捐藏西安碑林。

现藏：西安碑林博物馆。

著录：《北朝墓志英华》《西安碑林全集》《汉
魏南北朝墓志汇编》。

提要：志文记载乞伏宝的家族世系、生平、
历官等情况。其历官给事中、威远将
军、羽林监、步兵校尉、邢关都将、
显武将军、左中郎将、鄯善镇将、武
卫将军、平南将军、左卫大鸿胪卿、
镇南将军、襄州刺史，赠使持节卫大
将军、河州刺史。

张宁墓志

全称：大魏永熙二年岁次癸丑八月丁巳朔廿
八日甲申故持节督南岐州诸军事前
将军南岐州刺史张君之墓志。

年代：北魏永熙二年（533）刻。

形制：盖盝形，志正方形。志、盖尺寸相同。
边长 0.46 米。

行字：盖文篆书 3 行，满行 3 字，题"魏故
岐州刺史张君铭"。志文楷书 25 行，
满行 25 字。

出土：1932 年出土于洛阳太仓村，1938 年
经于右任捐藏西安碑林。

现藏：西安碑林博物馆。

著录：《北朝墓志英华》《汉魏南北朝墓志集
释》《汉魏南北朝墓志汇编》。

提要：志文记载张宁的家族世系、生平、历
官等情况。其历官殿中内监、广武将
军，赠持节督南岐州诸军事、前将军、
南岐州刺史。

元爽墓志

全称：魏故使持节都督泾岐秦三州诸军事卫
大将军秦州刺史尚书左仆射元公墓

志铭。

年代：北魏永熙二年（533）刻。

形制：志正方形。边长 0.83 米。

行字：志文楷书 26 行，满行 26 字。

出土：1928 年出土于洛阳董家村，1938 年
经于右任捐藏西安碑林。

现藏：西安碑林博物馆。

著录：《北朝墓志英华》《汉魏南北朝墓志集
释》《汉魏南北朝墓志汇编》。

提要：志文记载元爽的家族世系、生平、历
官及子嗣等情况。其历官员外散骑侍
郎、秘书郎中、轻车将军、宁朔将军、
给事黄门侍郎、平东将军、散骑常侍、
征东将军、卫将军，赠使持节都督泾
岐秦三州诸军事、秦州刺史、尚书左
仆射。

元肃墓志

全称：魏故使持节侍中司徒公鲁郡王墓志铭。

年代：北魏永熙二年（533）刻。

形制：志正方形。边长 0.53 米。

行字：志文楷书 23 行，满行 23 字。

出土：1926 年出土于洛阳安驾沟村，1938
年经于右任捐藏西安碑林。

现藏：西安碑林博物馆。

著录：《北朝墓志英华》《汉魏南北朝墓志集
释》《汉魏南北朝墓志汇编》。

备注：左下角残。

提要：志文记载元肃的家族世系、生平、历
官等情况。其历官兖州平东府录事参
军、徐州安东府录事参军、给事中、
散骑常侍、持节后将军、广州刺史、
肆州刺史、青州刺史，赠侍中、骠骑
大将军、司徒公、都督并恒二州诸军
事、并州刺史、鲁郡王。

*僎蒙文姬嫦姬娥合邑卅一人造像碑

年代：北魏永熙二年（533）刻立。

形制：四面造像碑，方首。碑残损，残高 0.90 米，宽 0.67 米，厚 0.38 米。

行字：正文楷书 7 行，满行 20 字。

撰书：夫蒙显达书。

纹饰：正面上部龛内 3 尊造像。中佛结跏趺坐，衣长过座，二胁侍分立左右。龛上部残缺。龛座左右有线刻方头怪兽各一，龛下为线刻供养人立像两层及题名。右侧上段残，下部可见线刻供养人像及题名四层。背面上部一龛，形式与正面相同，龛下两层线刻供养人像及题名。

出土：1934 年出土于耀县漆河，存耀县碑林。1955 年迁于耀县文化馆碑廊，1971 年迁于耀县药王山。

现藏：药王山博物馆。

著录：《药王山碑刻》。

备注：碑身上段残失。四面剥蚀情况不一，正面最为严重，纹饰几不可辨识。背面、右侧面次之，左侧面较为清晰。

提要：碑文记载僎蒙文姬、嫦姬娥等合邑发愿造像之事。此外，北魏造像碑署书人姓名者较为少见，此碑为药王山博物馆现存北魏造像碑中唯一署书者之碑。

*永兴二年造像碑

年代：北魏永兴二年（533）刻立。

形制：四棱柱形，上窄下宽。高 1.18 米，顶部边宽 0.23—0.24 米，底部边宽 0.31—0.33 米。

行字：正文楷书，四面共约 40 行，满行 10—11 字不等。

纹饰：四面上部均开拱形佛龛，龛内皆有结跏趺坐释迦造像。释迦右手上举外扬，左手向下，作说法式。两胁侍跣足分立左右。龛外上下均有浮雕画像。

出土：原在户县庞光镇东焦蒋村北云游寺遗址，1951 年移放于西焦蒋村云际寺，后立于户县县城钟楼洞内。

现藏：户县文庙。

著录：《户县碑刻》。

备注：两面记文较为清晰，一面题名局部漫漶，另一面文字磨灭殆尽。

提要：碑文记载永兴二年癸丑杨、张、胡、常等邑子发愿造像之事。

杜法师墓志

全称：魏故昭玄沙门大统僧令法师墓志铭。

年代：北魏永熙三年（534）刻。

形制：志长 0.53 米，宽 0.52 米。

行字：盖文楷书 4 行，满行 4 字，题"大魏故昭玄沙门大统令法师之墓志铭"。志文楷书 21 行，满行 22 字。

出土：出土时间、地点不详，1938 年经于右任捐藏西安碑林。

现藏：西安碑林博物馆。

著录：《北朝墓志英华》《汉魏南北朝墓志汇编》《西安碑林全集》。

提要：志文记载昭玄沙门大统僧令杜法师之生平。

*北魏造像碑额（甲）

年代：北魏时期（386—534）刻立。

形制：青石质，六螭首。碑残损，残高 0.90 米，宽 0.68 米。

行字：正文楷书 4 行，行残存 4—10 字不等。

纹饰：正面上下各开一龛。上龛内雕一坐佛，结跏趺坐于覆莲座上，身着褒衣博带式袈裟，内着僧祇支，胸前束带，打有一结，佛作禅定印。下龛为方形，仅存部分框架，龛楣有线刻垂帐，两侧各有璎珞。背面佛龛形式与正面基本相同。两侧螭首下各开一龛，尖拱顶。左侧龛内残存造像头部，有馒头状肉髻，圆脸；右侧龛中有 3 尊造像，仅存上部少许。

出土： 1996 年出土于白水县白水中学宋妙觉寺地宫。

现藏： 白水县文物管理委员会。

著录：《考古与文物》（2005 年第 4 期）。

备注： 造像碑身佚，仅存碑额。额下方有二不规则圆柱形凹槽，为与碑身套合的卯。发掘报告命名为《北魏 1 号造像》。

提要： 该造像风格粗犷，为北魏时期造像的典型风格，亦为白水地区较为少见的北魏造像实物。铭文可辨"上堪象主外兵曹路猿贵""上堪象主外兵曹路猿贵/北面光明主伏波将军奉车都□"等字。

*北魏造像碑额（乙）

年代： 北魏时期（386—534）刻立。

形制： 青石质，六螭首。残高 0.76 米，碑宽 0.48 米，厚 0.28 米。

行字： 正文楷书 9 行，行残存 2—9 字不等。

纹饰： 正面上下各开一龛。上龛位于碑额正中，雕坐佛一尊，结跏趺坐于须弥座上，身着双领下垂式袈裟，内着僧祇支，胸前束带有结。下龛为方形，仅存上部少许，龛内雕一佛二菩萨，头部以下均残。背面佛龛形式与正面基本相同，但残损状况略重于正面佛龛。侧面破损严重，其形制内容无法判断。

出土： 1996 年出土于白水县白水中学宋妙觉寺地宫。

现藏： 白水县文物管理委员会。

著录：《考古与文物》（2005 年第 4 期）。

备注： 造像碑身佚，仅存碑额。发掘报告命名为《北魏 2 号造像》。

提要： 铭文可辨"南面菩萨主雷阿王/南面上龛主伏波将军/开明主王元揽/齐王"等字。

杨君墓志盖

全称： 大魏清川侯杨君墓志。

年代： 北魏时期（386—534）刻。

形制： 盖正方形。边长 0.58 米。

行字： 盖文楷书 3 行，满行 3 字。

出土： 出土时间、地点不详。

现藏： 潼关县东门博物馆。

著录： 未见著录。

备注： 志石佚，仅存志盖。

吴公墓志盖

全称： 大将军□□□□华山郡开国公吴公墓志。

年代： 北魏时期（386—534）刻。

形制： 盖长 0.51 米，宽 0.52 米。

行字： 盖文楷书 4 行，满行 4 字。

出土： 出土时间、地点不详。

现藏： 潼关县东门博物馆。

著录： 未见著录。

备注： 志石佚，仅存志盖。

*北魏无字造像碑

年代： 北魏时期（386—534）刻立。

形制： 圆首。高 0.46 米，宽 0.27 米，厚 0.12 米。

纹饰： 龛上部有线刻发愿人像两个及线刻鹤、蛇等图案，龛内为一佛二弟子。

出土： 出土时间、地点不详。

现藏： 白水县文物管理委员会。

著录：未见著录。

提要：此碑为北魏时期小型造像石，是信徒
祈祷供奉所用，无铭文。

*雷氏造像碑

年代：北魏时期（386—534）刻立。

形制：高 0.47 米，宽 0.35 米，厚 0.14 米。

行字：正文楷书，背面 11 行，满行 12 字；
左侧 3 行，每行 12 字；右侧 4 行，
共 14 字。

纹饰：正面雕 5 排佛像，每排 6 尊。

出土：出土时间、地点不详。

现藏：白水县文物管理委员会。

著录：未见著录。

备注：右下角残，部分文字受损。

提要：据残损铭文可知，为当时雷氏家族成
员发愿造像。尽管造像残损严重，但
北魏造像风格仍清晰可辨。

*北魏造像碑（甲）

年代：北魏时期（386—534）刻立。

形制：圆首。高 0.62 米，宽 0.32 米，厚
0.20 米。

行字：正文楷书 11 行，满行 6 字。

纹饰：碑身四周各有浮雕造像 1 尊。

出土：出土时间、地点不详。

现藏：眉县文化馆。

提要：该造像碑碑文均漫灭、无法辨识。

*北魏造像碑（乙）

年代：北魏时期（386—534）刻立。

形制：高 0.38 米，宽 0.20 米，厚 0.12 米。

纹饰：碑额饰双龙纹，碑身一侧饰火焰纹。

出土：2004 年出土于眉县金渠镇红星村。

现藏：眉县文化馆。

提要：该造像碑形制独特，时代特征明显，
为北魏时期的宗教文物。

*北魏造像碑（丙）

年代：北魏时期（386—534）刻立。

形制：四面造像碑。高 1.17 米，宽 0.51 米，
厚 0.30 米。

行字：正文楷书，字已漫漶不清。

纹饰：正面上部佛龛内为立尊造像，下部为
铭文。左面为 3 尊造像，下部为铭文。
右面上部佛龛内为 3 尊造像，下部为
铭文。背面上部佛龛内五尊造像，下
部为铭文。造像莲台为高台式，莲瓣
清晰可辨。

出土：出土时间、地点不详。

现藏：蓝田县蔡文姬纪念馆。

提要：此碑风化严重，造像面目已不清晰，
碑身铭文字迹亦漫漶不清，但雕刻
及文字风格仍可辨认，属北魏时期
作品。

*杨穆墓志

年代：北魏时期（386—534）刻。

形制：志长 0.33 米，宽 0.30 米。

行字：志文楷书 8 行，满行 10 字。

出土：1993 年出土于华阴市五方村杨氏墓茔。

现藏：华阴市西岳庙文物管理处。

著录：《华山碑石》《西岳庙碑石》《西安碑
林全集》。

提要：志文记载杨穆的籍贯、世系、生平及
历官情况。

*北魏造像碑

年代：北魏时期（386—534）刻立。

形制：四面造像碑，六螭首。高 1.18 米，宽
0.68 米，厚 0.42 米。

纹饰：分为上下两层，龛内均为一佛二菩萨。背面形式与正面相同。左侧顶部三条龙头，下部龛内一尊佛像。右侧形式与左侧相同。

出土：出土于蓝田县普化镇岱底村，时间不详。

现藏：蓝田县蔡文姬纪念馆。

备注：座佚，仅存碑身，造像残损，无铭文。

提要：此碑虽无铭文，但从造像风格来看，属于北魏时期作品。

元公墓志盖

全称：元公墓志铭。

年代：北魏时期（386—534）刻。

形制：盖长 0.69 米，宽 0.71 米。

行字：盖文篆书 1 行，满行 5 字。

出土：出土时间、地点不详。西安碑林旧藏。

现藏：西安碑林博物馆。

著录：《六朝墓志检要》《西安碑林全集》。

备注：志石佚，仅存盖。

常妃墓志盖

全称：太保齐郡顺王常妃志铭。

年代：北魏时期（386—534）刻。

形制：盖长 0.51 米，宽 0.56 米。

行字：盖文篆书 2 行，满行 5 字。

出土：洛阳出土，时间不详。1938 年经于右任捐藏西安碑林。

现藏：西安碑林博物馆。

著录：《洛阳出土石刻时地记》《西安碑林全集》。

备注：志石佚，仅存志盖。

李夫人墓志盖

全称：李夫人铭。

年代：北魏时期（386—534）刻。

形制：盖正方形。边长 0.33 米。

行字：盖文篆书 2 行，满行 2 字。

出土：洛阳出土，时间不详。1938 年经于右任捐藏西安碑林。

现藏：西安碑林博物馆。

著录：《西安碑林全集》。

备注：志石佚，仅存志盖。

元君墓志盖

全称：大魏故元君墓志铭。

年代：北魏时期（386—534）刻。

形制：盖长 0.42 米，宽 0.46 米。

行字：盖文篆书 3 行，满行 3 字。

纹饰：盖正中饰水波纹。

出土：洛阳出土，时间不详。1938 年经于右任捐藏西安碑林。

现藏：西安碑林博物馆。

著录：《西安碑林全集》。

备注：志石佚，仅存志盖。

穆君墓志盖

全称：魏故穆君之墓志铭。

年代：北魏时期（386—534）刻。

形制：盖长 0.29 米，宽 0.32 米。

行字：盖文篆书 3 行，满行 3 字。

出土：洛阳出土，时间不详。1938 年经于右任捐藏西安碑林。

现藏：西安碑林博物馆。

著录：《西安碑林全集》。

备注：志石佚，仅存志盖。

元瑗墓志

全称：魏故平北将军殷州刺史元君之墓志铭。

年代：北魏时期（386—534）刻。

形制：志正方形。边长 0.59 米。

行字：志文楷书 3 行，满行 20 字。

出土：1926 年出土于洛阳后海资村，1938
年经于右任捐藏西安碑林。

现藏：西安碑林博物馆。

著录：《汉魏南北朝墓志集释》《西安碑林
全集》。

提要：此墓志志文仅刻三行，其余方格空白
未刻字。志文云："君讳瑗，字仲瑜，
河南洛阳人也。景穆皇帝之曾孙，京
兆康王之孙，洛州刺史之子。"

张君墓志盖

全称：张君墓铭。

年代：北魏时期（386—534）刻。

形制：盖长 0.31 米，宽 0.32 米。

行字：盖文篆书 2 行，满行 2 字。

出土：洛阳出土，时间不详。1938 年经于右
任捐藏西安碑林。

现藏：西安碑林博物馆。

著录：《洛阳出土石刻时地记》《西安碑林
全集》。

备注：志石佚，仅存志盖。

狄君墓志盖

全称：荆州刺史狄君墓志铭。

年代：北魏时期（386—534）刻。

形制：盖正方形。边长 0.35 米。

行字：盖文篆书 3 行，满行 3 字。

出土：洛阳出土，时间不详。1938 年经于
右任捐藏西安碑林。

现藏：西安碑林博物馆。

著录：《西安碑林全集》。

备注：志石佚，仅存志盖。

*合右邑子七十人造像碑

年代：北魏时期（386—534）刻立。

形制：四面造像碑，方首，下有榫。高 1.20

米，宽 0.81 米，厚 0.26 米。

行字：正文楷书 8 行，满行 8—18 字不等。

纹饰：正面上部龛内 3 尊造像。中间造像头
部残，有长须，结跏趺坐而露右足心。
侧侍残而不全。龛下四层。首层有一
鸡戒苦僧，作金鸡独立势，头手顶托
一炉。其余 3 层均为线刻供养人像。
背面龛内 3 尊造像，形式与正面相同。
右侧上部龛内为一交足佛像。龛上、
龛右侧残。龛下有神马、房、花草、
菩提树、伎人等。左侧龛内一袖手坐
佛。龛上及左右皆残。龛下 3 层为维
那和邑子像及题名。

出土：1926 年出土，地点不详。1936 年存
耀县碑林，1955 年迁于耀县文化馆碑
廊，1971 年迁于耀县药王山。

现藏：药王山博物馆。

著录：《药王山碑刻》。

备注：碑上部残失。前人亦称之为《李天宝
碑》《李天保造像碑》《李天宝道佛造
像碑》等。

提要：碑文记载合右邑子 70 人为二圣建造
石像一区之事。

*吴樀兄弟造像碑

年代：北魏时期（386—534）刻立。

形制：四面造像碑，方首，顶座皆佚。高
1.50 米，宽 0.66 米，厚 0.25 米。

行字：正文楷书 7 行，满行 40 字。

纹饰：正面龛内 3 尊造像。中像结跏趺正坐，
外露右足，左臂自然下垂，手抚足踝，
右手上扬抚胸。左右各有一弓腿蹲坐巨
人，两手上托一台，台上各站一菩萨，
皆拱手。龛楣为双层忍冬纹，再上为火
纹，最上有交腹斗龙二。龛上为一幅完
整的《天界图》。其右上侧为天门，有

日、月、羽人、神仙、天宫、鹿、青鸟等。龛左右偏下方有骑马人、方足高颈炉等。背面形式与正面相同，上层有《圣皇巡方图》及骑马出行图，下层为《百伎图》，雕顶竿、角抵、相扑、垒罗汉、踩高跷等。左右两侧为题名。

出土：1934 年出土于耀县雷家崖，藏雷天一家。1936 年捐送耀县碑林，1955 年迁于耀县文化馆碑廊，1971 年迁于耀县药王山。

现藏：药王山博物馆。

著录：《药王山碑刻》。

备注：碑阴龛下线刻《百伎图》。

提要：铭文记道民吴櫷兄弟、父叔兴建石像一区之事。该碑中之《天界图》是见诸记载的一幅最早而且最好的《天界图》。背面所刊《百伎图》则是有关中国古代杂技的实物资料，对于古代艺术史的研究有一定的参考价值。

*王市保王敬宾造像碑

年代：北魏时期（386—534）刻立。

形制：四面造像碑，方首。高 1.62 米，宽 0.45 米，厚 0.34 米。

行字：正文楷书 3 行，满行字数不等。

纹饰：正面上部龛内 3 尊造像，为一佛二菩萨像。龛下为题名及线刻供养人立像一排。右为 5 男，皆戴花冠；左为 5 女，二双翎，三盘头。再下居中为炉，炉旁各一长须供养人侧立像。最下为双马奔腾图，前有树木、山驼，后有奔腾二马。右侧已磨蚀不清，唯下部残留奔马一匹。

出土：1934 年出土于耀县漆河，藏耀县碑林，1955 年迁于耀县文化馆碑廊，1971 年迁于耀县药王山。

现藏：药王山博物馆。

著录：《药王山碑刻》。

备注：背面、左侧被后人磨去，仅留正面及右侧面。

提要：碑文记载王市保、王敬宾等发愿造像之事。据造像风格判断，当为北魏时期作品。

*夏侯僧□合邑造像碑

年代：北魏时期（386—534）刻立。

形制：四面造像碑，顶座皆佚，方首。高 1.50 米，宽 0.70 米，厚 0.22 米。

行字：正文楷书 7 行，满行 16—18 字不等。

纹饰：正面一龛内 3 尊造像，为一佛二菩萨像。龛上线刻坐像 8 尊，左右各 4。龛左为邑师僧均，龛右为邑正张安祖、邑主夏侯僧线刻立像。龛下为供养人线刻立像 4 层，每层各 8 人，均有题名。背面上部一龛，龛楣为庑殿顶式，脊端有吻，左右檐角下各有圆形图饰，左饰为菊瓣，右饰为神龟。檐角上各栖一青鸟。龛内 3 尊造像，中为阿弥陀佛，左右各一菩萨。龛上右角剥蚀，左角有一飞天。龛左右各有清信士线刻立像二，皆有题名。龛下 4 层。首层中为炉，炉旁各一侏儒，皆作两足弓张，两手撑膝坐势。再下 3 层皆为典坐、香火、邑子和清信士像及题名。右侧上部龛内 1 尊佛像，结跏趺坐，两手相叠置腿上，掌心向上。龛下有信士线刻立像 5 层。左侧无龛，为 3 层线刻像及铭文。

出土：1936 年出土于耀县漆河，藏耀县碑林，1955 年迁于耀县文化馆碑廊，1971 年迁于耀县药王山。

现藏：药王山博物馆。

著录：《药王山碑刻》。

备注：此碑又名《夏侯僧碑》《夏侯僧珍造像碑》。

提要：碑文记载北地郡泥阳县夏侯僧□等发愿造像之事。此碑虽无具体年代，但碑文中"北地郡泥阳县"等字，结合《北史》《魏书》记载，可知当为北魏早期作品。

*荔非伏猥等千佛造像碑

年代：北魏时期（386—534）刻立。

形制：砂石质。碑残损，残高 0.80 米，宽 0.33 米，厚 0.11 米。

行字：正文楷书 2 行，满行约 15 字。

纹饰：浮雕千佛。

出土：1989 年出土于彬县城关镇北街村。

现藏：彬县文化馆。

著录：《彬州文化》（2005 年第 3 期）。

备注：碑正面刻千佛造像，现残存 60 余尊。此碑又称《北魏荔非氏千佛造像碑》。

提要：左侧面刻部分供养人姓名，可见荔非伏猥、香火荔非昌祖、邑生荔非娥仁、邑生荔非金安等。

*荔非屈利等造像碑

年代：北魏时期（386—534）刻立。

形制：高 1.00 米，宽 0.65 米，厚 0.15 米。

行字：正文楷书 18 行，满行 4 字。

纹饰：左上角刻方形佛龛，龛内一大佛结跏趺坐于方床座上，双手结吉祥印。佛龛右侧图案分为 5 层。第 1 层左侧前面刻一供养人，左手端灯，右手遮风，向大佛走来，身后一人双手合十朝佛站立。下面分别刻骏马、毛驴、武士、奴隶、杂技表演等图案。

出土：1989 年出土于彬县城关镇北街村。

现藏：彬县文化馆。

著录：《彬州文化》（2005 年第 3 期）。

备注：此碑亦称《北魏荔非氏千佛造像碑》，与《荔非伏猥等千佛造像碑》同名。

提要：此碑供养人题名清晰可辨，是有关北朝时期少数民族宗教信仰的实物资料。

*雷氏五十人造像碑

年代：北魏时期（386—534）刻立。

形制：四面造像碑，方首。高 0.70 米，宽 0.54 米，厚 0.22 米。

行字：正文楷书 2 行，行残存 37 字。

纹饰：正面龛上部已残，仅留底部少许，可见佛袍曳地部分。龛左右似有供养人像及题名。龛下 4 层，首层居中为一高颈炉，炉左右各有一线刻供养人像，均持物。左为香主，右不清。下层均为线刻人像。背面仅存 3 层半，均为邑子题名及线刻人像。剥泐较重，不可辨识。右侧上部为题名，下有相扑、甩鞭等伎人杂耍图案。

出土：1927 年出土，地点不详，后藏雷天一家。1935 年捐送耀县碑林，1955 年迁于耀县文化馆碑廊，1971 年迁于耀县药王山。

现藏：药王山博物馆。

著录：《药王山碑刻》。

备注：上部残失。

提要：碑文记载雷氏等 50 人造像之事。因此碑无年款，石璋如先生认为此碑可能为北周造像。但据其造型格局、纹饰、铭文字体、铭文职官和地名等综合因素判断，当为北魏晚期造像。

*诸邑子等造像碑

年代：西魏大统元年（535）刻立。

形制：方首，单面刻。高 1.37 米，宽 0.53

米，厚 0.23 米。

行字：正文楷书 18 行，满行 19 字。

纹饰：正面上部龛内 3 尊造像。中佛结跏趺坐，右腿曲盘于左腿上，赤足。左手前伸而指向下，掌心向前。右手上举于肩下，掌心亦向前，作说法相。后有佛光。二菩萨分立左右，均一手提物，一手上扬。龛座右侧有"大行台尚书、北雍州刺史、宜君县开国公毛遐"题记。龛下为 3 层题名。有方界格。

出土：1930 年出土于耀县漆河，存耀县松禅寺，1955 年迁于耀县文化馆碑廊，1971 年迁于耀县药王山。

现藏：药王山博物馆。

著录：《药王山碑刻》《陕西药王山碑刻艺术总集》。

备注：此碑又称《毛遐碑》。

提要：碑文记载大统元年邑人捐资造像，祈愿天下太平、皇祚永康、因缘眷属超度八难之事。碑中题名有"毛遐"，《北史》有传，《魏书》卷五九《萧宝夤传》亦载其事。碑文所载毛遐职官为"北雍州刺史"，有补史、证史价值。

*张迥兴造像碑

年代：西魏大统元年（535）刻立。

形制：碑残损。残高 1.00 米，宽 0.47 米，厚 0.25 米。

行字：正文楷书，风化严重，行字数无法辨识。

纹饰：正面龛内雕一佛二弟子，龛下为发愿文；背面龛内雕一佛二菩萨造像；左右两侧龛内各雕一坐佛。左右两侧下部线刻供养人形象，着风帽，穿长裙，双手拱于胸前捧莲花。

出土：1988 年出土于延安市宝塔区冯庄乡。

现藏：延安市文物研究所。

著录：《延安市文物志》。

备注：造像风化严重。

提要：碑文记载张迥兴发愿造像之事。

辛苌墓志

全称：魏故仪同三司骠骑大将军朔州刺史真定县开国公辛公墓志铭。

年代：西魏大统元年（535）刻。

形制：志长 0.50 米，宽 0.45 米。

行字：志文楷书 28 行，满行 32 字。

出土：出土时间、地点不详，2005 年入藏西安碑林博物馆。

现藏：西安碑林博物馆。

著录：《西安碑林博物馆新藏墓志汇编》。

提要：志文记载了志主辛苌的家族世系、生平及历官情况。其历官讨夷将军、宁远将军、奉车都尉、征西将军、前军大都督、雍州司马、中军大都督、司农卿，赠使持节都督南秦州诸军事、南秦州刺史。

赵超宗妻王氏墓志

全称：魏故使持节征虏将军岐华二州刺史寻阳成伯天水赵使君命妇京兆王夫人墓志铭。

年代：西魏大统二年（536）刻。

形制：志长 0.68 米，宽 0.72 米。

行字：志文楷书 29 行，满行 28 字。

出土：出土时间、地点不详。2002 年入藏西安碑林博物馆。

现藏：西安碑林博物馆。

著录：《西安碑林博物馆新藏墓志汇编》。

提要：志文记载征虏将军天水赵超宗妻王氏的家族世系及子嗣情况。

*焦伏安佛教造像碑

年代： 西魏大统三年（537）刻立。

形制： 单面刻。高 0.52 米，上宽 0.36 米，下宽 0.42 米，厚 0.05 米。

行字： 正文楷书 6 行，满行 4 字。

纹饰： 碑上部雕 5 排 50 余小佛像，正中雕一佛二菩萨，龛楣饰忍冬纹，龛左右及下部雕飞天、供养人及造像题记。

出土： 1986 年出土于麟游县两亭镇水磨沟村。

现藏： 麟游县博物馆。

著录：《慈善寺与麟溪桥》《文博》（1992 年第 3 期）。

提要： 此碑对研究南北朝时期佛教的传播及西魏政权的范围、军队建制都有一定的史料价值。碑主焦伏安事迹不详。

*齐盖阿真造像碑

年代： 西魏大统四年（538）刻立。

形制： 高 1.88 米，宽 0.74 米，厚 0.43 米。

行字： 正文楷书，正面 6 行，满行 22 字；背面 6 行，满行 15 字；右侧 4 行，满行 15 字；左侧 12 行，满行 19 字。

纹饰： 正面龛内一佛二弟子，龛两侧及上部有线刻花盖、璎珞、飞天、花卉等，下部有线刻供养人像 16 人及题名；背面龛内一佛二弟子，下部有线刻 12 个供养人及题名；左侧龛内佛 1 尊，龛下有线刻 4 位供养人像，下部为发愿文。

出土： 1954 年出土于富平县华朱乡旧县公路旁，移回杜村镇清凉寺遗址，1999 年移至富平县文庙院内。

现藏： 富平县文庙。

提要： 碑文记载齐盖阿真等 41 人为祈祷国富民丰、罢兵休甲、子孙兴隆而发愿造像之事。

*刘始造像残碑

年代： 西魏大统四年（538）刻立。

形制： 四面造像碑。碑残损，残高 0.52 米，宽 0.49 米，厚 0.19 米。

行字： 正文楷书 5 行，行残存 7 字。

纹饰： 正面龛内 3 尊造像。中佛结跏趺而坐，赤足，足心向上。头残。右手上举，手指上指，掌心向前，左臂曲肘，手指下指，掌心亦向前。二胁侍高冠，持物不清。背面形式与正面相同。左侧龛内立大势至菩萨，右手持莲，左手持番夹，惜头部残缺。右侧龛内为交足弥勒。龛下左右均残。

出土： 1934 年出土于耀县漆河，1936 年迁于耀县碑林，1955 年迁于耀县文化馆碑廊，1971 年迁于耀县药王山。

现藏： 药王山博物馆。

备注： 此碑上段与下段均残缺，残损严重，铭文不全。

著录：《药王山碑刻》《陕西药王山碑刻艺术总集》。

提要： 碑文记载大统四年刘始等发愿造像之事。因碑文残缺严重，题名仅存刘始一人。

*和伏庆等造像碑座

年代： 西魏大统四年（538）刻立。

形制： 四面造像碑座。高 0.44 米，宽 0.58 米，厚 0.56 米。

行字： 正文楷书 17 行，行残存 3—8 字不等。

纹饰： 正面分上下两层，上层为线刻像与题名，下层受损，已无法辨别。背面亦为上下两层，上层为线刻立像及题名，下层残存铭文。左右两侧亦各为上下两层，上层为邑子像及题名，下层为供养人骑马图，惜均残缺不全。

出土：出土时间、地点不详。原存耀县文化
馆，1971 年迁耀县药王山。

现藏：药王山博物馆。

著录：《药王山碑刻》《陕西药王山碑刻艺术
总集》。

备注：造像碑身佚，仅存碑座。

提要：碑文记载大统四年和伏庆等敬造观
世音像之事。

公孙略墓志

全称：魏故使持节侍中都督瀛幽营三州诸军
事骠骑大将军营州刺史尚书左仆射
太尉公清苑县开国公公孙公墓志铭。

年代：东魏元象二年（539）刻。

形制：盖盝形，志正方形。志、盖尺寸相同。
边长 0.79 米。

行字：盖文篆书 3 行，满行 3 字，题"魏故
太尉公公孙墓志"。志文楷书 36 行，
满行 36 字。

出土：洛阳出土，时间不详。1938 年经于右
任捐藏西安碑林。

现藏：西安碑林博物馆。

著录：《北朝墓志英华》《汉魏南北朝墓志集
释》《汉魏南北朝墓志汇编》。

提要：墓志记载了公孙略的家族世系、生平、
历官情况。其历官安西将军、侍御史、
直斋散骑郎、给事中、羽林监、威远将
军、武卫将军、车骑将军、右卫将军、
左卫将军、散骑常侍、使持节骠骑大将
军都督华州诸军事、华州刺史、使持节
都督殷州诸军事、殷州刺史，赠骠骑大
将军、营州刺史、太尉公、尚书左仆射。
公孙略，《魏书》有载。

*曹续生造像碑

年代：西魏大统五年（539）刻立。

形制：四面造像碑，顶座皆佚。高 1.38 米，
宽 0.74 米，厚 0.44 米。

行字：正文楷书，正面 11 行，满行 5 字；
背面 8 行，满行 15 字；右侧 7 行，
满行 30 字；左侧 4 行，满行 15 字。

纹饰：正面龛内雕一佛二菩萨二弟子二供养
人，龛外纹饰模糊不清，下部有线刻
供养人像 17 人。背面龛内为并肩佛，
下部有线刻供养人像 12 人，并有题
名及发愿文。

出土：原在富平县莲湖小学内，2003 年移
存富平县文庙。

现藏：富平县文庙。

著录：《北朝关中区造像题记书法艺术研究》。

提要：碑文记载曹续生等为祈祷帝主永隆、
邑子安福而发愿造像之事。

姬买勋墓志

全称：魏故假抚军将军东夏州刺史姬公墓
志铭。

年代：西魏大统五年（539）刻。

形制：志长 0.53 米，宽 0.65 米。

行字：志文楷书 19 行，满行 17 字。

出土：出土时间、地点不详。1938 年经于右
任捐藏西安碑林。

现藏：西安碑林博物馆。

著录：《西安碑林全集》。

提要：志文记载姬买勋的家族世系、生平、
历官等情况。其历官抚军将军、东夏
州刺史。

闾伯昇暨妻元仲英墓志

全称：闾仪同墓志铭。

年代：东魏兴和二年（540）刻。

形制：志正方形。边长 0.65 米。

行字：志文楷书 29 行，满行 29 字。

出土：出土时间、地点不详。1938 年经于右任捐藏西安碑林。

现藏：西安碑林博物馆。

著录：《北朝墓志英华》《汉魏南北朝墓志集释》《汉魏南北朝墓志汇编》。

备注：此志之后附刻墓主与妻子合葬墓志，题"魏故仪同三司闾公之夫人乐安郡公主元氏（仲英）墓志铭"，系一石刻二志。

提要：志文记载闾伯昇及妻元仲英的家族世系及生平。闾伯昇历官散骑侍郎、司徒城王府记室参军事、司空府清河王功曹参军事、白水太守、三门都将、渭州刺史、给事黄门侍郎、京西慰劳大使、太尉长史，赠使持节都督冀州诸军事、骠骑大将军、冀州刺史。

*吉长命造像碑

年代：西魏大统六年（540）刻立。

形制：四面造像碑，圆首。高 0.50 米，宽 0.33 米，厚 0.11 米。

行字：正文楷书 11 行，满行 4—6 字不等。

纹饰：正面拱形龛内雕一佛二胁侍，龛楣上线刻帷幔和双龙，龛下正中雕摩尼宝珠，宝珠两边雕护法狮子，龛左、右各线刻二供养人。背面额部线刻双龙，下线刻供养人像。左、右两侧自上而下的刻供养人像。

出土：出土时间、地点不详。1983 年征集于临潼县栎阳镇。

现藏：西安市临潼博物馆。

著录：《临潼碑石》。

提要：碑文记载西魏大统六年吉长命为父母及家族祈愿造像之事。根据征集地推测，此造像当为栎阳兴国寺出土的遗物。兴国寺创立于北魏时期，是北朝及隋唐时期的著名寺院，其遗址多出土北朝时石雕造像。此造像形制较小，是西魏时期佛教信徒较为流行的一种供奉形式。

*大统六年残碑

年代：西魏大统六年（540）刻立。

形制：单面刻。碑残损，残高 0.43 米，宽 0.83 米，厚 0.33 米。

行字：正文楷书 20 行，满行 11 字。

出土：1963 年出土于耀县南门西侧城墙下，存耀县文化馆碑廊，1971 年迁于耀县药王山。

现藏：药王山博物馆。

著录：《药王山碑刻》。

备注：碑身残损，仅存下段。

提要：碑石残损严重，碑文残缺较多，但仍可见黄门侍郎、三水县某氏造像等信息。

*李挺妻刘幼妃墓志

年代：东魏兴和三年（541）刻。

形制：盖盝形，志正方形。志、盖尺寸相同。边长 0.48 米。

行字：盖文篆书 4 行，满行 4 字，题"魏故司徒千乘李公命妇彭城刘夫人铭"。志文楷书 19 行，满行 20 字。

纹饰：盖四周饰花卉纹。

出土：出土时间、地点不详。1938 年经于右任捐藏西安碑林。

现藏：西安碑林博物馆。

著录：《北朝墓志英华》《西安碑林全集》。

提要：志文记载刘幼妃的家族世系及生平情况。

元君妻李艳华墓志

全称：魏博陵元公故李夫人墓志铭。

年代：东魏兴和三年（541）刻。

形制：志正方形。边长 0.42 米。

行字：志文楷书 20 行，满行 21 字。

出土：洛阳出土，时间不详。1938 年经于右任捐藏西安碑林。

现藏：西安碑林博物馆。

著录：《汉魏南北朝墓志集释》《汉魏南北朝墓志汇编》。

提要：志文记载李艳华的家族世系及生平情况。

*李挺墓志

年代：东魏兴和三年（541）刻。

形制：志正方形。边长 0.86 米。

行字：志文楷书 37 行，满行 37 字。

出土：出土时间、地点不详。1938 年经于右任捐藏西安碑林。

现藏：西安碑林博物馆。

著录：《北朝墓志英华》《汉魏南北朝墓志集释》《汉魏南北朝墓志汇编》。

提要：志文记载李挺的家族世系及生平情况。其历官司徒祭酒、骁骑将军、中书侍郎、太常少卿、荆州刺史、镇军将军、散骑常侍、殿中尚书、中书监、吏部尚书、骠骑大将军、尚书左仆射、肆州刺史，赠使持节都督雒秦泾三州诸军事、骠骑大将军、雒州刺史、司徒公、尚书左仆射。谥曰"文贞"。

李挺妻元季聪墓志

全称：魏故侍中司徒千乘李公命妇高密长公主墓志铭。

年代：东魏兴和三年（541）刻。

形制：盖盝形，志正方形。志、盖尺寸相同。边长 0.48 米。

行字：盖文篆书 4 行，满行 4 字，题"魏故

司徒千乘李公命妇高密长公主铭"。志文楷书 20 行，满行 20 字。

出土：出土时间、地点不详。1938 年经于右任捐藏西安碑林。

现藏：西安碑林博物馆。

著录：《北朝墓志英华》《西安碑林全集》。

提要：志文记载元季聪的家族世系及生平情况。元季聪，字舍利，河南洛阳人，孝文皇帝之孙，清河文献王之女，封颖阳县主、女侍中，赠高密长公主。

韦隆妻梁氏墓志

全称：魏故雍州京兆郡山北县梁君墓志铭。

年代：西魏大统十年（544）刻。

形制：志长 0.52 米，宽 0.53 米。

行字：志文楷书 21 行，满行 26 字。

出土：出土时间、地点不详。

现藏：西安市长安博物馆。

提要：志文记载山北县梁氏之生平、夫君及子嗣等。

冯景之墓志

全称：魏故使持节侍中司空公都督瀛沧幽安平五州诸军事骠骑大将军瀛州刺史高阳县开国公冯公墓志。

年代：西魏大统十年（544）刻。

形制：盖盝形，志正方形。志、盖尺寸相同。边长 0.63 米，厚 0.08 米。

行字：盖文篆书 3 行，满行 3 字，题"魏故司空冯君墓志"。志文楷书 35 行，满行 38 字。有方界格。

出土：1995 年出土于长安县镐京村。

现藏：陕西历史博物馆。

著录：《长安碑刻》。

提要：志文记载志主冯景之的家族世系、生平、历官情况。其历官抚军将军、

瀛洲刺史,封高阳县开国公。冯景之,《周书》《北史》有载。

侯僧伽墓志

全称: 魏故侍中司徒武阳公之孙燕州刺史之子太师开府参军事墓志。

年代: 西魏大统十年(544)刻。

形制: 志正方形。边长 0.66 米,厚 0.07 米。

行字: 志文楷书 12 行,满行 13 字。

出土: 出土时间、地点不详,后自民间征集。

现藏: 陕西历史博物馆。

著录: 《陕西碑石精华》《咸阳碑石》《新中国出土墓志·陕西壹》

提要: 志文记载志主侯僧伽的家族世系和生平情况。侯僧伽,曾任太师府参军事。

*秦僧寿造像碑

年代: 西魏大统十一年(545)刻立。

形制: 砂石质。碑残损,残高 1.34 米,宽 0.64 米,厚 0.11 米。

行字: 正文楷书 14 行,满行 24 字。

纹饰: 正中龛内雕佛像 1 尊,造像上部残损,下部可见结跏趺坐,衣纹线条粗犷。龛下有发愿文。

出土: 出土于洛川县土基镇鄜城村,时间不详。

现藏: 洛川县博物馆。

备注: 碑身上部残损。

提要: 碑文记载秦僧寿发愿造像之事。碑文漫漶严重,仅秦僧寿题名尚可辨认。

*法龙造像碑

年代: 西魏大统十二年(546)刻立。

形制: 砂石质,四面造像碑。高 2.30 米,宽 0.66 米,厚 0.20 米。

行字: 正文楷书 14 行,满行 24 字。

纹饰: 正面上半部分分为上下两层。上层刻 3 排小佛龛,每排 5 龛,龛中坐佛,结跏趺坐于通龛长方座上,施禅定印。下层雕刻主龛,尖拱龛楣,正中为一佛,施无畏与愿印,半跏趺坐于束腰方座上。佛两侧为迦叶、阿难二弟子。主龛之外两侧小龛内刻金刚力士。碑两侧分别刻上中下 3 个小龛,形式与正面造像相同。

出土: 出土于洛川县土基镇鄜城村,时间不详。

现藏: 洛川县博物馆。

著录: 《考古与文物》(1984 年第 5 期)。

提要: 碑文记载西魏大统十二年法龙发愿造像之事。

邓子询墓志

全称: 魏故假节督东荆州诸军事征虏将军东荆州刺史邓君之墓志。

年代: 西魏大统十二年(546)刻。

形制: 志长 0.37 米,宽 0.55 米。

行字: 志文楷书 29 行,满行 18 字。

出土: 1956 年出土于西安市东郊韩森寨。

现藏: 西安碑林博物馆。

著录: 《北朝墓志英华》《西安碑林全集》《新中国出土墓志·陕西贰》。

提要: 志文记载邓子询的家族世系及生平、历官情况。其历官宁远将军、郑县令、太常博士、中散大夫、皇子入学侍讲,赠假节督东荆州诸军事、征虏将军、东荆州刺史。

*大统十二年造像残碑

年代: 西魏大统十二年(546)刻立。

形制: 单面刻。碑残损,残高 0.24 米,宽

0.23 米，厚 0.20 米。

行字：正文楷书，残存 2 行，行残存 8—12 字不等。

纹饰：仅存正面佛龛，龛内 3 尊造像，中佛结跏趺坐，左手下指，掌心向外，右手上指，掌心向外，作说法相。二菩萨分站两侧。

出土：出土时间、地点不详。

现藏：药王山博物馆。

著录：《药王山碑刻》《陕西药王山碑刻艺术总集》。

提要：碑身残损严重，已无法观其全貌，残存碑文可见"维大统十二年岁次""亡妻女侍中简陵郡公主元□"等字。

*雷荣祖造像碑

年代：西魏大统十三年（547）刻立。

形制：顶座皆佚。高 2.61 米，宽 0.48 米，厚 0.20 米。

行字：正文楷书 15 行，满行 33 字。

纹饰：上部造像龛左右各刻飞天，飞天下刻日月，佛龛又有二龙交颈，龛内有一佛二弟子，佛下左右有蹲姿护法狮子，左边刻执杆罗汉，右边为伺灯供养人，下为铭文界格。

出土：1996 年出土于黄龙县界头庙镇景家塬村。

现藏：延安市黄龙县文物管理所。

著录：《中国文物地图集·陕西分册》《延安市文物志》《新编黄龙县志》。

提要：此碑铭文记载雷荣祖为其祖辈还愿合力建造该碑的经过及发愿文。

*大统十四年造像碑

年代：西魏大统十四年（548）刻立。

形制：四面造像碑，圆首。高 1.73 米，宽

0.67 米，厚 0.30 米。

行字：正文楷书 16 行，满行 23 字。

纹饰：碑中为一佛龛，龛为帷幔式，两侧菩萨头戴宝冠，表情肃穆，身着长裙。

出土：出土时间、地点不详。

现藏：蔡文姬纪念馆。

备注：碑首已残一角。

提要：碑文记载张海珍等为皇帝、父母、众生等祈福而造像之事，为研究北朝时佛教造像分期及文字的发展演变提供了资料。

*合诸邑子七十人等造像碑

年代：西魏大统十四年（548）刻立。

形制：四面造像碑，方首。高 1.13 米，宽 0.42 米，厚 0.22 米。

行字：正文楷书 13 行，满行 17 字。

纹饰：正面上部龛内 3 尊造像。中佛头残，结跏趺坐，右手上举至胸，左手下垂抚膝，作说法相。二胁侍皆长袍宽袖，分站左右，持物不清。龛下为供养人线刻立像及题名。背面形式与正面相同。右侧龛内立 1 尊造像，头手皆残损。龛上及其左右图饰漫漶不清。龛下为线刻供养人立像及题名。左侧形式与右侧相同。

出土：1927 年出土，地点不详。

现藏：药王山博物馆。

著录：《药王山碑刻》《陕西药王山碑刻艺术总集》。

提要：碑文记载大魏大统十四年四月合邑 70 人等发愿造像之事。题名人中姓氏多达 15 个，且多为当时的少数民族，对于研究北朝时期民族融合、发展有一定的参考价值。

朱龙妻任氏墓志

全称：魏故定安县君任氏墓志。

年代：西魏大统十五年（549）刻。

形制：志正方形。边长 0.38 米。

行字：志文楷书 15 行，满行 16 字。

出土：1956 年出土于西安市东郊韩森寨。

现藏：西安碑林博物馆。

著录：《北朝墓志英华》《西安碑林全集》《新中国出土墓志·陕西贰》。

提要：志文记载任氏的家族世系及生平、子嗣情况。

*夫蒙洪贵造像碑

年代：西魏大统十五年（549）刻立。

形制：四面造像碑，方首。高 1.00 米，宽 0.37 米，厚 0.27 米。

行字：正文楷书 11 行，满行 11 字。

纹饰：正面龛内 3 尊造像。中佛结跏趺坐，左手下抚膝，右手上扬至胸，作说法相。二菩萨侍立左右。龛下 3 层。首层剥泐不清。次层为线刻《说法图》两幅，中有题记。下层有线刻供养人像及题名。背面龛内 3 尊造像。中佛垂腿而坐，二菩萨拱手侍立左右。龛上下均剥泐不清。最下一层有供养人的线刻立像。右侧龛内 1 尊立像，龛周纹饰不清，下有一图，似为经变。最下为线刻立像及题名。左侧龛内 1 尊立像，龛周围剥泐不清。

出土：原存耀县石柱乡西古村古庙内，1981 年迁于耀县药王山。

现藏：药王山博物馆。

著录：《药王山碑刻》《陕西药王山碑刻艺术总集》。

提要：碑文记载大统十五年九月夫蒙洪贵发愿造像之事。

*源磨耶圹记

年代：东魏武定八年（550）刻。

形制：志长 0.33 米，宽 0.41 米。

行字：志文楷书 10 行，满行 8—10 字不等。

出土：出土时间、地点不详。1938 年经于右任捐藏西安碑林。

现藏：西安碑林博物馆。

著录：《汉魏南北朝墓志集释》《北朝墓志英华》《汉魏南北朝墓志汇编》。

提要：此墓志仅记载了东魏武定八年三月六日，源贰虎之曾孙源磨耶年 6 岁卒于北豫州事，并记其葬地具体位置。

韦彧妻柳敬怜墓铭

全称：魏故使持节抚军将军豫雍二州刺史阴槃县开国文烈公韦彧妻澄城郡君柳墓铭。

年代：西魏大统十六年（550）刻。

形制：志正方形。边长 0.44 米。

行字：志文楷书 23 行，满行 23 字。

出土：1998 年出土于长安县韦曲 1717 厂。

现藏：西安市长安博物馆。

著录：《长安新出墓志》《长安碑刻》《新出魏晋南北朝墓志疏证》。

提要：志文记载韦彧妻柳氏的家族世系、生平、夫君及子嗣等。

杨保元妻元氏墓志

全称：魏故平西将军汾州刺史华阴伯杨保元妻华山郡主元氏志铭。

年代：西魏大统十七年（551）刻。

形制：志正方形。边长 0.43 米。

行字：志文楷书 14 行，满行 18 字。

出土：1969 年出土于华阴县孟塬镇司家村。

现藏：华阴市西岳庙文物管理处。

著录：《汉魏南北朝墓志汇编》《华山碑石》

《西岳庙碑石》。

提要：志文记载杨泰（杨保元）妻华山郡主元氏籍贯、生平、品行及子嗣情况。

*七十六人等造像碑

年代：西魏大统十七年（551）刻立。

形制：四面造像碑，顶座皆失，方首。高1.39米，宽0.45米，厚0.30米。

纹饰：正面龛内5尊造像。为一佛四菩萨，皆有佛光。中佛结跏趺坐，作说法相。二菩萨拱手立左右，再左右二菩萨，皆左手下提瓶，右手上举舞带。龛上及龛旁图饰漫漶不清。龛下正中为炉，两狮蹲坐左右，均作一爪上举按炉势。狮炉皆系高浮雕。再下为线刻《说法图》3层，层各两图，图各9人。背面共大小3龛，大龛内3尊造像，一交足阿弥陀佛坐莲台上，二菩萨侍站于左右。二小龛在大龛之上，左右对称，内各1尊造像。右侧龛内立一佛，头残损。两手作说法式。龛上图式不清。龛中为一高颈莲台炉，炉旁一狮一兽，后各一僧。再下为线刻《说法图》。佛祖结跏趺坐于莲台之上，两手作说法相，后有佛光。左侧形式与右侧相同。

行字：正文楷书11行，满行14字。

出土：1927年出土，地点不详，藏雷天一家。1936年捐送耀县碑林，1955年迁于耀县文化馆碑廊，1971年迁于耀县药王山。

现藏：药王山博物馆。

提要：碑文记载大统十七年四月，邑子76人等发愿造像之事。此碑所刊《说法图》年代较早，且全碑共计15幅，内容包括佛、僧、菩萨、飞天、烟云、花树、莲台等，布局匠心，对于艺术史的研究有一定的意义。

*舒史军墓志

年代：西魏废帝元钦元年（552）刻。

形制：志正方形。边长0.47米，厚0.08米。

行字：志文楷书13行，满行16字。

出土：1997年出土于蓝田县冯家村乡砖瓦厂。

现藏：蓝田县文物管理所。

著录：《考古与文物》（2006年第2期）。

备注：志石右上部残损，部分文字受损。

提要：志石首行上部受损，但下部"军持节兖州刺史舒史军墓"等字清晰可辨。志文记载墓主籍贯、历任官职及葬地等信息。所授官职虽然多为虚衔，但对研究西魏职官制度仍有一定的参考价值。

*张暯周造像碑

年代：西魏废帝元钦二年（553）刻立。

形制：四面造像碑，顶座皆佚，方首。高0.97米，宽0.38米，厚0.22米。

行字：正文楷书11行，满行18字。

纹饰：正面龛内3尊造像。中佛结跏趺坐，右足外露，右手上扬至胸，左手下垂至膝，作说法相。罗衣甚长，下垂掩座。二胁侍甚小，拱手分立左右。龛上部为屋檐式。龛下4层。首层居中为一高颈圆炉，左右各蹲坐一狮，左狮后又卧一鹿，间饰以莲、菩提等。再下3层为线刻立像。背面龛内3尊造像与正面相同。龛下雕一炉一狮，再下层为线刻像。右侧龛内3尊造像，中佛罗衣，袖手、结跏趺坐，二胁侍分站左右。二龙交腹为龛楣，龙头左右，各有一圆形图饰。龛下中为炉，炉旁左鹿、右麋,皆扬蹄昂首。再下有线刻并排正坐小佛 7 尊。最下两层皆为供养人线刻袖手正坐立像及题名。左侧佛龛形式与右侧相同。龛右上角残,左边有一飞天。龛下雕一炉二狮。

出土:1933 年出土,地点不详,藏雷天一家。1936 年迁于耀县碑林,1955 年迁于耀县文化馆碑廊,1971 年迁于耀县药王山。

现藏:药王山博物馆。

著录:《药王山碑刻》《陕西药王山碑刻艺术总集》。

提要:碑文记载张暎周为父母发愿造像之事。

赵悦墓志

全称:故雍州杜县令赵君墓志铭。

年代:西魏废帝元钦三年(553)刻。

形制:砖志。正方形。边长 0.34 米,厚 0.07 米。

行字:志文楷书 16 行,满行 16 字。有方界格。

出土:1994 年出土于户县大王镇兆伦村砖厂。

现藏:户县文物管理委员会。

著录:《户县碑刻》《新中国出土墓志·陕西叁》。

备注:志石左侧边沿与右侧上下角残损。

提要:志文记载赵悦家族世系、籍贯、生平、历官及配偶、子嗣情况。赵悦以性格豪爽、文武兼备、修仁尊义著称。大统十四年(548)授雍州杜县令。

元子邃墓志

全称:齐故征西将上洛县开国男□□□元子邃墓志铭。

年代:北齐天保六年(555)刻。

形制:志正方形。边长 0.47 米。

行字:志文楷书 23 行,满行 30 字。

出土:出土时间、地点不详,1938 年经于右任捐藏西安碑林。

现藏:西安碑林博物馆。

著录:《汉魏南北朝墓志集释》《汉魏南北朝墓志汇编》《西安碑林全集》。

提要:志文记载元子邃的家族世系及生平、历官情况。其历官给事中、直阁将军、东徐州刺史、镇西将军、抚军将军、征西将军。元子邃,《北史》有载。

*西魏恭帝二年造像碑

年代:西魏恭帝二年(555)刻立。

形制:四面造像碑,八螭首。高 1.87 米,宽 0.81 米,厚 0.35 米。

行字:正文楷书,碑阳 8 行,满行字数不等。碑阴 11 行,满行 24 字。

纹饰:正面碑首上部有二龙爪,其下中央开龛,龛内雕有一佛二菩萨像。背面及左、右两侧纹饰与正面相同。

出土:1991 年出土于富平县,1995 年入藏临潼县博物馆。

现藏:西安市临潼博物馆。

备注:碑正面有民国三十四年(1945)重新刊刻"斛阳学校成立碑记"。该碑由李散青撰并书,记载当地杨姓家族倡导集资修建"斛阳学校"之始末。另外,背面佛龛下文字被磨去,并刊"敕赐善法禅院""尚书礼部牒"等字,所刊文字残损严重,从残存文字判断,当与奉牒敕赐善法禅院之事有关。

提要:此碑年款为"大魏二年岁次乙亥七月辰朔十五日甲申",其造像风格已明显丧失北魏飘逸超脱形象的特点,对形象体量的塑造更为强调,体现了北朝时期造像风格随社会审美意识逐渐变化的状况。

*魏元三年荔菲造像碑

年代： 西魏恭帝三年（556）刻立。

形制： 青石质。高 1.38 米，宽 0.60 米，厚 0.21 米。

行字： 正文楷书，正面 18 行，满行 16 字。背面 16 行，满行 33 字。

纹饰： 碑身四面各有龛，龛内浮雕佛像。正面上部为造像龛，龛下部有线刻像 4 人及题名。背面佛龛为一倒"凸"字形，龛楣为线刻屋顶及屋檐装饰，檐部有下垂幔帐，龛内雕一佛二菩萨。左侧有长方形龛，龛下部有 6 行铭文。右侧造像龛楣线刻华盖及璎珞装饰，龛内雕 3 尊造像。

出土： 1996 年出土于白水县白水中学宋妙觉寺地宫。

现藏： 白水县文物管理委员会。

著录： 《考古与文物》（2005 年第 4 期）。

备注： 碑石断为两截，碑身可见"魏元三年"等字。

提要： 碑文记载魏元三年五月十五日荔菲家族成员发愿造像之事。

*夫蒙直智等造像碑

年代： 西魏时期（535—556）刻立。

形制： 四面造像碑，方首。高 1.54 米，宽 0.58 米，厚 0.30 米。

纹饰： 南面龛内 5 尊造像。为一佛二侍二菩萨式。中佛结跏趺坐，二侍分立内侧，二菩萨分立外侧。龛上纹饰不清。龛右线刻一僧，题曰"比丘法通"，龛座残而不见。龛下 4 层。首层居中为一多足高颈炉，炉左右各蹲一狮。次层线刻坐

佛 3 尊，中正坐，左右微微内侧结跏，当为释迦药师与阿弥陀佛。第 3 层亦刻 3 尊，中为佛，两侧为菩萨，皆结跏趺坐。最下层为供养人题名及线刻像。北面龛内 3 尊造像，均残破不识。龛上有小坐佛 8 尊，左右各 4。龛下 4 层。首层狮炉同南面；次层、三层均有线刻坐佛 5 尊；最下层题名。东面龛内一尊造像，龛左残缺，龛右及龛上下剥泐，图饰不清；西面龛内 1 尊造像。龛下 5 层，首为狮炉，次层、三层各有线刻坐佛 3 尊，4 层、5 层均为题名，剥泐较甚。

出土： 1981 年出土于耀县石柱乡京兆村。

现藏： 药王山博物馆。

著录： 《药王山碑刻》《陕西药王山碑刻艺术总集》。

提要： 碑文铭文全部为化主、像主、邑主、邑子等题名，但碑面剥泐较严重，难以观其全貌。碑中部分题名与药王山《上官氏造像残碑》相合。

*佛弟子七十人造像碑

年代： 西魏时期（535—556）刻立。

形制： 四面造像碑，方首。高 1.19 米，宽 0.48 米，厚 0.19 米。

行字： 正文楷书 7 行，满行 16 字。

纹饰： 正面龛内 3 尊造像。中佛结跏趺坐，其右手上举舞带，左手下垂提瓶。龛上为幔帐式。后人加刻楷书"观音堂" 3 字。龛下部被磨用，但原迹尚依稀可见。背面为明代人磨刻"观音堂记"。右侧龛内雕一坐佛。龛上线刻 4 个佛头像。龛下 4 层，首层狮炉，其余 3 层均有线刻结跏坐佛两尊，无文字。左侧龛内一尊造像。龛下两层，

上为狮炉。

出土：1927 年出土，地点不详，藏雷天一家。1936 年捐送耀县碑林，1955 年迁于耀县文化馆碑廊，1971 年迁于耀县药王山。

现藏：药王山博物馆。

著录：《药王山碑刻》《陕西药王山碑刻艺术总集》。

备注：正背两面被明代人磨作他用，仅存左右两侧。左右两侧部分铭文受损，无法辨识。

提要：碑文记载佛弟子祈求帝祚永隆、黎庶安宁、万国归风而发愿造像之事。

*夫蒙氏造像碑

年代：西魏时期（535—556）刻立。

形制：四面造像碑，上下有榫，顶座皆佚。高 1.64 米，宽 0.60 米，厚 0.32 米。

行字：正文楷书 10 行，行残存约 29 字。

纹饰：正面龛内 3 尊造像。中佛结跏趺坐，二胁侍分立左右。龛上纹饰不清，龛左右似有供养人立像痕迹，龛下被磨用。背面形式与正面相同，龛外被磨用。右侧龛内 3 尊造像。中佛罗衣结跏趺坐。二菩萨侍立左右。龛下居中为一炉，炉旁似有人有兽。左侧形式与右侧相同。

出土：1981 年出土于耀县石柱乡生寅村古庙遗址，同年迁于耀县药王山。

现藏：药王山博物馆。

著录：《药王山碑刻》《陕西药王山碑刻艺术总集》。

备注：正背两面为元代人磨用，但龛像及左右两侧尚存。碑文剥泐严重，不可卒读。

提要：碑文记载夫蒙氏等造像之事，其造像残存铭文及龛式、造像风格等均

与西魏时期的其他造像相近。据说此造像碑原立于该村广严寺内，后寺废，碑被用作水渠滴水，故致漫漶。广严寺为耀县古代名寺之一，明代因"僧淫"而毁。石柱乡生寅村名原作"僧淫"，后改作"生寅"，与此有关。

*王永兴等四面像主造像碑

年代：西魏时期（535—556）刻立。

形制：四面造像碑，方首。碑残损，残高 0.84 米，宽 0.57 米，厚 0.27 米。

行字：正文楷书，残存 14 行，满行 11 字。

纹饰：正面龛内 3 尊造像，龛下为供养人线刻立像。背面龛内 3 尊造像，下有题名。右侧仅残留下部，共两层半，上层图饰不辨，下层有线刻邑子像及题名。左侧龛内 3 尊造像。中为观音立像，二胁侍分立两侧。龛下 3 层为化主、像主和邑子等线刻立像及题名。

出土：1927 年出土，地点不详，后藏雷天一家。1936 年捐送耀县碑林，1955 年迁于耀县文化馆碑廊，1971 年迁于耀县药王山。

现藏：药王山博物馆。

备注：上部残失一段。

著录：《药王山碑刻》《陕西药王山碑刻艺术总集》。

提要：此碑记载四邑联合发愿造像之事。虽无年款，但从其造像风格判断，当属西魏晚期作品。

*王扶黎造像残碑

年代：西魏时期（535—556）刻立。

形制：四面造像碑，方首。高 0.67 米，宽 0.62 米，厚 0.17 米。

行字：正文楷书，残存 21 行，行残存 15 字。

出土：1935 年出土于耀县延昌寺，1936 年迁于耀县西街小学，1955 年迁于耀县文化馆碑廊，1971 年迁于耀县药王山。

现藏：药王山博物馆。

著录：《药王山碑刻》《陕西药王山碑刻艺术总集》。

备注：上、下残损严重，背面及左侧被磨平。

提要：碑文记载王扶黎等发愿造像之事。碑文全部为邑主、邑子等题名，无发愿文。据造像风格推测，当属西魏时期作品。

*高三城造像碑座

年代：西魏时期（535—556）刻立。

形制：四面造像碑，方首。高 0.35 米，宽 0.53 米，厚 0.45 米。

行字：正文楷书 29 行，满行 3—8 字不等。

纹饰：正面中部为一骑马人线刻侧面画像，骑者左手持鞭扶鞍后，颇为威武。马昂首健步。后饰一莲花与一莲蒂。右为线刻立像，左为骑马像；背面有线刻立像 11 人；右侧剥泐较重，有线刻立像 7 人及题名；左侧有线刻立像 8 人及题名。

出土：1935 年出土于耀县漆河，1936 年迁于耀县碑林，1955 年迁于耀县文化馆碑廊，1971 年迁于耀县药王山。

现藏：药王山博物馆。

著录：《药王山碑刻》《陕西药王山碑刻艺术总集》。

备注：此石又名《高毛城碑》或《高毛城造像碑》，系误识像主题名中的"三"字为"毛"字所致。

提要：在造像主的兄弟辈中，计有：亡兄高

阿德、兄高阿憙、弟高阿庐、弟高后进、弟高肆虎 5 人。据造像题名推测，像主在其兄弟排行中应为第三。

*冯胜容造像碑

年代：西魏时期（535—556）刻立。

形制：四面造像碑，方首。高 0.43 米，宽 0.43 米，厚 0.25 米。

行字：正文楷书 9 行，满行 10 字。

纹饰：正面为供养人线刻立像两层。上层共两组，组各 2 人，为一主一侍式；左侧共两层，上层为供养人线刻立像 4 组，组各 2 人，均为一主一侍式，各有题名。

出土：出土时间、地点不详，原存耀县文化馆碑廊，1971 年迁于耀县药王山。

现藏：药王山博物馆。

著录：《药王山碑刻》《陕西药王山碑刻艺术总集》。

备注：碑上部残佚，背面及左侧面被磨用，现存两面。

提要：碑文记载冯胜容等发愿造像，祈求皇祚道隆、国土宁帖、师僧父母等得佛祖佑护之事。

*上官氏造像碑

年代：西魏时期（535—556）刻立。

形制：四面造像碑，方首。高 0.73 米，宽 0.43 米，厚 0.21 米。

行字：正文楷书 9 行，满行 10 字。

纹饰：正面龛内 3 尊造像，为一佛二菩萨像，龛下残失；背面形式与正面相同；右侧为供养人线刻立像，各有题名；左侧为线刻佛像及图饰，惜不清。座留三面，正面中二狮对坐，其右为供养人线刻立像 2 人；右侧面为供养人立像 4 人；左侧面被后人凿毁。

出土：出土于耀县石柱乡上官村，时间不详。1981 年迁于耀县药王山。

现藏：药王山博物馆。

著录：《药王山碑刻》《陕西药王山碑刻艺术总集》。

备注：此碑原本完整，1979 年被一村民凿断，拟改作他用，后未遂。

提要：碑文记载上官家族发愿造像之事。从造像风格推测，当属西魏时期作品。

*谢永进造像碑

年代：西魏时期（535—556）刻立。

形制：三面造像碑。高 0.74 米，宽 0.23 米，厚 0.24 米。

行字：正文楷书可见 22 行，满行 3—7 字不等。

纹饰：正面龛内 3 尊造像。中佛结跏趺坐，右手上指肩，掌心外向，左手下指，掌心向外，作说法相。衣下垂过座，二胁侍分站左右。龛下漫漶不清，两侧为两神兽对面蹲坐。再下有 7 座七级浮图夹立于参天大树之中；右侧前边高出部分被凿去，仅存后部，上有残存题记两行，纹饰漫漶不清；左侧前边高出部分上刻一细颈圆炉和两座浮图，中夹高树。再下为叠罗汉、上高竿、盘杆子、走高跷等伎人杂耍图。

出土：出土时间、地点不详。存耀县文正书院，1936 年迁于耀县碑林，1955 年迁于耀县文化馆碑廊，1971 年迁于耀县药王山。

现藏：药王山博物馆。

著录：《药王山碑刻》。

提要：碑文记载谢永进发愿造像之事。

*张万福造像碑

年代：西魏时期（535—556）刻立。

形制：四面造像碑，方首。高 1.00 米，宽 0.46 米，厚 0.20 米。

行字：正文楷书 7 行，满行 20 字。

纹饰：正面龛内 3 尊造像。中佛结跏趺坐于须弥座上，右手上扬至肩，持物不清，左手下垂抚膝。二菩萨分站左右，右菩萨右手上扬至肩，左手下垂提瓶，头微内倾。左菩萨右手上贴胸前，左手下提带，小腹彭鼓，腰带深结脐下，神态甚佳。龛下中为一炉，炉旁蹲坐二狮，皆系深浮雕。左狮面炉昂首蹲坐，右狮一足踏炉而作回望势，再下残失。背面龛内 3 尊造像，头部皆残损。中佛垂腿正坐台上，二胁侍左右分站，其手均残损。龛上剥泐。龛下仅残留一层半。右侧龛内 1 尊造像。龛上图饰不清，龛下仅留两层。层各有线刻跪像。左侧龛内 1 尊造像。佛左腿下垂，右腿盘曲置左腿上，右手上扬，左手下指，作说法相。龛下有线刻跪像及题名。

出土：1936 年出土于耀县柳林寺，存耀县碑林。1955 年迁于耀县文化馆碑廊，1971 年迁于耀县药王山。

现藏：药王山博物馆。

著录：《药王山碑刻》《陕西药王山碑刻艺术总集》。

备注：此碑佛龛造像风格为西魏作品，但供养人题名题记及线刻特征接近隋代风格，故历来断代不一。从造像佛龛深浅及部分残存字迹等推测，碑应当初刻于西魏时期，隋唐时期为人磨用。

提要：碑文记载佛弟子吏部散官文林郎张万福发愿造像之事。

*合邑一百七十人等造像碑

年代： 西魏时期（535—556）刻立。

形制： 四面造像碑，方首。高 1.34 米，宽 0.74 米，厚 0.28 米。

行字： 正文楷书 10 行，满行 10 字。

纹饰： 正面龛内 3 尊造像，头皆残破。正中为一佛结跏趺坐，右手上举至胸，左手下垂抚膝，宽袍大袖。左右各站 3 尊，一菩萨、一圣僧、一观音。座下为一线刻圆炉，炉左右各浮雕一狮。再下为供养人线刻立像及题名。背面形式与正面相同。右侧龛内 3 尊造像，龛上部残，龛下为铭文及线刻立像。左侧龛内 3 尊造像，龛下有线刻坐佛 3 尊，再下为像主、化主及邑子像及题名。

出土： 1934 年出土，地点不详。1936 年藏耀县碑林，1955 年迁于耀县文化馆碑廊，1971 年迁于耀县药王山。

现藏： 药王山博物馆。

备注： 上部残失。又名《王龙姬碑》《王龙姬造像碑》。

著录：《药王山碑刻》《陕西药王山碑刻艺术总集》。

提要： 碑文记载合邑 170 人造像之事。碑上题名中所列教职名称多达 17 种，为研究佛教义邑制度及其活动形式提供了一定的资料。

*西魏四面造像碑（甲）

年代： 西魏时期（535—556）刻立。

形制： 四面造像碑，顶座皆佚。高 0.65 米，宽 0.30 米，厚 0.17 米。

纹饰： 正面龛内 3 尊造像。中释迦结跏，二菩萨分站左右。龛下两层，皆线刻。上层居中为炉，炉旁有二神兽，一狮

一猊。下层有坐佛 3 尊，当为释迦、药师和阿弥陀佛，后皆有舟形背光。背面龛内 3 尊造像。中佛结跏趺坐，作说法相。二菩萨分站两旁，左菩萨垂左手而扬右手，右菩萨垂右手而扬左手。龛左右各线刻护法一。龛下 3 层，上层炉兽同正面，中、下层各线刻坐佛 3 尊，均有舟形背光。右侧无龛，上层居中为观世音菩萨，右手上扬持柳枝，左手下垂提净瓶，二胁侍拱手侧立两旁。下层一佛拱手而立，两胁侍分站左右。左侧无龛，上层 3 尊造像，中为一立观音，左手自然下垂，右手上扬至肩，二圣僧拱手分站左右。下层略同上层，唯观音为左手下提瓶，右手上扬持柳枝。

出土： 出土时间、地点不详。1936 年存耀县碑林，1955 年迁于耀县文化馆碑廊，1971 年迁于耀县药王山。

现藏： 药王山博物馆。

著录：《药王山碑刻》《陕西药王山碑刻艺术总集》。

提要： 此碑四面全部通刻诸佛、观音、圣僧，而无铭文。其供养人题名及发愿文可能刻于碑座之上。

*西魏四面造像碑（乙）

年代： 西魏时期（535—556）刻立。

形制： 四面造像碑，方首。高 1.15 米，宽 0.45 米，厚 0.26 米。

纹饰： 正面龛内 3 尊造像。龛上右侧残，左侧有两线刻坐佛。龛左有一线刻僧像。龛右残。龛下两层。上层为一巨幅《佛本生变图》。图中有一方城，城内有房室多楹。城墙之外，又有护城河，河上有桥。城外远处，一佛结跏说法，十弟

子恭聆于旁；左侧，一佛结跏趺坐，三侍侧立。下层亦为《佛本生变图》。背面龛内5尊造像，中为佛，二菩萨分站外侧，二圣僧恭立内侧。龛上正中为二侍，左右7人侍立。龛下3层，上层中炉、旁狮；中层居中为二佛，作论道式，左右各有10僧恭听；下层为《行猎图》。中为树丛，树前群鹿奔跑，鹿后四骑追射。右侧龛内1尊立像。龛上一佛说法，10弟子其旁侧听，龛左右各一护法。龛下3层，首层一佛结跏趺坐于高台之上，作说法相；次层为斋僧图，左侧5僧恭坐，右侧5施主长跪持钵；底层一佛结跏趺坐于高台之上，旁有四弟子侧侍。左侧龛内1尊立像，龛上二人对坐于莲花之中，龛旁二护法。龛下4层，分别为人物、牛、马、象线刻像。

出土： 出土时间、地点不详。1936年存耀县碑林，1955年迁于耀县文化馆碑廊，1971年迁于耀县药王山。

现藏： 药王山博物馆。

著录：《药王山碑刻》《陕西药王山碑刻艺术总集》。

提要： 此碑无铭文，但其造像内容丰富，线条逼真，对研究中国早期佛教艺术有一定的资料价值。

*西魏四面造像碑（丙）

年代： 西魏时期（535—556）刻立。

形制： 四面造像碑，方首。高0.84米，宽0.91米，厚0.34米。

纹饰： 正面龛内3尊造像。中像头部残缺，有长须，盘膝正坐，右手上扬至肩，持扇，左手下垂至胫，持物不清，宽袍大袖。二胁侍拱手持圭形物，分立两旁。

龛上有线刻坐像，龛旁及龛下纹饰不清。背面形式与正面相同，造像头部残。右侧龛内3尊立像，皆拱手执圭形物，龛外线刻纹饰皆不清。左面形式与右面相同，造像头部亦残损。

出土： 出土时间、地点不详，原存耀县文化馆，1971年迁于耀县药王山。

现藏： 药王山博物馆。

著录：《药王山碑刻》《陕西药王山碑刻艺术总集》。

备注： 碑下部残失。

提要： 此碑无铭文，据其形制及龛式作风，当为西魏时期作品。

*无铭魏碑

年代： 北魏、西魏时期（386—556）刻立。

形制： 四面造像碑，方首。高0.90米，宽0.50米，厚0.21米。

出土： 出土时间、地点不详。1971年由耀县文化馆迁于耀县药王山。

现藏： 药王山博物馆。

著录：《药王山碑刻》《陕西药王山碑刻艺术总集》。

提要： 碑面剥泐严重，纹饰、文字均无法辨识。据其龛式风格推测，当为北魏或西魏时期作品。

*千佛造像碑（甲）

年代： 北魏、西魏时期（386—556）刻立。

形制： 四面造像碑，方首。高1.34米，宽0.64米，厚0.28米。

纹饰： 正面龛内1尊造像。大龛上6层，层各14小龛，龛各1尊造像。大龛左右各两层，层各6小龛，龛各1尊造像。大龛之下15层，层各14龛，内各1尊造像。其余3面佛龛及造像风格与正面相同，仅布局与数量略有不同。

出土：1934 年出土于耀县关帝庙，1936 年藏耀县碑林，1955 年迁于耀县文化馆碑廊，1971 年迁于耀县药王山。

现藏：药王山博物馆。

著录：《药王山碑刻》《陕西药王山碑刻艺术总集》。

提要：此碑无铭文，4 面共有佛像 1017 尊，刻工精美。从其风格推测，当为北魏或西魏时期作品。

*千佛造像碑（乙）

年代：北魏、西魏时期（386—556）刻立。

形制：四面造像碑，方首。尺寸不详。

纹饰：正面龛内 3 尊造像，中为释迦，结跏趺坐于须弥座上，二胁侍分站两侧。大龛上 6 层，层各 8 龛，龛各 1 尊造像。大龛左右各 3 层，层各 3 龛，龛各 1 尊造像。大龛下共 14 层，层各 8 龛，龛各 1 尊造像。背面形式与正面相同。右侧共 22 层，层各 4 龛，龛各 1 尊造像。左侧与右侧形式相同。

出土：出土时间、地点不详。原存耀县文化馆碑廊，1971 年迁于耀县药王山。

现藏：药王山博物馆。

著录：《药王山碑刻》《陕西药王山碑刻艺术总集》。

备注：原石断裂为二；1980 年重新拼合黏接。

提要：此碑铭文，4 面共有佛像 538 尊，全部小龛内皆系结跏趺坐小佛。从其风格推测，当为北魏或西魏时期作品。

拓拔育墓志

全称：周故淮安公拓拔育墓志。

年代：北周明帝二年（558）刻。

形制：志正方形。边长 0.45 米。

行字：志文楷书 9 行，满行 10 字。

出土：1982 年出土于长安县小兆寨与西曹村附近。

现藏：西安碑林博物馆。

著录：《新出魏晋南北朝墓志疏证》《碑林集刊》（第 4 辑）。

提要：志主拓拔育字僧会，为北魏献文皇帝之孙。志文简短，共 81 字，载拓拔育家世及卒年、谥号、葬地等信息。

宇文端墓志

全称：周使持节骠骑大将军开府仪同三司大都督基州刺史文城惠公宇文端墓志。

年代：北周武成元年（559）刻。

形制：志正方形。边长 0.48 米，厚 0.12 米。

行字：志文楷书 24 行，满行 24 字。

出土：1990 年出土于韩城市苏东乡坡底村。

现藏：韩城市博物馆。

著录：《新中国出土墓志·陕西叁》

提要：此墓志记墓主本姓薛，北魏年间赐姓宇文氏。宇文端，字仁直，曾任兵部郎中、吏部郎中等职，赐爵文城公。

*绛阿鲁等合邑造像碑

年代：北周武成元年（559）刻立。

形制：四面造像碑，方首，顶座皆失。高 1.75 米，宽 0.80 米，厚 0.30 米。

行字：正文楷书 3 行，满行 21 字。

纹饰：正面上部并列两龛，内均 3 尊造像。左龛老君，右龛释迦。释迦结跏趺坐，左足心外露，右手上扬至胸，左臂曲肘，手指下指，掌心向前。二胁侍分站两侧。老君须长至胸，身着道袍。二道童左右侍立。龛下 4 层，分别为香炉、供养人线刻像。背面正中龛内为3尊造像。龛上有鹿、星、日、月、飞天等，龛左右各有线刻供养人像及题名。右侧龛内亦3尊造像。左侧一龛，形式与背面相同，但规模较小。龛下为线刻立像及题名。

出土： 出土时间、地点不详。存耀县文正书院，1955年迁于耀县文化馆碑廊，1971年迁于耀县药王山。

现藏： 药王山博物馆。

著录：《药王山碑刻》《陕西药王山碑刻艺术总集》。

备注： 此碑又名《田葵洛碑》《武成造像碑》。

提要： 碑文记载武成元年绛阿鲁等发愿造像之事。其造像释、道并龛，反映出当时宗教信仰的状况，也为研究北周早期雕刻艺术提供了实物资料。

独孤浑贞墓志

全称： 周故使持节柱国大将军晋原郡开国公独孤浑贞墓志铭。

年代： 北周武成二年（560）刻。

形制： 盖盝形，志长方形。志长0.57米，宽0.46米。

行字： 志文楷书23行，满行23字。志左侧面另有2行楷书，共15字。有方界格。

出土： 1993年出土于咸阳市渭城区北杜镇成仁村南。

现藏： 西安碑林博物馆。

著录：《咸阳碑刻》《西安碑林全集》《西安碑林博物馆新藏墓志汇编》。

提要： 志文记载独孤浑贞的生平、历官及子嗣情况。其历官安康郡守、谏议大夫、咸阳郡守、东秦州刺史、大都督、洛州刺史、燕州刺史，赠柱国大将军，谥曰"严公"。

*辅兰德造像碑

年代： 北周保定元年（561）刻立。

形制： 四面造像碑，顶座皆失，方首。高0.66米，宽0.40米，厚0.20米。

行字： 正文楷书14行，满行6—13字不等。

纹饰： 正面龛内3尊造像。中像盘膝坐，高冠长须，右手上扬至肩，左手下垂至膝，宽袍大袖。左右二侍立，皆高冠赤足。龛上有线刻半身佛像。再下正中为一巨人，两足弓张，两手上托，头顶一炉。其左右为二神兽，作喷火状。背面形式与正面相同。右侧龛内坐佛1尊。龛楣框沿皆残破。龛下为一五足细颈圆炉，其侧饰以莲花。再下为二圣僧，坐于莲台之上，头着僧帽，留有长须。侧饰莲花，后有佛光。左侧形式与右侧相同。

出土： 1934年出土于耀县漆河，1936年迁于耀县碑林，1955年迁于耀县文化馆碑廊，1971年迁于耀县药王山。

现藏： 药王山博物馆。

著录：《药王山碑刻》《陕西药王山碑刻艺术总集》。

提要： 碑文记载信士辅兰德发愿造像之事。

*雷文伯造像碑座

年代： 北周保定元年（561）刻立。

形制： 四面造像碑座。高0.29米，宽0.52米，厚0.20米。

行字： 正文楷书9行，满行10字。

出土： 1927年出土，地点不详，后藏雷天一家。1936年捐送耀县碑林，1955年迁于耀县文化馆碑廊，1971年迁于耀县药王山。

现藏： 药王山博物馆。

备注： 碑身佚，仅存碑座，后面、右侧均残。

提要： 碑文记载雷文伯捐资为亡父造石像之事。

崔宣华墓志

全称： 齐故中坚将军赵州长史李□□妻崔氏墓志铭。

年代： 北齐河清元年（562）刻。

形制： 志长 0.56 米，宽 0.55 米。

行字： 志文楷书 24 行，满行 25 字。

出土： 洛阳出土，时间不详。1938 年经于右任捐藏西安碑林。

现藏： 西安碑林博物馆。

著录：《北朝墓志英华》《汉魏南北朝墓志集释》《汉魏南北朝墓志汇编》。

备注： 志文首行"李"字之后空两格。

提要： 志文记载崔宣华的家族世系及生平等情况。

*杨志先造像座

年代： 北周保定二年（562）刻。

形制： 高 0.39 米，上长 0.77 米，下长 0.92 米，上宽 0.58 米，下宽 0.63 米。座顶正中有一长 0.18 米、宽 0.15 米的榫口，左边有一长 0.15 米、宽 0.03 米的槽。

行字： 正文楷书 119 行，满行 16 字。

出土： 1991 年出土于高陵县外贸公司基建工地。

现藏： 高陵县文化馆。

著录：《高陵碑石》。

备注： 碑身佚，仅存基座。又名《征东将军造像石》。

提要： 此碑造像首题"征东将军、右金紫光禄、师都督，前清水、胡里、中乡三县令，南乡郡守杨志先"，题名人多达 198 人，且多有职官，对于研究北朝官制有一定的价值。

*李昙信兄弟等造像碑

年代： 北周保定二年（562）刻立。

形制： 四面造像碑，方首。高 1.21 米，宽 0.50 米，厚 0.27 米。

行字： 正文楷书 7 行，满行 25 字。

纹饰： 正面龛内 3 尊造像。中为老君正面盘膝坐像，高发髻，长须。右手上举，持扇至右肩，左肘微曲，手下垂抚右足，二道童侍立左右，双手拱物似为牌志。龛下居中为一炉。二神兽蹲坐左右。再下有供养人线刻立像两层。背面龛内 3 尊造像，为一佛二菩萨。佛结跏趺坐，二菩萨侍立左右，龛下炉兽，再下为供养人线刻像及题名。右侧龛内一尊观音立像。龛下正中为炉，二神兽蹲坐左右，再下为铭文。铭文右下角处有一线刻供养人持莲立像。左侧龛内一尊菩萨立像，头面已残。龛下为炉兽、线刻供养人立像及题名。

出土： 1934 年出土于耀县雷家崖，1936 年迁于耀县碑林，1955 年迁于耀县文化馆碑廊，1971 年迁于耀县药王山。

现藏： 药王山博物馆。

著录：《药王山碑刻》《陕西药王山碑刻艺术总集》。

备注： 石璋如先生命名为《王香香碑》，但铭文仅见王金香，其人并非供养人。

提要： 碑文记载佛弟子李昙信兄弟等发愿造释迦、太上老君造像之事。

贺兰祥墓志

全称： 周故使持节太师柱国大将军大都督大司马十二州诸军事同州刺史凉国景公贺兰祥墓志。

年代： 北周保定二年（562）刻。

形制： 盖盝形，志正方形。志、盖尺寸相同。边长 0.86 米。盖厚 0.13 米，志厚 0.14 米。

行字： 盖文篆书 4 行，满行 4 字，题"周故太师柱国大司马凉国景公之墓志"。志文楷书 40 行，满行 41 字。

出土： 1956 年出土于咸阳市周陵乡贺家村。

现藏： 咸阳博物馆。

著录：《咸阳碑石》《新中国出土墓志·陕西壹》《新出魏晋南北朝墓志疏证》。

提要： 志文记载贺兰祥的家族世系、生平、历官及子嗣情况。其历官骠骑大将军、尚书左仆射、同州刺史等。贺兰祥，《周书》《北史》均有传，此志可补其阙，有较高的史料价值及书法价值。

*邑子一百人等造像碑

年代： 北周保定二年（562）刻立。

形制： 四面造像碑，方首。高 1.01 米，宽 0.72 米，厚 0.24 米。

行字： 正文楷书 11 行，满行 10 字。

纹饰： 正面龛残，龛下 5 层。首层居中为二侏儒合力扛一炉。左右二狮，再左右又有侏儒各一。次层似为《经变图》。下三层为供养人像主、香火、邑长、化主、邑正等题名及线刻立像，皆有童侍在侧。背面龛残，龛下 5 层。首层居中为炉，炉侧二狮，再侧线刻像及题名。其余各层均为线刻像。右侧现存 5 层。首层残半，其余四层均为供养人像及题名。左侧龛缺，龛下 5 层。形式与右侧基本相同。

出土： 1934 年出土于耀县漆河，存耀县文正书院。1955 年迁于耀县文化馆碑廊，1971 年迁于耀县药王山。

现藏： 药王山博物馆。

著录：《药王山碑刻》《陕西药王山碑刻艺术总集》。

备注： 碑身上段残失。

提要： 碑文记载邑子 100 余人发愿造像之事。题名中多为当时北方少数民族姓氏，且姓氏较多，对于研究北周时期少数民族状况有一定的价值。

*云门寺法勤禅师墓志

年代： 北齐太宁二年（562）刻。

形制： 志长 0.68 米，宽 0.48 米。

行字： 志文隶书 19 行，满行 14 字。

出土： 安阳出土，时间不详。1938 年经于右任捐藏西安碑林。

现藏： 西安碑林博物馆。

著录：《北朝墓志英华》《安阳县金石录》《汉魏南北朝墓志汇编》。

提要： 志文记载法勤禅师的生平等情况。法勤禅师，俗姓张，原籍南阳白水人。

*田元族造像碑

年代： 北周保定三年（563）刻立。

形制： 四面造像碑，顶座皆佚，方首。高 1.20 米，宽 0.51 米，厚 0.23 米。

行字： 正文楷书 9 行，满行 12 字。

纹饰： 正面上部两角各 1 小龛，内各 1 尊造像。两小龛之下，有 1 大龛，龛内 5 尊，一佛二圣僧二菩萨。龛下两层，首层居中为一细颈多足炉，二神兽蹲坐左右。次层为《西方净土说法图》《释迦涅槃图》。背面龛内一佛拱手而立。龛下 3 层，分别刻香炉、神兽、城郭等纹饰。右侧龛内立菩萨 1 尊。龛上有线刻坐佛 3 尊。龛下二僧，左右对坐。中为炉，炉下蹲坐神兽一对。左侧龛内一佛拱手而立。龛下 3 层，首层居中为炉，炉左右各站侍火僧一人。其余两层皆为线刻结跏趺坐小佛，每层两尊。

出土：1927 年出土，地点不详。1936 年存耀县碑林，1955 年迁于耀县文化馆碑廊，1971 年迁于耀县药王山。

现藏：药王山博物馆。

著录：《药王山碑刻》《陕西药王山碑刻艺术总集》。

提要：碑文记载佛弟子田元族为亡息甄生造石像之事。碑中所刻《西方净土说法图》与《释迦涅槃图》较为少见，为研究中国早期佛教及经译历史提供了实物资料。

赫连子悦妻阎炫墓志

全称：齐御史中丞赫连公故夫人阎氏墓志铭。

年代：北齐河清三年（564）刻。

形制：盖盝形，志正方形。志、盖尺寸相同。边长 0.50 米。

行字：盖文篆书 4 行，满行 4 字，题"齐御史中丞赫连公故夫人阎氏之墓铭"。志文楷书 23 行，满行 23 字。

出土：安阳出土，时间不详。1938 年经于右任捐藏西安碑林。

现藏：西安碑林博物馆。

著录：《汉魏南北朝墓志集释》《北朝墓志英华》《汉魏南北朝墓志汇编》。

备注：志石四周略残，但文字基本未损。

提要：志文记载阎炫的家族世系、生平及配偶等情况。

叱列延庆妻尔朱元静墓志

全称：魏故使持节骠骑大将军都督云朔恒定燕州诸军事恒定二州刺史尚书左仆射大行台开府仪同三司侍中特进司徒公第一领民酋长永宁县开国侯北海郡开国公合食邑三千户叱列延庆妻阳平长郡君尔朱氏。

年代：北齐河清三年（564）刻。

形制：志正方形。边长 0.50 米。

行字：盖文篆书 2 行，满行 2 字，题"墓志之铭"。志文楷书 23 行，满行 24 字。盖上部续刻志文 18 行，满行 13 字。

出土：1918 年出土于安阳水冶镇，1938 年经于右任捐藏西安碑林。

现藏：西安碑林博物馆。

著录：《汉魏南北朝墓志集释》《汉魏南北朝墓志汇编》《西安碑林全集》。

提要：志文记载尔朱元静的家族世系、生平等情况。尔朱元静，史书无载。其夫叱列延庆，《北史》《魏书》均有传。

*张永贵造像座

年代：北周保定四年（564）刻立。

形制：三面刻。高 0.39 米，宽 0.73 米，厚 0.73 米。上有一边长为 0.32 米、深 0.32 米的方形臼槽。

行字：正文楷书 18 行，满行 11 字。

纹饰：正面为线刻供养人立像两层，层各 15 人。右侧为供养人线刻立像及题名两层，层各 13 人。左侧分两部分，靠右为发愿文，靠左为线刻立像及题名。

出土：出土时间、地点不详。存耀县文正书院，1936 年迁于耀县碑林，1955 年迁于耀县文化馆碑廊，1971 年迁于耀县药王山。

现藏：药王山博物馆。

著录：《药王山碑刻》《陕西药王山碑刻艺术总集》。

备注：碑身佚，仅存基座。

提要：碑文记载佛弟子张永贵阖门大小发愿造像之事。

拓跋虎墓志

全称： 周使持骠骑大将军开府仪同三司大都督云宁县开国公故拓跋氏墓志铭。

年代： 北周保定四年（564）刻。

形制： 盖盝形，志正方形。志、盖尺寸相同。边长 0.42 米。盖厚 0.08 米，志厚 0.10 米。

行字： 盖素面无字。志文楷书 28 行，满行 28 字。

出土： 1990 年出土于咸阳市渭城区渭城乡坡刘村砖瓦厂。

现藏： 咸阳市渭城区文物管理委员会。

著录：《文物》（1993 年第 11 期）《中国北周珍贵文物：北周墓葬发掘报告》《魏晋南北朝隋唐史资料》（第 18 辑）。

备注： 志文大部分清晰，其中有 9 字磨损，无法辨识。

提要： 志文记载拓跋虎生平事迹。拓跋虎，正史未载，为北魏太武帝子广阳王拓跋建五世孙。其曾祖元嘉在孝文帝时率兵征战，为孝文帝遗诏辅政宣武帝的六位顾命大臣之一，《北史》《魏书》均有简略记载。此墓志可补史载之阙。

*魏故南秦刺史成君碑

年代： 北周保定四年（564）刻立。

形制： 六螭首，身首合一。高 2.09 米，上宽 0.67 米，下宽 0.79 米，厚 0.25 米。

行字： 碑额篆书 3 行，满行 3 字，题"魏故南秦刺史成君碑"。正文楷书 21 行，满行 40 字。

纹饰： 碑额饰双螭纹。

出土： 1992 年出土于渭城区渭城镇冶家台村。

现藏： 咸阳市渭城区文物管理委员会。

备注： 碑身两边残损，碑文首行残留 11 字，第 2 行有 11 字残损不识。

著录：《中国国家博物馆馆刊》（2014 年第 2 期）。

提要： 此碑系成君及其兄弟、侄子等共同下葬而建的家族墓碑，碑文记载南秦州刺史成君家族世系及生平情况,内容兼及南梁与西魏在汉中南郑之战的史实。

马荣茂墓志

全称： 周持节济州刺史大陟岵寺俊望邑长马君墓志。

年代： 北周保定五年（565）刻。

形制： 盖盝形，志正方形。志、盖尺寸相同。边长 0.47 米。

行字： 盖文篆书 3 行，满行 3 字，题"周故济州刺史马君志"。志文楷书 23 行，满行 23 字。

出土： 出土时间、地点不详。

现藏： 西安交通大学博物馆。

著录：《西安交通大学博物馆藏品集锦——碑石书法卷》。

提要： 志文记述了马荣茂的家族世系、生平等情况。马荣茂曾任陟岵寺邑长，卒赠济州刺史。

*观世音像座

年代： 北周保定五年（565）刻立。

形制： 覆莲方座，通高 0.41 米。覆莲直径 0.54 米，底部高 0.21 米，宽 0.20 米。

行字： 正文楷书，正面 16 行，满行 6 字；背面 18 行，满行 4 字；左右两侧均为 7 行，满行 4 字，

纹饰： 座四周线刻人物像。

出土： 1912 年出土于蒲城县城隍庙大殿。

现藏： 蒲城县博物馆。

著录：《蒲城县志》《书法丛刊》（2007 年

第 1 期）。

备注：造像佚，仅存基座。

提要：碑文记载蒲城自北魏、西魏、北周的县名及隶属关系。文中所载"罕井"为北周羌族的氏族名，今蒲城县罕井镇即因此得名。

*和识达造像碑残座

年代：北周保定五年（565）刻立。

形制：方形，单面刻。座残损，高 0.38 米，残宽 0.45 米，残厚 0.49 米。其上有一方形臼槽以纳碑身下榫。

行字：正文楷书 12 行，满行 10 字。

出土：1934 年出土于耀县胡家花园，1936 年迁于耀县碑林，1955 年迁于耀县文化馆碑廊，1971 年迁于耀县药王山。

现藏：药王山博物馆。

著录：《药王山碑刻》《陕西药王山碑刻艺术总集》。

备注：造像佚，仅存残座。

提要：铭文记载比丘僧和识达为师僧、父母造像之事。从残存铭文推断，原碑当为四面造像，此类造像在渭北地区兴起于西魏时期。

*王忻造像碑

年代：北周保定五年（565）刻立。

形制：四面造像碑，顶盖佚失，方首。高 0.75 米，宽 0.34 米，厚 0.17 米。

行字：正文楷书 9 行，满行 12 字。

纹饰：正面上部 4 龛，上一下三。上龛 3 尊造像，中佛结跏，二菩萨侍立左右。龛左右线刻圣僧各一。龛上线刻僧像 8 个。龛下纹饰不清。再下 3 龛并列，内各 1 尊造像，自左向右依次为阿弥陀佛、释迦牟尼、药师佛。龛下为线

刻供养人立像 6 人，各有题名。右侧龛内 1 尊造像，龛下有供养人像及题名。左侧形式与右侧相同，龛上线刻僧像 4。龛下两层，首层中为炉，左右有神兽。次层为铭文，有界格。

出土：1981 年出土于耀县石柱乡卢家塬村，同时迁于耀县药王山。

现藏：药王山博物馆。

著录：《药王山碑刻》《陕西药王山碑刻艺术总集》。

备注：此碑原为四面刻，一面被后人磨去，现仅存三面。碑座泐蚀严重。

提要：碑文记载佛弟子王忻为父母、眷属发愿造像之事。

*刘男俗造像碑

年代：北周保定年间（561—565）刻立。

形制：四面造像碑，方首。高 0.75 米，宽 0.30 米，厚 0.12 米。

行字：正文楷书 10 行，满行字数不等。

纹饰：正面龛内 3 尊造像，为一佛二菩萨。龛上为 6 僧，左右各 3。龛左右各一护法。龛下两层，上层中炉旁狮，下层为像主刘男俗和亡夫李迪生以及迪妹、迪女的线刻立像。背面形式与正面相同。右侧龛内一佛，袖手结跏趺坐。龛右上残。龛下 3 层，上为莲炉，中为一佛二菩萨，下为供养人立像及题名。左侧形式与右侧相同，龛左残。龛下 3 层，首层中炉旁狮，次层为二坐佛，3 层为铭文。

出土：出土时间、地点不详。存耀县文正书院，1955 年迁于耀县文化馆碑廊，1971 年迁于耀县药王山。

现藏：药王山博物馆。

著录：《药王山碑刻》《陕西药王山碑刻艺术总集》。

提要：碑文记载刘男俗等发愿造像之事。从残存文字推断，当为北周武帝宇文邕保定年间作品。

*豆卢恩墓碑

年代：北周天和元年（566）刻立。

形制：梯形，首座皆佚。碑残损，残高 1.92 米，上宽 1.03 米，下宽 1.12 米，厚 0.28 米。

行字：正文隶书 26 行，满行 51 字。

撰书：庾信撰。

出土：1918 年出土于咸阳市文陵旁。

现藏：咸阳博物馆。

著录：《文苑英华》（乾隆）《咸阳县志》《咸阳碑石》。

备注：碑上部残损，碑文漶蚀严重。

提要：该碑记载了豆卢恩的家世及生平等。

*华岳颂碑

年代：北周天和二年（567）刻立。

形制：螭首龟座。高 4.09 米，宽 1.12 米，厚 0.32 米。

行字：额篆书 2 行，满行 4 字，题"西岳华山神庙之碑"。正文隶书 20 行，满行 50 字。

撰书：万纽于瑾撰，赵文渊书。

出土：原立于华阴西岳庙内。

现藏：华阴市西岳庙文物管理处。

著录：《金石萃编》《金石碑版广微》《华山碑石》。

备注：碑阴有《华岳精享昭应之碑》，左侧有《颜真卿全天王庙题记》，右侧有《谒华岳庙诗》。

提要：此碑主要记载了大统七年（541）华山郡守弘农杨子昕重修西岳庙，在庙内植青松 2000 余株之事。

*马众庶造像碑

年代：北周天和二年（567）刻立。

形制：四面造像碑，方首。高 1.17 米，宽 0.44 米，厚 0.24 米。

行字：正文楷书 4 行，满行 14 字。

纹饰：正面龛内 3 尊造像。中佛结跏趺坐，二胁侍拱手立左右。龛上图饰不清。龛下 3 层，上层居中为一多足细颈炉，二神兽蹲坐左右，其下为线刻立像及题名；背面龛内 3 尊造像，二菩萨分站两侧，头均残。龛下两层：上层炉兽与正面相同，下层坐佛 3 尊。右侧龛内立佛 1 尊，头残不存。龛下 3 层。左侧龛内站菩萨 1 尊，龛下两层。左、右两侧龛下形式与正面基本相同。

出土：1935 年出土于耀县柳林寺，1936 年迁于耀县碑林，1955 年迁于耀县文化馆碑廊，1971 年迁于耀县药王山。

现藏：药王山博物馆。

著录：《药王山碑刻》《陕西药王山碑刻艺术总集》。

备注：石璋如先生将此碑时间定为太和二年，《药王山碑刻》据造像风格及铭文，当为天和二年。

提要：碑文记载马众庶造像之事。

*韩木兰墓志

年代：北周天和三年（568）刻。

形制：志长 0.28 米，宽 0.29 米。

行字：志文楷书 4 行，满行 13 字。

出土：洛阳出土，时间不详。1938 年经于右任捐藏西安碑林。

现藏：西安碑林博物馆。

著录：《汉魏南北朝墓志集释》《北朝墓志英华》《汉魏南北朝墓志汇编》。

提要：志文中部无字，左右两侧文字简单记载韩木兰的官职、卒年。韩木兰，《周书》《北史》有传。

贺拔文旽妻李哀墓志

全称： 开府仪同三司湘东公贺拔文旽妻广平郡君李哀谏文。

年代： 北周天和四年（569）刻。

形制： 盖盝形，志正方形。志、盖尺寸相同。边长 0.36 米。盖厚 0.08 米，志厚 0.09 米。

行字： 志文楷书 17 行，满行 17 字。

出土： 1989 年出土于兴平县马嵬镇安家村。

现藏： 兴平市博物馆。

著录： （乾隆）《兴平县志》。

提要： 志文记载李哀的生平和婚姻情况，墓主生前曾守寡六年，嫁与贺拔文旽为妻，卒葬兴平。

*天和五年四面造像碑

年代： 北周天和五年（570）刻立。

形制： 四面造像碑。高 12.56 米，宽 0.28 米，厚 0.20 米。

行字： 正文楷书，正面 12 行，满行 40 字。背面 11 行，满行 40 字。左右两侧均为 7 行，满行 40 字。

纹饰： 碑阳及碑阴均为单龛，内雕一佛二菩萨。两侧各一结跏趺坐佛。龛下均有发愿文。

出土： 出土于蓝田县孟村镇蒋寨村清凉寺，时间不详。

现藏： 蔡文姬纪念馆。

著录： （光绪）《蓝田县志》。

备注： 像已残，正面底部缺一角。

提要： 铭文记述了邑子们祈求佛佑的愿望及邑子之名。

*吕思颜造像碑

年代： 北周天和五年（570）刻立。

形制： 四面造像碑，方首。高 1.04 米，宽 0.43 米，厚 0.28 米。

行字： 正文楷书 13 行，满行 13 字。

纹饰： 正面龛内 3 尊造像，头面皆残。中为阿弥陀佛结跏趺坐，二菩萨分立两侧。龛下两层。上层居中为炉，二神兽蹲坐两侧。下层为供养人骑马图二，左右对称。背面龛内 3 尊造像。中佛垂腿而坐，二胁侍拱手立左右。龛下两层。上为炉兽，下为《车马求佛图》，漫漶较重。右侧龛内一佛结跏趺坐于莲台之上，龛下 3 层，均为线刻像及题名。左侧龛内坐 1 佛，龛雕炉兽。

出土： 1934 年出土于耀县柳林寺，1936 年迁于耀县碑林，1955 年迁于耀县文化馆碑廊，1971 年迁于耀县药王山。

现藏： 药王山博物馆。

著录： 《药王山碑刻》《陕西药王山碑刻艺术总集》。

提要： 碑文记载吕思颜为亡叔父发愿造像之事。

*毛明胜造像碑

年代： 北周天和五年（570）刻立。

形制： 四面造像碑，方首。高 0.80 米，宽 0.41 米，厚 0.18 米。

行字： 正文楷书 8 行，满行 12 字。

纹饰： 正面龛内 3 尊造像。中佛结跏而露左足，有佛光。二菩萨分站两侧。龛上有线刻佛头像，皆有背光。龛左右为护法神，手执法器。龛下中为炉，侧蹲神兽，左右各一。再下为线刻立像及题名。背面龛内 3 尊造像。中佛垂腿而坐，左右侍皆立。龛上有线刻僧头像，龛左右各站一僧。龛下两层，上层居中为炉，二神兽蹲坐两侧，下层为线刻坐佛 4 尊。右侧龛内阿弥陀佛结跏趺坐，后有佛光。龛上楣线外有线刻圣僧坐像 4 尊，龛下有线刻鹿麑各一。左侧形式与右侧基本相同。

出土：1936 年出土于耀县县城里仁巷，为刘杰收藏。1964 年捐送耀县文化馆碑廊，1971 年迁于耀县药王山。

现藏：药王山博物馆。

著录：《药王山碑刻》《陕西药王山碑刻艺术总集》。

备注：又名《毛宝可造像碑》。

提要：碑文记载毛明胜发愿造像之事。

*雷明香造像碑

年代：北周天和六年（571）刻立。

形制：四面造像碑，顶座皆佚，方首。高 0.96 米，宽 0.40 米，厚 0.19 米。

行字：正文楷书 9 行，满行 19 字。

纹饰：正面龛内 3 尊造像。中佛结跏趺坐，二胁侍侧立。龛上有线刻僧像。龛下三层。上层为炉、兽。中层为牛车、骑马图。下层为息女 4 人的线刻像及题名。背面龛内 3 尊造像。中佛结跏趺坐，二胁侍侧跪。龛楣之上有线刻僧像 8 尊。龛下 4 层，分别刻香炉、神兽、供养人及题名。左、右两侧龛内各 1 尊造像，龛下形式与正面基本相同。

出土：出土时间、地点不详，原存雷天一家。1936 年捐送耀县碑林，1955 年迁于耀县文化馆碑廊，1971 年迁于耀县药王山。

现藏：药王山博物馆。

著录：《药王山碑刻》《陕西药王山碑刻艺术总集》。

提要：碑文记载佛弟子雷明香为亡夫同琦乾炽造像之事。此碑所记雷氏族人之文武官职、爵位，对考察北周官职、地方官职设置、民族及其通婚和融合等均有参考价值。

韦舒墓志

全称：周都督柱国幽文公礼曹韦府君墓志并序。

年代：北周天和六年（571）刻。

形制：盖盝形，志长方形，志、盖尺寸相同。长 0.41 米，宽 0.40 米。盖厚 0.09 米，志厚 0.11 米。

行字：盖文楷书 3 行，满行 3 字，题“大周都督韦府君墓志”。志文楷书 17 行，满行 16 字。

出土：2008 年出土于西安市长安区杜曲镇。

现藏：陕西省考古研究院。

著录：《碑林集刊》（第 21 辑）。

提要：志文记载了韦舒的家族世系、历官及生平情况。

匹娄欢墓志

全称：大周使持节少傅大将军大都督恒夏灵银长五州诸军事恒州刺史普安壮公墓志铭。

年代：北周建德元年（572）刻。

形制：盖盝形，志正方形。志、盖尺寸相同。边长 0.71 米。

行字：盖文篆书 3 行，满行 4 字，题“周少傅大将军普安壮公墓志”。志文楷书 30 行，满行 31 字。

出土：1953 年出土于咸阳市底张湾。

现藏：西安碑林博物馆。

著录：《北朝墓志英华》《汉魏南北朝墓志汇编》《新中国出土墓志·陕西贰》。

提要：志文记载匹娄欢的家族世系、生平、配偶及历官情况。其曾任襄威将军、恒农郡守、邓州刺史，卒赠少傅、恒州刺史，谥曰"壮"。

步六孤须蜜多墓志

全称：大周柱国谯国公夫人故步六孤氏墓志铭。

年代：北周建德元年（572）刻。

形制：盖盝形，志正方形。志、盖尺寸相同。边长 0.58 米。

行字：盖文篆书 3 行，满行 3 字，题"大周谯国夫人墓志铭"。志文楷书 28 行，满行 28 字。

出土：1953 年出土于咸阳市底张湾。

现藏：西安碑林博物馆。

著录：《北朝墓志英华》《汉魏南北朝墓志汇编》《新中国出土墓志·陕西贰》。

提要：志文记载步六孤须蜜多的家世及生平情况。步六孤本为鲜卑部族一支，北魏孝文帝汉化改革中，改姓陆。本志仍用旧姓。

高僧护墓志

全称：齐故通直散骑常侍赠开府仪同三司太常卿高君墓志铭。

年代：北齐武平四年（573）刻。

形制：志长 0.41 米，宽 0.42 米。

行字：志文楷书 15 行，满行 16 字。

出土：安阳出土，时间不详。1938 年经于右任捐藏西安碑林。

现藏：西安碑林博物馆。

著录：《北朝墓志英华》《汉魏南北朝墓志集释》。

提要：志文记载高僧护的家族世系。高僧护，字世公，勃海蓨县人，卒年仅 6 岁。

赫连子悦墓志

全称：齐故侍中车骑大将军开府仪同三司左仆射吏部尚书太常卿食贝丘县干赫连公墓志。

年代：北齐武平四年（573）刻。

形制：盖盝形，志正方形。志、盖尺寸相同。边长 0.71 米。

行字：盖文篆书 3 行，满行 3 字，题"齐开府仆射赫连公铭"。志文隶书 36 行，满行 36 字。

出土：安阳出土，时间不详。1938 年经于右任捐藏西安碑林。

现藏：西安碑林博物馆。

著录：《汉魏南北朝墓志集释》《北朝墓志英华》《西安碑林全集》。

提要：志文记载赫连子悦的家族世系及生平、历官情况。其历官征南府长史、奉车都尉、勃海太守、扬州刺史、御史中丞、郑州刺史、吏部尚书，赠晋州刺史、尚书左仆射。

*郭乱颐造像碑

年代：北周建德二年（573）刻立。

形制：砂石质，三面造像碑。高 1.79 米，宽 0.71 米，厚 0.16 米。

行字：正文楷书共 22 字。

纹饰：正面分 4 层，第 1 层左龛为交足菩萨，右龛为半跏趺坐菩萨，两龛间有铭文。第 2 层为尖顶拱形龛，中佛半跏趺坐，左右为二菩萨二弟子，右侧刻发愿文。第 3 层中偏左刻一供养人，其右刻供养人姓名。第 4 层刻愿文。碑侧均为上下方龛，上龛为头戴花瓣冠、身披璎珞、半跏趺坐于束腰莲上的菩萨，下侧为施禅定印的坐佛，龛下为供养人姓名。

出土： 出土于洛川县土基镇鄜城村，时间不详。

现藏： 洛川县博物馆。

著录：《考古与文物》（1984 年第 5 期）。

备注： 碑身从中间断裂为二，造像残，碑文不清。

提要： 碑文记载郭乱颐发愿造像之事。

*杨广智造像碑

年代： 北周建德三年（574）刻立。

形制： 砂石质，四面造像碑。高 1.10 米，宽 0.42 米，厚 0.17 米。

行字： 正文楷书 10 行，满行 9 字。

纹饰： 正面上部方龛，中佛施说法印，结跏趺坐，两边刻两菩萨，下部刻发愿文。背面形式与正面相同，仅胁侍菩萨站于莲台之上。左侧上部凿二龛，均刻坐佛。右侧亦刻二龛，下刻供养人姓名。

出土： 出土于洛川县土基镇鄜城村，时间不详。

现藏： 洛川县博物馆。

著录：《考古与文物》（1984 年第 5 期）。

备注： 造像基本完好，碑文部分不清。

提要： 碑文记载杨广智发愿造像之事。

*张僧妙法师碑

年代： 北周建德三年（574）刻立。

形制： 螭首方座圭额。高 2.05 米，宽 0.75 米，厚 0.25 米。

行字： 正文楷书 24 行，满行 46 字。

出土： 1905 年出土于耀县崇庆寺遗址，移置耀县高等小学堂，1936 年迁于耀县碑林，1955 年迁于耀县文化馆碑廊，

1971 年迁于耀县药王山。

现藏： 药王山博物馆。

著录：《陕西金石志》《药王山碑刻》《陕西药王山碑刻艺术总集》。

备注： 首尾两行有残损，各行尾部一字残存一半。

提要： 碑文记载了张僧妙法师一家五代生平事迹，并记述法师立言不朽、积德无穷的道德风范。

*乞伏龙琰墓志

年代： 北周建德三年（574）刻。

形制： 砂石质。志长 0.34 米，宽 0.22 米，厚 0.02 米。

出土： 2003 年出土于彬县太峪乡蒙家岭村。

现藏： 彬县文化馆。

著录：《碑林集刊》（第 9 辑）。

备注： 左下角残。

提要： 志文记载墓主乞伏龙琰生平情况。其曾任骠骑大将军、仪同三司、大都督等职。

*单英儒墓志

年代： 北周建德五年（576）刻。

形制： 志长 0.35 米，宽 0.18 米。

行字： 志文楷书 3 行，满行 5—9 字不等。

出土： 1954 年出土于西安市东郊韩森寨。

现藏： 西安碑林博物馆。

著录：《西安碑林全集》。

提要： 志文简单记载单英儒姓名及卒年。

任先墓志

全称： 伏波将军濮阳县令任先志。

年代： 北周建德五年（576）刻。

形制： 盖盝形，志正方形。盖边长 0.55 米，厚 0.08 米。志边长 0.50 米，厚 0.08 米。

行字： 盖文楷书 3 行，满行 3 字，题 "濮阳县令任先墓志记"。志文楷书 15 行，满行 22—28 字不等。

出土： 出土时间、地点不详。

现藏： 陕西历史博物馆。

备注： 志石泐蚀严重。

提要： 志文记载任先的生平、子嗣情况。

*建德六年碑

年代： 北周建德六年（577）刻立。

形制： 螭首，高 2.31 米，宽 0.81 米。

行字： 正文隶书 19 行，满行 41 字。

纹饰： 碑侧饰缠枝蔓草纹。

出土： 出土时间、地点不详。1963 年入藏西安碑林。

现藏： 西安碑林博物馆。

著录： 《西安碑林全集》。

备注： 碑文除左下角尚可辨认外，其余皆漫漶严重。

提要： 碑石中有 "建德六年" 之文字，故名。碑文先述碑主生平事迹，后为颂扬之辞。因碑文漫漶严重，碑主身份不可考。

宇文瓘墓志

全称： 大周使持节仪同大将军安州总管府长史治随州刺史建安子宇文瓘墓志。

年代： 北周宣政元年（578）刻。

形制： 盖盝形，志正方形。志、盖尺寸相同。边长 0.57 米。盖厚 0.10 米，志厚 0.11 米。

行字： 盖文篆书 3 行，满行 3 字，题 "大周仪同建安子之铭"。志文楷书 30 行，满行 31 字。

出土： 出土时间、地点不详。

现藏： 西安市长安博物馆。

著录： 《长安新出墓志》《长安碑刻》《新中国出土墓志·陕西叁》。

备注： 志石左下角稍残。

提要： 志文记载宇文瓘之家族世系、生平、婚姻及历官情况。其历官中山公府兵曹参军、中外府记室曹、安州总管府长史、御伯下大夫、车骑大将军，封安平县开国子、建安县开国子。

时珧墓志

全称： 伪齐在京为荷王释褐辟任齐安成主俗赠车骑将军时珧墓志。

年代： 北周宣政元年（578）刻。

形制： 志长 0.43 米，宽 0.52 米。

行字： 志文楷书 19 行，满行 15 字。

出土： 山东诸城出土，时间不详。1938 年经于右任捐藏西安碑林。

现藏： 西安碑林博物馆。

著录： 《北朝墓志英华》《汉魏南北朝墓志汇编》《西安碑林全集》。

提要： 志文记载时珧的生平等情况。

大周高祖武皇帝孝陵志

年代： 北周宣政元年（578）刻。

形制： 盖盝形，志正方形。志、盖尺寸相同。边长 0.85 米。盖厚 0.14 米，志厚 0.11 米。

行字： 盖无字。志文篆书 3 行，满行 3 字。

出土： 1993 年出土于咸阳市底张湾陈马村。

现藏： 陕西省考古研究院。

著录： 《咸阳碑刻》《考古与文物》（1997 年第 2 期）。

提要： 志文篆书 "大周高祖武皇帝孝陵"。武帝临终遗诏要求丧事资用须俭朴而合礼，墓而不坟，不封不树，此做法为北周陵中之一例。

寇炽墓志

全称：魏故广州别驾襄城顺阳二郡守寇君
　　　墓志。

年代：北周宣政二年（579）刻。

形制：志正方形。边长 0.39 米。

行字：志文楷书 20 行，满行 20 字。

出土：1925 年出土于洛阳马沟村，1938 年经
　　　于右任捐藏西安碑林。

现藏：西安碑林博物馆。

著录：《汉魏南北朝墓志集释》《北朝墓志英
　　　华》《汉魏南北朝墓志汇编》。

提要：志文记载寇炽的家族世系、生平、历
　　　官配偶等情况。其历官伏波将军、广
　　　州别驾、龙骧将军、襄城郡守、顺阳
　　　太守。

安伽墓志

全称：大周大都督同州萨保安君墓志铭。

年代：北周大象元年（579）刻。

形制：盖盝形，志正方形。志、盖尺寸相同。
　　　边长 0.47 米，厚 0.08 米。

行字：盖文篆书 3 行，满行 4 字，题"大周
　　　同州萨保安君之墓志记"。志文楷书
　　　18 行，满行 19 字。

出土：2005 年出土于西安市未央区大明宫
　　　乡坑底寨村。

现藏：陕西省考古研究院。

著录：《西安北周安伽墓》《新出魏晋南北朝
　　　墓志疏证》。

提要：墓志简要记载安国人安伽的家族世系
　　　和历官，为研究南北朝时期旅居中原
　　　的粟特人的文化提供了文字资料。

*大象二年造像碑

年代：北周大象二年（580）刻立。

形制：灰石质，覆莲方座。高 0.65 米，宽

0.73 米，厚 0.34 米。

行字：正文楷书 15 行，满行 10 字。

纹饰：上部为圆形莲花座，下部方形两面有
　　　线刻佛像与侍者。

出土：原立于户县甘河镇甘河村桥头，后移
　　　存户县文物管理委员会。

现藏：户县文物管理委员会。

著录：《户县碑刻》。

提要：碑文记载佛弟子孟通、王智等发愿造
　　　像之事。此碑年款清晰，为户县境内
　　　较为少见的北周时期造像作品。

*梁嗣鼎墓志

年代：北周大象二年（580）刻。

形制：志正方形。边长 0.35 米。

行字：志文楷书 10 行，满行 10 字。

出土：1929 年出土于洛阳卫家坡村，1938
　　　年经于右任捐藏西安碑林。

现藏：西安碑林博物馆。

著录：《汉魏南北朝墓志集释》《汉魏南北朝
　　　墓志汇编》《西安碑林全集》。

提要：志文简述梁嗣鼎生平、卒年及葬地。
　　　梁嗣鼎曾任扫寇将军、武骑司马。

元寿安妃卢兰墓志

全称：魏故使持节侍中骠骑大将军开府尚书
　　　左仆射雍州刺史司空公始平文贞公
　　　国太妃卢氏墓志铭。

年代：北周大象二年（580）刻。

形制：盖盝形，志正方形。志、盖尺寸相同。
　　　边长 0.66 米。

行字：盖文篆书 3 行，满行 3 字，题"大周
　　　故卢太妃墓志铭"。志文楷书 26 行，
　　　满行 28 字。

出土：1922 年出土于洛阳马坡村，1938 年
　　　经于右任捐藏西安碑林。

现藏：西安碑林博物馆。

著录：《汉魏南北朝墓志集释》《北朝墓志英华》《汉魏南北朝墓志汇编》。

提要：志文记载卢兰的家族世系、生平、配偶及子嗣等情况。

*特赐大觉禅院故牒碑

年代：北周大定元年（581）刻立。

形制：顶座皆佚。碑残损，残高1.23米，宽0.41米，厚0.21米。

行字：正文楷书，正面105字，侧面26字，背面125字。

纹饰：正面一龛一佛二弟子，造型端庄，面部已毁，下雕两狮，下刻铭文。左侧上龛一佛八弟子。下龛为阿弥陀佛像。右侧上部刻一佛，下龛为两供养人。背面一大龛为释迦牟尼像，下刻铭文。

出土：出土时间、地点不详。

现藏：渭南市临渭区中心博物馆。

备注：碑残为6段，部分缺损。

提要：碑文记载朱灵齐的家族世系、籍贯、生平、配偶及子嗣情况。

大周宇文使君碑

年代：北周时期（557—581）刻立。

形制：圆首。碑残损，残高0.91米，宽0.84米，厚0.25米。

行字：正文篆书3行，满行4字。

出土：出土时间、地点不详。

现藏：秦咸阳宫遗址博物馆。

*王子荣造像碑

年代：北周时期（557—581）刻立。

形制：青石质，单面刻。高0.57米，宽0.30米，厚0.14米。

行字：正文楷书共22字。

纹饰：上龛为方形，内雕一佛二弟子。下龛为拱形，内雕一佛二胁侍。中佛为低肉髻，面相方圆，身体较板平，衣纹似莲瓣。龛右上侧为铭文。

出土：1985年出土于洛川县土基乡郎城村。

现藏：洛川县博物馆。

著录：《考古与文物》（1984年第5期）。

提要：碑文全部为发愿造像人题名。

*伏波将军路迢宗造像碑额

年代：北周时期（557—581）刻立。

形制：半圆形。高0.75米，宽0.63米，厚0.30米。

行字：碑文楷书，残存1行。

纹饰：上部半圆顶，左右两边各雕3条龙，额心为一佛像，面部微残，坐于仰莲之上。背面亦有佛造像。

出土：1996年出土于白水县白水中学宋妙觉寺地宫。

现藏：白水县文物管理委员会。

著录：《考古与文物》（2005年第4期）。

备注：碑身佚，仅存碑额。

提要：因碑身残佚，内容无法判断。额部残余碑文可见"伏波将军路迢宗"等字。路迢宗，正史无载。北朝时期的伏波将军，正史所载有名姓可考的40余人无一有影响者。由此可见，北朝时期对伏波将军的任命是较为随意的。

*北周造像碑

年代：北周时期（557—581）刻立。

形制：方首，顶中央为半球形。高1.46米，上宽0.47米，下宽0.35米，厚0.28米。

纹饰：正面额上线刻宝殿，内雕一佛二菩萨。其下佛龛内雕阿弥陀佛及二菩萨。龛下中间雕一裸体人，两边雕比丘和伞盖。画面左上角雕一座十三级方塔，中间雕两辆牛车。下线刻人物像。右侧龛内 1 立佛，龛下线刻裸体人及 4 仙女等。背面龛内一佛四菩萨。龛下线刻 3 层，漫漶极甚。左侧龛内 1 立佛，龛下线刻花草、裸体人、伎乐仙女等。

出土：1962 年出土于临潼县栎阳镇。

著录：《临潼碑石》。

备注：碑面漫漶严重，佛龛内佛头残损。

现藏：西安市临潼博物馆。

提要：此碑无铭文，从造像风格判断，当属北周时期作品。

*杨姿造四门塔顶造像碑

年代：北周时期（557—581）刻立。

形制：碑残损，残高 0.68 米，宽 0.36 米，厚 0.36 米。

行字：正文楷书，残存 12 行，满行 5 字。

纹饰：碑四面各有 1 龛，龛内各有 1 尊。铭文刻于基座正面；右侧面中为一多足豆形炉，左右有二神兽蹲坐。背面和左侧面略同右侧。

出土：原在耀县石柱乡卢家塬村电磨房中，用作电磨台基。1981 年迁于耀县药王山。

现藏：药王山博物馆。

著录：《药王山碑刻》《陕西药王山碑刻艺术总集》。

备注：碑顶部残损。

提要：碑文记载佛弟子杨姿等发愿造浮图像之事。

*魏洪达十级浮图造像碑

年代：北周时期（557—581）刻立。

形制：高 2.60 米，中部宽、厚均为 0.73 米。

行字：正文楷书，残存 4 行，满行 4—7 字不等。

纹饰：浮图顶为一准方锥体，每一方锥面各有一浅龛，内各雕坐佛一尊。以下 10 层，每层均作庑殿檐式，檐下斗拱、圆柱。每层每面均分左右两楹，每楹内各有佛像一组，组各 5 尊。皆为一佛二菩萨二圣僧式组合，共计 404 尊。再下为浮图基座。两侧有题名。背面中刻一多足细颈圆炉，再下为一花。其他两面似有刻饰，已被后人磨去。再下为边长 1.00 米、高 0.50 米的塔座，素面。

出土：原立于耀县万佛寺，1981 年迁于耀县药王山。

现藏：药王山博物馆。

著录：《药王山碑刻》《陕西药王山碑刻艺术总集》。

提要：此碑虽无具体年款，但从其题名字体、造像风格和斗拱大小比例等来看，当为北周时期作品。碑原立于耀县万佛寺，又名延昌寺，在今耀州区西部。该寺历史悠久，有金大定二十八年（1188）《延昌记》、明昌七年（1196）《延昌寺三门记》为证。

*傅延周莲蒂形四面造像碑

年代：北周时期（557—581）刻立。

形制：高 0.91 米，宽 0.36 米，厚 0.36 米。

行字：正文楷书 11 行，满行 10 字。

纹饰：正面一龛，内为西方三圣，左右两侧龛内均为立菩萨。背面形式与正面相同。碑座正面分上下两层，首层为炉，炉旁二狮，下层为供养人像及题名。左、右两侧各分为两层，上为狮炉，下为题名及发愿文。

出土：出土时间、地点不详。原存耀县文化
　　　馆碑廊，1971 年迁于耀县药王山。

现藏：药王山博物馆。

著录：《药王山碑刻》《陕西药王山碑刻艺术
　　　总集》。

提要：碑文记载傅延周发愿造像之事。碑文
　　　可见"三年七月"等字，但无法判断
　　　具体年代。据造像风格推测，当为北
　　　周时期作品。

*四门塔碑

年代：北周时期（557—581）刻立。

形制：高 1.35 米，宽 0.49 米，厚 0.46 米。

出土：出土于耀县石柱乡西古村，时间不详，
　　　后移于耀县药王山。

现藏：药王山博物馆。

著录：《陕西药王山碑刻艺术总集》。

提要：此碑无铭文，纹饰漫漶。从残存纹饰
　　　和形式判断，当为北周时期作品。

*张善愿造像

年代：北周时期（557—581）刻立。

形制：圆雕坐像，高 0.80 米。

行字：正文楷书 3 行，满行 9 字。有方界格。

纹饰：造像整体为一大势至垂腿坐像。头带
　　　镂空高花缦冠，冠后结带，分左右贴
　　　肩绕臂下垂座下。右手曲臂而前举，
　　　手臂处残断。左臂微曲而自然下垂，
　　　置于膝上。坐须弥座，足蹬莲台。座
　　　前为线刻，上下两层。上层中为一多
　　　足圆炉，左右为二狮，再左右为二僧，
　　　左盘膝，右蹲坐。下层左右各线刻一
　　　供养人双手拱莲立像。

出土：原存耀县石柱乡阿姑村，1982 年迁于
　　　耀县药王山。

现藏：药王山博物馆。

著录：《药王山碑刻》《陕西药王山碑刻艺术
　　　总集》。

提要：碑文记载都化主张善愿发愿造像之事。

*北周四面造像碑

年代：北周时期（557—581）刻立。

形制：四面造像碑，顶座皆佚，方首。高
　　　1.33 米，宽 0.53 米，厚 0.25 米。

行字：正文楷书 16 行，满行 28 字。

纹饰：正面龛内 3 尊造像。中像长须，盘膝
　　　正坐，右手上举至胸，左手下抚膝
　　　上。二胁侍拱手持物分立左右。龛
　　　下有一排线刻坐像，上饰以帷幕及
　　　宫灯。龛左右各刻一内侧立像，拱
　　　手持笏。左像残而不全。龛下 4 层，
　　　刻香炉、题名及供养人线刻像。背
　　　面形式与正面相似，但剥蚀较重。
　　　右侧龛内 3 尊造像，形式与正面相
　　　似。左侧龛内 3 尊造像，形式亦与
　　　正面相同。唯中佛为垂腿坐式。龛
　　　下亦 5 层，首层居中为炉，炉旁神
　　　兽各一，兽口衔莲枝，舞蹄蹲坐。
　　　下 4 层为线刻像及题名。

出土：1934 年出土，地点不详。1936 年迁
　　　于耀县碑林，1955 年迁于耀县文化馆
　　　碑廊，1971 年迁于耀县药王山。

现藏：药王山博物馆。

著录：《药王山碑刻》《陕西药王山碑刻艺术
　　　总集》。

备注：此碑又名《魏苟安碑》《阎和达造像碑》。

提要：碑文记载信士发愿造像之事。碑文虽
　　　无具体年代，但文字、造像风格均与
　　　北周时期相似。

*阎佰陇造像残碑

年代：北周时期（557—581）刻立。

形制：四面造像碑，方首。碑残损，残高0.70 米，宽 0.47 米，厚 0.22 米。

行字：正文楷书 6 行，满行 3—8 字不等。

纹饰：正面上部原当有龛，今残损无存。龛下 3 层，首层中为一炉，旁为二神兽，次层为结跏坐佛 4 尊，皆有佛光。下层为题名。背面存两层，每层各有坐佛 4 尊。右侧存 3 层，每层各有坐佛两尊。左侧存 3 层，上两层各坐佛两尊，最下层为素面，似有所刻，泐蚀严重，无法辨识。

出土：出土时间、地点不详，原藏雷天一家。1936 年捐送耀县碑林，1955 年迁于耀县文化馆碑廊，1971 年迁于耀县药王山。

现藏：药王山博物馆。

著录：《药王山碑刻》《陕西药王山碑刻艺术总集》。

提要：碑文记载发愿造像人及其亲眷姓名。此碑虽无年款，但从造像风格判断，当属北周时期作品。

*康先妃四面造像碑

年代：北周时期（557—581）刻立。

形制：四面造像碑。高 1.27 米，宽 0.50 米，厚 0.50 米。

行字：正文楷书，残存 41 行，行残存 9—11字不等。

纹饰：碑由上中下 3 部分组成。下为一边长为 0.50 米、高 0.23 米的基座。四面均有两层线刻立像。基座之上为碑身，四面各有一龛。正面龛内为一佛二菩萨。佛结跏趺坐于坛上，坛下为炉，炉旁为神兽。二菩萨拱手分站两侧之莲台上，手捧莲枝。背面龛内中为阿弥陀佛，并垂双腿坐台上，二胁

侍拱手分立左右。台下一炉，炉旁二狮侧蹲。右侧龛内中为普贤菩萨，座下为一巨象，象旁二狮侧卧，狮上各有一台，台上各站一侍。左侧龛内为文殊菩萨，结跏趺坐，二侍拱手分立左右台上，台下各一卧狮，中间有一侏儒。碑身向上，再上呈莲苞，四角饰以莲叶，四叶间各线刻一坐佛。莲苞之顶，又有圆首方顶，顶周各一小龛，内各 1 尊造像。

出土：出土时间、地点不详，原存耀县文庙。1955 年迁于耀县文化馆碑廊，1971年迁于耀县药王山。

现藏：药王山博物馆。

著录：《药王山碑刻》《陕西药王山碑刻艺术总集》。

提要：碑文均为发愿造像人题名。此碑虽无年款，但从造像风格判断，当属北周时期作品。

*北朝四面造像碑

年代：北朝时期（386—581）刻立。

形制：四面造像碑，平顶，座佚。高 1.28米，上宽 0.41 米，下宽 0.53 米，厚0.27 米。

行字：正文楷书，碑面残损严重，行字数无法辨识。

纹饰：正面上下两层佛龛，龛内各雕一佛四胁侍。龛下共 3 层，均为邑子线刻像及题名。

出土：出土时间、地点不详。2003 年由西安市临潼区油槐乡征集。

现藏：西安市临潼博物馆。

提要：因碑面受损，碑文不可卒读。根据出土地以及碑侧可辨识的少量文字，此碑当为渭北地区佛教信徒发愿祈愿

所刻。此碑虽无年款，但从造像线条风格、整体结构布局、字体来看，当属北朝时期作品。

*清信造像碑（甲）

年代： 北朝时期（386—581）刻立。

形制： 顶座皆佚。碑残损，残高 1.20 米，宽 0.50 米，厚 0.24 米。

行字： 正文楷书，碑面残损严重，行字数无法辨识。

纹饰： 正面上部开两小龛，中部开一大龛，龛内一佛二菩萨二力士，下部不清。背面上部开龛，龛内一佛二菩萨二弟子，下部不清。右侧面中部有龛，龛内有一佛二弟子，下部有线刻佛像两尊，文字不识；左侧面中上部开龛，龛内一佛二弟子，下部有线刻佛像两尊，发愿文剥蚀不清。

出土： 原存富平县莲湖小学内。

现藏： 富平县文庙。

提要： 此碑造像面部皆毁，发愿文及题名剥蚀严重，多不能详辨，仅识"清信"二字。从造像风格判断，当属北朝时期作品。

*清信造像碑（乙）

年代： 北朝时期（386—581）刻立。

形制： 顶座皆佚。碑残损，残高 1.36 米，宽 0.55 米，厚 0.34 米。

行字： 正文楷书，正面 6 行，满行 8 字；背面 2 行，满行 5 字；右面 3 行，满行 5 字；左面 3 行，满行 5 字。

纹饰： 正面上下分 3 层，上层 24 小龛，中层开一大龛，龛内一佛二菩萨二弟子，龛外两侧线刻菩萨像，下层线刻供养人及题名。背面上部开 24 小龛，中层大龛内一佛二菩萨二弟子，下部磨损不清。右侧面上下共 5 层，第一层开大龛，龛内有一佛二弟子，第二层大龛为并肩佛，第二层开 10 小佛龛，第四层大龛造并肩佛，第五层有线刻供养人姓名。左侧面上层开龛，龛内雕一佛二弟子，中层龛内刻并肩佛，下层开 4 小龛，线刻供养人及题名。

出土： 原存富平县莲湖小学内。

现藏： 富平县文庙。

提要： 此造像碑龛内造像可依稀分辨，发愿文及落款无法辨识，仅识"清信"二字。从造像风格判断，当属北朝时期作品。

*北朝三面造像碑

年代： 北朝时期（386—581）刻立。

形制： 三面造像碑。高 0.60 米，宽 0.31 米，厚 0.30 米。

行字： 正文楷书，碑面残损严重，行字数无法辨识。

纹饰： 正、左、右三面上部均开龛造像一尊，无纹饰。背面有发愿文，文字模糊不清。

出土： 出土时间、地点不详。

现藏： 富平县文庙。

提要： 此造像碑诸像可依稀分辨，发愿文及落款无法辨识。从造像风格判断，当属北朝时期作品。

茹洪墓志

全称： 周故使持节开府仪同纯永二州刺史成忠县开国公茹君墓志铭。

年代： 隋开皇二年（582）刻。

形制： 盖盝形，志长方形。志、盖尺寸相同。

长 0.43 米，宽 0.42 米。

行字：盖文篆书 3 行，满行 3 字，题"大隋成忠公故茹君墓志铭"。志文楷书 26 行，满行 26 字。

出土：2001 年出土于咸阳市。

现藏：西安碑林博物馆。

著录：《碑林集刊》（第 10 辑）《隋代墓志铭汇考》。

提要：志文记载茹洪的家族世系、生平及历官情况。其曾任白云县令、纯州刺史，封成忠县开国公。志文内容涉及周、陈之战的史实。

李和墓志

全称：大隋使持节上柱国德广郡开国公李史君之墓志铭。

年代：隋开皇二年（582）刻。

形制：盖盝形，志正方形。志、盖尺寸相同。边长 0.86 米。

行字：盖文篆书 4 行，满行 4 字，题"大隋上柱国德广肃公李史君之墓志铭"。志文楷书 30 行，满行 34 字。

纹饰：盖四刹饰蔓草及云龙纹，志四侧饰山石树木及动物纹。

出土：1964 年出土于三原县陵前镇双盛村。

现藏：西安碑林博物馆。

著录：《新中国出土墓志·陕西贰》《新出魏晋南北朝墓志疏证》《隋代墓志铭汇考》。

提要：志文记载李和的家族世系、生平，其家族四世为大将军、刺史。李和一生战功卓著，初为征北将军，后历任安北将军、汉阳太守、洛阳刺史、延州刺史、荆州总管，赠使持节、司徒公，谥曰"肃"。李和，《周书》《北史》《隋书》均有传。

*范匡谨造像碑

年代：隋开皇二年（582）刻立。

形制：三面造像碑。高 0.65 米，宽 0.38 米，厚 0.26 米。

行字：正文楷书 5 行，满行 10 字。

纹饰：正面上部中间为一老君盘坐像，头面残，右手持扇，上举至肩，左手下垂抚膝。二道童拱手立左右。雕像座下居中线刻一炉，炉旁各一兽。右侧上下两层，上层残留题名及发愿文。左侧上为一线刻侧坐菩萨，下为题记及持莲线刻立像。

出土：1935 年出土，地点不详。1936 年迁于耀县碑林，1955 年迁于耀县文化馆碑廊，1971 年迁于耀县药王山。

现藏：药王山博物馆。

著录：《药王山碑刻》《陕西药王山碑刻艺术总集》。

提要：碑文记载道民范匡发愿造老君石像之事。此碑正面为老君像，但左侧却刻有佛像。铭文称"道民"，且有"敬造老君石像一区"，但供养题名却有"一心供养佛"等字，反映出隋朝建立之初佛、道两教相互影响的状况。

*弥姐显明造像碑

年代：隋开皇二年（582）刻立。

形制：四面造像碑，方首。高 1.53 米，宽 0.65 米，厚 0.30 米。

行字：正文楷书 7 行，满行 25 字。

纹饰：正面上部残，仅存半龛，内为一佛二胁侍二菩萨。龛左右残，龛下 3 部分，分别刻香炉、供养人线刻像、题名等。背面形式与正面基本相同，唯中佛为垂腿坐式。龛下一段残，再下为线刻立像及题名。右侧龛内 3 尊造像。中佛持钵结跏趺坐，二胁侍分立左右。龛下 6 层。所刻图案与正面基本相同。左侧形式与右侧相同。

出土：1927 年出土，地点不详，藏雷天一家。1936 年捐送耀县碑林，1955 年迁于耀县文化馆碑廊，1971 年迁于耀县药王山。

现藏：药王山博物馆。

著录：《药王山碑刻》《陕西药王山碑刻艺术总集》。

备注：又名《雷惠祖造像碑》《雷惠祖碑》。

提要：碑文记载弥姐显明等邑子、信徒发愿造像之事。弥姐，正史所载亦作"弥且"，为西羌豪姓。

*周武德皇后志铭

年代：隋开皇二年（582）刻。

形制：青石质。盖盝形，志正方形。志、盖尺寸相同。边长 0.52 米，厚 0.09 米。

行字：盖文篆书 3 行，满行 3 字，题"周武德皇后志铭"。志文楷书 7 行，满行 7 字。

出土：1993 年出土于咸阳市底张湾孝陵。

现藏：咸阳市文物保护研究中心。

著录：《咸阳碑刻》《隋代墓志铭汇考》《新出魏晋南北朝墓志疏证》。

提要：志文简述北周武德皇后阿史那氏卒年、葬地、谥号等。武德皇后为中国历史上唯一一位突厥族皇后，死后与北周武帝宇文邕合葬孝陵。

梁邕墓志

全称：魏故奉朝请梁君之墓志。

年代：隋开皇三年（583）刻。

形制：盖盝形，志正方形。盖边长 0.52 米。

志边长 0.53 米。

行字：盖文篆书 3 行，满行 3 字，题"大魏奉朝请梁君墓志"。志文隶书 28 行，满行 28 字。

出土：1931 年出土于洛阳朱家仓村，1938 年经于右任捐藏西安碑林。

现藏：西安碑林博物馆。

著录：《汉魏南北朝墓志集释》《隋代墓志铭汇考》《隋唐五代墓志汇编》。

提要：志文记载梁邕的家族世系、生平及职官等情况。梁邕，《魏书》有传。

梁坦墓志

全称：魏故使持节征虏将军东豫州大都督梁朝同州刺史梁君之铭。

年代：隋开皇三年（583）刻。

形制：盖盝形，志正方形。志、盖尺寸相同，边长 0.53 米。

行字：盖文篆书 2 行，满行 2 字，题"梁君墓志"。志文楷书 26 行，满行 25 字。

出土：1930 年出土于洛阳，1938 年经于右任捐藏西安碑林。

现藏：西安碑林博物馆。

著录：《汉魏南北朝墓志集释》《隋代墓志铭汇考》《隋唐五代墓志汇编》。

提要：志文记载梁坦的家族世系、生平、配偶及历官等情况。其历官征虏将军、使持节大都督、东豫州长史、同州刺史。

寇炽妻姜敬亲墓志

全称：魏故广州长史襄城顺阳二郡太守寇府君夫人昌平郡君姜氏墓志铭。

年代：隋开皇三年（583）刻。

形制：志正方形。边长 0.58 米。

行字：盖文楷书，盖阳 4 行，满行 3 字，题

"故襄城府君寇公夫人姜氏铭"。盖阴楷书 3 行，满行 4 字，题 "故襄城府君寇公夫人姜氏铭"。志文楷书 24 行，满行 24 字。

撰书： 寇仕璋撰。

出土： 1925 年出土于洛阳马沟村，1938 年经于右任捐藏西安碑林。

现藏： 西安碑林博物馆。

著录： 《隋代墓志铭汇考》《隋唐五代墓志汇编》《汉魏南北朝墓志集释》。

备注： 盖石正、反两面均有铭文。

提要： 志文记载姜敬亲族系、生平及子嗣等情况。

*毛侯造像

年代： 隋开皇三年（583）刻立。

形制： 碑残损，残高 0.34 米，宽 0.24 米，厚 0.19 米。

行字： 正文楷书 17 行，满行 4 字。

纹饰： 佛像头部残，内着僧祇支，外披袈裟，带结胸前。两手自然下垂抚两膝，结跏趺坐。造像座正面及右侧为发愿文，背面、左侧为家族成员题名。

出土： 出土时间、地点不详。后移于耀县药王山。

现藏： 药王山博物馆。

著录： 《药王山碑刻》《陕西药王山碑刻艺术总集》。

提要： 碑文记载毛侯发愿造像之事。隋代开始，百姓家中多设龛供此种单体佛、道造像。

贺兰祥妻刘氏墓志

全称： 大隋太师上柱国凉国景公夫人刘氏墓志铭。

年代： 隋开皇三年（583）刻。

形制： 盖盝形，志正方形。志、盖尺寸相同。边长 0.56 米。盖厚 0.07 米，志厚 0.11 米。

行字： 盖文篆书 4 行，满行 16 字，题 "大隋太师凉国公夫人刘氏之墓志铭"。志文楷书 23 行，满行 24 字。

出土： 1965 年出土于咸阳市周陵乡贺家村。

现藏： 咸阳博物馆。

著录： 《隋唐五代墓志汇编》《新中国出土墓志·陕西贰》《隋代墓志铭汇考》。

备注： 1965 年与《贺兰祥墓志》同地出土。

提要： 志文记载了凉国景公夫人刘氏的生平事迹。其曾封阳平郡君、博陵国夫人、凉国夫人。

*诸邑子五十人造像碑

年代： 隋开皇四年（584）刻立。

形制： 四面造像碑，方首方座。通高 1.80 米，宽 0.57 米，厚 0.40 米。

行字： 正文楷书 23 行，满行 9 字。

纹饰： 正面上部 3 龛，一大两小。大龛居中，内 3 尊造像。中为一佛，盘左腿垂右腿坐于莲台之上。头残，两手下垂抚膝。二菩萨分立左右。二小龛并列于大龛上部，内各一尊，左佛结跏，右佛垂腿。龛外磨灭不清。背面形式与正面相同。右侧面亦 3 龛，形式与正面相同，唯两小龛内皆为一腿盘曲一腿下垂式坐佛。左侧形式与右侧相同。大龛之下 4 层，皆为供养人线刻立像及题名，但多数无法辨识。碑座为方形，侧背 3 面均素面，正面残留有铭文。

出土： 出土于耀县董家河镇土桥村，时间不详。1981 年迁于耀县药王山。

现藏： 药王山博物馆。

著录： 《药王山碑刻》《陕西药王山碑刻艺术

总集》。

备注：铭文刻于碑座之上。

提要：碑文记载诸邑子 50 人等发愿造像之事。此碑出土之土桥村，原为古堡，其城墙至今尚存，当为古土门县旧治。

*张柒等造像碑

年代：隋开皇四年（584）刻立。

形制：碑残损，残高 0.41 米，残宽 0.57 米，厚 0.19 米。

行字：正文楷书，残存 8 行，满行 18 字。

纹饰：正面上部仅残留龛之下沿，左角似有一兽，已残。龛下部左边为供养人线刻像及题名。其供养人双手捧莲，态度恭虔。后随 7 人，除第一人为主人高擎华盖外，余皆手持乐器。

出土：出土时间、地点不详。原存耀县文化馆碑廊，1971 年迁于耀县药王山。

现藏：药王山博物馆。

著录：《药王山碑刻》《陕西药王山碑刻艺术总集》。

备注：碑之上段、右侧均残，左侧虽有纹饰，亦被后人磨平，不可辨识。今仅留正面。

提要：碑文记载张柒等发愿造像之事。造像供养人及其伎队图案为研究隋代社会文化提供了直观的资料。题名"齐州山茌县民都维那张柒"中之"山茌县"，原属齐州，隋大业初置齐郡，废山茌县入历城，即今山东省济南市。

桥绍墓志

全称：隋故桥大夫墓志铭。

年代：隋开皇五年（585）刻。

形制：志正方形。边长 0.36 米。

行字：志文隶书 15 行，满行 16 字。

出土：1928 年出土于洛阳三里村，1938 年经于右任捐藏西安碑林。

现藏：西安碑林博物馆。

著录：《汉魏南北朝墓志集释》《鸳鸯七志斋藏石》《隋唐五代墓志汇编》。

提要：志文记载桥绍的族谱、生平及历官等情况。其历官相府参军事、轻车将军、御仗队副、前将军。

*缑氏造像残座

年代：隋开皇五年（585）刻立。

形制：座残损，残高 0.27 米，宽 0.18 米，厚 0.18 米。

行字：正文楷书 8 行，满行 11 字。

纹饰：右侧为邑子李纯、李珍等人题名与线刻立像。左侧分上下两层，分别为邑子缑脐女、缑阿起、缑也奴、缑子纱、缑胡禄公及其祖母惠要香诸人线刻立像与题名。

出土：出土时间、地点不详。后移于耀县药王山。

现藏：药王山博物馆。

著录：《药王山碑刻》《陕西药王山碑刻艺术总集》。

备注：造像残佚，仅存基座。

提要：碑文主要为缑氏家族成员题名。

*老君坐像残石

年代：隋开皇五年（585）刻立。

形制：碑残损，残高 0.20 米，宽、厚均为 0.23 米。

行字：正文楷书 33 行，满行 5 字。

纹饰：从残留部分推测，原造像为一老君坐像。老君盘膝正坐，露右足，足心向上。前置一"凹"形三足器，器足已残。老君双手叠掌托盘。

出土： 出土时间、地点不详，原存耀县村民家中，后捐耀县文化馆碑廊。1971 年迁于耀县药王山。

现藏： 药王山博物馆。

著录：《药王山碑刻》《陕西药王山碑刻艺术总集》。

备注： 造像腰部以上残失，仅留下部及方座。

提要： 碑文受损严重，不可卒读，但年款尚可识别。

*开皇五年造像碑

年代： 隋开皇五年（585）刻立。

形制： 高 1.27 米，上宽 0.46 米，下宽 0.55米，厚 0.10 米。

行字： 正文楷书 10 行，满行 9—12 字不等。

纹饰： 中部开龛，龛内雕一佛二菩萨像。龛上下均线刻佛、莲座、双狮，左右两侧亦有佛龛及造像。

出土： 出土时间、地点不详。

现藏： 彬县文化馆。

提要： 碑文受损，正面下方右侧可见"开皇五年"等字。

辅国将军柳晋墓志铭

年代： 隋开皇五年（585）刻。

形制： 志长 0.40 米，宽 0.45 米。

行字： 志文楷书 20 行，满行 19 字。

出土： 2003 年出土于商洛市商洛师范学院基建工地。

现藏： 商州区博物馆。

著录：《隋代墓志铭汇考》《商洛文史》（第二辑）。

备注： 志石泐蚀严重，不可卒读。

提要： 志文记载墓主柳晋字珑章，祖籍河东。志尾落款可见"开皇五年正月廿□日"。

宋虎墓志

全称： 大隋开皇五年岁次乙巳八月乙酉朔十二日丙申葬于城南高阳原使持节仪同三司内常侍故宋虎墓志。

年代： 隋开皇五年（585）刻。

形制： 盖盝形，志正方形。志、盖尺寸相同。边长 0.47 米，志厚 0.07 米，盖厚 0.10 米。

行字： 盖文篆书 4 行，满行 4 字，题"大隋仪同新泰县开国伯宋虎之墓志记"。志文楷书 26 行，满行 26 字。

纹饰： 盖四刹饰四神图案，志四侧饰蔓草纹。

出土： 2004 年出土于西安市长安区郭杜镇西北大学长安区基建工地。

现藏： 陕西省考古研究院。

著录：《隋代墓志铭汇考》《碑林集刊》（第11 辑）《长安碑刻》。

提要： 志文记载了志主宋胡的家族世系、历官情况。宋胡，字虎，曾任旷野将军、伏波将军、邻山郡守、南安太守，封新泰县开国子，后进爵为伯。

郁久闾伏仁墓志

全称： □□□□□□左亲卫郁久闾伏仁墓志铭。

年代： 隋开皇六年（586）刻。

形制： 志砖长 0.33 米，宽 0.33 米。

行字： 志文楷书 16 行，满行 17—24 字不等。

出土： 出土于长安县，时间不详。

现藏： 西安碑林博物馆。

著录：《汉魏南北朝墓志集释》《隋唐五代墓志汇编》《隋代墓志铭汇考》。

备注： 志石泐蚀严重。

提要： 志文记载郁久闾伏仁的家族世系、生平及历官等情况。其曾任给事中、大都督。

*王女赐造像座

年代：隋开皇六年（586）刻立。

形制：高 0.43 米，宽 0.54 米，厚 0.51 米。

行字：正文楷书 8 行，满行 3—4 字不等。

纹饰：座四面均线刻手持莲花女子和比丘尼像。

出土：2005 年出土于高陵县外贸公司基建工地。

现藏：高陵县文化馆。

备注：造像佚失，仅存石座。

提要：碑文多为造像人题名，可见"王女赐"等字。

*袁神荫造像碑

年代：隋开皇六年（586）刻立。

形制：三面造像碑。高 0.62 米，宽 0.42 米，厚 0.19 米。

行字：正文楷书 9 行，满行 8 字。

纹饰：正面上部为 3 尊造像，中为一天尊盘膝正坐，左右为二胁侍。座下居中为一炉，炉旁有二神兽蹲坐。右侧下部有供养人题名。左侧面下部为铭文。

出土：1934 年出土于耀县漆河，1936 年迁于耀县碑林，1955 年迁于耀县文化馆碑廊，1971 年迁于耀县药王山。

现藏：药王山博物馆。

著录：《药王山碑刻》《陕西药王山碑刻艺术总集》。

备注：共 3 尊造像，其中两尊已残。

提要：碑文记载道民袁神荫为亡亲发愿造天尊像之事。袁氏为北地望族，造像所列袁氏家族成员官职为隋代地方史的研究提供了资料。

*弥姐后德合邑卅人等造像碑

年代：隋开皇六年（586）刻立。

形制：四面造像碑，顶座皆佚，方首。高 1.56 米，宽 0.60 米，厚 0.26 米。

行字：正文楷书 14 行，满行 9 字。

纹饰：正面龛内 5 尊造像。中佛垂双腿而坐。佛左右内侧各站一胁侍，皆拱手合掌。佛左右外侧各站一菩萨，皆垂左手而扬右手，舞带而立。龛左右各一线刻护法。龛上中为一结跏趺坐小佛，左右亦有菩萨立像。佛与菩萨之间，有僧众弟子 9 人，或坐或跪。龛下 4 层。分别刻香炉、供养人像及题名。最下层的原刻被唐人磨去。背面龛内 5 尊造像。中佛结跏趺坐，左右胁侍各二。龛两侧各一线刻护法。龛上有坐佛 7 尊。龛下为线刻骑马像、高篷牛车图及题名等。右侧面龛内 3 尊造像，龛上为线刻一佛二菩萨像。左侧形式与右侧相同。龛下均有线刻狮、马、人像。

出土：1927 年出土，地点不详，藏雷天一家。1936 年捐送耀县碑林，1955 年迁于耀县文化馆碑廊，1971 年迁于耀县药王山。

现藏：药王山博物馆。

著录：《药王山碑刻》《陕西药王山碑刻艺术总集》。

备注：曾名《雷香香碑》。碑正面下部有唐乾封元年铭文及题名。

提要：碑文记载弥姐后德合邑人等发愿造像之事。

*雷香妙造像碑

年代：隋开皇六年（586）刻立。

形制：四面造像碑，方首。高 1.00 米，宽 0.42 米，厚 0.20 米。

行字：正文楷书 8 行，满行 12 字。

纹饰：正面龛内中佛结跏趺坐，面部残损，二菩萨分立左右，头面均残。龛上为四僧二弟子线刻坐像。龛左右刻有护法神。龛下居中为炉，炉旁二神兽蹲坐。再下两层，线刻乘车、骑马拜佛图及立像。背面形式与正面相同，唯龛左右为二弟子立像。右侧龛内一尊结跏趺坐佛。左侧龛内一尊造像。龛上下均有线刻人像，或坐或立。

出土：1927 年出土，地点不详，藏雷天一家。1936 年迁于耀县碑林，1955 年迁于耀县文化馆碑廊，1971 年迁于耀县药王山。

现藏：药王山博物馆。

著录：《药王山碑刻》《陕西药王山碑刻艺术总集》。

提要：碑文记载佛弟子雷香妙为亡息发愿造像之事。

刘侠墓志

全称：大隋骠骑将军右光禄襄州别驾兼长史平舒子刘公墓志。

年代：隋开皇六年（586）刻。

形制：盖盝形，志正方形。志、盖尺寸相同。边长 0.38 米，厚 0.07 米。

行字：盖文楷书 3 行，满行 3 字，题"襄州别驾平舒公墓志"。志文楷书 25 行，满行 25 字。

出土：2004 年出土于西安市长安区郭杜镇西北大学长安校区基建工地。

现藏：陕西省考古研究院。

著录：《碑林集刊》（第 11 辑）《隋代墓志铭汇考》《长安碑刻》。

提要：志文记载了志主刘侠之历官、生平情况。其历官荆州记室参军、宁远将军、右员外常侍、右光禄、襄州别驾，封瀛州平舒县开国子。

*田悦暨妻赵氏墓志

年代：隋开皇六年（586）刻。

形制：盖盝形，志正方形。盖边长 0.43 米，厚 0.07 米。志边长 0.40 米，厚 0.08 米。

行字：盖文篆书 2 行，满行 2 字，题"田君墓志"。志文楷书 16 行，满行 16 字。

出土：2002 年出土于西安市长安区郭杜镇陕西师范大学长安校区基建工地。

现藏：陕西省考古研究院。

著录：《碑林集刊》（第 11 辑）《隋代墓志铭汇考》《长安碑刻》。

提要：志文记载志主田悦终生未仕，笃信佛教，卒于北周，葬于隋。其妻赵氏。

杨畅墓志

全称：大隋开皇八年岁次戊申七月戊辰朔十七日甲申故渡辽将军上柱国普安公司兵参军事洛州宗卫长史杨君墓志铭。

年代：隋开皇八年（588）刻。

形制：盖盝形，志正方形。志、盖尺寸相同。边长 0.50 米。

行字：盖文篆书 3 行，满行 3 字，题"隋宗卫长史杨君墓志"。志文隶书 19 行，满行 19 字。

出土：1928 年出土于洛阳大马村，1938 年经于右任捐藏西安碑林。

现藏：西安碑林博物馆。

著录：《汉魏南北朝墓志集释》《隋代墓志铭汇考》《隋唐五代墓志汇编》。

提要：志文记载杨畅的家族世系及历官等情况。其历官渡辽将军、司兵参军、宗卫长史。

*夏侯董祭等七十人造像碑

年代：隋开皇八年（588）刻立。

形制：四面造像碑，方首。碑残损，残高

1.05 米，宽 0.60 米，厚 0.27 米。

行字：正文楷书 11 行，满行 13 字。

纹饰：正面上部有龛，但残损。龛下为线刻伎乐图。图中共 5 人，右一盘坐吹排箫，右二侧跪吹笙，中作舞态，左侧二人皆作奏乐式，今残而不全。再下左右图式不清，中有题记。右侧一龛已残。龛下为 2 伎人，一弹箜篌，一抚琴。再下为铭文。

出土：1933 年出土于耀县漆河，1936 年迁于耀县碑林，1955 年迁于耀县文化馆碑廊，1971 年迁于耀县药王山。

现藏：药王山博物馆。

著录：《药王山碑刻》《陕西药王山碑刻艺术总集》。

备注：碑上部残缺，背面及左侧面磨灭不清。

提要：碑文记载夏侯董祭等 70 人发愿造像之事。夏侯董祭曾任开府仪同三司，封丘县开国子。

*徐景晖造像碑

年代：隋开皇八年（588）刻立。

形制：四面造像碑，方首。高 0.88 米，宽 0.46 米，厚 0.19 米。

行字：正文楷书 12 行，满行 7 字。

纹饰：正面上部残留半龛，内有 3 尊造像。龛下 4 层，分别刻香炉、神兽、车马、人像及题名。背面形式与正面相同。右侧上部龛内 1 尊造像。龛下 3 层，首层为二鹿，其余两层为线刻像。左侧龛已残。龛下 3 层，首层为人面牛耳像，再下两层皆为供养人线刻立像。

出土：出土时间、地点不详，藏于耀县村民家中。1956 年捐送耀县文化馆，立于碑廊。1971 年移存于耀县药王山。

现藏：药王山博物馆。

著录：《药王山碑刻》《陕西药王山碑刻艺术总集》。

提要：碑文记载道民徐景晖等发愿造像之事，落款可见"开皇八年丁未十月"等字。

*十三人造像碑

年代：隋开皇八年（588）刻立。

形制：四面造像碑，方首。高 1.05 米，宽 0.60 米，厚 0.27 米。

行字：正文楷书 16 行，满行 7 字。

纹饰：正面上部一龛已残，从残存部分来看，原为 3 尊造像。龛下首层中炉侧兽，再下为线刻坐佛 3 尊，最下层为铭文。左侧上部一龛，仅残留一佛，似作结跏趺坐式。下 4 层，首层一炉二兽，其余 3 层均线刻两尊坐佛。

出土：1927 年出土，地点不详，藏雷天一家。1936 年捐送耀县碑林。1955 年迁于耀县文化馆碑廊，1971 年迁于耀县药王山。

现藏：药王山博物馆。

著录：《药王山碑刻》《陕西药王山碑刻艺术总集》。

备注：又名《常路政十三人造像碑》。原碑四面刻，现右侧磨灭无存，背面亦不清。

提要：碑文记载邑人发愿造像之事。落款可见"开皇八年岁次□□□四月"等字。

皇甫忍墓志

全称：大隋开皇九年岁次己酉十一月庚寅朔十九日戊申熊州长史皇甫公墓志铭。

年代：隋开皇九年（589）刻。

形制：盖盝形，志正方形。志、盖尺寸相同。
边长 0.38 米。

行字：盖文篆书 3 行，满行 3 字，题 "隋肆
州使君皇甫公志"。志文楷书 24 行，
满行 24 字。

出土：2005 年出土于西安市长安区。

现藏：西安市长安博物馆。

著录：《隋代墓志铭汇考》《长安新出墓志》
《长安碑刻》。

提要：志文记载皇甫忍的家族世系、生平、
历官情况。其历官大将军安政公府礼
曹、万春镇长史、益州万寿龙山二县
令、蒲州总管兵曹参军、行军总管长
史、肆州赞治、肆州别驾、肆州长史、
熊州长史。

*来和墓志

年代：隋开皇九年（589）刻。

形制：志长 0.53 米，宽 0.54 米。

行字：志文隶书 26 行，满行 26 字。

出土：1927 年出土于洛阳凤凰台村，1938 年
经于右任捐藏西安碑林。

现藏：西安碑林博物馆。

著录：《汉魏南北朝墓志集释》《隋唐五代墓
志汇编》《隋代墓志铭汇考》。

备注：据赵万里《汉魏南北朝墓志集释》考
其墓主当姓来氏。

提要：志文记载来和的家世、生平及历官等
情况。其历官扬烈将军、员外奉车都
尉、封征房将军、谏议大夫、龙骧将
军、兖州长史。来和，正史未载。《北
史》所载来和与本志主并非一人。

*杨真暨妻王氏墓志

年代：隋开皇九年（589）刻。

形制：志长 0.42 米，宽 0.41 米。

行字：志文隶书 15 行，满行 15 字。

出土：1929 年出土于洛阳后营村，1938 年经
于右任捐藏西安碑林。

现藏：西安碑林博物馆。

著录：《汉魏南北朝墓志集释》《隋唐五代墓
志汇编》《隋代墓志铭汇考》。

提要：志文简述杨真的字号、郡望及其妻王
氏的家世、生平、葬地等。

关明墓志

全称：大隋开皇九年岁次己酉十月辛酉朔廿
五日乙酉故曜武将军虎贲内郎将关
君墓志铭。

年代：隋开皇九年（589）刻。

形制：盖盝形。志长方形。志、盖尺寸相同。
长 0.49 米，宽 0.50 米。

行字：盖文篆书 3 行，满行 3 字，题 "故虎
贲郎将关君墓志"。志文隶书 19 行，
满行 19 字。

出土：1925 年出土于洛阳马沟村，1938 年
经于右任捐藏西安碑林。

现藏：西安碑林博物馆。

著录：《汉魏南北朝墓志集释》《隋唐五代墓
志汇编》《隋代墓志铭汇考》。

提要：志文记载关明的家族世系、生平及历
官等情况。其历官曜武将军、骑都尉、
虎贲郎将、黎州卫国县令。

*张礼暨妻罗氏墓志

年代：隋开皇九年（589）刻。

形制：盖盝形，志长方形。志、盖尺寸相同。
长 0.31 米，宽 0.39 米。

行字：盖文篆书 3 行，满行 3 字，题 "大隋
故参军张公志铭"。志文楷书 19 行，
满行 14 字。

出土：1929 年出土于洛阳大马村，1938 年

经于右任捐藏西安碑林。

现藏：西安碑林博物馆。

著录：《六朝墓志检要》《隋唐五代墓志汇编》《西安碑林全集》。

提要：志文记载张礼妻罗氏的家族世系和张礼的历官情况。张礼曾任平越将军、宁朔将军、东内府录事参军。

元范妻郑令妃墓志

全称：故郑夫人墓志。

年代：隋开皇九年（589）刻。

形制：盖盝形，志正方形。志、盖尺寸相同。边长 0.55 米。

行字：盖文篆书 3 行，满行 3 字，题"故济北府君郑夫人铭"。志文隶书 21 行，满行 21 字。

出土：1925 年出土于洛阳马沟村，1938 年经于右任捐藏西安碑林。

现藏：西安碑林博物馆。

著录：《汉魏南北朝墓志集释》《隋唐五代墓志汇编》《隋代墓志铭汇考》。

提要：志文记载郑令妃的家族世系、生平及配偶等情况。

*钳耳保炽造像碑

年代：隋开皇九年（589）刻立。

形制：四面造像碑，方首。碑残损，残高 1.03 米，宽 0.55 米，厚 0.26 米。

行字：正文楷书 8 行，满行 18 字。

纹饰：正面上部龛内 5 尊造像，均残缺不全。龛下 3 层，首层为一莲式炉，左右纹饰不清。中层分左右两栏，左栏为供养人骑马像，右栏为牛车图。下层为家族题名。右侧龛以上残失，龛下 3 层，上为炉，次为二神兽，下为铭文。左侧上部一龛，

龛上部残，龛下似为 3 层，线刻狮、炉、坐像及题名，但均剥泐较重。背面剥蚀严重，无法分辨。

出土：出土于耀县穆家塬，时间不详。1981 年迁于耀县药王山。

现藏：药王山博物馆。

著录：《药王山碑刻》《陕西药王山碑刻艺术总集》。

提要：碑文记载佛弟子钳耳保炽为亡父发愿造像之事。

*张氏女造像碑

年代：隋开皇九年（589）刻立。

形制：碑残损，残高 0.31 米，宽 0.19 米，厚 0.16 米。

行字：正文楷书 14 行，满行 6 字。

纹饰：造像为一结跏趺坐卢舍那造像，佛头部残失，内着僧祇支，外穿通肩大衣，两手作法界定印。下为方座，座左侧题"母汾阴郡薛显襪"。正面及右侧面为铭文。

出土：出土时间、地点不详。1980 年发现，移于耀县药王山。

现藏：药王山博物馆。

著录：《陕西金石志》《药王山碑刻》《陕西药王山碑刻艺术总集》。

备注：佛头部残失。

提要：碑文记载张氏女为亡父母发愿造卢舍那像之事。《陕西金石志》载此碑称"未见原石，不详尺寸，存耀县"。

王仕恭墓志

全称：周蒙县男仕恭墓志。

年代：隋开皇九年（589）刻。

形制：盖盝形，志正方形。志、盖尺寸相同。边长 0.71 米。

行字：盖文篆书 3 行，满行 3 字，题"周蒙
县开国男之墓志"。志文楷书 10 行，
满行 9 字。

出土：2005 年出土于泾阳县永乐镇。

现藏：西安碑林博物馆。

著录：《西安碑林博物馆新藏墓志汇编》《隋
代墓志铭汇考》。

提要：墓志简述志主王仕恭的生平，其卒于
北周大象元年（579），此墓志系隋开
皇九年迁葬时所刻。

*苏丰国等造像座

年代：隋开皇十年（590）刻立。

形制：高 0.32 米，宽 0.80 米，厚 0.55 米。

行字：正文楷书 9 行，满行 13 字。

出土：1927 年出土，地点不详，藏雷天一家。
1936 年捐送耀县碑林，1955 年迁于
耀县文化馆碑廊，1971 年迁于耀县
药王山。

现藏：药王山博物馆。

著录：《药王山碑刻》《陕西药王山碑刻艺术
总集》。

备注：碑身佚，仅存基座。石璋如先生命名
为《陈晖亥碑》。正面及右侧均为题
名，左侧及背面剥蚀严重。

提要：碑文记载苏丰国等发愿造像之事。

赵惠墓志

全称：隋故上开府乐安县开国伯赵君墓志。

年代：隋开皇十一年（591）刻。

形制：盖盝形，志正方形。志、盖尺寸相同。
边长 0.43 米。

行字：志文楷书 23 行，满行 25 字。

出土：出土时间、地点不详。

现藏：西安市长安博物馆。

著录：《长安碑刻》《长安新出墓志》《隋代
墓志铭汇考》。

提要：墓志记载了赵惠的生平、历官等。

王猛墓志

全称：大隋开府仪同三司安定公王君之墓志。

年代：隋开皇十一年（591）刻。

形制：盖盝形，边长 0.35 米。志长 0.35 米，
宽 0.34 米。

行字：盖文篆书 3 行，满行 3 字，题"大隋
开府安定公墓志"。志文楷书 25 行，
满行 25 字。

现藏：西安市长安博物馆。

著录：《隋代墓志铭汇考》《长安碑刻》《长
安新出墓志》。

提要：志文记载王猛的家族世系、生平、历
官等。其历官右监门校尉、行军总管，
赠开府仪同三司、安定县开国公。

尔朱敞墓志

全称：大隋故上开府徐州总管边城郡开国
公尔朱公墓志铭。

年代：隋开皇十一年（591）刻。

形制：盖盝形，志正方形。志、盖尺寸相同。
边长 0.69 米。

行字：盖文篆书 4 行，满行 4 字，题"隋徐
州总管边城郡开国公尔朱公墓志"。
志文隶书 32 行，满行 32 字。

出土：1930 年出土于洛阳北张村，1938 年
经于右任捐藏西安碑林。

现藏：西安碑林博物馆。

著录：《汉魏南北朝墓志集释》《隋唐五代墓
志汇编》《隋代墓志铭汇考》。

提要：志文记载尔朱敞的家族世系、生平及历
官情况。其历官信州刺史、临州刺史、
蕃部尚书、熊州刺史、潼州刺史、南光
州刺史、陇州刺史、申州刺史、胶州刺

史、金州刺史、徐州总管。尔朱敞，《北史》《隋书》均有传。

*卢谊兄弟造像碑

年代： 隋开皇十一年（591）刻立。

形制： 四面造像碑，顶座皆佚，方首。高1.20米，宽0.48米，厚0.32米。

行字： 正文楷书6行，满行19—29字不等。

纹饰： 正面龛内中部佛垂腿坐台上。左右为二菩萨，站于莲台之上。龛上居中有一飞马，一人持辔骑马上，四周烟花、莲云，二飞天在侧，似为《亡魂升天图》。龛左右有二护法，龛下为供养人线刻立像及题名。背面龛内中佛结跏趺座于须弥座之上，左右二菩萨赤足站莲台之上。龛左右各一护法，持法器侧立。龛下为香炉和《乘舆仪仗图》。右侧龛内坐一佛。龛上为《释迦说法图》，龛左右有二护法。龛下为线刻供养人像及题名。左侧龛内坐一佛。龛上有坐佛11人，龛左右为二护法。龛下左右各一人长跪，后均有3侍恭立。

出土： 出土时间、地点不详，原藏耀县村民家中。1956年捐送耀县文化馆碑廊，1971年迁于耀县药王山。

现藏： 药王山博物馆。

著录：《药王山碑刻》《陕西药王山碑刻艺术总集》。

备注： 碑右上角残。

提要： 碑文记载卢谊兄弟等为亡父母发愿造像之事。

*李钦暨妻张氏墓志

年代： 隋开皇十二年（592）刻。

形制： 志长0.39米，宽0.38米。

行字： 志文楷书16行，满行16字。

出土： 出土时间、地点不详。1938年经于右任捐藏西安碑林。

现藏： 西安碑林博物馆。

著录：《汉魏南北朝墓志集释》《隋唐五代墓志汇编》《隋代墓志铭汇考》。

提要： 志文记载李钦妻及李钦的家族世系、生平。李钦曾任相州治中。

吕思礼墓志

全称： 魏故七兵尚书汶阳吕侯墓志。

年代： 隋开皇十二年（592）刻。

形制： 盖盝形，志正方形。盖长0.52米，宽0.53米，厚0.07米。志边长0.52米，厚0.09米。

行字： 盖无字。志文楷书32行，满行31字。有方界格。

出土： 2003年出土于西安市长安区郭杜镇长安产业园二十所基建工地。

现藏： 陕西省考古研究院。

著录：《考古与文物》（2004年第6期）《隋代墓志铭汇考》。

提要： 志文记载志主吕思礼的家族世系、生平、历官及婚姻等情况。其曾任相州南栾县令、相州长史、安东将军、黄门侍郎、定州刺史，封平陆县开国伯、汶阳县开国侯。

叱奴延辉墓志

全称： 维大隋开皇十三年岁次癸丑十一月丁酉朔十三日己酉故都督叱奴辉墓志。

年代： 隋开皇十三年（593）刻。

形制： 共2方。正方形，尺寸相同。边长0.32米。

行字： 志文楷书，第一石9行，第二石10行，满行10字。

出土：20 世纪 90 年代出土于靖边县红墩界乡。

现藏：榆林市文物保护研究所。

著录：《榆林碑石》《隋代墓志铭汇考》《新中国出土墓志·陕西叁》。

提要：该志文记载墓主人叱奴延辉与其妻贺遂氏的籍贯、家族世系、生平及其卒年与葬地。

*王和穆造像座

年代：隋开皇十三年（593）刻立。

形制：四面造像碑。碑残损，残高 0.46 米，宽 0.32 米，厚 0.28 米。

行字：正文楷书 20 行，满行 7—9 字不等。

出土：出土于耀县石柱乡卢家塬村，时间不详。1981 年迁于耀县药王山。

现藏：药王山博物馆。

著录：《药王山碑刻》《陕西药王山碑刻艺术总集》。

备注：造像残佚，仅存基座。背面题名剥蚀严重，不可识辨。

提要：碑文记载佛弟子王和穆为亡父母发愿造像之事。

*辅道景造像

年代：隋开皇十三年（593）刻立。

形制：四面造像碑。碑残损，残高 0.40 米，宽 0.22 米，厚 0.18 米。

行字：正文楷书 12 行，满行 6 字。

纹饰：正面为天尊盘膝坐像，头部及左肩部残失。基座四面均为题名。

出土：出土时间、地点不详。后移于耀县药王山。

现藏：药王山博物馆。

著录：《药王山碑刻》《陕西药王山碑刻艺术总集》。

提要：碑文记载道民辅道景为亡母发愿造像之事。

侯肇暨妻古氏墓志

全称：大隋开皇十四年十月廿三日息州梁安郡守侯公铭。

年代：隋开皇十四年（594）刻。

形制：志长 0.42 米，宽 0.43 米。

行字：志文隶书 21 行，满行 21 字。

出土：1926 年出土于洛阳前海资村，1938 年经于右任捐藏西安碑林。

现藏：西安碑林博物馆。

著录：《汉魏南北朝墓志集释》《隋唐五代墓志汇编》《隋代墓志铭汇考》。

提要：志文记载侯肇及其妻古氏的家世、生平情况。侯肇曾任息州朗中县令、梁安郡守。此志为侯肇、古氏合葬墓志。

*常乐坊民梁龛铭记

年代：隋开皇十四年（594）刻。

形制：志砖长 0.34 米，宽 0.18 米。

行字：志文楷书 4 行，满行 12 字。

出土：出土时间、地点不详。1962 年谢家捐藏西安碑林。

现藏：西安碑林博物馆。

著录：《隋代墓志铭汇考》《西安碑林全集》。

提要：志文简短，内容为"大隋开皇十四年岁次甲寅乙丑十五日己卯大兴县安道乡常乐坊民梁龛铭记。十五日入圹"。

段威墓志

全称：周故开府仪同三司洮甘二州刺史新阳段公墓志铭。

年代：隋开皇十五年（595）刻。

形制：盖盝形，志长方形。志、盖尺寸相同。

长 0.70 米，宽 0.71 米。

行字：盖文篆书 6 行，满行 6 字，题"周故使持节骠骑大将军开府仪同三司甘河洮三州诸军事三州刺史新阳公段君之墓志"。志文楷书 29 行，满行 29 字。

纹饰：盖四刹饰四神图案，志四侧饰十二生肖图案。

出土：1953 年出土于咸阳市底张湾，1959 年调拨原中国历史博物馆。

现藏：中国国家博物馆。

著录：《隋唐五代墓志汇编》《隋代墓志铭汇考》《新出魏晋南北朝墓志疏证》。

备注：志首行题"洮甘二州刺史"，盖则题"甘、河、洮三州刺史"。

提要：志文记载段威的家族世系、生平、配偶及历官等情况。其历官朔州长史洮州刺史、甘州刺史，赠使持节、河洮二州诸军事、洮州刺史。段威，《北史》《隋书》有传。

*谢岳暨妻关氏墓志

年代：隋开皇十五年（595）刻。

形制：盖盝形，志长方形。志、盖尺寸相同。长 0.48 米，宽 0.49 米。

行字：盖文篆书 4 行，满行 4 字，题"大隋故建州平安郡守谢府君墓志之铭"。志文隶书 20 行，满行 20 字。

出土：洛阳出土，时间不详。1938 年经于右任捐藏西安碑林。

现藏：西安碑林博物馆。

著录：《汉魏南北朝墓志集释》《隋唐五代墓志汇编》《隋代墓志铭汇考》。

提要：志文记载谢岳的家族世系、生平及历官等情况。其历官信州主簿、太尉府行参军、龙骧将军、泾州长史，授平

安郡守。此墓志系谢岳与其妻关氏合葬墓志。

*张和仁造像碑

年代：隋开皇十五年（595）刻立。

形制：四面造像碑，顶座皆佚，方首。碑残损，残高 1.20 米，宽 0.46 米，厚 0.25 米。

行字：正文楷书 10 行，满行 9 字。

纹饰：正面上部龛内 5 尊造像，为一佛二圣僧二菩萨。佛结跏趺坐，作说法相。二僧拱手侍立左右，再外为二菩萨。龛上纹饰不清。龛下居中为炉，炉左右有二神兽。其下为线刻立像及题名。背面龛内 5 尊造像，龛上下纹饰皆不清。右侧龛内 3 尊造像。中佛垂双腿而坐，右手下垂抚右膝，左手残。胁侍拱手分站左右。龛上有坐僧 6 人。龛下居中为一多足炉，炉旁神兽各一。左侧龛内 3 尊造像。中为普贤菩萨盘左腿曲右腿侧坐像。像前后有象、奴各一，皆作曲身弯腿相。龛上下剥泐不清，龛下炉兽及供养人像约两层半尚依稀可辨。

出土：1935 年出土于耀县柳林寺，1936 年迁于耀县碑林，1955 年迁于耀县文化馆碑廊，1971 年迁于耀县药王山。

现藏：药王山博物馆。

著录：《药王山碑刻》《陕西药王山碑刻艺术总集》。

备注：碑下部残断。

提要：碑文记载旷野将军、殿内司马张和仁为亡息国胜发愿造像之事。

*刘伐等二十八人造像碑

年代：隋开皇十五年（595）刻立。

形制：砂石质。高 1.26 米，上宽 0.43 米，下宽 0.50 米。

行字：正文楷书 10 行，满行 4—11 字不等。

纹饰：正面上部开一龛，龛内浮雕一佛二菩萨二弟子，龛下线刻一束腰莲座和一对狮子。

出土：出土时间、地点不详。

现藏：彬县文化馆。

提要：碑文记载刘伐等 28 人发愿造像之事。

何雄墓志

全称：大隋上柱国滕王常侍何君之志。

年代：隋开皇十六年（596）刻。

形制：盖盝形，志正方形。志、盖尺寸相同。边长 0.29 米。

行字：盖素面无字。志文楷书 13 行，满行 15 字。

出土：2005 年出土于西安市长安区。

现藏：西安市长安博物馆。

著录：《隋代墓志铭汇考》《长安碑刻》《长安新出墓志》。

提要：志文记载何雄的生平事迹。

贺若谊碑

全称：大隋使持节柱国灵州总管海陵郡贺若使君之碑。

年代：隋开皇十六年（596）刻立。

形制：螭首圭额。通高 3.78 米，宽 1.40 米，厚 0.30 米。

行字：额篆书 4 行，满行 5 字，题"大隋使持节柱国灵州总管海陵郡贺若使君之碑"。正文楷书 27 行，满行 68 字。

撰书：李时雍撰。

现藏：兴平市博物馆。

著录：《金石萃编》（乾隆）《兴平县志》《咸阳碑刻》。

备注：碑四周残损严重，碑阴附刻宋《大观圣作之碑》。

提要：此碑记载了贺若谊之家族世系及官职，记载了其参与北抗北狄、匈奴等战事，战功赫赫。其官至灵州总管、灵州刺史，封柱国公，谥曰"威公"。

孙观墓志

全称：大隋梁武陵王记室参军之墓志。

年代：隋开皇十七年（597）刻。

形制：盖盝形，志正方形。志、盖尺寸相同。边长 0.35 米。

行字：盖文楷书 3 行，满行 7 字，题"大隋开皇十七年岁次丁巳八月甲寅朔十六日庚子"。志文楷书 18 行，满行 18 字。

出土：出土于西安市长安区，时间不详。

现藏：西安市长安博物馆。

著录：《隋代墓志铭汇考》《长安碑刻》。

提要：志文记载隋梁武陵王记室参军孙观及其夫人的籍贯、卒葬时间及葬地情况。

刘绍暨妻郭氏墓志

全称：大隋威烈将军右员外侍郎刘府君墓志。

年代：隋开皇十七年（597）刻。

形制：志长 0.44 米，宽 0.45 米。

行字：志文楷书 20 行，满行 20 字。

出土：1999 年出土于长安县豆引乡。

现藏：西安碑林博物馆。

著录：《西安碑林博物馆新藏墓志汇编》《隋代墓志铭汇考》《长安碑刻》。

提要：志文记载刘绍的家族世系、生平、职官及配偶等情况。此志为刘绍及其妻郭氏合葬墓志。

张通妻陶贵墓志

全称： 大将军昌乐公府司土行参军张通妻陶墓志。

年代： 隋开皇十七年（597）刻。

形制： 志长 0.39 米，宽 0.38 米。

行字： 志文楷书 19 行，满行 19 字。

出土： 出土时间、地点不详。1952 年张伯英捐藏西安碑林。

现藏： 西安碑林博物馆。

著录：《陕西金石志》《关中金石文字存佚考》《隋代墓志铭汇考》。

提要： 志文记载陶贵的家族世系及生平情况。

*赵长述墓志

年代： 隋开皇十七年（597）刻。

形制： 志砖长 0.35 米，宽 0.17 米。

行字： 志文楷书 3 行，满行 8—12 字不等。

出土： 1955 年出土于西安市西郊插秧村，1962 年入藏西安碑林。

现藏： 西安碑林博物馆。

著录：《隋代墓志铭汇考》《西安碑林全集》。

提要： 志文简略，仅刻"开皇十七年四月十九日雍州长安县修仁乡故民赵长述铭，住在怀远坊"等字。

刘世荣墓志

全称： 奉车都尉振威将军淮南县令刘世荣墓志铭。

年代： 隋开皇十八年（598）刻。

形制： 志长 0.39 米，宽 0.40 米。

行字： 志文楷书 18 行，满行 18 字。

出土： 洛阳出土，时间不详。1938 年经于右任捐藏西安碑林。

现藏： 西安碑林博物馆。

著录：《隋代墓志铭汇考》《隋唐五代墓志汇编》《西安碑林全集》。

备注： 志石中部偏左有一圆形凿洞。志载志主讳"明"，字"世荣"，志题以字行。

提要： 志文记载刘世荣及妻梁氏的家族世系、生平及刘世荣的历官情况。其历官奉车都尉、振威将军、淮南县令。

*王长愿造像碑

年代： 隋开皇十八年（598）刻立。

形制： 碑残损，残高 0.30 米，宽 0.19 米，厚 0.16 米。

行字： 正文楷书 11 行，满行 5 字。

纹饰： 造像盘膝而坐，身着道袍，带结胸前，外披通肩大衣，褶缦覆盖座下。再下为一准四面体台座。正面及右侧为铭文，背面、左侧为素面。

出土： 出土时间、地点不详。后移于耀县药王山。

现藏： 药王山博物馆。

备注： 造像头部已残。

著录：《药王山碑刻》《陕西药王山碑刻艺术总集》。

提要： 碑文记载三原县道民王长愿发愿造像之事。铭文中既有"道像"，又有"愿亡者托生西方净土"等字，反映了隋代佛教、道教在百姓中的影响。年款处可见"大隋开□□八年岁□□午"，结合相关资料可知，为隋开皇十八年作品。

*石凤造像碑

年代： 隋开皇十八年（598）刻立。

形制： 四面造像碑，方座。碑残损，残高 0.34 米，宽 0.17 米，厚 0.16 米。

行字： 正文楷书 15 行，满行 5 字。

纹饰： 造像头手均残，着道装，盘坐于半圆形三足台座内。座下左右二狮，再下为一准正方形方座，四面刻有铭文。

出土：出土时间、地点不详。后移于耀县药王山。

现藏：药王山博物馆。

著录：《药王山碑刻》《陕西药王山碑刻艺术总集》。

提要：碑文记载道民石风为亡弟发愿造像之事。

*孙荣族造像碑

年代：隋开皇十九年（599）刻立。

形制：四面造像碑，方首。高 0.44 米，宽 0.22 米，厚 0.10 米。

行字：正文楷书 6 行，满行 12 字。

纹饰：正面龛内 1 尊盘坐像，高发髻，有络腮大胡。右手持扇，左手自然下垂。内衣结带，外披道袍。龛下两层，首层居中为炉，左右各一狮蹲坐。下层为供养人像。背面形式与正面相同相同。右侧共 3 层，刻供养人立像及题名。左侧 3 层，首层刻一佛，结跏趺坐于莲台之上。其余两层为供养人立像及题名。

出土：出土时间、地点不详。后移于耀县药王山。

现藏：药王山博物馆。

著录：《药王山碑刻》《陕西药王山碑刻艺术总集》。

备注：碑文云"道民孙荣族竭珍造石像一区"，正面题名中亦为孙姓。但背面与左侧题名则系马氏家族成员。

提要：碑文记载道民孙荣族发愿造像之事。

*刘子达造像碑

年代：隋开皇十九年（599）刻立。

形制：四面造像碑，方首。高 0.75 米，宽 0.46 米，厚 0.20 米。

行字：正文楷书 5 行，满行 15 字。

纹饰：正面龛内 3 尊造像。中为老君像，长须，着道袍，盘腿而坐，左手下抚膝，右手上持扇。二道童拱手侍立左右。龛上纹饰不清。龛下为香炉、供养人线刻立像及题名。背面形式与正面相同，龛上下均磨灭不清。右侧龛内一老君坐像。龛下中为多足细颈炉，左右各一狮，再下为铭文。左侧形式与正面相同。

出土：1935 年出土于耀县漆河，1936 年迁于耀县碑林，1955 年迁于耀县文化馆碑廊，1971 年迁于耀县药王山。

现藏：药王山博物馆。

著录：《药王山碑刻》《陕西药王山碑刻艺术总集》。

提要：碑文记载道民刘子达发愿造老君像之事。

马稺墓志

全称：大隋故荡边将军信州典签马君墓志铭。

年代：隋开皇二十年（600）刻。

形制：盖盝形，志长方形。志、盖尺寸相同。长 0.52 米，宽 0.51 米，厚 0.07 米。

行字：盖文篆书 3 行，满行 3 字，题"故荡边将军马君墓志"。志文隶书 25 行，满行 25 字。

纹饰：盖四侧刻八卦卦象及天干地支、十二辰、五行文字。

出土：洛阳出土，时间不详。1938 年经于右任捐藏西安碑林。

现藏：西安碑林博物馆。

著录：《汉魏南北朝墓志集释》《隋唐五代墓志汇编》《隋代墓志铭汇考》。

备注：志石右侧刻"天帝告塚中王气五方诸

神赵子都等马老生善人"等字。

提要：志文记载的马稗家族世系、生平、配偶及历官情况。其曾任荡边将军、信州典签。

*刘多墓志

年代：隋开皇二十年（600）刻。

形制：盖盝形，志正方形。志、盖尺寸相同。边长 0.52 米。

行字：盖文篆书 3 行，满行 3 字，题"大隋处士刘君墓志铭"。志文隶书 22 行，满行 22 字。

出土：1928 年出土于洛阳大马村，1938 年经于右任捐藏西安碑林。

现藏：西安碑林博物馆。

著录：《隋代墓志铭汇考》《隋唐五代墓志汇编》《西安碑林全集》。

提要：志文记载刘多的家族世系及生平等情况。

孟显达碑

全称：魏故假节龙骧将军中散大夫泾州刺史孟君之碑。

年代：隋开皇二十年（600）刻立。

形制：螭首。通高 1.94 米，宽 0.67 米，厚 0.31 米。

行字：正文楷书 26 行，满行 49 字。

出土：清宣统二年（1910）出土于长安县南里王村，1948 年移藏西安碑林。

现藏：西安碑林博物馆。

著录：《西安碑林全集》《陕西金石志》《陕西碑石精华》。

备注：碑阴雕成屋顶状，两侧及下部文字有缺损。

提要：碑主孟显达，字令迁，武威人。北魏、西魏时先后任水曹参军、羽林监、宁

远将军、功曹参军、辅国将军、中散大夫等职。西魏大统元年（535）随贺拔胜参与大破东魏侯景军的沙苑、河桥、弘农、豆军、北呈等战。魏后二年（559）卒，赠龙骧将军、泾州刺史。隋开皇二十年葬于雍州太兴县。

*郭羌造像碑

年代：隋开皇年间（581—600）刻立。

形制：四面造像碑，方首。高 0.81 米，宽 0.53 米，厚 0.23 米。

行字：正文楷书 7 行，满行 31 字。

纹饰：正面上部残，仅存半龛，龛内 5 尊坐像。龛下 4 层，首层居中为炉，炉侧蹲坐二兽。其余线刻立像及题名。背面形式与正面相同，龛下首层剥泐不清，其余 3 层为眷属骑马像。右侧龛残，龛下 5 层，首层狮炉，其余为线刻立像及骑马图。左侧龛仅存上半部，内为一尊坐像，下为铭文，剥泐严重。

出土：1935 年出土于耀县雷家崖，1936 年迁于耀县碑林，1955 年迁于耀县文化馆碑廊，1971 年迁于耀县药王山。

现藏：药王山博物馆。

著录：《药王山碑刻》《陕西药王山碑刻艺术总集》。

备注：贺梓诚先生认为此碑属魏，马长寿先生认为属北周，均误。龛上部残失，右下角断裂。

提要：碑文记载郭羌发愿造像之事。郭羌曾任平东将军、右光禄、宜州从军、宜君县主簿等职。碑文中"开皇"二字虽磨损，但尚可辨认。

*杨能造像

年代：隋开皇年间（591—600）刻立。

形制：四面造像碑，方座。高 0.29 米，宽 0.23 米，厚 0.23 米。

行字：正文楷书 12 行，满行 4 字。

纹饰：正面为老君坐像，头部残失。老君盘膝正坐，左臂曲肘，手下扶炉，右手持物，残断不清，道袍下垂，散布座上。座四面均有铭文。

出土：出土时间、地点不详。后移于耀县药王山。

现藏：药王山博物馆。

著录：《药王山碑刻》《陕西药王山碑刻艺术总集》。

提要：碑文记载道民杨能发愿造像之事。

郑祁耶墓志

全称：大隋越国夫人郑氏墓志。

年代：隋仁寿元年（601）刻。

形制：志长 0.55 米，宽 0.58 米，厚 0.15 米。

行字：志文楷书 20 行，满行 23 字。

出土：1970 年出土于潼关县南头乡万家岭。

现藏：潼关县东门博物馆。

著录：《潼关碑石》《新中国出土墓志·陕西壹》《新出魏晋南北朝墓志疏证》。

备注：志残。

提要：墓志记载了郑祁耶的家族世系、生平及子嗣情况。

*法王塔地宫石函

年代：隋仁寿元年（601）刻。

形制：高 0.58 米，宽 0.58 米，厚 0.40 米。

纹饰：石函四周线刻乐舞人物礼佛图，盖上饰花卉蔓草图案。

出土：1998 年出土于周至县仙游寺法王塔地宫。

现藏：仙游寺博物馆。

备注：石函无铭文。中心有长、宽、高均为 30 厘米的行槽。

提要：此石函纹饰、线条简练流畅，为仁寿元年隋文帝救令建塔安置佛舍利之实物资料。据地宫出土其他资料可知时间为隋仁寿元年。特颁发诏书，在全国 30 个州选高爽清净之地，创立灵塔。

*法王塔天宫石椁

年代：隋仁寿元年（601）刻。

形制：高 0.24 米，宽 0.41 米，厚 0.15 米。

纹饰：石椁盖及椁身均刻忍冬花纹。

出土：1998 年出土于周至县仙游寺法王塔天宫。

现藏：仙游寺博物馆。

提要：仁寿元年十月十五日，大兴善寺的童真和尚奉救送舍利至仙游寺建塔安置。此石椁为仁寿元年隋文帝救令建塔安置佛舍利之实物资料。

舍利塔下铭

年代：隋仁寿元年（601）刻。

形制：正方形。边长 0.63 米，厚 0.10 米。

行字：正文楷书 11 行，满行 11 字。

纹饰：四侧饰蔓草及马、羊、虎等动物纹。

出土：1998 年出土于周至县仙游寺法王塔地宫。

现藏：仙游寺博物馆。

提要：铭文记载隋仁寿元年十月十五日，于雍州盩厔县仙游寺安置舍利并建灵塔之事。

*杨士贵铭记

年代：隋仁寿元年（601）刻。

形制：志砖长 0.30 米，宽 0.17 米。

行字：志文楷书 3 行，满行 8—12 字。

出土：1955 年出土于西安市西郊插秧村，1962 年入藏西安碑林。

现藏：西安碑林博物馆。

著录：《隋代墓志铭汇考》《新出魏晋南北朝墓志疏证》《西安碑林全集》。

提要：志文简短，内容为"仁寿元年正月廿六日长安县礼成乡洽恩里住居德坊民故杨士贵铭记"。居德坊在隋大兴城朱雀门内。

*高虬墓志

年代：隋仁寿元年（601）刻。

形制：盖盝形，志长方形。志、盖尺寸相同。长 0.57 米，宽 0.58 米。

行字：盖文篆书 4 行，满行 4 字，题"隋故仪同太府卿将作大匠高公墓志铭"。志文隶书 23 行，满行 23 字。

出土：1931 年出土于洛阳大马村，1938 年经于右任捐藏西安碑林。

现藏：西安碑林博物馆。

著录：《汉魏南北朝墓志集释》《隋唐五代墓志汇编》《隋代墓志铭汇考》。

提要：志文记载高虬的家族世系、生平、历官情况。高虬，字龙叉，《北齐书》《北史》均作高乂。

*禽昌伯妻宇文氏墓志

年代：隋仁寿元年（601）刻。

形制：志正方形。边长 0.33 米。

行字：志文楷书 7 行，满行 8 字。

出土：1956 年出土于西安市东郊洪庆村。

现藏：西安碑林博物馆。

著录：《西安碑林全集》《隋代墓志铭汇考》。

提要：志文简述宇文氏的家世、葬年、封号等情况。志主系北周武帝之女，义阳郡长公主，正史未见记载。

卢文机墓志

全称：隋故卢君墓志铭。

年代：隋仁寿元年（601）刻。

形制：盖盝形，志长方形。志、盖尺寸相同。长 0.44 米，宽 0.45 米。

行字：盖文篆书 2 行，满行 2 字，题"卢君墓志"。志文楷书 18 行，满行 18 字。

出土：1929 年出土于河北涿县西乡，1938 年经于右任捐藏西安碑林。

现藏：西安碑林博物馆。

著录：《汉魏南北朝墓志集释》《隋代墓志铭汇考》《西安碑林全集》。

提要：志文记载卢文机的家族世系及生平等。

*仁寿元年舍利塔记（甲）

年代：隋仁寿元年（601）刻。

形制：方形，中有圆臼。边长 0.32 米，臼径 0.07 米，深 0.05 米。

行字：正文楷书 5 行，满行 10 字。

出土：出土时间、地点不详。

现藏：咸阳博物馆。

著录：《咸阳碑石》。

提要：碑文记载大隋仁寿元年十一月十五日延兴寺比丘智璪建造舍利塔之事。

*仁寿元年舍利塔记（乙）

年代：隋仁寿元年（601）刻。

形制：正方形。边长 0.51 米，厚 0.09 米。

行字：正文隶书 10 行，满行 11 字。

出土：出土时间、地点不详。1980 年由大荔县朝邑镇紫阳村马进昌捐赠。

现藏：大荔县文物局。

著录：《大荔碑刻》。

提要：碑文记载大隋仁寿元年十月十五日同州武乡县大兴国寺建造舍利塔之事。

田保洛墓志

全称： 大隋田君墓志铭。

年代： 隋仁寿元年（601）刻。

形制： 盖盝形，志正方形。志、盖尺寸相同。边长 0.37 米。

行字： 盖文篆书 3 行，满行 3 字，题"大隋故田君之墓志铭"。志文楷书 23 行，满行 23 字。

现藏： 西安市长安博物馆。

著录： 《长安新出墓志》《隋代墓志铭汇考》《长安碑刻》。

提要： 志文记载田保洛的家族谱系、生平、婚姻、子嗣情况。志文自称战国齐王田儋、汉代田蚡后裔，皆为攀附之辞。

*仁寿三年造像碑

年代： 隋仁寿三年（603）刻立。

形制： 砂石质，四面造像碑。高 1.48 米，宽 0.36 米，厚 0.25 米。

行字： 正文楷书 10 行，满行 10 字。

纹饰： 正面共 4 龛，左右背面各 2 龛，纵向排列。正面上龛、中龛均为一佛二菩萨，下龛为各有一供养人像，再下为发愿文。背面上龛一佛结跏趺坐，作说法印，两侍者螺髻。下龛一佛，两侍者戴云冠恭立。右侧两龛均为一佛二侍者，手托贡品或双掌合十。左侧龛内为一佛二弟子，线刻简单的建筑纹样。

出土： 出土于洛川县土基镇鄜城村，时间不详。

现藏： 洛川县博物馆。

著录： 《文博》（1995 年第 5 期）。

备注： 碑身从中间断裂为二，造像残，碑文不清。

提要： 碑文多数漫漶不清，但"仁寿三年"年款尚可辨识。

张俭暨妻胡氏墓志

全称： 大隋仁寿三年骠骑大将军散骑常侍淮阳郡守张府君胡夫人等墓志。

年代： 隋仁寿三年（603）刻。

形制： 盖盝形，志正方形。志、盖尺寸相同。边长 0.76 米。

行字： 盖文篆书 5 行，满行 5 字，题"齐故冠军员外散骑常侍周淮阳郡守张府君胡夫人等墓志"。志文隶书 28 行，满行 28 字。

出土： 1926 年出土于洛阳凤凰台村，1938 年经于右任捐藏西安碑林。

现藏： 西安碑林博物馆。

著录： 《汉魏南北朝墓志集释》《隋唐五代墓志汇编》《隋代墓志铭汇考》。

提要： 志文记载张俭的家族世系及生平、历官、配偶等情况。其历官冠军将军、殿中司马、骠骑将军、河阴东垣二县令、散骑常侍、淮阳郡守。

萧绍墓志

全称： 隋故司法萧府君墓志。

年代： 隋仁寿三年（603）刻。

形制： 盖盝形，志长方形。志、盖尺寸相同。长 0.31 米，宽 0.29 米。盖厚 0.06 米，志厚 0.08 米。

行字： 盖文篆书 3 行，满行 3 字，题"隋汉王司法萧君墓志"。志文楷书 19 行，满行 19 字。

出土： 2000 年出土于西安咸阳国际机场工地。

现藏： 咸阳市文物考古研究所。

著录： 《隋代墓志铭汇考》《碑林集刊》（第 11 辑）。

提要： 萧绍，字敬绪，南徐州兰陵人，曾祖萧秀为梁安成康王。祖扬，北周少傅，蔡阳襄公。父济，隋仪同三司、郓州刺史。萧绍曾任东宫内率府司仓、汉王司法参军，开皇十七年（597）九月卒于长安县宅中，仁寿三年二月归葬雍州泾阳县奉贤乡靖民里。

苏慈墓志

全称： 大隋使持节大将军工兵二部尚书司农太府卿太子左右卫率右庶子洪吉江虔饶袁抚七州诸军事洪州总管安平安公故苏使君之墓志铭。

年代： 隋仁寿三年（603）刻。

形制： 志正方形。边长 0.85 米。

行字： 志文楷书 37 行，满行 37 字。

出土： 清光绪十四年（1888）出土于蒲城县苏坊乡。

现藏： 蒲城县博物馆。

著录：《关中金石文字存佚考》《隋唐五代墓志汇编》《新中国出土墓志·陕西壹》。

备注： 盖佚。该志石第一行空格处有知县张荣升所题跋文，光绪十五年被后任知县彭询铲去，今留有铲痕。

提要： 苏慈，字孝慈，隋文帝开皇年间曾任工、兵、民、刑等部尚书，并授大将军。苏慈，《隋书》《北史》有传。

*仁寿四年造像碑

年代： 隋仁寿四年（604）刻立。

形制： 四面造像碑。高 1.18 米，宽 0.50 米，厚 0.21 米。

行字： 正文楷书 13 行，满行 13 字。

纹饰： 四面均有两组佛龛，每组佛龛均为一佛二弟子。

出土： 1996 年出土于白水县白水中学宋妙觉寺地宫。

现藏： 白水县文物管理委员会。

著录：《考古与文物》（2005 年第 4 期）。

备注： 座佚。

提要： 碑文不可卒读，但"仁寿四年"年款尚可辨识。

马少敏墓志

全称： 齐故员外郎马君志铭。

年代： 隋仁寿四年（604）刻。

形制： 盖盝形，志正方形。志、盖尺寸相同。边长 0.46 米。

行字： 盖文篆书 2 行，满行 2 字，题"马君志铭"。志文隶书 17 行，满行 17 字。

出土： 1925 年出土于安阳，1938 年经于右任捐藏西安碑林。

现藏： 西安碑林博物馆。

著录：《汉魏南北朝墓志集释》《隋唐五代墓志汇编》《隋代墓志铭汇考》。

备注： 志石右下角残缺。志阴刻马少敏妻张妃墓志，刊于唐贞观八年（634），系以马少敏志石补刻。

提要： 志文记载马少敏的生平及职官情况。其官至淮阳王参军、员外郎。

王荣暨妻刘氏墓志

全称： 魏宁朔将军左箱直长王君刘夫人等墓志。

年代： 隋仁寿四年（604）刻。

形制： 盖盝形，志正方形。志、盖尺寸相同。边长 0.57 米。

行字： 盖文篆书 4 行，满行 4 字，题"魏宁朔将军左箱直长王君刘夫等墓志"。志文隶书 24 行，满行 24 字。

出土： 1926 年出土于洛阳，1938 年经于右任捐藏西安碑林。

现藏： 西安碑林博物馆。

著录：《汉魏南北朝墓志集释》《隋唐五代墓

志汇编》《隋代墓志铭汇考》。

备注：志盖四刹饰十二辰，盖题文字中脱一"人"字。

提要：志文记载王荣及妻刘氏的家族世系、生平及王荣的历官情况。其历官殿内将军、羽林监、骑都尉、历威将军、左卫府司马、宁朔将军、左相领禁卫直长、振威将军。

*刘宝暨妻王氏墓志

年代：隋仁寿四年（604）刻。

形制：志正方形。边长 0.53 米。

行字：志文隶书 18 行，满行 18 字。

出土：1928 年出土于洛阳三里桥村，1938 年经于右任捐藏西安碑林。

现藏：西安碑林博物馆。

著录：《汉魏南北朝墓志集释》《隋唐五代墓志汇编》《隋代墓志铭汇考》。

提要：志文记载刘宝的家族世系、生平、配偶及历官情况。其历官龙骧将军、平温县丞、同州武乡县令。

*马稺夫人张姜墓志

年代：隋仁寿四年（604）刻。

形制：盖盝形，志正方形。志、盖尺寸相同，边长 0.44 米。

行字：盖文篆书 2 行，满行 2 字，题"张夫墓盖"。志文隶书 16 行，满行 16 字。

出土：洛阳出土，时间不详。1938 年经于右任捐藏西安碑林。

现藏：西安碑林博物馆。

著录：《汉魏南北朝墓志集释》《隋唐五代墓志汇编》《隋代墓志铭汇考》。

提要：志文记载马稺夫人张姜的家族世系及生平等。志主张氏系马稺继室。

*符盛暨妻胡氏墓志

年代：隋仁寿四年（604）刻。

形制：志长 0.47 米，宽 0.48 米。

行字：志文隶书 20 行，满行 20 字。

出土：1928 年出土于洛阳三里桥村，1938 年经于右任捐藏西安碑林。

现藏：西安碑林博物馆。

著录：《汉魏南北朝墓志集释》《隋唐五代墓志汇编》《隋代墓志铭汇考》。

提要：志文记载符盛的家族世系、生平、配偶及历官情况。其历官齐将作寺主簿、隋晋州平阳县令。

*吴天生造像

年代：隋仁寿四年（604）刻立。

形制：四面造像碑，方座，高 0.30 米，宽 0.18 米，厚 0.13 米。

行字：正文楷书 7 行，满行 4 字。

纹饰：正面佛结跏趺坐，左手下扶左膝，右手上扬，肩部残。下为方座，四面均有铭文。背面和左侧面为像主眷属题名。

出土：出土时间、地点不详。后移于耀县药王山。

现藏：药王山博物馆。

著录：《药王山碑刻》《陕西药王山碑刻艺术总集》。

提要：碑文记载佛弟子吴天生发愿造像之事。

*隋舍利宝塔铭

年代：隋仁寿四年（604）刻。

形制：盖盝形，座正方形，内有方形槽。盖顶边长 0.83 米，底边长 1.01 米，斜角宽 0.12 米，高 0.51 米。座底边长 1.03 米，高 0.68 米。塔下铭长 0.52

米，厚 0.10 米。

行字：盖文篆书 3 行，满行 3 字，题 "大隋皇帝舍利宝塔铭"。正文楷书 12 行，满行 12 字。

纹饰：石函盖顶部四周线刻四神，四刹刻蔓草纹，四侧刻飞天。函座四侧线刻金刚力士、四大天王及举哀图。塔下铭四周饰蔓草纹。

出土：1996 年出土于耀县照金镇，1997 年将石函运回耀县博物馆。塔下铭出土后由药王山博物馆征集保存，2005 年移交铜川市耀州区博物馆。

现藏：铜川市耀州区博物馆。

著录：《陕西碑石精华》《考古》（1997 年第 2 期）《碑林集刊》（第 9 辑）。

提要：隋代的仁寿舍利石函内有三个铜盒，方形铜盒内装有舍利，圆形铜盒内装有头发，另有一些供养品。据《舍利塔下铭》记载，神德寺舍利宝塔为隋文帝杨坚于仁寿四年敕造，派朝廷的大德法师沙门僧晖护送舍利，前往当时属于宜州宜君县的寺坪起塔供奉。仁寿年间共分三批在全国建塔 111 座，此处发现为第三批。自清乾隆末年以来，这 111 座舍利塔已有 12 处陆续出土。

李文都墓志

全称：雍州大兴县安盛乡民李文都记。

年代：隋大业元年（605）刻。

形制：志、盖均为砖质，尺寸相同。长 0.35 米，宽 0.18 米。

行字：盖文楷书 2 行，满行字数不等，题 "雍州大兴县安盛乡民李文都记"。志文楷书 4 行，满行字数不等。

出土：1954 年出土于西安市东郊郭家滩。

现藏：西安碑林博物馆。

著录：《新出魏晋南北朝墓志疏证》《隋代墓志铭汇考》《西安碑林全集》。

提要：志文记载李文都的籍贯、卒年等。

故刘尚食墓志铭

年代：隋大业二年（606）刻。

形制：志、盖尺寸相同。长 0.35 米，宽 0.34 米。

行字：盖文楷书 2 行，满行 3 字，题 "故刘尚食墓志"。志文楷书 18 行，满行 18 字。

出土：1925 年出土于洛阳后洞村，1938 年经于右任捐藏西安碑林。

现藏：西安碑林博物馆。

著录：《汉魏南北朝墓志集释》《西安碑林全集》《隋代墓志铭汇考》。

提要：志文记载宫人刘尚食的生平简况。

官人朱氏墓志

年代：隋大业二年（606）刻。

形制：志长 0.32 米，宽 0.31 米。

行字：志文楷书 10 行，满行 10 字。

撰书：诸葛颖制。

出土：1925 年出土于洛阳后洞村，1938 年经于右任捐藏西安碑林。

现藏：西安碑林博物馆。

著录：《汉魏南北朝墓志集释》《隋唐五代墓志汇编》《隋代墓志铭汇考》。

提要：志文简述朱氏卒年、葬地等信息。

*合村老少等造像碑

年代：隋大业二年（606）刻立。

形制：四面造像碑，方首。高 1.16 米，宽 0.49 米，厚 0.20 米。

行字：正文楷书 1 行，共 17 字。

纹饰： 正面龛内 3 尊造像。中佛结跏趺坐
于莲台之上，头残。左手下抚膝，
右手上扬，作说法相。二胁侍拱手
分站左右。龛上有线刻坐佛 17 尊。
龛左右为二护法。龛下 4 层。首层
居中为一跪侏儒，托顶一多足细颈
炉；其侧二狮，右回首蹲坐，左胸
伏欲跃；再侧为二僧，皆持物侧站。
其余各层为题名及发愿文。其余 3
面形式与正面基本相同。

出土： 1980 年发现于耀县董家河镇冯家桥
村夫蒙祠堂遗址，同年迁于耀县药
王山。

现藏： 药王山博物馆。

著录： 《药王山碑刻》《陕西药王山碑刻艺术
总集》。

备注： 又名《夫蒙碑》。

提要： 碑文记载大业二年四月合村老少发愿
造像之事。此碑为夫蒙祠堂内前代古
物，祠堂亦因此得名。

杨素墓志

全称： 大隋纳言上柱国光禄大夫司徒公尚书
令太子太师太尉公楚景武公墓志铭
并序。

年代： 隋大业三年（607）刻。

形制： 志长 0.89 米，宽 0.92 米，厚 0.14 米。

行字： 志文楷书 40 行，满行 48 字。

纹饰： 盖四周饰花卉纹。

出土： 1975 年出土于潼关县城关镇亢家寨村。

现藏： 潼关县东门博物馆。

著录： 《潼关碑石》《新中国出土墓志·陕西
壹》《隋代墓志铭汇考》。

提要： 墓志记载了杨素的家族世系、生平、
历官等情况。其曾任行军府长史、大
将军、尚书左仆射。

萧妙瑜墓志

全称： 周故大将军淮鲁复三州刺史临贞忠
壮公杨使君后夫人萧氏墓志。

年代： 隋大业三年（607）刻。

形制： 志正方形。边长 0.61 米，厚 0.09 米。

行字： 盖文篆书 5 行，满行 5 字，题"周故
大将军淮鲁复三州刺史临贞忠壮公
后夫人萧氏之墓志"。志文楷书 21 行，
满行 24 字。

出土： 1996 年出土于潼关县城关镇亢家寨村。

现藏： 潼关县东门博物馆。

著录： 《潼关碑石》《新出魏晋南北朝墓志疏
证》《隋代墓志铭汇考》。

提要： 墓志记载了萧妙瑜的家族世系、生
平、配偶等情况。

*吕昙墓志

年代： 隋大业三年（607）刻。

形制： 志砖长 0.24 米，宽 0.18 米。

行字： 志文楷书 4 行，行残存 9 字。

出土： 1955 年出土于西安市东郊韩森寨，
1962 年入藏西安碑林。

现藏： 西安碑林博物馆。

著录： 《新出魏晋南北朝墓志疏证》《新中
国出土墓志·陕西贰》《隋代墓志铭
汇考》。

备注： 砖质墓志，下部残缺。

提要： 志文简述吕昙籍贯、卒年、官职等
信息。

陈叔兴墓志

全称： 前陈沅陵王故陈府君之墓志。

年代： 隋大业三年（607）刻。

形制： 志正方形。边长 0.50 米，厚 0.09 米。

行字： 志文楷书 25 行，满行 25 字。

出土：1992 年出土于长安县。

现藏：西安市长安博物馆。

著录：《陕西碑石精华》《长安新出墓志》《长安碑刻》。

提要：志文记载陈叔兴之家族世系、生平、历官及子嗣情况。墓主获封沅陵郡王。

元君妻崔暹墓志

全称：淮南化明县丞夫人故崔氏墓志铭。

年代：隋大业三年（607）刻。

形制：盖盝形，志正方形。志、盖尺寸相同。边长 0.42 米。

行字：盖文篆书 2 行，满行 2 字，题"崔夫墓铭"。志文隶书 20 行，满行 20 字。

出土：安阳出土，时间不详。1938 年经于右任捐藏西安碑林。

现藏：西安碑林博物馆。

著录：《汉魏南北朝墓志集释》《隋唐五代墓志汇编》《隋代墓志铭汇考》。

提要：志文记载元君妻崔暹的家族世系、生平及配偶等。

*杨德墓志

年代：隋大业四年（608）刻。

形制：盖盝形，志正方形。志、盖尺寸相同。边长 0.36 米。

行字：盖文篆书 2 行，满行 2 字，题"杨君墓志"。志文隶书 17 行，满行 17 字。

出土：洛阳出土，时间不详。1938 年经于右任捐藏西安碑林。

现藏：西安碑林博物馆。

著录：《隋代墓志铭汇考》《隋唐五代墓志汇编》。

提要：志文记载杨德的家族世系、生平，其官至赵州钜鹿县令。

*上官子业造像碑

年代：隋大业四年（608）刻立。

形制：四面造像碑，方座。高 0.31 米，宽 0.18 米，厚 0.14 米。

行字：正文楷书 7 行，满行 7 字。

纹饰：正面造像头部残失，身着道袍，坐于一半圆形三足台内。右手持扇，左手扶栏。基座四面均为供养人立像及题名。

出土：出土时间、地点不详。后移于耀县药王山。

现藏：药王山博物馆。

著录：《药王山碑刻》《陕西药王山碑刻艺术总集》。

提要：碑文记载道民上官子业发愿造像之事。

*梁道贵四面四门塔造像碑

年代：隋大业四年（608）刻立。

形制：四面造像碑。碑残损，残高 0.65 米，宽 0.27 米，厚 0.27 米。

行字：正文楷书 8 行，满行 10 字。

纹饰：碑座呈正方形，碑身呈四棱柱形。顶部叠涩出檐而缩小。正面有一龛，但无造像。背面一龛，龛内一佛结跏趺坐。基座正面刻有铭文。右侧为供养人像及题名。

出土：原藏耀县松禅寺，1981 年迁于耀县药王山。

现藏：药王山博物馆。

著录：《药王山碑刻》《陕西药王山碑刻艺术总集》。

提要：碑文记载佛弟子梁道贵为亡父发愿造像之事。

陈临贺王国太妃墓志铭

年代：隋大业五年（609）刻。

形制：志正方形。边长 0.45 米。

行字：志文楷书 17 行，满行 17 字。

出土：1992 年出土于长安县。

现藏：西安市长安博物馆。

著录：《新出魏晋南北朝墓志疏证》《长安碑刻》《长安新出墓志》。

提要：志文记载陈临贺王国太妃施氏之生平等。

*吕胡暨妻李氏墓志

年代：隋大业五年（609）刻。

形制：盖盝形，志正方形。志、盖尺寸相同。边长 0.41 米。

行字：盖文篆书 2 行，满行 2 字，题 "吕君墓铭"。志文楷书 24 行，满行 24 字。

出土：1925 年出土于洛阳，1938 年经于右任捐藏西安碑林。

现藏：西安碑林博物馆。

著录：《汉魏南北朝墓志集释》《隋唐五代墓志汇编》《隋代墓志铭汇考》。

提要：志文记载吕胡的家族世系及生平、历官情况。吕胡妻李氏，年 92 岁卒，为隋代之长寿者。

官人元氏墓志

全称：隋故宫人归义乡君元氏墓志铭并序。

年代：隋大业五年（609）刻。

形制：志长 0.49 米，宽 0.48 米。

行字：志文楷书 16 行，满行 18 字。

出土：1925 年出土于洛阳后洞村，1938 年经于右任捐藏西安碑林。

现藏：西安碑林博物馆。

著录：《汉魏南北朝墓志集释》《隋唐五代墓志汇编》《隋代墓志铭汇考》。

提要：志文记载宫人元氏生平简况。

官人李氏墓志

全称：隋故宫人典玺姓李氏墓志铭并序。

年代：隋大业五年（609）刻。

形制：志正方形。边长 0.41 米。

行字：志文楷书 15 行，满行 16 字。

出土：1925 年出土于洛阳后洞村，1938 年经于右任捐藏西安碑林。

现藏：西安碑林博物馆。

著录：《汉魏南北朝墓志集释》《隋唐五代墓志汇编》《隋代墓志铭汇考》。

提要：志文记载宫人李氏生平简况。

*大业五年题刻

年代：隋大业五年（609）刻。

形制：高 0.70 米，宽 2.27 米。

行字：正文楷书，行字数不详。

出土：此碑自立未移。

现藏：佳县刘国具乡玉泉寺窟门上方。

提要：记叙了隋将军张阿良为感神恩于隋大业五年开凿石窟及造像之事，对研究隋代官职及玉泉寺建置有一定价值。

隋宫人司膳六品贾氏墓志铭

年代：隋大业六年（610）刻。

形制：志正方形。边长 0.46 米。

行字：志文楷书 16 行，满行 17 字。

出土：1925 年出土于洛阳后洞村，1938 年经于右任捐藏西安碑林。

现藏：西安碑林博物馆。

著录：《汉魏南北朝墓志集释》《隋代墓志铭汇考》《西安碑林全集》。

提要：志文记载宫人贾氏生平简况。

官人司乐刘氏墓志铭并序

年代：隋大业六年（610）刻。

形制：志正方形。边长 0.44 米。

行字：志文楷书 16 行，满行 17 字。

出土：1925 年出土于洛阳后洞村，1938 年经于右任捐藏西安碑林。

现藏：西安碑林博物馆。

著录：《汉魏南北朝墓志集释》《鸳鸯七志斋藏石》《隋唐五代墓志汇编》。

提要：志文记载宫人刘氏生平简况。

张乔墓志

全称：齐淮阳王府长兼行参军张君墓志铭。

年代：隋大业六年（610）刻。

形制：志正方形。边长 0.45 米。

行字：志文楷书 20 行，满行 21 字。

出土：洛阳出土，时间不详。1938 年经于右任捐藏西安碑林。

现藏：西安碑林博物馆。

著录：《汉魏南北朝墓志集释》《隋唐五代墓志汇编》《西安碑林全集》。

提要：志文记载张乔的家族世系及生平情况。其曾任淮阳王府长兼行参军。

官人程氏墓志

全称：后宫人五品司仗程氏墓志铭。

年代：隋大业六年（610）刻。

形制：志正方形。边长 0.55 米。

行字：志文楷书 15 行，满行 18 字。

出土：1925 年出土于洛阳后洞村，1938 年经于右任捐藏西安碑林。

现藏：西安碑林博物馆。

著录：《汉魏南北朝墓志集释》《隋唐五代墓志汇编》《隋代墓志铭汇考》。

提要：志文记载宫人程氏生平简况。

官人冯氏墓志

全称：后宫人五品司仗冯氏墓志铭。

年代：隋大业六年（610）刻。

形制：志正方形。边长 0.41 米。

行字：志文楷书 13 行，满行 15 字。

出土：1925 年出土于洛阳后洞村，1938 年经于右任捐藏西安碑林。

现藏：西安碑林博物馆。

著录：《汉魏南北朝墓志集释》《鸳鸯七志斋藏石》《隋唐五代墓志汇编》。

提要：志文记载宫人冯氏生平简况。

*杨秀墓志

年代：隋大业六年（610）刻。

形制：志正方形。边长 0.49 米。

行字：盖文篆书 3 行，满行 3 字，题"齐皇国治书杨君墓铭"。志文隶书 28 行，满行 29 字。

出土：1925 年出土于洛阳前海资村，1938 年经于右任捐藏西安碑林。

现藏：西安碑林博物馆。

著录：《汉魏南北朝墓志集释》《隋唐五代墓志汇编》《隋代墓志铭汇考》。

提要：志文记载杨秀的家族世系及生平、职官等情况。

解方保墓志

全称：大隋殄寇将军奋武尉右屯卫步兵校尉解府君之墓志。

年代：隋大业六年（610）刻。

形制：志正方形。边长 0.50 米。

行字：志文楷书 19 行，满行 19 字。

纹饰：志四周刻联珠纹及缠枝蔓草纹，四侧饰壸门、十二生肖图案。

出土：1999 年出土于长安县。

现藏：西安碑林博物馆。

著录：《长安碑刻》《西安碑林博物馆新藏墓志汇编》《隋代墓志铭汇考》。

提要：志文记载解方保的生平及历官情况。
其历官殄寇将军、奋武尉、右屯卫步
兵校尉。

*薛保兴墓志

年代：隋大业六年（610）刻。

形制：志长 0.45 米，宽 0.44 米。

行字：志文楷书 19 行，满行 23 字。

出土：1926 年出土于洛阳马沟村，1938 年
经于右任捐藏西安碑林。

现藏：西安碑林博物馆。

著录：《汉魏南北朝墓志集释》《隋唐五代墓
志汇编》《西安碑林全集》。

提要：志文记载薛保兴的家族家世及生平、
历官情况。其历官司徒府从事中郎、
北平骠大府长史、平州刺史、青州乐
安郡守。

宫人朱氏墓志

全称：隋宫人典彩六品朱氏墓志铭。

年代：隋大业六年（610）刻。

形制：志长 0.42 米，宽 0.41 米。

行字：志文楷书 14 行，满行 15 字。

出土：1925 年出土于洛阳后洞村，1938 年经
于右任捐藏西安碑林。

现藏：西安碑林博物馆。

著录：《汉魏南北朝墓志集释》《隋唐五代墓
志汇编》《隋代墓志铭汇考》。

提要：志文记载宫人朱氏籍贯、卒年、葬地
等信息。

宫人魏氏墓志

全称：隋故宫人尚寝衣魏氏墓志铭并序。

年代：隋大业七年（611）刻。

形制：志正方形。边长 0.49 米。

行字：志文楷书 15 行，满行 15 字。

出土：1925 年出土于洛阳后洞村，1938 年经
于右任捐藏西安碑林。

现藏：西安碑林博物馆。

著录：《汉魏南北朝墓志集释》《隋唐五代墓
志汇编》《西安碑林全集》。

提要：志文记载宫人魏氏生平简况。

宫人陈氏墓志

全称：大隋宫人故司陈氏六品墓志铭。

年代：隋大业七年（611）刻。

形制：志长 0.44 米，宽 0.41 米。

行字：志文楷书 13 行，满行 13 字。

出土：1925 年出土于洛阳后洞村，1938 年
经于右任捐藏西安碑林。

现藏：西安碑林博物馆。

著录：《汉魏南北朝墓志集释》《隋唐五代墓
志汇编》《西安碑林全集》。

提要：志文记载宫人陈氏生平简况。

宫人郭氏墓志

全称：隋宫人司仗郭氏六品墓志。

年代：隋大业七年（611）刻。

形制：志正方形。边长 0.44 米。

行字：志文楷书 12 行，满行 12 字。

出土：1925 年出土于洛阳后洞村，1938 年经
于右任捐藏西安碑林。

现藏：西安碑林博物馆。

著录：《汉魏南北朝墓志集释》《隋唐五代墓
志汇编》《西安碑林全集》。

提要：志文记载宫人郭氏生平简况。

王香仁墓志

全称：隋故王香仁墓志之铭。

年代：隋大业七年（611）刻。

形制：志长 0.45 米，宽 0.43 米。

行字：盖文篆书 3 行，满行 3 字，题"大隋故处仕王君墓志"。志文楷书 19 行，满行 19 字。

出土：1935 年出土于洛阳井沟村，1938 年经于右任捐藏西安碑林。

现藏：西安碑林博物馆。

著录：《新出魏晋南北朝墓志疏证》《隋唐五代墓志汇编》《隋代墓志铭汇考》。

提要：志文记载王香仁的家族世系及生平等情况。

田德元墓志

全称：隋故豫章郡掾田府君墓志。

年代：隋大业七年（611）刻。

形制：盖盝形，志长方形。志、盖尺寸相同。长 0.44 米，宽 0.43 米。

行字：盖文篆书 4 行，满行 4 字，题"大隋故豫章郡西曹掾田府君之墓志铭"。志文楷书 27 行，满行 26 字。

出土：1954 年出土于西安市东郊郭家滩。

现藏：西安碑林博物馆。

著录：《隋唐五代墓志汇编》《新中国出土墓志·陕西贰》《隋代墓志铭汇考》。

提要：志文记载田德元的家族世系、生平、历官情况。其曾任凉州总管府掾、豫章郡西曹掾。

官人李氏墓志

全称：隋故宫人司灯李氏墓志铭并序。

年代：隋大业七年（611）刻。

形制：志正方形。边长 0.42 米。

行字：志文楷书 15 行，满行 15 字。

出土：1925 年出土于洛阳后洞村，1938 年经于右任捐藏西安碑林。

现藏：西安碑林博物馆。

著录：《汉魏南北朝墓志集释》《隋唐五代墓志汇编》《隋代墓志铭汇考》。

提要：志文记载宫人李氏生平简况。

张伏敬墓志

全称：隋故人朝请大夫右武卫纯德府鹰扬副郎将张伏敬之墓。

年代：隋大业八年（612）刻。

形制：志正方形。边长 0.44 米。

行字：志文楷书 18 行，满行 18 字。

出土：1929 年出土于洛阳郑凹村，1938 年经于右任捐藏西安碑林。

现藏：西安碑林博物馆。

著录：《汉魏南北朝墓志集释》《隋唐五代墓志汇编》《隋代墓志铭汇考》。

提要：志文记载张伏敬的家族世系、生平、历官情况。其曾任纯德府鹰扬副郎将。

刘德墓志

全称：隋金紫光禄大夫梁郡太守刘府君墓志铭并序。

年代：隋大业八年（612）刻。

形制：志正方形。边长 0.56 米。

行字：志文楷书 27 行，满行 28 字。

出土：1929 年出土于洛阳前海资村，1938 年经于右任捐藏西安碑林。

现藏：西安碑林博物馆。

著录：《汉魏南北朝墓志集释》《隋唐五代墓志汇编》《隋代墓志铭汇考》。

提要：志文记载刘德的家族世系、生平及历官情况。其历官宣威将军、虎贲给事、宋州刺史、梁郡太守。

官人何氏墓志

全称：隋故宫人何氏六品墓志铭并序。

年代：隋大业八年（612）刻。

形制：志正方形。边长 0.47 米。

行字：志文楷书 15 行，满行 16 字。

出土：1925 年出土于洛阳后洞村，1938 年经于右任捐藏西安碑林。

现藏：西安碑林博物馆。

著录：《汉魏南北朝墓志集释》《鸳鸯七志斋藏石》《隋唐五代墓志汇编》。

提要：志文记载宫人何氏生平简况。

孟孝敏妻刘氏墓志

全称：大隋营东都土工副监男孟孝敏妻刘氏。

年代：隋大业八年（612）刻。

形制：志长 0.21 米，宽 0.19 米。

行字：志文楷书 7 行，满行 8 字。

出土：1925 年出土于洛阳马沟村，1938 年经于右任捐藏西安碑林。

现藏：西安碑林博物馆。

著录：《汉魏南北朝墓志集释》《隋唐五代墓志汇编》《隋代墓志铭汇考》。

提要：志文记载孟孝敏妻刘氏生平简况。

宫人陈氏墓志

全称：隋故宫人陈氏七品墓志铭并序。

年代：隋大业八年（612）刻。

形制：志正方形。边长 0.40 米。

行字：志文楷书 14 行，满行 16 字。

出土：1925 年出土于洛阳后洞村，1938 年经于右任捐藏西安碑林。

现藏：西安碑林博物馆。

著录：《汉魏南北朝墓志集释》《隋唐五代墓志汇编》《西安碑林全集》。

提要：志文记载宫人陈氏生平简况。

宫人韦氏墓志

全称：隋故宫人韦氏墓志铭。

年代：隋大业八年（612）刻。

形制：志正方形。边长 0.44 米。

行字：志文楷书 14 行，满行 15 字。

出土：1925 年出土于洛阳后洞村，1938 年经于右任捐藏西安碑林。

现藏：西安碑林博物馆。

著录：《汉魏南北朝墓志集释》《隋唐五代墓志汇编》《西安碑林全集》。

提要：志文记载宫人韦氏生平简况。

宫人沈氏墓志

全称：隋故宫人沈氏墓志铭并序。

年代：隋大业八年（612）刻。

形制：志长 0.44 米，宽 0.45 米。

行字：志文楷书 18 行，满行 17 字。

出土：1925 年出土于洛阳后洞村，1938 年经于右任捐藏西安碑林。

现藏：西安碑林博物馆。

著录：《汉魏南北朝墓志集释》《隋唐五代墓志汇编》《隋代墓志铭汇考》。

提要：志文记载宫人沈氏生平简况。

宫人萧氏墓志

全称：隋故宫人墓志铭并序。

年代：隋大业八年（612）刻。

形制：志正方形。边长 0.47 米。

行字：志文楷书 18 行，满行 18 字。

出土：1925 年出土于洛阳后洞村，1938 年经于右任捐藏西安碑林。

现藏：西安碑林博物馆。

著录：《汉魏南北朝墓志集释》《隋唐五代墓志汇编》《隋代墓志铭汇考》。

提要：志文记载宫人萧氏生平简况。

*高紧墓志

年代：隋大业八年（612）刻。

形制：志正方形。边长 0.53 米。

行字：志文楷书 23 行，满行 23 字。

出土：1928 年出土于洛阳南陈庄村，1938 年经于右任捐藏西安碑林。

现藏：西安碑林博物馆。

著录：《汉魏南北朝墓志集释》《隋唐五代墓志汇编》《隋代墓志铭汇考》。

提要：志文记载高紧的家族世系及生平、历官情况。其历官春宫左翊卫、检校右武卫府骠骑将军事、左骁卫、虎贲郎将。

田光山妻李氏墓志

全称：京兆郡田光山夫人李氏墓志。

年代：隋大业八年（612）刻。

形制：志正方形。边长 0.41 米。

行字：盖文篆书 2 行，满行 2 字，题"李夫人铭"、志文楷书 16 行，满行 16 字。

出土：1925 年出土于洛阳马沟村，1938 年经于右任捐藏西安碑林。

现藏：西安碑林博物馆。

著录：《汉魏南北朝墓志集释》《隋唐五代墓志汇编》《隋代墓志铭汇考》。

提要：志文记载田光山妻李氏的生平等。

*王君妻成公氏墓志

年代：隋大业八年（612）刻。

形制：盖盝形，志正方形。志、盖尺寸相同。边长 0.42 米。

行字：盖文篆书 3 行，满行 3 字，题"王氏成公夫人墓志铭"。志文楷书 17 行，满行 17 字。

出土：1914 年出土于洛阳安驾沟村，1938 年经于右任捐藏西安碑林。

现藏：西安碑林博物馆。

著录：《汉魏南北朝墓志集释》《隋唐五代墓志汇编》《隋代墓志铭汇考》。

提要：志文记载王君妻成公氏之家族世系、生平及配偶等。

高叡墓志

全称：大隋京兆郡华原县故高叡墓志铭。

年代：隋大业八年（612）刻。

形制：志正方形。边长 0.37 米，厚 0.06 米。

行字：志文楷书 16 行，满行 16 字。

出土：20 世纪 70—80 年代出土于耀县孙原镇五台村，2008 年征集。

现藏：铜川市耀州区博物馆。

著录：《碑林集刊》（第 14 辑）。

备注：盖佚，志石面局部有残损。

提要：志文记载高叡的家族世系、历官及生平情况。其历官北周通道观学士、通川郡主簿，隋秦州清水县丞、京府都水参事、鲁郡泗水县正等。

郝伏愿墓志

全称：隋故朝请大夫郝伏愿铭记。

年代：隋大业九年（613）刻。

形制：盖盝形，志正方形。盖边长 0.54 米，厚 0.06 米。志边长 0.51 米，厚 0.07 米。

行字：盖文篆书 4 行，满行 4 字，题"隋故朝请大夫郝伏愿铭记"。志文楷书 14 行，满行 17 字。

纹饰：盖四侧及四刹饰忍冬纹，右上角一格为兽面纹，下角一络为菊瓣纹，左上角、下角各为莲纹。

出土：1998 年出土于延长县黑家堡镇郝伏愿墓中。

现藏：延长县文物管理委员会。

著录：《陕北古事钩沉》《碑林集刊》（第 14 辑）。

提要：志文记载郝伏愿的生平及历官情况。其历官延州幕僚主簿、弥难将军、开府仪同三司、朝请大夫、定城府鹰扬郎将。

张囧妻苏恒墓志

全称： 齐故武阳县令张君妻苏夫人等墓志铭。

年代： 隋大业九年（613）刻。

形制： 志长 0.59 米，宽 0.60 米。

行字： 盖文篆书 3 行，满行 3 字，题"武阳县令张君妻苏铭"。志文隶书 26 行，满行 25 字。

出土： 洛阳出土，时间不详。1938 年经于右任捐藏西安碑林。

现藏： 西安碑林博物馆。

著录：《汉魏南北朝墓志集释》《隋唐五代墓志汇编》《隋代墓志铭汇考》。

提要： 志文记载苏恒的家族世系及生平、配偶等。

宫人陈氏墓志

全称： 隋故宫人陈氏墓志铭并序。

年代： 隋大业九年（613）刻。

形制： 志正方形。边长 0.58 米。

行字： 志文楷书 16 行，满行 15 字。

出土： 1925 年出土于洛阳后洞村，1938 年经于右任捐藏西安碑林。

现藏： 西安碑林博物馆。

著录：《汉魏南北朝墓志集释》《隋唐五代墓志汇编》《隋代墓志铭汇考》。

提要： 志文记载宫人陈氏生平简况。

*张业暨妻路氏墓志

年代： 隋大业九年（613）刻。

形制： 志长 0.40 米，宽 0.41 米。

行字： 盖文篆书 2 行，满行 2 字，题"张君墓志"。志文楷书 21 行，满行 21 字。

出土： 洛阳出土，时间不详。1938 年经于右任捐藏西安碑林。

现藏： 西安碑林博物馆。

著录：《汉魏南北朝墓志集释》《隋唐五代墓志汇编》《隋代墓志铭汇考》。

提要： 志文记载张业的家族世系、生平、配偶及历官等情况。其历官荡难将军、豪州录事参军事、玉州湘阴县令。夫人路氏，清河人。此志为张业与妻子路氏合葬墓志。

*席德将墓志

年代： 隋大业九年（613）刻。

形制： 盖盝形，志正方形。志、盖尺寸相同。边长 0.43 米。

行字： 盖文篆书 2 行，满行 2 字，题"席君墓志"。志文楷书 22 行，满行 22 字。

出土： 1933 年出土于洛阳南石山村，1938 年经于右任捐藏西安碑林。

现藏： 西安碑林博物馆。

著录：《新出魏晋南北朝墓志疏证》《隋唐五代墓志汇编》《隋代墓志铭汇考》。

提要： 志文记载席德将的家族世系、生平等情况。

尼那提墓志

全称： 大隋真化道场尼那提墓志之铭。

年代： 隋大业九年（613）刻。

形制： 盖盝形，志正方形。志、盖尺寸相同。边长 0.29 米。

行字： 盖文篆书 3 行，满行 3 字，题"大隋真化道场尼墓志"。志文楷书 19 行，满行 19 字。

出土： 1952 年出土于长安县韦曲镇。

现藏： 西安碑林博物馆。

著录：《新中国出土墓志·陕西贰》《西安碑林全集》《长安碑刻》。

提要：志文简述墓主尼那提法师俗姓丁，吴郡晋陵人，仁寿四年（604）卒，大业九年葬于京兆大兴县高平乡杜原。

*陈常墓志

年代：隋大业九年（613）刻。

形制：盖盝形，志长方形。志、盖尺寸相同。长 0.47 米，宽 0.48 米。

行字：盖文楷书 3 行，满行 3 字，题"隋故齐陈府君墓志铭"。志文楷书 23 行，满行 23 字。

出土：1929 年出土于洛阳吕家庙村，1938 年经于右任捐藏西安碑林。

现藏：西安碑林博物馆。

著录：《汉魏南北朝墓志集释》《隋唐五代墓志汇编》《隋代墓志铭汇考》。

提要：志文记载陈常的家族世系及生平、历官情况。其历官太学博士、领法驾长史、冠军将军、廷尉司直、兖州长史、济阴郡太守、安东将军、清河郡太守、骠骑大将军。

官人豆卢氏墓志

全称：豆卢宫人墓志铭并序。

年代：隋大业九年（613）刻。

形制：志长 0.49 米，宽 0.47 米。

行字：志文楷书 16 行，满行 17 字。

出土：1925 年出土于洛阳后洞村，1938 年经于右任捐藏西安碑林。

现藏：西安碑林博物馆。

著录：《汉魏南北朝墓志集释》《隋唐五代墓志汇编》《隋代墓志铭汇考》。

提要：志文记载宫人豆卢氏的家族世系及生平简况。

崔上师妻封依德墓志

全称：清河崔上师妻封夫人墓志。

年代：隋大业十年（614）刻。

形制：志长 0.24 米，宽 0.26 米。

行字：志文楷书 12 行，满行 12 字。

出土：1930 年出土于洛阳前李村，1938 年经于右任捐藏西安碑林。

现藏：西安碑林博物馆。

著录：《汉魏南北朝墓志集释》《隋唐五代墓志汇编》《隋代墓志铭汇考》。

提要：志文记载封依德的家族世系及简略生平。

官人元氏墓志

全称：隋故宫人元氏墓志铭。

年代：隋大业十年（614）刻。

形制：志正方形。边长 0.48 米。

行字：志文楷书 13 行，满行 14 字。

出土：1925 年出土于洛阳后洞村，1938 年经于右任捐藏西安碑林。

现藏：西安碑林博物馆。

著录：《汉魏南北朝墓志集释》《隋唐五代墓志汇编》《隋代墓志铭汇考》。

提要：志文记载宫人元氏生平简况。

*牛弘第三女牛晖墓志

年代：隋大业十年（614）刻。

形制：志长 0.23 米，宽 0.22 米。

行字：志文楷书 9 行，满行 11 字。

出土：1925 年出土于洛阳前海资村，1938 年经于右任捐藏西安碑林。

现藏：西安碑林博物馆。

著录：《汉魏南北朝墓志集释》《隋唐五代墓志汇编》《隋代墓志铭汇考》。

提要：志文简述牛晖的家世、卒年、葬地等。

官人席氏墓志

全称：宫人席氏墓志铭。

年代：隋大业十年（614）刻。

形制：志正方形。边长 0.36 米。

行字：志文楷书 14 行，满行 14 字。

出土：1925 年出土于洛阳后洞村，1938 年经于右任捐藏西安碑林。

现藏：西安碑林博物馆。

著录：《汉魏南北朝墓志集释》《隋唐五代墓志汇编》《隋代墓志铭汇考》。

备注：志石左边断裂。

提要：志文记载宫人席氏生平简况。

陈花树墓志

全称：故宫人司宝陈氏墓志铭并序。

年代：隋大业十年（614）刻。

形制：志正方形。边长 0.42 米。

行字：志文楷书 13 行，满行 14 字。

出土：1925 年出土于洛阳后洞村，1938 年经于右任捐藏西安碑林。

现藏：西安碑林博物馆。

著录：《汉魏南北朝墓志集释》《隋唐五代墓志汇编》《隋代墓志铭汇考》。

提要：志文记载宫人陈花树生平简况。

马称心墓志

全称：马夫人墓志序并铭。

年代：隋大业十年（614）刻。

形制：志正方形。边长 0.44 米。

行字：志文楷书 23 行，满行 22 字。

出土：洛阳出土，时间不详。1938 年经于右任捐藏西安碑林。

现藏：西安碑林博物馆。

著录：《汉魏南北朝墓志集释》《隋唐五代墓志汇编》《隋代墓志铭汇考》。

备注：志石断为两块。

提要：志文记载马称心的家族世系及生平情况。

*姚太墓志

年代：隋大业十年（614）刻。

形制：志正方形。边长 0.37 米。

行字：盖文篆书 3 行，满行 3 字，题"荆州刺史姚君墓志铭"。志文楷书 15 行，满行 15 字。

出土：1924 年出土于洛阳前海资村，1938 年经于右任捐藏西安碑林。

现藏：西安碑林博物馆。

著录：《汉魏南北朝墓志集释》《隋唐五代墓志汇编》《隋代墓志铭汇考》。

提要：志文记载姚太的家族世系及生平、职官情况。其曾任强弩将军、荆州刺史。

宫人唐氏墓志

全称：唐宫人墓志铭并序。

年代：隋大业十年（614）刻。

形制：志长 0.46 米，宽 0.45 米。

行字：志文楷书 13 行，满行 16 字。

出土：1925 年出土于洛阳后洞村，1938 年经于右任捐藏西安碑林。

现藏：西安碑林博物馆。

著录：《汉魏南北朝墓志集释》《隋唐五代墓志汇编》《隋代墓志铭汇考》。

提要：志文记载宫人唐氏生平简况。

宫人樊氏墓志

全称：樊三品宫人墓志铭并序。

年代：隋大业十年（614）刻。

形制：志正方形。边长 0.49 米。

行字：志文楷书 17 行，满行 20 字。

出土：1925 年出土于洛阳后洞村，1938 年经于右任捐藏西安碑林。

现藏：西安碑林博物馆。

著录：《汉魏南北朝墓志集释》《隋唐五代墓

志汇编》《隋代墓志铭汇考》。

提要：志文记载宫人樊氏生平简况。

邓宝明墓志

全称：隋检校虎贲郎将朝请大夫南阳邓君墓志铭。

年代：隋大业十年（614）刻。

形制：志正方形。边长 0.53 米。

行字：志文楷书 30 行，满行 32 字。

出土：1930 年出土于洛阳南石山村，1938 年经于右任捐藏西安碑林。

现藏：西安碑林博物馆。

著录：《汉魏南北朝墓志集释》《隋唐五代墓志汇编》《隋代墓志铭汇考》。

提要：志文记载邓宝明的家族世系、生平、历官及子嗣等情况。其历官宿卫、大都督右卫府司马、交州道行军总管司马、鄂州司马、尚义府副鹰扬郎将、尚义府鹰扬郎将、检校虎贲郎将。

张轲墓志

全称：隋故魏郡太守正议大夫张府君墓志铭并序。

年代：隋大业十年（614）刻。

形制：盖盝形，志长方形。志、盖尺寸相同。长 0.55 米，宽 0.54 米。

行字：盖文篆书 4 行，满行 4 字，题"隋故魏郡太守正议大夫张府君墓志铭"。志文楷书 28 行，满行 27 字。

出土：1928 年出土于洛阳前海资村，1938 年经于右任捐藏西安碑林。

现藏：西安碑林博物馆。

著录：《汉魏南北朝墓志集释》《隋唐五代墓志汇编》《隋代墓志铭汇考》。

提要：志文记载张轲的家族世系及生平、历

官情况。其历官洛乡县令、参司功军事、太子药名藏监、尚书祠部郎、盐川太守、魏郡太守。

宫人鲍氏墓志

全称：故鲍宫人墓志铭并序。

年代：隋大业十年（614）刻。

形制：志正方形。边长 0.49 米。

行字：志文楷书 15 行，满行 16 字。

出土：1925 年出土于洛阳后洞村，1938 年经于右任捐藏西安碑林。

现藏：西安碑林博物馆。

著录：《汉魏南北朝墓志集释》《隋唐五代墓志汇编》《隋代墓志铭汇考》。

提要：志文记载宫人鲍氏生平简况。

王光墓志

全称：王夫人墓志。

年代：隋大业十年（614）刻。

形制：志长 0.45 米，宽 0.46 米。

行字：志文楷书 15 行，满行 17 字。

出土：洛阳出土，时间不详。1938 年经于右任捐藏西安碑林。

现藏：西安碑林博物馆。

著录：《汉魏南北朝墓志集释》《隋唐五代墓志汇编》《隋代墓志铭汇考》。

提要：志文记载王光的家族世系及生平情况。

宫人侯氏墓志

全称：侯宫人墓志铭。

年代：隋大业十年（614）刻。

形制：志正方形。边长 0.52 米。

行字：志文楷书 15 行，满行 15 字。

出土：1925 年出土于洛阳后洞村，1938 年经于右任捐藏西安碑林。

现藏：西安碑林博物馆。

著录：《汉魏南北朝墓志集释》《隋唐五代墓志汇编》《隋代墓志铭汇考》。

提要：志文记载宫人侯氏生平简况。

范安贵墓志

全称：隋故左候卫大将军右光禄大夫范公墓志铭。

年代：隋大业十一年（615）刻。

形制：盖盝形，志长方形。志、盖尺寸相同。长 0.67 米，宽 0.70 米。

行字：盖文篆书 4 行，满行 4 字，题"隋故左候卫大将军右光禄大夫范公铭"。志文楷书 32 行，满行 30 字。

出土：1921 年出土于洛阳白鹿庄村，1938 年经于右任捐藏西安碑林。

现藏：西安碑林博物馆。

著录：《汉魏南北朝墓志集释》《隋唐五代墓志汇编》《隋代墓志铭汇考》。

提要：志文记载范安贵之家族世系、生平及历官情况。范安贵，字孝昇，朔方严濠县人，以剑术、善战著称，一生军功显著。其历官检校盐州刺史、右候卫大将军、右骁卫大将军，封安宁郡开国公。

曹海凝墓志

全称：大隋故扶风郡陈仓县令曹君之墓志。

年代：隋大业十一年（615）刻。

形制：盖盝形，志正方形。志、盖尺寸相同。边长 0.43 米。

行字：盖文篆书 3 行，满行 3 字，题"隋故陈仓县令曹君铭"。志文楷书 25 行，满行 25 字。

出土：1923 年出土于洛阳前海资村，1938 年经于右任捐藏西安碑林。

现藏：西安碑林博物馆。

著录：《汉魏南北朝墓志集释》《隋唐五代墓志汇编》《隋代墓志铭汇考》。

提要：志文记载曹海凝之家族世系、生平及历官情况。曹海凝，谯郡临涣人，曾任南光州长流参军事、扶风郡陈仓县县令。

张寿墓志

全称：隋故光禄大夫右翊卫大将军张公墓志。

年代：隋大业十一年（615）刻。

形制：盖盝形，志正方形。志、盖尺寸相同。边长 0.58 米。

行字：盖文篆书 4 行，满行 4 字，题"隋故光禄大夫右翊卫大将军张公墓志"。志文楷书 33 行，满行 34 字。

纹饰：盖四周饰十二生肖图案，四角为玉兔纹，四刹饰四神图案。

出土：1925 年出土于洛阳前海资村，1938 年经于右任捐藏西安碑林。

现藏：西安碑林博物馆。

著录：《汉魏南北朝墓志集释》《汉魏南北朝墓志集释》《鸳鸯七志斋藏石》。

提要：志文记载张寿的家族世系及生平情况。其曾任岐州刺史、右翊卫大将军。

*程谐暨妻石氏墓志

年代：隋大业十一年（615）刻。

形制：盖盝形，志正方形。志、盖尺寸相同。边长 0.44 米。

行字：盖文篆书 3 行，满行 3 字，题"故端氏县令前司马铭"。志文楷书 24 行，满行 24 字。

出土：1926 年出土于洛阳前海资村，1938 年经于右任捐藏西安碑林。

现藏：西安碑林博物馆。

著录：《汉魏南北朝墓志集释》《隋唐五代墓志汇编》《隋代墓志铭汇考》。

提要：志文记载程谐的家族世系、生平、
历官情况和夫人石氏生平情况。程
谐，字辅相，清河广平人。其曾任
南安王司马、端氏县令。

宫人丁氏墓志

全称：大隋宫人司膳丁氏墓志铭并序。

年代：隋大业十一年（615）刻。

形制：志正方形。边长 0.41 米。

行字：志文楷书 14 行，满行 15 字。

出土：1925 年出土于洛阳后洞村，1938 年
经于右任捐藏西安碑林。

现藏：西安碑林博物馆。

著录：《汉魏南北朝墓志集释》《隋唐五代墓
志汇编》《隋代墓志铭汇考》。

备注：无盖。

提要：志文记载丁氏之籍贯及生平情况。宫
人司膳丁氏，丹阳秣陵人。大业十一
年八月十五日卒，享年 57 岁。

萧汎墓志

全称：隋故上党郡司功书佐萧君墓志铭并序。

年代：隋大业十一年（615）刻。

形制：志正方形。边长 0.28 米。

行字：志文楷书 14 行，满行 16 字。

出土：1925 年出土于洛阳前海资村，1938
年经于右任捐藏西安碑林。

现藏：西安碑林博物馆。

著录：《汉魏南北朝墓志集释》《隋唐五代墓
志汇编》《隋代墓志铭汇考》。

备注：志文稍有泐损。

提要：志文记载萧汎的家族世系、生平及历
官情况。萧汎，字德泉，兰陵县人。
官至上党郡司功书佐。隋大业十一年
七月十一日卒于上党郡，卒年 29 岁，
葬于洛阳北邙山。

冯淹墓志

全称：隋故宣惠尉冯君之墓志。

年代：隋大业十一年（615）刻。

形制：盖盝形，志正方形。志、盖尺寸相同。
边长 0.29 米。

行字：盖文篆书 3 行，满行 3 字，题"隋宣
慧尉冯君之墓志"。志文楷书 17 行，
满行 17 字。

出土：1956 年出土于西安市东郊韩森寨。

现藏：西安碑林博物馆。

著录：《西安碑林全集》《新中国出土墓
志·陕西贰》《新出魏晋南北朝墓志
疏证》。

备注：盖题作"宣慧"，志题则为"宣惠"。

提要：志文记载冯淹之家族世系、生平及历
官情况。冯淹，字行淹，西平人。曾
授宣惠尉。

董君妻卫美墓志

全称：董氏卫夫人墓志铭。

年代：隋大业十一年（615）刻。

形制：志正方形。边长 0.35 米。

行字：志文楷书 18 行，满行 18 字。有界格。

出土：1930 年出土于洛阳郑凹村，1938 年
经于右任捐藏西安碑林。

现藏：西安碑林博物馆。

著录：《汉魏南北朝墓志集释》《隋唐五代墓
志汇编》《隋代墓志铭汇考》。

备注：志文稍有漫漶。

提要：志文记载卫美的家族世系及生平情
况。卫美，字辉儿，河东人。

萧翘墓志

全称：隋故武安郡肥乡县令萧明府墓志铭
并叙。

年代：隋大业十一年（615）刻。

形制：盖盝形，志长方形。志、盖尺寸相同。长 0.47 米，宽 0.49 米。

行字：盖文篆书 3 行，满行 3 字，题"肥乡县令萧府君之铭"。志文楷书 29 行，满行 29 字。有界格。

撰书：蔡叔悌撰。

出土：1925 年出土于洛阳前海资村，1938 年经于右任捐藏西安碑林。

现藏：西安碑林博物馆。

著录：《汉魏南北朝墓志集释》《隋唐五代墓志汇编》《隋代墓志铭汇考》。

备注：盖文泐损。

提要：志文记载萧翘的家族世系、生平、历官情况。萧翘，字明举，徐州兰陵人。历经梁、齐、陈、隋四朝。其历官郢州刺史、罗州刺史、南司州长史、介州司功、邵州亳城令、汾州昌宁令。

宫人刘氏墓志

全称：隋宫人刘氏墓志铭。

年代：隋大业十一年（615）刻。

形制：志正方形。边长 0.41 米。

行字：志文楷书 14 行，满行 17 字。

出土：1925 年出土于洛阳后洞村，1938 年经于右任捐藏西安碑林。

现藏：西安碑林博物馆。

著录：《汉魏南北朝墓志集释》《隋唐五代墓志汇编》《隋代墓志铭汇考》。

提要：志文记载刘氏的生平简况。

王弘墓志

全称：隋故奉城尉王君墓志铭。

年代：隋大业十一年（615）刻。

形制：志正方形。边长 0.46 米。

行字：志文楷书 21 行，满行 23 字。

出土：洛阳出土，时间不详。1938 年经于右任捐藏西安碑林。

现藏：西安碑林博物馆。

著录：《汉魏南北朝墓志集释》《隋唐五代墓志汇编》《隋代墓志铭汇考》。

备注：志文稍有漫漶。

提要：志文记载王弘的家族世系、生平及历官情况。王弘，字世道，太原介休人，诏授奉诚尉。

严元贵墓志

全称：严参军墓志铭并序。

年代：隋大业十一年（615）刻。

形制：盖盝形，志正方形。志、盖尺寸相同。边长 0.43 米。

行字：盖文篆书 2 行，满行 2 字，题"严君之铭"。志文楷书 20 行，满行 20 字。

出土：1925 年出土于洛阳西吕村，1938 年经于右任捐藏西安碑林。

现藏：西安碑林博物馆。

著录：《汉魏南北朝墓志集释》《隋唐五代墓志汇编》《隋代墓志铭汇考》。

提要：志文记载严元贵的家族世系及生平等情况。

苟君妻宋玉艳墓志

全称：隋正议大夫内常侍苟府君夫人故宋氏墓志铭并序。

年代：隋大业十一年（615）刻。

形制：盖盝形，志长方形。志、盖尺寸相同。长 0.49 米，宽 0.47 米。

行字：盖文篆书 3 行，满行 3 字，题"隋苟府君夫人墓志铭"。志文楷书 22 行，满行 23 字。

纹饰：盖四刹饰缠枝蔓草纹。

出土：1928 年出土于洛阳陈庄村，1938 年经于右任捐藏西安碑林。

现藏：西安碑林博物馆。

著录：《汉魏南北朝墓志集释》《隋唐五代墓志汇编》《隋代墓志铭汇考》。

提要：志文记载苟府君妻宋玉艳的家族世系及生平情况。

王衮墓志

全称：隋故桃林县令王府君墓志。

年代：隋大业十一年（615）刻。

形制：志正方形。边长 0.51 米。

行字：盖文篆书 3 行，满行 3 字，题"隋故王府君墓志之铭"。志文楷书 31 行，满行 31 字。

撰书：蔡允恭撰。

出土：1926 年出土于洛阳邙山，1938 年经于右任捐藏西安碑林。

现藏：西安碑林博物馆。

著录：《汉魏南北朝墓志集释》《隋唐五代墓志汇编》《隋代墓志铭汇考》。

提要：志文记载王衮的家族世系、生平、历官及配偶等情况。其历官秘书郎、驸马都尉、中书郎、黄门郎、荆州长史、骁骑尉、桃林县令。

明云腾墓志

全称：隋故上郡三川县正明云腾墓志。

年代：隋大业十一年（615）刻。

形制：盖盝形，志正方形。志、盖尺寸相同。边长 0.59 米。

行字：盖文篆书 2 行，满行 2 字，题"明君墓铭"。志文楷书 23 行，满行 23 字。

纹饰：盖四角饰夔纹，四刹饰莲蓬纹。

出土：1926 年出土于洛阳南石山村，1938 年经于右任捐藏西安碑林。

现藏：西安碑林博物馆。

著录：《汉魏南北朝墓志集释》《隋唐五代墓志汇编》《隋代墓志铭汇考》。

提要：志文记载明云腾的家族世系及生平、历官情况。其曾任上郡三川县正。

陈叔明墓志

全称：隋故礼部侍郎通议大夫陈府君之墓志铭。

年代：隋大业十一年（615）刻。

形制：志正方形。边长 0.67 米。

行字：盖文篆书 2 行，满行 2 字，题"陈君墓铭"。志文楷书 31 行，满行 31 字。

出土：1936 年出土于洛阳杨凹村，1938 年经于右任捐藏西安碑林。

现藏：西安碑林博物馆。

著录：《汉魏南北朝墓志集释》《隋唐五代墓志汇编》《隋代墓志铭汇考》。

备注：盖断为五块，今佚。

提要：志文记载陈叔明的家族世系及生平情况。陈叔明，字慈尚，陈武皇帝之孙，孝宣皇帝第六子。册封宜都郡王、宣惠将军、卫尉卿、智武将军、东扬州刺史、散骑常侍、南徐州刺史、使持节都督、吴兴太守、诚武将军、左卫将军、内书令、虎贲郎将、摄判吏部侍郎事、检校左屯卫、鹰扬郎将。陈叔明，《陈书》有传。

*翟突娑墓志

年代：隋大业十一年（615）刻。

形制：志正方形。边长 0.36 米。

行字：志文楷书 18 行，满行 20 字。

出土：1930 年出土于洛阳郑凹村，1938 年经于右任捐藏西安碑林。

现藏：西安碑林博物馆。

著录：《汉魏南北朝墓志集释》《隋唐五代墓志汇编》《隋代墓志铭汇考》。

提要：志文记载翟突娑的家族世系及生平
情况。

宫人姜氏墓志

全称：故宫人典乐姜氏墓志铭并序。

年代：隋大业十一年（615）刻。

形制：志正方形。边长 0.48 米。

行字：志文楷书 14 行，满行 14 字。

出土：1925 年出土于洛阳后洞村，1938 年经
于右任捐藏西安碑林。

现藏：西安碑林博物馆。

著录：《汉魏南北朝墓志集释》《隋唐五代墓
志汇编》《隋代墓志铭汇考》。

提要：志文记载宫人姜氏生平简况。

萧滨墓志

全称：大隋金紫光禄大夫萧岑孙内宫堂姪故
萧滨之铭。

年代：隋大业十一年（615）刻。

形制：志正方形。边长 0.30 米。

行字：志文楷书 14 行，满行 15 字。

出土：1921 年出土于洛阳前海资村，1938
年经于右任捐藏西安碑林。

现藏：西安碑林博物馆。

著录：《汉魏南北朝墓志集释》《隋唐五代墓
志汇编》《隋代墓志铭汇考》。

提要：志文记载萧滨的家族世系及生平情况。

张志桐妻潘善利墓志

全称：奉诚尉校尉崇业府司马张志桐妻潘氏
墓志铭。

年代：隋大业十一年（615）刻。

形制：盖盝形，志正方形。志、盖尺寸相同。
边长 0.41 米。

行字：盖文篆书 3 行，满行 3 字，题“隋故
潘夫人墓志之铭”。志文楷书 19 行，

满行 20 字。

出土：1929 年出土于洛阳前海资村，1938
年经于右任捐藏西安碑林。

现藏：西安碑林博物馆。

著录：《汉魏南北朝墓志集释》《隋唐五代墓
志汇编》《隋代墓志铭汇考》。

提要：志文记载潘氏之生平情况。志主潘善
利，宗城人，其夫张志桐，南阳人。

宫人田氏墓志

全称：大隋宫人采女田氏墓志铭并序。

年代：隋大业十一年（615）刻。

形制：志正方形。边长 0.41 米。

行字：志文楷书 13 行，满行 15 字。

出土：1925 年出土于洛阳后洞村，1938 年经
于右任捐藏西安碑林。

现藏：西安碑林博物馆。

著录：《汉魏南北朝墓志集释》《隋唐五代墓
志汇编》《隋代墓志铭汇考》。

提要：志文记载田氏之生平情况。宫人采女
田氏，大业十一年六月五日卒，享年
57 岁。

张濬墓志

全称：大隋大业十二年闰五月九日薨于河南
郡洛阳县章善里故张主簿墓铭。

年代：隋大业十二年（616）刻。

形制：盖盝形，志正方形。志、盖尺寸相同。
边长 0.63 米。

行字：盖文篆书 3 行，满行 3 字，题“隋故
东垣县张主簿铭”。志文楷书 33 行，
满行 33 字。有界格。

纹饰：盖四周饰四神图案，四角饰莲花纹，四
刹及四侧饰卷草纹。志四侧饰莲花纹。

出土：1923 年出土于洛阳前海资村，1938
年经于右任捐藏西安碑林。

现藏：西安碑林博物馆。

著录：《汉魏南北朝墓志集释》《隋唐五代墓志汇编》《隋代墓志铭汇考》。

备注：盖、志均已残断。

提要：志文记载张濬的家族世系、生平及历官情况。张濬，字洪远，南阳白水人，官至东垣县主簿。隋大业十二年十月二日葬于洛阳城北灵渊乡安川里。

冯忱妻叱李纲子墓志

全称：隋司仪丞冯忱故夫人叱李墓志铭。

年代：隋大业十二年（616）刻。

形制：盖盝形，志正方形。志、盖尺寸相同。边长 0.38 米。

行字：盖文篆书 3 行，满行 3 字，题"隋故叱李夫人墓志铭"。志文隶书 20 行，满行 20 字。

出土：1925 年出土于洛阳前海资村，1938 年经于右任捐藏西安碑林。

现藏：西安碑林博物馆。

著录：《汉魏南北朝墓志集释》《隋唐五代墓志汇编》《隋代墓志铭汇考》。

备注：志文稍有漫漶。

提要：志文记载叱李纲的家族世系及生平情况。叱李氏为北朝少数民族姓氏，又作叱利、叱列。冯忱，《隋书》《北史》有传。

宋永贵墓志

全称：隋故左御卫府长史通议大夫宋君墓志铭。

年代：隋大业十二年（616）刻。

形制：盖盝形，志正方形。志、盖尺寸相同。边长 0.57 米。

行字：盖文篆书 3 行，满行 3 字，题"隋故通议大夫宋君志"。志文楷书 34 行，满行 34 字。

出土：出土时间、地点不详。西安碑林旧藏。

现藏：西安碑林博物馆。

著录：《八琼室金石补正》《汉魏南北朝墓志集释》《隋代墓志铭汇考》。

提要：志文记载宋永贵的家族世系、生平及历官情况。宋永贵，字道生，西河郡人。其历官殿内将军、蒲坂县开国子、仪同三司、婺州长史、左御王长史、通议大夫。

牛方大墓志

全称：隋故内史舍人牛府君墓记。

年代：隋大业十二年（616）刻。

形制：志正方形。边长 0.27 米。

行字：志文楷书 16 行，满行 16 字。

出土：1925 年出土于洛阳前海资村，1938 年经于右任捐藏西安碑林。

现藏：西安碑林博物馆。

著录：《汉魏南北朝墓志集释》《隋唐五代墓志汇编》《隋代墓志铭汇考》。

提要：志文记载牛方大的家族世系及其历官情况。牛方大，安定人，曾任秘书郎、内史舍人。

*唐世荣墓志

年代：隋大业十二年（616）刻。

形制：盖盝形，志长方形。志、盖尺寸相同。长 0.23 米，宽 0.21 米。

行字：盖文篆书 2 行，满行 2 字，题"唐君墓铭"。志文隶书 8 行，满行 8 字。

出土：1933 年出土于洛阳前海资村，1938 年经于右任捐藏西安碑林。

现藏：西安碑林博物馆。

著录：《汉魏南北朝墓志集释》《隋唐五代墓志汇编》《隋代墓志铭汇考》。

提要：志文记载唐世荣之卒葬时间、地点。唐世荣，隋大业十二年十一月九日葬于河南郡桃林县太微城北灵渊乡安川里。

苏威妻宇文氏墓志

全称：大隋前纳言开府仪同三司光禄大夫房公苏威妻夫人宇文氏墓志。

年代：隋大业十二年（616）刻。

形制：志正方形。边长 0.37 米。

行字：志文隶书 9 行，满行 10 字。

出土：1925 年出土于洛阳马坡村，1938 年经于右任捐藏西安碑林。

现藏：西安碑林博物馆。

著录：《汉魏南北朝墓志集释》《隋唐五代墓志汇编》《隋代墓志铭汇考》。

提要：志文记载宇文氏卒年、葬地及子嗣情况。

宫人杨氏墓志

全称：宫人司言杨氏墓志。

年代：隋大业十二年（616）刻。

形制：志正方形。边长 0.34 米。

行字：志文楷书 16 行，满行 16 字。

出土：1925 年出土于洛阳后洞村，1938 年经于右任捐藏西安碑林。

现藏：西安碑林博物馆。

著录：《汉魏南北朝墓志集释》《隋唐五代墓志汇编》《隋代墓志铭汇考》。

备注：志文稍有漫漶。

提要：此墓志记载了杨氏之生平情况。宫人司言杨氏，永嘉安固人。

*王世琛墓志

年代：隋大业十二年（616）刻。

形制：盖盝形，志正方形。盖、志尺寸相同。

长 0.45 米，宽 0.46 米。

行字：盖文篆书 3 行，满行 3 字，题“隋朝散大夫王君墓铭”。志文楷书 27 行，满行 25 字。

出土：1925 年出土于洛阳，1938 年经于右任捐藏西安碑林。

现藏：西安碑林博物馆。

著录：《汉魏南北朝墓志集释》《鸳鸯七志斋藏石》《隋唐五代墓志汇编》。

备注：志文稍有漫漶。

提要：志文记载王世琛之家族世系、生平、历官及子女情况。王世琛，字闰德，冯翊郡冯翊县人。曾任奋武尉，朝散大夫。隋大业十二年七月三十日葬于洛阳北邙山安川里。

窦俨墓志

全称：大隋故河堤使者西河公窦君墓志。

年代：隋大业十二年（616）刻。

形制：志正方形。边长 0.59 米。

行字：志文楷书 30 行，满行 31 字。

出土：出土时间、地点不详。

现藏：西安市长安博物馆。

著录：《长安新出墓志》《长安碑刻》《隋代墓志铭汇考》。

提要：志文记载窦俨的家族世系、生平、历官情况。其曾任谒者台通直郎、员外郎、河堤使者。

宫人徐氏墓志

全称：宫人徐氏墓志铭并序。

年代：隋大业十二年（616）刻。

形制：志正方形。边长 0.34 米。

行字：志文楷书 14 行，满行 14 字。

出土：1925 年出土于洛阳后洞村，1938 年经于右任捐藏西安碑林。

现藏：西安碑林博物馆。

著录：《汉魏南北朝墓志集释》《隋唐五代墓志汇编》《隋代墓志铭汇考》。

提要：志文记载徐氏的籍贯、生平情况。宫人徐氏，吴郡吴县人。

宫人卜氏墓志

全称：宫人卜氏墓志铭并序。

年代：隋大业十二年（616）刻。

形制：志长 0.35 米，宽 0.36 米。

行字：志文楷书 16 行，满行 16 字。

出土：1925 年出土于洛阳后洞村，1938 年经于右任捐藏西安碑林。

现藏：西安碑林博物馆。

著录：《汉魏南北朝墓志集释》《隋唐五代墓志汇编》《隋代墓志铭汇考》。

备注：志文稍有漫漶。

提要：志文记载卜氏的家族世系及生平情况。宫人卜氏，博陵郡北平县人。

*□仏昴墓志

年代：隋大业十二年（616）刻。

形制：志正方形。边长 0.44 米。

行字：志文楷书 24 行，满行 24 字。

出土：1932 年出土于洛阳，1938 年经于右任捐藏西安碑林。

现藏：西安碑林博物馆。

著录：《汉魏南北朝墓志集释》《隋唐五代墓志汇编》《隋代墓志铭汇考》。

提要：志文记载志主的家族世系、生平及历官情况。志主字高明，南阳常山人，官至司徒寺主簿。

*尹君妻王氏墓志

年代：隋大业十二年（616）刻。

形制：志砖长 0.32 米，宽 0.16 米。

行字：志文楷书 3 行，满行 6—15 字不等。

出土：1955 年出土于西安市东郊郭家滩。

现藏：西安碑林博物馆。

著录：《隋代墓志铭汇考》《新出魏晋南北朝墓志疏证》《新中国出土墓志·陕西贰》。

提要：志文较短，内容为"隋大业十二年正月二十日，大兴县永宁乡住在安邑里民尹氏故人妇女王铭记"。

田行达墓志

全称：隋故正议大夫虎贲郎将光禄卿田公墓志。

年代：隋大业十二年（616）刻。

形制：盖盝形，志正方形。志、盖尺寸相同。边长 0.49 米。

行字：盖文篆书 3 行，满行 3 字，题"隋故正议大夫田公铭"。志文楷书 30 行，满行 30 字。

出土：1954 年出土于西安市东郊郭家滩。

现藏：西安碑林博物馆。

著录：《汉魏南北朝墓志集释》《隋唐五代墓志汇编》《隋代墓志铭汇考》。

提要：志文记载田行达的家族世系、生平及历官等情况。田行达，平凉平高人。其曾任左武卫车骑将军、右御卫虎贲郎将、北平太守、左候卫虎牙郎将等职。

宫人房氏墓志

全称：大隋故宫人常泰夫人墓志铭并序。

年代：隋大业十二年（616）刻。

形制：志正方形。边长 0.35 米。

行字：志文楷书 15 行，满行 16 字。有界格。

出土：1925 年出土于洛阳后洞村，1938 年经于右任捐藏西安碑林。

现藏：西安碑林博物馆。

著录：《西安碑林全集》《汉魏南北朝墓志集释》。

提要：志文记载房氏的生平情况。宫人常泰夫人房氏，选自良家，大业十二年十月十二日卒，十一月三日葬于洛阳北邙山。

宫人刘氏墓志

全称：大隋故宫人司计刘氏铭并序。

年代：隋大业十三年（617）刻。

形制：志长 0.28 米，宽 0.29 米。

行字：志文楷书 14 行，满行 15 字。

出土：1925 年出土于洛阳后洞村，1938 年经于右任捐藏西安碑林。

现藏：西安碑林博物馆。

著录：《汉魏南北朝墓志集释》《鸳鸯七志斋藏石》《隋唐五代墓志汇编》。

备注：志文已漫漶。

提要：志文记载刘氏之卒葬时间、地点情况。宫人司计刘氏，隋大业十三年六月二十五日卒，同年七月四日葬于洛阳北邙山。

宫人唐氏墓志

全称：大隋故宫人六品御女唐氏墓志铭并序。

年代：隋大业十三年（617）刻。

形制：志正方形。边长均 0.47 米。

行字：志文楷书 11 行，满行 16 字。

出土：1925 年出土于洛阳后洞村，1938 年经于右任捐藏西安碑林。

现藏：西安碑林博物馆。

著录：《汉魏南北朝墓志集释》《隋唐五代墓志汇编》《隋代墓志铭汇考》。

备注：志文已漫漶。

提要：志文记载唐氏之生平情况。宫人六品御女唐氏，大业十三年二月一日卒，同月十三日葬于洛阳北邙山。

六品宫人墓志

全称：大隋故宫六品墓志铭并序。

年代：隋大业十三年（617）刻。

形制：志正方形。边长 0.33 米。

行字：志文楷书 12 行，满行 15 字。

出土：1925 年出土于洛阳后洞村，1938 年经于右任捐藏西安碑林。

现藏：西安碑林博物馆。

著录：《汉魏南北朝墓志集释》《隋唐五代墓志汇编》《隋代墓志铭汇考》。

备注：志中部断裂。

提要：志文记载宫人六品之葬时葬地情况。

*薛苌元四面造像碑

年代：北周至隋代（557—618）刻立。

形制：高 1.00 米，上宽 0.33 米，下宽 0.35 米，上厚 0.12 米，下厚 0.17 米。

行字：正文楷书 4 行，满行 20 字。

纹饰：正面、背面均有一佛龛，龛楣两侧分别有一飞天图案，龛两侧雕刻螺旋柱状图案，线条皆细密，龛内主尊为一坐佛，结跏趺坐于须弥座上。

出土：1996 年出土于白水县白水中学宋妙觉寺地宫。

现藏：白水县文物管理委员会。

著录：《考古与文物》（2005 年第 4 期）。

备注：碑已断为三截。

提要：碑文记载薛苌元发愿造像之事。

*诸佛舍利宝塔碑额

年代：隋代（581—618）刻立。

形制：高 0.90 米，宽 0.62 米，厚 0.14 米。

行字：正文大字隶书 2 行，满行 3 字。小字
　　　楷书 3 行，满行 35 字。
撰书：僧善俊题额，安璨刊。
现藏：大荔县文物局。
著录：《大荔碑刻》。
提要：中部大字隶书"诸佛舍利宝塔"，首
　　　行题"长安香成浣主杨□省施额"，
　　　落款处为题额人及刻工题名。

*隋故西戎碑

年代：隋代（581—618）刻立。
形制：边长 0.50 米，厚 0.11 米。
行字：正文楷书 26 行，满行 28 字。
现藏：潼关县东门博物馆。
提要：此碑文字漫漶，仅部分可以辨识。内
　　　容涉及西戎少数民族之事。

淮安定公墓志盖

全称：大隋大将军尚书右仆射淮安定公墓铭。
年代：隋代（581—618）刻。
形制：盖盝形。长 0.73 米，宽 0.75 米，厚
　　　0.12 米。
行字：盖文篆书 4 行，满行 4 字，题"大隋
　　　大将军尚书右仆射淮安定公墓铭"。
出土：出土时间、地点不详。
现藏：蔡文姬纪念馆。
备注：志石佚，仅存志盖。
提要：据墓志盖文可知墓主曾任大将军、尚
　　　书右仆射之职。

*智隆造像碑

年代：隋代（581—618）刻立。
形制：四面造像碑，方首。高 1.56 米，宽
　　　0.45 米，厚 0.25 米。
行字：正文楷书，正面共 18 字，背面 19 字。
　　　左侧 9 行，满行 33 字。右侧 12 行，

满行 27 字。
纹饰：正面龛楣上线刻帷幔，龛内为一佛四
　　　菩萨像。下龛楣上线刻蔓草纹，内为
　　　如来佛与多宝佛结跏趺坐。背面龛内
　　　为交脚阿弥陀佛与四胁侍，下龛与中
　　　龛相连，楣雕联珠纹。再下部为供养
　　　人线刻像及题名。左、右两侧龛内均
　　　为一佛四菩萨。龛下为供养人线刻像
　　　及题名。
出土：1964 年出土于临潼县纸李乡通灵寺
　　　小学。
现藏：西安市临潼博物馆。
著录：《临潼碑石》。
备注：左侧上龛内四佛头完整，其余龛内佛
　　　头均残。
提要：碑文记载邑师智隆及韩氏族人发愿造
　　　像之事。据造像风格推测，当为隋代
　　　作品。

*胡君墓志盖

年代：隋代（581—618）刻。
形制：盖盝形。长 0.36 米，宽 0.35 米。
行字：盖文篆书 2 行，满行 2 字，题"胡君
　　　墓铭"。
出土：洛阳出土，时间不详。1938 年经于右
　　　任捐藏西安碑林。
现藏：西安碑林博物馆。
著录：《西安碑林全集》。
备注：志石佚，仅存盖。

*隋代四面造像碑

年代：隋代（581—618）刻立。
形制：四面造像碑，方首。高 0.40 米，宽
　　　0.46 米，厚 0.20 米。
纹饰：正面上部一大龛，龛楣为二龙交尾
　　　式。龛下有并排 3 巨人，张腿蹲坐，

两手上托佛座。龛内 3 尊立佛，皆高
花冠，有项饰，串珠下曳至腹，随带
相结。双手置于腹前，作捻珠相。龛
上两层，层各 10 尊立像，龛左右各
两尊。背面共 5 层，每层 10 尊菩萨
像，提瓶持莲，后有佛光。右侧共 5
层，首层、二层为观音、大势至、地
藏刻像，第三、四层各 4 尊菩萨像，
底层为一多足细颈莲台，台周饰以莲
叶、莲苞。右侧共 4 层，每层 4 尊菩
萨像。

出土：出土时间、地点不详。原存耀县文化
馆碑廊，1971 年迁于耀县药王山。

现藏：药王山博物馆。

著录：《药王山碑刻》《陕西药王山碑刻艺术
总集》。

备注：上部残失一段。

提要：此碑未刊文字，据龛式及造像风格判
断，当属隋代晚期作品。

*阳暕先造像碑

年代：隋代（581—618）刻立。

形制：四面造像碑，方首。高 0.38 米，宽
0.22 米，厚 0.10 米。

行字：正文楷书 16 行，满行 4—11 字不等。

纹饰：正面龛中部为老君坐像，二道童侍立
左右。左右两侧均为供养人线刻立像
及题名。右侧为"清信王女□、息女
阳胜□、息女阳女资"，左侧为"像
主阳暕先、道民阳道和、道民阳道禅"
等。背面上层为铭文。

出土：出土时间、地点不详。后移于耀县药
王山。

现藏：药王山博物馆。

著录：《药王山碑刻》《陕西药王山碑刻艺术
总集》。

备注：正面龛下沿残。

提要：碑文记载阳暕先发愿造老君像之事。
造像及铭文较为粗劣，反映了民间信
徒虔诚而又生活清贫的状态。

*为亡女造等身观音立像碑

年代：隋代（581—618）刻立。

形制：圆雕，莲台方座。高 1.20 米，座高
0.40 米。

行字：正文楷书 32 行，满行 11 字。

纹饰：观音左手下曲肘持带，右手上扬持一
莲蒂，有项饰。其云肩披风甚短，只
及肘部。腹结宽带，下着筒裙。项珠
呈椭圆形。佩带下垂。圆莲与方座四
角各饰有一卧狮。底座四面均有供养
人线刻像及题名。

出土：出土时间、地点不详。1937 年迁于耀
县碑林，1955 年迁于耀县文化馆碑
廊，1971 年迁于耀县药王山。

现藏：药王山博物馆。

著录：《药王山碑刻》《陕西药王山碑刻艺术
总集》。

备注：造像头部残失。

提要：碑文记载佛弟子发愿为其亡女造等身
观音像之事。据造像风格推测，当为
隋代作品。

*赵芬残石

年代：隋代（581—618）刻立。

形制：碑残损，残高 0.82 米，宽 0.76 米，
厚 0.23 米。

行字：第 1 石正文楷书 12 行，第 2 石正文
楷书 13 行，满行字数无法辨识。

出土：原在长安县中兆村，清初出土，1965
年入藏西安碑林。

现藏：西安碑林博物馆。

著录：《西安碑林全集》《金石萃编》《关中金石记》。

备注：此碑残断，仅存中下部，且亦断为两块。碑文前半部漫漶严重，后半部字迹尚可辨认。

提要：赵芬，字士茂，天水上邽人。北周时曾任相府铠曹参军、内史下大夫等职。入隋历任尚书内仆射、兼内史令、蒲州刺史，加金紫光禄大夫等。

李使君碑

全称：大隋安僖公李使君碑。

年代：隋代（581—618）刻立。

形制：螭首圭额，首高 0.67 米，宽 0.88 米，厚 0.27 米。碑身高 2.00 米，宽 0.84 米，厚 0.26 米。座长 1.32 米，宽 0.72 米，高 0.61 米。

行字：额篆书 3 行，满行 3 字，题"大隋安僖公李使君碑"。碑文楷书，行字数无法辨识。

出土：原在乾县马连乡南上官村小学内。

现藏：乾县乾陵观光园。

著录：《新编乾县志》。

提要：碑文漫漶严重，从残存职官来看，碑主官职较高，但碑文多数无法辨识。

梁明达墓志

全称：永隆二年岁次己卯十一月丙寅朔七日壬申故上柱国杞国公杜义总管梁明达墓志。

年代：梁永隆二年（618）刻。

形制：盖正方形。边长 0.56 米，厚 0.15 米。志长 0.60 米，宽 0.58 米，厚 0.13 米。

行字：盖文楷书 3 行，满行 4 字，题"上柱国杞国公总管梁明达志"。志文楷书 16 行，满行 17 字。

纹饰：盖四周饰四神图案，四刹饰花草纹。

出土：出土于内蒙古自治区乌审旗纳林河乡背锅沙村，时间不详。

现藏：榆林市文物保护研究所。

著录：《榆林碑石》《隋代墓志铭江考》《新中国出土墓志·陕西叁》。

备注：1996 年榆林市文物管理委员会征集。

提要：梁永隆年号的墓志在陕西发现较少，此志记载梁明达的生平事迹。

于君妻韦耶书墓志

全称：大唐益州郫县令于君妻故韦夫人墓志。

年代：唐武德三年（620）刻。

形制：志正方形。边长 0.43 米，厚 0.07 米。

行字：盖文楷书 4 行，满行 4 字，题"大唐益州郫县令于君妻故韦夫人墓志"。志文楷书 36 行，满行 26 字。

出土：出土时间、地点不详。

现藏：西安市长安博物馆。

著录：《陕西碑石精华》《长安碑刻》《长安新出墓志》。

提要：志文记载韦耶书之家族世系、生平、婚姻及子嗣情况。

郭荣碑

全称：隋故右候卫大将军蒲城侯郭恭公之碑。

年代：唐武德三年（620）刻立。

形制：螭首方座。高 2.80 米，宽 0.95 米，厚 0.26 米。

行字：额篆书 4 行，满行 4 字，题"隋故右候卫大将军蒲城侯郭恭公之碑"。正文楷书 30 行，满行 60 字。

出土：1953 年发现于长安县，1956 年入藏西安碑林。

现藏：西安碑林博物馆。

著录：《全唐文补遗》（第五辑）《考古通讯》

（1955 年第 1 期）。

备注：碑文漫漶难识。

提要：碑文记载述了郭荣的家族世系、生平。郭荣于北周时任中外府水曹参军、大都督、蕃部大夫等。入隋后以功拜银青光禄大夫，任左候卫将军、右候卫大将军，参与讨平岑阳之役，征战辽东。

郭敬墓志

全称：唐故员外散骑侍郎司农寺丞郭府君墓记。

年代：唐武德七年（624）刻。

形制：志长 0.36 米，宽 0.38 米。

行字：志文楷书 14 行，满行 14 字。

出土：1956 年出土于西安市东郊洪庆村。

现藏：西安碑林博物馆。

著录：《西安碑林全集》《新中国出土墓志·陕西贰》《全唐文补遗》（第三辑）。

提要：志文记载郭敬的家族世系、生平及历官情况。郭敬，字敬善，太原晋阳人，曾任员外散骑侍郎、司农丞。

苏永安墓志

全称：大唐上开府贺兰宽长史故苏君之墓志。

年代：唐武德八年（625）刻。

形制：盖盝形，志正方形。志、盖尺寸相同。边长 0.42 米。

行字：盖文篆书 3 行，满行 3 字，题"大唐长史故苏君之铭"。志文楷书 18 行，满行 18 字。

纹饰：志四侧饰十二生肖图案，盖四刹饰四神图案及莲纹。

出土：1956 年出土于西安市东郊韩森寨。

现藏：西安碑林博物馆。

著录：《西安碑林全集》《新中国出土墓志·陕

西贰》《全唐文补遗》（第三辑）。

提要：志文记载苏永安之家族世系、生平及子嗣情况。苏永安，扶风武功人，于武德八年二月三日逝于家，享年 66 岁，二月十四日与妻许氏、后妻周氏合葬于雍州万年县宁安乡。

大唐宗圣观记

年代：唐武德九年（626）刻立。

形制：圆首龟座，高 3.75 米，宽 0.95 米，厚 0.35 米。

行字：额楷书 2 行，满行 3 字，题"大唐宗圣观记"。正文隶书 23 行，满行 60 字。

撰书：欧阳询撰序并书，陈叔达撰铭。

出土：原立于户县会灵观，道光五年（1825）迁于户县楼观台说经台。

现藏：周至县古楼观说经台。

著录：《正统道藏》《金石萃编》《楼观台道教碑石》。

备注：唐《宗圣观记》碑早年佚失，今存为元代重刻。碑阴刻唐天宝元年（742）《玄元灵应颂》。

提要：记述唐武德间兴建宗圣观的始末。

孔子庙堂之碑

年代：唐武德九年（626）刻立。

形制：螭首方座。通高 3.42 米，宽 1.10 米，厚 0.29 米。

行字：额篆书 2 行，满行 3 字，题"孔子庙堂之碑"。正文楷 34 行，满行 65 字。

撰书：虞世南撰并书，李旦篆额。

纹饰：碑侧饰瑞兽及蔓草纹。

出土：原立于长安文庙，后移藏西安碑林。

现藏：西安碑林博物馆。

著录：《西安碑林全集》《金石萃编》。

备注：此碑初刻于武德九年（626），武周长安三年（703）武则天命相王李旦重刻，两碑均不传。北宋建隆、乾德年间（960—968）再次摹刻，宋碑今已断为三块。

提要：碑文主要记述了唐太宗即位伊始，诏封孔子第三十三代孙孔德伦为"褒圣侯"及新修孔庙之事。

僖恭墓志

全称：大梁上柱国阳邑僖公墓志铭。

年代：梁永隆十一年（627）刻。

形制：盖长 0.30 米，宽 0.35 米，厚 0.10 米。志长 0.30 米，宽 0.34 米，厚 0.11 米。

行字：盖文篆书 4 行，满行 3 字，题"大梁上柱国阳邑僖公墓志铭"。盖阴楷书 11 行，满行 10 字；志文楷书 11 行，满行 10 字。

出土：出土于靖边县红墩界乡圪坨河村，时间不详。

现藏：榆林市文物保护研究所。

著录：《榆林碑石》《全唐文补遗》（第八辑）《新中国出土墓志·陕西叁》。

提要：志文记载僖恭的家族世系、生平、葬地。其得诏赠上柱国、左直荡大将军。

*如海造像碑

年代：唐贞观二年（628）刻立。

形制：高 0.54 米，宽 0.40 米，厚 0.23 米。

纹饰：正面龛内一佛二弟子造像，龛上有线刻华盖，龛两侧有线刻模糊不清，左侧有"大唐贞观二年如海立"等字。背面形式与正面相同，龛四周纹饰不清。左右两侧龛内均为 1 尊立佛，四周有线刻纹饰，模糊不清。

出土：原在富平县宫里镇雷村，1998 年富平县王寮派出所移交，存富平县文庙。

现藏：富平县文庙。

备注：造像面部被毁，纹饰不清。

提要：碑文记载如海发愿造像之事。

胡永暨妻张氏墓志

全称：安定胡府君墓志。

年代：唐贞观二年（628）刻。

形制：志正方形。边长 0.57 米。

行字：志文隶书 27 行，满行 27 字。

出土：洛阳出土，时间不详。1938 年于右任捐藏西安碑林。

现藏：西安碑林博物馆。

著录：《西安碑林全集》《鸳鸯七志斋藏石》《全唐文补遗》（第三辑）。

提要：志文记载胡永的家族世系、生平、历官情况及其妻张氏的生平情况。胡永，字敬延，安定临泾人。其历官相国府中兵，司徒府诏议，东莱、东平、雁门三郡太守。隋大业五年（609）三月七日寿终于家，享年 88 岁。夫人清河张氏，东海太守之女。于唐贞观二年十一月三十日合葬于洛阳千金里。

大唐豳州昭仁寺之碑

年代：唐贞观四年（630）刻立。

形制：螭首方座。高 4.56 米，宽 1.20 米。

行字：正文楷书 48 行，满行 84 字。

撰书：朱子奢撰，虞世南书。

纹饰：碑侧饰忍冬纹。

现藏：长武县博物馆。

著录：《金石萃编》《石墨镌华》《陕西碑石精华》。

备注：碑阴为欧阳修撰，张淳书。

提要：此碑记载唐李世民浅水原大战事。

*马伯仁暨妻宋氏墓志

年代：唐贞观四年（630）刻。

形制：志正方形。边长 0.40 米。

行字：志文楷书 19 行，满行 19 字。

出土：出土时间、地点不详，2005 年入藏西安碑林博物馆。

现藏：西安碑林博物馆。

著录：《西安碑林博物馆新藏墓志汇编》。

提要：志文记载马伯仁的家族世系、生平、配偶及历官。其曾任上党郡壶关县主簿。

李寿墓志

全称：大唐故宗正卿右翊卫大将军河北道行台左仆射左武卫大将军玄戈军将开府仪同三司上柱国司空公淮安靖王墓志。

年代：唐贞观五年（631）刻。

形制：盖、志合成龟形。长 0.64 米，宽 0.96 米，高 1.66 米。

行字：盖文篆书 4 行，满行 4 字，题"大唐故司空公上柱国淮安靖王墓志铭"。志文楷书 31 行，满行 37 字。

纹饰：盖四周饰联珠、蔓草、龟甲等纹。

出土：1973 年出土于三原县陵前公社焦村。

现藏：西安碑林博物馆。

著录：《西安碑林全集》《唐代墓志汇编》《全唐文补遗》（第一辑）。

提要：志文记载李寿的家族世系、生平及历官情况。李寿，字神通，陇西狄道人。太祖景皇帝之孙，郑孝王之嫡子。其历官宗正卿、左领都督、右翊卫大将军、尚书左仆射、左武卫大将军等。李寿，两《唐书》有传。

宫人何氏墓志

全称：大唐故宫人司制何氏墓志。

年代：唐贞观五年（631）刻。

形制：志长 0.42 米，宽 0.43 米。

行字：志文楷书 15 行，满行 15 字。

出土：1982 年出土于西安市西郊三民村。

现藏：西安碑林博物馆。

著录：《全唐文补遗》（第三辑）《唐代墓志汇编》《西安碑林博物馆新藏墓志汇编》。

提要：志文记载何氏之生平情况。何氏，太原文水人。贞观五年五月二十三日病逝，享年 76 岁，葬于长安县龙首原。

元轨墓志

全称：□故内率府长史赠散骑侍郎元君墓志铭。

年代：唐贞观五年（631）刻。

形制：志正方形。边长 0.36 米。

行字：志文楷书 19 行，满行 19 字。

撰书：李神植书。

出土：出土时间、地点不详。

现藏：西安市长安博物馆。

著录：《长安新出墓志》《长安碑刻》。

提要：志文记载元轨的家族世系、生平、历官情况。其历官正议大夫、右武卫武贲郎将、户曹参军、上骑都尉、左率府长史、林邑使副，赠员外散骑侍郎。

宫人丁氏墓志

全称：大唐故宫人丁氏墓志。

年代：唐贞观五年（631）刻。

形制：盖盝形，志正方形。志、盖尺寸相同。边长 0.38 米。

行字：盖文篆书 3 行，满行 3 字，题"大唐故宫人丁氏墓志"。志文楷书 12 行，满行 13 字。

出土：出土时间、地点不详。

现藏：西安碑林博物馆。

著录:《西安碑林全集》《全唐文补遗》（第三辑）《唐代墓志汇编》。

提要:志文记载丁氏之生平情况。丁氏,扬州建康人。贞观五年正月二十六日卒,享年 70 岁。同月三十日葬于长安县龙首原。

宫人麻氏墓志

全称:故掌闱麻氏墓志铭。

年代:唐贞观五年（631）刻。

形制:盖盝形,志正方形。志、盖尺寸相同。边长 0.39 米。

行字:盖文篆书 3 行,满行 3 字,题"唐故掌闱麻氏墓志铭"。志文楷书 13 行,满行 12 字。

出土:1982 年出土于西安市西郊三民村。

现藏:西安碑林博物馆。

著录:《唐代墓志汇编》《全唐文补遗》（第一辑）《西安碑林博物馆新藏墓志汇编》。

提要:志文记载麻氏之生平情况。宫人麻氏,丹阳建康人。充选入宫,仕为掌闱。贞观五年三月五日卒,享年 72 岁,其月九日葬于长安县龙首原。

李立言墓志

全称:唐故大将军主客郎中蒱县男李君墓志铭。

年代:唐贞观五年（631）刻。

形制:盖盝形,志长方形。志、盖尺寸相同。长 0.48 米,宽 0.46 米。

行字:盖文篆书 4 行,满行 4 字,题"唐故大将军主客郎中蒱县男李君墓志"。志文楷书 13 行,满行 12 字。

纹饰:盖四刹饰四神图案及蔓草纹,志四侧饰十二生肖图案。

出土:出土时间、地点不详,1990 年西安市

公安局缴获,后移交西安碑林。

现藏:西安碑林博物馆。

著录:《唐代墓志汇编》《长安碑刻》《西安碑林博物馆新藏墓志汇编》。

提要:志文记载李立言的家族世系、生平、历官及子嗣情况。李立言,字义方,渤海蒱县人。其历官隋大将军、唐太子舍人、中书舍人、中散大夫,贞观初赐爵蒱县男。贞观五年正月四日病逝于永兴里家中,享年 50 岁,其年二月六日葬于洪原里。李立言,《新唐书》有载。

*皇甫楷造阿弥陀佛像碑

年代:唐贞观六年（632）刻立。

形制:砂石质。双面刻。高 1.05 米,上宽 0.72 米,下宽 0.80 米,厚 0.40 米。

行字:正文楷书 9 行,共 88 字。

撰书:皇甫楷造。

纹饰:阿弥陀佛结跏趺坐,佛床前正下方雕有香炉。

出土:1980 年出土于麟游县九成宫镇城关村。

现藏:麟游县博物馆。

著录:《慈善寺与麟溪桥》。

提要:此造像碑为左武卫府皇甫楷所造。

王子慎妻常氏墓志

全称:大唐故王子慎妻常氏夫人之墓志。

年代:唐贞观六年（632）刻。

形制:志正方形。边长 0.44 米。

行字:志文楷书 17 行,满行 17 字。有方界格。

出土:出土时间、地点不详。

现藏:西安交通大学博物馆。

著录:《西安交通大学博物馆藏品集锦——碑石书法卷》。

提要：志文记述了常氏的家世、婚姻、子嗣情况。

张叡暨妻杨氏墓志

全称： 故处士张君墓志铭并序。

年代： 唐贞观七年（633）刻。

形制： 志正方形。边长 0.49 米。

行字： 志文隶书 24 行，满行 25 字。

出土： 洛阳出土，时间不详。1938 年经于右任捐藏西安碑林。

现藏： 西安碑林博物馆。

著录： 《鸳鸯七志斋藏石》《全唐文补遗》（第一辑）。

提要： 志文记载张叡的家族世系、生平情况以及夫人杨氏之生平、子嗣情况。张叡，字洪远，南阳冠军人。大业十二年（616）五月九日卒，享年 56 岁，其年十月十二日先葬于北邙山千金里。夫人杨氏贞观六年（632）卒于家，贞观七年夫妇合葬于北邙山千金里。

马少敏妻张妃墓志

全称： 静信乡君张夫人墓志铭。

年代： 唐贞观八年（634）刻。

形制： 志长 0.46 米，宽 0.45 米。

行字： 志文楷书 20 行，满行 20 字。有界格。

出土： 洛阳出土，时间不详。1938 年经于右任捐藏西安碑林。

现藏： 西安碑林博物馆。

著录： 《唐代墓志汇编》《全唐文补遗》（第三辑）《鸳鸯七志斋藏石》。

提要： 志文记载马少敏妻张妃家族世系及生平情况。张妃，南阳白水人。贞观七年（633）八月十五日病逝于家，享年 86 岁。贞观八年十一月十六日与马少敏合葬于洛阳清风里。

*王成墓志

年代： 唐贞观八年（634）刻。

形制： 志正方形。边长 0.32 米。

行字： 志文楷书 18 行，满行 18 字。

出土： 1928 年出土于洛阳郑凹村，1949 年前入藏西安碑林。

现藏： 西安碑林博物馆。

著录： 《西安碑林全集》。

提要： 志文记载王成的家族世系、生平及历官情况。王成，字胡仁，河南洛阳人。隋开皇四年（584）孝廉及第，任木工监、左校署监。唐贞观八年（634）葬于洛阳北邙山。

萧玄彻墓志

全称： 大唐上仪同三司萧府君墓志铭。

年代： 唐贞观十一年（637）刻。

形制： 志正方形。边长 0.34 米。

行字： 志文楷书 19 行，满行 19 字。

出土： 出土时间、地点不详。

现藏： 西安市长安博物馆。

著录： 《长安碑刻》《长安新出墓志》。

提要： 志文记载萧玄彻之家族世系、生平、历官。其官至上仪同三司。

侯定妻窦娘子墓志

全称： 大唐故泰州诸军事泰州刺史侯使君夫人窦氏墓志。

年代： 唐贞观十一年（637）刻。

形制： 盖盝形，志正方形。志、盖尺寸相同。边长 0.59 米。盖厚 0.11 米，志厚 0.14 米。

行字： 盖文篆书 5 行，满行 5 字，题"大唐泰州诸军事泰州刺史侯使君夫人潞国太夫人窦氏墓志"。志文楷书 22 行，满行 23 字。

出土：1958 年出土于旬邑县太村镇文家村。

现藏：旬邑县博物馆。

著录：《咸阳碑刻》《陕西碑石精华》《新中国出土墓志·陕西壹》。

提要：志文记载侯君集之母窦氏的家世及生平情况。侯君集随秦王李世民屡建奇功，太宗即位后，任右卫大将军、兵部尚书、吏部尚书等职，进封潞国公，后因参与太子承乾谋反被杀。

温彦博碑

全称：唐故特进尚书右仆射虞恭公温公之碑。

年代：唐贞观十一年（637）刻。

形制：螭首方座。通高 3.46 米，宽 1.14 米，厚 0.37 米。

行字：正文楷书 36 行，满行 77 字。

撰书：岑文本撰，欧阳询书。

纹饰：碑两侧饰忍冬纹，最下端有一兽面，周围饰联珠纹。

出土：原立于礼泉县烟霞镇山底村温彦博墓前。

现藏：昭陵博物馆。

著录：《金石录》《关中金石记》《关中金石文字存佚考》。

备注：碑文漶蚀严重，仅存上半部。残存部分中下部有一道裂痕，断为两截。

提要：碑文记载温彦博的家族世系、生平、历官颇详。温彦博，并州祁人，隋开皇末以荐举入仕，历文林郎、东北道招慰大使等。武德初归唐，历幽州总管府长史、并州道行军总管府长史、雍州治中、检校吏部郎中、中书侍郎、太子右庶子、御史大夫、中书令、尚书左仆射等。谥曰"温公"，陪葬昭陵。温彦博，两《唐书》有传。

段君妻独孤氏墓志

全称：大唐纪国公世子段府君夫人独孤氏墓志。

年代：唐贞观十二年（638）刻。

形制：盖盝形，志正方形。志、盖尺寸相同。边长 0.45 米，厚 0.09 米。

行字：盖文篆书 3 行，满行 3 字，题"大唐故独孤夫人墓志"。志文楷书 21 行，满行 22 字。

出土：1993 年出土于咸阳市渭城区。

著录：《文博》（1996 年第 6 期）。

现藏：咸阳市文物保护中心。

提要：志文记载独孤氏的家世及婚姻。

赵隆墓志

全称：大唐雍州万年县故赵君墓志铭。

年代：唐贞观十二年（638）刻。

形制：志正方形。边长 0.58 米。

行字：志文楷书 22 行，满行 22 字。

出土：出土时间、地点不详。

现藏：西安市长安博物馆。

著录：《长安新出墓志》《长安碑刻》。

备注：志石左上角有残。

提要：志文记载赵隆的家族世系、生平等。

李茂妻王洪墓志

全称：大唐故周旷野将军李茂妻王氏墓志铭。

年代：唐贞观十三年（639）刻。

形制：志正方形。边长 0.44 米。

行字：志文楷书 19 行，满行 19 字。

出土：西安市出土，时间不详。

现藏：西安市长安博物馆。

著录：《长安新出墓志》《长安碑刻》。

提要：志文记载王洪的生平、婚姻及子嗣情况。

智该法师碑

全称: 大唐灵化寺故大德智该法师之碑。

年代: 唐贞观十三年（639）刻立。

形制: 螭首方座，通高 3.66 米，宽 1.03 米，厚 0.30 米。

行字: 额篆书 3 行，满行 3 字，"大唐故智该法师之碑"。正文楷书 31 行，满行 67 字。

撰书: 明浚法师撰，沙门明解书。

纹饰: 碑侧饰卷草纹，碑座四周浮雕神兽。

出土: 原立于长安县梗梓谷，1979 年于终南山天子峪口发现，1981 年入藏西安碑林。

现藏: 西安碑林博物馆。

著录:《西安碑林全集》《长安碑刻》《考古与文物》（1985 年第 4 期）。

备注: 碑石稍有漫漶。

提要: 智该法师俗姓王氏，琅琊人。9 岁出家，为隋唐时期的一位高僧。

张琮碑

全称: 唐故□□光禄大□张府君碑。

年代: 唐贞观十三年（639）刻立。

形制: 螭首方形，身首断为两截。通高 3.07 米，碑身上宽 0.87 米、下宽 0.99 米，厚 0.29 米。座宽 1.06 米，厚 0.62 米。

行字: 额篆书 3 行，满行 4 字，题"唐故□□光禄大□张府君碑"。正文楷书 30 行，满行 60 字。

纹饰: 志两侧饰龙纹。

出土: 原立于咸阳县双照村萧何庙东南，1940 年移至周陵中学，1963 年碑身及座移至咸阳博物馆。

现藏: 碑身、座在咸阳博物馆，碑首现藏周陵中学。

著录:《金石萃编》《咸阳碑石》《隋唐五代墓志汇编》。

提要: 此碑记述张琮的生平事迹。

邓通妻任氏墓志

全称: 周故襄威将军邓通夫人任氏墓志。

年代: 唐贞观十四年（640）刻。

形制: 志长 0.53 米，宽 0.52 米。

行字: 志文楷书 20 行，满行 20 字。

出土: 出土时间、地点不详。

现藏: 西安市长安博物馆。

著录:《长安新出墓志》《长安碑刻》。

提要: 志文记载邓通的家族世系、生平、历官、夫人等情况。其历官襄威将军、括州括苍县丞、世子府仓曹等。

于孝显碑

全称: 大唐故骑都尉濮州濮阳县令于君之碑。

年代: 唐贞观十四年（640）刻立。

形制: 螭首方座，通高 2.59 米，宽 0.76 米，厚 0.22 米。

行字: 额篆书 6 行，满行 3 字，题"大唐故骑都尉濮州濮阳县令于君之碑"。正文楷书 29 行，满行 58 字。有界格。

纹饰: 碑侧花纹残损。

出土: 清道光三年（1823）出土于富平县。

现藏: 西安碑林博物馆。

著录:《金石续编》《八琼室金石补正》《关中金石文字存佚考》。

提要: 碑文颂扬于孝显之曾祖于提、父于礼在当朝的功绩，更多的文字是颂扬于孝显在隋唐之功绩。于孝显隋时曾任右亲卫，入唐后历官左武候录事参军、雍州录事参军、濮州濮阳县令等职。

杨温墓志

全称： 大唐故特进观国公杨君墓志。

年代： 唐贞观十四年（640）刻。

形制： 盖盝形，志正方形。盖边长 0.88 米，厚 0.14 米。志边长 0.87 米，厚 0.15 米。

行字： 盖文篆书 3 行，满行 4 字，题"大唐故特进观国公杨君墓志"。志文楷书 37 行，满行 37 字。

纹饰： 盖四刹饰四神，四侧饰十二异兽。

出土： 1979 年秋出土于礼泉县烟霞镇山底村杨恭仁墓中。

现藏： 昭陵博物馆。

著录：《昭陵碑石》《新中国出土墓志·陕西壹》《隋唐五代墓志汇编》。

提要： 志文记载杨温的家族世系、生平历官情况。杨温，字恭仁，北周大象二年（580）以门荫入仕，赐爵武阳县开国公，授仪同大将军。隋开皇元年（581），进封同安郡开国公，后历左宗卫车骑将军、工部侍郎、吏部侍郎等。武德初归唐，拜上柱国、袭爵观国公，后历黄门侍郎、纳言、吏部尚书、雍州牧、河北道大使、洛州刺史等。贞观十三年十二月一日薨，谥曰"孝公"，陪葬昭陵。杨温，两《唐书》有传。

王灵仙墓志

全称： 大唐故右勋卫王君墓志。

年代： 唐贞观十五年（641）刻。

形制： 志正方形。边长 0.58 米，厚 0.12 米。

行字： 志文楷书 21 行，满行 22 字。

纹饰： 志四侧饰十二生肖图案。

出土： 出土时间、地点不详。

现藏： 西安博物院。

提要： 志文记载王灵仙之家族世系、生平等。

独孤开远墓志

全称： 唐左卫将军上开府考城县开国公独孤使君墓志铭。

年代： 唐贞观十六年（642）刻。

形制： 盖盝形，志长方形。志、盖尺寸相同。长 0.70 米，宽 0.69 米。

行字： 盖文篆书 4 行，满行 4 字，题"大唐左卫将军考城公独孤使君墓志铭"。志文楷书 44 行，满行 44 字。

纹饰： 盖四周饰缠枝花纹，四刹饰四神图案。

出土： 1953 年出土于咸阳市底张湾。

现藏： 西安碑林博物馆。

著录：《西安碑林全集》《新中国出土墓志·陕西贰》《全唐文补遗》（第三辑）。

提要： 志文记载独孤开远的家族世系、生平、历官及子嗣情况。独孤开远，字行夏，谥曰"僖"，河南洛阳人。其历官左千牛建节尉、朝散大夫。唐武德元年（618）授开府，俄奉敕检校同州下邽县令，后迁使持节、辽州诸军事、辽州刺史。贞观元年奉敕为宫城内长，贞观十四年转任左卫将军等。贞观十六年正月病逝于京师胜业里，享年 60 岁。其年三月十七日迁葬于雍州咸阳县洪渎原奉贤乡。

李绍墓志

全称： 唐故邛州别驾陇西公李君墓志铭并序。

年代： 唐贞观十六年（642）刻。

形制： 盖盝形，志长方形。志、盖尺寸相同。长 0.36 米，宽 0.37 米。

行字： 盖文篆书 3 行，满行 4 字，题"故邛州别驾陇西公李君墓志"。志文楷书 23 行，满行 24 字。

纹饰： 盖四刹饰四神图案，志四侧饰十二生肖图案。

出土： 1956 年出土于西安市东郊韩森寨。

现藏：西安碑林博物馆。

著录：《西安碑林全集》《唐代墓志汇编续集》《全唐文补遗》（第六辑）。

提要：志文记载李绍的家族世系、生平、历官及子嗣情况。李绍，陇西成纪人。其历官简州杨安县令、眉州别驾、戎邛二州别驾。

李元方妻长乐县君墓志

全称：唐故李府君夫人长乐县君墓志铭。

年代：唐贞观十六年（642）刻。

形制：志正方形。边长 0.35 米。

行字：志文楷书 19 行，满行 19 字。有界格。

纹饰：志四侧饰蔓草纹。

出土：1956 年出土于西安市东郊韩森寨。

现藏：西安碑林博物馆。

著录：《隋唐五代墓志汇编》《西安碑林全集》《全唐文补遗》（第三辑）。

提要：志文记载李元方妻子的家族世系、生平及子嗣情况。

*张仲宾暨妻刘氏墓志

年代：唐贞观十六年（642）刻。

形制：志正方形。边长 0.35 米。

行字：志文楷书 21 行，满行 22 字。有界格。

出土：洛阳出土，时间不详。1938 年经于右任捐藏西安碑林。

现藏：西安碑林博物馆。

著录：《西安碑林全集》《隋唐五代墓志汇编》《鸳鸯七志斋藏石》。

提要：志文记载张仲宾及夫人刘氏家族世系及生平情况。张仲宾，字少卿，河东蒲坂人，隋授上仪同三司。

*宇文士及碑

年代：唐贞观十六年（642）刻立。

形制：螭首方座，通高 2.98 米，宽 1.06 米，厚 0.32 米。

行字：额题 4 行，满行 4 字，今仅存界格，文字无法辨识。正文楷书 33 行，中部以上漫漶无存，行字数无法辨识。

纹饰：碑两侧饰忍冬纹，最下端刻一兽面。

出土：原立于礼泉县烟霞镇西页沟村宇文士及墓前。1975 年移藏昭陵博物馆。

现藏：昭陵博物馆。

著录：《昭陵碑录补》《昭陵碑石》。

备注：碑中部以上泐灭严重，已无文字。下部亦漫漶严重，可识者寥寥。

提要：宇文士及本鲜卑贵族，其家族六朝时以河南洛阳为郡望，两《唐书》有传。

段志玄碑

全称：唐故辅国大将军扬州都督褒忠壮段公碑铭。

年代：唐贞观十六年（642）刻立。

形制：螭首方座。高 3.36 米，宽 1.08 米，厚 0.35 米。

行字：正文楷书 32 行，满行 65 字。

出土：原立于礼泉县昭陵乡庄河村段志玄墓前，1975 年移藏昭陵博物馆。

现藏：昭陵博物馆。

著录：《金石录》《宝刻丛编》《石墨镌华》。

备注：此碑现泐灭严重，中部以下凿损严重，不能通读。

提要：碑文记载段志玄的家族世系、生平历官颇详。段志玄，齐州邹平人。其历官朝散大夫、银青光禄大夫、左骁卫大将军、梁州长史、扬州都督、检校右武候大将军、镇军大将军、右卫大将军等，初封樊国公，改封褒国公。贞观十六年薨，赠辅国大将军、扬州刺史等，谥曰"忠壮公"，陪葬昭陵。

李元昌墓志

全称：唐故元昌墓志铭。

年代：唐贞观十七年（643）刻。

形制：志长 0.68 米，长 0.69 米。

行字：志文楷书 22 行，满行 22 字。

出土：出土时间、地点不详。

现藏：西安市长安博物馆。

著录：《考古与文物》（2006 年第 1 期）。

提要：志文记载唐宗室李元昌之生平、历官等。其历官散骑常侍、西韩州刺史、华州刺史、梁州刺史、梁州都督、陇州刺史。

唐故秦养祖夫人墓志

年代：唐贞观十七年（643）刻。

形制：志正方形。边长 0.54 米。

行字：志文楷书 18 行，满行 18 字。

现藏：西安市长安博物馆。

出土：出土时间、地点不详。

著录：《长安新出墓志》《长安碑刻》。

提要：志文记载秦养祖夫人陶氏之生平、夫君及子嗣等。

李丽质碑

全称：大唐故长乐公主之碑。

年代：唐贞观十七年（643）刻立。

形制：螭首方座，通高 3.03 米，宽 1.07 米，厚 0.29 米。

行字：额篆书 3 行，满行 3 字，题"大唐故长乐公主之碑"。正文楷书 30 行，满行约 50 余字。

纹饰：碑两侧饰蔓草纹。

出土：1964 年出土于礼泉县烟霞镇陵光村长乐公主墓前。

现藏：昭陵博物馆。

著录：《昭陵碑石》。

备注：碑首与碑身相接处已断裂。该碑漫漶严重，仅中下部隐约可辨。

提要：残存碑文可见古代少数民族文字题记及醴泉知县题名。

李丽质墓志

全称：大唐故长乐公主墓志铭。

年代：唐贞观十七年（643）刻。

形制：盖盝形，志正方形。盖边长 0.98 米，厚 0.15 米。志边长 0.97 米，厚 0.15 米。

行字：盖文篆书 3 行，满行 3 字，题"大唐故长乐公主墓志"。志文楷书 33 行，满行 33 字。

纹饰：盖四刹饰四神图案，四侧饰十二生肖图案。

出土：1986 年出土于礼泉县烟霞镇陵光村长乐公主墓中。

现藏：昭陵博物馆。

著录：《昭陵碑石》《新中国出土墓志·陕西壹》。

备注：志盖左下角残，志石碎为数块，左上角残断犹甚。

提要：志文记载长乐公主生平。公主名丽质，唐太宗第五女，长孙皇后生。贞观初，诏封长乐郡公主，食邑三千户。贞观七年，下嫁元舅司徒、太子太师、赵国公无忌长子长孙冲。贞观十七年八月十日薨，年 23 岁，同年九月二十一日陪葬昭陵。《新唐书》有传。

韦庆嗣墓志

全称：唐故交州司马韦君之墓志铭并序。

年代：唐贞观十八年（644）刻。

形制：志正方形。边长 0.45 米。

行字：志文楷书 30 行，满行 29 字。

出土：出土时间、地点不详。

现藏：西安市长安博物馆。

著录：《长安新出墓志》《长安碑刻》。

提要：志文记载韦庆嗣的家族世系、生平及历官情况。其历官建安郡司户参军、宫门大夫、太子家令、上骑都尉、朝散大夫、交州司马。

衡琳墓志

全称：大唐故左监门将军衡智瑒墓志。

年代：唐贞观十八年（644）刻。

形制：志正方形。边长 0.60 米。

行字：志文楷书 18 行，满行 20 字。

出土：出土时间、地点不详。

现藏：西安市长安博物馆。

著录：《长安新出墓志》。

提要：志文记载衡琳之生平、历官情况。其曾任左监门将军。

刘娘子墓志

全称：大唐故彭城国夫人刘氏墓志铭并序。

年代：唐贞观十八年（644）刻。

形制：盖盝形，志正方形。盖边长 0.59 米，厚 0.12 米。志边长 0.60 米，厚 0.12 米。

行字：盖文篆书 4 行，满行 3 字，题"大唐故彭城国夫人刘氏墓志"。志文楷书 20 行，满行 20 字。

出土：1972 年冬出土于礼泉县烟霞镇官厅村刘娘子墓。

现藏：昭陵博物馆。

著录：《昭陵碑石》《新中国出土墓志·陕西壹》《隋唐五代墓志汇编》。

提要：该墓志简略叙述刘氏生平。刘氏，雍州咸阳人，唐太宗乳母。武德六年（623）诏封陇西郡夫人，贞观十七年转封彭城国夫人，同年十二月四日卒，享年 74 岁，次年二月五日陪葬昭陵。

王伏兴妻吕氏墓志

全称：大唐故朝散大夫王伏兴妻吕府君之铭。

年代：唐贞观十八年（644）刻。

形制：志正方形。边长 0.54 米，厚 0.22 米。

行字：志文楷书 17 行，满行 18 字。

出土：出土时间、地点不详。

现藏：药王山博物馆。

著录：《唐代墓志汇编》《药王山碑刻》《新中国出土墓志·陕西叁》。

提要：志文记载吕氏卒年及葬地。吕氏夫王伏兴，任隋朝散大夫。

李君妻杨十戒墓志

全称：唐故使持节卫州刺史李君杨夫人墓志铭并序。

年代：唐贞观十九年（645）刻。

形制：志正方形。边长 0.38 米。

行字：志文楷书 24 行，满行 23 字。

纹饰：志四侧饰十二生肖图案。

出土：出土时间、地点不详。

现藏：西安博物院。

著录：《隋唐五代墓志汇编》《全唐文补遗》（第三辑）。

提要：志文记载杨氏之家族世系、生平、夫君及子嗣等。

王君愕墓志

全称：唐故幽州都督邢国公王公墓志。

年代：唐贞观十九年（645）刻。

形制：盖盝形，志正方形。盖边长 0.90 米，厚 0.12 米。志边长 0.89 米，厚 0.14 米。

行字：盖文篆书 4 行，满行 4 字，题"大唐故幽州都督邢国公王君之墓志铭"。志文楷书 31 行，满行 31 字。

纹饰：盖四刹饰四神图案，四侧饰莲花纹。志四侧饰十二生肖图案。

出土：1972 年出土于礼泉县昭陵乡庄河村王君愕墓中。

现藏：昭陵博物馆。

著录：《昭陵碑石》《新中国出土墓志·陕西壹》。

提要：志文记载王君愕的家族世系、生平历官颇详。王君愕，武安邯郸人。其历官玄真府别将、左翊卫中郎将、右领军将军、左武卫将军。贞观十九年随太宗征辽，于当年六月二十二日阵亡于安市城外，享年51岁，赠左卫大将军、幽州都督、幽州刺史，进爵邢国公，同年十月十四日陪葬昭陵。

氾文墓志

全称：□□开府氾君墓志之铭。

年代：唐贞观二十年（646）刻。

形制：志正方形。边长 0.42 米。

行字：志文楷书 26 行，满行 26 字。

出土：出土时间、地点不详。

现藏：西安市长安博物馆。

著录：《长安新出墓志》《长安碑刻》。

备注：该志石右边上下角均残阙，上部有3处残阙。

提要：志文记载氾文的家族世系、生平、历官及子嗣等。

吕道仁妻王凝华墓志

全称：大唐武州将利县令吕道仁妻王夫人墓志铭并序。

年代：唐贞观二十年（646）刻。

形制：志正方形。边长 0.40 米。

行字：志文楷书 17 行，满行 16 字。

纹饰：志四侧饰莲枝纹。

出土：1990 年出土于西安市东郊田家湾。

现藏：西安碑林博物馆。

著录：《西安碑林全集》《唐代墓志汇编续集》《西安碑林博物馆新藏墓志汇编》。

提要：志文记载王凝华之生平、子嗣情况。王凝华，并州太原人，唐贞观二十年（646）三月二十四日葬于长安浐川乡龙首原。

薛赜墓志

全称：大唐故中大夫紫府观道士薛先生墓志铭并序。

年代：唐贞观二十年（646）刻。

形制：盖盝形，志正方形。盖边长 0.55 米，厚 0.12 米。志边长 0.52 米，厚 0.10 米。

行字：盖文篆书 4 行，满行 4 字，题"唐故中大夫紫府观道士薛先生墓志铭"。志文楷书 29 行，满行 30 字。

纹饰：盖四刹饰四神，四侧饰覆莲及山形纹。

出土：1974 年出土于礼泉县烟霞镇西页沟村薛赜墓。

现藏：昭陵博物馆。

著录：《隋唐五代墓志汇编》《新中国出土墓志·陕西壹》《昭陵碑石》。

提要：志文记载薛赜生平。薛赜，黄州黄岗人，通天文历法，尤好道术。贞观中授太史丞，迁太史令，后解官归隐山林，诏授中大夫，使于昭陵附近筑道观以居。贞观二十年十月三日卒，同年十二月十四日陪葬昭陵。薛赜，两《唐书》有传。

赵玉妻张氏墓志

全称：大唐赵玉内人故张氏墓志铭并序。

年代：唐贞观二十一年（647）刻。

形制：志正方形。边长 0.36 米。

行字：志文楷书 15 行，满行 15 字。

出土：出土时间、地点不详。

现藏：西安市长安博物馆。

著录：《长安新出墓志》《长安碑刻》。

提要：志文记载唐赵玉妻张氏之生平。

权万春墓志

全称：唐故左监门将军华定遂三州刺史千金县开国伯权府君墓志铭并序。

年代：唐贞观二十一年（647）刻。

形制：志长 0.55 米，宽 0.54 米。

行字：志文楷书 37 行，满行 37 字。

出土：出土时间、地点不详。

现藏：西安市长安博物馆。

著录：《长安新出墓志》《长安碑刻》。

提要：志文记载权万春之家族、生平、历官及子嗣等。其历官朝散郎、丹阳郡主簿、侍御史、通议大夫、唐秦府左二副护军，赠使持节渠州诸军事、渠州刺史、左亲卫中郎将、左武候翊卫府中郎将、遂州刺史等。

*张氏墓志

年代：唐贞观二十一年（647）刻。

形制：志正方形。边长 0.33 米。

行字：志文楷书，行字数不详。

出土：1956 年出土于西安市东郊韩森寨。

现藏：西安碑林博物馆。

备注：墨书砖志。

提要：志文简述张氏卒年、葬地等信息。

王治墓志

全称：大唐贞观廿一年岁次丁未朝散大夫王正宰墓志。

年代：唐贞观二十一年（647）刻。

形制：志正方形。边长 0.52 米。

行字：志文楷书 22 行，满行 22 字。

出土：出土时间、地点不详，2005 年入藏西安碑林博物馆。

现藏：西安碑林博物馆。

著录：《西安碑林博物馆新藏墓志汇编》。

备注：志石下部有一划痕，文字有缺损。

提要：墓志记载了王治的家族世系、生平及历官情况。其曾任朝散大夫。

李思摩墓志

全称：大唐故右武卫大将军赠兵部尚书谥曰顺李君墓志铭并序。

年代：唐贞观二十一年（647）刻。

形制：盖盝形，志正方形。志、盖尺寸相同，边长 0.65 米。盖厚 0.16 米，志厚 0.13 米。

行字：盖文篆书 4 行，满行 4 字，题"唐故右武卫将军赠兵部尚书李君铭志"。志文楷书 34 行，满行 35 字。

纹饰：盖四刹线刻四神，四侧饰莲花纹及忍冬纹。志四侧饰壸门内十二生肖图案。

出土：1992 年出土于礼泉县昭陵乡庄河村李思摩墓中。

现藏：昭陵博物馆。

著录：《昭陵碑石》《全唐文补遗》（第三辑）。

提要：志文记载李思摩的家族世系、生平历官颇详。李思摩本姓阿史那，突厥贵族。武德三年（620），与突厥颉利可汗战败被擒，一同归唐，赐姓李氏，封怀化郡王、右武卫大将军，后历授夏州都督、乙弥泥孰可汗、右卫将军、瀚海道行军总管等。贞观二十一年三月十六日薨，享年 65 岁，同年四月二十八日陪葬昭陵，赠兵部尚书、夏州都督、夏州刺史等，谥曰"顺"。李思摩，两《唐书》有传。

李思摩妻统毗伽可贺敦延陁墓志

全称： 大唐故右武卫大将军赠兵部尚书李思摩妻统毗伽可贺敦延陁墓志并序。

年代： 唐贞观二十一年（647）刻。

形制： 盖盝形，志正方形。盖边长 0.59 米，厚 0.13 米。志边长 0.60 米，厚 0.11 米。

行字： 盖文篆书 4 行，满行 4 字，题"唐故李思摩妻统毗伽可贺敦延陁墓志"。志文楷书 25 行，满行 25 字。

纹饰： 盖四刹饰四神，四侧饰莲花纹及忍冬纹。志四侧饰壸门及十二生肖图案。

出土： 1992 年出土于礼泉县昭陵乡庄河村李思摩墓中。

现藏： 昭陵博物馆。

著录： 《昭陵碑石》《全唐文补遗》（第三辑）。

提要： 志文记载延陁氏的族谱及生平颇详。延陁，又作延陀。志主为薛延陀部延陀族人，嫔于突厥贵族阿史那思摩，贞观三年，同夫阿史那思摩投唐，贞观十二年诏授统毗伽可贺敦。贞观二十一年八月十一日薨，享年 56 岁，诏令与夫阿史那思摩合葬。

窦诞墓志

全称： 大唐故光禄大夫工部尚书使持节都督荆州刺史驸马都尉上柱国莘安公窦公墓志铭并序。

年代： 唐代贞观二十二年（648）刻。

形制： 志正方形。边长 0.72 米，厚 0.13 米。

行字： 盖题楷书 6 行，满行 6 字，题"大唐故光禄大夫工部尚书使持节都督荆州刺史驸马都尉上柱国莘安公窦府君墓志铭"。志文楷书 39 行，满行 39 字。

纹饰： 盖四周饰葡萄纹，四刹刻四神图案。志四侧刻十二生肖图案。

出土： 1985 年出土咸阳市顺陵内城阙门外西南角窦诞墓中。

现藏： 咸阳市顺陵文物管理所。

著录： 《咸阳碑石》《隋唐五代墓志汇编》《新中国出土墓志·陕西壹》。

提要： 志文记记载墓主窦诞的家族谱系、生平等。窦诞，两《唐书》有传。

*韦几墓志

年代： 唐贞观二十一年（647）刻。

形制： 盖盝形，志正方形。志、盖尺寸相同。边长 0.40 米，厚 0.08 米。

行字： 盖文篆书 4 行，满行 4 字，题"大唐象州刺史第六息故韦君之墓志铭"。志文楷书 19 行，满行 19 字。

出土： 1994 年出土于长安县北里王村。

现藏： 西安市长安博物馆。

著录： 《长安新出墓志》《长安碑刻》《新中国出土墓志·陕西叁》。

提要： 志文记载韦几的家族世系、生平情况。

孔颖达碑

全称： 大唐故太子右庶子银青光禄大夫国子祭酒上护军曲阜宪公孔公碑铭。

年代： 唐贞观二十二年（648）刻立。

形制： 螭首方座。高 3.49 米，宽 1.10 米，厚 0.35 米。

行字： 额篆书 4 行，满行 4 字，题"大唐故国子祭酒曲阜宪公孔公之碑铭"。正文楷书 35 行，满行 76 字。

撰书： 于志宁撰。

纹饰： 碑侧饰忍冬纹及回纹。

出土： 原立于礼泉县烟霞镇袁家村孔颖达墓前，1975 年移藏昭陵博物馆。

现藏： 昭陵博物馆。

著录：《雍州金石记》《关中金石文字存佚考》《昭陵碑石》。

备注：碑座铆口左右两侧均有刻字，左侧 18 字，右侧 22 字。

提要：该文碑记述孔颖达的谱系、生平及历官情况。孔颖达，字冲远，幽州衡水人。隋末以荐举入仕，授河内郡博士，除太学助教。武德时，为秦王文学馆学士兼文学博士，后转国子博士。贞观时，历给事中、员外散骑常侍、国子司业、散骑常侍、国子祭酒等，封曲阜县子，撰《隋书》《五经正义》等。贞观二十二年九月十八日薨，享年 75 岁，谥曰"宪公"，陪葬昭陵。孔颖达，两《唐书》有传。

杨敏墓志

全称：维大唐西州岸头府果毅都尉上柱国广饶县开国男杨公墓志铭。

年代：唐贞观二十三年（649）刻。

形制：共两石，均为正方形。第 1 石边长 0.36 米，厚 0.06 米。第 2 石边长 0.36 米，厚 0.04 米。

行字：志文楷书 33 行，满行字数无法辨识。

纹饰：盖四刹饰卷草纹和如意纹，正面刻有九个方连，内各饰牡丹纹。

出土：1987 年出土于洛川县黄章乡太平村。

现藏：洛川县博物馆。

著录：《文博》（1992 年第 1 期、1996 年第 5 期）《全唐文补遗》（第三辑）。

备注：杨敏墓室共出土两方墓志。此志较小，共两石，无志盖，出土时两石合并，靠于墓室西北角。志文漫漶较重。

提要：志文记载志主杨敏，字桃汤，曾任京畿望苑府果毅、西州岸头府果毅都尉，封广饶县开国男。

杨敏墓志

全称：大唐故游骑将军上柱国广饶县开国公杨君墓志。

年代：唐贞观二十三年（649）刻。

形制：砂石质。盖盝形，志正方形。志、盖尺寸相同。边长 0.53 米，厚 0.11 米。

行字：志文楷书 13 行，满行 12 字。

纹饰：盖四刹饰卷草纹和如意纹，正面刻牡丹纹，但无铭文。

出土：1987 年出土于洛川县黄章乡太平村。

现藏：洛川县博物馆。

著录：《文博》（1992 年第 1 期、1996 年第 5 期）《隋唐五代墓志汇编》。

备注：杨敏墓室共出土两方墓志。此志较大，志盖完整，但志文较为简短。

提要：杨敏，字依仁，志文记载的职官与同时出土的另一方墓志基本相同。中国古代两人同为一人撰写志文之事虽有，但同一墓室出土同一志主两方墓志者在考古发掘中则相对罕见。

司马叡墓志

全称：大唐太子故左内率河内司马公墓志铭并序。

年代：唐贞观二十三年（649）刻。

形制：志正方形。边长 0.43 米。

行字：志文楷书 27 行，满行 27 字。

出土：出土时间、地点不详。

现藏：西安博物院。

提要：志文记载司马叡之家族世系、生平、历官、夫人及子嗣等。其历官晋王府典军、太子左内率、宁远将军等。

阿史那摸末墓志

全称：故右屯卫将军阿史那公墓志之铭。

年代：唐贞观二十三年（649）刻。

形制：盖盝形，志正方形。盖边 0.61 米，厚 0.07 米。志边长 0.60 米。

行字：盖文篆书 4 行，满行 3 字，题"故右屯卫将军阿史那公墓志"。志文楷书 21 行，满行 21 字。

纹饰：盖四周饰缠枝蔓草纹，四刹饰四神图案，四侧刻云纹。

出土：出土时间、地点不详。

现藏：西安博物院。

著录：《陕西碑石精华》《中国边疆史地研究》（2003 年第 1 期）《唐史论丛》（第十五辑）。

提要：志文记载阿史那摸末的生平、历官及夫人等。其历官上大将军、右屯卫将军。阿史那摸末为启民可汗之孙，啜罗可汗之子。

李愍碑

全称：大唐故上柱国内给事李之碑。

年代：唐贞观二十三年（649）刻立。

形制：螭首方座。高 2.44 米，宽 0.87 米，厚 0.25 米。

行字：额篆书 3 行，满行 4 字，题"大唐内给事上柱国李君之碑"。正文楷书 33 行，满行 58 字，有界格。

撰书：善感撰，裴守真书。

纹饰：碑侧饰蔓草纹。

出土：1954 年出土于西安市东郊郭家滩。

现藏：西安碑林博物馆。

著录：《西安碑林全集》《文物》（1963 年第 3 期）。

备注：碑面文字稍有漫漶。

提要：碑文记载李愍的生平及家世。李愍，字强，成纪人。祖上为西南边远州郡之吏，李渊起兵代隋，李愍参与并屡有战

功。武德五年（622），授大将军，寻除内寺伯。贞观年间历任朝散郎、内谒者监、内给事，授上柱国。

裴艺碑

全称：大唐赠晋州刺史顺义公碑铭。

年代：唐贞观二十三年（649）刻立。

形制：螭首方座。通高 3.50 米，宽 1.11 米，厚 0.35 米。

行字：额隶书 3 行，满行 4 字，题"大唐赠晋州刺史顺义公碑铭"。正文楷书 33 行，满行 71 字。

撰书：上官仪撰，褚遂良书。

纹饰：裂痕处有两个燕尾槽，座四侧饰忍冬纹、联珠纹及梅花纹。

出土：原立于礼泉县烟霞镇上古村裴艺墓前，1975 年移藏昭陵博物馆。

现藏：昭陵博物馆。

著录：《关中金石记》《金石续编》《昭陵碑石》。

备注：该碑早年泐灭严重，诸著录文献所录亦阙失不全。诸著录文献阙碑文首行，标题照录碑额题款。

提要：碑文记载裴艺的生平。裴艺曾任晋州总管，殁于国事，享年 47 岁，赠晋州刺史，谥曰"顺义"。

皇甫诞碑

全称：隋柱国左光禄大夫弘义明公皇甫府君之碑。

年代：唐贞观年间（627—649）刻立。

形制：螭首方座。通高 3.14 米，宽 0.98 米，厚 0.30 米。

行字：额篆书 3 行，满行 4 字，题"隋柱国弘义明公皇甫府君碑"。正文楷书 28 行，满行 59 字，有界格。

撰书：于志宁撰，欧阳询书。

纹饰：碑两侧饰有花纹，但已漫漶不清。

出土：原在长安县鸣犊镇皇甫川，明代移存西安碑林。

现藏：西安碑林博物馆。

著录：《金石萃编》《石墨镌华》《陕西碑石精华》。

备注：碑石中部断裂，断裂处石有残损，损字较多。碑石左上角多有漫漶。碑阴为北宋《复唯识廨院记》。

提要：碑文记载述皇甫诞的生平。皇甫诞，字元宪，安定朝那人。隋开皇中任比部、刑部二曹侍郎，唐历任治书侍御史、尚书右丞、并州总管司马、总府政事。

武希玄墓志

全称：大唐故右勋卫宣城公武君墓志铭。

年代：唐永徽元年（650）刻。

形制：盖盝形，志正方形。志、盖尺寸相同。边长 0.44 米。

行字：盖文篆书 3 行，满行 3 字，题"大唐故宣城武君墓铭"。志文楷书 27 行，满行 26 字。

纹饰：志四刹饰蔓草纹。

出土：1952 年出土于西安市东郊卞家村。

现藏：西安碑林博物馆。

著录：《西安碑林全集》《唐代墓志汇编》《全唐文补遗》（第三辑）。

提要：志文记载武希玄的家族世系及生平情况。武希玄，字敬道，太原受阳（今寿阳县）人。其祖稜，曾任司农卿，封宣城公；其父雅袭封。武希玄沿袭祖、父宣城公之封。贞观二十年（646）三月二十三日病逝于并州，年仅 33 岁，其年四月二十七日回归长安，永徽元年正月二十日葬于长安。

*刘世通妻王氏墓志

年代：唐永徽元年（650）刻。

形制：砖质。志、盖尺寸相同。边长 0.27 米。

行字：盖文篆书 2 行，满行 2 字，题"大唐永元"。志文楷书 10 行，满行 8 字。有界格。

出土：1955 年出土于西安市西郊土门。

现藏：西安碑林博物馆。

著录：《唐代墓志汇编续集》《新中国出土墓志·陕西贰》《全唐文补遗》（第一辑）。

提要：志文简述王氏的卒年、葬地等信息，志文全文为："大唐雍州长安县龙首乡兴台里永徽元年岁次庚戌四月己巳朔五日癸酉，故刘世通夫人王氏。人世飘忽，以奄从风烛。葬于兴台村南三百步。天地久，田成碧海，故勒此碑，用旌铭记。"

*豆卢宽碑

年代：唐永徽元年（650）刻立。

形制：螭首方座，通高 3.52 米，宽 1.12 米，厚 0.37 米。

行字：额篆书 3 行，满行 3 字，题"唐故特进芮定公之碑"。正文楷书 32 行，满行 69 字。

撰书：李义府撰。

纹饰：碑两侧饰忍冬纹，最下端刻一兽面，两边为回纹，下边为联珠纹。

出土：原立于礼泉县烟霞镇严峪村豆卢宽墓前，1975 年移藏昭陵博物馆。

现藏：昭陵博物馆。

著录：《金石录》《宝刻丛编》《关中金石文字存佚考》。

备注：诸著录文献阙碑文首行，标题照录碑额题款。

提要：碑记述豆卢宽的家族世系及生平、历

官颇详。豆卢宽本姓慕容，以河南洛阳为郡望，隋开皇间以门荫入仕，累为吏部骁尉、河北郡梁县县令。李渊父子起兵晋阳，豆卢宽率众投诚，蒙授银青光禄大夫、元帅府属，转赵国公府司马。武德元年（618），迁秦王府司马，后历仪同、天策府从事郎中、殿中监等。贞观时，授礼部尚书、左卫大将军、镇军大将军，封芮国公。永徽元年六月四日薨，年69岁，赠特进、并州都督、并州刺史等，谥曰"定公"，陪葬昭陵。豆卢宽，两《唐书》有传。

宋敦墓志

全称： 大唐雍州长安县故宋君墓志。
年代： 唐永徽二年（651）刻。
形制： 志正方形。边长 0.44 米。
行字： 志文楷书 19 行，满行 19 字。
出土： 出土时间、地点不详。
现藏： 西安市长安博物馆。
著录：《长安新出墓志》《长安碑刻》。
提要： 志文记载宋敦的生平情况。

阿史那婆罗门墓志

全称： 大唐故右屯卫郎将阿史那婆罗门墓志铭并序。
年代： 唐永徽二年（651）刻。
形制： 盖盝形，志正方形。志、盖尺寸相同。边长 0.47 米。
行字： 盖文篆书 5 行，满行 4 字，题"大唐故右屯卫郎将阿史那婆罗门墓志铭"。志文楷书 15 行，满行 15 字。
出土： 出土时间、地点不详。2005 年入藏西安碑林博物馆。
现藏： 西安碑林博物馆。
著录：《西安碑林博物馆新藏墓志汇编》。

提要： 志文记载阿史那婆罗门的家族世系、生平及历官情况。阿史那婆罗门系唐东突厥颉利可汗之子，曾任右屯卫郎将。

牛进达碑

全称： 大唐故左骁卫大将军幽州都督上柱国琅邪郡开国公牛公碑铭并序。
年代： 唐永徽二年（651）刻立。
形制： 螭首方座。高 3.76 米，宽 1.13 米，厚 0.39 米。
行字： 额篆书 4 行，满行 4 字，题"大唐故左骁卫大将军琅邪郡公之碑铭"。正文楷书，碑右上部存 10 余行，满行约 20 字。
出土： 原立于礼泉县赵镇石鼓村牛进达墓前，1975 年移藏昭陵博物馆。
现藏： 昭陵博物馆。
著录：《汉唐存碑跋》《语石》《昭陵碑石》。
备注： 该碑早年倒仆且泐灭严重。
提要： 此碑各类金石文献仅录其题款。现上部存文字两行，述牛氏父祖官爵颇详，牛氏生平已泐。

牛进达墓志

全称： 大唐故左骁卫大将军幽州都督琅邪公墓志。
年代： 唐永徽二年（651）刻。
形制： 盖盝形，志正方形。志、盖尺寸相同。边长 0.71 米，厚 0.13 米。
行字： 盖文篆书 5 行，满行 5 字，题"大唐故左武卫大将军上柱国琅琊郡开国公牛府君墓志之铭"。志文楷书 39 行，满行 39 字。
纹饰： 盖四刹饰四神，周围以山、树及云纹填空，四侧饰莲花纹。志四侧饰壸门内十二生肖图案。

出土: 1976 年出土于礼泉县赵镇石鼓村牛进达墓中。

现藏: 昭陵博物馆。

著录:《昭陵碑石》《新中国出土墓志·陕西壹》。

提要: 该志文记载牛进达的家族世系、生平、历官颇详。牛秀,字进达,濮阳雷泽人。隋末入瓦岗军,后归王世充,武德二年(619)投唐,以功累除开府。贞观时,历任右武卫中郎将、守左卫将军、鄯善道行军副总管、左武卫将军、交河道行军总管、检校右武候大将军、沧海道行军大总管、左武卫大将军等,封琅邪郡公。永徽二年正月十六日薨,享年 57 岁,赠左骁卫大将军、幽州都督、幽州刺史等,谥曰"壮公",陪葬昭陵。牛进达事迹散见于《旧唐书·秦叔宝传》《旧唐书·吐蕃传》《旧唐书·东夷传》《新唐书·太宗本记》《新唐书·忠义传》等。

长孙君妻段简璧墓志

全称: 大唐故邳国夫人段氏墓志铭并序。

年代: 唐永徽二年(651)刻。

形制: 盖盝形,志正方形。盖边长 0.65 米,厚 0.11 米。志边长 0.66 米,厚 0.20 米。

行字: 盖文篆书 4 行,满行 3 字,题"大唐故邳国夫人段氏墓志铭"。志文楷书 28 行,满行 28 字。

纹饰: 盖四刹饰四神,四侧饰忍冬纹。志四侧饰壶门内十二生肖图案。

出土: 1978 年出土于礼泉县烟霞镇张家山村北段简璧墓中。

现藏: 昭陵博物馆。

著录:《隋唐五代墓志汇编》《全唐文补遗》(第二辑)《昭陵碑石》。

提要: 该志文记载段氏的家族世系及生平颇详。段简璧,字昙娘,辽西令支人,父为驸马都尉段纶,母为唐高祖第四女高密大长公主。段氏出嫁长孙顺德后裔邳国公,永徽二年四月四日病亡,卒年 35 岁,同年八月二十三日祔父茔而葬昭陵陵园。

支茂墓志

全称: 大唐故户曹骑都尉支府君墓志铭。

年代: 唐永徽二年(651)刻。

形制: 志正方形。边长 0.47 米,厚 0.11 米。

行字: 志文楷书 18 行,满行 18 字。

出土: 1981 年出土于耀县北原。

现藏: 药王山博物馆。

著录:《药王山碑刻》《新中国出土墓志·陕西叁》。

提要: 志文记载支茂的家世、生平及历官情况。其历官隋康义尉,唐加授朝请大夫、华原县户曹。

王武墓志

全称: 大唐故游击将军永丰镇将王君之墓志铭。

年代: 唐永徽二年(651)刻。

形制: 志正方形。边长 0.74 米,厚 0.07 米。

行字: 志文楷书 18 行,满行 19 字。

出土: 1995 年出土于富平县觅子乡秦河村。

现藏: 富平县文庙。

提要: 志文记载王武的籍贯、家族世系、生平。其历官轻车都尉、右监门校尉、游击将军兼永丰镇将。

秦贞墓志

全称: 唐故左监门将军乐安公夫人秦氏墓

志铭并序。

年代：唐永徽三年（652）刻。

形制：志正方形。边长 0.53 米。

行字：志文楷书 30 行，满行 30 字。

出土：出土时间、地点不详。

现藏：西安市长安博物馆。

提要：志文记载秦贞的家族谱系、生平、夫君、子嗣等情况。

董僧利墓志

全称：大唐故处士董君墓志铭并序。

年代：唐永徽三年（652）刻。

形制：志正方形。边长 0.47 米，厚 0.10 米。

行字：志文楷书 25 行，满行 26 字。

纹饰：志四侧饰十二生肖图案。

出土：出土时间、地点不详

现藏：西安博物院。

著录：《考古与文物》（1991 年第 4 期）《全唐文补遗》（第六辑）。

提要：志文记载董僧利的家族谱系、生平、夫人及子嗣等。

刘相墓志

全称：大唐万年县刘居士墓志。

年代：唐永徽三年（652）刻。

形制：志正方形。边长 0.50 米，厚 0.14 米。

行字：志文楷书 24 行，满行 25 字。

纹饰：志四侧饰十二生肖图案。

出土：出土时间、地点不详

现藏：西安博物院。

提要：志文记载居士刘相的家族世系及生平等。

*刘君妻张氏墓志

年代：唐永徽三年（652）刻。

形制：志砖为正方形。边长 0.34 米。

行字：志文楷书，行字数不详。

出土：1956 年出土于西安市东郊韩森寨。

现藏：西安碑林博物馆。

提要：志文简述张氏卒年、葬地等信息。

房玄龄碑

全称：大唐故尚书左仆射司空太子太傅上柱国赠太尉并州都督梁文昭公之碑文。

年代：唐永徽三年（652）刻立。

形制：螭首方座，通高 3.73 米，宽 1.37 米，厚 0.45 米。

行字：额篆书 4 行，满行 4 字，题"大唐故左仆射上柱国太尉梁文昭公碑"。志文楷书 35 行，满行 81 字。

撰书：褚遂良书。

纹饰：碑两侧饰忍冬纹及联珠纹。

出土：原立于礼泉县昭陵乡刘东村房玄龄墓前，1975 年移藏昭陵博物馆。

现藏：昭陵博物馆。

著录：《集古录》《集古录目》《宝刻丛编》。

提要：碑文叙述房玄龄的家族世系、生平、历官颇详。房玄龄，字乔，清河人，隋末以荐举入仕。李渊父子起兵，房玄龄投归，任秦王元帅府记室，以功加上柱国，封临淄侯。贞观年间，迁中书令，封邢国公，改封梁国公，后历太子詹事、尚书左仆射、太子少师等。贞观二十二年（648）七月薨，赠太尉、并州都督，谥曰"文昭"，陪葬昭陵。房玄龄，两《唐书》有传。

李恪墓志

全称：大唐故恪墓志铭并序。

年代：唐永徽四年（653）刻。

形制：志长 0.69 米，宽 0.51 米。

行字：志文楷书 31 行，满行 31 字。
出土：出土时间、地点不详。
现藏：西安市长安博物馆。
著录：《长安新出墓志》《长安碑刻》。
提要：志文记载李恪的家族世系、生平、
历官情况。其历官汉中郡王、大都督
益简绵嘉邛隆六州诸军事、益州刺
史、都督秦成渭武四州诸军事、秦州
刺史、都督齐淄青莒莱密等州诸军
事、齐州刺史、潭州都督、都督安随
温沔复五州诸军事、安州刺史。

苏兴墓志

全称：唐故苏府君墓志铭并序。
年代：唐永徽四年（653）刻。
形制：盖盝形，志正方形。志、盖尺寸相同。
边长 0.39 米。
行字：盖文篆书 3 行，满行 2 字，题"唐故苏
君之铭"。志文楷书 20 行，满行 20 字。
纹饰：盖四刹饰四神图案，志四侧饰蔓草纹。
出土：1955 年出土于西安市西郊土门。
现藏：西安碑林博物馆。
著录：《西安碑林全集》《新中国出土墓志·陕
西贰》《全唐文补遗》（第三辑）。
备注：盖左下断裂。
提要：志文记载苏兴的家族谱系、生平、历
官及夫人情况。苏兴，字文始，河内
温县人。其曾任仁勇副尉。

*阿史那忠妻定襄县主墓志盖

年代：约唐永徽四年（653）刻。
形制：盖盝形。边长 0.63 米，厚 0.10 米。
行字：盖文篆书 3 行，满行 3 字，题"大唐
故定襄县主之志"。
纹饰：盖四刹饰四神图案，四侧饰忍冬纹。
出土：1972 年出土于礼泉县烟霞镇西周村

阿史那忠墓中。
现藏：昭陵博物馆。
著录：《新中国出土墓志·陕西壹》
备注：志石佚，仅存志盖。
提要：志主姓李，渤海李子雄之孙，为李珉
与韦珪之女。李珉隋末因故被杀，韦
珪复嫁李世民。李氏遂封定襄县主，
降阿史那忠。其生平《阿史那忠墓志》
有载。

袁神墓志

全称：大唐太史丞袁君之墓志铭。
年代：唐永徽五年（654）刻。
形制：盖盝形，志正方形。志、盖尺寸相同。
边长 0.40 米，厚 0.09 米。
行字：盖无题。志文楷书 21 行，满行 22 字。
纹饰：盖四刹饰蔓草纹，志四侧饰十二生肖
图案。
出土：2001 年出土于长安县王曲村。
现藏：西安碑林博物馆。
著录：《碑林集刊》（第 8 辑）。
提要：志文记载袁神的家族世系、生平及
历官情况。袁神，字长泉，雍州同
官人（今陕西铜川）。其历官文林郎、
直奉王府文学、朝散郎、太史丞、
都尉。永徽四年元月四日卒，享年
69 岁，五年正月十四日移葬于三原
神泉乡。

李智员墓志

全称：唐故陪戎校尉李君墓志。
年代：唐永徽五年（654）刻。
形制：志正方形。边长 0.38 米。
行字：志文楷书 15 行，满行 13 字。
纹饰：志四侧饰蔓草纹。
出土：1958 年出土于西安市东郊韩森寨。

现藏：西安碑林博物馆。

著录：《西安碑林全集》《新中国出土墓志·陕西贰》《全唐文补遗》（第六辑）。

提要：志文记载李智员，雍州万年人，永徽五年七月二十八日病逝于家，享年 67 岁。同年八月十七日安葬。

*安万通墓志

年代：唐永徽五年（654）刻。

形制：共二石，尺寸相同。长 0.40 米，宽 0.39 米。

行字：志文楷书，第一块 7 行，第二块 13 行，满行字数不等。

出土：1956 年出土于西安市西郊土门。

现藏：西安碑林博物馆。

著录：《西安碑林全集》。

备注：墨书砖志。

提要：安万通，西域安息人。其高祖于大魏初奉使入朝。安万通于唐初被授五品官，后卒于长安。

李玄济墓志

全称：大唐故纪王府主簿李君墓志铭并序。

年代：唐永徽五年（654）刻。

形制：盖盝形，志正方形。志、盖尺寸相同。边长 0.55 米。

行字：盖文篆书 4 行，满行 3 字，题"大唐故纪王府主簿李君墓铭"。志文楷书 33 行，满行 19 字。

纹饰：盖四刹及侧饰四神及蔓草纹，志四侧饰十二生肖图案。

出土：1999 年出土于长安县细柳乡。

现藏：西安碑林博物馆。

著录：《西安碑林全集》《西安碑林博物馆新藏墓志汇编》《碑林集刊》（第 7 辑）。

提要：志文记载李玄济之家族世系、历官、生平及子嗣情况。李玄济，字乾拯，陇西狄道人。其历官广州都督府、桂州郡督府功曹参军、王府主簿。

韩仲良碑

全称：大唐太子少保上柱国颍川定公之碑。

年代：唐永徽六年（655）刻立。

形制：螭首圭额，高 2.80 米，宽 1.15 米，厚 0.27 米。

行字：额篆书 3 行，满行 5 字，题"大唐太子少保上柱国颍川定公之碑"。正文楷书 32 行，满行 60 字。

撰书：于志宁撰，王行满书。

出土：1998 年出土于富平县淡村镇西古村韩仲良墓。

现藏：富平县文庙。

著录：《寰宇访碑录》《富平碑刻》。

提要：此碑记载了韩仲良的生平及历官情况。其历官吏部朝散郎、河东郡司功书佐、银青光禄大夫、冯翊郡丞、陕东大行台、户部尚书、刑部尚书、右光禄大夫秦川都督长史，赠兵部尚书、太子少保、上柱国，谥曰"定公"。韩仲良，《唐书》有传。

*夏侯绚墓志

年代：唐永徽六年（655）刻。

形制：志正方形。边长 0.56 米。

行字：志文楷书 36 行，满行 36 字。

出土：1941 年出土于蒲城县兴镇。

现藏：蒲城县博物馆。

著录：《新中国出土墓志·陕西壹》《隋唐五代墓志汇编》《全唐文补遗》（第三辑）。

提要：该志记载了夏侯绚的家世及生平情况。其历官江州刺史、睦州刺史。

毕正义墓志

全称： 大唐故益州都督府法曹大理丞毕君墓志铭。

年代： 唐永徽六年（655）刻。

形制： 盖盝形，志正方形。志、盖尺寸相同。边长 0.34 米。

行字： 盖文篆书 3 行，满行 3 字，题"唐大理丞毕君墓志铭"。志文楷书 18 行，满行 19 字。

纹饰： 盖四刹饰四神图案。

出土： 1955 年出土于西安市西郊土门。

现藏： 西安碑林博物馆。

著录：《西安碑林全集》《新中国出土墓志•陕西贰》《全唐文补遗》（第六辑）。

提要： 志文记载毕正义之家族世系、生平及历官情况。毕正义，太原人，曾任大理丞，永徽六年十一月三日卒。志未载其死因、年龄、葬地等。两《唐书》均无传。但《旧唐书•李义府传》云："显庆元年，有洛州妇人谆于氏，坐奸系于大理，义府闻其姿色，嘱大理丞毕正义求为别宅妇，特为雪其罪。卿段良玄疑其故，遂以状闻，诏令按其事，正义惶恐，自缢而死。"史志记载基本相同。墓志于其死因等似有讳言。

王君愕妻张廉穆墓志

全称： 唐故赠左卫大将军幽州都督上柱国邢国公王君愕妻义丰县夫人张氏墓志铭。

年代： 唐永徽六年（655）刻。

形制： 盖盝形，志正方形。盖边长 0.74 米，厚 0.11 米。志边长 0.74 米，厚 0.13 米。

行字： 盖无字。志文楷书 28 行，满行 28 字。

纹饰： 盖四刹饰四神，四侧饰蔓草纹。志四侧饰壶门内十二瑞兽，用花朵间隔。

出土： 1972 年出土于礼泉县昭陵乡庄河村王君愕墓中。

现藏： 昭陵博物馆。

著录：《隋唐五代墓志汇编》《新中国出土墓志•陕西壹》《昭陵碑石》。

提要： 志文记载义丰县夫人张氏的家族世系及生平。张廉穆，字高行，南阳人，邢国公王君愕妻。贞观时，从夫秩授义丰县夫人。永徽五年三月十五日卒，享年 53 岁，永徽六年二月九日与陪葬昭陵的王君愕合葬。

高士廉茔兆记

全称： 大唐故开府仪同三司尚书右仆射上柱国赠司徒并州都督申文献公之茔兆记。

年代： 唐永徽六年（655）刻立。

形制： 螭首方座。通高 4.27 米，宽 1.33 米，厚 0.50 米。

行字： 额篆书 4 行，满行 4 字，题"大唐尚书右仆射司徒申文献公茔兆记"。正文楷书 37 行，满行 81 字。

撰书： 许敬宗撰，赵模楷书。

纹饰： 碑两侧饰忍冬纹及联珠纹。

出土： 原立于礼泉县烟霞镇山底村高士廉墓前，1975 年移藏昭陵博物馆。

现藏： 昭陵博物馆。

著录：《关中金石记》《关中金石文字存佚考》《昭陵碑石》。

提要： 此碑记述高士廉的家族世系、生平及历官情况。高俭，字士廉，渤海脩人。隋时射策及第。武德初归唐，历官雍州司马、大将军、太子右庶子。贞观时，历任侍中、安州大都督、左光禄大夫、吏部尚书、申州刺史、尚书右仆射、开府仪同三司等，初封义光郡公，后改封许国公、申国公。贞观二十一年（647）正月五日薨，赠并州都督、并州刺史等，谥曰"文献公"，陪葬昭陵。高士廉，两《唐书》有传。

薛收碑

全称： 唐故太常卿上柱国汾阴献公薛府君碑。

年代： 唐永徽六年（655）刻立。

形制： 螭首方座。通高 2.97 米，宽 1.04 米，厚 0.33 米。

行字： 额篆书 4 行，满行 4 字，题"唐故太常卿上柱国汾阴献公薛府君碑"。正文楷书 38 行，满行 82 字。

撰书： 于志宁撰。

纹饰： 碑两侧饰忍冬纹，最下端刻一兽面。

出土： 原立于礼泉县赵镇新寨村薛收墓前，1975 年移藏昭陵博物馆。

现藏： 昭陵博物馆。

著录：《集古录》（乾隆）《醴泉县志》《关中金石记》。

备注： 诸著录文献阙碑文首行，标题照录碑额题款。

提要： 碑文磨灭严重，仅上下两端文字清晰。薛收，两《唐书》有传。

姜简碑

全称： 大唐故左领军卫将军城国公姜府君碑。

年代： 唐永徽年间（650-655）刻立。

形制： 螭首方座。首高 1.14 米，宽 1.00 米，厚 0.30 米。

行字： 额篆书 4 行，满行 4 字，题"大唐故左领军卫将军城国公姜府君碑"。

出土： 原立于礼泉县昭陵乡庄河村姜简墓前，1975 年移藏昭陵博物馆。

现藏： 昭陵博物馆。

著录：《昭陵碑石》

备注： 碑身早佚，现仅存碑首。

提要： 据《旧唐书·姜謩传》记载，謩子行本封郕国公，子简嗣，永徽中官至安北都护。另《新唐书》载，太宗长女襄城公主下嫁萧锐，锐卒后，更嫁姜简。《唐会要》亦载姜简于昭陵陪葬名氏之中，云"安南都督姜简"，均与此碑相合。

赵高墓志

全称： 唐故赵仁哲墓志并序。

年代： 唐显庆元年（656）刻。

形制： 志正方形。边长 0.57 米。

行字： 志文楷书 20 行，满行 20 字。

出土： 出土时间、地点不详。

现藏： 西安市长安博物馆。

著录：《全唐文补遗》（第七辑）《长安新出墓志》《长安碑刻》。

提要： 记载赵高的家族世系、生平等。

韦尼子墓志

全称： 大唐故文帝昭容韦氏墓志铭并序。

年代： 唐显庆元年（656）刻。

形制： 盖盝形，志正方形。盖边长 0.57 米。志边长 0.58 米，厚 0.12 米。

行字： 盖文篆书 4 行，满行 4 字，题"大唐故文帝昭容一品韦氏墓志之铭"。志文楷书 20 行，满行 20 字。

纹饰： 盖四刹及侧面饰忍冬纹及蔓草纹。志四侧饰忍冬纹。

出土： 1974 年出土于礼泉县烟霞镇陵光村韦尼子墓中。

现藏： 昭陵博物馆。

著录：《隋唐五代墓志汇编》《新中国出土墓志·陕西壹》《昭陵碑石》。

备注： 墓志表面局部泐灭，字迹不清，但尚能通读。

提要： 志文记述韦昭容的家族世系及生平甚

详。昭容名尼子，京兆杜陵人，北周名将韦孝宽曾孙女。韦氏武德四年（621）选为秦王李世民妃，贞观中为太宗昭容。显庆元年九月八日薨，享年50岁，同年十月十八日陪葬昭陵。

崔敦礼碑

全称： 大唐故太子少师中书令开府仪同三司并州都督上柱国固安昭公崔公碑。

年代： 唐显庆元年（656）刻立。

形制： 螭首方座。高3.37米，宽1.08米，厚0.32米。

行字： 额篆书6行，满行5字，题"大唐故太子少师中书令开府仪同三司并州都督上柱国固安昭公崔公碑"。正文楷书36行，满行84字。

撰书： 于志宁撰，于立政书。

出土： 原立于礼泉县烟霞镇官厅村崔敦礼墓前，1975年移藏昭陵博物馆。

现藏： 昭陵博物馆。

著录： 《集古录》《石墨镌华》《语石》。

备注： 该碑早年泐灭较甚，诸著录文献多有阙文。

提要： 碑文记载崔敦礼的生平及历官情况。武德时，历左勋卫、通事舍人、检校右骁卫府长史。贞观时，历中书舍人、员外散骑常侍、行中书舍人、守太常少卿、右屯卫将军、银青光禄大夫、守兵部尚书、兵部尚书等。永徽时，历中书令、检校太子詹事、太子少师、同中书门下三品等。显庆元年卒，享年61岁，同年十月十八日陪葬昭陵。崔敦礼，两《唐书》有传。

唐俭墓志

全称： 大唐故开府仪同三司特进户部尚书上柱国莒国公唐君墓志铭并序。

年代： 唐显庆元年（656）刻。

形制： 盖盝形，志正方形。盖边长0.74米，厚0.12米。志边长0.73米，厚0.12米。

行字： 盖文篆书5行，满行5字，题"大唐故开府仪同三司特进户部尚书上柱国莒国公唐君墓志"。志文楷书46行，满行45字。

撰书： 许敬宗撰。

纹饰： 盖四刹饰四神，四侧饰忍冬纹，志四侧饰壸门内十二生肖图案。

出土： 1978年出土于礼泉县烟霞镇西页沟村唐俭墓。

现藏： 昭陵博物馆。

著录： 《昭陵碑石》《隋唐五代墓志汇编》《新中国出土墓志·陕西壹》。

提要： 该墓志详细记述了唐俭的家族世系、生平及历官情况。唐俭，字茂约，李渊父子起兵晋阳，唐俭拜为大将军府记室，加位正议大夫，后历任右光禄大夫、渭北道行军司马，封新城县公。武德初，加散骑常侍、行中书侍郎，后历任并州道安抚大使、礼部尚书、天策府长史、幽州道行军总管、黄门侍郎，封莒国公。贞观时，历卫尉卿、道州都督、鸿胪卿、户部尚书，十九年（645）致仕。显庆元年十月三日薨，享年78岁，赠开府仪同三司，谥曰"襄"，同年十一月二十四日陪葬昭陵。唐俭，两《唐书》有传。

王谦暨妻素和氏墓志

全称： 大唐故隆州司户参军事王君及夫人素和氏墓志铭并序。

年代： 唐显庆元年（656）刻。

形制： 盖盝形，志正方形。盖边长0.42米，厚 0.04 米。志边长 0.41 米, 厚 0.04 米。

行字: 志文楷书 25 行, 满行 25 字。有方界格。

纹饰: 盖四周饰蔓草纹, 四刹饰四神图案。

出土: 出土时间、地点不详。

现藏: 陕西历史博物馆。

著录: 《全唐文补遗》(第七辑)。

提要: 志文记载王谦及夫人素和氏的家族世系、子嗣情况。

*王居士砖塔铭

年代: 唐显庆二年 (657) 刻。

形制: 石残损。残长 0.32 米, 残宽 0.20 米。

行字: 正文楷书, 行字数不详。

撰书: 上官灵芝撰, 敬客书。

出土: 明万历年间出土于长安县梗梓谷。

现藏: 合阳县博物馆。

备注: 残石存三块。

提要: 原石于明万历间出土于长安县梗梓谷, 后碎为数块, 今仅存三块, 最大一块长 0.32 米, 宽 0.20 米, 背刻苏东坡诗一首。

张士贵墓志

全称: 大唐故辅国大将军荆州都督虢国公张公墓志铭并序。

年代: 唐显庆二年 (657) 刻。

形制: 盖盝形, 志正方形。盖边长 0.99 米, 厚 0.13 米。志边长 0.98 米, 厚 0.16 米。

行字: 盖文篆书 5 行, 满行 4 字, 题"大唐故辅国大将军荆州都督虢国公张公墓志铭"。志文楷书 55 行, 满行 57 字。

撰书: 上官仪撰, 张玄靓书。

纹饰: 盖四刹及四侧饰忍冬纹, 底侧面饰忍冬纹。

出土: 1972 年出土于礼泉县烟霞镇马寨村

张士贵墓中。

现藏: 昭陵博物馆。

著录: 《昭陵碑石》《陕西碑石精华》《新中国出土墓志·陕西壹》。

提要: 该志文记载张士贵的家族世系、生平及历官情况。张士贵, 弘农卢氏人, 隋末组织起义军, 后随李渊父子起兵晋阳, 蒙授右光禄大夫, 后历第一军总管先锋、通州刺史、虢州刺史、骠骑将军, 以功加勋上柱国, 赐爵新野县开国公。武德九年 (626), 助李世民发动玄武门事变, 授太子内率。贞观时, 历玄武门长上、右屯卫将军、右武候将军、龚州道行军总管、右屯卫大将军、检校夏州都督、兰州都督、幽州都督、辽东道行军总管、冠军大将军、左屯卫将军、茂州都督、雅州道行军总管、金紫光禄大夫、扬州大都督府长史等, 改封虢国公。永徽初, 拜左领军大将军、镇军大将军。显庆二年六月三日薨, 享年 72 岁, 赠辅国大将军、荆州都督、荆州刺史、谥曰"襄", 陪葬昭陵。张士贵, 两《唐书》有传。

张士贵妻岐氏墓志盖

全称: 大唐故虢国夫人岐氏墓志铭。

年代: 唐显庆二年 (657) 刻。

形制: 盖盝形。边长 0.46 米, 厚 0.09 米。

行字: 盖文篆书 4 行, 满行 3 字, 题"大唐故虢国夫人岐氏墓志铭"。

纹饰: 盖四刹饰四神, 四侧面饰忍冬纹。

出土: 1972 年出土于礼泉县烟霞镇马寨村张士贵墓中。

现藏: 昭陵博物馆。

著录: 《昭陵碑石》《新中国出土墓志·陕

西壹》。

备注：此志盖与张士贵墓志同时出土，仅存志盖，已断为两截。

提要：据志盖文字及出土信息可知，志主为张士贵妻子。

亡宫五品墓志

全称：大唐故亡宫五品墓志铭。

年代：唐显庆二年（657）刻。

形制：盖盝形，志正方形。盖边长 0.47 米，厚 0.14 米。志边长 0.47 米，厚 0.13 米。

行字：盖文篆书 4 行，满行 3 字，题"大唐故亡宫五品墓志铭"。志文楷书 12 行，满行 10 字。

出土：1976 年出土于礼泉县烟霞镇陵光村亡宫五品墓中。

现藏：昭陵博物馆。

著录：《昭陵碑石》《新中国出土墓志·陕西壹》。

提要：该墓志为昭陵陵户为亡宫五品所镌，只载卒亡年月日。亡宫五品籍贯失载，显庆二年闰正月二十六日卒，同年二月十四日陪葬昭陵。

魏伦墓志

全称：大唐故使持节泗州诸军事泗州刺史魏府君墓志铭并序。

年代：唐显庆三年（658）刻。

形制：志正方形。边长 0.54 米，厚 0.11 米。

行字：志文楷书 25 行，满行 24 字。

纹饰：志四侧饰十二生肖图案。

出土：出土时间、地点不详。

现藏：西安博物院。

著录：《隋唐五代墓志汇编》《陕西碑石精华》《长安碑刻》。

提要：志文记载魏伦的家族世系、生平、历官、夫人及子嗣等。其历官左亲卫、扬州大都督府兵曹府参军、黔州都督府长史、使持节泗州诸军事、泗州刺史等。

李知本墓志

全称：唐故遂州司马李君墓志铭。

年代：唐显庆三年（658）刻。

形制：盖盝形，志长方形。志、盖尺寸相同。边长 0.47 米。

行字：盖文篆书 3 行，满行 3 字，题"大唐故李府君之墓志"。志文楷书 21 行，满行 20 字。

纹饰：盖四侧饰云纹，志四侧饰十二生肖图案。

出土：1999 年出土于西安市临潼区斜口镇姚村西康工地。

现藏：西安碑林博物馆。

著录：《西安碑林博物馆新藏墓志汇编》《碑林集刊》（第 8 辑）。

提要：志文记载李知本的家族世系、生平及历官情况。李知本，字那儿，陇西狄道人，系李唐宗室。曾祖李昺。祖蜀王李湛，唐高祖李渊之兄。父李奉慈，武德元年（618）封渤海王。李知本曾任荆州当阳县令、遂州司马。

长孙弄珪墓志

全称：大唐故太子中舍人蓨县公夫人魏郡君长孙氏墓志铭并序。

年代：唐显庆三年（658）刻。

形制：盖盝形，志正方形。志、盖尺寸相同。边长 0.57 米。

行字：盖文篆书 4 行，满行 4 字，题"大唐故蓨县公夫人魏郡君长孙氏墓志"。

志文楷书 26 行，满行 25 字。

纹饰：志四周饰连珠纹及缠枝卷叶纹。

出土：出土时间、地点不详。

现藏：西安市长安博物馆。

著录：《长安新出墓志》《长安碑刻》。

备注：志盖佚，仅存拓本。

提要：志文记载长孙弄珪之家族世系、生平及婚姻情况。

执失奉节墓志

全称：大唐故右领军常乐府果毅执失府君墓志铭。

年代：唐显庆三年（658）刻。

形制：盖盝形，志正方形。志、盖尺寸相同。边长 0.54 米。

行字：盖文篆书 4 行，满行 3 字，题"唐故常乐府果毅执失君墓志"。志文楷书 30 行，满行 31 字。有界格。

纹饰：盖四刹饰蔓草及动物纹，志四侧饰蔓草及海兽纹。

出土：1957 年出土于长安县郭杜镇。

现藏：西安碑林博物馆。

著录：《西安碑林全集》《新中国出土墓志·陕西贰》《全唐文补遗》（第三辑）。

备注：盖断裂为多块。

提要：志文记载执失奉节之家族世系、生平及历官情况。执失奉节，字履贞，漠北阴山人，属突厥族。两《唐书》有传。

*海禅师墓志

年代：唐显庆三年（658）刻。

形制：志长 0.38 米，宽 0.40 米。

行字：志文楷书 9 行，满行 9 字。

纹饰：志四侧饰蔓草纹。

出土：出土时间、地点不详。1952 年张伯英捐藏西安碑林。

现藏：西安碑林博物馆。

著录：《西安碑林全集》《唐代墓志汇编》《全唐文补遗》（第三辑）。

备注：左下角残缺。

提要：志文记载海禅师之籍贯、卒年、年龄及安葬情况。海禅师，俗姓刘，绥州上县人。永徽五年（654）十一月八日卒，享年 66 岁。显庆二年四月八日起坟，显庆三年二月二十五日立志。

周护碑

全称：大唐故辅国大将军荆州都督上柱国嘉川襄公周君碑文。

年代：唐显庆三年（658）刻立。

形制：螭首方座。通高 3.89 米，宽 1.13 米，厚 0.38 米。

行字：额篆书 3 行，满行 5 字，题"大唐故辅国大将军上柱国襄公之碑"。正文楷书 32 行，满行 84 字。

撰书：许敬宗撰，王行满书。

纹饰：碑两侧饰忍冬纹及联珠纹。

出土：原立于礼泉县烟霞镇西二村周护墓前，1975 年移藏昭陵博物馆。

现藏：昭陵博物馆。

著录：《碑帖叙录》《昭陵碑石》。

备注：碑左部泐灭数行，右部基本完整。

提要：碑文记载述周护的家族世系、生平及历官情况。周护，字福善，华州人。隋大业中，以门荫入仕，历左亲侍、大都督、朝散大夫、左御卫鹰扬郎将。武德初归唐，任正议大夫、行军总管、秦王府右统军、右一府护军、内马军总管，封嘉川县开国侯，又进为开国公。贞观时，历左千牛将军、黎州刺史、右武卫大将军、右监门大将军。永徽时，历左武卫大将军、右武候大将军、检校洛州刺史、左领军大将军、左骁卫大将军。显庆二年十一月九日薨，享年 75 岁，赠辅国大将军、荆州都督等，谥曰"襄"，陪葬昭陵。周护，两《唐书》无传，其事迹散见于《新唐书·忠义传》。

李靖碑

全称： 大唐故尚书右仆射特进开府仪同三司上柱国赠司徒并州都督卫景武公之碑。

年代： 唐显庆三年（658）刻立。

形制： 螭首方座。通高 4.26 米，宽 1.31 米，厚 0.42 米。

行字： 额篆书 4 行，满行 5 字，题"唐故开府仪同三司尚书右仆射司徒卫景武公碑"。正文楷书 39 行，满行 82 字。

撰书： 许敬宗撰，王知敬书。

纹饰： 碑两侧饰忍冬纹，最上端刻一兽面，周边饰桃形纹。

出土： 原立于礼泉县烟霞镇官厅村李靖墓前，1975 年移藏昭陵博物馆。

现藏： 昭陵博物馆。

著录： 《关中金石记》《陕西金石志》《昭陵碑石》。

备注： 该碑现泐灭严重，尤以中下部为甚，撰者姓名尚存，书者姓名已泐。

提要： 该碑记载李靖的家族世系、生平及历官情况。李靖，字药师，陇西成纪人。北周天和年间以门荫入仕，仕隋历汲县、安阳县、三原县令和马邑郡。归唐后历将军、行军总管、岭南道安抚大使、刑部尚书、太子左卫率、兵部尚书、光禄大夫、尚书右仆射、特进、西海道行军总管、濮州刺史等，初封代国公，改封卫国公。贞观二十二年

（648）五月十八日薨，赠司徒、并州都督、并州刺史等，谥曰"景武公"，陪葬昭陵。李靖，两《唐书》有传。

唐嘉会妻元万子墓志

全称： 唐尚衣奉御唐君妻故河南县君元氏墓志铭并序。

年代： 唐显庆三年（658）刻。

形制： 盖盝形，志、盖均正方形。盖边长 0.39 米，厚 0.09 米。志边长 0.39 米，厚 0.10 米。

行字： 盖文篆书 4 行，满行 4 字，题"唐尚衣奉御唐君妻故河南县君元氏志"。志文楷书 20 行，满行 22 字。

纹饰： 盖四刹及四侧饰忍冬纹，志四侧饰忍冬纹。

出土： 1978 年出土于礼泉县烟霞镇西页沟村唐嘉会墓中。

现藏： 昭陵博物馆。

著录： 《隋唐五代墓志汇编》《新中国出土墓志·陕西壹》《昭陵碑石》。

提要： 该志文记载元万子的家族世系、生平情况。元万子，河南洛阳人，嫁尚衣奉御唐嘉会，封河南县君。显庆二年十二月三日病故，三年正月十四日殡于万年县南原。仪凤三年（678），唐嘉会病故，祔父唐俭茔而葬昭陵陵园，同时迁元氏与其合葬。

张胤碑

全称： 大唐故礼部尚书张府君之碑。

年代： 唐显庆三年（658）刻立。

形制： 螭首方座。通高 3.56 米，宽 1.11 米，厚 0.35 米。

行字： 额篆书 3 行，满行 4 字，题"大唐故礼部尚书张府君之碑"。正文楷书 32

行，满行 81 字。

纹饰：碑两侧饰忍冬纹，碑左下角残为三块。

出土：原立于礼泉县烟霞镇严峪村张胤墓前，1975 年移藏昭陵博物馆。

现藏：昭陵博物馆。

著录：《石墨镌华》《关中金石记》《昭陵碑石》。

备注：碑面早年泐灭较甚，诸著录文献所录碑文均有所阙。碑文首行阙，标题照录碑额题款。碑现泐灭特甚，唯上截少量字尚清晰，余多磨灭。

提要：碑文记载张胤生平。隋末，张胤随父寓居太原，以儒学知名。李渊使为李世民师，授《左传》。其历官齐王府文学、员外散骑常侍、正议大夫、国子祭酒、散骑常侍。永徽年间致仕，授金紫光禄大夫。显庆三年正月七日薨，同年陪葬昭陵。张胤，两《唐书》有传。

董君妻戴满墓志

全称：唐故朝请大夫董君夫人戴氏墓志铭。

年代：唐显庆四年（659）刻。

形制：盖盝形，志正方形。志、盖尺寸相同。边长 0.41 米。

行字：盖文篆书 3 行，满行 3 字，题"大唐董君夫人戴氏铭"。志文楷书 16 行，满行 17 字。有方界格。

纹饰：盖四周、四刹及志四侧均饰蔓草纹。

出土：出土时间、地点不详。

现藏：西安交通大学博物馆。

著录：《西安交通大学博物馆藏品集锦——碑石书法卷》。

提要：志文记述了志主戴满的生平。

王孝伦妻裴顺昭墓志

全称：隋故历阳郡丞王孝伦夫人永乐县君裴氏墓志铭并序。

年代：唐显庆四年（659）刻。

形制：志长 0.44 米，宽 0.43 米。

行字：志文楷书 26 行，满行 25 字。

出土：出土时间、地点不详。

现藏：西安市长安博物馆。

著录：《长安新出墓志》《长安碑刻》。

提要：志文记载裴顺昭之家族世系、生平、婚姻及子嗣情况。

*李整墓志

年代：唐显庆四年（659）刻。

形制：志长 0.42 米，宽 0.40 米。

行字：志文楷书 15 行，满行 25 字。

出土：1956 年出土于西安市近郊。

现藏：西安碑林博物馆。

著录：《西安碑林全集》。

备注：朱书砖志。

提要：志文简记志主卒年、葬地等信息。

陶后兴墓志

全称：唐故右翊卫陶君墓志铭并序。

年代：唐显庆四年（659）刻。

形制：志长 0.48 米，宽 0.47 米。

行字：志文楷书 23 行，满行 22 字。

纹饰：志四侧饰十二生肖图案。

出土：出土时间、地点不详。西安碑林旧藏。

现藏：西安碑林博物馆。

著录：《西安碑林全集》《长安碑刻》《唐代墓志汇编续集》。

提要：志文记载陶后兴之家族世系、生平、及子嗣情况。陶后兴，雍州蓝田人，于显庆四年七月六日逝于隆正坊家，享年 73 岁。其月二十七日葬于雍州长安县高阳原。

*李政墓志

年代：唐显庆四年（659）刻。

形制：志长 0.42 米，宽 0.40 米。

行字：志文楷书 18 行，满行 15 字。

出土：1955 年出土于西安市东郊郭家滩。

现藏：西安碑林博物馆。

备注：朱书砖志。

提要：志文简记李政的卒年、葬地等。

*李万端墓志

年代：唐显庆四年（659）刻。

形制：尺寸不详。

行字：志文楷书，行字数不详。

出土：1956 年出土于西安市近郊。

现藏：西安碑林博物馆。

备注：墨书砖志。

提要：志文简记李万端的卒年、葬地等信息。

*靳稽墓志

年代：唐显庆四年（659）刻。

形制：志长 0.33 米，宽 0.34 米。

行字：志文楷书 15 行，满行 14 字。

出土：出土时间、地点不详。2005 年入藏西安碑林博物馆。

现藏：西安碑林博物馆。

著录：《西安碑林博物馆新藏墓志汇编》。

备注：砖志。

提要：志文记载靳稽的家族世系、生平、婚配及历官情况。

尉迟敬德妻苏娬墓志

全称：大唐故司徒公并州都督上柱国鄂国公夫人苏氏墓志铭并序。

年代：唐显庆四年（659）刻。

形制：盖盝形，志正方形。盖边长 0.99 米，厚 0.20 米。志边长 0.96 米，厚 0.20 米。

行字：盖文篆书 5 行，满行 5 字，题"大唐故司徒并州都督上柱国鄂国忠武公夫人苏氏墓志之铭"。志文楷书 34 行，满行 34 字。

纹饰：盖四刹及侧面饰蔓草纹及回纹。志四侧饰十二生肖图案，以云纹填空。

出土：1971 年出土于礼泉县烟霞镇东周新村尉迟敬德墓中。

现藏：昭陵博物馆。

著录：《昭陵碑石》《陕西碑石精华》《新中国出土墓志·陕西壹》。

提要：该志文记载苏娬的家族世系及生平情况。苏娬，京兆始平人，嫁尉迟敬德。隋大业九年（613）五月二十八日病故，享年 25 岁，葬马邑郡。显庆四年四月十四日，葬尉迟敬德于昭陵陵园时，诏令迁柩与敬德合葬。

尉迟敬德碑

全称：大唐故司徒并州都督鄂国忠武公之碑。

年代：唐显庆四年（659）刻立。

形制：螭首方座。通高 4.34 米，宽 1.49 米，厚 0.53 米。

行字：额篆书 4 行，满行 4 字，题"大唐故司徒并州都督鄂国忠武公之碑"。正文楷书 41 行，满行 78 字。

撰书：许敬宗撰。

纹饰：碑两侧饰蔓草纹，最下端有一兽面，周边为梅花图案。

出土：原立于礼泉县烟霞镇东周新村尉迟敬德墓前，1975 年移藏昭陵博物馆。

现藏：昭陵博物馆。

著录：《关中金石记》《陕西金石志》《昭陵碑石》。

备注：诸著录文献皆阙碑文首行，标题照录碑额题款。现该碑泐灭严重，唯下部少量字仍可辩识，不能通读。

提要：碑文记载述尉迟敬德的家族世系、生平及历官情况。尉迟敬德，河南洛阳人，隋大业末以军功入仕，历朝散大夫、正议大夫，加位银青光禄大夫。武德三年（620），随刘武周攻唐，兵败投诚，授秦府统军。武德九年（626）六月四日，协助李世民发动事变，拜左卫大将军、太子左卫率。贞观时，除襄州刺史、光禄大夫、同州刺史、宣州刺史、灵鄜夏三州都督、开府仪同三司等，初封吴国公，改封鄂国公。显庆三年十一月二十六日薨，享年74岁，赠司徒、并州都督、并州刺史等，陪葬昭陵。尉迟敬德，两《唐书》有传。

尉迟敬德墓志

全称：大唐故开府仪同三司鄂国公尉迟君墓志并序。

年代：唐显庆四年（659）刻。

形制：盖盝形，志正方形。盖边长1.21米，厚0.23米。志边长1.19米，厚0.23米。

行字：盖飞白书5行，满行5字，题"大唐故司徒并州都督上柱国鄂国忠武公尉迟府君墓志之铭"。志文楷书47行，满行50字。

纹饰：盖四刹及四侧面饰蔓草纹。志四侧饰十二生肖图案，以云纹填空。

出土：1971年出土于礼泉县烟霞镇烟霞新村尉迟敬德墓中。

现藏：昭陵博物馆。

著录：《昭陵碑石》《陕西碑石精华》《新中国出土墓志·陕西壹》。

提要：该志文记载尉迟敬德的家族世系、生平及历官情况。

李淑碑

全称：大唐故兰陵长公主碑铭并序。

年代：唐显庆四年（659）刻立。

形制：螭首方座。通高3.36米，宽1.11米，厚0.35米。

行字：额楷书3行，满行3字，题"大唐故兰陵长公主碑"。正文楷书31行，满行70字。

撰书：李义府撰，窦怀哲书。

纹饰：碑侧面饰忍冬纹，四周为心形纹。

出土：原立于陕西礼泉县烟霞镇东周新村兰陵公主墓前，1975年移藏昭陵博物馆。

现藏：昭陵博物馆。

著录：《石墨镌华》《语石》《昭陵碑石》。

备注：现该碑泐灭严重，碑面除上下两端字可辨外，余均凿损难识。撰者姓名泐，宋赵明诚《金石录》云为李义府撰，当有所据。书者姓名亦泐，佚名《宝刻类编》云为驸马窦怀哲，后均从此说。

提要：据诸著录文献，该碑记述兰陵长公主李淑的家族世系及生平情况。公主为唐太宗第十九女，贞观十年（636），封兰陵郡公主，出降庆州刺史驸马都尉窦怀哲。永徽元年（650），拜长公主。显庆四年八月十八日病薨，享年32岁，同年十月二十九日陪葬昭陵。兰陵公主，《新唐书》有传。

李畅碑

全称：大唐故使持节崇州诸军事崇州刺史李府君之碑。

年代：唐显庆四年（659）刻立。

形制：螭首。高1.55米，宽0.95米。

行字：正文楷书31行，满行50字。

出土：20 世纪 90 年代出土，地点不详。2001 年入藏西安碑林博物馆。

现藏：西安碑林博物馆。

备注：右下角已残。

提要：碑文记载李畅的生平情况。

*刘细利造像碑

年代：唐显庆五年（660）刻立。

形制：高 0.70 米，上宽 0.31 米，下宽 0.33 米，厚 0.13 米。

行字：正文楷书 11 行，满行 6 字。有方界格。

纹饰：碑上方凿一尖拱形龛，龛内为一佛二弟子造像，佛居中垂手端坐台上。龛下面左右两边有线刻蹲狮一对，再下层为铭文。

出土：安塞县建华寺镇新窑坪村出土，时间不详。

现藏：安塞县文化文物馆。

著录：《陕西碑石精华》《安塞县志》。

提要：碑文记载刘细利为亡夫呼延牒陀发愿造像之事。

皇甫绪墓志

全称：大隋故枹罕郡主簿皇甫公墓志铭并序。

年代：唐显庆五年（660）刻。

形制：志正方形。边长 0.44 米，厚 0.12 米。

行字：志文楷书 27 行，满行 27 字，末行 30 字。

纹饰：志四侧饰十二生肖图案及云纹。

出土：出土时间、地点不详。2000 年入藏西安碑林博物馆。

现藏：西安碑林博物馆。

著录：《西安碑林博物馆新藏墓志汇编》《陕西碑石精华》。

备注：首题残损三字。

提要：志文记载皇甫绪及夫人王氏的家族世系及生平情况。皇甫绪，字伯绪，安定朝那人。其曾任许州司法、枹罕郡主簿。义宁二年（618）卒，同年二月四日葬于邦县城北孤岭。唐显庆五年迁葬于岐州雍县雍北乡左阳里。夫人王氏，永徽三年（652）卒，合葬于府君之墓。

裴炎妻刘氏墓志

全称：大唐监察御史裴炎故妻刘氏墓志铭并序。

年代：唐显庆五年（660）刻。

形制：志正方形。边长 0.41 米，厚 0.95 米。

行字：志文楷书 22 行，满行 22 字。

撰书：裴炎撰。

纹饰：志四侧饰十二生肖图案。

出土：出土时间、地点不详。

现藏：西安博物院。

著录：《文博》（1992 年第 5 期）《全唐文补遗》（第三辑）。

提要：志文记载裴炎故妻刘氏之家族世系及其生平。

梁兴都墓志

全称：大唐故游击将军正议大夫梁府君墓志铭并序。

年代：唐显庆五年（660）刻。

形制：志长 0.53 米，宽 0.54 米。

行字：志文楷书 29 行，满行 29 字。

出土：出土时间、地点不详。

现藏：西安市长安博物馆。

著录：《长安新出墓志》《长安碑刻》。

提要：志文记载梁兴都之家族世系、生平及历官情况。其历官左千牛备身、昭武校尉、正议大夫、游击将军。

刘贵暨妻张氏墓志

全称： 大唐故上骑都尉刘君墓志铭并序。

年代： 唐显庆五年（660）刻。

形制： 志正方形。边长 0.50 米。

行字： 志文楷书 21 行，满行 21 字。

纹饰： 志四侧饰十二生肖图案及云纹。

出土： 出土于长安县杜陵乡高旺村，时间不详。2001 年入藏西安碑林博物馆。

现藏： 西安碑林博物馆。

著录：《西安碑林博物馆新藏墓志汇编》。

提要： 志文记载刘贵的籍贯和夫妇二人生平、子嗣情况。刘贵，字文举，魏州贵乡人。夫人张氏，显庆五年合葬于义善乡洪原之字。

*霍休墓志

年代： 唐显庆五年（660）刻。

形制： 志正方形。边长 0.59 米。

行字： 志文楷书 25 行，满行 25 字。

出土： 出土时间、地点不详。2005 年入藏西安碑林博物馆。

现藏： 西安碑林博物馆。

著录：《西安碑林博物馆新藏墓志汇编》。

提要： 志文记载霍休的家族世系、生平、婚配及历官情况。

李福妃宇文修多罗墓志

全称： 大唐赵王故妃宇文氏墓志铭。

年代： 唐显庆五年（660）刻。

形制： 盖盝形，志正方形。盖边长 0.60 米，厚 0.10 米。志边长 0.59 米，厚 0.14 米。

行字： 盖文篆书 4 行，满行 3 字，题"大唐赵王故妃宇文氏墓志铭"。志文楷书 22 行，满行 22 字。

纹饰： 盖四刹饰四神，四侧饰莲花纹及忍冬纹。志四侧饰壶门内十二生肖图案。

出土： 1972 年出土于礼泉县烟霞镇严峪村赵王李福墓中。

现藏： 昭陵博物馆。

著录：《昭陵碑石》《隋唐五代墓志汇编》《全唐文补遗》（第二辑）。

提要： 该志文记载宇文氏家族世系及生平情况。宇文修多罗，河南洛阳人，初唐大臣宇文士及之女，唐太宗子赵王李福妃。显庆五年五月三日薨，陪葬昭陵。宇文修多罗，两《唐书》中无传，其为赵王妃之事见两《唐书·宇文士及传》等。

李勣妻墓志盖

全称： 大唐英国夫人墓志铭。

年代： 约唐显庆五年（660）刻。

形制： 盖盝形。边长 0.73 米，厚 0.13 米。

行字： 盖文篆书 3 行，满行 3 字，题"大唐英国夫人墓志铭"。

纹饰： 盖四刹饰联珠、动物及蔓草纹，四角为花卉图案。

出土： 1971 年出土于礼泉县烟霞镇烟霞新村李勣墓中。

现藏： 昭陵博物馆。

著录：《昭陵碑石》。

备注： 志石佚，仅存志盖。

提要： 据志石出土墓葬及"英国夫人"等字可知志主为李勣之夫人。

李婉顺墓志

全称： 大唐刘应道妻故闻喜县主墓志。

年代： 唐龙朔元年（661）刻。

形制： 志正方形。边长 0.59 米。

行字： 志文楷书 30 行，满行 30 字。

出土： 出土时间、地点不详。

现藏： 西安市长安博物馆。

著录：《陕西碑石精华》《长安碑刻》《长安

新出墓志》。

提要：志文记载闻喜县主李婉顺的家世及生平。志主系唐高祖之孙、隐太子李建成的第二女。

段伯阳墓志

全称：大唐故内侍省内寺伯段君墓志铭。

年代：唐龙朔元年（661）刻。

形制：盖盝形，志长方形。志、盖尺寸相同。边长 0.34 米。

行字：志文楷书 18 行，满行 19 字。有界格。

纹饰：盖四刹及志四侧均饰卷草纹。

出土：1956 年出土于西安市东郊十里铺。

现藏：西安碑林博物馆。

著录：《西安碑林全集》《新中国出土墓志·陕西贰》《全唐文补遗》（第三辑）。

提要：志文记载段伯阳之家族世系、生平历官情况。段伯阳，字思约，京兆万年人。武德初特授朝散大夫兼内仆局丞，历任上骑都尉、内仆局令、宣德郎行宫闱局令、太子典内、护军等，显庆五年（660）转授通直郎行内寺伯。

赵洛暨妻李氏张氏墓志

全称：大唐华州郑县故骁骑尉赵君墓志铭并序。

年代：唐龙朔元年（661）刻。

形制：志长 0.43 米，宽 0.42 米。

行字：志文楷书 21 行，满行 21 字。有方界格。

出土：出土时间、地点不详。1992 年入藏西安碑林。

现藏：西安碑林博物馆。

著录：《西安碑林博物馆新藏墓志汇编》《新中国出土墓志·陕西贰》。

提要：志文记载，赵洛，字子澄，天水人。龙朔元年三月卒，与夫人张氏、李氏合葬。

程买墓志

全称：唐故郡中正程君墓志。

年代：唐龙朔元年（661）刻。

形制：志正方形。边长 0.52 米。

行字：志文楷书 19 行，满行 19 字。

出土：出土时间、地点不详。2005 年入藏西安碑林博物馆。

现藏：西安碑林博物馆。

著录：《西安碑林博物馆新藏墓志汇编》。

提要：志文记载程买的家族世系、生平及历官情况。

郭敬善墓志

全称：大唐故员外散骑侍郎上洛侯郭墓志铭并序。

年代：唐显庆六年（661）刻。

形制：盖盝形，志正方形。志、盖尺寸相同。边长 0.51 米。

行字：盖文篆书 3 行，满行 3 字，题"大唐故侯府君墓志铭"。志文楷书 24 行，满行 24 字。

纹饰：盖四刹饰双层卷云纹，志四侧饰十二生肖图案。

出土：1956 年出土于西安市东郊路家湾。

现藏：西安碑林博物馆。

著录：《西安碑林全集》《唐代墓志汇编续集》《全唐文补遗》（第三辑）。

提要：志文记载郭敬善之家族世系、生平及历官情况。郭敬善，字咳，太原人。隋大业年间任左卫亲卫、司农寺丞、员外散骑侍郎。

董氏墓志

全称： 大唐故董夫人墓志铭。

年代： 唐显庆六年（661）刻。

形制： 志正方形。边长 0.36 米，厚 0.07 米。

行字： 志文楷书 22 行，满行 22 字。

纹饰： 志四侧饰十二生肖图案。

出土： 出土时间、地点不详。

现藏： 西安博物院。

著录：《隋唐五代墓志汇编》《全唐文补遗》（第三辑）。

提要： 志文记载董夫人之家族世系、生平等。

樊惠姬墓志

全称： 大唐故辅国大将军上柱国虢国公男故右卫长上校尉上柱国张君母樊氏墓铭并序。

年代： 唐龙朔二年（662）刻。

形制： 盖盝形，志正方形。志、盖尺寸相同。边长 0.33 米。

行字： 盖文楷书 4 行，满行 4 字，题"大唐故虢国公男张君母樊夫人之墓志"。志文楷书 20 行，满行 19 字。

出土： 出土时间、地点不详。

现藏： 西安市长安博物馆。

著录：《长安碑刻》《长安新出墓志》。

提要： 志文记载樊惠姬之家族世系及子嗣等。

彭国太妃王氏墓志

全称： 大唐故彭国太妃王氏墓志铭并序。

年代： 唐龙朔二年（662）刻。

形制： 志正方形。边长 0.68 米。

行字： 志文楷书 21 行，满行 24 字。

纹饰： 志四侧饰十二生肖图案。

出土： 1974 年出土于富平县城关镇南吕村。

现藏： 西安碑林博物馆。

著录：《西安碑林全集》《唐代墓志汇编续集》《全唐文补遗》（第三辑）。

提要： 志文记载王氏家族世系及生平情况。太妃王氏，并州太原人。其夫姓氏、生卒不详。太妃于龙朔二年八月十三日逝于雍州长安县新昌乡，享年 67 岁，同年十一月五日葬于三原。

王方大墓志

全称： 唐故秘阁直司登仕郎王君墓志并序。

年代： 唐龙朔三年（663）刻。

形制： 志正方形。边长 0.49 米，厚 0.10 米。

行字： 志文楷书 25 行，满行 25 字。

纹饰： 志四侧饰联珠纹及缠枝蔓草纹。

出土： 出土时间、地点不详。

现藏： 西安博物院。

著录：《隋唐五代墓志汇编》《全唐文补遗》（第三辑）。

提要： 志文记载王方大之家族世系、生平、夫人及子嗣等。

薛玄则墓志

全称： 大唐故营州都督上柱国梁郡公元子朝请郎薛君之墓志铭并序。

年代： 唐龙朔三年（663）刻。

形制： 志正方形。边长 0.47 米。

行字： 志文楷书 26 行，满行 29 字。

出土： 出土时间、地点不详。

现藏： 西安市长安博物馆。

著录：《长安新出墓志》《长安碑刻》。

提要： 志文记载薛玄则乃太宗文皇帝之从甥，金城县主之长子，并记载了其生平、职官等。

权文昇墓志

全称： 故左卫高思府果毅都尉权君墓志。

年代：唐龙朔三年（663）刻。

形制：志长 0.51 米，宽 0.52 米。

行字：志文楷书 37 行，满行 35 字。

出土：出土时间、地点不详。

现藏：西安市长安博物馆。

著录：《长安新出墓志》《长安碑刻》。

提要：志文记载权文昇之家族世系、生平、历官及子嗣等。其官至守左卫高思府果毅都尉。

张难墓志

全称：南阳张君墓志铭并序。

年代：唐龙朔三年（663）刻。

形制：盖盝形，志正方形。志、盖尺寸相同。边长 0.35 米。

行字：盖文篆书 2 行，满行 2 字，题"张君墓志"。志文楷书 21 行，满行 21 字。

纹饰：盖四刹饰蔓草纹。

出土：1955 年出土于西安市东郊郭家滩。

现藏：西安碑林博物馆。

著录：《西安碑林全集》《新中国出土墓志·陕西贰》《全唐文补遗》（第六辑）。

提要：志文记载张难的家族世系、生平、历官及子嗣情况。张难，字师，南阳人。其曾任上骑都尉，后因官场失意，归家不仕。龙朔三年卒，葬于浐川白鹿原。

道因法师碑

全称：大唐故翻经大德益州多宝寺道因法师碑文并序。

年代：唐龙朔三年（663）刻立。

形制：螭首方座。通高 3.12 米，宽 1.03 米，厚 0.27 米。

行字：正文楷书 34 行，满行 73 字。

撰书：李俨撰，欧阳通书，常长寿、范素刻。

纹饰：碑侧饰蔓草纹，碑身与碑座两侧饰人物图案。

出土：原在长安县怀德坊慧日寺，北宋初移入文庙，后移藏西安碑林。

现藏：西安碑林博物馆。

著录：《西安碑林全集》《金石萃编》《碑林集刊》（第 3 辑）。

备注：碑阴为北宋《赠梦英诗》。

提要：此碑为道因法师之弟子元凝等人为纪念先师而刊立。道因法师，隋唐之际的高僧，俗姓侯氏，濮阳人。唐显庆三年（658）圆寂于长安慧日寺，次年归葬益州，窆于彭门光化寺石经之侧。

贺兰淹墓志

全称：大唐左肆府故车骑将军贺兰君墓志。

年代：唐龙朔三年（663）刻。

形制：盖盝形，志正方形。盖边长 0.54 米，厚 0.10 米。志边长 0.55 米，厚 0.13 米。

行字：盖文篆书 3 行，满行 4 字，题"大唐故车骑将军贺兰君墓志"。志文楷书 30 行，满行 31 字。

纹饰：盖顶四周饰蔓草纹，四刹饰卷草纹，四侧饰莲纹。志四侧饰十二生肖图案。

出土：出土于铜川市耀州区小丘镇坳底村，时间不详。

现藏：铜川市耀州区博物馆。

著录：《陕西碑石精华》《全唐文补遗》（第六辑）《新中国出土墓志·陕西叁》。

提要：志文记载贺兰淹之家族世系、生平、历官及夫人情况。其曾任泾阳军头、左肆府车骑将军。武德七年（624）卒，享年 42 岁。夫人傅氏，龙朔三年卒，享年 76 岁。同年正月二十七日合葬于雍州三原县永安原。

同州圣教序碑

全称： 大唐太宗文皇帝制三藏圣教序。

年代： 唐龙朔三年（663）刻立。

形制： 螭首方座。通高 3.50 米，宽 1.13 米，厚 0.31 米。

行字： 额隶书 2 行 8 字；正文楷书 29 行，满行 58 字。有界格。

撰书： 李世民、李治撰，褚遂良书。

出土： 原在同州龙兴寺，1972 年移藏西安碑林。

现藏： 西安碑林博物馆。

著录：《陕西碑石精华》《西安碑林全集》。

备注： 碑阳左下角有清宫尔铎题记。碑阴有北宋游师雄、仇伯玉及明孙奇等题字。

提要： 此碑记唐太宗及太子李治为玄奘法师所翻译的佛经分别撰写的《三藏圣教序》和《述三藏圣教序记》。其主要内容是推崇佛法及对玄奘赴西域取经、译经的赞扬。

新城长公主墓志

全称： 大唐故新城长公主墓志铭并序。

年代： 唐龙朔三年（663）刻。

形制： 盖盝形，志正方形。盖边长 0.86 米，厚 0.14 米。志边长 0.85 米，厚 0.25 米。

行字： 盖文篆书 3 行，满行 4 字，题"大唐故新城长公主墓志之铭"。志文楷书 35 行，满行 35 字。

纹饰： 盖四刹及四侧饰忍冬纹及回纹。志四侧饰壸门内十二瑞兽，周围以云纹填充，下饰山和树。

出土： 1995 年出土于礼泉县烟霞镇东坪村新城公主墓中。

现藏： 昭陵博物馆。

著录：《昭陵碑石》《全唐文补遗》（第五辑）。

备注： 志面腐蚀严重，底右上角断裂。

提要： 志文记载新城公主家族世系及生平经历。公主为太宗之女，文德皇后生，高宗之妹。贞观二十三年（649）二月六日出降长孙诠，永徽三年（652）五月二十三日改封新城郡长公主。显庆四年（659）长孙无忌遭诬构，籍没全家，诠遭株连被杀。龙朔三年二月薨，享年 30 岁，以皇后礼陪葬昭陵。新城长公主，《新唐书》有传。

许洛仁碑

全称： 唐故左监门将军冠军大将军使持节都督代忻朔蔚四州诸军事代州刺史上柱国许公□□并序。

年代： 唐龙朔三年（663）刻立。

形制： 螭首方座。通高 3.38 米，宽 1.20 米，厚 0.36 米。

行字： 额篆书 3 行，满行 4 字，题"大唐故冠军大将军代州都督许公之碑"。正文楷书 39 行，满行 77 字。

出土： 原立于礼泉县赵镇新寨村许洛仁墓前。1975 年移藏昭陵博物馆。

现藏： 昭陵博物馆。

著录：《关中金石记》《语石》《昭陵碑石》。

提要： 碑文记载述许洛仁的家族世系、生平及历官情况。许洛仁，博陵安喜人。隋大业末协助李渊父子发动晋阳宫事变，授朝散大夫。武德初，拜三卫车骑。武德九年（626）玄武门事变后，授大明府别将，转大明府统军。贞观时，历右卫原城府统军、左武卫将军、云麾将军、左监门中郎将、上护军、左监门将军、冠军大将军等，封许国公。龙朔三年四月十六日薨，享年 85 岁，赠代州都督、代州刺史等，陪葬昭陵。许洛仁在两《唐书》中无传，其事迹略见于其兄许世绪传。

韦俊墓志

全称： 大唐故常州长史韦君墓志铭并序。

年代： 唐麟德元年（664）刻。

形制： 志正方形。边长 0.50 米。

行字： 志文楷书 29 行，满行 28 字。

出土： 出土时间、地点不详。

现藏： 西安市长安博物馆。

著录：《长安新出墓志》《长安碑刻》《新中国出土墓志·陕西叁》。

提要： 志文记载韦俊的家族世系、生平、历官及子嗣等。其历官右监门府铠曹参军、尚食直长，授朝散大夫，行宁州司马、常州长史。

鲁慈墓志

全称： 唐故鲁府君墓志铭并序。

年代： 唐麟德元年（664）刻。

形制： 志正方形。边长 0.46 米。

行字： 志文楷书 23 行，满行 23 字。

出土： 出土时间、地点不详。

现藏： 西安市长安博物馆。

著录：《长安新出墓志》《长安碑刻》。

提要： 志文记载鲁慈的家族世系及生平。

何刚墓志

全称： 大唐何府君之墓志。

年代： 唐麟德元年（664）刻。

形制： 盖盝形。志、盖尺寸相同。长 0.40 米，宽 0.41 米。

行字： 盖文篆书 3 行，满行 3 字，题"大唐何府君之墓志铭"。志文楷书 21 行，满行 21 字。

纹饰： 盖四刹饰卷草纹。

出土： 1955 年出土于西安市东郊郭家滩。

现藏： 西安碑林博物馆。

著录：《西安碑林全集》《唐代墓志汇编续集》《全唐文补遗》（第三辑）。

提要： 志文记载何刚的家族世系、生平及子嗣情况。何刚，字僧寿，京兆万年人。

*冯迈墓志

年代： 唐麟德元年（664）刻。

形制： 志长 0.50 米，宽 0.49 米。

行字： 志文楷书 19 行，满行 19 字。有方界格。

出土： 出土时间、地点不详。2005 年入藏西安碑林博物馆。

现藏： 西安碑林博物馆。

著录：《西安碑林博物馆新藏墓志汇编》。

提要： 志文记载冯迈的家族世系、生平及历官情况。

大唐德业寺亡尼墓志

年代： 唐麟德元年（664）刻。

形制： 志长 0.42 米，宽 0.43 米，厚 0.11 米。

行字： 志文行书 14 行，满行 13 字。

出土： 1974 年出土于咸阳市底张湾陶家村。

现藏： 秦咸阳宫遗址博物馆。

著录：《新中国出土墓志·陕西壹》《隋唐五代墓志汇编》《全唐文补遗》（第五辑）。

提要： 志文记载志主卒年、葬地等。

郑广墓志

全称： 大唐故右武卫大将军使持节都督凉甘肃伊瓜沙等六州诸军事凉州刺史上柱国同安郡开国公郑府君墓志铭并序。

年代： 唐麟德元年（664）刻。

形制：盖盝形，志正方形。盖边长 0.72 米，厚 0.12 米。志边长 0.73 米，厚 0.16 米。

行字：盖文篆书 4 行，满行 4 字，存"大唐右武卫大将军使持节凉州"等字。志文楷书 37 行，满行 37 字。

纹饰：盖四刹、四侧饰忍冬纹及蔓草纹。志四侧饰壸门内十二瑞兽图案。

出土：1971 年出土于礼泉县烟霞镇马寨村郑仁泰墓中。

现藏：昭陵博物馆。

著录：《昭陵碑石》《新中国出土墓志·陕西壹》。

备注：盖左半边残缺，右下角残缺断裂。志石右上角断裂，左上角残缺。

提要：该志文记载郑仁泰的家族世系、生平及历官情况。郑广，字仁泰，荥阳开封人。武德初投唐，随秦王李世民征讨，授帐内旅帅。武德九年（626）协助李世民发动政变，后授游击将军，赐爵归政县侯。贞观时，历丰浩府左别将、左卫翊府中郎将、上护军、胜州道行军副总管、忠武将军、检校右领军将军、右五马军总管、检校右武候将军、上柱国、左屯卫将军，改封同安郡公。永徽时，授银青光禄大夫、灵盐二州都督。显庆二年（657），入为右武卫大将军、检校右卫右领二大将军事，又授卢山、降水、铁勒三大总管，后历凉州刺史等。龙朔三年十一月十九日薨，享年 63 岁，赠代州都督等，陪葬昭陵。

李敬碑

全称：大唐故清河公主碑。

年代：唐麟德元年（664）刻立。

形制：螭首方座。高 3.54 米，宽 1.19 米，厚 0.36 米。

行字：额篆书 3 行，满行 3 字，题"大唐故清河长公主碑"。正文楷书 27 行，满行 57 字。

撰书：李俨撰，畅整书，辛胡师镌。

纹饰：碑侧饰忍冬纹及梅花纹。

出土：原立于礼泉县烟霞镇上营村清河公主墓前，1975 年移藏昭陵博物馆。

现藏：昭陵博物馆。

著录：《金石录》《关中金石文字存佚考》《昭陵碑石》。

备注：碑首行题款泐，标题照录碑额题款。

提要：据诸著录文献，该碑记述清河长公主李敬的家族世系及生平情况。清河长公主，名敬，字德贤，唐太宗之女。贞观二年（627），诏封清河郡公主，出降镇军大将军程知节之子程处亮。麟德元年薨，陪葬昭陵。清河长公主，《新唐书》有传。

杜君绰碑

全称：大唐故左戎卫大将军兼太子左典戎卫率赠荆州都督上柱国怀宁县开国襄公杜公碑。

年代：唐麟德元年（664）刻立。

形制：螭首方座。通高 3.59 米，宽 1.23 米，厚 0.32 米。

行字：额篆书 5 行，满行 7 字，题"大唐故左戎卫大将军兼太子左典戎卫率赠荆州都督上柱国怀宁县开国襄公杜君碑"。正文楷书 39 行，满行 76 字。

撰书：李俨撰，高正臣书，万宝哲刻。

纹饰：碑两侧饰忍冬纹，周边饰联珠纹。

出土：原立于礼泉县烟霞镇大冢渠村杜君

绰墓前，1975 年移藏昭陵博物馆。

现藏：昭陵博物馆。

著录：《金石录》《宝刻类编》《关中金石记》。

备注：碑前三行泐灭特甚，仅留撰者姓名。

提要：碑文记载述杜君绰的历官情况。杜君绰，义宁初归顺。武德时封襄城县开国侯、怀宁县公，又授忠武将军。贞观时，历领军将军、右领军将军、上护军、检校左武候将军。永徽时，历检校左武卫将军、检校左卫将军、检校右卫将军、太子右卫率、辽东道经略大使、左领军大将军、左戎卫大将军、太子左典戎卫率等。龙朔二年（662）十月二十五日薨，赠荆州都督、荆州刺史等，谥曰"襄公"，陪葬昭陵。

焦君妻杨媛墓志

全称：大唐安定里长者焦君夫人杨氏墓志。

年代：唐麟德二年（665）刻。

形制：志正方形。边长 0.37 米。

行字：志文楷书 15 行，满行 16 字。

出土：出土时间、地点不详。

现藏：西安市长安博物馆。

著录：《长安新出墓志》《长安碑刻》。

提要：志文记载杨媛的家族谱系、生平。

李震墓志

全称：大唐故梓州刺史赠使持节都督幽州诸军事幽州刺史李公墓志铭并序。

年代：唐麟德二年（665）刻。

形制：盖盝形，志正方形。盖边长 0.84 米，厚 0.13 米。志边长 0.83 米，厚 0.13 米。

行字：盖文篆书 4 行，满行 4 字，题"大唐故梓州刺史使持节定国公之墓志"。志文楷书 37 行，满行 37 字。

纹饰：盖四刹饰四神，四侧饰山形云纹及蔓草纹。志四侧饰壸门内十二生肖图案，以云纹填空。

出土：1973 年出土于礼泉县烟霞镇烟霞新村李震墓中。

现藏：昭陵博物馆。

著录：《新中国出土墓志·陕西壹》《隋唐五代墓志汇编》《昭陵碑石》。

提要：该志文记载李震的家族世系、生平及历官情况。李震，字景阳，曹州济阴人。初唐功臣李勣之子。贞观九年（635），以门荫入仕，历千牛备身、城门郎、朝散大夫、守尚乘奉御。高宗朝，历中大夫、守宗正少卿、泽州刺史、赵州刺史、梓州诸军事、梓州刺史等。麟德二年三月薨，享年 49 岁，赠幽州都督、幽州刺史等，谥曰"定公"，陪葬昭陵。李震事迹附记于两《唐书·李勣传》后。

婕妤三品亡尼墓志

全称：大唐故婕妤三品亡尼墓志铭并序。

年代：唐麟德二年（665）刻。

形制：盖盝形，志正方形。盖边长 0.59 米，厚 0.12 米。志边长 0.60 米，厚 0.13 米。

行字：盖文篆书 3 行，满行 3 字，题"大唐故三品尼墓志铭"。志文楷书 14 行，满行 17 字。

出土：1974 年出土于礼泉县烟霞镇陵光村婕妤三品亡尼墓中。

现藏：昭陵博物馆。

著录：《新中国出土墓志·陕西壹》《隋唐五代墓志汇编》《昭陵碑石》。

提要：该墓志失载婕妤籍贯、姓名及生平，仅载婕妤麟德二年十二月卒，陪葬昭陵。

*程知节碑

年代：唐麟德二年（665）刻立。

形制：碑残损。残高 2.80 米，宽 1.07 米，厚 0.36 米。

行字：正文楷书 36 行，行残存约 40 字。

撰书：许敬宗撰，畅整书。

出土：原立于礼泉县烟霞镇上营村程知节墓前，民国时期为醴泉县民众教育馆收世藏，1975 年移藏昭陵博物馆。

现藏：昭陵博物馆。

著录：《集古录》《金石录》《昭陵碑石》。

备注：后经发掘墓葬，发现碑下端有一块残石，存 36 字。

提要：程知节，字义贞。隋末投李密瓦岗军，后归王世充。武德二年（619）投唐，历秦王府左三统军、康州刺史等。武德九年（626），协助秦王李世民发动政变，授太子右卫率，封右武卫大将军。贞观时，历泸州刺史、左领军大将军、检校原州都督、检校蒋王府长史、普州刺史、左屯卫大将军、镇军大将军，封卢国公。高宗即位，历左卫大将军、葱山道行军大总管等。麟德二年二月七日薨，赠益州大都督、益州刺史等，同年十月十一日陪葬昭陵。程知节，两《唐书》有传。

程知节墓志

全称：大唐骠骑大将军益州大都督上柱国卢国公程使君墓志铭并序。

年代：唐麟德二年（665）刻。

形制：盖盝形，志正方形。志、盖尺寸相同。边长 0.79 米，厚 0.15 米。

行字：盖文篆书 4 行，满行 4 字，题"大唐骠骑大将军卢国公程使君墓志"。志文楷书 45 行，满行 46 字。

纹饰：盖四刹饰四神，四侧饰蔓草纹。志四侧饰壸门内十二生肖图案，以云纹填空。

出土：1986 年出土于礼泉县烟霞镇上营村程知节墓中。

现藏：昭陵博物馆。

著录：《隋唐五代墓志汇编》《新中国出土墓志·陕西壹》《昭陵碑石》。

提要：该志文记载程知节的家族世系、生平及历官情况。

田仁汪墓志

全称：故兼司卫正卿田君墓志。

年代：唐乾封元年（666）刻。

形制：志正方形。边长 0.69 米。

行字：志文楷书 33 行，满行 34 字。

出土：出土时间、地点不详。

现藏：西安市长安博物馆。

著录：《长安新出墓志》《长安碑刻》。

提要：志文记载田仁汪之家族世系、生平及历官情况。其历官右亲卫、右卫兵曹参军、右领军卫长史、九成宫副监、平壤道行军兵曹、太原县令、蓝田令、朝散大夫、茂府司马、洛阳宫总监、司农少卿兼司卫正卿。

刘孝节墓志

全称：大唐故明威将军太子左司御卫率护军井陉县开国公刘府君墓志铭。

年代：唐乾封元年（666）刻。

形制：志正方形。边长 1.00 米，厚 0.15 米。

行字：志文楷书 49 行，满行 50 字。

纹饰：志四侧饰忍冬纹。

出土：泾阳县境内出土，时间不详。

现藏：泾阳县博物馆。

著录：《隋唐五代墓志汇编》《全唐文补遗》
（第三辑）《咸阳碑刻》。

提要：志文记载刘孝节的家族世系及生平。

*王氏妇□氏墓志

年代：唐乾封元年（666）刻。

形制：志长 0.35 米，宽 0.34 米。

行字：志文楷书 3 行，满行字数不等。

出土：1955 年出土于西安市东郊郭家滩。

现藏：西安碑林博物馆。

著录：《西安碑林全集》。

备注：朱书砖志。

提要：志文简记志主卒年及葬地。

*鬲苟子合邑子廿五人等造像碑

年代：唐乾封元年（666）刻立。

形制：四面造像碑，方首。高 1.56 米，宽
0.60 米，厚 0.26 米。

行字：正文楷书 27 行，满行 10—12 字不等。

纹饰：正面拱形尖顶龛，龛内为一佛四菩
萨。龛上部及两侧有 10 余尊线刻菩
萨立像，外侧为缠枝蔓草纹。龛下共
4 层，首层中部为莲台，两侧为线刻
蹲兽。再下层右侧为牛车图，左侧
刻铭文。下两层为线刻供养人像、
题名及发愿文。

出土：1927 年出土，地点不详。

现藏：药王山博物馆。

著录：《药王山碑刻》《陕西药王山碑刻艺术
总集》。

备注：此系附刻于隋开皇六年（586）《弥姐
后德合邑卅人等造像碑》正面下部。

提要：碑文记载鬲苟子等发愿造像之事。

*李慎妻陆氏碑

年代：唐乾封元年（666）刻立。

形制：螭首龟座。通高 3.12 米，宽 1.04 米，
厚 0.34 米。

行字：额篆书 3 行，满行 4 字，题“大唐纪
国故先妃陆氏之碑铭”。正文楷书 38
行，满行 73 字。

出土：原立于礼泉县烟霞镇西二村陆妃墓
前，1975 年移藏昭陵博物馆。

现藏：昭陵博物馆。

著录：《关中金石文字存佚考》《八琼室金石
补正》《昭陵碑石》。

备注：该碑首行题款泐蚀。

提要：碑文记载陆氏生平。陆氏，河南洛阳
人，13 岁嫁唐太宗子纪王李慎。贞观
十七年（643），册拜纪王妃，生东平
郡王续等六男、江陵县主等八女。麟
德二年（665）六月二十六日薨，享
年 35 岁，乾封元年十二月九日陪葬
昭陵。

唐太宗妃韦珪墓志

全称：大唐太宗文皇帝故贵妃纪国太妃韦氏
墓志铭并序。

年代：唐乾封元年（666）刻。

形制：盖盝形，志正方形。盖边长 0.84 米，
厚 0.19 米。志边长 0.84 米，厚 0.18 米。

行字：盖文篆书 4 行，满行 4 字，题“唐太
宗文皇帝故贵妃纪国太妃韦氏铭”。
志文楷书 39 行，满行 38 字。

撰书：令狐德棻撰。

纹饰：盖四刹饰蔓草纹，四侧饰忍冬纹。志
四侧饰十二瑞兽，以云纹填空。

出土：1991 年春出土于礼泉县烟霞镇陵光
村韦贵妃墓中。

现藏：昭陵博物馆。

著录：《新中国出土墓志·陕西壹》《全唐文
补遗》（第二辑）《昭陵碑石》。

提要：该志文记载韦氏的家族世系、生平及子嗣情况颇详。韦珪，字泽，京兆杜陵人，北周名将韦孝宽曾孙女。武德年间，封为秦王妃。贞观元年（627）四月一日册拜贵妃。生女临川公主李孟姜、子纪王李慎。永徽元年（650）正月二十九日册拜纪国太妃。麟德二年（665）九月二十八日薨，享年69岁，乾封元年十二月二十九日陪葬昭陵。

李孟常碑

全称：大唐故右威卫大将军上柱国汉东郡开国公李公碑铭并序。

年代：唐乾封元年（666）刻立。

形制：螭首方座。通高 3.84 米，下宽 1.18 米，厚 0.39 米。

行字：额篆书 4 行，满行 6 字，题"大唐故右威卫大将军上柱国汉东郡开国公李府君之碑铭"。正文楷书 35 行，满行 80 字。

撰书：李安期撰，李玄植书，万宝哲刻。

出土：原立于礼泉县烟霞镇严峪村李孟常墓前，1975 年移藏昭陵博物馆。

现藏：昭陵博物馆。

著录：《碑帖叙录》《昭陵碑石》。

提要：该碑记述李孟常的家族世系、生平及历官情况。李孟常，字待宾，赵郡平棘人。隋末聚众起事，武德元年（618）率众归唐，并屡立战功。武德九年协助李世民发动政变，授右监门中郎将。贞观时，历右骁卫将军、右屯卫将军、黔州刺史，封汉东郡开国公。高宗时，历右监门大将军、右监门卫大将军、右威卫大将军等。乾封元年五月三十日薨，享年 74 岁，赠荆州都督、荆州刺史

等，谥曰"襄公"，陪葬昭陵。李孟常事迹附载于《旧唐书·刘文静传》《新唐书·裴寂传》中。

□文雅墓志

全称：大唐故朝散大夫□君墓志铭并序。

年代：唐乾封二年（667）刻。

形制：志正方形。边长 0.44 米。

行字：志文楷书 17 行，满行 18 字。有方界格。

纹饰：志四侧饰蔓草纹。

出土：出土时间、地点不详。

现藏：西安交通大学博物馆。

著录：《西安交通大学博物馆藏品集锦——碑石书法卷》。

提要：志文记述了志主的家族世系、生平等。

源君妻赵懿懿墓志

全称：司刑太常伯武安公世子奉冕直长源侧室赵五娘墓志铭并叙。

年代：唐乾封二年（667）刻。

形制：志长 0.35 米，宽 0.33 米。

行字：志文楷书 15 行，满行 15 字。

出土：1956 年出土于西安市东郊韩森寨。

现藏：西安碑林博物馆。

著录：《西安碑林全集》《新中国出土墓志·陕西贰》《全唐文补遗》（第六辑）。

备注：砖志。

提要：志文简记志主卒年、葬地等信息。

挚行基墓志

全称：大唐故处士挚君墓志。

年代：唐乾封二年（667）刻。

形制：志长 0.43 米，宽 0.44 米。

行字：志文楷书 13 行，满行 14 字。

出土：出土时间、地点不详。

现藏：西安市长安博物馆。

著录：《长安新出墓志》《长安碑刻》。

提要：志文记载挚行基之生平。

桓表墓志

全称：唐故文林郎桓君墓志铭。

年代：唐乾封二年（667）刻。

形制：盖盝形，志正方形。志、盖尺寸相同。边长 0.48 米。

行字：盖文篆书 3 行，满行 3 字，题"大唐故桓府君墓志铭"。志文楷书 16 行，满行 17 字。有界格。

纹饰：盖四刹饰蔓草纹，志四侧饰海石榴纹。

出土：1958 年出土于西安市西郊土门。

现藏：西安碑林博物馆。

著录：《西安碑林全集》《全唐文补遗》（第三辑）《新中国出土墓志·陕西贰》。

提要：志文记载桓表的家族世系、生平及历官情况。桓表，字林宗，梁郡人，曾任文林郎。

段允探墓志

全称：大唐故丞务郎段府君墓志铭并序。

年代：唐乾封二年（667）刻。

形制：盖盝形，志正方形。志、盖尺寸相同。边长 0.40 米。

行字：盖文篆书 3 行，满行 3 字，题"大唐故丞务郎段君铭"。志文楷书 17 行，满行 16 字。有界格。

纹饰：盖四刹及志四侧均饰缠枝蔓草纹。

出土：1956 年出土于西安市东郊韩森寨。

现藏：西安碑林博物馆。

著录：《西安碑林全集》《全唐文补遗》（第三辑）《新中国出土墓志·陕西贰》。

提要：志文记载段允探之家族谱系、生平及

历官情况。段允探，字元琛，同起建宁人。其曾任丞务郎。

段伯阳妻高氏墓志

全称：大唐故内侍伯段君妻高夫人墓志铭并序。

年代：唐乾封二年（667）刻。

形制：盖盝形，志长方形。志、盖尺寸相同。边长 0.41 米。

行字：盖文篆书 3 行，满行 3 字，题"唐故段君妻高夫人铭"。志文楷书 17 行，满行 17 字，有界格。

纹饰：盖四刹及志四侧均饰蔓草纹。

出土：1956 年出土于西安市东郊韩森寨。

现藏：西安碑林博物馆。

著录：《西安碑林全集》《全唐文补遗》（第三辑）《新中国出土墓志·陕西贰》。

提要：志文记载高夫人生平情况。高夫人乃内侍省内侍伯段伯阳之妻。

曹钦墓志

全称：大唐故左骁卫大将军上柱国云中县开国公曹府君墓志铭并序。

年代：唐乾封二年（667）刻。

形制：盖盝形，志正方形。志、盖尺寸相同。边长 0.80 米。盖厚 0.13 米，志厚 0.14 米。

行字：盖文篆书 4 行，满行 4 字，题"大唐故左骁卫将军上柱国开国公墓志"。志文楷书 45 行，满行 44 字。

纹饰：志四侧饰忍冬纹。

出土：出土时间、地点不详。1988 年文物普查时发现于乾县。

现藏：乾陵博物馆。

著录：《隋唐五代墓志汇编》《新中国出土墓志·陕西壹》《全唐文补遗》（第三辑）。

提要：志文记载曹钦的家族世系、生平及历官情况。曹钦，事高祖、太宗、高宗三朝，官拜左骁卫将军。

窦德藏墓志

全称：大唐故太子右司御卫率杞国公窦府君墓志铭。

年代：唐乾封二年（667）刻。

形制：志长 0.60 米，宽 0.58 米，厚 0.12 米。

行字：志文楷书 31 行，满行 31 字。

出土：出土于咸阳市秦都区双照乡新城村，时间不详。后存于咸阳市秦都区公安分局。

现藏：咸阳市文物保护中心。

著录：《咸阳碑刻》《全唐文补遗》（第八辑）。

提要：该志文记载墓主窦德藏之家族世系、生平及历官情况。其历官东宫千牛、太清府右别将、中散大夫、都水使者、左监门中郎将、太子右宗卫副率、右司御卫率，诏赠使持节青州诸军事、青州刺史。

张法曹妻萧氏墓志

全称：前鄯州都督府张法曹故妻萧夫人墓志。

年代：唐总章元年（668）刻。

形制：志正方形。边长 0.30 米。

行字：志文楷书 12 行，满行 19 字。有竖界格。

出土：出土时间、地点不详。

现藏：西安交通大学博物馆。

著录：《西安交通大学博物馆藏品集锦——碑石书法卷》。

提要：志文记述了萧氏的家族世系及生平情况。

张臣合墓志

全称：大唐故正议大夫使持节兼泉州刺史潞城公墓志铭并序。

年代：唐总章元年（668）刻

形制：盖盝形，志正方形。志、盖尺寸相同。边长 0.50 米。

行字：盖文篆书 3 行，满行 3 字，题"唐故泉州刺史张公铭"。志文楷书 29 行，满行 29 字。

出土：1984 年出土于长武县枣元乡郭村。

现藏：长武县博物馆。

著录：《隋唐五代墓志汇编》《新中国出土墓志·陕西壹》《咸阳碑刻》。

提要：志文记载墓主张臣合的生平及家世。张臣合，字嘉会，祖籍太原晋阳，因官移籍安定郡乌氏县。其曾任朔方道安抚大使、左武卫礼义府统军、行盐州刺史、甘州刺史、瓜州刺史、泉州刺史等。

李爽墓志

全称：大唐故银青光禄大夫守司刑太常伯李公墓志铭并序。

年代：唐总章元年（668）刻。

形制：盖盝形，志正方形。志、盖尺寸相同。边长 0.84 米。

行字：盖文篆书 5 行，满行 4 字，题"大唐故银青光禄大夫守司刑太常伯李公墓志铭"。志文楷书 43 行，满行 44 字。有界格。

撰书：崔行功撰。

纹饰：盖四刹饰三层蔓草花纹，志四侧饰十二生肖图案。

出土：1956 年出土于西安市曲江池遗址南岸。

现藏：西安碑林博物馆。

著录：《西安碑林全集》《全唐文补遗》（第一辑）《新中国出土墓志·陕西贰》。

提要：志文记载李爽的家族世系、生平、历官、子嗣及夫人郑氏情况。李爽，字乾祐，陇西城纪人。其历官齐王典签、右武候仓曹、右卫录事参军、殿中侍御史、长安县令、御史中丞。永徽初年，与褚遂良不和，出为邢魏二州刺史，后屡经变故。乾封二年（667）时，授银青光禄大夫、守司刑太常伯。总章元年七月四日卒，享年76岁。夫人荥阳郑氏，于贞观十年（636）三月二十一日先逝，时仅37岁。以总章元年十一月二十二日迁灵与李爽合葬于雍州明堂县界凤楼原。李爽，两《唐书》有传。志文撰者崔行功任秘书少监。

郭药树墓志

全称： 大唐故郭君墓志铭并序。
年代： 唐总章元年（668）刻。
形制： 志正方形。边长0.37米。
行字： 志文楷书20行，满行20字。
出土： 出土时间、地点不详。
现藏： 西安市长安博物馆。
著录：《长安新出墓志》《长安碑刻》。
提要： 志文记载郭药树之家族世系及生平情况。

田生墓志

全称： 大唐故处士京兆田君墓志铭并序。
年代： 唐总章元年（668）刻。
形制： 志正方形。边长0.40米。
行字： 志文楷书19行，满行18字。
出土： 出土时间、地点不详。
现藏： 西安市长安博物馆。
著录：《长安新出墓志》《长安碑刻》。
提要： 志文记载田生之家族世系、生平及子嗣等。

*刘洛仁造像碑

年代： 唐总章元年（668）刻立。
形制： 四面造像碑，顶座皆佚，方首。高1.44米，宽0.59米，厚0.24米。
行字： 正文楷书23行，满行25字。
纹饰： 正面龛内共5尊造像。中部为阿弥陀佛结跏趺坐于须弥座之上。其左手下垂抚膝，右手上扬至胸。佛左右内侧为二圣僧拱手肃立，外侧为二菩萨垂手提瓶舞带。龛左右各浮雕一护法像。龛上有大型浮雕一组。中为一三级浮图，其上级有两龛，中级两龛，下级一龛，内结跏趺坐一佛。浮图下结缨穗，缨穗下曳，与大龛楣相连。浮图左右各有3飞天，皆持带而舞，其带端作莲蒂状，蒂端各站一菩萨。龛下居中为一方头侏儒，作曲身托炉势。炉左右台上各蹲坐一狮。再左右为供养人立像及题名，已漫漶不清。背面形式与正面基本相同。龛内中部佛结跏趺坐于须弥宝座之上，两圣僧、两菩萨分立左右。龛上中部有两层小龛，内各1尊造像。小龛两侧有飞天二。右侧共6龛。上并两龛，龛内各结跏趺坐一佛。其左龛右下角处，又有一小龛，内立一人。再下3层为供养人题名及题记。左侧共有大小12龛，可分作3组，龛下为供养人线刻立像及题名。
出土： 1927年出土，地点不详，藏雷天一家。1936年捐送耀县碑林，1955年迁于耀县文化馆碑廊，1971年迁于耀县药王山。
现藏： 药王山博物馆。
著录：《药王山碑刻》《陕西药王山碑刻艺术总集》。

备注：此碑为药王山现存造像碑中雕龛最多者之一。相较正面造像而言，侧面造像及题名较为潦草，布局混乱，可能为后人加刻。

提要：碑文记载刘洛仁等发愿造像之事。

张智慧墓志

全称：唐故右勋卫队正张君墓志铭并序。

年代：唐总章元年（668）刻。

形制：志正方形。边长 0.34 米。

行字：盖文篆书 3 行，满行 3 字题"大唐故队正张君之铭"。志文楷书 17 行，满行 17 字。

出土：1984 年出土于长武县枣元乡郭村。

现藏：长武县博物馆。

著录：《咸阳碑刻》《新中国出土墓志·陕西壹》《全唐文补遗》（第二辑）。

提要：该志文记载张智慧为张臣合第三子，起家左勋卫转队正。乾封元年（666）七月二十六日卒于洛阳。总章元年，父子合葬于豳州宜禄县（今长武县）之岐原。

*徐罗母薛氏墓志

年代：唐总章二年（669）刻。

形制：志砖长 0.21 米，宽 0.14 米。

行字：志文楷书 14 行，满行 7 字。

出土：出土时间、地点不详。1957 年段绍嘉捐藏西安碑林。

现藏：西安碑林博物馆。

著录：《西安碑林全集》《北京图书馆藏中国历代拓本汇编》《全唐文补遗》（第七辑）。

提要：此志内容为"总章二年十二月二十五日兖州金乡县前兰州录事参军徐罗母薛氏墓"。

亡宫六品墓志

全称：大唐故亡宫六品墓志并序。

年代：唐总章二年（669）刻。

形制：志长 0.58 米，宽 0.57 米。

行字：志文楷书 12 行，满行 16 字。

出土：出土时间、地点不详。西安碑林旧藏。

现藏：西安碑林博物馆。

著录：《西安碑林全集》《新中国出土墓志·陕西贰》《隋唐五代墓志汇编》。

提要：志文记载志主之德行及安葬时间、地点等。

*雷伏爱造像碑

年代：唐总章二年（669）刻立。

形制：四面造像碑，方首。碑残损，残高 0.25 米，宽 0.19 米，厚 0.11 米。

行字：正文楷书 25 行，满行 10 字。

纹饰：正面龛内 3 尊造像。中部佛结跏趺坐于须弥座上，左手下抚膝，右手上扬，作说法相。二菩萨皆垂左手、扬右手舞带侍立。背面一龛，内浮雕持莲比丘尼二，旁有发愿题名。左右两侧有两龛，内各 1 尊造像，均为结跏拱手式，头部向上残失。碑座正面分上下两层。上层正中为一方头巨人，作蹲跪势。两手上托，顶一莲座圆炉。其左右两边为线刻持莲立像，下部为铭文。

出土：1981 年出土于耀县董家河镇，同年迁于耀县药王山。

现藏：药王山博物馆。

著录：《药王山碑刻》《陕西药王山碑刻艺术总集》。

提要：碑文记载雷伏爱合家大小七口发愿造像之事。

吴黑闼碑

全称： 大唐故使持节八州诸军事洪州都督上柱国濮阳郡开国公吴府君之碑并序。

年代： 唐总章二年（669）刻立。

形制： 螭首方座。高 2.77 米，宽 1.06 米，厚 0.31 米。

行字： 额篆书 3 行，满行 3 字，题"大唐故吴府君之碑"。正文楷书 33 行，满行 64 字。

出土： 原立于礼泉县烟霞镇西周村吴黑闼墓前，1975 年移藏昭陵博物馆。

现藏： 昭陵博物馆。

著录： 《集古录》《集古录目》《昭陵碑石》。

提要： 该碑记述吴广的家族世系、生平及历官情况。吴广，字黑闼，东郡濮阳人。大业末参加瓦岗军，后归王世充，又与程知节、秦叔宝一同投唐，拜上开府。武德九年（626）协助李世民发动政变，授右勋卫中郎将，封新乡县开国公，后封左卫中郎将。贞观时，历宕州刺史、右武卫将军、云麾将军、辽东道右军总管等。高宗时，历茂州都督、洪州都督，加爵濮阳郡开国公。总章元年十月二十九日薨，享年 78 岁，赠代州刺史、代州都督等，谥曰"忠公"，总章二年五月二十五日陪葬昭陵。

吕文达暨妻边氏墓志

全称： 大唐故朝大夫吕文达及夫人边氏墓志铭。

年代： 唐咸亨元年（670）刻。

形制： 志正方形。边长 0.40 米。

行字： 志文楷书 15 行，满行 15 字。

出土： 出土时间、地点不详。

现藏： 西安市长安博物馆。

著录： 《长安新出墓志》《长安碑刻》。

提要： 志文记载吕文达及其夫人边氏的生平、婚姻情况。

亡尼七品墓志

全称： 大唐故亡尼七品志文。

年代： 唐咸亨元年（670）刻。

形制： 志正方形。边长 0.38 米。

行字： 志文楷书 12 行，满行 15 字。有方界格。

出土： 出土时间、地点不详。

现藏： 西安碑林博物馆。

著录： 《全唐文补遗》（第五辑）《新中国出土墓志·陕西贰》。

提要： 志文记载志主之年龄、卒葬时间和地点情况。志主咸亨元年三月二十五日卒，四月三日葬于城西，享年 74 岁。

郭丽墓志

全称： 唐故上骑都尉郭君墓志铭并序。

年代： 唐咸亨元年（670）刻。

形制： 盖盝形，志正方形。志、盖尺寸相同。边长 0.50 米。

行字： 盖文篆书 3 行，满行 3 字，题"大唐故郭府君之墓志"。志文楷书 23 行，满行 23 字。有界格。

纹饰： 盖四刹及志四侧均饰蔓草纹。

出土： 1955 年出土于西安市东郊郭家滩。

现藏： 西安碑林博物馆。

著录： 《西安碑林全集》《全唐文补遗》（第三辑）《新中国出土墓志·陕西贰》。

提要： 志文记载郭丽的家族世系、生平情况。郭丽，字华义，太原人。

刘华墓志

全称： 唐故朝散大夫刘君志铭。

年代： 唐咸亨元年（670）刻。

形制：盖盝形，志正方形。边长 0.51 米。

行字：盖文篆书 3 行，满行 4 字，题"唐故刘君墓志之铭"。志文楷书 20 行，满行 20 字。

纹饰：盖中部饰铺首，盖四周、四刹均饰缠枝牡丹纹。

出土：出土时间、地点不详。2005 年入藏西安碑林博物馆。

现藏：西安碑林博物馆。

著录：《西安碑林博物馆新藏墓志汇编》。

提要：志文记载志主的家族世系、生平及历官、子嗣情况。志主入唐后任朝散大夫。

斛斯政则墓志

全称：大唐故右监门卫大将军上柱国赠凉州都督清河恭公斛斯府君之墓志铭并序。

年代：唐咸亨元年（670）刻。

形制：盖盝形，志正方形。盖边长 0.71 米，厚 0.15 米。志边长 0.70 米，厚 0.15 米。

行字：盖文篆书 3 行，满行 3 字，题"大唐故斛斯君墓志铭"。志文楷书 51 行，满行 50 字。

纹饰：盖饰蔓草纹，四刹饰宝相花，四侧饰蔓草纹。志四侧饰宝相花纹及蔓草纹。

出土：1979 年出土于礼泉县烟霞镇上营村斛斯政则墓中。

现藏：昭陵博物馆。

著录：《昭陵碑石》《唐代墓志汇编续集》《新中国出土墓志·陕西壹》。

提要：该志文记载斛斯政则的家族世系、生平、历官及夫人吴兴郡君姚氏生平。斛斯政则，字公宪，突厥人，以京兆鄠县为郡望。隋文帝时，授皇太子进马。隋炀帝时，授齐王长上执乘，后

历北门宿卫。武德初归唐，拜护军府校尉，知进马供奉、尚乘直长。贞观时，历轻车都尉、员外散骑侍郎、行尚乘直长，迁明威将军、守右屯卫永乐府折冲都尉、右监门中郎将。高宗时，历云麾将军、行右监门中郎将、左监门将军、右监门将军、检校腾骥厩、知陇右左十四监等牧马事、右监门大将军，封清河县开国子。咸亨元年五月二十四日薨，享年 81 岁，赠凉州都督、凉州刺史等，谥曰"恭公"，陪葬昭陵。

王大礼墓志

全称：大唐故使持节歙州诸军事歙州刺史驸马都尉王君墓志铭并序。

年代：唐咸亨元年（670）刻。

形制：盖盝形，志正方形。志、盖尺寸相同。边长 0.75 米，厚 0.11 米。

行字：盖文楷书 4 行，满行 4 字，题"大唐故歙州刺史驸马都尉王君墓志铭"。志文楷书 41 行，满行 41 字。

撰书：崔行功撰，敬客师书。

纹饰：盖饰宝相花纹，四侧饰回纹。志四侧饰宝相花纹，四侧饰回纹。

出土：1964 年出土于礼泉县烟霞镇山底村王大礼墓中。

现藏：昭陵博物馆。

著录：《昭陵碑石》《唐代墓志汇编续集》《新中国出土墓志·陕西壹》。

提要：该志文记载王大礼家族世系、生平历官颇详。王大礼，字仪，河南洛阳人。贞观时，以门荫入仕，蒙授宣节校尉、右千牛备身。贞观末，尚太宗第四女遂安公主，诏授驸马都尉，历绥州刺史、歙州刺史。

韦孝忠墓志

全称： 大唐故丰州永丰县令京兆韦府君墓志铭并序。

年代： 唐总章三年（670）刻。

形制： 志正方形。边长 0.50 米，厚 0.10 米。

行字： 志文楷书 27 行，满行 26 字。

纹饰： 志四侧饰缠枝卷叶纹。

出土： 20 世纪后期出土于长安县。

现藏： 西安市长安博物馆。

著录：《长安碑刻》《长安新出墓志》《新中国出土墓志·陕西叁》。

提要： 志文记载韦孝忠之家族世系、生平、历官及子嗣等。其历官陈王府典签、相州司兵、润州司士。

亡宫八品墓志

全称： 大唐故亡宫八品墓志铭并序。

年代： 唐总章三年（670）刻。

形制： 盖盝形，志正方形。盖边长 0.46 米，厚 0.06 米。志边长 0.45 米，厚 0.13 米。

行字： 盖文篆书 3 行，满行 3 字，题"大唐故亡宫八品墓志"。志文楷书 11 行，满行 14 字。

出土： 出土时间、地点不详。

现藏： 西安博物院。

提要： 志文记载志主自蓝田入选宫中，并记其卒年及葬地等情况。

王大礼墓志

全称： 唐故绛州曲沃县令上骑都尉王君墓志铭并序。

年代： 唐总章三年（670）刻。

形制： 志正方形。边长 0.52 米。

行字： 志文楷书 40 行，满行 40 字。

纹饰： 志四侧饰缠枝蔓草纹。

出土： 1955 年出土于西安市东郊洪庆村。

现藏： 西安碑林博物馆。

著录：《西安碑林全集》《新中国出土墓志·陕西贰》《全唐文补遗》（第三辑）。

备注： 志文磨损较重，部分文字已无法辨认。

提要： 志文记载王大礼之家族世系、生平、历官及子嗣情况。王大礼，京兆霸城人。其历官太子左千牛、右卫率府、尚书右丞、上骑都尉、绛州曲沃县令。永徽五年（654）七月十二日卒于绛州曲沃，享年 52 岁。总章三年三月二十九日与其夫人合葬于铜人原。

李勣墓志

全称： 大唐故司空太子太师赠太尉扬州大都督上柱国英国公勣墓志铭并序。

年代： 唐总章三年（670）刻。

形制： 盖盝形，志正方形。盖边长 0.85 米，厚 0.18 米。志边长 0.83 米，厚 0.17 米。

行字： 盖文篆书 6 行，满行 5 字，题"大唐故司空公太子太师赠太尉扬州大都督上柱国英国公勣公墓志之铭"。志文楷书 55 行，满行 54 字。

撰书： 刘祎之撰。

纹饰： 盖四刹、四侧及志四侧均饰宝相花纹。

出土： 1971 年出土于礼泉县烟霞镇烟霞新村李勣墓中。

现藏： 昭陵博物馆。

著录：《昭陵碑石》《陕西碑石精华》《新中国出土墓志·陕西壹》。

提要： 该志文记载李勣的家族世系、生平及历官情况。李勣，字懋功，济阴人，本姓徐，投唐后赐国姓。李勣早年参加瓦岗军，后随李密降隋，授右武候大将军。武德元年归唐，历黎州总管、左监门卫大将军、齐州总管、天策下将，封曹国公。贞观时，历并州大都督、通漠道行军总管、左光禄大夫、并州长史、蕲州刺史、太子左卫率、兵部尚书、太子詹事、辽东道大总管、太常卿、叠州都督等，封英国公。高宗时，历特进、检校洛州刺史、开府仪同三司、尚书左仆射、司空、太子太师等。总章二年十二月三日薨，赠太尉、扬州大都督等，谥曰"贞武公"，总章三年二月六日陪葬昭陵。李勣，两《唐书》有传。

阿史那伽那墓志

全称： 大唐故忠武将军行左武卫郎将阿史那伽那墓志铭并序。

年代： 唐咸亨二年（671）刻。

形制： 志正方形。边长 0.58 米。

行字： 志文楷书 20 行，满行 20 字。

出土： 出土时间、地点不详。

现藏： 西安市长安博物馆。

著录：《长安新出墓志》《长安碑刻》。

备注： 志石左边及下角有残。

提要： 志文记载颉利可汗之嫡孙阿史那伽那之生平。

张阿难碑

全称： 大唐故将军张公之碑。

年代： 唐咸亨二年（671）刻立。

形制： 螭首方座。高 2.08 米，宽 0.80 米，厚 0.27 米。

行字： 额篆书 3 行，满行 3 字，题"大唐故将军张公之碑"。正文楷书 29 行，满行 52 字。

撰书： 僧普昌书。

纹饰： 碑两侧饰忍冬纹及回纹。

出土： 原立于礼泉县烟霞镇马寨村张阿难墓前，1975 年移藏昭陵博物馆。

现藏： 昭陵博物馆。

著录：《关中金石记》《寰宇访碑录》《昭陵碑石》。

备注： 该碑早年泐灭严重，诸著录文献所录之文阙失较多。

提要： 张阿难，亦名张难，隋时入宫为内侍，历文帝、炀帝两朝。唐武德初，为秦王府内侍，屡从征讨，加勋上柱国，擢为谒者监，封内给事，迁内侍、正议大夫，封汶江县开国侯，后加银青光禄大夫，历左监门将军、检校内侍等。咸亨二年薨。

李福墓志

全称： 大唐故赠司空荆州大都督上柱国赵王墓志铭。

年代： 唐咸亨二年（671）刻。

形制： 盖盝形，志正方形。盖边长 1.13 米，厚 0.14 米。志边长 1.12 米，厚 0.17 米。

行字： 盖文篆书 5 行，满行 4 字，题"大唐故赠司空荆州大都督上柱国赵王墓志铭"。志文楷书 41 行，满行 38 字。

纹饰： 盖四周、四刹饰宝相花纹及联珠纹，四侧饰忍冬纹。志四侧饰十二生肖图案，四周饰蔓草纹。

出土： 1972 年出土于礼泉县烟霞镇严峪村李福墓中。

现藏： 昭陵博物馆。

著录：《昭陵碑石》《陕西碑石精华》《新中国出土墓志·陕西壹》。

提要： 该志文记载李福的家族世系、生平及历官情况。李福，唐太宗第十三子，杨贵妃所生。三岁封赵王，历秦州都督、右卫大将军、隰州刺史、梁州都督等。咸亨元年九月十三日薨，卒年

37 岁，赠司空、荆州大都督、荆州刺史。咸亨二年十二月二十七日陪葬昭陵。李福，两《唐书》有传。

越国太妃燕氏墓志

全称： 大唐故越国太妃燕氏墓志铭并序。

年代： 唐咸亨二年（671）刻。

形制： 盖盝形，志正方形。盖边长 1.00 米，厚 0.19 米。志边长 1.01 米，厚 0.19 米。

行字： 盖文篆书 4 行，满行 3 字，题"大唐越国故太妃燕氏墓志铭"。志文楷书 50 行，满行 48 字。

纹饰： 盖四刹饰缠枝宝相花纹，四周饰蔓草纹及缠枝宝相花纹。志四侧饰缠枝宝相花纹，下饰回纹。

出土： 1990 年出土于礼泉县烟霞镇东坪村燕妃墓中。

现藏： 昭陵博物馆。

著录：《昭陵碑石》《陕西碑石精华》《新中国出土墓志·陕西壹》。

提要： 该志文记载燕氏的家族世系及生平事迹。燕氏，涿郡昌平人。武德时，以 13 岁为秦王李世民妃。贞观元年（627），拜为贤妃，生越王贞、江王器。贞观十八年，册拜德妃。永徽初，册拜越国太妃。乾封元年（666），随高宗、武后东封泰山。咸亨二年七月二十七日薨，享年 63 岁，同年十二月二十七日陪葬昭陵。

姜开墓志

全称： 唐故沙河县令姜君墓志之铭。

年代： 唐咸亨三年（672）刻。

形制： 志 0.42 米，宽 0.40 米。

行字： 志文楷书 18 行，满行 18 字。

出土： 出土时间、地点不详。2006 年入藏西安碑林博物馆。

现藏： 西安碑林博物馆。

著录：《西安碑林博物馆新藏墓志汇编》。

提要： 此墓志记载了姜开的家族世系、生平及历官情况。其曾任沙河县令。

集王圣教序碑

全称： 大唐三藏圣教序。

年代： 唐咸亨三年（672）刻立。

形制： 螭首方座。通高 3.96 米，宽 1.14 米，厚 0.32 米。

行字： 正文行书 30，满行 83—88 字不等。

撰书： 李世民、李治撰。

纹饰： 碑侧饰云龙图案，碑座饰蔓草纹、瑞兽图案。

出土： 原在长安县修德坊弘福寺，北宋移入文庙，后移藏西安碑林。

现藏： 西安碑林博物馆。

著录：《西安碑林全集》《金石萃编》。

备注： 碑身已断裂，碑身上部龛七佛。

提要： 此碑内容与《同州圣教序碑》基本相同，惟多刊答敕、答书及《心经》三部分。《心经》后署于志宁、来济、许敬宗、薛元超、李义府五人官职姓名，系上述五人奉敕润色经文后之题名。

*李普暨妻□氏墓志

年代： 唐咸亨三年（672）刻。

形制： 志正方形。边长 0.43 米。

行字： 志文楷书 19 行，满行 19 字。

出土： 出土时间、地点不详。2006 年入藏西安碑林博物馆。

现藏： 西安碑林博物馆。

著录：《西安碑林博物馆新藏墓志汇编》。

备注： 部分文字漫漶不清。

提要：志文记载李普的家族世系、生平、历官、夫人及子嗣等。其曾任雍州万年县令。

越国太妃燕氏碑

全称：大唐越国故太妃燕氏之碑铭。

年代：唐咸亨三年（672）刻立。

形制：螭首方座。高 3.53 米，宽 1.13 米，厚 0.35 米。

行字：额篆书 3 行，满行 4 字，题"大唐越国故太妃燕氏之碑铭"。正文楷书 40 行，满行 100 字。

撰书：许敬宗撰，高正臣书。

出土：原立于礼泉县烟霞镇东坪村燕妃墓前，1975 年移藏昭陵博物馆。

现藏：昭陵博物馆。

著录：《昭陵碑录补》《陕西金石志》《昭陵碑石》。

备注：碑前行题款有泐文，标题照录碑额题款。

提要：该碑记述燕氏的家族世系及生平事迹，其内容与《越国太妃燕氏墓志》基本相同。

大唐房陵大长公主墓志铭并序

年代：唐咸亨四年（673）刻。

形制：盖盝形，志正方形。盖长 0.88 米，宽 0.87 米，厚 0.12 米。志边长 0.89 米，厚 0.15 米。

行字：盖文篆书 4 行，满行 3 字，题"大唐故房陵大长公主墓志铭"。志文楷书 33 行，满行 36 字。

纹饰：盖四周、四刹饰蔓草纹，志四侧饰蔓草纹。

出土：1977 年出土于富平县杜村镇双宝村。

现藏：富平县文庙。

著录：《隋唐五代墓志汇编》《唐代墓志汇编续集》《富平碑刻》。

提要：志文记载房陵公主的生平及加封情况。

夏侯绚妻李淑姿墓志

全称：大唐故睦州刺史夏侯府君夫人李氏墓志铭并序。

年代：唐咸亨四年（673）刻。

形制：盖盝形，志正方形。志、盖尺寸相同。边长 0.56 米，厚 0.14 米。

行字：盖文篆书 3 行，满行 3 字，题"大唐故李夫人墓志铭"。志文楷书 29 行，每行 20 字。

纹饰：盖四侧及四刹饰缠枝卷叶纹。

出土：1941 年出土于蒲城县兴镇。

现藏：蒲城县博物馆。

著录：《蒲城县志》《唐代墓志汇编续集》《新中国出土墓志·陕西壹》。

提要：志文记载夏侯绚夫人李淑姿，字荣尚，祖籍陇西，出身贵族。咸亨元年卒，四年归葬蒲城夏侯氏祖茔，享年 68 岁。

亡宫九品墓志

全称：大唐故亡宫九品墓志并序。

年代：唐咸亨四年（673）刻。

形制：志长 0.42 米，宽 0.43 米。

行字：志文楷书 11 行，满行 14 字。

出土：1989 年出土于西安市西郊枣园大马路村。

现藏：西安碑林博物馆。

著录：《唐代墓志汇编续集》《新中国出土墓志·陕西贰》。

提要：志文记载志主卒于咸亨四年正月十八日，次月下葬。

亡宫九品墓志

全称： 大唐亡宫九品墓志铭并序。

年代： 唐咸亨四年（673）刻。

形制： 志长 0.50 米，宽 0.49 米。

行字： 志文楷书 10 行，满行 11 字。

出土： 1989 年出土于西安市西郊枣园大马路村。

现藏： 西安碑林博物馆。

著录：《唐代墓志汇编续集》《新中国出土墓志·陕西贰》。

提要： 志文记载志主卒于咸亨四年十二月，享年 78 岁。

王大方墓志

全称： 唐故处士王君墓志铭并序。

年代： 唐咸亨四年（673）刻。

形制： 盖盝形，志正方形。志、盖尺寸相同。边长 0.41 米。

行字： 盖无题。志文楷书 26 行，满行 27 字。有界格。

纹饰： 盖四刹及志四侧均饰蔓草纹。

出土： 1955 年出土于西安市东郊洪庆村。

现藏： 西安碑林博物馆。

著录：《西安碑林全集》《新中国出土墓志·陕西贰》。

备注： 盖顶有一裂痕。

提要： 志文记载王大方之家族世系、生平及子嗣情况。王大方，生年不详，京兆灞城人。永徽三年（652）病逝于万年县永宁里，咸亨四年十月四日迁葬于骊山铜人原。

韩宝才墓志

全称： 大唐故韩君之墓志。

年代： 唐咸亨四年（673）刻。

形制： 志长 0.33 米，宽 0.34 米。

行字： 志文楷书 12 行，满行 13 字。有界格。

出土： 出土时间、地点不详。西安碑林旧藏。

现藏： 西安碑林博物馆。

著录：《西安碑林全集》《唐代墓志汇编》《唐文拾遗》。

提要： 志文记载韩宝才之籍贯、生平情况。韩宝才，长安人。咸亨四年病逝于京城，葬于京城西布政之原。

*郭懿暨妻冯氏墓志

年代： 唐咸亨四年（673）刻。

形制： 盖盝形，志正方形。边长 0.45 米。

行字： 盖文篆书 3 行，满行 3 字，题"唐故郭君墓志之铭"。志文楷书 18 行，满行 18 字。

出土： 出土时间、地点不详。2005 年入藏西安碑林博物馆。

现藏： 西安碑林博物馆。

著录：《西安碑林博物馆新藏墓志汇编》。

提要： 墓志记载了郭懿的家族世系、生平、配偶及历官情况。其曾任隋潞州司功。

宇文思约墓志

全称： 大唐故灵州都督府灵武县令宇文明府公墓志铭序。

年代： 唐咸亨四年（673）刻。

形制： 志正方形。边长 0.55 米，厚 0.12 米。

行字： 志文楷书 28 行，满行 29 字。

纹饰： 志四侧饰十二生肖图案。

出土： 出土时间、地点不详。

现藏： 私人收藏。

提要： 志文记载宇文思约的家族世系、生平及历官情况。宇文思约，少年时曾被选任唐高祖李渊的挽郎，后任并州大都督府参军事，又任灵武县令。

*刘师仁等造像碑

年代：唐咸亨四年（673）刻立。

形制：高 0.24 米，宽 0.49 米，厚 0.53 米。

行字：正文楷书 8 行，满行 9 字。

撰书：慕容义撰。

纹饰：正面铭文两侧饰双狮纹，侧面下半部为 5 尊线刻供养人跪像。

出土：原立于乾县峰阳乡西黄村大庙前。

现藏：乾县峰阳乡西黄村。

提要：碑文记载刘师仁等 16 人发愿造像之事。

*陆贞惠墓志

年代：唐咸亨五年（674）刻。

形制：志长 0.39 米，宽 0.40 米。

行字：志文楷书 21 行，满行 22 字。

出土：1956 年出土于西安市东郊韩森寨。

现藏：西安碑林博物馆。

备注：墨书砖志。

提要：志文记载志主卒年、葬地等信息。

冯党墓志

全称：唐故冯府君铭并序。

年代：唐咸亨五年（674）刻。

形制：盖盝形，志正方形。志、盖尺寸相同。边长 0.44 米。

行字：盖文篆书 3 行，满行 3 字，题"唐故冯君墓志之铭"。志文楷书 18 行，满行 18 字。

纹饰：盖中部饰铺首，四刹饰缠枝蔓草纹。

出土：出土时间、地点不详。2005 年入藏西安碑林博物馆。

现藏：西安碑林博物馆。

著录：《西安碑林博物馆新藏墓志汇编》。

提要：志文记载志主的家族世系、生平、配偶及历官情况。其曾任上骑都尉。

独孤仁同墓志

全称：大唐故隆州司法独孤府君墓志铭并序。

年代：唐上元元年（674）刻。

形制：志长 0.43 米，宽 0.44 米。

行字：志文楷书 23 行，满行 23 字。

出土：出土时间、地点不详。

现藏：西安市长安博物馆。

著录：《长安新出墓志》《长安碑刻》。

提要：志文记载独孤仁同之家族世系、生平、历官、夫人及子嗣等。

马周碑

全称：大唐故中书令高唐马公之碑。

年代：唐上元元年（674）刻立。

形制：螭首方座。通高 3.63 米，宽 1.13 米，厚 0.39 米。

行字：额篆书 4 行，满行 3 字，题"大唐故中书令高唐马公之碑"。正文楷书，碑阳 37 行，满行 84 字。碑阴 8 行，满行 12 字。

撰书：许敬宗撰，殷仲容书。

出土：原立于礼泉县烟霞镇上古村马周墓前，1975 年移藏昭陵博物馆。

现藏：昭陵博物馆。

著录：《金石录》《石墨镌华》《碑帖叙录》。

备注：该碑早年泐灭较甚，诸著录文献颇多阙文，但仍可观马周生平历官。

提要：碑文记载马周生平事迹。贞观时，历承议郎、行侍御史、员外散骑侍郎、侍书侍御史、正议大夫、守中书令、太子左庶子、银青光禄大夫。贞观二十二年（648）正月九日薨，享年 48 岁，同年三月四日陪葬昭陵。永徽二年（651），赠高唐县开国公、幽州都督，后又赠尚书右仆射。马周，两《唐书》有传。

*唐虢王李凤册文

年代：唐上元二年（675）刻。

形制：高 0.75 米，宽 0.36 米，厚 0.12 米。

行字：正文楷书 21 行，满行 10 字。

出土：1974 年出土于富平县吕村乡李凤墓。

现藏：西安碑林博物馆。

著录：《西安碑林全集》《考古》（1977 年第 5 期）。

备注：唐贞观十二年（638）四月一日颁。

提要：据李凤墓志载，李凤于贞观十年（636）改封虢王，仍授使持节虢州诸军事虢州刺史。李凤，两《唐书》有传。

*虢王李凤妃刘氏册文

年代：唐上元二年（675）刻。

形制：高 0.75 米，宽 0.36 米，厚 0.12 米。

行字：正文楷书 12 行，满行 10 字。

出土：1974 年出土于富平县吕村乡李凤墓。

现藏：西安碑林博物馆。

著录：《西安碑林全集》《考古》（1977 年第 5 期）。

备注：唐贞观十四年（640）三月十七日颁，倒数第二行有泐损。

提要：据虢王妃刘氏墓志载："贞观十年三月，诏使太常卿韦挺册封虢王妃。"册文为"维贞观十四年三月戊戌朔十七日甲寅，皇帝使兼太常卿扶阳县开国男韦挺、副使兼尚书工部侍郎薛大辩持节册命"，与志相去四年，可能是先诏封后册命。

李凤妃刘氏墓志

全称：大唐故赠司徒虢王妃刘氏墓志铭。

年代：唐上元二年（675）刻。

形制：志正方形。边长 0.88 米。

行字：志文楷书 36 行，满行 36 字。

纹饰：志四侧饰蔓草纹。

出土：1974 年出土于富平县吕村乡李凤墓。

现藏：西安碑林博物馆。

著录：《西安碑林全集》《唐代墓志汇编续集》《全唐文补遗》（第二辑）。

提要：志文记载刘氏的家族世系及生平情况。刘氏，字名未载，彭城人。父德威，为唐太仆大理卿、同晋等六州刺史、左骁卫大将军、刑部尚书，封平寿县主、彭城县公、上柱国，谥曰"襄公"，两《唐书》有传。刘氏为刘德威次女，于贞观十年三月诏封为虢王妃。上元二年二月五日卒，享年 49 岁。同年二月十二日与李凤合葬于献陵之侧。

*虢王李凤宋州刺史文

年代：唐上元二年（675）刻。

形制：高 0.75 米，宽 0.36 米，厚 0.12 米。

行字：正文楷书 19 行，满行 10 字。

出土：1974 年出土于富平县吕村乡李凤墓。

现藏：西安碑林博物馆。

著录：《西安碑林全集》《考古》（1977 年第 5 期）。

提要：正文记载唐显庆三年（658）正月二十九日封李凤为使持节宋州诸军事、宋州刺史之事。

李凤墓志

全称：大唐故使持节青州诸军事青州刺史上柱国赠司徒扬州大都督虢庄王墓志铭并序。

年代：唐上元二年（675）刻。

形制：盖盝形。志、盖尺寸相同。长 1.24 米，宽 1.22 米。

行字：盖文篆书 6 行，满行 6 字，题"大唐故使持节青州诸军事行青州刺史上柱国赠司徒扬州大都督虢庄王墓志之铭并序"。志文楷书 56 行，满行 56 字。

纹饰：盖四刹饰三层蔓草纹，志四侧饰蔓草纹。

出土：1973 年出土于富平县吕村乡李凤墓。

现藏：西安碑林博物馆。

著录：《唐代墓志汇编续集》《全唐文补遗》（第一辑）《新中国出土墓志·陕西贰》。

提要：志文记载李凤之家族世系、生平及历官情况。李凤，字季成，陇西狄道人。太祖景皇帝之曾孙，世祖元皇帝之孙，高祖神尧皇帝之第十五子。武德六年（623）诏封豳王，八年又册命为豳王，食邑一万户。贞观五年（631）诏除使持节邓州刺史。贞观十年又改封虢王，食邑如故，授使持节虢州刺史。贞观十七年又授上柱国，十八年除使持节豫州诸军事、豫州刺史。显庆三年（658）除使持节宋州诸军事、宋州刺史。龙朔三年（663）又改为使持节寿州诸军事、寿州刺史，后又除沁州刺史。未及上任，又授使持节青州诸军事、青州刺史。于上元元年十二月二十九日逝于东都怀仁里，享年 53 岁。同年十二月三日陪葬献陵。李凤，两《唐书》有传。

*虢王李凤青州刺史文

年代：唐上元二年（675）刻。

形制：高 0.75 米，宽 0.36 米，厚 0.12 米。

行字：正文楷书 25 行，满行 10 字。

出土：1974 年出土于富平县吕村乡李凤墓。

现藏：西安碑林博物馆。

著录：《西安碑林全集》《考古》（1977 年第 5 期）。

备注：正文记载唐麟德元年（664）正月二十一日封李凤为使持节青州诸军事、青州刺史之事。

*册李凤豳王文

年代：唐上元二年（675）刻。

形制：高 0.75 米，宽 0.36 米，厚 0.12 米。

行字：正文楷书 9 行，满行 10 字。

出土：1974 年出土于富平县吕村乡李凤墓。

现藏：西安碑林博物馆。

著录：《西安碑林全集》《考古》（1977 年第 5 期）。

备注：正文记载唐武德八年（625）二月五日封李凤为豳王、食邑一万户之事。

李高墓志

全称：唐故潞州屯留县朝散大夫李府君墓志之铭并序。

年代：唐上元二年（675）刻。

形制：盖盝形，志正方形。志、盖尺寸相同。边长 0.56 米。

行字：盖文篆书 3 行，满行 3 字，题"唐故李君墓志之铭"。志文楷书 22 行，满行 22 字。

纹饰：盖中部有铺首，四刹饰缠枝蔓草纹，志四侧饰瑞兽纹。

出土：出土时间、地点不详，2005 年入藏西安碑林博物馆。

现藏：西安碑林博物馆。

著录：《西安碑林博物馆新藏墓志汇编》。

提要：志文记载李高的家族世系、生平及历官情况。其曾任朝散大夫。

董明墓志

全称：唐故董君墓志铭。

年代：唐上元二年（675）刻。

形制：志盖盝形，志正方形。志、盖尺寸相同。边长 0.47 米。

行字：盖文篆书 3 行，满行 3 字，题"唐故董君墓志之铭"。志文楷书 18 行，满行 18 字。

纹饰：志盖中部饰铺首，四刹饰缠枝蔓草纹。

出土：出土时间、地点不详。2006 年入藏西安碑林博物馆。

现藏：西安碑林博物馆。

著录：《西安碑林博物馆新藏墓志汇编》。

提要：志文记载董明的家族世系、生平及夫人情况。

*阿史那忠碑

年代：唐上元二年（675）刻立。

形制：螭首方座。通高 3.77 米，宽 1.18 米，厚 0.34 米。

行字：额篆书 5 行，满行 4 字，题"大唐故右骁卫大将军薛国贞公阿史那府君之碑"。正文楷书 32 行，满行 82 字。

纹饰：碑两侧饰忍冬纹。

出土：原立于礼泉县烟霞镇西周村阿史那忠墓前，1975 年移藏昭陵博物馆。

现藏：昭陵博物馆。

著录：《石墨镌华》《昭陵碑石》《陕西碑石精华》。

备注：碑首行题款已泐，碑文亦泐灭严重，下端文字较清晰，余均泐甚。

提要：碑文记载阿史那忠的生平、历官情况。阿史那忠，字义节，突厥人。贞观四年（630）归唐，授左屯卫将军，降定襄县主，封薛国公，后历检校长州都督、检校左屯营、右武卫大将军等。高宗时，历左武卫大将军、右骁卫大将军、使持节长岑道行军大总管、右卫大将军、青海道行军大总管、西域

道安抚大使、行军大总管等。上元二年五月二十四日薨，享年 65 岁，赠镇军大将军、荆州都督、荆州刺史等，谥曰"贞公"。同年十月十五日与先陪葬昭陵的定襄县主合葬。阿史那忠，两《唐书》有传。

阿史那忠墓志

全称：唐故右骁卫大将军兼检校羽林军赠镇军大将军荆州大都督上柱国薛国公阿史那贞公墓志铭并序。

年代：唐上元二年（675）刻。

形制：盖盝形，志正方形。盖边长 0.77 米，厚 0.17 米。志边长 0.77 米，厚 0.16 米。

行字：盖文篆书 6 行，满行 5 字，题"大唐故右骁卫大将军赠荆州大都督上柱国薛国公阿史那贞公墓志之铭"。志文楷书 44 行，满行 44 字。

撰书：崔行功撰。

纹饰：盖四刹、四周饰宝相花纹，志四侧饰宝相花纹，四周饰回纹。

出土：1972 年出土于礼泉县烟霞镇西周村阿史那忠墓中。

现藏：昭陵博物馆。

著录：《昭陵碑石》《陕西碑石精华》《新中国出土墓志·陕西壹》。

提要：志文记载阿史那忠之家族世系、生平及历官情况。

赵孝颙墓志

全称：大唐雍州咸阳县延陵乡故人建节尉赵孝颙墓志石一合。

年代：唐上元二年（675）刻。

形制：盖盝形，志正方形。志石共 2 块。志、盖尺寸相同。边长 0.42 米，厚 0.08 米。

行字：盖中部篆书"大唐"2字。志文楷书，
　　　第一块15行，满行15字。第二块7
　　　行，满行7字。

纹饰：盖四周饰蔓草花纹，四刹刻地支，志
　　　四侧饰十二生肖图案。

出土：1989年出土于咸阳市周陵镇陈老户
　　　寨村赵孝颙墓。

现藏：咸阳市渭城区文物管理委员会。

著录：《咸阳碑刻》。

提要：志文记载赵孝颙生平及历官情况。其
　　　历官建节尉、凉州昌松县令、兰州金
　　　城县令、陇州汧源县令等。

赵阿师墓志

全称：游击将军上骑都尉左骁卫冀城府果毅
　　　都尉赵阿师之志。

年代：唐上元三年（676）刻。

形制：志正方形。边长0.48米，厚0.12米。

行字：志文楷书14行，满行14字。

出土：出土时间、地点不详。2004年临潼区
　　　雨金派出所移交西安市临潼博物馆。

现藏：西安市临潼博物馆。

著录：《临潼碑石》。

提要：志文记载墓主赵阿师之生平。其曾任
　　　朝散大夫。

李法满墓志

全称：前尚服李法满墓志铭并序。

年代：唐上元三年（676）刻。

形制：盖盝形，志正方形。志、盖尺寸相同。
　　　边长0.58米，厚0.11米。

行字：盖文篆书3行，满行3字，题"大唐
　　　尚服李氏墓志铭"。志文楷书12行，
　　　满行13字。

纹饰：志四侧饰缠枝蔓草纹。

出土：出土时间、地点不详。

现藏：西安博物院。

著录：《隋唐五代墓志汇编》《全唐文补遗》
　　　（第三辑）。

提要：志文记载李法满生平。

韦庆本墓志

全称：大唐故洪州都督府长史韦君墓志并序。

年代：唐上元三年（676）刻。

形制：志正方形。边长0.60米。

行字：志文楷书36行，满行36字。

出土：出土时间、地点不详。

现藏：西安市长安博物馆。

著录：《长安新出墓志》《长安碑刻》。

提要：志文记载韦庆本之家族世系、生平及
　　　历官情况。其历官扬州录事参军、泽
　　　州司马、右卫长史、华州司马、兖州
　　　长史、洪州都督府长史。

费智海墓志

全称：唐故内侍省内仆局令犍为费府君墓志
　　　铭并序。

年代：唐上元三年（676）刻。

形制：盖盝形，志长方形。志、盖尺寸相同。
　　　长0.66米，宽0.64米。

行字：盖文篆书4行，满行4字，题"大唐
　　　故内侍省内仆局令费府君墓志铭"。
　　　志文楷书32行，满行32字。

纹饰：盖四刹饰卷草及花鸟纹。

出土：1955年出土于西安市西郊土门。

现藏：西安碑林博物馆。

著录：《西安碑林全集》《隋唐五代墓志汇
　　　编》《新中国出土墓志·陕西贰》。

提要：志文记载费智海的生平及历官情况。
　　　费智海，字守忠，蜀郡犍为人。其历官
　　　文林郎、内侍省掖庭局宫教博士、内侍
　　　省内仆局令。上元三年五月七日逝于岐

州麟游县，享年 42 岁。同年五月二十九日葬于雍州长安县龙首原。

姬温墓志

全称： 大唐故朝散大夫守昭陵令护军姬府君墓志铭并序。

年代： 唐上元三年（676）刻。

形制： 盖盝形，志正方形。志、盖尺寸相同。边长 0.69 米。

行字： 盖文篆书 4 行，满行 4 字，题"大唐故朝散大夫昭陵令姬府君墓志铭"。志文楷书 39 行，满行 39 字。

纹饰： 盖四刹及志四侧均饰缠枝蔓草纹。

出土： 1954 年出土于西安市东郊郭家滩。

现藏： 西安碑林博物馆。

著录：《西安碑林全集》《唐代墓志汇编续集》《新中国出土墓志·陕西贰》。

提要： 志文记载姬温的生平、历官情况，并记载其妻窦氏生平概况。姬温，字思忠，河南洛阳人。其历官承奉郎、燕王府行参军、右武候仓曹参军事、孟县令、太常寺主簿、光禄寺丞、太府寺丞、同州司马、绛州长史、昭陵令。上元二年七月五日卒，享年 75 岁。夫人窦氏为礼部尚书邓国公璡之第六女，上元三年正月二十二日合葬于白鹿原。

尼真如墓志

全称： 大唐甘露寺故尼真如之枢。

年代： 唐上元三年（676）刻。

形制： 志长 0.66 米，宽 0.72 米。

行字： 志文楷书 9 行，满行 10—14 字不等。

出土： 1985 年出土于西安市曲江乡三兆村，1998 年入藏西安碑林博物馆。

现藏： 西安碑林博物馆。

著录：《西安碑林全集》《文博》（1987 年第 5 期）《全唐文补遗》（第二辑）。

备注： 左上角残损。

提要： 此塔铭记载了真如的家族世系及生平情况。真如，俗姓麹。其曾祖麹伯雅、祖麹文秦均为高昌王。父麹智湛为末代高昌王麹智盛之胞弟，任唐朝左骁卫大将军、西州都督，授上柱国，封天山郡开国公，卒赠凉州都督。真如，总章二年（669）在长安城甘露寺出家为尼，其年三月二十二日亡。甘露寺，位于唐长安城胜荣坊中，隋开皇五年立。

*李抪墓志

年代： 唐上元三年（676）刻。

形制： 志长 0.34 米，宽 0.32 米。

行字： 志文楷书 10 行，满行 15—19 字不等。

出土： 1955 年出土于西安市东郊郭家滩。

现藏： 西安碑林博物馆。

著录：《西安碑林全集》。

备注： 墨书砖志。

提要： 志文简记李抪卒年葬地。

司马缄妻怀德县主墓志

全称： 大唐故怀德县主墓志铭并序。

年代： 唐上元三年（676）刻。

形制： 盖盝形，志正方形。志、盖尺寸相同。边长 0.54 米。

行字： 盖无字。志文楷书 30 行，满行 30 字。

撰书： 郭遗宝撰。

出土： 1968 年出土于华阴县，2003 年入藏西安碑林博物馆。

现藏： 西安碑林博物馆。

著录：《华山碑石》《西安碑林博物馆新藏墓志汇编》。

提要： 志文记载志主家族、生平及子嗣情况。

志主陇西人，享年 55 岁，上元三年十月十五日与其夫司马缄合葬于华阴太平原。

阿史那从政妻薛突利施匐阿施墓志

全称：唐故薛突利施匐阿施夫人墓志铭并序。

年代：唐上元三年（676）刻。

形制：盖盝形，志正方形。志、盖尺寸相同。边长 0.36 米。

行字：盖文篆书 3 行，满行 3 字，题"大唐阿府君之墓志铭"。志文楷书 14 行，满行 15 字。

纹饰：志四侧、盖题四周均饰蔓草纹，盖四刹饰瑞兽、蔓草纹。

出土：1955 年出土于西安市东郊韩森寨。

现藏：西安碑林博物馆。

著录：《隋唐五代墓志汇编》《全唐文补遗》（第二辑）《新中国出土墓志·陕西贰》。

备注：此墓志卒年仅书"元年建卯月十八日"，葬年为"元年建辰月五日"，具体年份有上元三年、景云元年、大历元年三种观点。结合相关文献，此从上元三年之说。

提要：墓志简述了志主薛突利施匐阿施的婚姻、卒葬时地等情况。薛突利施匐阿施之夫阿史那从政，乃阿史那叶护可汗顺化王之子，在唐朝任左羽林军上下、左金吾卫大将军。

董彻墓志

全称：唐故董府君墓志铭。

年代：唐上元三年（676）刻。

形制：志长 0.45 米，宽 0.44 米。

行字：志文楷书 17 行，满行 17 字。

纹饰：志四侧饰瑞兽图案。

出土：出土时间、地点不详。2006 年入藏西安碑林博物馆。

现藏：西安碑林博物馆。

著录：《西安碑林博物馆新藏墓志汇编》。

备注：部分志文漫漶不清。

提要：志文记载董彻的家族世系、生平、夫人及子嗣等。

牛崇墓志

全称：唐故朝散大夫牛君墓志铭并序。

年代：唐上元三年（676）刻。

形制：志长 0.43 米，宽 0.42 米。

行字：志文楷书 19 行，满行 19 字。

出土：出土时间、地点不详。2006 年入藏西安碑林博物馆。

现藏：西安碑林博物馆。

著录：《西安碑林博物馆新藏墓志汇编》。

提要：志文记载牛崇的家族世系及生平情况。

程伦墓志

全称：大唐故宣德郎皇太子侍医程府君墓志铭。

年代：唐上元三年（676）刻。

形制：志正方形。边长 0.50 米，厚 0.09 米。

行字：志文楷书 26 行，满行 27 字。有方界格。

出土：西安市三桥村出土，时间不详。1998 年入藏陕西历史博物馆。

现藏：陕西历史博物馆。

著录：《全唐文补遗》（第七辑）《碑林集刊》（第 13 辑）。

提要：志文记载志主程伦的家族世系、历官情况。其曾任太医正、太医丞、宣德郎、太子侍医。

王规墓志

全称：大唐故骁骑尉王君墓志之铭。

年代：唐上元年间（674—676）刻。

形制：志正方形。边长 0.44 米。

行字：志文楷书 17 行，满行 17 字。

出土：出土时间、地点不详。2005 年入藏西安碑林博物馆。

现藏：西安碑林博物馆。

著录：《西安碑林博物馆新藏墓志汇编》。

备注：部分漫漶不清。

提要：墓志记载了王规的家族世系、生平及夫人等情况。

韦孝忠妻杜大德墓志

全称：大唐故丰州永丰县令韦府君夫人杜氏墓志铭并序。

年代：唐仪凤元年（676）刻。

形制：志长 0.46 米，宽 0.48 米。

行字：志文楷书 27 行，满行 27 字。

出土：出土时间、地点不详。

现藏：西安市长安博物馆。

著录：《长安新出墓志》《长安碑刻》《新中国出土墓志·陕西叁》。

提要：志文记载韦府君夫人杜大德之家族世系、生平、夫君及子嗣等。

韦君妻尔朱氏墓志

全称：唐太子故家令交州司马韦府君之夫人尔朱氏墓志铭并序。

年代：唐仪凤元年（676）刻。

形制：志长 0.58 米，宽 0.57 米。

行字：志文楷书 23 行，满行 26 字。

出土：出土时间、地点不详。

现藏：西安市长安博物馆。

著录：《长安新出墓志》《长安碑刻》。

提要：志文记载尔朱氏的家族世系、生平及婚姻情况。

岐慈墓志

全称：大唐故朝散大夫岐君墓志铭并序。

年代：唐仪凤元年（676）刻。

形制：盖盝形，志正方形。志、盖尺寸相同。边长 0.41 米。

行字：盖文篆书 4 行，满行 3 字，题"大唐故朝散大夫岐府君之铭"。志文楷书 19 行，满行 19 字。

纹饰：盖四刹饰蔓草纹。

出土：1958 年出土于西安市西郊西窑头村。

现藏：西安碑林博物馆。

著录：《西安碑林全集》《唐代墓志汇编续集》《新中国出土墓志·陕西贰》。

提要：志文记载岐慈的家族世系、生平及历官情况。岐慈，字刚仁，京兆长安人，岐伯之后。义宁二年（618）因征讨有功授朝散大夫。乾封元年（667）二月卒于长安县龙首里，享年 64 岁。其妻高氏于贞观二十年（646）十月十日逝于龙首里，享年 47 岁。仪凤元年十一月二十日合葬于龙首原。

亡宫七品墓志

全称：大唐故亡宫七品墓志铭。

年代：唐仪凤二年（677）刻。

形制：盖盝形，志正方形。志、盖尺寸相同。边长 0.35 米。

行字：盖文篆书 3 行，满行 3 字，题"大唐故亡宫七品墓志"。志文楷书 11 行，满行 12 字。

出土：出土时间、地点不详。

现藏：西安碑林博物馆。

著录：《西安碑林全集》《隋唐五代墓志汇编》《全唐文补遗》（第五辑）。

提要：志文记载志主卒年、葬地等信息。

亡尼七品墓志

全称： 大唐故亡尼七品大城墓志铭并序。

年代： 唐仪凤二年（677）刻。

形制： 志长 0.40 米，宽 0.39 米。

行字： 志文楷书 9 行，满行 15 字。

出土： 出土时间、地点不详。1952 年段绍嘉捐藏西安碑林。

现藏： 西安碑林博物馆。

著录：《西安碑林全集》。

提要： 志文记载志主卒年、葬地等信息。

亡宫九品墓志

全称： 大唐故亡宫九品墓志铭并序。

年代： 唐仪凤二年（677）刻。

形制： 盖盝形，志正方形。志、盖尺寸相同。边长 0.36 米。

行字： 盖文篆书 3 行，满行 3 字，题"大唐故亡宫九品墓志"。志文楷书 11 行，满行 12 字。

出土： 出土时间、地点不详。西安碑林旧藏。

现藏： 西安碑林博物馆。

著录：《西安碑林全集》《西安碑林博物馆新藏墓志汇编》。

提要： 志文记载志主卒年、葬地等信息。

赵文雅妻边氏墓志

全称： 大唐故武骑尉赵文雅妻万岁乡君边夫人墓志并序。

年代： 唐仪凤二年（677）刻。

形制： 志长 0.43 米，宽 0.44 米。

行字： 志文楷书 21 行，满行 21 字。有方界格。

出土： 出土时间、地点不详。1992 年入藏西安碑林。

现藏： 西安碑林博物馆。

著录：《新中国出土墓志·陕西贰》《全唐文补遗》（第六辑）《西安碑林博物馆新藏墓志汇编》。

提要： 志文记载赵文雅妻之家族世系及生平情况。

*李愁暨妻齐氏墓志

年代： 唐仪凤二年（677）刻。

形制： 志正方形。边长 0.47 米。

行字： 志文楷书 18 行，满行 18 字。

纹饰： 志四侧饰壶门图案。

出土： 出土时间、地点不详。2006 年入藏西安碑林博物馆。

现藏： 西安碑林博物馆。

著录：《西安碑林博物馆新藏墓志汇编》。

备注： 左上角残。

提要： 志文记载李愁的家族世系、生平及夫人情况。

亡宫七品墓志

全称： 大唐亡宫七品墓志铭并序。

年代： 唐仪凤二年（677）刻。

形制： 志、盖均为正方形。尺寸相同。边长 0.32 米，厚 0.09 米。

行字： 盖文篆书 3 行，满行 3 字，题"大唐故亡宫七品志铭"。志文楷书 9 行，满行 11 字。

出土： 1974 年出土于礼泉县烟霞镇陵光村七品典灯墓中。

现藏： 昭陵博物馆。

著录：《昭陵碑石》《新中国出土墓志·陕西壹》。

提要： 此墓志简略叙述志主卒年、葬地等信息。

李勣碑

全称： 大唐故司空上柱国赠太尉英贞武公碑。

年代： 唐仪凤二年（677）刻立。

形制：螭首方座。高 5.70 米，宽 1.80 米，厚 0.54 米。

行字：额篆书 4 行，满行 4 字，题"大唐故司空上柱国赠太尉英贞武公碑"。正文行书 32 行，满行 110 字。

撰书：唐高宗李治撰并书。

出土：原立于礼泉县烟霞镇烟霞新村李勣墓前。

现藏：昭陵博物馆。

著录：《关中金石记》《语石》《昭陵碑石》。

提要：据诸著录文献，该碑记述李勣家族世系、生平。

皇甫武达墓志

全称：大唐故宁远将军上柱国左领军卫长城府折冲都尉皇甫君墓志并序。

年代：唐仪凤二年（677）刻。

形制：志正方形。边长 0.42 米，厚 0.10 米。

行字：志文楷书 26 行，满行 27 字。有方界格。

出土：西安市三桥附近出土，时间不详。2001 年入藏陕西历史博物馆。

现藏：陕西历史博物馆。

著录：《陕西历史博物馆馆刊》（第 11 辑）。

提要：志文记载志主皇甫武达之家族世系、生平、历官情况。其历官蒲州归淳府左果毅都尉、同州普乐府折冲都尉、检校右金吾郎将、鳌屋长城府折冲都尉。

*仪凤三年四面造像碑

年代：唐仪凤三年（678）刻立。

形制：四面造像碑。高 1.30 米，宽 0.56 米，厚 0.22 米。

行字：正文楷书 20 行，满行 16 字。

出土：蒲城县罕井镇东党村出土，时间不详。

现藏：蒲城县文物保护开发中心。

备注：碑身残损严重。

提要：碑面残损严重，碑文多无法辨识，但"仪凤三年"年款尚可辨识。

吴氏女波奈罗墓志

年代：唐仪凤三年（678）刻。

形制：志正方形。边长 0.36 米。

行字：志文楷书 5 行，满行 8 字。

出土：1955 年出土于西安市东郊韩森寨。

现藏：西安碑林博物馆。

著录：《西安碑林全集》《全唐文补遗》（第二辑）。

备注：朱书砖志。

提要：志文记载志主卒年、葬地等信息。

许崇艺妻弓氏墓志

年代：唐仪凤三年（678）刻。

形制：志石共两块，尺寸相同。长 0.34 米，宽 0.35 米。

行字：志文楷书 12 行，满行 18 字。

出土：1956 年西安市东郊韩森寨。

现藏：西安碑林博物馆。

著录：《西安碑林全集》《全唐文补遗》（第六辑）。

备注：朱书砖志，盖题楷书，在志文后。

提要：志文记载志主卒年、葬地等信息。

韦弘表暨妻尹氏墓志

全称：唐故曹王府典军韦府君并夫人方山县君河间尹氏墓志铭并序。

年代：唐仪凤三年（678）刻。

形制：志正方形。边长 0.58 米。

行字：志文楷书 28 行，满行 28 字。

出土：出土时间、地点不详。

现藏：西安市长安博物馆。

著录：《长安新出墓志》《长安碑刻》。

提要：志文记载韦弘表之家族世系、生平、历官、夫人等。其历官游击将军、纪王府典军、曹王府典军。

亡宫墓志

全称：大唐故亡宫墓志铭并序。

年代：唐仪凤三年（678）刻。

形制：志正方形。边长 0.44 米。

行字：志文楷书 5 行，满行 12 字。

出土：出土时间、地点不详。1954 年曹仲谦捐藏西安碑林。

现藏：西安碑林博物馆。

著录：《西安碑林全集》《隋唐五代墓志汇编》《全唐文补遗》（第五辑）。

备注：朱书砖志。

提要：志文记载志主的卒葬时间及葬地情况。志主于仪凤三年三月十日逝于患宫坊，享年 83 岁，三月十五日葬于洛阳北邙山。

冯通墓志

全称：唐故冯君墓志铭。

年代：唐仪凤三年（678）刻。

形制：盖盝形，志正方形。志、盖尺寸相同。边长 0.38 米。

行字：盖文篆书 3 行，满行 3 字，题"大唐故冯府君墓志铭"。志文楷书 15 行，满行 15 字。

纹饰：盖四周饰团花纹，四刹饰卷叶纹。

出土：出土时间、地点不详。2006 年入藏西安碑林博物馆。

现藏：西安碑林博物馆。

著录：《西安碑林博物馆新藏墓志汇编》。

提要：志文记载冯通的家族世系、生平。

唐河上墓志

全称：大唐故殿中少监上柱国唐府君墓志铭并序。

年代：唐仪凤三年（678）刻。

形制：盖盝形，志正方形。盖边长 0.73 米，高 0.12 米。志边长 0.73 米，厚 0.12 米。

行字：盖文篆书 4 行，满行 4 字，题"大唐故殿中少监上柱国唐府君墓志铭"。志文楷书 33 行，满行 35 字。

纹饰：盖四刹和四侧饰忍冬纹，志四侧饰忍冬纹。

出土：1978 年出土于礼泉县烟霞镇西页沟村唐河上墓中。

现藏：昭陵博物馆。

著录：《昭陵碑石》《新中国出土墓志·陕西壹》《全唐文补遗》（第二辑）。

提要：志文记载唐河上的家族世系、生平、历官颇详。唐河上，字嘉会，晋昌人，初唐名臣唐俭之子。武德时，以门荫入仕，历官东宫千牛、东宫通事舍人。贞观中，历交河道行军铠曹、卫州别驾、豪州司马、殿中省尚衣奉御、兰州司马、献陵令兼三原县令。唐高宗时，历奉膳大夫、司禋大夫、始州长史兼玉河道行军司马、殿中少监，加勋上柱国。仪凤三年正月六日薨，享年 65 岁，同年二月十四日祔父茔而葬昭陵陵园。

优昙禅师塔铭

全称：大唐澄心寺尼故优昙禅师之塔铭并序。

年代：唐仪凤三年（678）刻。

形制：正方形。边长 0.50 米，厚 0.09 米。

行字：铭文楷书 22 行，满行 22 字。

出土：20 世纪 70 年代出土于礼泉县赵镇吴村澄心寺遗址。

现藏：昭陵博物馆。

著录：《昭陵碑石》《新中国出土墓志·陕西壹》《全唐文补遗》（第一辑）。

提要：该塔铭记述澄心寺优昙禅师籍贯、生平。优昙禅师，俗姓费，雍州醴泉人。幼入澄心寺为尼，仪凤三年六月八日卒，享年 77 岁。

*唐河上碑

年代：唐仪凤三年（678）刻立。

形制：碑残损，仅存下截。残高 1.47 米，宽 1.05 米，厚 0.30 米。

行字：书体、行字数均已无法辨识。

出土：原立于礼泉县烟霞镇西页沟村唐河上墓前，1964 年发现，1975 年移藏昭陵博物馆。

现藏：昭陵博物馆。

著录：《京兆金石录》《昭陵碑石》。

备注：碑面泐蚀严重，几乎无法辨识。

提要：《京兆金石录》称此碑为唐河上碑，立于唐仪凤三年。

亡尼七品墓志

全称：大唐故德业寺亡尼七品墓志。

年代：唐调露元年（679）刻。

形制：盖长方形，志正方形。盖长 0.37 米，宽 0.36 米。志边长 0.36 米。

行字：盖文篆书 3 行，满行 3 字，题"大唐故亡尼七品墓志"。志文楷书 9 行，满行 13 字。有方界格。

出土：出土时间、地点不详。

现藏：西安交通大学博物馆。

著录：《西安交通大学博物馆藏品集锦——碑石书法卷》。

提要：志文记述了志主德业寺七品尼的卒年和葬地。

唐故含元宫八品墓志

年代：唐调露元年（679）刻。

形制：志正方形。边长 0.38 米。

行字：志文楷书 11 行，满行 13 字。

出土：出土时间、地点不详。西安碑林旧藏。

现藏：西安碑林博物馆。

著录：《西安碑林全集》。

提要：志文记载志主卒葬时间及葬地情况。志主不知其姓氏名字，调露元年八月十四日卒，享年 46 岁。

郭通墓志

全称：大唐故金紫光禄大夫郭府君墓志铭并序。

年代：唐调露元年（679）刻。

形制：志正方形。边长 0.46 米。

行字：志文楷书 25 行，满行 25 字。

出土：2000 年出土于华阴市。

现藏：西安碑林博物馆。

著录：《西安碑林博物馆新藏墓志汇编》。

提要：志文记载郭通的家族世系、生平、历官及子嗣情况。郭通，字贵达，太原人。其加勋金紫光禄大夫、光禄大夫等。

*安山宝墓志

年代：唐调露元年（679）刻。

形制：志长 0.37 米，宽 0.36 米。

行字：志文楷书 12 行，满行 20 字。

出土：1956 年出土于西安市东郊韩森寨。

现藏：西安碑林博物馆。

备注：朱书砖志。

提要：志文简记志主卒年、葬地等。

崔嗣墓志

全称：唐故崔府君志铭。

年代：唐调露元年（679）刻。

形制：志正方形。边长 0.43 米。

行字：志文楷书 15 行，满行 15 字。

出土：出土时间、地点不详。2005 年入藏西安碑林博物馆。

现藏：西安碑林博物馆。

著录：《西安碑林博物馆新藏墓志汇编》。

提要：志文记载志主的家族世系、生平及历官情况。

赵义墓志

全称：大唐故詹事府司直赵君墓志铭并序。

年代：唐仪凤四年（679）刻。

形制：志正方形。边长 0.47 米。

行字：志文楷书 28 行，满行 28 字。

纹饰：志四侧饰蔓草纹。

出土：出土时间、地点不详。

现藏：西安交通大学博物馆。

著录：《西安交通大学博物馆藏品集锦——碑石书法卷》。

提要：志文记述了赵义的家族世系、生平及历官情况。其历官将仕郎、秘书省校书、门下省典仪、雍州三原县尉、扬州三合县丞、雍州渭南乾封二县尉、詹事府主簿等职。

李元礼妻罗观照墓志

全称：大唐潞州刺史司徒公故徐王元礼姬罗氏墓志铭并序。

年代：唐调露二年（680）刻。

形制：盖盝形，志正方形。志、盖尺寸相同。边长 0.42 米，厚 0.10 米。

行字：盖文篆书 4 行，满行 3 字，题"大唐司使公故徐王姬罗志铭"。志文楷书 22 行，满行 22 字。

纹饰：志、盖四侧均饰缠枝蔓草纹。

出土：1991 年出土于西安市东郊韩森寨。

现藏：西安博物院。

著录：《全唐文补遗》（第四辑）。

提要：志文记载罗观照之生平、夫君及子嗣等。

*亡尼七品墓志

年代：唐调露二年（680）刻。

形制：志正方形。边长 0.35 米。

行字：志文楷书 12 行，满行 13 字。

出土：1956 年出土于长安县天子峪国清寺附近，吴殿明捐藏西安碑林。

现藏：西安碑林博物馆。

著录：《西安碑林全集》。

备注：右上角残缺。

提要：志文记载志主生卒年、葬地等信息。

萧怀举墓志

全称：大唐故雍北府果毅都尉萧君墓志铭。

年代：唐调露二年（680）刻。

形制：志正方形。边长 0.42 米。

行字：志文楷书 22 行，满行 24 字。

出土：2001 年出土于长安县。

现藏：西安碑林博物馆。

著录：《碑林集刊》（第 9 辑）《西安碑林博物馆新藏墓志汇编》。

提要：志文记载萧怀举之家族世系、生平及历官情况。萧怀举，两《唐书》无载，志称其为兰陵人，家族世代显贵。其曾任岐州雍北府左果毅都尉，调露元年卒，次年葬于高阳原。

亡尼七品墓志

全称：大唐故亡尼七品志文并序。

年代：唐调露二年（680）刻。

形制：志正方形。边长 0.39 米。

行字：志文楷书 12 行，满行 13 字。

出土：1965 年出土于长安县天子峪国清寺附近，吴殿明捐藏西安碑林。

现藏：西安碑林博物馆。

著录：《西安碑林全集》《唐代墓志汇编续集》。

备注：左下角残缺。

提要：志文记载志主生平情况。

折娄惠墓志

全称：大唐故监门长上校尉折娄府君之墓志并序。

年代：唐永隆元年（680）刻。

形制：志长 0.42 米，宽 0.43 米。

行字：志文楷书 16 行，满行 17 字。

出土：2002 年出土于铜川市耀州区，2002 年入藏西安碑林博物馆。

现藏：西安碑林博物馆。

著录：《西安碑林博物馆新藏墓志汇编》。

提要：志文记载折娄惠的家族世系、生平及官职情况。其曾任左监门长上校尉。

崔俭墓志

全称：大唐故朝散大夫盐州长史豫汾二州司马安阳县男崔府君墓志铭并序。

年代：唐永隆元年（680）刻。

形制：盖盝形。边长 0.62 米，厚 0.06 米。志长 0.58 米，宽 0.59 米，厚 0.14 米。

行字：盖文篆书 5 行，满行 5 字，题"大唐故朝散大夫汾州司马安阳县开国男崔府君墓志之铭记"。志文楷书 29 行，满行 30 字。

纹饰：盖四刹及四侧均饰蔓草纹，志四侧饰蔓草及团花纹饰。

出土：2000 年出土于西安咸阳国际机场工地。

现藏：咸阳市文物考古研究所。

著录：《西部考古》（第 1 辑）。

提要：崔俭，博陵长平人，后为雍州泾阳县人。曾祖士谦为北周尚书左仆射、大将军、大都督、荆安等州大总管。其父为隋开府仪同三司、左领军大将军、骠骑将军、右备身将军、慈州刺史、安阳县开国公。崔俭于调露元年七月病逝，享年 62 岁，永隆元年十月葬于雍州咸阳县奉贤乡。

刘应道墓志

全称：大唐故秘书少监刘府君墓志铭并序。

年代：唐开耀元年（681）刻。

形制：盖盝形，志正方形。志、盖尺寸相同。边长 0.72 米，厚 0.14 米。

行字：盖文篆书 4 行，满行 4 字，题"大唐故秘书少监刘府君墓志"。志文楷书 49 行，满行 49 字。

撰书：刘献臣、刘祎之撰。

纹饰：盖四刹饰缠枝牡丹纹。

出土：1988 年出土于长安县大兆乡东曹村。

现藏：西安市长安博物馆。

著录：《隋唐五代墓志汇编》《长安新出墓志》《长安碑刻》。

提要：志文记载刘应道之家族世系、生平、子嗣及历官情况。其历官太穆皇后挽郎、太子通事舍人、梓州玄武县令、尚书省户部员外郎、雍州华原县令、武功县令、司勋员外郎、吏部员外郎、洛州阳城县令、雍州司功参军事、司勋大夫、司勋郎中、吏部郎中、秘书少监、知国史事。

*窦洪端造像碑

年代：唐永隆二年（681）刻立。

形制：顶座皆佚，圆首。高 1.45 米，宽 0.50 米，厚 0.25 米。

行字：正文楷书 29 行，满行 18—26 字不等。

纹饰：正面上部龛内一佛二弟子，中部刊发愿文，有界格，下部刻供养人题名。右侧面上部龛内一佛二弟子，龛外纹饰不清。左侧中下部文字中刻有纵向缠枝蔓草纹饰。

出土：2007 年出土于富平县庄里镇立诚中学。

现藏：富平县文庙。

备注：右侧碑文泐蚀严重，无法辨识。

提要：碑文记载窦洪端等 17 人发愿造像之事。

成公几墓志

全称：大唐故朝议郎行徐州长史成公府君墓志铭并序。

年代：唐永隆二年（681）刻。

形制：志正方形。边长 0.53 米。

行字：志文楷书 27 行，满行 26 字。

出土：出土时间、地点不详。

现藏：西安市长安博物馆。

著录：《隋唐五代墓志汇编》《长安新出墓志》《长安碑刻》。

提要：志文记载成公几的家族世系、生平、历官、婚姻及子嗣情况。其历官绛州曲沃县尉、雍州万年县尉、华州司户参军、绛州闻喜县令、大理司直、左骁卫长史、栎阳县令、徐州长史。

方君妻张氏墓志

全称：大唐故上骑都尉方府君夫人张氏墓志并序。

年代：唐永隆二年（681）刻。

形制：志正方形。边长 0.50 米。

行字：志文楷书 19 行，满行 19 字。

纹饰：志四侧饰卷叶纹。

出土：出土时间、地点不详。

现藏：西安博物院。

著录：《隋唐五代墓志汇编》《全唐文补遗》（第三辑）。

提要：志文记载方府君妻张氏之生平等。

申屠林墓志

全称：唐故申屠君墓志铭并序。

年代：唐永隆二年（681）刻。

形制：志正方形。边长 0.42 米。

行字：志文楷书 18 行，满行 18 字。

出土：出土时间、地点不详。2006 年入藏西安碑林博物馆。

现藏：西安碑林博物馆。

著录：《西安碑林博物馆新藏墓志汇编》。

提要：志文记载申屠林的家族世系、生平及夫人情况。

包宝寿墓志

全称：大唐故念弥陀佛诵弥陀经行者包府君墓志铭并序。

年代：唐永隆二年（681）刻。

形制：志正方形。边长 0.57 米，厚 0.07 米。

行字：志文楷书 35 行，满行 34 字。

纹饰：志四侧饰石榴、忍冬、莲花纹。

出土：1989 年出土于西安市西郊远东公司基建工地。

现藏：陕西省考古研究院。

著录：《考古与文物》（1999 年第 4 期）《全唐文补遗》（第七辑）。

提要：志文记载了志主家世及其信奉佛教之情况。

王贤墓志

全称：大唐故处士王君墓志铭并序。

年代：唐开耀二年（682）刻。

形制：盖盝形，志正方形。志、盖尺寸相同。边长 0.32 米。

行字：盖文篆书 3 行，满行 3 字，题"唐故处士王君墓志铭"。志文楷书 17 行，满行 16 字。

纹饰：盖四周及四刹饰蔓草纹。

出土：1956 年出土于西安市东郊韩森寨。

现藏：西安碑林博物馆。

著录：《西安碑林全集》《新中国出土墓志·陕西贰》《全唐文补遗》（第六辑）。

提要：志文记载王贤及妻郗氏的生卒情况。王贤，字拔，并州太原人。于贞观八年（634）十一月病逝于西京胜业里，卒年 35 岁。夫人郗氏卒于唐开耀二年二月五日，享年 83 岁。其年二月二十日合葬于西京东南姚村。

*丘协暨妻郗氏墓志

年代：唐开耀二年（682）刻。

形制：志长 0.54 米，宽 0.53 米。

行字：志文楷书 20 行，满行 20 字。

纹饰：志四侧饰壶门图案。

出土：出土时间、地点不详。2006 年入藏西安碑林博物馆。

现藏：西安碑林博物馆。

著录：《西安碑林博物馆新藏墓志汇编》。

提要：志文记载丘协的家族世系、生平及夫人情况。

陈玄德墓志

全称：大唐故处士颍川陈君墓志铭并序。

年代：唐永淳元年（682）刻。

形制：志长 0.44 米，宽 0.41 米。

行字：志文楷书 23 行，满行 24 字。

出土：出土时间、地点不详。

现藏：西安市长安博物馆。

著录：《长安新出墓志》《长安碑刻》。

提要：志文记载陈玄德之家族世系、生平及子嗣情况。

韦君妻王琬墓志

全称：大唐故曹州刺史韦府君夫人晋原郡君王氏墓志铭并序。

年代：唐永淳元年（682）刻。

形制：志正方形。边长 0.57 米。

行字：志文楷书 36 行，满行 35 字。

撰书：纪王撰。

出土：出土时间、地点不详。

现藏：西安市长安博物馆。

著录：《隋唐五代墓志汇编》《长安新出墓志》《长安碑刻》。

备注：志石左上角残阙。

提要：志文记载王琬的家族世系、生平、夫君及子嗣等。

云长墓志

全称：唐故骑都尉云生墓志之铭。

年代：唐永淳元年（682）刻。

形制：志长 0.47 米，宽 0.45 米。

行字：志文楷书 17 行，满行 17 字。

出土：出土时间、地点不详。2006 年入藏西安碑林博物馆。

现藏：西安碑林博物馆。

著录：《西安碑林博物馆新藏墓志汇编》。

提要：志文记载云长的家族世系、生平、官职及夫人情况。云长曾任晋州司马。

张道墓志

全称：唐故朝散大夫登仕郎张府君墓志铭。

年代：唐永淳元年（682）刻。

形制：志正方形。边长 0.44 米。

行字：志文楷书 17 行，满行 17 字。

出土：出土时间、地点不详。2005 年入藏西安碑林博物馆。

现藏：西安碑林博物馆。

著录：《西安碑林博物馆新藏墓志汇编》。

提要：志文记载张道的家族世系、生平、配偶及历官情况。张道入唐后任朝散大夫，后加登仕郎。

牛宝墓志

全称：唐故朝散大夫牛君墓志铭并序。

年代：唐永淳元年（682）刻。

形制：盖盝形，志长方形。志、盖尺寸相同。长 0.50 米，宽 0.48 米。

行字：盖文篆书 3 行，满行 3 字，题"大唐故牛府君墓志铭"。志文楷书 19 行，满行 19 字。

纹饰：盖四刹饰牡丹纹。

出土：出土时间、地点不详。2006 年入藏西安碑林博物馆。

现藏：西安碑林博物馆。

著录：《西安碑林博物馆新藏墓志汇编》。

备注：部分漫漶不清。

提要：志文记载牛宝的家族世系、生平及官职情况。牛宝曾任朝散大夫。

周道务妻李孟姜墓志

全称：大唐故临川郡长公主墓志铭并序。

年代：唐永淳元年（682）刻。

形制：盖盝形，志正方形。盖边长 0.88 米，厚 0.18 米。志边长 0.91 米，厚 0.20 米。

行字：盖文篆书 3 行，满行 4 字，题"大唐故临川郡长公主墓志铭"。志文楷书 41 行，满行 42 字。

撰书：郭正一撰。

纹饰：盖四刹及四侧饰浅云纹。

出土：1972 年出土于礼泉县赵镇新寨村李孟姜墓中。

现藏：昭陵博物馆。

著录：《昭陵碑石》《新中国出土墓志·陕西壹》《隋唐五代墓志汇编》。

提要：该志文记载临川郡长公主的家族世系及生平情况。公主字孟姜，太宗第十一女，韦贵妃所生。贞观初，封临川郡公主，出降驸马都尉周道务。永徽初，援朝例封临川郡长公主。永淳元年五月二十一日薨，享年 59 岁，同年十二月二十五日陪葬昭陵。临川郡长公主，《新唐书》有传。

西宫二品昭仪墓志

全称：大唐故西宫二品昭仪志铭并序。

年代：唐永淳元年（682）刻。

形制：盖盝形，志正方形。盖边长 0.43 米，厚 0.10 米。志边长 0.44 米，厚 0.11 米。

行字：盖文篆书 3 行，满行 3 字，题"大唐故亡宫二品墓志"。志文楷书 15 行，满行 16 字。

出土：1979 年出土于礼泉县烟霞镇东坪村西宫二品昭仪墓中。

现藏：昭陵博物馆。

著录：《隋唐五代墓志汇编》《全唐文补遗》（第五辑）《昭陵碑石》。

提要：该墓志简略记述了西宫二品昭仪生平、卒葬时间及葬地情况。西宫二品昭仪，籍贯失载，幼以良家子被选入宫。永淳元年八月二十四日卒，享年 81 岁，同年十月十一日陪葬昭陵。

述圣纪

年代：唐弘道元年（683）刻立。

形制：顶盖庑殿式，碑身为五块方石上下扣接而成，底座为四块方石拼成的正方形。碑身高 6.78 米，宽 1.86 米。底座边长 2.97 米，露出地面高 0.38 米。

行字：正文楷书 46 行，满行 120 字。

撰书：武则天撰，李显书。

纹饰：碑座正面饰海石榴纹与獬豸图。

出土：此碑自立未移。

现藏：乾县乾陵陵园内城朱雀门外司马道西侧阙楼遗址前。

著录：《来斋金石刻考略》《金石萃编》《唐文拾遗》。

备注：此碑至迟在明嘉靖三十四年（1556）关中大地震时仆倒断为数段，1957年整修时加固，现立于原址。碑文刻于碑身正面，多漫漶不清，现残存2000余字。

提要：此碑是武则天为唐高宗所立的功德碑，主要记述了唐高宗的生平史略和执政时期的文治武功。

元琰妻韦金墓志

全称：大唐前安州都督府参军元琰妻韦志铭并序。

年代：唐永淳二年（683）刻。

形制：志正方形。边长 0.43 米，厚 0.10 米。

行字：志文楷书 20 行，满行 20 字。

撰书：元琰撰。

纹饰：志四侧饰缠枝蔓草纹。

出土：出土时间、地点不详。

著录：《隋唐五代墓志汇编》《全唐文补遗》（第二辑）。

现藏：西安博物院。

提要：志文记载韦金的家族世系、生平，以及夫君元琰的家族世系等。

大唐故亡宫九品墓志

年代：唐永淳二年（683）刻。

形制：志正方形。边长 0.35 米。

行字：志文楷书 11 行，满行 14 字。

出土：出土时间、地点不详。

现藏：西安碑林博物馆。

著录：《西安碑林全集》《全唐文补遗》（第七辑）。

提要：志文记载志主的卒葬时间及葬地情况。

牛感墓志

全称：唐故牛君墓志铭并序。

年代：唐永淳二年（683）刻。

形制：志长 0.45 米，宽 0.44 米。

行字：志文楷书 19 行，满行 18 字。

出土：出土时间、地点不详。2006 年入藏西安碑林博物馆。

现藏：西安碑林博物馆。

著录：《西安碑林博物馆新藏墓志汇编》。

备注：右下角有缺损。

提要：志文记载牛感的家族世系、生平、夫人及子嗣情况。

亡尼法通墓志

全称：德业寺亡尼七品墓志铭并序。

年代：唐永徽至弘道年间（649—683）刻。

形制：志正方形。边长 0.41 米。

行字：志文楷书 12 行，满行 14 字。

出土：1974 年出土于咸阳市底张湾。

现藏：咸阳博物馆。

著录：《咸阳碑石》《新中国出土墓志·陕西壹》。

备注：墓志出土时志盖已与其他盖相混。

提要：志文简述法通生平、卒年等信息。

亡尼法矩墓志

全称：大唐德业寺故尼法矩墓志铭并序。

年代：唐永徽至弘道年间（649—683）刻。

形制：志正方形。边长 0.46 米。

行字：志文楷书 17 行，满行 16 字。

出土：1974 年出土于咸阳市底张湾陶家村。

现藏：咸阳博物馆。

著录：《咸阳碑石》《新中国出土墓志·陕西壹》。

提要：志文简述法矩生平、卒年等信息。

亡尼明选墓志

全称：德业寺故尼明选铭并序。

年代：唐永徽至弘道年间（649—683）刻。

形制：志正方形。边长 0.45 米。

行字：志文楷书 16 行，满行 16 字。

出土：1974 年出土于咸阳市底张湾陶家村。

现藏：咸阳博物馆。

著录：《咸阳碑石》。

备注：墓志出土时志盖已与其他盖相混。

提要：志文简述志主俗姓庾氏，法号明远。

房仁裕神道碑

全称：大唐故清河房忠公神道之碑。

年代：唐高宗时期（649—683）刻立。

形制：螭首方座。通高 3.26 米，宽 1.06 米，厚 0.34 米。

行字：额篆书 3 行，满行 4 字，题"大唐故清河房忠公神道之碑"。正文楷书 37 行，满行 76 字。

撰书：崔融撰，房琳书。

出土：原立于礼泉县烟霞镇严峪村房仁裕墓前，1975 年移藏昭陵博物馆。

现藏：昭陵博物馆。

著录：《关中金石文字存佚考》《八琼室金石补正》《昭陵碑石》。

备注：碑首行题款泐灭严重，标题昭录碑额题款。该碑早年泐灭严重，诸金石文献亦有阙文，然撰者书者姓名仍存，亦有部分生平、历官。

提要：房仁裕隋末入仕，随王世充守洛阳。

武德时归唐，历官金紫光禄大夫、郑州刺史等。高宗时薨，享年 76 岁，赠左骁卫大将军等，陪葬昭陵。

*李震妻王氏墓志

年代：唐高宗时期（649—683）刻。

形制：盖盝形，志正方形。志、盖尺寸相同。边长 0.72 米，厚 0.09 米。

行字：盖面篆书 5 行，满行 4 字，题"□□故赠□□□李定公夫人王氏墓志之铭"。志文楷书，仅存左下角 136 字。

纹饰：盖四刹饰忍冬纹，四侧饰蔓草纹及忍冬纹。

出土：1973 年出土于礼泉县烟霞镇烟霞新村李震墓中。

现藏：昭陵博物馆。

著录：《昭陵碑石》《新中国出土墓志·陕西壹》。

备注：该墓志残损严重。志盖碎为数块，仅存左下部。

提要：据其残文可知王氏卒于李震之后，刻石应不早于麟德二年（665）十一月埋葬李震之时。

*褚亮碑

年代：约唐高宗时期（649—683）刻立。

形制：螭首方座，高 3.07 米，宽 1.11 米，厚 0.39 米。

行字：额篆书 2 行，满行 3 字，题"大唐褚卿之碑"。正文隶书 36 行，满行 65 字。

撰书：殷仲容书。

出土：原立于礼泉县烟霞镇上严峪村褚亮墓前，1975 年移藏昭陵博物馆。

现藏：昭陵博物馆。

著录：《石墨镌华》《关中金石记》《昭陵碑石》。

备注：碑首行题款泐蚀。

提要：碑文记载褚亮的家族世系、生平及历官情况。褚亮，字希明，河南阳翟人，初唐名相褚遂良之父。陈时以文学入仕，历太子洗马等。陈亡入隋，历太常博士、黄门侍郎等。入唐后历中允等，封阳翟县男。贞观二十一年（647）十一月一日薨，陪葬昭陵。

冯士良墓志

全称： 大唐故中散大夫行内常侍冯府君墓志铭并序。

年代： 唐光宅元年（684）刻。

形制： 志正方形。边长 0.53 米。

行字： 志文楷书 28 行，满行 30 字。

纹饰： 志四侧饰忍冬纹。

出土： 出土时间、地点不详。1982 年入藏西安碑林。

现藏： 西安碑林博物馆。

著录：《全唐文补遗》（第八辑）《西安碑林博物馆新藏墓志汇编》。

提要： 志文记载冯士良之家族世系、生平、历官等情况。其历官掖庭局丞、给事郎、朝散郎、内谒者监、内给事、内常侍等。

安元寿墓志

全称： 大唐故右威卫将军上柱国安府君墓志铭并序。

年代： 唐光宅元年（684）刻。

形制： 志正方形。边长 0.87 米，厚 0.18 米。

行字： 志文楷书 39 行，满行 39 字。

撰书： 郭正一撰。

纹饰： 志四侧饰牡丹及石榴花纹。

出土： 1972 年出土于礼泉县赵镇新寨村安元寿墓中。

现藏： 昭陵博物馆。

著录：《昭陵碑石》《新中国出土墓志·陕西壹》《隋唐五代墓志汇编》。

提要： 该志文记载安元寿的家族世系、生平及历官情况。安元寿，字茂龄，凉州姑臧人，初唐功臣安兴贵之子。武德五年（622），奉秦王李世民教，入秦王幕府，授右库真。武德九年（626）协助秦王发动玄武门事变。贞观时，历右千牛备身、左领军卫妫泉府果毅都尉、左屯卫蕲川府果毅、益州武威府果毅。高宗时，历葱河道检校兵马使、右武卫义仁府折冲都尉、右骁卫郎将、左监门卫中郎将、云麾将军、右骁卫将军、右威卫将军等。永淳二年（683）八月四日薨，享年 77 岁，光宅元年十月二十四日陪葬昭陵。

常让墓志

全称： 唐故屯留常墓志铭。

年代： 唐垂拱元年（685）刻。

形制： 志正方形。志、盖尺寸相同。边长 0.53 米。

行字： 盖文篆书 3 行，满行 3 字，题"唐故常君墓志之铭"。志文楷书 19 行，满行 19 字。

纹饰： 盖中部雕铺首，四刹饰牡丹纹。

出土： 出土时间、地点不详。2006 年入藏西安碑林博物馆。

现藏： 西安碑林博物馆。

著录：《西安碑林博物馆新藏墓志汇编》。

提要： 志文记载常让的家族世系、生平等。

杜俨墓志

全称： 大唐故文林郎京兆杜君墓志铭。

年代： 唐垂拱元年（685）刻。

形制： 盖盝形。志、盖尺寸相同。长 0.44 米，宽 0.43 米。

行字：盖文篆书2行，满行2字，题"杜君墓志"。志文楷书20行，满行20字。

纹饰：志四侧饰忍冬纹。

出土：出土于西安市灞桥区三殿村，时间不详。

现藏：西安碑林博物馆。

著录：《西安碑林博物馆新藏墓志汇编》。

提要：志文记载杜侢的家族世系、生平及子嗣情况。其曾任授文林郎。

刘初墓志

全称：大唐故谒者台员外郎骑都尉刘初墓志铭。

年代：唐垂拱元年（685）刻。

形制：志正方形。边长0.47米，厚0.08米。

行字：志文楷书23行，满行23字。

出土：1988年出土于泾阳县永乐镇新庄村。

现藏：泾阳县博物馆。

著录：《新中国出土墓志·陕西壹》《隋唐五代墓志汇编》《咸阳碑刻》。

提要：志文记载刘初的家世、生平。

薛元超墓志

全称：大唐故中书令兼检校太子左庶子户部尚书汾阴男赠光禄大夫使持节都督秦成武渭四州诸军事秦州刺史薛公墓志铭并序。

年代：唐垂拱元年（685）刻。

形制：盖盝形，志正方形。志、盖尺寸相同。边长0.86米，盖厚0.13米，志厚0.16米。

行字：盖文篆书5行，满行4字，题"大唐故中书令赠光禄大夫秦州都督薛公墓志铭"。志文楷书57行，满行57字。

撰书：崔融撰，曜骆寅书序，毅俊书铭，万三奴、万之抗镌。

纹饰：志四侧饰蔓草纹。

出土：1971年出土于乾县薛元超墓。

现藏：乾陵博物馆。

著录：《全唐文补遗》（第一辑）《新中国出土墓志·陕西壹》《隋唐五代墓志汇编》。

提要：此志记载了薛元超的家族世系、生平。薛元超，为太宗时名臣薛收之子，6岁袭父爵汾阴男，11岁入弘文馆读书，16岁补唐高祖挽郎，后历官太子舍人、给事中、中书舍人、弘文馆学士兼修国史、中书侍郎同中书门下三品、中书令等职。

李谨行墓志

全称：大唐故积石道经略大使右卫员外大将军检校右羽林军兼检校廓州刺史上柱国燕国公赠镇军大将军幽州刺史墓志。

年代：唐垂拱元年（685）刻。

形制：盖盝形，志正方形。志、盖尺寸相同。边长0.61米。盖厚0.10米，志厚0.11米。

行字：盖文隶书4行，满行4字，题"大唐故右卫员外大将军燕国公墓志铭"。志文楷书39行，满行40字。

纹饰：盖四周、四刹及四侧饰蔓草纹，志四侧饰蔓草纹。

出土：1971年出土于乾县李谨行墓。

现藏：乾陵博物馆。

著录：《全唐文补遗》（第二辑）《新中国出土墓志·陕西壹》《隋唐五代墓志汇编》。

提要：志文记载李谨行的家族世系、生平。李谨行，靺鞨人，是唐代杰出的少数民族将领。历官积石道经略大使、右卫员外大将军、检校右羽林军、检校廓州刺史，赠上柱国、燕国公。

于贤墓志

全称： 唐故一品曾孙于墓志铭并序。

年代： 唐垂拱二年（686）刻。

形制： 志正方形。边长 0.30 米。

行字： 志文楷书 13 行，满行 14 字。

出土： 1985 年出土于西安市曲江乡新开门。

现藏： 西安碑林博物馆。

著录：《西安碑林全集》《唐代墓志汇编续集》《西安碑林博物馆新藏墓志汇编》。

提要： 志文记载于贤的身世及生平情况。于贤，河南人，唐名臣于志宁第四代孙。唐垂拱二年（686）十月三月葬于长安县龙首原。

韦昱墓志

全称： 大唐故泸州都督府参军韦君墓志铭并序。

年代： 唐垂拱二年（686）刻。

形制： 盖盝形，志正方形。志、盖尺寸相同。边长 0.35 米。

行字： 盖文楷书 4 行，满行 4 字，题"大唐故泸州都督府参军韦君墓志之铭"。志文楷书 23 行，满行 22 字。

纹饰： 盖四周饰缠枝蔓草纹，四刹饰卷叶纹。志四侧饰缠枝蔓草纹。

出土： 1989 年出土于长安县子午镇风雷仪表厂基建工地。

现藏： 陕西省考古研究院。

著录：《考古与文物》（2005 年第 3 期）《全唐文补遗》（第九辑）。

提要： 志文记载了志主韦昱的家族世系及生平等情况。韦昱，历任陇州行参军、泸州都督府参军事等职。

元师奖墓志

全称： 大唐故通议大夫使持节都督鄯河兰廓缘淳丽津超罕永定等一十二州诸军事守鄯州刺史上柱国新蔡县开国男河源道经略副使元府君之墓志铭并序。

年代： 唐垂拱三年（687）刻。

形制： 盖盝形，志正方形。志、盖尺寸相同。边长 0.73 米。

行字： 盖文篆书 5 行，满行 5 字，题"大唐故使持节都督善州刺史上柱国开国男元府君之墓志铭"。志文楷书 37 行，满行 38 字。

纹饰： 志四周饰蔓草纹。

出土： 1992 年出土于岐山县枣林乡郑家村。

现藏： 岐山县博物馆。

著录：《新中国出土墓志·陕西叁》《文博》（1993 年第 5 期）《全唐文补遗》（第三辑）。

提要： 志文记载元师奖的家世及生平。

*释迦牟尼造像碑座

年代： 唐垂拱三年（687）刻立。

形制： 正方形。边长 0.26 米。

行字： 正文楷书 50 行，满行 6 字。

纹饰： 四面均饰莲花瓣纹。

出土： 1978 年出土于岐山县岐阳村。

现藏： 岐山县博物馆。

备注： 碑身佚失，碑文刻于座，但文字残损较多。

提要： 碑文残损严重，无法卒读，但"垂拱三年"年款尚可辨认。

贾绍墓志

全称： 唐故贾君墓志之铭并序。

年代： 唐垂拱三年（687）刻。

形制： 志长 0.44 米，宽 0.45 米。

行字：志文楷书 17 行，满行 17 字。

出土：出土时间、地点不详。2005 年入藏西安碑林博物馆。

现藏：西安碑林博物馆。

著录：《西安碑林博物馆新藏墓志汇编》。

提要：志文记载贾绍的家族世系、生平、配偶及历官情况。其曾任上党府队正。

*□恐暨妻张氏墓志

年代：唐垂拱三年（687）刻。

形制：志长 0.49 米，宽 0.51 米。

行字：志文楷书 16 行，满行 16 字。

出土：出土时间、地点不详。2005 年入藏西安碑林博物馆。

现藏：西安碑林博物馆。

著录：《西安碑林博物馆新藏墓志汇编》。

备注：右面磨泐严重，字多缺损。

提要：志文记载志主的家族世系、生平、配偶及历官情况。

韦瑱墓志

全称：唐故宣议郎行邛州火井县丞骁骑尉韦府君墓志铭并序。

年代：唐垂拱四年（688）刻。

形制：志正方形。边长 0.42 米。

行字：志文楷书 27 行，满行 28 字。

出土：出土时间、地点不详。

现藏：西安市长安博物馆。

著录：《长安新出墓志》《长安碑刻》《新中国出土墓志·陕西叁》。

提要：志文记载韦瑱的家族世系、生平及历官情况。其历官潭沧二州参军事、邛州火井县丞。

郑宝念墓志

全称：大唐故并州太原府折冲郑府君墓志铭并序。

年代：唐垂拱四年（688）刻。

形制：志正方形。边长 0.50 米。

行字：志文楷书 25 行，满行 24 字。

出土：出土时间、地点不详。

现藏：西安市长安博物馆。

著录：《长安新出墓志》《长安碑刻》。

提要：志文记载郑宝念之家族世系、生平、婚姻、历官情况。其曾任并州太原府折冲。

李满藏墓志

全称：大唐前莫王帐内故李府君墓志铭并序。

年代：唐垂拱四年（688）刻。

形制：盖盝形，志正方形。志、盖尺寸相同。边长 0.42 米。

行字：盖文篆书 3 行，满行 3 字，题"大唐故李府君墓志铭"。志文楷书 20 行，满行 22 字。

纹饰：盖四刹饰缠枝蔓草纹、云纹等 3 层纹饰。志四侧饰缠枝蔓草纹。

出土：1959 年出土于西安市东郊韩森寨。

现藏：西安碑林博物馆。

著录：《西安碑林全集》《新中国出土墓志·陕西贰》《全唐文补遗》（第六辑）。

提要：志文记载李满藏之家族世系、历官及生平情况。李满藏，曾任莫府帐内、秦府帐内。垂拱四年卒，享年 64 岁，其年五月三日葬于雍州万年县浐川乡。

*美原神泉诗序

年代：唐垂拱四年（688）刻立。

形制：尖首方座。双面刻。通高 1.88 米，宽 0.65 米，厚 0.18 米。

行字：额隶书 3 行，满行 2 字，碑阳题"美原神泉诗序"，碑阴题"大唐裕明子书"。正文篆书，碑阳 17 行，满行 25字；碑阴 15 行，满行 25 字。

撰书：碑阳韦元旦撰序，贾言淑及无名氏题诗；碑阴徐彦伯撰序，尹元凯、温翁念、李鹏题诗，尹元凯书。

出土：原立于富平县美原镇，1948 年移藏西安碑林。

现藏：西安碑林博物馆。

著录：《金石萃编》《西安碑林全集》。

备注：碑面文字多已漫漶，碑阳尤甚。

提要：碑文记载美原县东北隅有神泉，贾言淑、尹元凯、温翁念等曾游览于此，有感而发，各吟五言诗句赞美此泉。韦元旦、徐彦伯各撰序一篇，列于诗前，记神泉之位置及众人来此游览之始末。

程颖墓志

全称：唐故程君墓志铭并序。

年代：唐垂拱四年（688）刻。

形制：盖盝形，志正方形。志、盖尺寸相同。边长 0.49 米。

行字：盖文篆书 3 行，满行 3 字，题"唐故程君墓志之铭"。志文楷书 19 行，满行 19 字。有方界格。

纹饰：盖中饰铺首。

出土：出土时间、地点不详。2006 年入藏西安碑林博物馆。

现藏：西安碑林博物馆。

著录：《西安碑林博物馆新藏墓志汇编》。

备注：志石四边有残，盖上、中及右部磨损严重。

提要：此志记载程颖的家族世系、生平、配偶等情况。

马道德墓志

全称：大唐故马府君墓志铭。

年代：唐垂拱四年（688）刻。

形制：志正方形。长 0.36 米，宽 0.35 米。

行字：志文楷书 18 行，满行 18 字。

纹饰：盖四刹饰缠枝蔓草纹，盖面有双线方界格，无铭文。

出土：出土时间、地点不详。1993 年入藏西安碑林博物馆。

现藏：西安碑林博物馆。

著录：《西安碑林博物馆新藏墓志汇编》。

提要：志文记载马道德的家族世系、生平及历官等情况。其曾任九成宫岐阳监丞、文州曲水县朝议郎行丞等。

任智才墓志

全称：唐故处士任君墓志铭并序。

年代：武周载初元年（689）刻。

形制：志长 1.15 米，宽 0.55 米，厚 0.07 米。

行字：志文楷书 14 行，满行 22 字。

纹饰：志上部饰草叶花卉图案。

出土：1987 年出土于泾阳县口镇水泥厂。

现藏：泾阳县博物馆。

著录：《咸阳碑刻》《新中国出土墓志·陕西壹》《隋唐五代墓志汇编》。

提要：志文简述任智才祖、父任职情况及其夫妇简况。

刘神墓志

全称：故大唐夏州朔方县刘公之墓志并序。

年代：唐永昌元年（689）刻。

形制：志正方形。边长 0.62 米，厚 0.10 米。

行字：志文楷书 9 行，满行 19 字。

撰书：王知命撰。

出土：出土于靖边县红墩界乡圪坨河村，时间不详。

现藏：榆林市文物保护研究所。

著录：《榆林碑石》《全唐文补遗》（第八

辑）《新中国出土墓志·陕西叁》。

提要：志文记载刘神的家族世系、籍贯、生平、职官、配偶情况及葬地。其曾任同州普乐府果毅、彭州弘仁府左果毅、游击将军等职。

唐法门惠恭大德之碑

年代： 唐永昌元年（689）刻立。

形制： 青石质，圭额方座。碑残损，残高 1.84 米，宽 0.70 米，厚 0.24 米。

行字： 额篆 2 行，满行 4 字，题“法门惠恭大德之碑”。正文楷书，碑阳残存 28 行，满行 53 字。碑阴残存 35 行，满行 58 字。

撰书： 惠恭书。

纹饰： 碑两面均磨光，碑首阴部左上方有高浮雕菩萨一尊，右侧为一枝莲花，莲花上雕小佛。菩萨下部有一夜叉。碑身侧面有线刻图画。碑首浮雕残，存有龙及供养人形象，碑侧线刻卷草纹。

出土： 1988 年出土于扶风县法门寺。

现藏： 法门寺博物馆。

著录：《法门寺志》《法门寺文化与法门寺学》《法门寺考古发掘报告》。

备注： 碑残损严重，今已修复。

提要： 碑阳记述惠恭事迹，碑阴刻《遗教经》。惠恭俗姓韦，山东邹县人，14 岁随慈恩寺审禅入道，23 岁居住法门寺。贞观二十年（648），惠恭沐浴真身舍利，并烧二指供养。显庆元年（656），唐高宗赐绢 3000 匹，敕令惠恭主持修葺塔庙。

*永昌元年陀罗尼经幢

年代： 唐永昌元年（689）刻立。

形制： 八棱柱形。高 0.92 米，每面宽 0.16 米，直径 0.35 米。

行字： 正文楷书 40 行，满行 48 字。

出土： 出土时间、地点不详。

现藏： 蔡文姬纪念馆。

备注： 碑面泐蚀严重。

提要： 经幢经咒文因磨损不全，内容为《佛顶尊胜陀罗尼经》经文。

独孤婉墓志

全称： 大唐故都水监独孤丞长女墓志并序。

年代： 唐永昌元年（689）刻。

形制： 盖盝形，志正方形。志、盖尺寸相同。长 0.34 米，宽 0.33 米。

行字： 盖文篆书 3 行，满行 3 字，题“大唐独孤丞长女墓志”。志文楷书 17 行，满行 17 字。

纹饰： 盖四刹饰蔓草纹。

出土： 1956 年出土于西安市东郊路家湾。

现藏： 西安碑林博物馆。

著录：《西安碑林全集》《唐代墓志汇编续集》《全唐文补遗》（第六辑）。

提要： 志文记载独孤婉之家族世系及生平情况。独孤婉，河南洛阳人。年少染疾，永昌元年卒，年仅 21 岁，葬于浐东原。

李晦碑

全称： 大唐故秋官尚书河间公之碑。

年代： 唐永昌元年（689）刻立。

形制： 螭首方座。首高 0.89 米，宽 1.20 米，厚 0.34 米。碑身高 2.14 米，宽 1.18 米，厚 0.35 米。

行字： 额篆书 4 行，满行 3 字，题“大唐故秋官尚书河间公之碑”。正文隶书 32 行，满行 45 字。

出土： 原立于高陵县马家湾乡米家崖。

现藏： 高陵县文化馆。

著录：《关中金石文字存佚考》《金石萃编》《高陵碑石》。

备注：碑石剥蚀严重，所有碑文今已无法辩认。

提要：李晦，陇西成纪人，两《唐书》有传。此碑立于野外，据《金石萃编》跋文知此碑当时已泐蚀严重。今碑文几乎无法识读。

刘满墓志

全称：大唐永昌元年岁次庚戌朔十月廿三日壬申故汾州隰城县丞刘府君之墓志铭。

年代：唐永昌元年（689）刻。

形制：志正方形。边长 0.35 米。

行字：志文楷书 18 行，满行 17 字。

出土：出土时间、地点不详。

现藏：西安市长安博物馆。

著录：《长安新出墓志》《长安碑刻》。

提要：志文记载刘满的生平、婚姻及子嗣情况。

亡尼金氏墓志

全称：大唐故亡宫三品尼金氏之枢。

年代：唐永昌元年（689）刻。

形制：盖盝形，志正方形。志、盖尺寸相同。边长 0.44 米，厚 0.09 米。

行字：盖文篆书 4 行，满行 4 字，题"大唐故亡宫三品尼金氏之枢"。志文楷书 12 行，满行 14 字。

出土：1986 年出土于礼泉县烟霞镇陵光村亡宫三品婕妤金氏墓中。

现藏：昭陵博物馆。

著录：《昭陵碑石》《新中国出土墓志·陕西壹》。

提要：该墓志简略叙述金氏卒葬年月。金氏

曾为太宗三品婕妤，后为尼，垂拱四年（688）十一月二十六日卒，永昌元年一月十三日陪葬昭陵。

田僧墓志

全称：大唐故昭武校尉上护军田府君墓志铭并序。

年代：武周载初元年（689）刻。

形制：志正方形。边长 0.49 米。

行字：志文楷书 24 行，满行 23 字。

出土：2002 年出土于西安市长安区王寺村。

现藏：西安碑林博物馆。

著录：《西安碑林博物馆新藏墓志汇编》《全唐文补遗》（第八辑）《碑林集刊》（第7 辑）。

提要：志文记载田僧的家族世系、生平、历官及子嗣情况。田僧，字伽，京兆人。曾祖田秀，为开府仪同三司。祖田宽，为建节都尉。父田炽，唐时任上骑都尉。田僧任昭武校尉、上护军。子田智则任右武威卫三川府长史。

安范墓志

全称：大周上骑都尉安兴孙墓志铭并序。

年代：武周天授元年（690）刻。

形制：盖盝形，志正方形。盖边长 0.58 米，厚 0.05 米。志边长 0.60 米，厚 0.13 米。

行字：盖文篆书 3 行，满行 3 字，题"大周故安府君墓志铭"。志文楷书 27 行，满行 29 字。

纹饰：盖四刹饰卷叶纹，志四侧饰卷叶纹。

现藏：周至县文物管理所。

著录：《隋唐五代墓志汇编》《全唐文补遗》（第七辑）。

提要：此碑记载了安范的家族世系、生平、历官及子嗣情况。

于隐墓志

全称： 大周朝散大夫行蜀州司法参军于君墓志铭并序。

年代： 武周天授元年（690）刻。

形制： 盖盝形，志正方形。盖边长 0.60 米，厚 0.09 米。志边长 0.59 米，厚 0.12 米。

行字： 盖文篆书 4 行，满行 3 字，题"大周故朝散大夫于君墓志铭"。志文楷书 22 行，满行 30 字。

纹饰： 盖四刹及四侧均饰缠枝蔓草纹，志四侧饰缠枝蔓草纹。

出土： 出土时间、地点不详。

现藏： 西安博物院。

著录： 《全唐文补遗》（第七辑）。

提要： 志文记载于隐的家族世系、生平、历官及子嗣等。其历官嘉州司仓参军、蜀州司法参军，加朝散大夫。

阴彦墓志

全称： 大周故上柱国同昌军总管阴府君墓志铭并序。

年代： 武周天授元年（690）刻。

形制： 志正方形。边长 0.42 米。

行字： 志文楷书 22 行，满行 22 字。

出土： 出土时间、地点不详。

现藏： 西安市长安博物馆。

著录： 《长安新出墓志》《长安碑刻》。

提要： 志文记载阴彦的生平及历官情况。其历官朝散大夫、文州长史、宁远将军、左玉铃卫文城府右果毅都尉、同昌军使、南军副总管。

乐王端暨妻支同氏墓志

全称： 唐雍州富平县临原乡始昌里朝议大夫乐王端妻支同合葬墓志。

年代： 武周天授元年（690）刻。

形制： 志长 0.41 米，宽 0.39 米，厚 0.09 米。

行字： 志文楷书 14 行，满行 14 字。

出土： 1963 年出土于临潼县阎良区康桥乡长山村。

现藏： 西安市临潼博物馆。

著录： 《临潼碑石》。

备注： 盖佚，志石右上角有残。

提要： 志文记载墓主之家族世系及生平情况。

李澄霞墓志

全称： 大唐故淮南大长公主墓志铭并序。

年代： 武周天授二年（691）刻。

形制： 盖盝形，志正方形。盖长 0.95 米，宽 1.19 米，厚 0.16 米。志边长 1.18 米，厚 0.21 米。

行字： 盖文篆书 4 行，满行 3 字，题"大周故淮南大长公主墓志铭"。志文楷书 48 行，满行 47 字。

撰书： 驸马封言道撰。

纹饰： 盖四周及四刹饰蔓草纹，志四侧饰蔓草纹。

出土： 1978 年出土于富平县上官乡焦家堡。

现藏： 富平县文庙。

著录： 《富平碑刻》。

提要： 志文记载淮南公主李澄霞的生平及加封情况。李澄霞，两《唐书》有传。

董务忠墓志

全称： 唐朝散大夫行遂州司马董君墓志铭并序。

年代： 武周天授二年（691）刻。

形制： 盖盝形，志正方形。志、盖尺寸相同。边长 0.59 米。盖厚 0.11 米，志厚 0.10 米。

行字： 盖文篆书 3 行，满行 3 字，题"唐故

董府君墓志之铭"。志文楷书 36 行，
满行 36 字。

纹饰：盖四刹饰忍冬纹。

出土：1988 年出土于临潼县斜口乡岳沟村。

现藏：西安市临潼博物馆。

著录：《文博》（1996 年第 2 期）《全唐文补
遗》（第三辑）。

提要：志文记董务忠的生平及历官情况。其
曾任怀州司兵、太常主簿、中书主书、
武卫金吾二长史、遂州司马等。

皇甫瑗墓志

全称：大唐故岐州雍县丞皇甫府君墓志铭
并序。

年代：武周天授二年（691）刻。

形制：志正方形。边长 0.59 米。

行字：志文楷书 28 行，满行 28 字。有方界格。

纹饰：志四侧饰卷草纹。

出土：出土时间、地点不详。2006 年入藏西
安碑林博物馆。

现藏：西安碑林博物馆。

著录：《西安碑林博物馆新藏墓志汇编》。

提要：志文记载皇甫瑗之家族世系、生平、
配偶等情况。其历官虢王府参军事、
相州汤阴县主簿、洛州王屋福昌二县
尉、岐州雍县丞等。

王慎墓志

全称：周故左骁卫翊卫太原王君墓志铭并序。

年代：武周天授二年（691）刻。

形制：志正方形。边长 0.57 米。

行字：志文楷书 20 行，满行 20 字。有方
界格。

纹饰：志四侧饰壸门及兽纹。

出土：出土时间、地点不详。2006 年入藏
西安碑林博物馆。

现藏：西安碑林博物馆。

著录：《西安碑林博物馆新藏墓志汇编》。

提要：此志文记载王慎的家族世系、生平等
情况。

解昭德墓志

全称：大周故庆州司马解府君墓志铭并序。

年代：武周天授三年（692）刻。

形制：盖盝形，志正方形。盖边长 0.57 米，
厚 0.14 米。志边长 0.53 米，厚 0.14 米。

行字：盖文篆书 3 行，满行 3 字，题"大唐
故解府君墓志铭"。志文楷书 28 行，
满行 28 字。

纹饰：盖四刹饰缠枝蔓草纹。

出土：出土于西安市三桥村，时间不详。

现藏：陕西历史博物馆。

提要：志文记载解昭德之家族世系、生平、
历官情况。其历官鸿胪寺录事、尚书
工部主事、东宫驭仆寺主簿、大理评
事、左武卫兵曹、尚书省都事、汾州
介休县令、庆州司马、朝散大夫、检
校盐州司马。

大周故亡尼志文

年代：武周如意元年（692）刻。

形制：志正方形。边长 0.30 米，厚 0.10 米。

行字：志文楷书 11 行，满行 11 字。

出土：出土于咸阳市秦都区渭阳西路，时间
不详。

现藏：咸阳市文物保护研究中心。

提要：志文简述志主生卒年、葬地等。

张树生墓志

全称：唐太州故张府君墓志铭。

年代：武周长寿元年（692）刻。

形制：志正方形。边长 0.41 米。

行字：志文楷书 19 行，满行 19 字。有方
　　　界格。

出土：出土时间、地点不详。1991 年入藏西
　　　安碑林。

现藏：西安碑林博物馆。

著录：《全唐文补遗》（第六辑）《新中国出
　　　土墓志·陕西贰》《西安碑林博物馆
　　　新藏墓志汇编》。

提要：志文记载张树生及夫人甘氏之生平及
　　　子嗣情况。张树生，南阳人。唐垂拱
　　　二年（686）腊月五日卒，享年 84 岁。
　　　夫人甘氏，大周长寿元年九月二十一
　　　日卒，享年 88 岁。同年十月十一日合
　　　葬于安乐原。

王感墓志

全称：周故朝议大夫银州刺史孟县开国男
　　　王君墓志铭并序。

年代：武周长寿二年（693）刻。

形制：盖盝形，志长方形。志、盖尺寸相同。
　　　长 0.59 米，宽 0.57 米。

行字：盖文篆书 3 行，满行 3 字，题"大唐
　　　故王府君墓志铭"。志文楷书 19 行，
　　　满行 21 字。

纹饰：盖四刹饰蔓草纹。

出土：1958 年出土于西安市西郊枣园村。

现藏：西安碑林博物馆。

著录：《西安碑林全集》《唐代墓志汇编续
　　　集》《全唐文补遗》（第三辑）。

提要：志文记载王感的家族世系、生平、历
　　　官及子嗣情况。王感，太原人。曾任
　　　银州刺史，封孟县开国男。

亡宫八品墓志

全称：大周八品亡宫墓志并序。

年代：武周长寿二年（693）刻。

形制：志正方形。边长 0.36 米。

行字：志文楷书 14 行，满行 15 字。有界格。

出土：洛阳出土，时间不详。1938 年经于右
　　　任捐藏西安碑林。

现藏：西安碑林博物馆。

著录：《西安碑林全集》《唐代墓志汇编续
　　　集》《全唐文补遗》（第五辑）。

提要：志文记载志主之卒葬年月及葬地情况。

成节墓志

全称：大周故朝散大夫赵州瘿陶县令成府君
　　　墓志铭并序。

年代：武周长寿二年（693）刻。

形制：志正方形。边长 0.48 米，厚 0.10 米。

行字：志文楷书 20 行，满行 20 字。

纹饰：志四周饰卷叶纹。

出土：出土时间、地点不详。

现藏：西安博物院。

著录：《隋唐五代墓志汇编》《全唐文补遗》
　　　（第三辑）。

提要：志文记载成节的家族世系、生平及历
　　　官情况。其历官定州司功、朝散大夫、
　　　赵州瘿陶县令等。

田君妻窦琰墓志

全称：唐故司卫正卿田府君夫人扶风窦氏墓
　　　志铭并序。

年代：武周长寿三年（694）刻。

形制：志长 0.70 米，宽 0.69 米。

行字：志文楷书 34 行，满行 33 字。

出土：出土时间、地点不详。

现藏：西安市长安博物馆。

著录：《隋唐五代墓志汇编》《长安新出墓
　　　志》《长安碑刻》。

提要：志文记载田府君夫人窦琰的家族世
　　　系、生平等。

吕志本墓志

全称：大周故吕将军墓志铭。

年代：武周长寿三年（694）刻。

形制：盖盝形，志正方形。志、盖尺寸相同。边长 0.66 米。

行字：盖文篆书 3 行，满行 3 字，题"大周故吕将军墓志铭"。志文楷书 31 行，满行 29 字。

纹饰：盖四周及四刹饰缠枝卷叶纹，盖顶四角均饰宝相花纹。

出土：1991 年出土于蒲城县甜水井乡璋宝村。

现藏：蒲城县博物馆。

著录：《蒲城县志》《书法丛刊》（2007 年第 1 期）。

提要：志文记载吕志本的生平及历官情况。其曾任检校松州都督、同昌军大使。

冯师训碑

全称：唐故左武威卫将军上柱国张掖郡公冯府君碑并序。

年代：武周长寿三年（694）刻立。

形制：螭首方座。通高 2.89 米，宽 0.97 米，厚 0.27 米。

行字：额篆书 4 行，满行 4 字，题"唐故左武威卫将军张掖郡公冯府君碑"。正文隶书 39 行，满行 80 字。

撰书：冯敦直撰。

出土：1984 年出土于高陵县泾渭镇梁村。

现藏：高陵县文化馆。

著录：《高陵碑石》。

提要：碑文主要记述冯师训的生平、历官。冯师训，字帮基，长乐郡人，赠上柱国，封休宁县开国公，食邑一千户。永昌元年（689），任右武威卫将军。

史明墓志

全称：周故公士大夫史君志铭并序。

年代：武周长寿三年（694）刻。

形制：志正方形。边长 0.44 米。

行字：志文行书 17 行，满行 17 字。有方界格。

出土：出土时间、地点不详。2006 年入藏西安碑林博物馆。

现藏：西安碑林博物馆。

著录：《西安碑林博物馆新藏墓志汇编》。

提要：志文记载史明的家族世系及生平。

秦琮墓志

全称：大周故秦君墓志铭。

年代：武周长寿三年（694）刻。

形制：志正方形。边长 0.31 米。

行字：志文楷书 13 行，满行 13 字。有方界格。

出土：出土时间、地点不详。2006 年入藏西安碑林博物馆。

现藏：西安碑林博物馆。

著录：《西安碑林博物馆新藏墓志汇编》。

提要：志文记载秦琮的家族世系、生平等情况。

严世墓志

全称：隋左勋侍正议大夫严府君墓志铭并序。

年代：武周长寿三年（694）刻。

形制：志正方形。边长 0.50 米。

行字：志文楷书 22 行，满行 23 字。

出土：出土时间、地点不详。

现藏：镇安县文物管理所。

提要：记述正议大夫严世及祖父三代在隋唐的任职、政绩，以及生卒年、墓地等情况。

王夫人墓志

全称：大周故妻河东太原王氏王夫人墓志。

年代：武周天册万岁元年（695）刻。

形制：盖盝形，志正方形。志、盖尺寸相同。长 0.47 米，宽 0.46 米。盖厚 0.12 米，志厚 0.09 米。

行字：盖文篆书 2 行，满行 2 字，题"王夫墓志"。志文行楷 16 行，满行 16 字。

纹饰：盖四周饰十二生肖图案，四刹及四侧饰缠枝花卉纹。

出土：出土于靖边县红墩界乡圪坨河村，时间不详。

现藏：榆林市文物保护研究所。

著录：《榆林碑石》《全唐文补遗》（第八辑）。

提要：志文记载王夫人的生平简况。

*李崇望妻王氏墓志

年代：武周天册万岁元年（695）刻。

形制：志长 0.36 米，宽 0.35 米。

行字：志文楷书 13 行，满行 14 字。

出土：1955 年出土于西安市东郊韩森寨。

现藏：西安碑林博物馆。

著录：《考古学报》（1963 年第 2 期）《全唐文补遗》（第六辑）。

备注：墨书砖志。

提要：志文简述墓主卒葬时间及葬地情况。

亡宫七品墓志

全称：七品亡宫墓志铭并序。

年代：武周天册万岁元年（695）刻。

形制：志长 0.37 米，宽 0.38 米。

行字：志文楷书 14 行，满行 14 字。

出土：洛阳出土，时间不详。1938 年经于右任捐藏西安碑林。

现藏：西安碑林博物馆。

著录：《西安碑林全集》《全唐文补遗》（第五辑）。

提要：志文简述志主卒葬时间及葬地情况。

贾武墓志

全称：大周故上柱国贾公墓志。

年代：武周证圣元年（695）刻。

形制：志正方形。边长 0.44 米，厚 0.12 米。

行字：志文楷书 15 行，满行 16 字。

纹饰：志四侧饰缠枝花卉纹。

出土：出土于靖边县红墩界乡圪坨河村，时间不详。

现藏：榆林市文物保护研究所。

著录：《榆林碑石》《全唐文补遗》（第八辑）《新中国出土墓志·陕西叁》。

备注：盖佚。

提要：志文记载贾武的家族世系、生平、卒葬时地。

*宫人墓志

年代：武周证圣元年（695）刻。

形制：志长 0.35 米，宽 0.34 米。

行字：志文楷书 13 行，满行 14 字。

出土：洛阳出土，时间不详。1938 年经于右任捐藏西安碑林。

现藏：西安碑林博物馆。

著录：《西安碑林全集》。

提要：志文记载志主卒葬时间及葬地情况。

亡宫九品墓志

全称：九品亡宫墓志铭并序。

年代：武周证圣元年（695）刻。

形制：志长 0.36 米，宽 0.37 米。

行字：志文楷书 12 行，满行 12 字。

出土：洛阳出土，时间不详。1938 年经于右任捐藏西安碑林。

现藏：西安碑林博物馆。

著录：《西安碑林全集》《北京图书馆藏中国历代石刻拓本汇编》《全唐文补遗》（第五辑）。

提要：志文简述志主卒葬时间及葬地情况。

亡宫五品墓志

全称：五品亡宫墓志文并序。

年代：武周天册万岁二年（696）刻。

形制：志长 0.34 米，宽 0.35 米。

行字：志文楷书 13 行，满行 13 字。

出土：洛阳出土，时间不详。1938 年经于右任捐藏西安碑林。

现藏：西安碑林博物馆。

著录：《西安碑林全集》《北京图书馆藏中国历代石刻拓本汇编》《全唐文补遗》（第五辑）。

备注：右下角略残。

提要：志文记载志主之卒葬时间及葬地情况。

王感墓志

全称：大周故云骑尉王府君墓志铭。

年代：武周天册万岁二年（696）刻。

形制：志正方形。边长 0.42 米。

行字：志文楷书 17 行，满行 17 字。有方界格。

出土：出土时间、地点不详。2006 年入藏西安碑林博物馆。

现藏：西安碑林博物馆。

著录：《西安碑林博物馆新藏墓志汇编》。

备注：志面多有石花。

提要：志文记载王感的家族世系、生平及配偶等情况。

萧寡尤妻卢婉墓志

全称：大周前益州什邡萧主簿夫人卢氏墓志铭并序。

年代：武周万岁登封元年（696）刻。

形制：志正方形。边长 0.43 米，厚 0.08 米。

行字：志文楷书 27 行，满行 27 字。

撰书：萧寡尤撰。

出土：1994 年出土于户县大王镇北伦村。

现藏：户县文物管理委员会。

著录：《户县碑刻》《全唐文补遗》（第七辑）《新中国出土墓志·陕西叁》。

提要：志文记载萧夫人卢婉的家族世系、生平及配偶子嗣情况。

亡宫八品墓志

全称：八品亡宫志文一首并序。

年代：武周万岁登封元年（696）刻。

形制：志正方形。边长 0.35 米。

行字：志文楷书 13 行，满行 15 字。

出土：洛阳出土，时间不详。1938 年经于右任捐藏西安碑林。

现藏：西安碑林博物馆。

著录：《西安碑林全集》《北京图书馆藏中国历代石刻拓本汇编》《全唐文补遗》（第五辑）。

提要：志文记载志主之卒葬时间及葬地情况。

温思暕墓志

全称：周故太中大夫司农少卿上柱国太原温府君墓志铭并序。

年代：武周万岁登封元年（696）刻。

形制：盖盝形，志正方形。志、盖尺寸相同。边长 0.74 米，厚 0.12 米。

行字：盖文篆书 3 行，满行 3 字，题"大唐故温府君墓志铭"。志文楷书 35 行，满行 35 字。

纹饰：盖四刹饰卷叶纹，四侧饰卷云纹，志四侧饰卷叶纹。

出土：2001 年出土于西安市东郊纺正街。

现藏：西安博物院。

著录：《文物》（2002 年第 2 期）《全唐文补遗》（第八辑）。

提要：志文记载温思暕之家族世系、生平、历官、夫人及子嗣等。其历官同州韩城县主簿、都水使者、检校长春宫使、司农少卿、太中大夫、朝散大夫。

王定墓志

全称: 大唐故朝散大夫行少府监中尚署令王府君墓志铭并序。

年代: 武周万岁登封元年（696）刻。

形制: 志正方形。边长 0.54 米。

行字: 志文楷书 27 行，满行 26 字。

纹饰: 志侧饰蔓草纹。

出土: 1956 年出土于西安市西郊枣园村。

现藏: 西安碑林博物馆。

著录: 《西安碑林全集》《唐代墓志汇编》《全唐文补遗》（第二辑）。

提要: 志文记载王定的家族世系、生平、历官及子嗣情况。王定，琅琊临沂人，初唐画家。张彦远《历代名画记》有载。王定曾任少府监中尚署令、朝散大夫。于总章二年（669）四月十四日卒，享年 89 岁。万岁登封元年二月十二日与其妻徐氏合葬于长安县小严村祖茔。

乙速孤行俨妻贺若氏墓志

全称: 大周中大夫使持节万州诸军事万州刺史上柱国乙速孤行俨故夫人常乐县君贺若氏之墓志铭并序。

年代: 武周万岁登封元年（696）刻。

形制: 志正方形。边长 0.72 米，厚 0.14 米。

行字: 志文楷书 31 行，满行 32 字。

纹饰: 盖四刹饰蔓草纹，四侧饰回纹。志四侧饰忍冬纹。

出土: 新中国成立前出土于礼泉县叱干镇。

现藏: 昭陵博物馆。

著录: 《昭陵碑石》《文博》（2011 年第 1 期）。

备注: 墓志泐灭较为严重。

提要: 墓志记载贺若氏的生平。贺若氏为乙速孤行俨夫人，证圣元年（695）八月五日卒，享年 51 岁，景龙二年（708）二月十六日与丈夫合葬。

王诠墓志

全称: 大周夏州故处士骁骑尉王君之墓志并序。

年代: 武周万岁通天元年（696）刻。

形制: 盖盝形，志正方形。志、盖尺寸相同。边长 0.50 米。

行字: 盖文篆书 2 行，满行 2 字，题"王君墓志"。志文楷书 18 行，满行 19 字。

纹饰: 盖四周饰十二生肖图案，四刹及四侧饰缠枝花卉纹。

出土: 1995 年出土于靖边县红墩界乡圪坨河村。

现藏: 榆林市文物保护研究所。

著录: 《榆林碑石》《全唐文补遗》（第八辑）《新中国出土墓志·陕西叁》。

提要: 志文记载王诠的家族世系、籍贯、生平，以及其夫人身世、二人合葬地。

徐买墓志

全称: 大周故上柱国徐公墓志。

年代: 武周万岁通天元年（696）刻。

形制: 盖盝形，志正方形。志、盖尺寸相同。边长 0.59 米。盖厚 0.13 米，志厚 0.09 米。

行字: 盖文篆书 2 行，满行 2 字，题"徐公墓志"。志文行书 17 行，满行 17 字。

纹饰: 盖四周饰十二生肖图图案，四刹饰云纹，四侧饰四神图及如意纹。

出土: 出土于内蒙古自治区乌审旗纳林河乡背锅沙村，时间不详。

现藏：榆林市文物保护研究所。

著录：《榆林碑石》《全唐文补遗》（第二辑）《新中国出土墓志·陕西叁》。

提要：志文记载徐买的家族世系、生平、葬地。

武征墓志

全称：大周故定远将军行并州昊陵开明镇将上柱国武君墓志并序。

年代：武周万岁通天元年（696）刻。

形制：盖盝形，志正方形。志、盖尺寸相同。边长 0.58 米，厚 0.11 米。

行字：盖文篆书 2 行，满行 2 字，题"武公墓志"。志文楷书 20 行，满行 20 字。

纹饰：盖四周饰十二生肖图案，四刹饰牡丹花卉图案，四侧饰四神图案。

出土：出土于内蒙古自治区乌审旗纳林河乡背锅沙村，时间不详。

现藏：榆林市文物保护研究所。

著录：《榆林碑石》《全唐文补遗》（第八辑）《新中国出土墓志·陕西叁》。

提要：志文记载武征的家族世系、籍贯、历官及卒年与葬地。其历官昭武校尉、扶州剌旧镇副、游击将军、利州方维镇将、并州开明镇将、昊陵警卫、定远将军等。

张德墓志

全称：大周故上柱国张公之墓志并序。

年代：武周神功元年（697）刻。

形制：盖盝形，志正方形。志、盖尺寸相同。边长 0.50 米。

行字：盖文篆书 2 行，满行 2 字，题"张公墓志"。志文楷书 18 行，满行 18 字。

纹饰：盖四周饰十二生肖图案，四刹饰缠枝花卉图案，四侧饰四神图案、花卉纹。

出土：1995 年出土于靖边县红墩界乡圪坨河村。

现藏：榆林市文物保护研究所。

著录：《榆林碑石》《全唐文补遗》（第八辑）《新中国出土墓志·陕西叁》。

提要：志文记载墓主人张德的家族世系、籍贯、生平、卒葬时间及葬地等。

安旻墓志

全称：大周故安公墓志。

年代：武周神功元年（697）刻。

形制：盖盝形，志正方形。志、盖尺寸相同。长 0.46 米，宽 0.48 米。

行字：盖文篆书 2 行，满行 2 字，题"安公墓志"。志文楷书 16 行，满行 16 字。

纹饰：盖四周饰十二生肖图案，四刹饰缠枝花卉图案，四侧饰四神图案。

出土：1995 年出土于靖边县红墩界乡圪坨河村。

现藏：榆林市文物保护研究所。

著录：《榆林碑石》《全唐文补遗》（第八辑）。

提要：志文记载墓主人安旻的家族世系、籍贯、生平、卒葬时间及葬地等。

杨基墓志

全称：大周故上柱国杨公墓志并序。

年代：武周神功元年（697）刻。

形制：盖盝形，志正方形。志、盖尺寸相同。边长 0.61 米。

行字：盖文篆书 3 行，满行 3 字，题"大唐故杨府君墓志铭"。志文楷书 24 行，满行 23 字。

纹饰：志四刹饰花卉纹。

出土：出土时间、地点不详。1952 年段绍嘉捐藏西安碑林。

现藏：西安碑林博物馆。

著录：《西安碑林全集》《唐代墓志汇编》《陕

西金石志》。

备注：右下角有残缺。

提要：志文记载杨基的家族世系、生平、历官，以及其妻能氏生平情况。杨基，字安定，弘农人。延载元年（694）九月十九日卒。享年 85 岁。其夫人能氏，卒于万岁登封元年（696）二月四日，享年 88 岁。神功元年十月二十二日合葬于西岳之阴。

柳明逸墓志

全称：大周故前贝州司马柳府君墓志铭并序。

年代：武周万岁通天二年（697）刻。

形制：志正方形。志边长 0.45 米，厚 0.13 米。

行字：志文楷书 22 行，满行 22 字。

出土：1995 年出土于户县大王镇王守村。

现藏：户县文物管理委员会。

著录：《户县碑刻》《全唐文补遗》（第七辑）《新中国出土墓志·陕西叁》。

备注：盖残，志石左侧有竖向断痕一道，上下两角残损。

提要：志文记载柳明逸之家族世系、籍贯、生平、历官及配偶情况。其历官梁王府法曹参军、泾阳咸阳二县丞、洛州司兵、城门郎、朝散大夫、襄泽二州长史、贝相二州司马。

梁师亮墓志

全称：大周故珍州荣德县丞梁君墓志铭并序。

年代：武周万岁通天二年（697）刻。

形制：志正方形。长 0.55 米，宽 0.71 米。

行字：志文楷书 29 行，满行 22 字。

出土：出土时间、地点不详。

现藏：西安碑林博物馆。

著录：《金石萃编》《全唐文》《西安碑林全集》。

备注：志已裂为多块，残存五块，文字泐损过半。

提要：志文记载梁师亮之家族世系、生平及历官情况。梁师亮，字永徽，安定乌氏人。其曾任左春坊别教医生、隐陵署丞、珍州荣德县丞。万岁通天元年七月二日逝于益州蜀县，享年 47 岁。万岁通天二年三月六日葬于雍州城南终南山至相寺祖茔。

骆玄运墓志

全称：大周唐故处士骆府君墓志铭并序。

年代：武周万岁通天二年（697）刻。

形制：盖盝形，志正方形。志、盖尺寸相同。边长 0.46 米。

行字：盖文篆书 3 行，满行 3 字，题"大唐故骆府君墓志铭"。志文楷书 22 行，满行 22 字。有方界格。

纹饰：志四侧、盖四刹均饰缠枝蔓草纹。

出土：出土时间、地点不详。2005 年入藏西安碑林博物馆。

现藏：西安碑林博物馆。

著录：《西安碑林博物馆新藏墓志汇编》。

提要：志文记载骆玄运之家族世系、生平。

牛遇墓志

全称：周故潞州牛君志铭并序。

年代：武周神功二年（698）刻。

形制：志正方形。边长 0.51 米。

行字：志文楷书 20 行，满行 20 字。有方界格。

出土：出土时间、地点不详。2006 年入藏西安碑林博物馆。

现藏：西安碑林博物馆。

著录：《西安碑林博物馆新藏墓志汇编》。

提要：志文记载牛遇的家族世系、生平及配偶等情况。

韦憺墓志

全称： 大周故朝散大夫行洛州陆浑县令韦府君墓志铭并序。

年代： 武周圣历元年（698）刻。

形制： 盖盝形，志正方形。志、盖尺寸相同。边长 0.64 米，厚 0.07 米。

行字： 盖文篆书 4 行，满行 4 字，题"大周故朝散大夫行洛州陆浑县令韦府君墓志铭"。志文楷书 34 行，满行 35 字。

撰书： 韦承庆撰。

出土： 出土时间、地点不详。

现藏： 西安市长安博物馆。

著录：《全唐文补遗》（第三辑）《长安新出墓志》《长安碑刻》。

提要： 志文记载韦憺的家族世系、生平、历官和子嗣情况。其历官沛王府行参军、雍王府兵曹参军、太子通事舍人、光州乐安县令、苏州吴县令、蜀州武隆县令、洛州陆浑县令。

*张君墓志

年代： 武周圣历元年（698）刻。

形制： 志正方形。边长 0.36 米。

行字： 志文隶书 7 行，满行 7 字。

出土： 出土时间、地点不详。2001 年入藏西安碑林博物馆。

现藏： 西安碑林博物馆。

著录：《西安碑林博物馆新藏墓志汇编》。

备注： 砖志，志面中有一裂痕，左缘略残。

提要： 志无题。志文为"大隋故朝散大夫行坊州四年司马上柱国张君之枢，以圣历元年岁次戊戌腊月癸巳朔十日壬寅，权殡于郑县郑邑乡之原，礼也"。志主张君署隋代官职。但志文出现多处武周造字，故此志当刻于武周圣历元年。"郑县郑邑乡之原"位于华县境内。

封言道墓志

全称： 周故宋州刺史驸马都尉上柱国蓚县开国子封公墓志铭并序。

年代： 武周圣历二年（699）刻。

形制： 志正方形。边长 0.85 米，厚 0.09 米。

行字： 志文楷书 44 行，满行 45 字。

纹饰： 志四侧饰蔓草纹。

出土： 1978 年出土于富平县上官乡焦家堡。

现藏： 富平县文庙。

提要： 志文记载封言道的家族世系、生平及历官情况。其历官汝州刺史、汴州刺史、宁州刺史、齐州刺史、蕲州刺史、金州刺史、广州刺史、沧州刺史、瀛洲刺史、青州刺史、汴州刺史、贵州刺史、温州刺史、滁州刺史等，封上柱国、蓚县开国子，尚淮南公主。

董承休母赵明墓志

全称： 大周故朝散大夫遂州司马董君夫人天水县君赵氏墓志铭并序。

年代： 武周圣历二年（699）刻。

形制： 盖盝形，志正方形。盖边长 0.53 米，厚 0.14 米。志边长 0.52 米，厚 0.14 米。

行字： 盖文篆书 3 行，满行 3 字，题"大唐故赵夫人墓志铭"。志文楷书 25 行，满行 25 字。

纹饰： 盖四刹饰忍冬纹。

出土： 1988 年出土于临潼县斜口乡岳沟村。

现藏： 西安市临潼博物馆。

著录：《全唐文补遗》（第三辑）。

提要： 此志乃左卫翊卫董承休为其母赵明记德志铭而立。志文记述了赵夫人的家族谱系、生平等。

阎贠墓志

全称： 唐故崇文生阎君墓志文。

年代：武周圣历二年（699）刻。

形制：盖盝形，志正方形。志、盖尺寸相同。边长 0.44 米。

行字：盖文楷书 3 行，满行 3 字，题"唐故崇文生阎君墓志"。志文楷书 21 行，满行 22 字。

纹饰：盖四周、四刹及志四侧均饰缠枝牡丹纹。

出土：2002 年出土于长安县郭杜镇茅坡村。

现藏：西安碑林博物馆。

著录：《碑林集刊》（第 10 辑）《西安碑林博物馆新藏墓志汇编》。

提要：志文记载阎炅的家族世系及生平情况。阎炅，字季奴。曾祖立德，两《唐书》有传，唐工部尚书、并州大督。祖邃，司农少卿、泽州刺史。父识微，太州司马。阎炅 17 岁授崇文馆学生，后因叔父阎知徽犯法受到株连被杀。以圣历二年十二月二十一日卒，年仅 21 岁。

司空俭墓志

全称：大唐故雍州新丰县令朝议郎上柱国司空府君墓志铭并序。

年代：武周圣历二年（699）刻。

形制：志正方形。边长 0.58 米，厚 0.10 米。

行字：志文楷书 31 行，满行 31 字。

纹饰：志四侧饰缠枝蔓草纹。

出土：出土时间、地点不详。

现藏：西安博物院。

提要：志文记载司空俭之家族世系、生平、历官、夫人及子嗣等。其历官德州宫高县丞、普州安居县丞、蒲州河东县丞、陇州汧源县令、雍州新丰县令等。

房逸墓志

全称：大周故贝州清河县尉柱国房府君墓志铭并序。

年代：武周圣历二年（699）刻。

形制：志正方形。边长 0.58 米。

行字：志文楷书 30 行，满行 29 字。

出土：洛阳出土，时间不详。1938 年经于右任捐藏西安碑林。

现藏：西安碑林博物馆。

著录：《隋唐五代墓志汇编》《西安碑林全集》《全唐文补遗》（第六辑）。

提要：志文记载房逸的家族世系、生平、历官、子嗣及夫人李氏生平。房逸，字文杰，魏郡清河人。上元三年（676）举为明经，补扬州海陵县尉，后因秩满又授贝州清河县尉。圣历元年四月十九日卒，享年 58 岁。夫人赵郡李氏于长寿二年（693）腊月二十六日卒，享年 57 岁。圣历二年二月十七日合葬于洛阳北邙山。

李则政墓志

全称：大周故常州司法参军事上柱国李府君墓志铭并序。

年代：武周圣历三年（700）刻。

形制：盖盝形，志正方形。志、盖尺寸相同。边长 0.46 米。

行字：盖文篆书 3 行，满行 3 字，题"大唐故李府君墓志铭"。志文楷书 26 行，满行 27 字。

纹饰：盖四刹及志四侧饰蔓草纹。

出土：1956 年出土于西安市东郊洪庆村。

现藏：西安碑林博物馆。

著录：《西安碑林全集》《唐代墓志汇编续集》《全唐文补遗》（第三辑）。

提要：志文记载李则政之家族世系、生平、

历官及子嗣情况。李则政，字令范，陇西城纪人。其曾任朝议郎、常州司法参军。圣历元年（698）六月八日卒，享年 48 岁。圣历三年一月十一日葬于万年县铜人原。

王诲墓志

全称： 大周故潞州王君墓志铭。

年代： 武周圣历三年（700）刻。

形制： 志正方形。边长 0.41 米。

行字： 志文楷书 15 行，满行 15 字。有方界格。

出土： 出土时间、地点不详。2006 年入藏西安碑林博物馆。

现藏： 西安碑林博物馆。

著录：《西安碑林博物馆新藏墓志汇编》。

提要： 志文记载王诲的家族世系、生平等情况。

李志览墓志

全称： 大周故朝议大夫上柱国前赵州司马李府君墓志铭并序。

年代： 武周圣历三年（700）刻。

形制： 盖盝形，志正方形。盖边长 0.55 米；志边长 0.53 米。志、盖均厚 0.08 米。

行字： 盖文篆书 3 行，满行 3 字，题"大唐故李府君墓志铭"。志文楷书 30 行，满行 29 字。有方界格。

撰书： 刘诨撰。

纹饰： 盖四刹饰卷草纹。

出土： 1999 年出土于长安县细柳乡高庙村，1999 年入藏陕西历史博物馆。

现藏： 陕西历史博物馆。

著录：《碑林集刊》（第 7 辑）《全唐文补遗》（第八辑）。

提要： 志文记载李志览的家族世系、历官、

婚姻、子嗣情况。李志览，历任左清道率府兵曹参军、殿中省尚乘直长、符宝郎、朝议大夫、赵州司马，赠上柱国，袭爵永康公。

*杜识则墓志

年代： 武周久视元年（700）刻。

形制： 盖盝形，志正方形。志、盖尺寸相同。边长 0.39 米。

行字： 盖文篆书 3 行，满行 3 字，题"大唐故杜夫人墓志铭"。志文楷书 14 行，满行 15 字。

纹饰： 盖四周，四刹饰牡丹花卉图案，志四侧饰水波纹。

出土： 出土于靖边县红墩界乡统万城周围，时间不详。

现藏： 榆林市文物保护研究所。

著录：《榆林碑石》《全唐文补遗》（第八辑）《新中国出土墓志·陕西叁》。

提要： 志文记载墓主人杜识则之家族世系、籍贯、卒年及葬地等。

任操墓志

全称： 故飞骑任公之墓志。

年代： 武周久视元年（700）刻。

形制： 盖盝形，志正方形。志、盖尺寸相同。边长 0.41 米。

行字： 盖文楷书 2 行，满行 2 字，题"任公墓志"。志文楷书 19 行，满行 20 字。

纹饰： 盖四周饰牡丹花卉图案，四刹饰水波纹，志四侧饰水波纹。

出土： 出土于靖边县红墩界乡圪坨河村，时间不详。

现藏： 榆林市文物保护研究所。

著录：《榆林碑石》《全唐文补遗》（第八辑）《新中国出土墓志·陕西叁》。

备注：盖裂为三块。

提要：志文记载任操的生平事迹。

梁才墓志

全称：大周故梁公之墓志。

年代：武周久视元年（700）刻。

形制：盖盝形，志正方形。志、盖尺寸相同。边长 0.38 米。

行字：盖文楷书 2 行，满行 2 字，题"梁公墓志"。志文楷书 15 行，满行 15—20 字不等。

纹饰：盖四周饰牡丹花卉图案，四刹饰十二生肖图案，四侧饰花草纹。

出土：出土于内蒙古自治区乌审旗纳林河乡背锅沙村，时间不详。

现藏：榆林市文物保护研究所。

著录：《榆林碑石》《全唐文补遗》（第八辑）《新中国出土墓志·陕西叁》。

提要：志文记载墓主人梁才的家族世系、生平、历官及子嗣情况。

董师墓志

全称：大周故处士董君墓志铭并序。

年代：武周久视元年（700）刻。

形制：志长 0.49 米，宽 0.48 米。

行字：志文楷书 20 行，满行 20 字。有方界格。

出土：出土时间、地点不详。2006 年入藏西安碑林博物馆。

现藏：西安碑林博物馆。

著录：《西安碑林博物馆新藏墓志汇编》。

提要：志文记载董师的家族世系、生平情况。

*智惠墓志

年代：武周大足元年（701）刻。

形制：志正方形。边长 0.34 米。

行字：志文楷书 15 行，满行 15 字。

出土：出土时间、地点不详。1951 年入藏西安碑林。

现藏：西安碑林博物馆。

著录：《西安碑林全集》《唐代墓志汇编续集》《全唐文补遗》（第五辑）。

提要：志文记载智惠的生平及葬地情况。智惠，青槐乡人。武周大足元年七月二十二日卒，享年 63 岁。其年八月二日葬于永平乡龙首原。

史怀训墓志

全称：唐故东宫千牛备身济北史君墓志并序。

年代：武周长安二年（702）刻。

形制：盖盝形。志、盖尺寸相同。长 0.58 米，宽 0.57 米。

行字：盖文篆书 3 行，满行 3 字，题"大唐故史府君墓志铭"。志文楷书 32 行，满行 32 字。

纹饰：盖四刹饰缠枝蔓草纹，志四侧饰忍冬纹。

出土：1992 年出土于长安县郭杜镇居安村。

现藏：西安碑林博物馆。

著录：《碑林集刊》（第 10 辑）《西安碑林博物馆新藏墓志汇编》《新中国出土墓志·陕西贰》。

提要：志文记载史怀训之家族世系、生平、历官、子嗣及夫人李氏生平。史怀训，字仲晦。其父史万宝，两《唐书》有载。史怀训为万宝次子，解褐东宫右千牛备身，龙朔二年（662）六月十日卒。夫人李氏于武周天授元年（690）十月二十六日卒。武周长安二年（702）五月三十日合葬于雍州乾封县居安乡高阳原。

韦瑱妻杜氏墓志

全称： 唐故邛州火井县丞韦君夫人杜氏墓志铭并序。

年代： 武周长安二年（702）刻。

形制： 志正方形。边长 0.46 米，厚 0.09 米。

行字： 志文楷书 21 行，满行 21 字。

出土： 出土时间、地点不详。

现藏： 西安市长安博物馆。

著录：《长安新出墓志》《长安碑刻》《新中国出土墓志·陕西叁》。

提要： 志文记载杜氏的家族世系、生平及婚姻情况。

武则天母杨氏碑

全称： 大周无上孝明高皇后碑铭并序。

年代： 武周长安二年（702）刻立。

形制： 尺寸不详，残断为 9 块，每块厚 0.25—0.30 米。

行字： 正文楷书，共残存约 280 字。

撰书： 武三思撰，李旦书。

出土： 1556 年关中地震时倒塌，清初渭河堤出土 3 块，1964 年咸阳市底张湾出土两块，1965 年文庙门前出土 1 块，残碑共 9 块。

现藏： 咸阳博物馆。

著录：《咸阳碑石》《金石萃编》《全唐文》。

备注： 又名《顺陵残碑》。此碑是武则天为其母所立，前代金石文献多录少量残片，未得全貌。根据《金石萃编》记载，此碑立于长安二年正月，由武三思撰，当时还是相王的睿宗李旦书写，全篇碑文 4300 余字，字大一寸五分，用武则天所创新字 16 个。此碑系唐睿宗在景云钟之外唯一一传世的真迹刻石。

崔君妻王氏墓志

全称： 大周朝请大夫行雍州录事参军崔君故太夫人太原王氏墓志铭并序。

年代： 武周长安三年（703）刻。

形制： 盖盝形，志正方形。盖边长 0.60 米，厚 0.12 米。志边长 0.59 米，厚 0.13 米。

行字： 盖文篆书 3 行，满行 3 字，题"大唐故崔府君墓志铭"。志文楷书 25 行，满行 26 字。

纹饰： 盖、志四侧均饰蔓草卷枝纹。

出土： 1998 年出土于富平县留古镇贺兰村。

现藏： 富平县文庙。

提要： 志文记载王氏的籍贯、家族世系、生平情况。

骞绍业墓志

全称： 唐故处士骞君墓志铭并序。

年代： 武周长安三年（703）刻。

形制： 盖盝形，志正方形。志、盖尺寸相同。边长 0.40 米。

行字： 盖文篆书 3 行，满行 3 字，题"大唐故骞府君墓志铭"。志文楷书 20 行，满行 20 字。

纹饰： 盖四刹饰蔓草纹。

出土： 1954 年出土于西安市东郊郭家滩。

现藏： 西安碑林博物馆。

著录：《唐代墓志汇编》《新中国出土墓志·陕西贰》《西安碑林全集》。

提要： 志文记载了墓主骞绍业之家族世系和生平。骞绍业未入仕。武周长安三年卒，同年十一月葬于万年县白鹿乡。骞绍业，两《唐书》无传。骞绍业与骞思泰、骞思玄、塞思恕、塞如珪为同一家族，五方墓志均已出土。

史善法墓志

全称： 周故恒州中山县令史君墓志铭。

年代： 武周长安三年（703）刻。

形制： 志正方形。边长 0.40 米。

行字： 志文楷书 21 行，满行 21 字。

出土： 出土时间、地点不详。

现藏： 西安碑林博物馆。

著录：《唐代墓志汇编》《全唐文补遗》（第五辑）《西安碑林全集》。

备注： 志四边均有残损。

提要： 志文记载了墓主史善法及妻康氏之生平。史善法，曾任恒州中山县令。

赵智偘墓志

全称： □周故游击将军上柱国南阳赵府君墓志铭并序。

年代： 武周长安三年（703）刻。

形制： 志正方形。边长 0.72 米。

行字： 志文楷书 31 行，满行 30 字。

出土： 出土时间、地点不详。西安碑林旧藏。

现藏： 西安碑林博物馆。

著录：《陕西金石志》《西安碑林全集》《唐代墓志汇编》。

提要： 志文记载赵智偘之家族世系、生平、历官、子嗣及夫人宗氏的生平。赵智偘，南阳人，任游击将军，赠上柱国。圣历二年（699）卒，享年 59 岁。夫人宗氏，长安二年卒，享年 47 岁。长安三年合葬于长安县神禾原。

*亡宫三品墓志

年代： 武周长安三年（703）刻。

形制： 盖盝形，志正方形。盖边长 0.47 米，厚 0.08 米。志边长 0.53 米，厚 0.10 米。

行字： 盖文篆书 3 行，满行 3 字，题"大周故亡宫三品墓志"。志文楷书 9 行，满行 14 字。

出土： 1986 年出土于礼泉县昭陵乡魏陵村亡宫三品墓中。

现藏： 昭陵博物馆。

著录：《昭陵碑石》《新中国出土墓志·陕西壹》。

提要： 该墓志仅简记志主卒葬时间及葬地情况。

谢文智墓志

全称： 大周故昭武校尉并州上封戍主谢公墓志铭并序。

年代： 武周长安三年（703）刻。

形制： 盖盝形，志正方形。盖边长 0.36 米。志边长 0.37 米。志、盖厚 0.06 米。

行字： 盖文篆书 3 行，满行 3 字，题"大唐故谢府君墓志铭"。志文楷书 17 行，满行 17 字。

出土： 出土于渭南市宝丰四队，时间不详。

现藏： 陕西历史博物馆。

著录：《全唐文补遗》（第七辑）。

提要： 志文记载志主谢文智之家族世系、婚姻及子嗣情况。

*敬氏夫人墓志

年代： 武周时期（684—704）刻。

形制： 志正方形。边长 0.39 米，厚 0.05 米。

行字： 志文楷书 15 行，满行 15 字。

纹饰： 志四侧饰水波纹。

出土： 出土于靖边县红墩界乡统万城遗址，时间不详。

现藏： 榆林市文物保护研究所。

著录：《榆林碑石》《全唐文补遗》（第八辑）《新中国出土墓志·陕西叁》。

备注： 志石剥蚀较重。

提要：该志文专为敬氏夫人歌功颂德，文辞优美，字体规整刚劲。

*薛氏夫人墓志

年代：武周时期（684—704）刻。

形制：志正方形。边长 0.40 米，厚 0.06 米。

行字：志文楷书 16 行，满行 16 字。

纹饰：志四侧饰水波纹。

出土：出土于靖边县红墩界乡统万城遗址，时间不详。

现藏：榆林市文物保护研究所。

著录：《榆林碑石》《全唐文补遗》（第八辑）《新中国出土墓志·陕西叁》。

备注：盖佚，志面剥蚀严重，文字漫漶。

提要：志文记载薛夫人的籍贯、生平，文中未提及丈夫姓氏籍贯，只为薛夫人本人歌功颂德。志文字体规整刚劲。

王端墓志

全称：大周王君志铭并序。

年代：武周时期（684—704）刻。

形制：志正方形。边长 0.36 米。

行字：志文楷书 14 行，满行 14 字。有方界格。

出土：出土时间、地点不详。2006 年入藏西安碑林博物馆。

现藏：西安碑林博物馆。

著录：《西安碑林博物馆新藏墓志汇编》。

备注：志面多有石花，且漫漶。

提要：志文记载王端的家族世系、生平等情况。

*崔德政墓志

年代：武周时期（684—704）刻。

形制：志正方形。边长 0.58 米。

行字：志文楷书 23 行，满行 25 字。

出土：1984 年出土于武功县代家乡董家庄村。

现藏：武功县城隍庙碑廊。

提要：志文记载崔德政的生平、历官等情况。

唐德业寺亡尼墓志

年代：武周时期（684—704）刻。

形制：志正方形。边长 0.39 米。

行字：志文楷书 14 行，满行 16 字。

出土：1974 年出土于咸阳市底张湾陶家村。

现藏：咸阳博物馆。

著录：《咸阳碑石》《新中国出土墓志·陕西壹》。

备注：墓志出土时志盖已与其他盖相混，不能判明。

提要：志文记载志主卒年、葬地等。长安二年（702）卒，葬于咸阳原。

豆卢仁业碑

全称：唐故右武卫将军上柱国芮敬公豆卢府君碑文。

年代：约武周时期（690—704）刻立。

形制：螭首方座。高 3.21 米，宽 1.04 米。

行字：额篆书 4 行，满行 4 字，题"唐故右武卫将军芮敬公豆卢府君之碑"。正文楷书 33 行，满行 57 字。

撰书：姜晞撰并书。

出土：原立于礼泉县烟霞镇严峪村豆卢仁业墓前，1974 年移藏昭陵博物馆。

现藏：昭陵博物馆。

著录：《昭陵碑石》。

备注：该碑身首相接处及碑身中部断裂。碑字除右上部清晰外，余均泐甚。

提要：碑文记载豆卢仁业的生平事迹。豆卢仁业，豆卢宽之子，武德时归唐，历秦王府库真、成州刺史、右武卫将军，袭爵芮国公。仪凤三年（678）薨，

赠幽州都督、幽州刺史、代州都督
等，陪葬昭陵。豆卢仁业，两《唐
书》无传。

李思贞墓志

全称：大唐故沙州刺史李府君墓志铭并序。

年代：唐神龙元年（705）刻。

形制：盖盝形，志正方形。志、盖尺寸相同。
边长 0.72 米。

行字：盖文篆书 3 行，满行 3 字，题"大唐
故李府君墓志铭"。志文楷书 37 行，
满行 37 字。

纹饰：志、盖四周均饰蔓草纹。

出土：1953 年出土于西安市东郊高楼村。

现藏：西安碑林博物馆。

著录：《隋唐五代墓志汇编》《西安碑林全
集》《全唐文补遗》（第二辑）。

提要：志文记载了李思贞的家族世系、生平、
历官等情况。其历官左金吾卫翊府副
队正、海州司户参军、右鹰扬卫延光
府右果毅、左卫勋二府中郎将、太中
大夫、珍州司马、秦州司马、庭州刺
史、沙州刺史、戎州都督等。

张侯墓志

全称：大唐同州白水县故轻车都尉张府君墓
志并序。

年代：唐神龙元年（705）刻。

形制：盖盝形，志正方形。盖边长 0.34 米，
厚 0.07 米。志边长 0.34 米，厚 0.05 米。

行字：志文楷书 15 行，满行 15 字。

纹饰：盖四周饰蔓草纹，四侧刻十二生肖
文字。

出土：出土于白水县北井头乡，时间不详。

现藏：白水县文物管理委员会。

著录：《隋唐五代墓志汇编》《新中国出土墓

志·陕西壹》

提要：志文记载张侯的生平、历官及子嗣。

亡宫七品墓志

全称：大唐故亡宫七品并序。

年代：唐神龙元年（705）刻。

形制：志正方形。边长 0.29 米。

行字：志文楷书 12 行，满行 13 字。

出土：洛阳出土，时间不详。1938 年经于右
任捐藏西安碑林。

现藏：西安碑林博物馆。

著录：《唐代墓志汇编》《西安碑林全集》《全
唐文补遗》（第五辑）。

提要：志文简述志主卒年、葬地等信息。

亡宫五品墓志

全称：大唐五品亡宫墓志铭并序。

年代：唐神龙元年（705）刻。

形制：志长 0.33 米，宽 0.34 米。

行字：志文楷书 16 行，满行 17 字。

出土：洛阳出土，时间不详。1938 年经于右
任捐藏西安碑林。

现藏：西安碑林博物馆。

著录：《唐代墓志汇编》《西安碑林全集》。

提要：志文简述志主卒年、葬地等信息。

亡宫七品墓志

全称：大唐亡宫七品铭并序。

年代：唐神龙元年（705）刻。

形制：志正方形。边长 0.29 米。

行字：志文楷书 14 行，满行 16 字。

出土：洛阳出土，时间不详。1938 年经于右
任捐藏西安碑林。

现藏：西安碑林博物馆。

著录：《唐代墓志汇编》《西安碑林全集》。

提要：志文简述志主卒年、葬地等信息。

亡宫七品墓志

全称：大唐故亡宫七品墓志铭并序。

年代：唐神龙元年（705）刻。

形制：志长 0.32 米，宽 0.33 米。

行字：志文楷书 16 行，满行 16 字。

出土：洛阳出土，时间不详。1938 年经于右任捐藏西安碑林。

现藏：西安碑林博物馆。

著录：《西安碑林全集》。

提要：志文简述志主卒年、葬地等信息。

*无字碑

年代：唐神龙元年（705）刻立。

形制：圆首方座。通高 8.03 米，宽 2.10 米，厚 1.49 米。底座长 3.40 米，宽 2.70 米，露出地面高 1.10 米。

行字：阳面 32 段，阴面 10 段。

纹饰：碑身两侧饰升龙纹，碑座阳面正中线刻狮马图，其余三面漫漶不清。

出土：此碑自立未移。

现藏：乾县乾陵陵园内城朱雀门外司马道东侧阙楼遗址前。

著录：《关中胜迹图志》《乾陵文物史迹述丛》《唐代帝王陵墓》。

备注：碑原无字，宋以后多有文人贤士题诗刻文，共计 42 段，其中阳面 32 段，阴面 10 段。

范履忠妻刘苏儿墓志

全称：唐前隆州阆中县主簿范履忠故妻刘氏墓志铭并序。

年代：唐神龙二年（706）刻。

形制：志正方形。边长 0.44 米。

行字：志文楷书 22 行，满行 22 字。

出土：出土时间、地点不详。

现藏：西安市长安博物馆。

提要：志文记载范履忠故妻刘苏儿之家族世系、生平、夫君及子嗣等。

韦承庆墓志

全称：大唐故黄门侍郎兼修国史赠礼部尚书上柱国扶阳县开国子韦府君墓志铭并序。

年代：唐神龙二年（706）刻。

形制：志正方形。边长 0.95 米，厚 0.21 米。

行字：志文楷书 48 行，满行 47 字。

撰书：岑羲撰，郑愔制铭。

纹饰：志四侧饰瑞兽及卷叶牡丹纹。

出土：出土时间、地点不详。

现藏：西安博物院。

著录：《隋唐五代墓志汇编》《全唐文补遗》（第三辑）。

提要：志文记载韦承庆之家族世系、生平、历官及子嗣等。其历官雍王府参军、太子通事舍人、太子文学、魏州顿丘县令、礼部员外郎、沂州刺史、虢州刺史，赐爵扶阳县开国子。韦承庆，两《唐书》有传。

吴本立墓志

全称：大唐故尚药奉御上柱国吴君墓志铭并序。

年代：唐神龙二年（706）刻。

形制：志正方形。边长 0.60 米，厚 0.13 米。

行字：志文楷书 27 行，满行 27 字。

纹饰：志四侧饰卷叶纹。

出土：出土时间、地点不详。

现藏：西安博物院。

著录：《隋唐五代墓志汇编》《全唐文补遗》（第五辑）。

提要：志文记载吴本立之家族世系、生平、历官及子嗣等。吴本立继其父之业从医，历官太医监、太子药藏监、朝散大夫、朝议大夫、殿中尚药。

李怀肃妻李氏墓志

全称： 唐故瓜州司马清水县开国公并夫人陇西太君李氏墓志铭并序。

年代： 唐神龙二年（706）刻。

形制： 盖盝形，志正方形。志、盖尺寸相同。边长 0.43 米。

行字： 盖文篆书 3 行，满行 3 字，题"大唐故李府君墓志铭"。志文楷书 24 行，满行 23 字。有方界格。

纹饰： 盖四刹及志四侧均饰蔓草纹。

出土： 出土时间、地点不详。

现藏： 西安交通大学博物馆。

著录：《西安交通大学博物馆藏品集锦——碑石书法卷》。

提要： 志文记述了李怀肃的家族世系、历官、婚姻情况。其曾任太子通事舍人、秦州仓曹参军、瓜州司马等职。

李长雄墓志

全称： 大唐故左监门率上柱国李府君墓志铭并序。

年代： 唐神龙二年（706）刻。

形制： 盖盝形，志正方形。盖边长 0.65 米，厚 0.10 米。志边长 0.65 米，厚 0.12 米。

行字： 盖文篆书 3 行，满行 3 字，题"大唐故李府君墓志铭"。志文楷书 33 行，满行 33 字。

纹饰： 盖四周饰卷叶纹，四刹饰牡丹纹。志四侧饰卷叶牡丹纹。

出土： 出土时间、地点不详。

现藏： 周至县文物管理所。

著录：《隋唐五代墓志汇编》《全唐文补遗》（第七辑）。

提要： 此碑记载了李长雄之家族世系、生平、历官及子嗣情况。

王文叡墓志

全称： 大唐故银青光禄大夫行内侍上柱国赠左监门将军太原王府君墓志铭并序。

年代： 唐神龙二年（706）刻。

形制： 盖盝形，志正方形。志、盖尺寸相同。边长 0.60 米，厚 0.12 米。

行字： 盖文篆书 3 行，满行 3 字，题"大唐故王府君墓志铭"。志文楷书 26 行，满行 27 字。

纹饰： 志四侧饰缠枝蔓草纹。

出土： 出土时间、地点不详。

现藏： 西安博物院。

著录：《隋唐五代墓志汇编》《全唐文补遗》（第五辑）。

提要： 志文记载王文叡之家族世系、生平、历官、夫人及子嗣等。其历官武骑尉、内侍省宫闱丞、朝议郎，封银青光禄大夫、上柱国，赠左监门将军。

李贤墓志

全称： 大唐故雍王墓志铭并序。

年代： 唐神龙二年（706）刻。

形制： 盖盝形，志正方形。盖边长 0.90 米，厚 0.15 米。志边长 0.90 米，厚 0.20 米。

行字： 盖文篆书 3 行，满行 3 字，题"大唐故雍王墓志之铭"。志文楷书 40 行，满行 41 字。

纹饰： 盖四周饰蔓草及十二生肖图案，四刹饰缠枝蔓草纹。

出土： 1971 年出土于乾县唐章怀太子李贤墓。

现藏： 乾陵博物馆。

著录：《唐雍王李贤墓志铭》《乾陵文物史迹述丛》《新中国出土墓志·陕西壹》。

备注：此志为神龙二年（706）李贤灵柩由巴州迁葬乾陵时镌刻，中宗册赠其为雍王。该墓另有《李贤墓志》一方，为景云二年（711）镌刻。志首行题曾重刻。

提要：此志记载了雍王李贤的家族世系、生平、历官等情况。李贤，高宗和武后之次子，永徽六年（655）封潞王，曾拜岐州刺史、雍州牧，又兼任武候大将军、右卫大将军，上元二年（675）册拜皇太子。后因得罪武则天被废，文明元年（684）薨于巴州。神龙二年（706）迁陪乾陵。

李仙蕙墓志

全称：大唐永泰公主志石文。

年代：唐神龙二年（706）刻。

形制：盖盝形，志正方形。盖边长 1.18 米，厚 0.10 米。志边长 1.18 米，厚 0.35 米。

行字：盖文篆书 3 行，满行 3 字，题"大唐故永泰公主志铭"。志文楷书 32 行，满行 32 字。

撰书：徐彦伯撰。

纹饰：盖四周饰宝相花纹，四刹饰十二生肖及忍冬、蔓草纹。志四侧饰缠枝蔓草纹。

出土：1960 年出土于乾县唐永泰公主墓。

现藏：乾陵博物馆。

著录：《全唐文补遗》（第一辑）《乾陵文物史迹述丛》《新中国出土墓志·陕西壹》。

提要：志文记载唐永泰公主李仙蕙的家族世系、生平等情况。李仙蕙为唐中宗李显的第七女，久视元年（700）封为永泰郡主，后嫁于嗣魏王武延基，大足元年（701）九月四日薨。神龙元年（706）与故驸马武延基陪葬于乾陵。

*严明府妻任氏墓志

年代：唐神龙三年（707）刻。

形制：盖盝形，志正方形。志、盖尺寸相同。边长 0.38 米。

行字：盖文篆书 3 行，满行 3 字，题"大唐故任夫人墓志铭"。志文楷书 13 行，满行 14 字。

纹饰：志四侧及盖四刹均饰蔓草纹。

出土：1954 年出土于西安市东郊国棉四厂。

现藏：西安碑林博物馆。

著录：《唐代墓志汇编续集》《全唐文补遗》（第五辑）《新中国出土墓志·陕西贰》。

提要：志文记载任氏的生平与卒葬时间。

武嗣宗墓志

全称：唐故赠太子少保管国公武府君墓志铭并序。

年代：唐神龙三年（707）刻。

形制：志正方形。边长 0.89 米。

行字：志文楷书 28 行，满行 33 字。

撰书：苏颋撰。

出土：出土于长安县祝村乡东祝村，时间不详。

现藏：西安市长安博物馆。

著录：《全唐文补遗》（第七辑）《长安新出墓志》《长安碑刻》。

提要：志文记载武嗣宗之家族世系、生平及历官情况。其历官恒州参军事、太子通事舍人、司仆丞尚舍奉御、左千牛中郎将、左千牛将军、蒲寿濮曹陕五州刺史、泽汾怀三州刺史、陕州刺史、国子祭酒、豳州刺史等。

武懿宗墓志

全称：大唐故怀州刺史赠特进耿国公武府君墓志铭并序。

年代：唐景龙元年（707）刻。

形制：志正方形。边长 0.90 米，厚 0.15 米。

行字：志文楷书 29 行，满行 28 字。

撰书：苏颋撰。

纹饰：志四侧饰瑞兽图案。

出土：出土时间、地点不详。

现藏：西安博物院。

著录：《隋唐五代墓志汇编》《全唐文补遗》（第二辑）。

提要：志文记载则天大圣皇后从父昆弟之子武懿宗之家族世系、生平、历官、夫人及子嗣等。其历官太子右千牛备身、泽州司法参军事、泉州司兵参军事、都水监丞，封六安县开国公、河内郡王、左右金吾大将军、洛州长史、魏汴同许四州刺史、怀州刺史、营缮大匠、神兵军大总管，封耿国公，赠特进。

*元玄贵造石弥勒立像

年代：唐神龙三年（707）刻立。

形制：圆雕，莲花座，高 1.80 米。

行字：正文楷书 24 行，满行 3 字。

纹饰：造像为弥勒立像，头面丰满，体粗而项短。右手微微上伸（手残损），左手微微下垂，持一圆形物，足蹬莲台。铭文沿莲台而刻。

出土：1934 年出土，地点不详。1936 年迁于耀县碑林，1955 年迁于耀县文化馆碑廊，1971 年迁于耀县药王山。

现藏：药王山博物馆。

著录：《药王山碑刻》。

备注：造像颈部断裂，已作化学接合。

提要：碑文记载神龙三年四月元玄贵及兄弟为父发愿造像之事。

崔君妻裴氏墓志

全称：大唐故闻喜县君河东裴氏墓志铭并序。

年代：唐神龙三年（707）刻。

形制：盖盝形，志正方形。盖边长 0.57 米，厚 0.04 米。志边长 0.55 米，厚 0.10 米。

行字：盖文楷书 3 行，满行 3 字，题"唐故河东裴夫人墓志"。志文楷书 26 行，满行 40 字。

纹饰：志、盖四刹及四周均饰蔓草纹，志四侧饰蔓草纹饰。

出土：2000 年出土于西安咸阳国际机场工地。

现藏：咸阳市文物考古研究所。

提要：闻喜县君河东裴氏，齐太子舍人裴讷之曾孙女，唐户部尚书裴矩之孙女。其父为裴宣机，其夫为汾州司马安阳县开国男崔公。

亡宫七品墓志

全称：大唐亡宫七品志铭并序。

年代：唐神龙三年（707）刻。

形制：志正方形。边长 0.40 米。

行字：志文楷书 14 行，满行 14 字。

出土：1974 年出土于咸阳市底张湾陶家村。

现藏：咸阳博物馆。

著录：《咸阳碑石》《新中国出土墓志·陕西壹》。

提要：志文简记志主卒年、葬地等信息。

辛节墓志

全称：大唐故陪戎校尉辛公之墓志。

年代：唐景龙二年（708）刻。

形制：盖盝形，志正方形。志、盖尺寸相同。边长 0.41 米，厚 0.10 米。

行字：盖文篆文 2 行，满行 2 字，题"辛公墓志"。志文楷书 17 行，满行 17 字。

纹饰：盖四周饰十二生肖图案，四刹饰牡丹
　　　花卉图案，志四侧饰四神图案。

出土：出土于靖边县红墩界乡圪坨河村，时
　　　间不详。

现藏：榆林市文物保护研究所。

著录：《榆林碑石》《全唐文补遗》（第八辑）
　　　《新中国出土墓志·陕西叁》。

提要：志文记载辛节的家族世系、祖辈历任
　　　职官、籍贯、卒年、葬地等。

韦君妻皇甫维摩墓志

全称：□唐故工部尚书滑国公韦府君夫人故
　　　滑国夫人皇甫氏墓志铭并序。

年代：唐景龙二年（708）刻。

形制：盖盝形，志正方形。盖长 0.63 米，宽
　　　0.58 米。志边长 0.63 米。

行字：盖文篆书 3 行，满行 3 字，题“大唐
　　　故滑国夫人志铭”。志文楷书 29 行，
　　　满行 29 字。无方界格。

纹饰：盖四刹及志四侧均饰蔓草纹。

出土：出土时间、地点不详。

现藏：西安交通大学博物馆。

著录：《西安交通大学博物馆藏品集锦——
　　　碑石书法卷》。

提要：志文记述了皇甫维摩的家族世系和婚
　　　姻、生平情况。

韦城县主韦氏墓志

全称：大唐赠韦城县主韦氏墓志铭并序。

年代：唐景龙二年（708）刻。

形制：志正方形。边长 0.82 米。

行字：志文楷书 39 行，满行 39 字。

撰书：崔湜撰，刘宪书。

出土：出土时间、地点不详。

现藏：西安市长安博物馆。

著录：《唐代墓志汇编》《全唐文补遗》（第

七辑）。

提要：志文记载韦城县主韦氏的家世及生平
　　　情况。韦氏为唐中宗韦皇后八妹。内
　　　容涉及唐代冥婚的习俗。

韦洵墓志

全称：大唐赠吏部尚书益州大都督汝南郡王
　　　韦府君墓志铭并序。

年代：唐景龙二年（708）刻。

形制：志长 0.99 米，宽 1.04 米。

行字：志文楷书 54 行，满行 53 字。

撰书：李峤撰。

出土：出土时间、地点不详。

现藏：西安市长安博物馆。

著录：《长安新出墓志》《长安碑刻》。

提要：志文记载韦洵的家族世系、生平、
　　　历官及婚姻情况。其历官皇孙府从
　　　事，赠吏部尚书、汝南郡王、益州
　　　大都督等。

韦泂墓志

全称：大唐赠卫尉卿并州大都督淮阳郡王京
　　　兆韦府君墓志铭。

年代：唐景龙二年（708）刻。

形制：盖盝形，志长方形。志、盖尺寸相同。
　　　长 1.01 米，宽 1.02 米。

行字：盖文篆书 4 行，满行 4 字，题“大唐
　　　赠并州大都督淮阳王韦君墓志铭”。
　　　志文楷书 43 行，满行 42 字。

撰书：刘宪撰。

纹饰：盖四周饰番莲纹，四刹饰蔓草及飞鸟
　　　纹。志四侧饰蔓草及奔兽纹。

出土：1959 年出土于长安县韦曲镇南里王村。

现藏：西安碑林博物馆。

著录：《唐代墓志汇编》《全唐文补遗》（第
　　　六辑）《西安碑林全集》。

提要：志文记载韦洞的家族世系、生平情况。韦洞，字冲规，京兆杜陵人，唐中宗韦皇后之弟，年仅 16 岁卒。神龙元年（705）唐中宗复位后，追赠卫尉卿、淮阳郡王、使持节都督并州诸军事、并州大都督。

郝璋墓志

全称：唐故郝府君墓志之铭并序。

年代：唐景龙二年（708）刻。

形制：志正方形。边长 0.44 米。

行字：志文楷书 20 行，满行 20 字。

出土：出土时间、地点不详。2006 年入藏西安碑林博物馆。

现藏：西安碑林博物馆。

著录：《西安碑林博物馆新藏墓志汇编》。

提要：志文记载郝璋的家族世系、生平、官职、夫人及子嗣情况。其曾任轻车都尉。

元大亮墓志

全称：大唐故兴教府左果毅都尉上柱国河南元公墓志铭并序。

年代：唐景龙二年（708）刻。

形制：志正方形。边长 0.70 米。

行字：志文楷书 33 行，满行 33 字。

撰书：潘行臣撰。

纹饰：志四周饰蔓草纹。

出土：1940 年出土于岐山县枣林乡郑家村。

现藏：岐山县博物馆。

著录：《文博》（1993 年第 5 期）。

提要：此墓志为元大亮与夫人尉氏合葬铭，叙述了大亮先世出自拓跋魏之皇族，世代为官，与尉氏均出名门显宦，屡建大功，多处涉及唐代政区、职官和军事。

王玄度墓志

全称：大唐故上柱国王君墓志铭并序。

年代：唐景龙三年（709）刻。

形制：盖盝形，志正方形。盖边长 0.46 米，厚 0.10 米。志边长 0.45 米，厚 0.10 米。

行字：盖文篆书 2 行，满行 4 字，题"大唐王府君之墓志"。志文楷书 17 行，满行 18 字。

纹饰：盖左右面和刹面饰牡丹花纹。

出土：出土于靖边县红墩界乡圪坨河村，时间不详。

现藏：榆林市文物保护研究所。

著录：《榆林碑石》《全唐文补遗》（第八辑）《新中国出土墓志·陕西叁》。

备注：盖阴续刻志文，楷书 17 行，满行 18 字。

提要：志文记载王玄度的籍贯、家族世系、生平。

蔡君妻赵氏墓志

全称：唐故宁远将军蔡公夫人天水县君赵氏墓志铭。

年代：唐景龙三年（709）刻。

形制：盖盝形，志正方形。盖边长 0.38 米，厚 0.09 米。志边长 0.38 米，厚 0.11 米。

行字：盖文篆书 3 行，满行 3 字，题"唐故天水县君赵氏铭"。志文楷书 20 行，满行 20 字。

纹饰：盖四刹饰如意云纹，四周饰忍冬纹。志四周饰缠枝蔓草及牡丹纹。

出土：1994 年出土于扶风县揉谷乡石家村。

现藏：周原博物馆。

著录：《全唐文补遗》（第六辑）《新中国出土墓志·陕西叁》《文博》（2002 年第 6 期）。

提要：志文记载赵氏祖辈功业和生平事迹。赵氏 15 岁嫁于蔡氏，生有四子。景龙三年春正月十日卒，享年 80 岁。

权通墓志

全称： 大唐故上骑都尉权公之墓志并序。

年代： 唐景龙三年（709）刻。

形制： 盖盝形，志正方形。志、盖尺寸相同。边长 0.40 米。

行字： 盖文楷书 2 行，满行 2 字，题"权公墓志"。志文楷书 16 行，满行 16 字。

纹饰： 盖四周饰十二生肖图案，四刹饰牡丹花卉图案。

出土： 出土于靖边县红墩界乡圪坨河村，时间不详。

现藏： 榆林市文物保护研究所。

著录：《榆林碑石》《全唐文补遗》（第八辑）《新中国出土墓志·陕西叁》。

备注： 志盖断裂为三块。

提要： 志文记载权通的籍贯、家族世系、祖辈历任官职，以及同夫人合葬地。

萧愻墓志

全称： 唐故朝请郎行岐州参军事萧君墓志铭并序。

年代： 唐景龙三年（709）刻。

形制： 志正方形。边长 0.59 米。

行字： 志文楷书 24 行，满行 26 字。

出土： 出土时间、地点不详。

现藏： 西安市长安博物馆。

著录：《长安新出墓志》《长安碑刻》。

提要： 志文记载萧愻的家族世系、生平及历官情况。其曾任岐州参军事。

韦顼妻裴觉墓志

全称： 大唐故魏国太夫人河东裴氏墓志并序。

年代： 唐景龙三年（709）刻。

形制： 志正方形。边长 0.80 米。

行字： 志文楷书 41 行，满行 43 字。

出土： 清宣统二年（1910）出土于长安县李王村。

现藏： 西安碑林博物馆。

著录：《陕西金石志》《唐代墓志汇编》《西安碑林全集》。

提要： 志文记载了裴觉的家族世系和生平情况。裴觉，卫尉卿韦顼之妻，因丈夫、二子之功先后拜河东县君、河东郡君，卒后赠魏国太夫人。

*许君暨妻杨氏墓志

年代： 唐景龙三年（709）刻。

形制： 志残损，残长 0.66 米，宽 0.65 米。

行字： 志文楷书，残存 26 行，满行 28 字。

撰书： 柳绍先撰，李为仁书。

出土： 出土时间、地点不详。清代已入藏西安碑林。

现藏： 西安碑林博物馆。

著录：《补寰宇访碑录》《关中金石文字存佚考》《唐代墓志汇编》。

备注： 志略残，以志文推求，最前边缺两行，每行缺 5 字，乃出土后所凿。志主姓氏已泐，志主姓氏乃毛凤枝在《关中金石文字存佚考》考证后得出。

提要： 志文记载了志主许君的家族世系、历官、婚姻及子嗣情况。其曾任杭州录事参军、恒州司马。

孟玉塔铭

全称： 大唐故太原王孟玉塔铭。

年代： 唐景龙三年（709）刻。

形制： 圆首。高 0.37 米，宽 0.25 米。

行字： 正文楷书 10 行，满行 13 字。

纹饰： 圆首额部线刻一佛二弟子二菩萨像，最下角左右各有一蹲狮。正文四周线刻花纹，最下侧有两走狮及坐于莲台之上的二比丘。

出土：1956 年出土于西安市东郊十里铺。

现藏：西安碑林博物馆。

著录：《唐代墓志汇编续集》《全唐文补遗》（第三辑）《新中国出土墓志·陕西贰》。

提要：志主讳康，河东桑泉人，景龙二年十月二日卒于安兴坊，年仅 12 岁。

法琬法师碑

全称：大唐宣化寺故比丘尼法琬法师碑。

年代：唐景龙三年（709）刻立。

形制：螭首方座。通高 1.80 米，宽 0.71 米，厚 0.14 米。

行字：额篆书 3 行，满行 3 字，题"大唐故比丘尼法琬碑"。正文楷书 30 行，满行 54 字。

撰书：沙门承远撰，刘钦旦书。

纹饰：碑侧饰缠枝蔓草纹。

出土：原在长安县神禾原，清代移藏西安碑林。

现藏：西安碑林博物馆。

著录：《西安碑林全集》《金石萃编》。

备注：碑面多漫漶，文字有剥蚀。

提要：法琬法师，俗姓李，陇西成纪人。唐太祖李虎五世孙，中宗李显三堂姑。13 岁时为祖父李神符祈冥福，出家入宣化寺为尼。垂拱四年（688）卒。

*杨再思墓碑

年代：唐景龙三年（709）刻立。

形制：圆首方座，碑残损。残高 2.12 米，宽 1.12 米，厚 0.37 米。

行字：碑面漫漶严重，行字数无法辨识。

撰书：岑羲撰。

出土：1995 年出土于乾县唐僖宗靖陵墓。

现藏：乾陵博物馆。

著录：《唐代帝王陵墓》。

备注：此碑晚唐修靖陵时被凿掉碑首，用碑身作靖陵石椁床，碑面现存文字漫漶不清。

提要：杨再思，历事高宗、武则天、中宗三朝，官至内史，封郑国公。景龙三年（709）六月薨，赐陪葬乾陵。

贺兰敏之墓志

全称：大唐故贺兰都督墓志并序。

年代：唐景龙三年（709）刻。

形制：盖盝形，边长 0.82 米，厚 0.18 米。志正方形，边长 0.84 米，厚 0.20 米。

行字：盖文篆书 3 行，满行 3 字，题"大唐故贺兰都督墓志"。志文楷书 34 行，满行 33 字。

纹饰：志石四侧饰折枝宝相花，四周饰折枝花纹。

出土：1964 年出土于咸阳市周陵乡。

现藏：咸阳博物馆。

著录：《咸阳碑石》《新中国出土墓志·陕西壹》《隋唐五代墓志汇编》。

提要：志文记载贺兰敏之的生平事迹。贺兰敏之家族地位显赫、鼎族公门，袭封周国公。其事迹散见于两《唐书》。

豆卢钦望碑

全称：大唐故开府仪同三司尚书左仆射上柱国赠司空芮国元公豆卢府君之碑并序。

年代：唐景龙四年（710）刻立。

形制：圆首方座，碑残损。残高 2.52 米，宽 1.18 米，厚 0.37 米。

行字：正文隶书 30 行，满行 73 字。

撰书：李迥秀撰。

出土：1995 年出土于乾县唐僖宗靖陵墓。

现藏：乾陵博物馆。

著录：《陕西历史博物馆馆刊》（第 6 辑）《唐代帝王陵墓》。

备注：此碑是首次发现的乾陵陪葬墓碑之一，晚唐修靖陵时将其碑首凿掉，碑身用作靖陵石椁床，碑身下部多处及右侧被人为敲击残损，字迹漫漶。

提要：碑文记载了豆卢钦望的家族世系、生平、历官及子嗣等情况。豆卢钦望历高宗、武则天、中宗三朝，官至尚书左仆射，爵封芮国元公。

*定陵镇墓道符

年代：唐景云元年（710）刻。

形制：盖正方形，边长 0.66 米，厚 0.19 米。符石边长 0.65 米，厚 0.21 米。

行字：盖上部道符 11 行，满行 6 字，下部楷书 18 行，满行 8 字。石道符 4 行，满行 4 字。周边楷书 4 行，满行 38 字。

出土：中华人民共和国成立初期出土于富平县定陵东门。

现藏：富平县文庙。

著录：《考古与文物》（2003 年第 1 期）。

备注：此镇墓道符是唐帝王陵中出土年代最早的一块。

安乐公主墓志

全称：大唐故勃逆宫人志文并序。

年代：唐景云元年（710）刻。

形制：志正方形。边长 0.55 米。

行字：志文楷书 17 行，满行 19 字。

出土：出土时间、地点不详。

现藏：西安市长安博物馆。

著录：《长安新出墓志》《长安碑刻》。

提要：志文记载安乐公主之生平事迹。

豆卢君妻薛氏墓志

全称：大唐故万泉县主薛氏墓志铭并序。

年代：唐景云元年（710）刻。

形制：志长 0.72 米，宽 0.71 米。

行字：志文楷书 28 行，满行 28 字。

撰书：卢藏用撰，豆卢欣期书。

纹饰：志四侧饰蔓草纹。

出土：1953 年出土于咸阳市底张湾。

现藏：西安碑林博物馆。

著录：《唐代墓志汇编》《西安碑林全集》《新中国出土墓志·陕西贰》。

提要：志文记载万泉县主薛氏的家族世系及生平情况。武则天朝封为万泉县主，唐中宗朝加食实封 300 户。

骞思恖墓志

全称：唐故抚州南城县令上柱国骞府君志铭并序。

年代：唐景云元年（710）刻。

形制：盖盝形，志长方形。志、盖尺寸相同。长 0.59 米，宽 0.60 米。

行字：盖文篆书 3 行，满行 3 字，题"大唐故骞府君墓志铭"。志文楷书 31 行，满行 32 字。

纹饰：志四周及盖四刹饰蔓草花纹。

出土：1955 年出土于西安市东郊郭家滩。

现藏：西安碑林博物馆。

著录：《隋唐五代墓志汇编》《唐代墓志汇编续集》《新中国出土墓志·陕西贰》。

备注：志及盖上因石花使志文残多字。

提要：志文记载骞思恖之家族世系和生平、历官及子嗣情况。骞思恖，明经出身。其历官宋城县尉、扬州高邮令、潮州海阳令、武荣州司马、抚州南城县令。该志与同出之骞思泰、骞思玄、骞绍业、塞如珪等墓志为同一家族墓志。

牛兴墓志

全称：大唐故上柱国牛□□□□□并序。

年代：唐景云元年（710）刻。

形制：盖盝形。志长方形。志、盖尺寸相同。长 0.44 米，宽 0.48 米。

行字：盖文楷书 2 行，满行 3 字，题"故牛公之墓志"。志文楷书 17 行，满行 18 字。

纹饰：盖四周饰十二生肖图案，四刹、四侧饰牡丹花卉图案。

出土：出土于靖边县红墩界乡圪坨河村，时间不详。

现藏：榆林市文物保护研究所。

著录：《榆林碑石》《全唐文补遗》（第八辑）《新中国出土墓志·陕西叁》。

提要：志文记载牛兴的家族世系、祖辈历任官职等。

刘保墓志

全称：大唐故上柱国刘公之墓志。

年代：唐景云元年（710）刻。

形制：盖盝形，志正方形。志、盖尺寸相同。边长 0.43 米。

行字：盖文楷书 3 行，满行 3 字，题"大唐故刘公之墓志"。志文楷书 18 行，满行 18 字。

纹饰：盖四周饰花卉图案，四刹饰卷云纹。

出土：出土于内蒙古自治区乌审旗纳林河乡背锅沙村，时间不详。

现藏：榆林市文物保护研究所。

著录：《榆林碑石》《全唐文补遗》（第八辑）《新中国出土墓志·陕西叁》。

提要：志文记载刘保的籍贯、家族世系、祖辈历任官职，以及其夫人、子嗣、夫妻二人合葬地等情况。

柳彦妻李令晖墓志

全称：大唐故襄城县主墓志铭并序。

年代：唐景云二年（711）刻。

形制：盖盝形，志长方形。志、盖尺寸相同。长 0.73 米，宽 0.72 米。

行字：盖文隶书 3 行，满行 3 字，题"大唐故襄城县主墓志"。志文楷书 29 行，满行 29 字。

撰书：卢畟之撰。

纹饰：盖四周饰蔓草纹，四刹饰莲蕾、瑞兽纹。志四侧饰瑞兽图案。

出土：1996 年出土于长安县细柳乡羊元村，2001 年入藏西安碑林博物馆。

现藏：西安碑林博物馆。

著录：《西安碑林博物馆新藏墓志汇编》。

提要：志文记载李令晖的家族世系、生平及夫婿情况。

蒋义忠墓志

全称：大唐故朝散大夫上护军行魏州武圣县令蒋府君墓志铭并序。

年代：唐景云二年（711）刻。

形制：志正方形。边长 0.72 米，厚 0.15 米。

行字：志文楷书 29 行，满行 31 字。

纹饰：志四侧饰缠枝瑞兽纹。

出土：出土时间、地点不详。

现藏：西安博物院。

提要：志文记载蒋义忠之家族世系、生平、历官、夫人及子嗣等。其历官眉州参军、齐州司法、魏州武圣县令、朝散大夫、上护军等。

李花山墓志

全称：大唐故淮阳公主墓志铭并序。

年代：唐景云二年（711）刻。

形制：盖盝形，志正方形。志、盖尺寸相同。

边长 0.73 米。

行字：盖文篆书 3 行，满行 3 字，题 "大唐故淮阳公主墓志"。志文楷书 39 行，满行 40 字。

撰书：徐彦伯撰。

纹饰：志四侧、四周饰缠枝牡丹纹，四刹饰瑞兽、缠枝牡丹纹。

出土：出土时间、地点不详。2006 年入藏西安碑林博物馆。

现藏：西安碑林博物馆。

著录：《西安碑林博物馆新藏墓志汇编》《碑林集刊》（第 16 辑）。

提要：志文记载李花山之家族、生平情况。

李贤墓志

全称：大唐故雍王赠章怀太子墓志铭并序。

年代：唐景云二年（711）刻。

形制：盖盝形，志正方形。志、盖尺寸相同。边长 0.87 米，厚 0.15 米。

行字：盖文篆书 4 行，满行 4 字，题 "大唐故章怀太子并妃清河房氏墓志铭"。志文楷书 34 行，满行 33 字。

撰书：卢粲撰，李范书。

纹饰：盖四周及四刹饰缠枝蔓草纹。

出土：1971 年出土于乾县唐章怀太子李贤墓。

现藏：乾陵博物馆。

著录：《全唐文补遗》（第一辑）《乾陵文物史迹述丛》《新中国出土墓志·陕西壹》。

备注：该墓志为章怀太子李贤墓所出的两合墓志之一，乃景云二年（711）李贤被追赠为章怀太子并与其妃清河房氏合葬陪祔于乾陵时所刻。

提要：此志记载了章怀太子李贤及其妃清河房氏的生平等情况。从志文可知，镌刻墓志时，章怀太子李贤已被彻底平反。它与同墓出土的另一合《李贤墓志》，均有关于章怀太子的生平、死因等情况的记载。

郭仁墓志

全称：大唐故郭府君墓志铭。

年代：唐景云三年（712）刻。

形制：志长 0.48 米，宽 0.47 米。

行字：志文楷书 19 行，满行 19 字。

出土：出土时间、地点不详。2006 年入藏西安碑林博物馆。

现藏：西安碑林博物馆。

著录：《西安碑林博物馆新藏墓志汇编》。

提要：志文记载郭仁的家族世系、生平、夫人及子嗣情况。

梁琮墓志

全称：大唐故司农寺京苑总监副监梁公墓志铭并序。

年代：唐太极元年（712）刻。

形制：盖盝形。边长 0.49 米，厚 0.04 米。志正方形，边长 0.51 米，厚 0.10 米。

行字：盖文篆书 3 行，满行 3 字，题 "大唐故梁君墓志之铭"。志文楷书 22 行，满行 23 字。

纹饰：盖四刹饰卷草纹，志四侧饰卷草纹。

出土：1994 年出土于周至县自来水公司。

现藏：周至县文物管理所。

提要：志文记载梁琮的家族世系、生平、历官及子嗣情况。

王最墓志

全称：王君之墓志并序。

年代：唐先天元年（712）刻。

形制：盖盝形，志正方形。志、盖尺寸相同。边长 0.47 米。

行字：盖文楷书 3 行，满行 3 字，题 "维大唐王府君之墓志"。志文楷书 17 行，满行 18 字。

纹饰：盖四刹饰十二生肖图案，四侧饰缠枝卷草纹。

出土：出土于靖边县红墩界乡圪坨河村，时间不详。

现藏：榆林市文物保护研究所。

著录：《榆林碑石》《全唐文补遗》（第八辑）《新中国出土墓志·陕西叁》。

提要：志文记载墓主人王最与夫人的籍贯、生平、合葬地及子女情况。

郭功墓志

全称：唐故郭府君墓志铭。

年代：唐先天元年（712）刻。

形制：志正方形。边长 0.43 米。

行字：志文楷书 15 行，满行 15 字。

纹饰：志四侧饰壸门图案。

出土：出土时间、地点不详。2006 年入藏西安碑林博物馆。

现藏：西安碑林博物馆。

著录：《西安碑林博物馆新藏墓志汇编》。

提要：志文记载郭功的家族世系、生平及夫人情况。

关衡墓志

全称：唐故关君墓志铭并序。

年代：唐先天元年（712）刻。

形制：志长 0.52 米，宽 0.53 米。

行字：志文楷书 21 行，满行 21 字。

出土：出土时间、地点不详。2006 年入藏西安碑林博物馆。

现藏：西安碑林博物馆。

著录：《西安碑林博物馆新藏墓志汇编》。

提要：志文记载关衡的家族世系、生平及夫人情况。

契苾明碑

全称：大唐故大将军凉国公契苾府君之碑。

年代：唐先天元年（712）刻立。

形制：螭首座佚，碑身有收分。碑首宽 1.53 米。碑残高 4.70 米，宽 1.47—1.53 米，厚 0.40 米。

行字：额篆书 3 行，满行 5 字，题"大唐故大将军凉国公契苾府君之碑"。正文楷书 37 行，满行 77 字。

撰书：娄师德撰，殷玄祚书。

纹饰：碑侧残留花卉及云纹。

出土：原立于咸阳市渭阳乡药王洞村契苾明墓前，1962 年移咸阳博物馆。

现藏：咸阳博物馆。

著录：《咸阳碑石》《金石萃编》《关中金石记》。

备注：泐蚀严重。

提要：碑文记载契苾明生平事迹。

药言墓志

全称：唐故明威将军左卫汾州清胜府折冲都尉上柱□药君之墓志并序。

年代：唐开元二年（714）刻。

形制：志正方形。边长 0.42 米，厚 0.08 米。

行字：志文楷书 20 行，满行 20 字。

纹饰：志四侧饰缠枝卷叶纹。

出土：出土于靖边县红墩界乡圪坨河村，时间不详。

现藏：榆林市文物保护研究所。

著录：《榆林碑石》《全唐文补遗》（第八辑）《新中国出土墓志·陕西叁》。

提要：志文记载药言的籍贯、家族世系、历官及其夫人、子嗣情况。其历官飞骑校尉、汾州清胜府左果毅都尉、折冲都尉等。

于尚范墓志

全称：唐故平州刺史煦山公于府君墓志并序。

年代：唐开元二年（714）刻。

形制：盖盝形，志正方形。志、盖尺寸相同。长 0.57 米，宽 0.56 米。

行字：盖文篆书 3 行，满行 3 字，题"大唐故于府君墓志铭"。志文楷书 23 行，满行 22 字。

出土：1954 年出土于西安市东郊国棉四厂。

现藏：西安碑林博物馆。

著录：《唐代墓志汇编续集》《西安碑林全集》《新中国出土墓志·陕西贰》。

提要：志文记载于尚范的家族世系、生平、历官情况。于尚范，初为文德皇后挽郎，后历任益州参军、右屯卫录事、少府监主簿、城门郎、长子雉山通泉昌乐四县令、沧州司马、相州长史、平州刺史，封煦山公。

*李君妻刘氏墓志

年代：唐开元二年（714）刻。

形制：志正方形。边长 0.35 米。

行字：志文楷书 19 行，满行 24 字。

出土：1956 年出土于西安市东郊惠王村。

现藏：西安碑林博物馆。

备注：朱书砖志。

提要：志文简述志主卒年、葬地等信息。

达奚承宗墓志

全称：大唐处士达奚公墓志铭并序。

年代：唐开元二年（714）刻。

形制：志长 0.42 米，宽 0.41 米。

行字：志文楷书 20 行，满行 20 字。

出土：出土时间、地点不详。

现藏：西安市长安博物馆。

著录：《长安新出墓志》《长安碑刻》。

提要：志文记载达奚承宗之家族世系及生平等。

亡宫九品墓志

全称：大唐故亡宫九品墓志。

年代：唐开元二年（714）刻。

形制：志正方形。边长 0.33 米。

行字：志文楷书 9 行，满行 15 字。

出土：1992 年出土于西安市西郊大白杨村。

现藏：西安碑林博物馆。

备注：志文漫漶，左下角残缺。

提要：志文简述志主卒年、葬地等信息。

万鉴墓志

全称：大唐故陪戎校尉万府君墓志铭并序

年代：唐开元二年（714）刻。

形制：盖盝形，志正方形。盖边长 0.51 米，志边长 0.57 米。

行字：盖文篆书 3 行，满行 3 字，题"大唐故万府君墓志铭"。志文楷书 22 行，满行 22 字。

纹饰：盖四刹饰缠枝蔓草纹。

出土：出土时间、地点不详。2006 年入藏西安碑林博物馆。

现藏：西安碑林博物馆。

著录：《西安碑林博物馆新藏墓志汇编》。

提要：志文记载万鉴的家族世系、生平、历官、夫人及子嗣情况。其曾任陪戎校尉。

郭逸墓志

全称：大唐故游击将军郭公墓志并序。

年代：唐开元三年（715）刻立。

形制：盖盝形，志正方形。志、盖尺寸相同。边长 0.41 米。

行字：盖文楷书 2 行，满行 2 字，题"郭公墓志"。志文楷书 19 行，满行 18 字。

纹饰：盖四周饰十二生肖图案，四刹饰宝
相花纹，四侧饰花朵纹。志四侧饰
宝相花纹。

出土：出土于靖边县红墩界乡圪坨河村，时
间不详。

现藏：榆林市文物保护研究所。

著录：《榆林碑石》《全唐文补遗》（第六辑）
《新中国出土墓志·陕西壹》。

提要：志文记载郭逸的籍贯、家族世系、历
官及葬地。其曾任游击将军、隰州左
果毅都尉，赠上柱国。

别智福墓志

全称：大唐故游击将军右卫翊府郎将燕然军
副使别君府墓志铭并序。

年代：唐开元三年（715）刻。

形制：志长 0.53 米，宽 0.56 米，厚 0.10 米。

行字：志文楷书 21 行，满行 27 字。

纹饰：志四侧饰团花纹。

出土：2001 年出土于凤翔县南指挥镇八
一村。

现藏：西安碑林博物馆。

著录：《西安碑林博物馆新藏墓志汇编》。

备注：志中心有长方形孔，补以砖刻，内容
与志文相接。

提要：志文记载了别智福的家族世系、生平
及历官情况。其曾任右卫翊府左郎
将、燕然军副使等。

法云墓志

全称：大唐故资敬寺尼法云墓志铭并序。

年代：唐开元三年（715）刻。

形制：志正方形。边长 0.34 米。

行字：志文楷书 18 行，满行 18 字。

撰书：权若讷撰。

出土：出土时间、地点不详。

现藏：西安市长安博物馆。

著录：《长安新出墓志》《长安碑刻》。

提要：志文记载资敬寺尼法云的家族世系、
生平情况。

王举墓志

全称：唐故文学王君墓志之铭。

年代：唐开元三年（715）刻。

形制：志正方形。边长 0.45 米。

行字：志文行书 18 行，满行 18 字。

出土：出土时间、地点不详。2006 年入藏西
安碑林博物馆。

现藏：西安碑林博物馆。

著录：《西安碑林博物馆新藏墓志汇编》。

提要：志文记载王举的家族世系、生平、夫
人及子嗣情况。

武本墓志

全称：大唐左卫高思府果毅都尉长上谯国公
夫人武氏墓志。

年代：唐开元三年（715）刻。

形制：盖盝形，志正方形。志、盖尺寸相同。
边长 0.35 米。

行字：盖文楷书 3 行，满行 3 字，题“唐故
谯国夫人墓志铭”。志文楷书 19 行，
满行 18 字。

纹饰：盖四周饰卷云纹。

出土：1988 年出土于咸阳市渭城区渭城湾
北塬村。

现藏：咸阳市渭城区文物管理委员会。

著录：《咸阳碑刻》《新中国出土墓志·陕
西壹》。

提要：志文记载谯国夫人武本的家族世系
及生平。

法藏禅师塔铭

全称：大唐净域寺故大德法藏禅师塔铭并序。

年代：唐开元四年（716）刻。

形制：长 0.84 米，宽 0.71 米。

行字：正文楷书 36 行，满行 30 字。

撰书：田休光撰。

纹饰：塔铭四周饰蔓草纹。

出土：原在长安县梗梓谷。

现藏：西安碑林博物馆。

著录：《金石萃编》《关中金石文字存佚考》《唐代墓志汇编》。

备注：石上文字微有残损。

提要：塔铭记述了净域寺高僧法藏的生平。

杨执一妻独孤开墓志

全称：冠军大将军行右卫将军上柱国河东郡开国公杨君亡妻新城郡夫人独孤氏志铭并序。

年代：唐开元四年（716）刻。

形制：盖盝形，志长方形。志、盖尺寸相同。长 0.74 米，宽 0.75 米。

行字：盖文篆书 4 行，满行 4 字，题"大唐故新城郡夫人独孤氏墓志铭并序"。志文楷书 31 行，满行 31 字。

撰书：王丘撰。

纹饰：志四侧及盖四刹均饰海石榴及瑞兽纹，盖四周及盖四侧均饰蔓草纹。

出土：1951 年出土于咸阳市底张湾。

现藏：西安碑林博物馆。

著录：《唐代墓志汇编》《全唐文补遗》（第一辑）《西安碑林全集》。

提要：志文记载了唐冠军大将军、行右卫将军、上柱国、河东郡开国公杨执一妻独孤开的家族世系和生平。

杜智墓志

全称：大唐故右卫翊二府杜君墓志铭。

年代：唐开元四年（716）刻。

形制：盖盝形，志正方形。志，盖尺寸相同。边长 0.37 米，厚 0.08 米。

行字：盖文篆书 3 行，满行 3 字，题"大唐故杜府君墓志铭"。志文行书 18 行，满行 18 字。

纹饰：盖四刹及志四侧饰卷草纹。

出土：出土时间、地点不详。

现藏：铜川市耀州区博物馆。

著录：《全唐文补遗》（第六辑）《新中国出土墓志·陕西叁》

提要：志文记载杜智的家族世系、生平及子嗣情况。其祖杜策，曾任坊州司马。父杜宝，曾任唐全节府果毅右可游击将军。嗣子杜怀忠。

杨居实墓志

全称：大唐故朝请郎□梁州都督府参军事平原县开国男杨府君墓志铭并序。

年代：唐开元五年（717）刻。

形制：志正方形。边长 0.43 米。

行字：志文楷书 18 行，满行 17 字。

出土：出土时间、地点不详。

现藏：西安市长安博物馆。

著录：《长安新出墓志》《长安碑刻》。

提要：志文记载杨居实之家族世系、生平、历官、夫人等。其曾任梁州都督府参军事，袭封平原县开国男。

尹尊师碑

全称：大唐故宗圣观主银青光禄大夫尹尊师碑并序。

年代：唐开元五年（717）刻立。

形制：螭首龟座。通高 4.50 米，宽 1.26 米，厚 0.32 米。

行字：额篆书 2 行，满行 3 字，题"大唐尹尊师碑"。正文隶书 26 行，满行 71 字。

撰书：贠半千撰，侯少微建。

出土：原立于周至县宗圣宫，清道光五年倒于地面，周至知县康承禄迁立于古楼观说经台。

现藏：周至县古楼观说经台。

著录：《楼观台道教碑石》。

备注：横断为三石，粘结修补。此碑为元大德元年（129）摹刻。碑阴为南宗吴琚书"天下第一福地"6 字。

提要：记述尹文操的生平道行。

申屠元礼墓志

全称：唐故陪戎校尉申屠君墓志铭并序。

年代：唐开元五年（717）刻。

形制：志长 0.51 米，宽 0.50 米。

行字：志文楷书 18 行，满行 18 字。

纹饰：志四侧饰壸门图案，内饰四瓣草叶纹。

出土：出土时间、地点不详。2006 年入藏西安碑林博物馆。

现藏：西安碑林博物馆。

著录：《西安碑林博物馆新藏墓志汇编》。

提要：志文记载申屠元礼之家族世系、生平、历官、夫人及子嗣情况。其曾任左武威卫翊卫、陪戎校尉。

孙承嗣妻高氏墓志

全称：大唐右卫翊卫兵部常选富阳孙承嗣故妻渤海高氏墓志铭并序。

年代：唐开元五年（717）刻。

形制：志正方形。边长 0.51 米，厚 0.10 米。

行字：志文楷书 16 行，满行 17 字。

出土：2002 年出土于西安市长安区郭杜镇陕西师范大学长安校区基建工地。

现藏：陕西省考古研究院。

提要：志文记载孙承嗣妻高氏的婚姻及子嗣情况。

任珪墓志

全称：唐故河源军长史护军任君墓志铭。

年代：唐开元六年（718）刻。

形制：盖盝形，志正方形。志、盖尺寸相同。边长 0.41 米。

行字：盖文篆书 2 行，满行 3 字，题"任公之莹志"。志文楷书 14 行，满行 14 字。

纹饰：盖四周饰十二生肖图案，四刹、四侧饰牡丹花纹。志四侧饰牡丹花纹。

出土：出土于靖边县红墩界乡圪坨河村，时间不详。

现藏：榆林市文物保护研究所。

著录：《榆林碑石》《全唐文补遗》（第八辑）《新中国出土墓志·陕西叁》。

提要：志文记载任珪的家族世系及其卒年、葬地等。

郑钦言墓志

全称：大唐故太中大夫守汴州刺史荥阳县开国男郑府君墓志铭并序。

年代：唐开元六年（718）刻。

形制：志正方形。边长 0.75 米。

行字：志文楷书 29 行，满行 29 字。

出土：出土时间、地点不详。

现藏：西安市长安博物馆。

著录：《长安新出墓志》《长安碑刻》。

提要：志文记载郑钦言之家族世系、生平、历官情况。其历官华州司仓、益州什邡县令、丹州治中、右骁卫长史、亳州长史、遂蒲眉润益等五州司马、涪庐蕲沧许汴六州刺史。

严识玄墓志

全称：大唐故朝议大夫行尚书兵部郎中上柱国冯翊严府君墓志铭并序。

年代：唐开元六年（718）刻。

形制：盖盝形，志正方形。志、盖尺寸相同。边长 0.59 米。

行字：盖文篆书 3 行，满行 3 字，题"大唐故严府君墓志铭"。志文楷书 28 行，满行 28 字。

撰书：张希迥撰，吴晃书。

纹饰：盖四周饰缠枝蔓草纹，志四侧饰番石榴纹。

出土：1954 年出土于西安市东郊郭家滩。

现藏：西安碑林博物馆。

著录：《唐代墓志汇编续集》《西安碑林全集》《新中国出土墓志·陕西贰》。

提要：志文记载志主严识玄之家族世系、生平、历官情况。其历官襄州安养县尉、洛州武泰县尉、雍州长安县尉、雍州司法参军、雍州栎阳县令、洛州巩县令，加授朝议大夫、上柱国，行尚书兵部郎中。

李悰墓志

全称：唐故雍州高陵县主簿李府君墓志铭并序。

年代：唐开元六年（718）刻。

形制：盖盝形，志、盖尺寸相同。长 0.42 米，宽 0.40 米。

行字：盖文篆书 3 行，满行 3 字，题"大唐故李府君墓志铭"。志文隶书 20 行，满行 20 字。

出土：出土时间、地点不详。

现藏：西安市长安博物馆。

著录：《长安新出墓志》《长安碑刻》。

提要：志文记载李悰的家族世系、生平、婚姻及子嗣情况。

韦琐墓志

全称：大唐故银青光禄大夫卫尉卿扶阳县开

国公护军韦公墓志铭并序。

年代：唐开元六年（718）刻。

形制：盖盝形，志正方形。志、盖尺寸相同。边长 0.91 米。

行字：盖文篆书 4 行，满行 3 字，题"大唐故卫尉卿韦府君墓志铭"。志文楷书 38 行，满行 40 字。

撰书：苏晋撰。

出土：清宣统二年（1910）出土于长安县李王村。

现藏：西安碑林博物馆。

著录：《陕西金石志》《唐代墓志汇编》《西安碑林全集》。

提要：墓志记载了韦琐的家族世系、生平及历官情况。韦琐，解褐补泰州都督府户曹参军，后历任岐州司仓参军、定州司功参军事、宜州同官县令、雍州三原县令、豳州司马、宗正少卿、光禄少卿、卫尉卿等。

田元墓志

全称：大唐故田君墓志铭并序。

年代：唐开元六年（718）刻。

形制：志正方形。边长 0.36 米，厚 0.08 米。

行字：志文楷书 16 行，满行 16 字。

纹饰：志四侧饰卷草纹。

出土：出土时间、地点不详。2007 年铜川市水泥厂李兴智提供拓片，保存于铜川市耀州区博物馆。

现藏：私人收藏。

提要：志文记载田元的家族世系、历官等情况。志主为北地郡华原人，其祖于隋代曾任坊州别驾，其父唐代曾任石泉府□师。

李贞墓志

全称：唐故太子少保豫州刺史越王墓志铭。

年代：唐开元六年（718）刻。

形制：盖盝形，志正方形。盖边长 0.88 米，厚 0.12 米。志边长 0.90 米，厚 0.17 米。

行字：盖文篆书 4 行，满行 4 字，题"大唐故太子少保豫州刺史越王墓志铭"。志文隶书 30 行，满行 32 字。

纹饰：盖四周饰宝相花纹，四刹饰鹿、狮、马、瑞兽等图案，均呈逆时针方向奔跑状，外侧饰蔓草纹。四侧饰六兽二鹿，上下均为狮逐鹿，左右均为狮逐兽，均呈顺时针方向奔跑。

出土：1972 年秋出土于礼泉县烟霞镇兴隆村东李贞墓中。

现藏：昭陵博物馆。

著录：《昭陵碑石》《新中国出土墓志·陕西壹》《隋唐五代墓志汇编》。

提要：该志文记载李贞的家族世系、生平及历官情况。李贞，唐太宗第八子，燕德妃所生，累封原、汉、越三王，历相州刺史、绛州刺史兼太子少保、绵州刺史、豫州刺史等。垂拱四年（688）起兵反武，兵败自杀，享年 62 岁。开元五年追谥曰"敬王"，开元六年正月二十六日陪葬昭陵。李贞，两《唐书》有传。

李贞碑

全称：大唐故太子太傅豫州刺史越王之碑。

年代：唐开元六年（718）刻立。

形制：螭首方座。通高 3.51 米，宽 1.20 米，厚 0.35 米。

行字：额篆书 4 行，满行 4 字，题"大唐故太子太傅豫州刺史越王之碑"。正文楷书，碑面磨泐严重，行字数无法辨识。

出土：原立于礼泉县烟霞镇兴隆村李贞墓前，1975 年移藏昭陵博物馆。

现藏：昭陵博物馆。

著录：《昭陵碑石》。

备注：碑中部断裂，碑文磨泐无存。

提要：碑文记载李贞生平事迹。

李思训神道碑

全称：唐故云麾将军右武卫大将军赠秦州都督彭国公谥曰昭公李府君神道碑并序。

年代：唐开元八年（720）刻立。

形制：螭首。通高 3.20 米，宽 1.30 米，厚 0.50 米。

行字：额篆书 4 行，满行 3 字，题"唐故右武卫大将军李府君碑"。正文行书 30 行，满行 70 字。

撰书：李邕撰并书。

出土：原立于蒲城县三合乡北刘村。

现藏：蒲城县博物馆。

著录：《金石萃编》《潜研堂金石文跋尾》《宝刻类编》。

备注：碑下半段文字残缺已甚，上半部字迹较清晰。

提要：碑文记载李思训的生平事迹。

华岳精享昭应之碑

年代：唐开元八年（720）刻立。

形制：螭首龟座。高 4.09 米，宽 1.12 米，厚 0.32 米。

行字：正文隶书 20 行，满行 49 字。

撰书：咸廙撰，刘升书，李休光篆额。

出土：原立于华阴县西岳庙。

现藏：华阴市西岳庙文物管理处。

著录：《陕西金石志》《关中金石记》《石墨镌华》。

备注：镌刻于《西岳华山神庙之碑》碑阴。

提要：此碑记载唐开元八年旧相尚书许国公苏颋祭祀华山之神的盛况。

李延光墓志

全称： 唐故中散大夫涪州刺史上柱国李府君墓志铭并序。

年代： 唐开元八年（720）刻。

形制： 志正方形。边长 0.58 米，厚 0.10 米。

行字： 志文楷书 30 行，满行 31 字。

纹饰： 志四侧饰卷叶纹。

出土： 出土时间、地点不详。

现藏： 西安博物院。

著录：《隋唐五代墓志汇编》《全唐文补遗》（第五辑）。

提要： 志文记载李延光的家世及生平、历官情况。其历官岐州普润县丞、乾封县尉、郑州中牟县令、陈州长史、涪州刺史。

刘府君墓志

全称： 大唐故原州太谷戍主彭城刘府君墓志铭并序。

年代： 唐开元八年（720）刻。

形制： 盖盝形，志正方形。志、盖尺寸相同。边长 0.91 米。

行字： 盖文篆书 3 行，满行 3 字，题"大唐故刘府君墓志铭"。志文楷书 30 行，满行 30 字。

撰书： 褚璆撰，阎思明书。

纹饰： 志四侧、盖四周及四刹均饰缠枝蔓草纹。

出土： 1954 年出土于西安市东郊国棉四厂。

现藏： 西安碑林博物馆。

著录：《唐代墓志汇编续集》《西安碑林全集》《新中国出土墓志·陕西贰》。

提要： 志文记载刘氏及妻阎氏的生平、家世等情况。

东渭桥记

年代： 唐开元九年（721）刻立。

形制： 六面棱柱形。碑残损，残高 0.67 米，每面宽 0.16 米。

行字： 志文楷书 28 行，满行 20 字。

撰书： 达奚珣撰。

出土： 1976 年出土于高陵县耿镇白家嘴村。

现藏： 高陵县文化馆。

著录：《高陵碑石》。

备注： 关于东渭桥、中渭桥、西渭桥这渭河三桥的历史情况，虽有史书记载，但无实物佐证，此碑的发现，解决了多年来关于该桥位置的争论，并对研究唐代桥梁建筑、交通运输提供了重要的史料。依此碑的出土为线索，文物管理部门于 1978—1982 年，调查并发掘了唐东渭桥遗址。桥址长 400 余米，总面积 700 平方米，出土了大青石、木桩、铁细腰、砖瓦等大批文物。

提要： 碑记京兆尹孟公倡议修桥，玄宗皇帝下制批准，并由孟公主持督造东渭桥修建之过程。

*师大娘塔铭

年代： 唐开元九年（721）刻。

形制： 圆首。高 0.27 米，宽 0.21 米。

行字： 正文楷书 5 行，满行 5 字。

纹饰： 碑额饰一对瑞禽，周围饰蔓草纹。下部雕刻两个手持莲蕾的童子，踞跪于方毯之上，中间有一熏炉和两个莲花座托起的浮图。铭文两侧和上边饰几何纹。

出土： 1965 年出土于长安县子午镇国清寺附近。

现藏： 西安碑林博物馆。

著录：《西安碑林全集》《新中国出土墓志·陕西贰》《全唐文补遗》（第七辑）。

提要： 塔铭仅 23 字，师大娘为京兆府长安县人，埋葬按照佛教僧人的葬仪实行了塔葬。

骞思泰墓志

全称： 大唐故益州大都督府士曹参军事骞君墓志铭并序。

年代： 唐开元九年（721）刻。

形制： 盖盝形。志、盖尺寸相同。长 0.58 米，宽 0.59 米。

行字： 盖文篆书 3 行，满行 3 字，题"大唐故骞府君墓志铭"。志文楷书 29 行，满行 29 字。

撰书： 侯郢玲撰。

纹饰： 志四侧及盖四刹均饰卷草花纹。

出土： 1955 年出土于西安市东郊韩森寨。

现藏： 西安碑林博物馆。

著录：《隋唐五代墓志汇编》《唐代墓志汇编续集》《新中国出土墓志·陕西贰》。

提要： 志文记载骞思泰的家世、生平及历官情况。骞思泰，字有道，明经出身，先后历官太子司经局雠校、遂州方义县尉、同州参军、荆府参军、邢州司士、楚王府法曹参军事等职。

李嗣庄墓志

全称： 唐故济阴郡王墓志铭并序。

年代： 唐开元九年（721）刻。

形制： 盖盝形，志正方形。志、盖尺寸相同。长 0.60 米，宽 0.59 米。

行字： 盖文楷书 3 行，满行 3 字，题"唐故济阴郡王墓志铭"。志文楷书 26 行，满行 26 字。

撰书： 李范撰并书。

纹饰： 盖四周及四刹饰蔓草纹。

出土： 1955 年出土于西安市东郊韩森寨。

现藏： 西安碑林博物馆。

著录：《唐代墓志汇编续集》《西安碑林全集》《新中国出土墓志·陕西贰》。

提要： 志文记载李嗣庄的家世、生平及历官情况。李嗣庄，唐睿宗之孙，李宪之次子。开元五年封济阴郡王，授太子左谕德。李嗣庄，两《唐书》有传。

崇福法师塔铭

全称： 大龙兴寺崇福法师塔铭并序。

年代： 唐开元九年（721）刻。

形制： 高 0.43 米，宽 0.65 米。

行字： 志文楷书 25 行，满行 17 字。

纹饰： 塔铭四角起棱，上饰蔓草纹。

出土： 1917 年出土于兴平县杏花村。

现藏： 西安碑林博物馆。

著录：《陕西金石志》《全唐文补遗》（第七辑）。

提要： 铭文记载崇福法师生平。

王君妻独孤氏墓志

全称： 大唐故鹰扬尉兵曹瑯琊王府君故夫人河南独孤氏墓志并序。

年代： 唐开元九年（721）刻。

形制： 盖盝形，志正方形，志、盖尺寸相同。边长 0.30 米。

行字： 盖文篆书 3 行，满行 3 字，题"大唐独孤夫人墓志铭"。志文楷书 17 行，满行 17 字。

纹饰： 盖四刹饰花鸟及云纹。

出土： 出土时间、地点不详。2006 年入藏西安碑林博物馆。

现藏： 西安碑林博物馆。

著录：《西安碑林博物馆新藏墓志汇编》。

提要： 志文记载独孤氏的家世及生平情况。

*兴福寺残碑

年代： 唐开元九年（721）刻立。

形制： 碑残损，残高 0.80 米，宽 1.03 米，厚 0.27 米。

行字： 正文行书 30 行，每行残存约 20 字。

撰书： 僧大雅集王羲之书。

纹饰： 碑侧饰蔓草、凤鸟、骑狮人、舞人等图案，但部分受损。

出土： 明万历年间（1573—1619）出土于西安南城濠中。

现藏： 西安碑林博物馆。

著录： 《西安碑林全集》《金石萃编》。

备注： 此碑仅存下半截，故又称《吴文残碑》《半截碑》等。碑文稍有漫漶。

提要： 因此碑上半截缺佚，故碑文不能通读。据残存文字分析，碑文内容可能是记载吴文的生平事迹。

申屠践忠墓志

全称： 唐故申屠府君墓志之铭。

年代： 唐开元九年（721）刻。

形制： 志长 0.47 米，宽 0.46 米。

行字： 志文楷书 17 行，满行 17 字。

纹饰： 志四侧饰壸门图案，内饰四瓣草叶纹。

出土： 出土时间、地点不详。2006 年入藏西安碑林博物馆。

现藏： 西安碑林博物馆。

著录： 《西安碑林博物馆新藏墓志汇编》。

提要： 志文记载申屠践忠的家世及生平情况。

史君妻契苾氏墓志

全称： 唐故契苾夫人墓志铭并序。

年代： 唐开元九年（721）刻。

形制： 盖盝形，志正方形。盖边长 0.71 米，厚 0.14 米。志边长 0.72 米，厚 0.13 米。

行字： 盖文楷书 3 行，满行 3 字，题"唐故契苾夫人墓志铭"。志文楷书 22 行，满行 22 字。

纹饰： 盖四周及四刹饰宝相花纹，四侧饰云纹。志四周饰十二生肖图案，以宝相花相隔，四侧饰石榴花纹。

出土： 1973 年出土于礼泉县烟霞镇兴隆村契苾夫人墓中。

现藏： 昭陵博物馆。

著录： 《昭陵碑石》《新中国出土墓志·陕西壹》《隋唐五代墓志汇编》。

提要： 志文记载契苾氏的家世、生平。契苾氏为铁勒族人，初唐名将契苾何力第六女，嫁右金吾将军、常山县开国公史氏。开元八年五月二十二日卒，享年 66 岁。开元九年二月二十五日祔父茔而葬昭陵。

韦晃墓志

全称： 大唐故朝议郎行婺州司仓参军事柱国韦府君墓志铭并序。

年代： 唐开元十年（722）刻。

形制： 盖盝形，志正方形。志、盖尺寸相同。边长 0.44 米。

行字： 盖文篆书 3 行，满行 3 字，题"大唐故韦府君墓志铭"。志文楷书 21 行，满行 21 字。

纹饰： 盖四周、四刹及志四侧均饰缠枝蔓草纹。

出土： 1984 年出土于长安县韦曲北街，同年入藏西安碑林。

现藏： 西安碑林博物馆。

著录： 《西安碑林博物馆新藏墓志汇编》《唐代墓志汇编续集》《新中国出土墓志·陕西贰》。

提要： 志文记载韦晃的家世及生平情况。其曾任冀州参军、婺州司仓参军。

杜守妻鱼氏墓志

全称： 大唐故御侮校尉杜府君夫人鱼氏墓志铭并序。

年代： 唐开元十年（722）刻。

形制： 盖盝形，志正方形。盖边长 0.60 米，厚 0.14 米。志边长 0.62 米，厚 0.13 米。

行字： 盖文篆书 3 行，满行 3 字，题"大唐故杜公夫人鱼志"。志文行书 28 行，满行 28 字。

纹饰： 盖四周及四刹饰蔓草纹，志四侧饰卷草纹。

出土： 出土时间、地点不详。

现藏： 铜川市耀州区博物馆。

著录：《全唐文补遗》（第五辑）《新中国出土墓志·陕西叁》

提要： 志文记载杜守及其妻鱼氏家世及生平情况。杜守曾任左卫亲尉，后因其母身患疾病，归家侍奉。

御史台精舍碑

全称： 大唐御史台精舍碑铭并序。

年代： 唐开元十一年（723）刻立。

形制： 螭首方座。通高 1.86 米，宽 0.65 米，厚 0.13 米。

行字： 额篆书 2 行，满行 3 字，题"御史台精舍碑"。正文隶书 18 行，满行 30 字。题名为楷书。

撰书： 崔湜撰，梁升卿书。

现藏： 西安碑林博物馆。

著录：《西安碑林全集》《金石萃编》。

备注： 碑身上下有残缺。

提要： 御史台在唐代是专门负责用刑法典章弹劾纠正百官的不法行为的中央最高机构，精舍当指佛寺。该碑文主旨是依靠佛教的感化力，使有罪恶者痛自忏悔，持心向上，以达到度尽苦厄、归命自保的目的。碑阴、碑侧及碑空缺处的御史台官员姓名，自武周始至玄宗年间，共有侍御史、殿中侍御史、监察御史等近千人题名。后代学者对此多有考证，尤以清赵钺、劳格撰《唐御台精舍题名考》为集大成者。

梁式墓志

全称： 大唐故翊卫武骑尉梁君墓志铭并序。

年代： 唐开元十一年（723）刻。

形制： 志正方形。边长 0.42 米。

行字： 志文楷书 17 行，满行 17 字。

出土： 出土于西安市西郊响堂村，时间不详。1999 年入藏西安碑林博物馆。

现藏： 西安碑林博物馆。

著录：《全唐文补遗》（第八辑）《西安碑林博物馆新藏墓志汇编》。

提要： 墓志简略记载梁式的家世及生平。

阿史那勿施墓志

全称： 大唐故右屯卫翊府右郎将阿史那勿施墓志并序。

年代： 唐开元十一年（723）刻。

形制： 盖盝形，志正方形。志、盖尺寸相同。边长 0.31 米。

行字： 盖文篆书 4 行，满行 3 字，题"大唐故阿史那府君墓志之铭"。志文楷书 22 行，满行 22 字。

纹饰： 盖四刹、志四侧均饰流云纹。

出土： 1956 年出土于西安市东郊沙坡村。

现藏： 西安碑林博物馆。

著录：《全唐文补遗》（第二辑）《新中国出土墓志·陕西贰》。

备注： 砖志。

提要： 志文记载阿史那勿施的家世及生平情况。其曾任右屯卫翊府右郎将。

秦公妻刘氏墓志

全称：□唐右卫郎将秦公故夫人墓志铭并序。

年代：唐开元十一年（723）刻。

形制：志正方形。边长 0.45 米。

行字：志文楷书 18 行，满行 18 字。

出土：出土时间、地点不详。

现藏：西安市长安博物馆。

著录：《长安新出墓志》《长安碑刻》。

提要：志文记载刘氏的家世及生平情况。

阿史那哲墓志

全称：大唐故□武将军行左骁卫翊府中郎将
阿史那哲墓志并序。

年代：唐开元十一年（723）刻。

形制：盖盝形，志正方形。志、盖尺寸相同。
边长 0.60 米。

行字：盖文篆书 4 行，满行 3 字，题"大唐
故阿史那府君墓志之铭"。志文楷书
22 行，满行 24 字。

纹饰：志四侧及盖四刹均饰番石榴纹。

出土：出土于西安市南郊延兴门外，时间
不详。

现藏：西安碑林博物馆。

著录：《唐代墓志汇编续集》《西安碑林全
集》《新中国出土墓志·陕西贰》。

提要：志文记载阿史那哲的家世及生平情况。
阿史那哲，起家任郎将，后历任左骁卫
翊府中郎将、幽州北道经略军副使。

王叡妻刘氏墓志

全称：大唐故银青光禄大夫行左监门卫将军
上柱国王府君妻彭城郡夫人刘氏墓
志铭。

年代：唐开元十一年（723）刻。

形制：志正方形。边长 0.42 米。

行字：志文楷书 19 行，满行 19 字。

纹饰：志四侧饰缠枝蔓草纹。

出土：出土时间、地点不详。

现藏：西安博物院。

著录：《隋唐五代墓志汇编》《全唐文补遗》
（第五辑）。

提要：志文记载刘氏的家世及生平情况。

*卢涣摩崖造像记

年代：唐开元十一年（723）刻。

形制：高 0.70 米，宽 0.50 米。

行字：正文楷书 28 行，满行 24 字。

撰书：达奚珣撰。

出土：原刻于耀县药王山太玄洞东侧崖壁。

现藏：药王山博物馆。

著录：《药王山碑刻》。

备注：此题记系药王山石窟摩崖造像之一，
又称"石佛洞"或"摸摸爷"，位于
药王山太玄洞之东约半华里处石崖
前。剥泐严重，多数无法辨识。

提要：正文记载京兆府兵曹参军卢涣为妻崔
氏造像之事。撰文人达奚珣，两《唐
书》未载，碑文所载达奚珣"宣德郎
行富平县尉"之职可补史之阙。

*开元十一年陀罗尼经幢

年代：唐开元十一年（723）刻立。

形制：八棱柱形。高 1.84 米。

行字：正文楷书 24 行，满行 60 字。

出土：出土时间、地点不详。

现藏：药王山博物馆。

著录：《药王山碑刻》。

提要：正文刻《佛顶尊胜陀罗尼经》经文。

赵玄敏墓志

全称：大唐故德静县令赵有君墓志铭并序。

年代：唐开元十一年（723）刻。

形制：志长 0.42 米，宽 0.40 米。

行字：志文楷书 20 行，满行 18 字。

纹饰：志四侧饰水波纹。

出土：出土时间、地点不详。2006 年入藏西安碑林博物馆。

现藏：西安碑林博物馆。

著录：《西安碑林博物馆新藏墓志汇编》。

提要：志文记载赵玄敏的家世及生平情况。其曾任夏州德静县令。

执失善光墓志

全称：大唐故右监门卫将军上柱国朔方郡开国公兼尚食内供奉执失府君墓志铭并序。

年代：唐开元十一年（723）刻。

形制：盖盝形，边长 0.78 米，厚 0.13 米。志正方形。边长 0.79 米，厚 0.22 米。

行字：盖文篆书 3 行，满行 4 字，题"大唐朔方公执失府君墓志铭"。志文楷书 34 行，满行 34 字。

纹饰：盖四刹饰梅花纹。志四侧饰树叶纹。

出土：1976 年出土于礼泉县烟霞镇兴隆村执失善光墓中。

现藏：昭陵博物馆。

著录：《昭陵碑石》《新中国出土墓志·陕西壹》《隋唐五代墓志汇编》。

提要：志文记载执失善光的家世及生平情况。执失善光，字令晖，代郡突厥人，初唐名臣执失思力之侄。以门荫入仕，曾任右监门卫将军、尚食内供奉，加勋上柱国，赐爵朔方郡开国公。开元十年七月二十一日薨，享年 60 岁，开元十一年二月十三日陪葬昭陵。

冯太玄碑

全称：大唐故朝散大夫守沁州刺史冯公之碑。

年代：唐开元十一年（723）刻立。

形制：螭首。高 3.01 米，宽 1.00 米，厚 0.30 米。

行字：额篆书 4 行，满行 4 字，题"大唐故朝散大夫守沁州刺史冯公之碑"。正文隶书 19 行，满行 37 字。

撰书：崔尚撰，郭歉光书。

纹饰：碑侧饰蔓草纹。

出土：原立于咸阳市窑店镇刘家沟村冯太玄墓前。1962 年移藏咸阳博物馆。

现藏：咸阳博物馆。

著录：《咸阳碑石》《金石萃编》《石墨镌华》。

备注：碑面泐蚀严重。

提要：碑文记载冯太玄的生平事迹。

*唐凉国长公主神道碑

年代：唐开元十二年（724）刻立。

形制：碑残损，残高 2.53 米，宽 1.56 米，厚 0.48 米。

行字：额篆书 3 行，满行 3 字，题"大唐故凉国长公主碑"。正文隶书 17 行，残存部分每行约 52 字。

撰书：苏颋撰，李隆基书。

出土：此碑自立未移。

现藏：蒲城县三合乡后泉井家村。

著录：《文苑英华》《金石萃编》《金石录》。

提要：此墓碑为桥陵陪葬墓凉国公主墓的神道碑。碑文记载凉国公主李苑生平。

净业法师塔铭

全称：大唐龙兴大德香积寺主净业法师灵塔铭并序。

年代：唐开元十二年（724）刻立。

形制：高 0.69 米，宽 0.74 米。

行字：志文楷书 26 行，满行 24 字。

撰书：毕彦雄撰。

纹饰：塔铭四侧饰卷叶蔓草纹。

出土：原在长安县香积寺净业法师灵塔上，1956 年王进贤捐藏西安碑林。

现藏：西安碑林博物馆。

著录：《金石萃编》《唐代墓志汇编》《石墨镌华》。

备注：明代以后右上角断裂，边亦有残。

提要：塔铭记载净业法师之生平事迹。净业法师，净土宗第三祖善导三大弟子之一，继善导之后成为香积寺主。

刘惟正墓志

全称：大唐故徐州丰县尉河间刘公墓志铭并序。

年代：唐开元十二年（724）刻。

形制：盖盝形，志正方形。志、盖尺寸相同。边长 0.54 米。

行字：盖文篆书 3 行，满行 3 字，题"大唐故刘府君墓志铭"。志文楷书 25 行，满行 26 字。

纹饰：盖四侧及四刹均饰蔓草纹。

出土：1955 年出土于西安市东郊韩森寨。

现藏：西安碑林博物馆。

著录：《唐代墓志汇编续集》《西安碑林全集》《新中国出土墓志·陕西贰》。

提要：志文记载刘惟正的家世及生平情况。其曾任徐州丰县尉。

阿史那毗伽特勤墓志

全称：唐赠左骁卫大将军左贤王阿史那毗伽特勤墓志铭并序。

年代：唐开元十二年（724）刻。

形制：志正方形。高 0.73 米，宽 0.74 米。

行字：志文楷书 31 行，满行 31 字。

撰书：徐峻撰，李九皋书。

纹饰：志四侧饰牡丹纹。

出土：1956 年出土于西安市西郊枣园村。

现藏：西安碑林博物馆。

著录：《唐代墓志汇编续集》《西安碑林全集》《新中国出土墓志·陕西贰》。

提要：志文记载阿史那毗伽特勤的家世、生平、历官情况。阿史那毗伽特勤，东突厥颉利突利可汗之曾孙，归附唐朝之后，受到唐玄宗的重用。其历官云麾将军、右威卫中郎将、陇右朔方二军游弈使，封左贤王，卒赠左骁卫大将军。

*唐端墓志

年代：唐开元十二年（724）刻。

形制：志长 0.31 米，宽 0.32 米。

行字：志文楷书 15 行，满行 14 字。

出土：清嘉庆二十一年（1816）出土于西安东郊郭家滩。

现藏：西安碑林博物馆。

著录：《陕西金石志》《唐代墓志汇编》《西安碑林全集》。

备注：先后由陆耀遹、董方立、张钫收藏。

提要：志文记载唐端的家世及生平情况。

吕伏光墓志

全称：唐故处士吕君墓志铭并序。

年代：唐开元十二年（724）刻。

形制：志长 0.41 米，宽 0.40 米。

行字：志文楷书 17 行，满行 17 字。

出土：出土时间、地点不详。2006 年入藏西安碑林博物馆。

现藏：西安碑林博物馆。

著录：《西安碑林博物馆新藏墓志汇编》。

提要：志文记载吕伏光的家世及生平、夫人情况。

牛羙墓志

全称：唐故牛君志铭。
年代：唐开元十二年（724）刻。
形制：志正方形。边长 0.36 米。
行字：志文楷书 17 行，满行 17 字。
出土：出土时间、地点不详。2006 年入藏西安碑林博物馆。
现藏：西安碑林博物馆。
著录：《西安碑林博物馆新藏墓志汇编》。
提要：志文记载牛羙的家世及生平情况。

韦勉墓志

全称：唐故朝请大夫使持节复州诸军事守复州刺史京兆韦府君墓志铭并序。
年代：唐开元十二年（724）刻。
形制：志正方形。边长 0.66 米，厚 0.11 米。
行字：志文楷书 30 行，满行 30 字。
纹饰：志四侧饰忍冬纹。
出土：1989 年出土于长安县南里王村。
现藏：陕西省考古研究院。
著录：《文博》（1999 年第 6 期）《全唐文补遗》（第七辑）。
提要：志文记载韦勉的家世及生平情况。

*唐玄宗御制西岳华山碑铭

年代：唐开元十三年（725）刻立。
形制：碑残损，残高 4.48 米，厚 1.83 米。
行字：正文隶书，仅存 4 字。
撰书：李隆基撰。
纹饰：碑身浮雕力士，碑身右侧残存飞天图案。
出土：出土时间、地点不详
现藏：华阴市西岳庙文物管理处。
著录：《关中金石记》《金石萃编》《华山碑石》。
备注：原碑毁于唐末。

唐鄎国长公主神道碑

全称：大唐鄎国长公主神道碑铭。
年代：唐开元十三年（725）刻立。
形制：螭首龟座。通高 4.26 米，宽 1.58 米，厚 0.50 米。
行字：额篆书 4 行，满行 3 字，题“大唐故鄎国长公主神道之碑”。志文楷书 32 行，满行 52 字。
撰书：张说撰，李隆基书。
纹饰：碑侧饰卷草纹。
出土：此碑自立未移。
现藏：蒲城县三合乡东贾村。
著录：《关中金石记》《金石录》《金石萃编》。
提要：碑文记载鄎国长公主的生平，公主为睿宗第八女。

索崇墓志

全称：大唐故索君墓志并序。
年代：唐开元十三年（725）刻。
形制：志正方形。边长 0.30 米。
行字：志文楷书 16 行，满行 15 字。
纹饰：志四侧饰蔓草纹。
出土：洛阳出土，时间不详。1938 年经于右任捐藏西安碑林。
现藏：西安碑林博物馆。
著录：《唐代墓志汇编》《全唐文补遗》（第五辑）《西安碑林全集》。
提要：墓志简述索崇的家世及生平等。

赵君妻成果墓志

全称：大唐陇州吴山县令赵君故夫人成氏墓志铭并序。
年代：唐开元十三年（725）刻。
形制：盖盝形，志长方形。盖长 0.45 米，宽 0.47 米。志长 0.42 米，宽 0.44 米。

行字：盖文篆书 3 行，满行 3 字，题"大唐故成夫人墓志铭"。志文楷书 20 行，满行 20 字。

纹饰：盖四刹饰十二生肖图案及云纹。

出土：出土时间、地点不详。2006 年入藏西安碑林博物馆。

现藏：西安碑林博物馆。

著录：《西安碑林博物馆新藏墓志汇编》。

提要：志文记载成果的家世及生平情况。

述圣颂碑

全称：述圣颂并序碑。

年代：唐开元十三年（725）刻立。

形制：螭首方座。高 2.31 米，宽 0.81 米，厚 0.25 米。

行字：额楷书 2 行，共 3 字，题"述圣颂"。正文楷书 19 行，满行 37 字。

撰书：达奚珣撰序，吕向撰颂并书。

出土：原立于华阴县西岳庙，1948 年入藏西安碑林。

现藏：西安碑林博物馆。

著录：《金石萃编》《关中金石文字存佚考》《西岳庙碑石》。

备注：碑身已断裂，碑文漫漶且有残损。碑阴额部有"开元十三年六月九日建"楷书二行，为刻碑时间。碑阴为《唐昭告华岳碑》《谒岳庙文》及裴堪等题名，北宋陈执中题名。碑两侧刻唐《张惟一等祈雨记》及王宥等题名。

提要：此碑为记颂唐玄宗刊立《西岳碑铭》而立。

乙速孤行俨碑

全称：大唐故右武卫将军上柱国乙速孤府君碑铭并序。

年代：唐开元十三年（725）刻立。

形制：螭首方座。高 2.71 米，宽 1.05 米，厚 0.35 米。

行字：额隶书 3 行，满行 4 字，题"唐故右武卫将军乙速孤公碑"。正文隶书 31 行，满行 67 字。

撰书：白义曦晊书。

出土：原立于礼泉县叱干镇乙速孤行俨墓前，1975 年移藏昭陵博物馆。

现藏：昭陵博物馆。

著录：《昭陵碑石》《金石萃编》。

提要：该碑记述乙速孤行俨的家世、生平及历官情况。其历官宣德郎、虢王府记室参军事、振威校尉、普济府左果毅都尉、兴国府左果毅都尉、游击将军、黄城府左果毅都尉、朝散大夫、绵竹司马、朝议大夫、资州长史、中散大夫、万州刺史、黔州刺史、广州刺史、正议大夫、忠武将军、右武卫将军等。景龙元年（707）十二月十五日薨，享年 72 岁，景龙二年二月十六日葬雍州醴泉白鹿乡。

胡公愿墓志

全称：大唐故上柱国胡府君墓志铭并序。

年代：唐开元十四年（726）刻。

形制：志盖同石。边长 0.38 米，厚 0.09 米。

行字：志文楷书 12 行，满行 12 字。

出土：出土于靖边县红墩界乡圪坨河村，时间不详。

现藏：榆林市文物保护研究所。

著录：《新中国出土墓志·陕西叁》《榆林碑石》。

备注：志盖同石，盖石阴面刻志文。

提要：志文记载胡公愿的生平及历官情况。其卒后与夫人合葬于统万城南。

亡宫八品墓志

全称： 八品亡宫年卅墓志铭并序。

年代： 唐开元十四年（726）刻。

形制： 志长 0.31 米，宽 0.30 米。

行字： 志文楷书 12 行，满行 12 字。

出土： 洛阳出土，时间不详。1938 年经于右任捐藏西安碑林。

现藏： 西安碑林博物馆。

著录：《唐代墓志汇编》《全唐文补遗》（第五辑）《西安碑林全集》。

提要： 志文记载志主卒年、葬地等信息。

韦希舟墓志

全称： 唐故朝议大夫怀州长史上柱国京兆韦公志铭并序。

年代： 唐开元十四年（726）刻。

形制： 志正方形。边长 0.36 米，厚 0.06 米。

行字： 志文行楷 22 行，满行 22 字。

撰书： 雍惟良撰。

纹饰： 志四侧饰卷叶纹。

出土： 出土时间、地点不详。

现藏： 西安博物院。

提要： 志文记载韦希舟的家世及生平情况。其历官洺州洺水县丞、杭州司户、怀相二州长史。

薛崇简墓志

全称： 大唐故袁州别驾薛府君墓志铭并序。

年代： 唐开元十四年（726）刻。

形制： 盖盝形，志正方形。志、盖尺寸相同。边长 0.60 米。

行字： 盖文篆书 3 行，满行 3 字，题"大唐故薛府君墓志铭"。志文楷书 30 行，满行 33 字。

纹饰： 志四侧及盖四刹均饰番石榴纹。

出土： 1954 年出土于咸阳市底张湾。

现藏： 西安碑林博物馆。

著录：《全唐文补遗》（第五辑）《西安碑林全集》《新中国出土墓志·陕西贰》。

备注： 志断为两块。

提要： 志文记载薛崇简的家世、生平及历官情况。薛崇简，为驸马都尉、太常卿，是左千牛将军薛绍和太平公主之子。其历官太中大夫、司礼丞、赞善大夫、尚辇奉御、卫尉少卿，加银青光禄大夫，改封燕国公，晋封立节郡王，食邑三千户，加上柱国，拜太仆卿兼太子虞候，转任蒲州别驾、袁州别驾等。

胡恪墓志

全称： 大唐故太仆寺长泽监轻车都尉胡府君墓志铭。

年代： 唐开元十四年（726）刻。

形制： 盖盝形，志长方形。志、盖尺寸相同。长 0.37 米，宽 0.35 米。

行字： 盖文篆书 3 行，满行 3 字，题"大唐故胡府君墓志铭"。志文楷书 21 行，满行 20 字。

纹饰： 盖四刹及志四侧均饰缠枝蔓草纹。

出土： 2002 年出土于铜川市耀州区，同年入藏西安碑林博物馆。

现藏： 西安碑林博物馆。

著录：《西安碑林博物馆新藏墓志汇编》。

提要： 志文记载志主家世及生平情况。

萧寡尤墓志

全称： 大唐故朝请大夫行嘉州长史上柱国萧府君墓志铭并序。

年代： 唐开元十五年（727）刻。

形制： 青石质。志正方形。边长 0.74 米，厚 0.13 米。

行字： 志文行书 30 行，满行 30 字。

撰书：梁涉撰，温琎书，栗仙鹤刻。

出土：2000 年出土于户县大王镇兆伦村。

现藏：户县文物管理委员会。

著录：《户县碑刻》《全唐文补遗》（第八辑）《新中国出土墓志·陕西叁》。

备注：志盖残损。

提要：志文记载萧寡尤的家世及生平情况。其历官益州什邡主簿、崿州长史、雅州长史、嘉州长史。

亡宫七品墓志

全称：大唐故七品亡宫志文。

年代：唐开元十五年（727）刻。

形制：志正方形。边长 0.33 米。

行字：志文楷书 10 行，满行 13 字。

出土：洛阳出土，时间不详。1938 年经于右任捐藏西安碑林。

现藏：西安碑林博物馆。

著录：《唐代墓志汇编》《全唐文补遗》（第五辑）《西安碑林全集》。

提要：志文记载七品宫人生平。

杨执一墓志

全称：大唐故金紫光禄大夫行鄜州刺史赠户部尚书上柱国河东忠公杨府君墓志铭并序。

年代：唐开元十五年（727）刻。

形制：盖盝形，志正方形。志、盖尺寸相同。边长 0.92 米。

行字：盖文篆书 3 行，满行 3 字，题"大唐故杨府君墓志铭"。志文楷书 45 行，满行 45 字。

撰书：贺知章撰，杨汲书。

纹饰：盖四刹饰蔓草及瑞兽图案，志四侧饰蔓草及十二生肖图案。

出土：1951 年出土于咸阳市底张湾。

现藏：西安碑林博物馆。

著录：《唐代墓志汇编》《西安碑林全集》《新中国出土墓志·陕西贰》。

提要：志文记载杨执一的家世及生平情况。其历官洛州伊川府左果毅都尉、常州刺史、晋州刺史、剑州刺史、汾州刺史、原州都督、凉州都督、鄜州刺史，卒赠户部尚书。

赵知俭墓志

全称：大唐故抱德幽栖举吏部常选天水赵君志铭并序。

年代：唐开元十五年（727）刻。

形制：盖盝形，志正方形。志、盖尺寸相同。边长 0.44 米。

行字：盖文篆书 2 行，满行 5 字，题"大唐故天水赵府君志铭"。志文楷书 29 行，满行 30 字。

纹饰：盖四刹饰云纹。

出土：1956 年出土于宝鸡市姜城堡。

现藏：西安碑林博物馆。

著录：《唐代墓志汇编续集》《西安碑林全集》《新中国出土墓志·陕西贰》。

备注：铭文未刻完整。

提要：志文记载赵知俭及妻元氏家世及生平情况。

郑玄墓志

全称：唐故岐州望云府折冲赠左卫郎将郑公墓志并序。

年代：唐开元十五年（727）刻。

形制：盖盝形，志正方形。志、盖尺寸相同。边长 0.56 米。

行字：盖文篆书 3 行，满行 3 字，题"大唐故郑府君墓志铭"。志文楷书 19 行，满行 19 字。

撰书：赵之撰。

纹饰：盖四刹志四侧及均饰蔓草纹。

出土：华县梁西村出土，时间不详。2002年入藏西安碑林博物馆。

现藏：西安碑林博物馆。

著录：《西安碑林博物馆新藏墓志汇编》。

提要：志文记载郑玄的家世及生平情况。其历官会州黄石府果毅、朔方军总管、岐州望云府折冲、丰安军副使，卒赠明威将军、左卫郎将。

杜玄礼墓志

全称：大唐朝议郎行内侍省宫闱局丞上柱国公士杜君墓志并序。

年代：唐开元十五年（727）刻。

形制：志正方形。边长0.58米，厚0.09米。

行字：志文楷书23行，满行23字。

纹饰：志四侧饰缠枝、动物纹。

出土：出土时间、地点不详。

现藏：西安博物院。

著录：《隋唐五代墓志汇编》《全唐文补遗》（第五辑）。

提要：志文记载杜玄礼之生平、夫人等。

崔思忠墓志

全称：大唐故中大夫使持节廓州诸军事廓州刺史上柱国崔公墓志铭并序。

年代：唐开元十五年（727）刻。

形制：志长0.75米，宽0.73米。

行字：志文楷书38行，满行38字。

纹饰：志四侧饰蔓草纹。

出土：2001年出土于凤翔县。

现藏：西安碑林博物馆。

著录：《全唐文补遗》（第八辑）《西安碑林博物馆新藏墓志汇编》。

提要：志文记载崔思忠的家世及生平情况。

其历官左卫开府左果毅都尉、斜谷府折冲、廓州刺史等。

冯猛墓志

全称：唐故滁州冯君墓志之铭并序。

年代：唐开元十五年（727）刻。

形制：盖盝形，志长方形。志、盖尺寸相同。长0.42米，宽0.41米。

行字：志文楷书18行，满行19字。

纹饰：盖四刹及志四侧均饰缠枝蔓草纹。

出土：出土时间、地点不详。2006年入藏西安碑林博物馆。

现藏：西安碑林博物馆。

著录：《西安碑林博物馆新藏墓志汇编》。

提要：志文记载冯猛的家世及生平情况。

杨孝恭碑

全称：唐故游击将军左武卫翊府右郎将杨公碑。

年代：唐开元十五年（727）刻立。

形制：高2.80米，宽1.05米。

行字：额篆书3行，满行3字，题"唐故游击将军杨公碑"。正文隶书30行，满行52字。

撰书：崔崒士撰，陆尚宾书，朱曜乘、陈英刻。

纹饰：碑侧饰宝相花纹。

出土：1983年西安市西郊三民村发现。

现藏：西安碑林博物馆。

著录：《西安碑林书法艺术》《西安碑林全集》。

备注：碑文漫漶，有残损。

提要：杨孝恭，京兆长安人。因其子右卫将军杨崇庆受恩，获赠游击将军、左武卫翊府右郎将。

贾君墓志

全称：唐故贾君墓志之铭并序。

年代：唐开元十五年（727）刻。

形制：志正方形。边长 0.48 米。

行字：志文楷书 19 行，满行 19 字。

纹饰：志四侧饰壸门图案。

出土：出土时间、地点不详。2006 年入藏西安碑林博物馆。

现藏：西安碑林博物馆。

著录：《西安碑林博物馆新藏墓志汇编》。

提要：志文记载志主家世及生平情况。

安公妻翟六娘墓志

全称：大唐故右威卫将军武威安公故妻新息郡夫人下邳翟氏墓志铭并序。

年代：唐开元十五年（727）刻。

形制：盖盝形，志正方形。盖边长 0.60 米，厚 0.11 米。志边长 0.59 米，厚 0.13 米。

行字：盖文篆书 3 行，满行 3 字，题"唐故新息郡夫人墓志"。志文楷书 28 行，满行 28 字。

纹饰：盖四刹饰四神图案，四周饰宝相花纹。志四侧面饰十二生肖图案，以云纹填空。

出土：1973 年出土于礼泉县安元寿墓中。

现藏：昭陵博物馆。

著录：《昭陵碑石》《新中国出土墓志·陕西壹》《隋唐五代墓志汇编》。

提要：该志文记载翟氏的家世及生平情况。翟氏字六娘，唐右威卫将军安元寿之妻。圣历元年（698）十月十六日薨，享年 89 岁，开元十五年二月二十九日与先陪葬昭陵的安元寿合葬。

孟孝立墓志

全称：大唐故蕲州蕲春县尉孟府君墓志铭并序。

年代：唐开元十五年（727）刻。

形制：志正方形。边长 0.59 米，厚 0.15 米。

行字：志文楷书 23 行，满行 22 字。

纹饰：志四侧饰缠枝宝相花纹。

出土：1984 年出土于咸阳市秦都区双照乡庞村。

现藏：咸阳博物馆。

著录：《咸阳碑石》《新中国出土墓志·陕西壹》《隋唐五代墓志汇编》。

提要：此碑记载孟孝立的家族世系、生平。

韦慎名墓志

全称：大唐故银青光禄大夫彭州刺史上柱国京兆韦府君墓志并序。

年代：唐开元十五年（727）刻。

形制：盖盝形，志正方形。盖、志边长 0.74 米，厚 0.07 米。

行字：盖篆书 3 行，满行 3 字，题"大唐故韦府君墓志铭"。志文楷书 31 行，满行 33 字。有方界格。

出土：2002 年出土于西安市长安区郭杜镇陕西师范大学长安校区基建工地。

现藏：陕西省考古研究院。

著录：《考古与文物》（2003 年第 6 期）《全唐文补遗》（第八辑）。

备注：盖上部残损。

提要：志文记载韦慎名的家世及生平情况。

曹恽墓志

全称：唐故化州司户参军上柱国曹府君墓志铭并序。

年代：唐开元十六年（728）刻。

形制：盖盝形，志正方形。盖边长 0.42 米，厚 0.06 米。志边长 0.43 米，厚 0.05 米。

行字：盖文篆书 3 行，满行 3 字，题"上柱国故曹君之墓志"。志文楷书 16 行，满行 17 字。

纹饰：盖四周饰牡丹花卉纹，四刹饰十二生肖图案。

出土：出土于靖边县红墩界乡圪坨河村，时间不详。

现藏：榆林市文物保护研究所。

著录：《榆林碑石》《全唐文补遗》（第八辑）《新中国出土墓志·陕西叁》。

提要：志文记载曹恽的家世及生平情况。

*开元十六年陀罗尼经幢

年代：唐开元十六年（728）刻立。

形制：顶佚，莲座，八棱柱形。通高 2.62 米，每面宽 0.19 米，直径 0.53 米。

行字：志文楷书，碑面泐蚀严重，行字数无法辨别。

纹饰：每个面顶部有一个小佛龛，龛内各雕佛像 1 尊。

出土：原立于陇县唐开元寺内，1989 年移存陇县图书馆。

现藏：陇县博物馆院。

提要：正文刻《佛说六门陀罗尼经》和《佛顶尊胜陀罗尼经》，落款为"大唐开元十六年岁次戊辰十一月甲午朔八日，陇州汧源县丞杨淡为唐开元神武皇帝下及法界苍生夫人韩氏等敬造佛顶尊胜陀罗尼石幢"。

薛莫暨妻史氏墓志

全称：大唐故右骁卫大将军雁门县开国公上柱国左万骑使河东薛君故武昌郡夫人史氏合葬墓志铭并序。

年代：唐开元十六年（728）刻。

形制：盖盝形，志正方形。志、盖尺寸相同。边长 0.75 米。

行字：盖文篆书 3 行，满行 3 字，题"大唐故薛府君墓志铭"。志文行书 25 行，满行 25 字。

纹饰：盖四刹及志四侧均饰蔓草纹。

出土：1955 年出土于西安市东郊高楼村。

现藏：西安碑林博物馆。

著录：《唐代墓志汇编》《新中国出土墓志·陕西贰》《西安碑林全集》。

提要：志文记载薛莫及夫人史氏家世及生平情况。薛莫曾任绛州夏台府别将、蒲州奉信府折冲、赤水军防御使等。

辛公妻韦宪英墓志

全称：唐故洺州司马陇西辛公夫人扶阳郡君韦氏墓志铭并序。

年代：唐开元十六年（728）刻。

形制：盖盝形，志正方形。志、盖尺寸相同。边长 0.32 米。

行字：盖文篆书 3 行，满行 3 字，题"唐故夫人韦氏墓志铭"。志文楷书 18 行，满行 19 字。

纹饰：盖四刹及志四侧均饰蔓草花纹。

出土：1955 年出土于西安市东郊郭家滩。

现藏：西安碑林博物馆。

著录：《唐代墓志汇编续集》《新中国出土墓志·陕西贰》《西安碑林全集》。

提要：墓志简略记载韦宪英的家世及生平情况。

翟德墓志

全称：唐故骑都尉翟府君墓志铭并序。

年代：唐开元十六年（728）刻。

形制：志正方形。边长 0.41 米。

行字：志文楷书 16 行，满行 16 字。

出土：出土时间、地点不详。2006 年入藏西安碑林博物馆。

现藏：西安碑林博物馆。

著录：《西安碑林博物馆新藏墓志汇编》。

提要：志文记载翟德的家世及生平情况。

阿史那怀道墓志

全称：大唐故特进十姓可汗濛池大都护上柱国阿史那府君墓志铭并序。

年代：唐开元十六年（728）刻。

形制：盖盝形，志正方形。志、盖尺寸相同。边长 0.89 米，厚 0.13 米。

行字：志文楷书 29 行，满行 29 字。

纹饰：盖四刹饰宝相花纹，志四侧饰十二生肖图案。

出土：1992 年出土于咸阳市铁十二局。

现藏：咸阳市顺陵文物管理所。

著录：《文博》（1992 年第 1 期）《渭城文物志》。

提要：志文记载阿史那怀道的家世、生平。

杨点墓志

全称：故岐州司法参军郑国公杨公墓志铭并序。

年代：唐开元十七年（729）刻。

形制：志正方形。边长 0.60 米，厚 0.08 米。

行字：志文行楷 23 行，满行 23 字。

撰书：吴巩撰。

纹饰：志四侧饰十二生肖图案。

出土：出土时间、地点不详。

现藏：西安博物院。

著录：《隋唐五代墓志汇编》《全唐文补遗》（第二辑）。

提要：志文记载杨点的家世及生平情况。

冯君衡墓志

全称：冯潘州墓志。

年代：唐开元十七年（729）刻。

形制：盖盝形，志正方形。志、盖尺寸相同。

边长 0.72 米。

行字：盖文篆书 3 行，满行 3 字，题"故潘州冯府君墓志铭"。志文楷书 25 行，满行 25 字。

撰书：张说撰。

纹饰：盖四周饰牡丹花纹，四刹饰四神图案。志四侧饰十二生肖图案。

出土：1954 年出土于西安市东郊高楼村。

现藏：西安碑林博物馆。

著录：《唐代墓志汇编续集》《西安碑林全集》《新中国出土墓志·陕西贰》。

提要：志文记载冯君衡及妻麦氏的家世及生平情况。冯君衡及妻麦氏为唐代宦官高力士之亲生父母。

茹义恩墓志

全称：大唐故定远将军同州连邑府折冲都尉兼仗内供奉扶风茹君墓志铭并序。

年代：唐开元十七年（729）刻。

形制：志正方形。边长 0.59 米，厚 0.12 米。

行字：志文楷书 24 行，满行 25 字。

纹饰：志四侧饰卷叶纹。

出土：出土时间、地点不详。

现藏：西安博物院。

著录：《隋唐五代墓志汇编》《全唐文补遗》（第五辑）。

提要：该墓志铭文记载茹义恩的家世及生平情况。其历官游击将军、岐州三交府左果毅、定远将军。

王同人墓志

全称：唐故太中大夫使持节泗州诸军事泗州刺史琅琊王公墓志铭并序。

年代：唐开元十七年（729）刻。

形制：志正方形。边长 0.75 米，厚 0.13 米。

行字：志文楷书 27 行，满行 27 字。

撰书：赵不为撰，于遵孝书。

纹饰：志四侧饰卷叶纹。

出土：出土时间、地点不详。

现藏：西安博物院。

著录：《唐代墓志汇编》《全唐文补遗》（第二辑）。

提要：志文记载王同人的家世及生平情况。其历官雍州参军、太常协律郎、大理评事、太常主簿、工部员外郎、泗州刺史。

刘嘉庆墓志

全称：唐故河润府左果毅都尉刘府君墓志铭并序。

年代：唐开元十八年（730）刻。

形制：盖盝形，边长 0.42 米，厚 0.06 米。志正方形。边长 0.43 米，厚 0.05 米。

行字：盖文篆书 2 行，满行 2 字，题"刘公墓志"。志文楷书 16 行，满行 17 字。

纹饰：盖四周饰牡丹花卉纹，四刹饰十二生肖图案。

出土：出土于靖边县红墩界乡圪坨河村，时间不详。

现藏：榆林市文物保护研究所。

著录：《榆林碑石》《全唐文补遗》（第八辑）《新中国出土墓志·陕西叁》。

提要：志文记载刘嘉庆的家世及生平情况。

范行恭墓志

全称：皇朝故中散大夫国子博士棣王侍读范府君墓志铭并序。

年代：唐开元十八年（730）刻。

形制：志正方形。边长 0.50 米。

行字：志文楷书 25 行，满行 26 字。

出土：出土时间、地点不详。

现藏：西安市长安博物馆。

著录：《长安新出墓志》《长安碑刻》。

备注：志石右上部有残阙。

提要：志文记载范行恭的家世及生平情况。其历官右领军仓曹、太学助教、国子助教、国子博士、棣王府侍读等。

王君妻崔氏墓志

全称：大唐京兆府金城县尉王君故妻清河崔氏之志。

年代：唐开元十八年（730）刻。

形制：志长 0.32 米，宽 0.31 米。

行字：志文楷书 9 行，满行 9 字。

出土：出土时间、地点不详。

现藏：西安交通大学博物馆。

著录：《西安交通大学博物馆藏品集锦——碑石书法卷》。

提要：志文记载崔氏的卒年和葬地。

李讷墓志

全称：皇堂叔祖故国子祭酒嗣韩王志文并序。

年代：唐开元十八年（730）刻。

形制：盖盝形，志正方形。志、盖尺寸相同。边长 0.74 米。

行字：盖文篆书 3 行，满行 3 字，题"大唐故嗣韩王墓志文"。志文隶书 31 行，满行 30 字。

撰书：李暠撰。

纹饰：盖四周饰莲花、蔓草纹，四刹饰四神及流云纹。志四侧饰十二生肖图案。

出土：1974 年出土于富平县吕村乡留古村。

现藏：西安碑林博物馆。

著录：《唐代墓志汇编续集》《西安碑林全集》《新中国出土墓志·陕西贰》。

备注：盖左上角残缺。

提要：志文记载李讷的家世及生平情况。景龙元年（707），李讷被封为嗣韩王，先后拜青州别驾、光禄少卿，加银青光禄大夫、左卫将军转太仆卿，改左千牛将军，迁国子祭酒。

*毌丘令恭砖墓志

年代：唐开元十八年（730）刻。

形制：志砖长 0.38 米，宽 0.37 米。

行字：志文楷书 3 行，满行 5—7 字不等，共 18 字。

出土：1956 年出土于西安市西郊。

现藏：西安碑林博物馆。

著录：《唐代墓志汇编续集》《西安碑林全集》《新中国出土墓志·陕西贰》。

提要：志文仅记"开元十八年十月十日毌丘令恭亡卜于此殡"。

李睿交墓志

全称：大唐故银青光禄大夫使持节洮州都督李府君墓志铭并序。

年代：唐开元十八年（730）刻。

形制：志正方形。边长 0.82 米。

行字：志文楷书 27 行，满行 28 字。

纹饰：志四侧饰蔓草纹。

出土：出土时间、地点不详。2003 年入藏西安碑林博物馆。

现藏：西安碑林博物馆。

著录：《西安碑林博物馆新藏墓志汇编》。

提要：志文记载李睿交的家世及生平情况。其历官岐州眉邑府果毅、夏州司马、灵州长史、伊州刺史、肃州刺史、瓜州刺史、洮州刺史，加授银青光禄大夫。

骞思玄墓志

全称：唐故肃州玉门县令骞府君墓志。

年代：唐开元十八年（730）刻。

形制：盖盝形。志、盖尺寸相同。长 0.36 米，宽 0.38 米。

行字：盖文篆书 3 行，满行 3 字，题"大唐故骞府君墓志铭"。志文楷书 25 行，满行 25 字。

撰书：孙朏撰。

纹饰：志四侧及盖四刹饰卷草纹。

出土：1955 年出土于西安市东郊郭家滩。

现藏：西安碑林博物馆。

著录：《全唐文补遗》（第三辑）《西安碑林全集》《新中国出土墓志·陕西贰》。

提要：志文记载骞思玄的家世及生平。其曾任伊州伊吾丞、肃州玉门令。

骞如珪墓志

全称：唐故处士骞府君墓志文并序。

年代：唐开元十八年（730）刻。

形制：盖盝形，志长方形。志、盖尺寸相同。长 0.36 米，宽 0.38 米。

行字：盖文篆书 3 行，满行 3 字，题"大唐故骞府君墓志铭"。志文楷书 20 行，满行 19 字。

纹饰：盖四刹及志四侧均饰卷草纹。

出土：1955 年出土于西安市东郊郭家滩。

现藏：西安碑林博物馆。

著录：《隋唐五代墓志汇编》《唐代墓志汇编续集》《新中国出土墓志·陕西贰》。

备注：志右下角断裂。

提要：志文记载骞如珪的家世及生平等情况。

高木卢墓志

全称：唐故陪戎副尉直仆寺高府君墓志并序。

年代：唐开元十八年（730）刻。

形制：盖盝形，志正方形。志、盖尺寸相同。边长 0.44 米。

行字：盖文篆书 3 行，满行 3 字，题"大唐故高府君墓志铭"。志文楷书 20 行，满行 21 字。

纹饰：盖四刹及志四侧均饰海石榴纹。

出土：1955 年出土于西安市东郊郭家滩。

现藏：西安碑林博物馆。

著录：《唐代墓志汇编续集》《西安碑林全集》《新中国出土墓志·陕西贰》。

提要：墓志简略记载高木卢的生平情况。

暴仁墓志

全称：大唐故暴府君墓志铭并序。

年代：唐开元十八年（730）刻。

形制：志正方形。边长 0.56 米。

行字：志文楷书 21 行，满行 21 字。

出土：出土时间、地点不详。2006 年入藏西安碑林博物馆

现藏：西安碑林博物馆。

著录：《西安碑林博物馆新藏墓志汇编》。

提要：志文记载暴仁的家世及生平情况。

李怀墓志

全称：唐故李君墓志铭并序。

年代：唐开元十八年（730）刻。

形制：志正方形。边长 0.35 米。

行字：志文楷书 14 行，满行 14 字。

纹饰：盖四刹、志四侧均饰缠枝蔓草纹。

出土：出土时间、地点不详。2006 年入藏西安碑林博物馆。

现藏：西安碑林博物馆。

著录：《西安碑林博物馆新藏墓志汇编》。

提要：志文记载李怀的家世及生平情况。

范思则墓志

全称：大唐范府君墓志铭并序。

年代：唐开元十八年（730）刻。

形制：志正方形。边长 0.58 米，厚 0.12 米。

行字：志文楷书 25 行，满行 25 字。

纹饰：志盖四侧饰波浪及异兽纹。

出土：1965 年出土于彬县水口镇上长录村。

现藏：彬县文化馆。

提要：志文记载范思则的家世及生平情况。

刘濬墓志

全称：大唐故十学士太子中舍人上柱国河间县开国男赠率更令刘府君墓志。

年代：唐开元十八年（730）刻。

形制：盖盝形，志正方形。志、盖尺寸相同。边长 0.80 米，厚 0.12 米。

行字：盖文楷书 3 行，满行 3 字，题"大唐故刘府君墓志铭"。志文楷书 36 行，满行 37 字。

撰书：家臣等撰序，王进撰铭，刘子英书。

纹饰：盖四刹饰蔓草纹，志四侧饰龙、狮、虎、豹等动物图案及蔓草纹。

出土：1960 年出土于乾县乾陵乡杨家洼村刘濬墓。

现藏：乾陵博物馆。

著录：《全唐文补遗》（第一辑）《乾陵文物史迹述丛》《新中国出土墓志·陕西壹》。

提要：此志记载刘濬的家世及生平情况。刘濬为高宗、武则天时名臣刘仁轨之子，历官熊津都督府参军事，太子通事舍人、著作佐郎、秘书丞，赠太子率更令，封河间县开国男、上柱国。墓志记载他不附邪谋，因反对武则天而被流放于岭南，终于广州。

任遂良墓志

全称：大唐故灵州武略府别将赏紫金鱼袋上柱国任公墓志并序。

年代：唐开元十九年（731）刻。

形制：盖盝形，志正方形。志、盖尺寸相同。

边长 0.46 米。

行字：盖文篆书 3 行，满行 3 字，题"大唐故任府君墓志铭"。志文楷书 23 行，满行 23 字。

出土：出土于靖边县红墩界乡圪坨河村，时间不详。

现藏：榆林市文物保护研究所。

著录：《榆林碑石》《全唐文补遗》（第八辑）《新中国出土墓志·陕西叁》。

备注：志石中部凿了三个圆孔。

提要：志文记载任遂良的家世及生平情况。

贾季卿墓志

全称：唐故处士贾公墓志文并序。

年代：唐开元十九年（731）刻。

形制：志正方形。边长 0.42 米。

行字：志文楷书 24 行，满行 24 字。

撰书：李昂撰铭，郑馥撰序。

纹饰：志四侧饰卷云纹。

出土：1999 年出土于咸阳市渭城区羊过村。

现藏：西安碑林博物馆。

著录：《全唐文补遗》（第八辑）《西安碑林博物馆新藏墓志汇编》。

提要：志文记载贾季卿的家世及生平情况。

苗宁墓志

全称：唐故滁州苗君墓志之铭并序。

年代：唐开元十九年（731）刻。

形制：志正方形。边长 0.49 米。

行字：志文楷书 18 行，满行 18 字。

出土：出土时间、地点不详。2006 年入藏西安碑林博物馆。

现藏：西安碑林博物馆。

著录：《西安碑林博物馆新藏墓志汇编》。

提要：志文记载苗宁的家世及生平情况。

马文静墓志

全称：大唐故左卫亲卫上柱国扶风马府君墓志铭并叙。

年代：唐开元二十年（732）刻。

形制：盖盝形，志正方形。志、盖尺寸相同。边长 0.52 米。

行字：盖文篆书 2 行，满行 2 字，题"马君之志"。志文楷书 17 行，满行 18 字。

纹饰：盖四周饰十二生肖图案，四刹饰宝相花纹，四侧饰流云纹。志四侧饰宝相花纹。

出土：出土于靖边县红墩界乡圪坨河村，时间不详。

现藏：榆林市文物保护研究所。

著录：《榆林碑石》《全唐文补遗》（第八辑）《新中国出土墓志·陕西叁》。

提要：志文记载马文静的家世及生平情况。

和运墓志

全称：唐故左领军卫翊卫引驾和府君墓志并序。

年代：唐开元二十年（732）刻。

形制：盖盝形，志正方形。盖边长 0.52 米。志边长 0.54 米。

行字：盖文篆书 3 行，满行 3 字，题"大唐故和府君墓志铭"。志文楷书 21 行，满行 22 字。

纹饰：盖四周饰牡丹、龙凤纹。

出土：1981 年出土于富县茶坊镇黄甫店村。

现藏：鄜州博物馆。

著录：《隋唐五代墓志汇编》《全唐文补遗》（第五辑）《延安古事钩沉》。

提要：志文记载和运的家世及生平情况。

*亡宫八品墓志

年代：唐开元二十年（732）刻。

形制：志正方形。边长 0.31 米。

行字：志文楷书 11 行，满行 11 字。

出土：洛阳出土，时间不详。1938 年经于右任捐藏西安碑林。

现藏：西安碑林博物馆。

著录：《唐代墓志汇编》《隋唐五代墓志汇编》《西安碑林全集》。

提要：志文简述志主卒年、葬地等信息。

*李庭家墓志

年代：唐开元二十年（732）刻。

形制：正方形。边长 0.35 米。

行字：志文楷书 23 行，满行 9—36 字不等。

出土：1955 年出土于西安市东郊郭家滩。

现藏：西安碑林博物馆。

备注：墨书砖志。

提要：志文简述志主卒年、葬地等信息。

大善知识轮自在墓志

全称：大唐故和上大善知识轮自在志铭并序。

年代：唐开元二十年（732）刻。

形制：志正方形。边长 0.68 米。

行字：志文楷书 27 行，满行 26 字。

撰书：李休光撰。

出土：出土时间、地点不详。

现藏：西安市长安博物馆。

著录：《长安新出墓志》《长安碑刻》。

提要：志文记载志主生平情况。

慈和禅师墓志

全称：大唐尼慈和禅师墓志铭并序。

年代：唐开元二十年（732）刻。

形制：志正方形。边长 0.64 米。

行字：志文楷书 25 行，满行 25 字。

撰书：裴炯撰，陈载书。

出土：2001 年出土于长安县政协工地。

现藏：西安市长安博物馆。

著录：《长安新出墓志》《长安碑刻》。

提要：志文记载慈和禅师之生平情况。

陈素墓志

全称：大唐故处士陈君墓志铭并序。

年代：唐开元二十年（732）刻。

形制：志正方形。边长 0.51 米。

行字：志文楷书 21 行，满行 21 字。

纹饰：志四侧饰缠枝蔓草纹及团花纹。

出土：出土时间、地点不详。2006 年入藏西安碑林博物馆。

现藏：西安碑林博物馆。

著录：《西安碑林博物馆新藏墓志汇编》。

提要：志文记载陈素的家世及生平情况。

纪会墓志

全称：大唐故洺州曲周县令纪府君墓志并序。

年代：唐开元二十年（732）刻。

形制：盖盝形，志正方形。盖边长 0.41 米，厚 0.08 米。志边长 0.40 米，厚 0.09 米。

行字：盖文篆书 4 行，满行 3 字，题"大唐故纪府君夫人周氏志铭"。志文楷书 20 行，满行 19 字。

纹饰：盖及志四侧均饰花草及卷云纹。

出土：出土时间、地点不详。

现藏：兴平市博物馆。

著录：《全唐文补遗》（第八辑）（乾隆）《兴平县志》。

提要：志文记载纪会的生平、家世及葬地等信息。

王祖墓志

全称：大唐故王君墓志铭并序。

年代：唐开元二十一年（733）刻。

形制：盖盝形，志正方形。志、盖尺寸相同。

边长 0.30 米。

行字： 盖文篆书 3 行，满行 3 字，题"唐故王府君夫人墓铭"。志文楷书 16 行，满行 16 字。

纹饰： 志四侧饰蔓草花纹。

出土： 出土于武功县，时间不详。1952 年段绍嘉捐藏西安碑林。

现藏： 西安碑林博物馆。

著录：《唐代墓志汇编续集》《西安碑林全集》《新中国出土墓志·陕西贰》。

提要： 志文记载王祖的家世及生平情况。

王晛墓志

全称： 大唐故通议大夫行内侍省给事上柱国太原王府君墓志铭并序。

年代： 唐开元二十一年（733）刻。

形制： 盖盝形，志长方形。志、盖尺寸相同。长 0.55 米，宽 0.57 米。

行字： 盖文篆书 3 行，满行 3 字，题"大唐故王府君墓志铭"。志文楷书 28 行，满行 28 字。

纹饰： 盖四刹饰牡丹纹。

出土： 1955 年出土于西安市东郊王家坟。

现藏： 西安碑林博物馆。

著录：《唐代墓志汇编续集》《西安碑林全集》《新中国出土墓志·陕西贰》。

备注： 盖上、下断裂为两块，右下角残缺。

提要： 志文记载王晛的家世及生平情况。

郑氏妻董夫人墓志

全称： 大唐荥阳郑氏董夫人墓志铭。

年代： 唐开元二十一年（733）刻。

形制： 盖盝形，志正方形。志、盖尺寸相同。边长 0.39 米。

行字： 盖文篆书 3 行，满行 3 字，题"唐故董夫人墓志之铭"。志文楷书 13 行，满行 13 字。

纹饰： 盖中部饰铺首，四周饰花卉纹，四刹饰牡丹纹。

出土： 出土时间、地点不详。2006 年入藏西安碑林博物馆。

现藏： 西安碑林博物馆。

著录：《西安碑林博物馆新藏墓志汇编》。

提要： 志文记载董夫人的家世及生平情况。

唐代国长公主碑

全称： 大唐故代国长公主碑。

年代： 唐开元二十二年（734）刻立。

形制： 螭首龟座。通高 3.45 米，宽 1.29 米，厚 0.40 米。

行字： 额篆书 2 行，满行 4 字，题"大唐代国长公主碑"。志文楷书 30 行，满行 60 字。

撰书： 张万钧撰，郑聪书。

出土： 此碑自立未移。

现藏： 蒲城县三合乡双庙村。

著录：《蒲城县志》《金石萃编》。

提要： 墓碑记录了代国公主的生平，还记载了武则天时期一次宫廷戏剧演出的情况。

亡宫八品墓志

全称： 大唐故亡宫八品墓志并序。

年代： 唐开元二十二年（734）刻。

形制： 志长 0.29 米，宽 0.30 米。

行字： 志文楷书 12 行，满行 13 字。

出土： 洛阳出土，时间不详。1938 年经于右任捐藏西安碑林。

现藏： 西安碑林博物馆。

著录：《唐代墓志汇编续编续集》《隋唐五代墓志汇编》《西安碑林全集》。

提要： 志文简述志主卒年、葬地等信息。

亡宫墓志

全称：亡宫墓志铭并序。

年代：唐开元二十二年（734）刻。

形制：志正方形。边长 0.28 米。

行字：志文楷书 10 行，满行 11 字。

出土：洛阳出土，时间不详。1938 年经于右任捐藏西安碑林。

现藏：西安碑林博物馆。

著录：《唐代墓志汇编》《西安碑林全集》《全唐文补遗》（第五辑）。

提要：志文简述志主卒年、葬地等信息。

蔡默墓志

全称：唐故太仆寺驭士长上蔡君墓志铭并序。

年代：唐开元二十二年（734）刻。

形制：志正方形。边长 0.37 米。

行字：志文楷书 15 行，满行 15 字。

出土：出土时间、地点不详。

现藏：西安博物院。

著录：《隋唐五代墓志汇编》《全唐文补遗》（第二辑）。

提要：志文记载蔡默的家世及生平情况等。

李微墓志

全称：大唐故银青光禄大夫守太子詹事赠幽州大都督上柱国嗣道王墓志铭并序。

年代：唐开元二十二年（734）刻。

形制：志正方形。边长 0.74 米。

行字：志文楷书 31 行，满行 32 字。

撰书：司马利宾撰。

出土：出土时间、地点不详。

现藏：西安市长安博物馆。

著录：《长安新出墓志》《长安碑刻》。

提要：志文记载李微的家世及生平情况。

温纪墓志

全称：大唐故亳州山桑县令温公墓志铭并序。

年代：唐开元二十二年（734）刻。

形制：盖盝形，志正方形。志、盖尺寸相同。边长 0.39 米。

行字：盖文篆书 3 行，满行 3 字，题"大唐故温复句墓志铭"。志文楷书 15 行，满行 17 字。

纹饰：盖四刹及志四侧均饰蔓草纹。

出土：出土时间、地点不详。2006 年入藏西安碑林博物馆。

现藏：西安碑林博物馆。

著录：《西安碑林博物馆新藏墓志汇编》。

提要：志文记载温纪的家世及生平情况。

韦君妻李氏墓志

全称：唐济州长史京兆韦君故夫人李氏墓志铭并序。

年代：唐开元二十三年（735）刻。

形制：志正方形。边长 0.45 米。

行字：志文楷书 22 行，满行 22 字。

出土：出土时间、地点不详。

现藏：西安交通大学博物馆。

著录：《西安交通大学博物馆藏品集锦——碑石书法卷》。

提要：墓志记载李氏的家世及生平情况。

杨会墓志

全称：唐故上柱国杨府君墓志铭并序。

年代：唐开元二十四年（736）刻。

形制：盖盝形，志正方形。志盖长 0.56 米，宽 0.55 米。志石边长 0.55 米。

行字：盖文篆书 2 行，满行 2 字，题"杨君墓志"。志文楷书 17 行，满行 16 字。

纹饰：盖四刹及志四侧均饰缠枝卷叶纹。

出土：1991 年出土于靖边县红墩界乡杨家村。

现藏：榆林市文物保护研究所。

著录：《榆林碑石》《新中国出土墓志·陕西

壹》《全唐文补遗》（第五辑）。

提要：志文记载杨会的家世及生平情况。

金仙长公主碑

全称：大唐故金仙长公主神道碑铭并序。

年代：唐开元二十四年（736）刻立。

形制：螭首龟座。通高3.67米，宽1.33米，厚0.44米。碑座残长1.03米，宽1.33米，高0.67米。

行字：正文行书26行，满行31字。

撰书：徐峤之撰，李隆基书。

出土：此碑自立未移。

现藏：蒲城县三合乡武家村。

著录：《潜研堂金石文跋尾》《金石萃编》《金石录》。

备注：碑文漫漶严重。

提要：碑文记载唐睿宗女金仙公主生平事迹。金仙公主，两《唐书》和《资治通鉴》均有载。

*金仙公主北方精石

年代：唐开元二十四年（736）刻。

形制：盖盝形，边长0.56米。石正方形。边长0.53米。

行字：上部大字符文8行，满行8字。下部小字楷书25行，满行23字。

纹饰：石左右两侧饰仕女图，盖顶饰牡丹纹。

出土：1974年出土于蒲城县三合乡武家村。

现藏：蒲城县博物馆。

提要：该石为桥陵陪葬墓金仙公主的北方精石。

金仙长公主墓志

全称：大唐故金仙长公主志石铭并序。

年代：唐开元二十四年（736）刻。

形制：盖盝形，志正方形。志、盖尺寸相同。志、盖尺寸相同。志边长1.13米。

行字：盖文篆书4行，满行4字，题"大唐故金仙长公主志石之铭"。志文楷书33行，满行33字。

撰书：徐峤撰，玉真公书，卫灵鹤题盖。

纹饰：志四侧饰如意云纹，盖四刹饰四神图案。

出土：1974年出土于蒲城县三合乡武家村。

现藏：蒲城县博物馆。

著录：《书法丛刊》（2007年第1期）《蒲城县志》《新中国出土墓志·陕西壹》。

备注：盖多处残损。

提要：志文记载金仙长公主生平事迹。

*亡宫墓志

年代：唐开元二十四年（736）刻。

形制：志长0.29米，宽0.30米。

行字：志文楷书9行，满行9字。

出土：洛阳出土，时间不详。1938年经于右任捐藏西安碑林。

现藏：西安碑林博物馆。

著录：《西安碑林全集》《全唐文补遗》（第五辑）。

提要：志文简记志主卒年、葬地等信息。

炽俟弘福墓志

全称：大唐故云麾将军左威卫将军上柱国天兵行军副大使兼招慰三姓葛逻禄使炽俟府君墓志铭并序。

年代：唐开元二十四年（736）刻。

形制：志正方形。边长0.75米，厚0.12米。

行字：志文楷书29行，满行29字。

撰书：裴士淹撰，陆莒书。

纹饰：志四侧饰卷叶纹。

出土：出土时间、地点不详。

现藏：西安博物院。

著录：《隋唐五代墓志汇编》《全唐文补遗》
（第二辑）。

提要：志文记载炽俟弘福的家世、生平、历
官、夫人及子嗣等。其历官游击将军、
云麾将军、左威卫将军、天兵行军副
大使、招慰三姓葛逻禄使等。

裴瑾墓志

全称：唐故尚乘直长裴公墓志铭并序。

年代：唐开元二十四年（736）刻。

形制：盖盝形，志正方形。志、盖尺寸相同。
边长 0.58 米。

行字：盖文篆书 3 行，满行 3 字，题"大唐
故裴府君墓志铭"。志文楷书 18 行，
满行 18 字。

纹饰：盖及志四周均饰宝相花纹，盖四刹及
志四侧均饰蔓草纹。

出土：1954 年出土于西安市东郊郭家滩。

现藏：西安碑林博物馆。

著录：《唐代墓志汇编续集》《西安碑林全
集》《新中国出土墓志·陕西贰》。

提要：志文记载裴瑾的家世、生平及历官
情况。其曾任参幽州军事、鄜州司
功、尚乘直长。

*司徒氏墓志铭并序

年代：唐开元二十四年（736）刻。

形制：志正方形。边长 0.56 米。

行字：志文楷书 21 行，满行 20 字。

纹饰：志四侧饰十二生肖图案。

出土：出土时间、地点不详。2006 年入藏西
安碑林博物馆。

现藏：西安碑林博物馆。

著录：《西安碑林博物馆新藏墓志汇编》。

备注：志右上角残缺，据志文推知志主姓
司徒。

提要：志文记载司徒氏的家世及生平。

大智禅师碑

全称：大唐故大智禅师碑铭并序。

年代：唐开元二十四年（736）刻立。

形制：螭首龟座。高 4.08 米，宽 1.14 米、
厚 0.32 米。

行字：额篆书 2 行，满行 4 字，题"大唐故
大智禅师碑"。正文隶书 32 行，满行
61 字。

撰书：严挺之撰，史惟则书。

纹饰：碑侧饰蔓草、宝相花纹，其间饰有菩
萨、仙童、迦陵频伽等图案。

出土：宋代入藏西安碑林。

现藏：西安碑林博物馆。

著录：《西安碑林全集》《金石萃编》。

备注：座已残断，碑阴额部雕有佛像，下部
刻《大智禅师碑阴记》，阳伯成撰，
史惟则书。另有吕文仲与崔承业、金
马坰题记《菊竹石图》。

提要：大智禅师讳义福，上党铜鞮人，俗姓
姜氏，是佛教禅宗代表人物之一。此
碑即其弟子庄济等为颂扬先师之功
德而立。书者史惟则擅长籀篆、八分，
尤以隶书精妙著称。

韦慎名妻刘约墓志

全称：大唐故银青光禄大夫彭州刺史韦府君
故夫人彭城刘氏墓志铭并序。

年代：唐开元二十四年（736）刻。

形制：盖盝形，志正方形。志、盖尺寸相同。
边长 0.58 米，厚 0.10 米。

行字：盖文篆书 3 行，满行 3 字，题"大唐
故刘夫人墓志铭"。志文楷书 25 行，
满行 26 字。

纹饰：盖四周及四刹均饰忍冬纹，志四侧饰

十二生肖图案。

出土：2002 年出土于西安市长安区郭杜镇陕西师范大学长安校区基建工地。

现藏：陕西省考古研究院。

著录：《考古与文物》（2003 年第 6 期）《全唐文补遗》（第八辑）。

提要：志文记载韦慎名妻刘约的家世及生平情况。

孙承嗣墓志

全称：大唐故兵部常选富阳孙君墓志铭并序。

年代：唐开元二十四年（736）刻。

形制：盖盝形，志正方形。志、盖尺寸相同。边长 0.45 米，厚 0.10 米。

行字：盖文篆书 3 行，满行 3 字，题"大唐故孙府君墓志铭"。志文楷书 23 行，满行 23 字。

撰书：张锽撰。

出土：2002 年出土于西安市长安区郭杜镇陕西师范大学长安校区基建工地。

现藏：陕西省考古研究院。

著录：《考古与文物》（2005 年第 2 期）《全唐文补遗》（第九辑）。

提要：志文记载孙承嗣的家世及生平情况。

武令珪墓志

全称：唐故蒲州甘泉府别将兼夏州押降户使总管武君墓志铭。

年代：唐开元二十五年（737）刻。

形制：盖盝形，边长 0.54 米。志正方形。边长 0.56 米。

行字：盖素面无字。志文楷书 18 行，满行 18 字。

出土：出土于靖边县红墩界乡圪坨河村，时间不详。

现藏：榆林市文物保护研究所。

著录：《榆林碑石》《全唐文补遗》（第八辑）《新中国出土墓志·陕西叁》。

提要：志文记载武令珪的家世及生平情况。

拓拔寂墓志

全称：大唐故特进右监门卫大将军静边州都督西平郡开国公拓拔公墓志铭并序。

年代：唐开元二十五年（737）刻。

形制：盖盝形，志正方形。志、盖尺寸相同。边长 0.90 米。

行字：盖文篆书 3 行，满行 3 字，题"唐故拓拔府君墓志铭"。志文楷书，盖阴 13 行，满行 13 字。志石 35 行，满行 36 字。

撰书：郑宏之撰，郑峄书。

纹饰：盖四周饰宝相花纹，四刹饰四神流云纹。志四侧饰十二生肖图案及宝相花纹。

出土：1965 年出土于横山县韩岔乡元盆洼村。

现藏：榆林市文物保护研究所。

著录：《榆林碑石》《全唐文补遗》（第八辑）《新中国出土墓志·陕西叁》。

备注：志盖阴面增刻志文。

提要：志文记载拓跋寂的家世及生平情况。其历官右监门卫大将军、静边州都督等。史籍中拓拔多作拓跋。

三藏无畏不空法师塔铭

全称：西山广化寺三藏无畏不空法师塔记。

年代：唐开元二十五年（737）刻立。

形制：高 0.60 米，宽 0.87 米，厚 0.15 米。

行字：铭文楷书 35 行，满行 22 字。

出土：原立于咸阳县窑店镇北，民国初移存咸阳县公安局，后移存咸阳县民众图书馆。

现藏：咸阳博物馆。

著录：《关中金石记》《潜研堂金石文跋尾》《授堂金石跋》。

备注：因文中有"资治通鉴"字句，金石家疑为宋人重刻或伪刻。

提要：塔铭记载无畏不空法师的出家经过及生平神异之事。

韦翰墓志

全称：故朝散大夫行衢州盈川县令韦公墓志铭并序。

年代：唐开元二十六年（738）刻。

形制：志正方形。边长 0.50 米。

行字：志文楷书 26 行，满行 25 字。

出土：出土时间、地点不详。

现藏：西安市长安博物馆。

著录：《长安新出墓志》《长安碑刻》。

提要：志文记载韦翰的家世及生平情况。其历官眉州通义县尉、岐州雍县尉、成都县丞、衢州盈川县令等。

*李著墓志

年代：唐开元二十六年（738）刻。

形制：盖盝形，志正方形。志、盖尺寸相同。边长 0.36 米。

行字：盖文篆书 3 行，满行 3 字，题"大唐故李府君墓志铭"。志文楷书 20 行，满行 20 字。

纹饰：盖四刹、志四侧均饰牡丹纹。

出土：2001 年出土于西安市西郊。

现藏：西安碑林博物馆。

著录：《西安碑林博物馆新藏墓志汇编》。

备注：志盖均有残，盖左上角有残缺。志首行仅题"墓志铭并序"5 字。

提要：志文记载李著的家世及生平情况。

李承乾墓志

全称：大唐故恒山愍王荆州诸军事荆州大都督墓志铭。

年代：唐开元二十六年（738）刻。

形制：盖盝形，志正方形。盖边长 0.51 米，厚 0.10 米。志边长 0.50 米，厚 0.10 米。

行字：盖文篆书 3 行，满行 3 字，题"唐故恒山愍王墓志铭"。志文楷书 12 行，满行 13 字。

纹饰：盖四刹饰四神图案，四侧饰团云纹。志四侧饰壶门内十二生肖图案。

出土：1972 年出土于礼泉县烟霞镇东周新村李承乾墓中。

现藏：昭陵博物馆。

著录：《昭陵碑石》《新中国出土墓志·陕西壹》《隋唐五代墓志汇编》。

提要：志文记载李承乾的家世及卒葬年月。李承乾，字高明，唐太宗长子。贞观十七年（643）十月一日薨，开元二十五年十二月八日陪葬昭陵，开元二十六年五月二十九日与妃苏氏合葬。李承乾为太宗废太子，两《唐书》有传。

*李承乾碑

年代：唐开元二十六年（739）刻立。

形制：碑残损，残高 1.53 米，下宽 1.04 米，厚 0.29 米。

行字：正文篆书 15 行，行残存字数不等。

出土：原立于礼泉县烟霞镇东周新村李承乾墓前。

现藏：昭陵博物馆。

著录：《昭陵碑石》。

备注：碑上部残失。

提要：碑文记载李承乾的家世及其妃苏氏简况。

张令问妻臧氏墓志

全称: 大唐清河张令问妻东莞臧氏之铭。

年代: 唐开元二十七年（739）刻。

形制: 盖盝形,志正方形。志、盖尺寸相同。边长 0.48 米。

行字: 盖文楷书 3 行,满行 3 字,题"大唐故夫人臧墓志铭"。志文楷书 11 行,满行 16 字。

纹饰: 盖四刹饰缠枝牡丹花卉图案。

出土: 出土于靖边县红墩界乡圪坨河村,时间不详。

现藏: 榆林市文物保护研究所。

著录: 《榆林碑石》《全唐文补遗》（第八辑）《新中国出土墓志·陕西叁》。

提要: 该志文记载臧氏为朔方军十将使、游骑将军、绥州义合府折冲希真之女,清河张令问之妻。18 岁时死于安北大都护府。

王仁淑墓志

全称: 室人太原王氏墓志铭并序。

年代: 唐开元二十七年（739）刻。

形制: 盖盝形,志正方形。盖边长 0.48 米,厚 0.08 米。志边长 0.47 米,厚 0.08 米。

行字: 盖文篆书 3 行,满行 3 字,题"大唐故王夫人墓志铭"。志文行书 18 行,满行 19 字。

撰书: 张令晖撰,唐万顷书。

纹饰: 盖四周及四刹饰卷草、宝相花纹。

出土: 1974 年出土于咸阳市底张湾陶家村。

现藏: 咸阳博物馆。

著录: 《咸阳碑石》《新中国出土墓志·陕西壹》《隋唐五代墓志汇编》。

提要: 志文记载王仁淑的家世、生平。

俟失十囊墓志

全称: 大唐故特进右卫大将军雁门郡开国公俟失公墓志铭并序。

年代: 唐开元二十七年（739）刻。

形制: 盖盝形,志正方形。志、盖尺寸相同。边长 0.57 米。

行字: 盖文篆书 3 行,满行 3 字,题"唐故俟失特进墓志铭"。志文楷书 25 行,满行 26 字。

纹饰: 盖四刹饰牡丹纹,志四侧饰朵云纹。

出土: 1983 年出土于西安市西郊陕西钢铁研究所。

现藏: 西安碑林博物馆。

著录: 《西安碑林全集》《西安碑林博物馆新藏墓志汇编》《新中国出土墓志·陕西贰》。

备注: 盖下部有残缺。

提要: 志文记载俟失十囊的家世、生平及历官情况。俟失十囊,开元初拜特进,加授右卫大将军,封雁门郡开国公。

宋庆墓志

全称: 唐故宋君墓志铭。

年代: 唐开元二十七年（739）刻。

形制: 志正方形。边长 0.39 米。

行字: 志文楷书 14 行,满行 14 字。

出土: 出土时间、地点不详。2006 年入藏西安碑林博物馆。

现藏: 西安碑林博物馆。

著录: 《西安碑林博物馆新藏墓志汇编》。

提要: 志文记载宋庆的家世及生平情况。

潞树生墓志

全称: 唐故潞府君墓志铭。

年代：唐开元二十七年（739）刻。

形制：志正方形。边长 0.35 米。

行字：志文楷书 15 行，满行 16 字。

纹饰：盖中部饰铺首，四周饰花卉纹，四刹饰牡丹纹。

出土：出土时间、地点不详。2006 年入藏西安碑林博物馆。

现藏：西安碑林博物馆。

著录：《西安碑林博物馆新藏墓志汇编》。

提要：志文记载潞树生的家世及生平情况。

裴闻一墓志

全称：唐故陇州汧阳县令河东裴府君墓志铭并序。

年代：唐开元二十七年（739）刻。

形制：盖盝形，志正方形。志、盖尺寸相同。边长 0.51 米。

行字：盖文楷书 3 行，满行 3 字，题"大唐故裴府君墓志铭"。志文楷书 21 行，满行 21 字。

纹饰：题四周及四刹均饰缠枝牡丹花纹。

出土：出土于西安市雁塔区马腾空乡，时间不详。2005 年入藏西安碑林博物馆。

现藏：西安碑林博物馆。

著录：《西安碑林博物馆新藏墓志汇编》。

提要：志文记载裴闻一的家世及生平情况。其历官婺州义乌县尉、梓州盐亭县丞、同州白水县丞、陇州汧阳县令。

郭留庆墓志

全称：唐故潞府骁骑尉郭君墓志铭并序。

年代：唐开元二十七年（739）刻。

形制：志正方形。边长 0.43 米。

行字：志文楷书 16 行，满行 1117 字。

纹饰：志四侧饰壸门图案。

出土：出土于西安市雁塔区马腾空乡，时间

不详。2006 年入藏西安碑林博物馆。

现藏：西安碑林博物馆。

著录：《西安碑林博物馆新藏墓志汇编》。

提要：志文记载郭留庆的家世及生平情况。其曾任潞府骁骑尉。

格承恩墓志

全称：大唐故安北都护格君墓志铭。

年代：唐开元二十七年（739）刻。

形制：志正方形。边长 0.59 米，厚 0.10 米。

行字：志文楷书 23 行，满行 24 字。有方界格。

出土：出土于西安市三桥附近，时间不详。

现藏：陕西历史博物馆。

提要：志文记载格承恩的家世及生平情况。其历官游击将军、安北都护、赤水军节度副大使、新泉军营田大使等。

*开元二十八年陀罗尼经幢

年代：唐开元二十八年（740）刻立。

形制：八棱柱形。高 1.80 米，每面宽 0.18 米。

行字：正文楷书 64 行，满行 57 字。

纹饰：每面上端凿佛龛，龛内浮雕一佛，或立或坐。

出土：1980 年出土于临潼县康桥乡粟邑庙小学。

现藏：西安市临潼博物馆。

备注：经幢面文字多有漫漶。

提要：经幢刻《佛顶尊胜陀罗尼经》经文。

*卢满墓志

年代：唐开元二十八年（740）刻。

形制：志砖长 0.35 米，宽 0.36 米。

行字：志文楷书，共 44 字。

出土：1956 年出土于西安市近郊。

现藏：西安碑林博物馆。

备注：墨书砖志。

著录：《全唐文补遗》（第六辑）。

提要：志文简述卢满的卒年、葬地等信息。

雍智云墓志

全称：（上阙）龙武军翊府中郎将赐金鱼袋上柱国雍君墓志并序。

年代：唐开元二十八年（740）刻。

形制：盖盝形，志正方形。志、盖尺寸相同。边长 0.45 米。

行字：盖文篆书 3 行，满行 3 字，题"大唐故雍府君墓志铭"。志文楷书 24 行，满行 23—33 字不等。

撰书：雍行忠书。

纹饰：盖四刹及志四侧均饰番石榴纹。

出土：1958 年出土于西安市西郊土门。

现藏：西安碑林博物馆。

著录：《唐代墓志汇编续集》《西安碑林全集》《新中国出土墓志·陕西贰》。

提要：志文记载雍智云之生平与历官情况。其历官静州烈山镇将、京兆甘谷府右果毅、京兆闻义府折冲、京兆通乐府折冲、右龙武军翊府中郎将等。

范安及墓志

全称：大唐故镇军大将军行右骁卫大将军上柱国岳阳郡开国公范公墓志铭并序。

年代：唐开元二十八年（740）刻。

形制：志长 0.74 米，宽 0.73 米。

行字：志文行书 35 行，满行 35 字。

撰书：韦述撰，杨晋法书。

出土：1955 年出土于西安市东郊韩森寨。

现藏：西安碑林博物馆。

著录：《唐代墓志汇编续集》《西安碑林全集》《新中国出土墓志·陕西贰》。

提要：墓志叙述了范安及的家世、生平及历官情况。其历官朝散大夫、都苑总监、云麾将军、左领军卫翊府中郎将、知总监教坊内作、左武卫将军、冠军大将军、将作大匠、右骁卫大将军、护作五陵使、镇军大将军、岳阳县令。

*杨大娘墓志

年代：唐开元二十八年（740）刻。

形制：志砖长 0.16 米，宽 0.15 米。

行字：志文楷书 3 行，满行 3—6 字不等。

出土：1955 年出土于西安市东郊韩森寨。

现藏：西安碑林博物馆。

著录：《全唐文补遗》（第二辑）《新中国出土墓志·陕西贰》。

备注：砖志。

提要：砖志内容为："开元二十八年六月二十四日殡杨大娘。"

*唐开元二十九年石函

年代：唐开元二十九年（741）刻。

形制：盖盝形，函长方形，函、盖尺寸相同。长 0.26 米，宽 0.19 米，厚 0.18 米。

行字：志文楷书 3 行，共 20 字。

纹饰：盖四刹饰牡丹纹，四侧饰团花纹，函体四周饰石榴、牡丹纹。

出土：1987 年出土于扶风县法门寺地宫。

现藏：法门寺博物馆。

著录：《法门寺考古发掘报告》。

备注：汉白玉石质，器身有多处磕伤及缺失，表面钙化。

庆山寺舍利塔记

全称：上方舍利塔记。

年代：唐开元二十九年（741）刻立。

形制：圆首，长方形座。通高 0.83 米，宽

0.42 米，厚 0.13 米。

行字：额楷书 2 行，满行 4 字，题"大唐开元庆山之寺"。正文楷书 21 行，满行 27 字。

撰书：僧贞幹撰并书。

纹饰：碑额饰迦陵频伽和海石榴纹，碑两侧饰交枝海石榴纹。碑座四面饰狮子和卷云纹。

出土：1985 年出土于临潼县唐庆山寺上方舍利塔地宫。

现藏：西安市临潼博物馆。

著录：《全唐文补遗》（第一辑）《临潼碑石》。

备注：碑身、座边沿有略有残缺。

提要：碑文记载舍利塔位置及安置舍利的缘起与经过。撰文僧贞幹，《宋高僧传》有载。

*老君显见碑

年代：唐开元二十九年（741）刻立。

形制：圆首龟座。高 2.90 米，宽 0.98 米，厚 0.34 米。

行字：额行楷 4 行，满行 3 字，题"重模苏灵芝书唐老君显见碑"。正文楷书 19 行，满行 46 字。

撰书：苏灵芝书。

出土：原立于周至县会灵观，清道光五年（1825）迁立说经台。

现藏：周至县古楼观说经台。

著录：《楼观台道教碑石》。

备注：唐碑早佚，现存碑为宋天圣六年（1028）摹刻。

提要：碑文记载唐玄宗梦见老子真容，命人寻至楼观，于显灵峰掘于老子玉像之事。

李君妻段慈顺墓志

全称：唐故李府君妻段氏墓志铭并序。

年代：唐开元二十九年（741）刻。

形制：盖盝形，志正方形。志、盖尺寸相同。边长 0.38 米。

行字：盖文楷书 3 行，满行 3 字，题"大唐故段夫人墓志铭"。志文楷书 22 行，满行 23 字。

撰书：王文英撰，孙升峤书。

纹饰：盖四刹饰牡丹纹。

出土：1985 年出土于西安市东郊韩森寨。

现藏：西安碑林博物馆。

著录：《唐代墓志汇编续集》《西安碑林博物馆新藏墓志汇编》《新中国出土墓志·陕西贰》。

备注：盖残为 4 块，志右上角残损两字。

提要：志文记载段慈顺的家世及生平情况。

范元墓志

全称：唐故肃明观主范先公墓志铭并序。

年代：唐开元二十九年（741）刻。

形制：志正方形。边长 0.60 米。

行字：志文楷书 28 行，满行 28 字。

撰书：王赵庭撰。

纹饰：志四侧饰蔓草纹。

出土：出土时间、地点不详。2000 年入藏西安碑林博物馆。

现藏：西安碑林博物馆。

著录：《西安碑林博物馆新藏墓志汇编》。

提要：志文记载范元的家世及生平情况。

多宝塔铭并序

年代：唐开元二十九年（741）刻立。

形制：高 0.46 米，宽 0.41 米。

行字：正文楷书 20 行，满行 17—22 字不等。

出土：清末出土于扶风县。

现藏：西安碑林博物馆。

著录：《西安碑林全集》《八琼室金石补正》

《金石续编》。

备注：碑上角断裂，碑文漫漶。

提要：塔铭记载郭楚贞母李氏笃信佛教、建多宝塔之事。

*唐俭碑

年代：唐开元二十九年（741）刻立。

形制：螭首方座。通高 3.55 米，宽 1.19 米，厚 0.34 米。

行字：额篆书 3 行，满行 4 字，题"唐故特进莒国公唐府君之碑"。志文楷书共 40 行，满行 85 字。

撰书：唐瑾撰书。

出土：原立于礼泉县唐俭墓前，1975 年移藏昭陵博物馆。

现藏：昭陵博物馆。

著录：《关中金石记》《碑帖叙录》《昭陵碑石》。

备注：诸著录文献所录碑首行题款有漶。

提要：记述唐俭的家世及生平情况。唐俭，字茂约，太原晋阳人。李渊父子晋阳起兵，其任李渊大将军府记室，加正议大夫。武德时，历散骑常侍、并州道安抚大使、礼部尚书、天策上将府长史、黄门侍郎，封莒国公。贞观时，历遂州都督、鸿胪卿、户部尚书、光禄大夫。显庆元年（656）薨，赠开府仪同三司、并州都督、并州刺史，陪葬昭陵。开元二十九年，因前碑已漶，遂重刻此碑。

药水窟名胜画图记

年代：唐开元年间（713—741）刻。

形制：高 1.40 米，宽 0.95 米。

行字：志文楷书 22 行，满行 27—29 字不等。

撰书：韦同彝撰并书及画图。

出土：原刻于略阳县灵岩寺崖壁间。

现藏：略阳县灵岩寺博物馆。

著录：《灵岩流光》《汉中碑石》。

备注：画图摩崖已损，仅存题记。文字磨泐严重。

提要：此摩崖石刻系时任兴州刺史韦同彝于某年端午节陪同某上司官游览药水窟（即今灵岩寺）后，绘图作记而刻，描述了灵岩寺的地理位置和自然景观。

*昭成窦后西方精石

年代：唐开元年间（713—741）刻立。

形制：盖盝形，石正方形。石、盖尺寸相同。边长 0.74 米。

行字：中部大字符文 8 行，满行 8 字。四侧楷书各 1 行，满行 38 字。

纹饰：盖顶饰白虎图案，四刹饰卷云纹。

出土：1974 年出土于蒲城县桥陵西门北侧石狮后。

现藏：蒲城县博物馆。

著录：《书法丛刊》（2007 年第 1 期）《蒲城县志》。

提要：此石为昭成窦后西方精石，内容为祈求神灵保佑墓葬及墓主。昭成窦后，出身名门，李旦为相王时纳为孺人，即位后被封为德妃，生玄宗李隆基及金仙、玉真公主。长寿二年（692）被武则天所杀。玄宗即位后，为其母招魂葬于桥陵。睿宗李旦死后，玄宗追称其母为皇太后，祔葬于睿宗陵。

*昭成窦后南方精石

年代：唐开元年间（713—741）刻。

形制：盖盝形，石正方形。石、盖尺寸相同。边长 0.74 米。

行字：中部大字符文 8 行，满行 8 字。四侧楷书各 1 行，满行 38 字。

纹饰：盖四周饰朱雀纹，四刹饰卷云纹。

出土：1943 出土于蒲城县桥陵南门东侧石
狮旁。

现藏：蒲城县博物馆。

著录：《书法丛刊》（2007 年第 1 期）《蒲城
县志》。

提要：此石为昭成窦后南方精石，内容为祈
求神灵保佑墓葬及墓主。

周急墓志

全称：大唐故周府君墓志铭并序。

年代：唐天宝元年（742）刻。

形制：志正方形。边长 0.47 米。

行字：志文楷书 19 行，满行 19 字。

纹饰：志四侧饰缠枝牡丹纹。

出土：1987 年出土于西安市东郊光辉机械
厂基建工地。

现藏：西安碑林博物馆。

著录：《全唐文补遗》（第五辑）《西安碑林
博物馆新藏墓志汇编》《新中国出土
墓志·陕西贰》。

提要：志文记载周急的家世及生平情况。

李贞墓志

全称：唐故翊卫上柱国李公之墓志铭并序。

年代：唐天宝元年（742）刻。

形制：盖盝形，志正方形。志、盖尺寸相同。
边长 0.59 米。

行字：盖文篆书 2 行，满行 2 字，题"李公
墓志"。志文楷书 19 行，满行 18 字。

纹饰：盖四侧及四刹饰缠枝牡丹纹，志四侧
饰花卉图案。

出土：出土于靖边县红墩界乡圪坨河村，时
间不详。

现藏：榆林市文物保护研究所。

著录：《榆林碑石》《全唐文补遗》（第八辑）
《新中国出土墓志·陕西叁》。

提要：志文记载李贞的家世及生平情况。

田无易墓志

全称：大唐故田府君墓志铭并序。

年代：唐天宝元年（742）刻。

形制：盖盝形长。志、盖尺寸相同，长 0.51
米，宽 0.52 米，厚 0.10 米。

行字：盖文篆书 3 行，满行 3 字，题"大唐
故田府君墓志铭"。志文楷书 24 行，
满行 24 字。

纹饰：盖四周及四刹饰蔓草纹，志四侧饰卷
云纹。

出土：2006 年出土于富平县张桥镇甘井
村砖厂。

现藏：富平县文庙。

提要：志文记载田无易的家世及生平情况。
其曾任华州育善府别将、京兆频阳
府别将。

玄元皇帝灵应颂碑

全称：开元天宝圣文神武皇帝梦烈祖玄元皇
帝灵应颂并序。

年代：唐天宝元年（742）刻立。

形制：螭首龟座。高 3.75 米，宽 0.95 米，
厚 0.35 米。

行字：额隶书 4 行，满行 6 字，题"开元天
宝圣文神武皇帝梦烈祖玄元皇帝灵应
颂并序"。正文隶书 22 行，满行 62 字。

撰书：戴伋书，戴璇撰序，刘同升撰颂。

出土：原立于周至县楼观台。

现藏：周至县古楼观说经台。

著录：《楼观台道教碑石》。

备注：此碑刻于《大唐宗圣观记》碑阴。

提要：碑文记载唐玄宗梦老子真容事之颂辞。

*李元则墓志

年代：唐天宝元年（742）刻。

形制：志正方形。边长 0.53 米。

行字：志文楷书 24 行，满行 24 字。

纹饰：志四侧饰牡丹纹。

出土：2004 年出土于西安市金花北路 16 号基建工地，后入藏西安碑林博物馆。

现藏：西安碑林博物馆。

著录：《西安碑林博物馆新藏墓志汇编》。

备注：志首行残损，可见"郎行内侍省内寺伯上柱国李君墓志铭并序"。

提要：志文记载李元则的家世及生平情况。其历官文林郎、朝议郎、内寺伯等。

*唐昭告华岳碑

年代：唐天宝元年（742）刻立。

形制：高 0.80 米，宽 0.54 米。

行字：正文隶书 20 行，满行 15 字。有界格。

撰书：韩赏撰，韩择木书。

出土：原在华阴县西岳庙，1948 年移藏西安碑林。

现藏：西安碑林博物馆。

著录：《西安碑林全集》。

备注：此碑刻于《述圣颂碑》碑阴上部，碑文漫漶，部分文字残损。

提要：碑文记载华岳山川之神祠之事。

郭怀则墓志

全称：大唐故郭君墓志铭并序。

年代：唐天宝元年（742）刻。

形制：志正方形。边长 0.48 米。

行字：志文楷书 18 行，满行 18 字。

纹饰：志四侧饰壸门图案。

出土：出土时间、地点不详。2006 年入藏西安碑林博物馆。

现藏：西安碑林博物馆。

著录：《西安碑林博物馆新藏墓志汇编》。

提要：志文记载郭怀则的家世及生平情况。

刘智暨妻孙氏墓志

全称：大唐故刘君合葬墓志铭并序。

年代：唐天宝二年（743）刻。

形制：志正方形。边长 0.52 米。

行字：志文楷书 20 行，满行 19 字。

撰书：张遵撰，苏灵芝书。

出土：前代出土于长安，时间不详。

现藏：合阳县博物馆。

著录：《长安获古编》。

备注：缺左上角。

提要：志文记载墓主未刘智，字奉智，祖籍彭城。墓志为刘智与其妻孙氏合葬时所刻。

*史曜墓志

年代：唐天宝二年（743）刻。

形制：志正方形。边长 0.36 米。

行字：志文楷书，行字数不详。

撰书：张楷撰。

出土：1955 年出土于西安市东郊郭家滩。

现藏：西安碑林博物馆。

备注：墨书砖志。

提要：志文简述志主卒年、葬地等信息。

比丘尼坚固胜神道碑

全称：京万善寺故大德比丘尼坚固胜神道咒石。

年代：唐天宝二年（743）刻立。

形制：高 0.40 米，宽 0.31 米，厚 0.08 米。

行字：正文楷书 19 行，满行 19 字。

撰书：僧辩才撰。

出土：1983 年出土于高陵县建材厂。

现藏：高陵县文化馆。

著录：《高陵碑石》《全唐文补遗》（第七辑）。

提要：此碑为僧辩才为万善寺已故僧人建灵塔时所刻经咒。正文第 2 行题"佛顶尊胜陀罗尼咒"，落款可见"天宝二年十月廿四日清勒纪"。

隆阐法师碑

全称：大唐实际寺故寺主怀恽奉敕赠隆阐大法师碑铭并序。

年代：唐天宝二年（743）刻立。

形制：螭首龟座。碑残损，残高 2.50 米，宽 0.88 米，厚 0.25 米。

行字：正文行书 34 行，满行 65 字。

撰书：僧怀恽撰并书。

纹饰：碑侧饰蔓草纹。

出土：原在长安实际寺，宋初移至文庙，后移藏西安碑林。

现藏：西安碑林博物馆。

著录：《西安碑林全集》《金石萃编》《长安碑刻》。

备注：首、座已残断，碑文已有漫漶。碑阴刻北宋郭忠恕《三体阴符经》。

提要：此碑是怀恽的弟子思庄等为追记先师事迹而撰刻的。碑文载怀恽俗姓张氏，南阳人。碑文记载其家族世系，记载怀恽奉敕于西明寺落发，曾追随净土宗善导大师习佛法。其大力弘扬佛法，永昌元年（689）被征为寺主。怀恽卒后，敕赠为隆阐大法师。

李公妻何氏墓志

全称：大唐前果州相如县尉赵郡李公故夫人何氏墓志铭并序。

年代：唐天宝三年（744）刻。

形制：志正方形。边长 0.58 米。

行字：志文楷书 33 行，满行 33 字。

撰书：李辑撰。

出土：出土时间、地点不详。

现藏：西安市长安博物馆。

著录：《长安新出墓志》《长安碑刻》。

提要：志文记载何氏的家族世系、生平情况。

王守言墓志

全称：大唐故云麾将军左骁卫将军员外置同正员上柱国琅琊县开国公内带弓箭射生供奉王府君墓志并序。

年代：唐天宝三年（744）刻。

形制：盖盝形，志正方形。志、盖尺寸相同。边长 0.73 米。

行字：盖文行楷 4 行，满行 3 字，题"大唐故将军琅琊王府君志铭"。志文行楷 26 行，满行 25 字。

纹饰：盖四刹饰蔓草纹，志四侧饰十二生肖图案。

出土：1956 年出土于西安市东郊韩森寨。

现藏：西安碑林博物馆。

著录：《唐代墓志汇编续集》《西安碑林全集》《新中国出土墓志·陕西贰》。

提要：志文记载王守言之生平、历官。其历官游击将军、左骁卫中郎将、左骁卫将军、忠武将军、云麾将军等。

韦长卿墓志

全称：唐故德阳郡什邡县令韦府君墓志铭并序。

年代：唐天宝三年（744）刻。

形制：志正方形。边长 0.55 米。

行字：志文楷书 32 行，满行 31 字。

撰书：薛奇童撰，薛休光书。

出土：出土时间、地点不详。

现藏：西安市长安博物馆。

著录：《全唐文补遗》（第二辑）《长安新出

墓志》《长安碑刻》。

提要：志文记载韦长卿的家世、生平及历官情况。其历官相王府参军、京兆府参军、通义郡司法参军、洋川郡兴道县令、德阳什邡县令等。

韦韫妻源端墓志

全称：大唐济阴郡考城县尉韦韫故夫人河南源氏墓志铭并序。

年代：唐天宝三年（744）刻。

形制：志正方形。边长 0.46 米。

行字：志文楷书 19 行，满行 20 字。

撰书：韦韫书。

纹饰：志四侧饰蔓草纹。

出土：1987 年出土于西安市东郊。

现藏：西安碑林博物馆。

著录：《新中国出土墓志·陕西贰》《全唐文补遗》（第五辑）《西安碑林博物馆新藏墓志汇编》。

提要：志文记载韦韫妻源端的家世及生平。

豆卢建墓志

全称：大唐故银青光禄大夫太仆卿驸马都尉中山郡开国公豆卢公墓志铭并序。

年代：唐天宝三年（744）刻。

形制：志正方形。边长 0.73 米。

行字：志文隶书 29 行，满行 32 字。

撰书：吕向撰，裴炫书。

纹饰：盖四刹饰兽纹。

出土：1953 年出土于咸阳市底张湾。

现藏：西安碑林博物馆。

著录：《唐代墓志汇编》《全唐文补遗》（第三辑）《新中国出土墓志·陕西贰》。

提要：志文记载豆卢建的家世及生平等。豆卢建尚唐玄宗第十三女建平公主，拜

驸马都尉，加银青光禄大夫，授太仆卿，袭中山公。

徐承嗣墓志

全称：大唐故明威将军守左龙武军中郎将上柱国徐府君墓志铭并序。

年代：唐天宝三年（744）刻。

形制：盖盝形，志正方形。志、盖尺寸相同。边长 0.44 米。

行字：盖文篆书 3 行，满行 3 字，题"大唐故徐府君墓志铭"。志文楷书 27 行，满行 27 字。

撰书：包处遂撰，徐义进书。

纹饰：盖四刹及志四侧均饰蔓草纹。

出土：1960 年出土于西安市东郊韩森寨。

现藏：西安碑林博物馆。

著录：《唐代墓志汇编续集》《西安碑林全集》《新中国出土墓志·陕西贰》。

提要：志文记载徐承嗣之生平及历官情况。其历官扶风郡文城府右果毅都尉、左武卫郎将、明威将军、左龙武军中郎将。

韦正己墓志

全称：大唐故华阴郡参军韦府君墓志铭并序。

年代：唐天宝三年（744）刻。

形制：盖盝形，志正方形。盖边长 0.43 米。志边长 0.42 米，厚 0.10 米。

行字：盖文篆书 3 行，满行 3 字，题"大唐故韦府君墓志铭"。志文楷书 19 行，满行 19 字。

纹饰：盖四刹饰牡丹纹，志四侧饰卷叶纹。

出土：2001 年出土于西安市西郊，同年入藏西安碑林博物馆。

现藏：西安碑林博物馆。

著录：《碑林集刊》（第 11 辑）《全唐文补遗》（第八辑）《西安碑林博物馆新藏墓志汇编》。

提要：志文记载韦正己的家世及生平情况。其曾任华阴郡参军事。正己曾祖、祖、父名讳《新唐书·宰相世系表》有载。

契苾李中郎墓志

全称：□故九姓突厥契苾李中郎赠右领军卫大将军墓志文。

年代：唐天宝三年（744）刻。

形制：志正方形。边长 0.54 米。

行字：志文楷书 13 行，满行 16 字。

纹饰：盖四刹饰缠枝蔓草纹。

出土：1955 年出土于西安市东郊韩森寨。

现藏：西安碑林博物馆。

著录：《隋唐五代墓志汇编》《全唐文补遗》（第五辑）《西域碑铭录》。

提要：记述契苾李中郎的族属、父辈历官及本人生平。契苾李中郎，九姓突厥人，卒赠右领军卫大将军。

史思礼墓志

全称：唐故壮武将军右龙武军翊府中郎将武威郡史府君墓志铭并序。

年代：唐天宝三年（744）刻。

形制：盖盝形，长 0.60 米，宽 0.59 米。志长 0.61 米，宽 0.60 米。

行字：盖文篆书 3 行，满行 3 字，题"大唐故史府君墓志铭"。志文隶书 30 行，满行 30 字。

撰书：申屠泚撰并书。

纹饰：盖四刹饰四神图案，志四侧饰蔓草纹。

出土：1954 年出土于西安市东郊韩森寨。

现藏：西安碑林博物馆。

著录：《唐代墓志汇编续集》《西安碑林全集》《新中国出土墓志·陕西贰》。

提要：志文记载史思礼的家世、生平及历官情况。其历官平阳郡仁寿府左果毅都尉、冯翊郡唐安府左果毅都尉、伏龙洪泉二府折冲、游击将军、京兆神鼎府折冲都尉、宁远将军守左武卫翊府右郎将、右龙武军翊府右郎将、明威将军、壮武将军、右龙武军翊府中郎将等。

周思忠墓志

全称：大唐故壮武将军行□龙武军翊府中郎将周公墓志铭并序。

年代：唐天宝三年（744）刻。

形制：盖盝形，志长方形。志、盖尺寸相同。长 0.53 米，宽 0.55 米。

行字：盖文篆书 3 行，满行 3 字，题"大唐故周府君墓志铭"。志文楷书 27 行，满行 27 字。

纹饰：志四侧及盖四刹饰缠枝牡丹纹。

出土：1985 年出土于西安市近郊。

现藏：西安碑林博物馆。

著录：《全唐文补遗》（第五辑）《新中国出土墓志·陕西贰》《西安碑林博物馆新藏墓志汇编》。

备注：盖已断裂。

提要：志文记载周思忠的家世及生平情况。其历官咸宁右果毅、游击将军、右威卫郎将、明威将军、壮武将军、翊府中郎等。

敬奉墓志

全称：□唐故敬府君墓志铭并序。

年代：唐天宝四年（745）刻。

形制：盖盝形，长 0.44 米，宽 0.49 米。志长 0.43 米，宽 0.53 米。

行字：盖文篆书 3 行，满行 2 字，题 "唐故敬
公墓志"。志文楷书 22 行，满行 18 字。

纹饰：盖四刹饰缠枝卷叶纹。

出土：出土于靖边县红墩界乡圪坨河村，时
间不详。

现藏：榆林市文物保护研究所。

著录：《榆林碑石》《全唐文补遗》（第八辑）
《新中国出土墓志·陕西叁》。

提要：志文记载敬奉的家世及生平情况。

杨洪素墓志

全称：弘农杨君墓志并序。

年代：唐天宝四年（745）刻。

形制：盖盝形，志方形。志、盖尺寸相同。
边长 0.57 米。

行字：盖文篆书 2 行，满行 2 字，题 "杨公
墓志"。志文楷书 14 行，满行 14—28
字不等。

纹饰：盖四周饰十二生肖图案，四刹及四侧
饰牡丹花纹。

出土：出土于靖边县红墩界乡圪坨河村，时
间不详。

现藏：榆林市文物保护研究所。

著录：《榆林碑石》《全唐文补遗》（第八辑）
《新中国出土墓志·陕西叁》。

提要：志文记载杨洪素的家世及生平情况。

张亮墓志

全称：唐故昭武校尉冯翊连邑府左果毅都尉
大同军总管赐紫金鱼袋上柱国张公
墓志铭。

年代：唐天宝四年（745）刻。

形制：盖盝形，志正方形。志、盖尺寸相同。
边长 0.52 米。

行字：盖文篆书 3 行，满行 3 字，题 "大唐

故张府君墓志铭"。志文楷书 20 行，
满行 20 字。

纹饰：盖四刹及志四侧饰缠枝海石榴花纹。

出土：出土于靖边县红墩界乡圪坨河村，时间
不详。

现藏：榆林市文物保护研究所。

著录：《榆林碑石》《全唐文补遗》（第八辑）
《新中国出土墓志·陕西叁》。

提要：志文记载张亮的家世及生平情况。

唐睿宗妃王芳媚墓志

全称：大唐睿宗大圣真皇帝贤妃王氏墓志铭
并序。

年代：唐天宝四年（745）刻。

形制：盖盝形，志正方形。志、盖尺寸相同。
边长 0.77 米。

行字：盖文篆书 4 行，满行 4 字，题 "大唐
睿宗大圣真皇帝贤妃王氏墓志铭"。
志文楷书 31 行，满行 32 字。

撰书：王焘撰。

纹饰：盖四周饰莲花纹，四刹饰四神图案。

出土：1967 年出土于蒲城县三合乡王贤
妃墓。

现藏：蒲城县博物馆。

著录：《隋唐五代墓志汇编》《全唐文补遗》
（第一辑）《蒲城县志》。

提要：志文记载唐睿宗妃王芳媚的家族世系
及生平情况。

卢之翰妻韦氏墓志

全称：唐魏郡临黄县尉卢之翰妻京兆韦氏
墓志铭并序。

年代：唐天宝四年（745）刻。

形制：志正方形。边长 0.59 米。

行字：志文楷书 25 行，满行 25 字。

撰书：卢之翰撰并书。

出土：出土时间、地点不详。

现藏：西安市长安博物馆。

著录：《长安新出墓志》《长安碑刻》《新中国出土墓志·陕西叁》。

提要：志文记载卢之翰妻京兆韦氏的家世及生平情况。

雷君妻宋氏墓志

全称：唐故正议大夫行内侍上柱国雷府君夫人故乐寿郡君宋氏墓志铭并序。

年代：唐天宝四年（745）刻。

形制：盖盝形，志正方形。志、盖尺寸相同。边长 0.53 米。

行字：盖文篆书 4 行，满行 4 字，题"大唐故太傅雷府君故夫人宋氏墓志铭"。志文楷书 22 行，满行 23 字。

撰书：梁涉撰。

纹饰：盖四刹饰四神图案，盖四周饰海石榴纹。

出土：1955 年出土于西安市东郊韩森寨。

现藏：西安碑林博物馆。

著录：《全唐文补遗》（第三辑）《新中国出土墓志·陕西贰》《西安碑林全集》。

提要：志文记载宋氏的生平。

石台孝经

全称：大唐开元天宝圣文神武皇帝注孝经台。

年代：唐天宝四年（745）刻立。

形制：额方形，碑身由四块青石合为方柱形，置于 3 层方形台之上。通高 6.20 米，每面宽 1.32 米。

行字：额篆书 4 行，满行 4 字，题"大唐开元天宝圣文神武皇帝注孝经台"。正文隶书，前三面各 18 行，末面 7 行，满行 55 字。

撰书：李隆基制文并注书，李旦篆额。

纹饰：碑额顶部呈山岳状，碑额饰卷云纹及瑞兽图案。石台四面饰缠枝牡丹、瑞兽等图案。

出土：原立于唐长安国子监，唐末移置于尚书省西隅，宋元祐年间（1086—1093）移藏西安碑林。

现藏：西安碑林博物馆。

著录：《西安碑林全集》《金石萃编》《金石录》。

备注：碑文有漫漶。碑文末面后半部分为上下两栏，上栏右半部为李齐古撰表文，楷书 9 行。左半部为李隆基亲笔批答。下栏为楷书题名 4 列。

提要：《孝经》是孔子的学生曾参与孔子问答之辞。其主旨在于讲孝悌之道，为儒家经典之一。因西汉中期《古文孝经》出于孔子旧宅，刘歆请求将之立于学宫，故引起了经今古文之争。至唐初，郑玄注本及刘炫《伪孔本》均流行于世。为此，开元十年（722）及天宝二年（742）唐玄宗曾两次训注《孝经》。此碑文即玄宗将注释的《孝经》和序文亲书以刊布天下。

李思元墓志

全称：大唐李君墓志铭并序。

年代：唐天宝五年（745）刻。

形制：盖盝形，志正方形。志、盖尺寸相同。边长 0.37 米，厚 0.04 米。

行字：盖文篆书 3 行，满行 3 字，题"大唐故李君之墓志铭"。志文楷书 22 行，满行 22 字。

纹饰：盖四周饰回纹，四刹及四侧饰花卉、象形锯齿纹。志四侧饰缠枝蔓草纹。

出土：出土时间、地点不详。1962 年朝邑李善初先生捐赠朝邑文化馆。

现藏：大荔县文物局。

著录：《大荔碑刻》。

提要：志文记载李思元的生平情况。

左君夫人墓志

全称：唐故兵部常选南阳左府君夫人墓志铭并序。

年代：唐天宝五年（746）刻。

形制：盖盝形，志长方形。志、盖尺寸相同。边长 0.60 米，厚 0.12 米。

行字：盖文篆书 3 行，满行 3 字，题"大唐故左府君墓志铭"。志文楷书 21 行，每行 24 字。

撰书：武□撰。

纹饰：盖四刹饰忍冬纹。

出土：出土于临潼县栎阳镇卷子村，时间不详。

现藏：西安市临潼博物馆。

备注：志面漫漶严重。

提要：志文记载志主的家世及生平情况。惜今多无法辩识。

孙氏墓志

全称：大唐庆国故细人孙氏墓志铭并序。

年代：唐天宝五年（746）刻。

形制：志正方形。边长 0.47 米。

行字：志文楷书 15 行，满行 15 字。

撰书：王齐同撰。

出土：1966 年出土于临潼县西泉乡。

现藏：西安碑林博物馆。

著录：《唐代墓志汇编续集》《西安碑林全集》《新中国出土墓志·陕西贰》。

提要：志文记载孙氏的生平情况。

杨惠墓志

全称：故宣城郡司兵参军事杨府君墓志铭

并叙。

年代：唐天宝五年（746）刻。

形制：盖盝形，志正方形。志、盖尺寸相同。边长 0.48 米，厚 0.10 米。

行字：盖文篆书 3 行，满行 3 字，题"大唐故杨府君墓志铭"。志文楷书 19 行，满行 19 字。

撰书：严迥撰。

纹饰：志四侧饰十二生肖图案，盖四刹饰瑞兽图案。

出土：2002 年出土于西安市长安区三爻村。

现藏：西安碑林博物馆。

著录：《碑林集刊》（第 9 辑）《全唐文补遗》（第八辑）《西安碑林博物馆新藏墓志汇编》。

提要：志文记载杨惠的家世及生平情况。其历官太庙斋郎、赵郡参军、宣城郡司兵参军。

骞君妻郑氏墓志

全称：故余杭郡录事参军骞府君夫人郑氏墓志铭并序。

年代：唐天宝五年（746）刻。

形制：志正方形。边长 0.36 米。

行字：志文楷书 17 行，满行 10—20 字不等。

撰书：陆据撰。

出土：1955 年出土于西安市东郊郭家滩。

现藏：西安碑林博物馆。

著录：《全唐文补遗》（第三辑）。

备注：墨书砖志。

提要：志文简述郑氏的卒年、葬地等信息。

郝四墓志

全称：唐故郝府君墓志铭叙曰。

年代：唐天宝五年（746）刻。

形制：志正方形。边长 0.55 米。

行字：志文楷书 20 行，满行 20 字。有界格。

出土：出土时间、地点不详。2006 年入藏西安碑林博物馆。

现藏：西安碑林博物馆。

著录：《西安碑林博物馆新藏墓志汇编》。

提要：志文记载郝四的家世、生平及夫人索氏等情况。

药元墓志

全称：唐故药府君墓志铭并序。

年代：唐天宝六年（747）刻。

形制：盖盝形，志正方形。志、盖尺寸相同。边长 0.56 米。

行字：盖文篆书 2 行，满行 2 字，题"药公墓志"。志文楷书 21 行，满行 22 字。

纹饰：盖四刹饰牡丹花卉纹。

出土：出土于靖边县红墩界乡圪坨河村，时间不详。

现藏：榆林市文物保护研究所。

著录：《榆林碑石》《全唐文补遗》（第八辑）《新中国出土墓志·陕西叁》。

提要：志文记载药元的家世及生平情况。其历官左羽林军飞骑、游骑将军、守左武威卫、绛州万泉府折冲都尉等。

臧一墓志

全称：唐故勋卫臧公墓志铭并序。

年代：唐天宝六年（747）刻。

形制：盖盝形，志正方形。志、盖尺寸相同。边长 0.54 米。

行字：盖文楷书 3 行，满行 2 字，题"大唐臧公墓志"。志文楷书 21 行，满行 20 字。

纹饰：盖四刹饰缠枝卷叶纹。

出土：出土于靖边县红墩界乡圪坨河村，时间不详。

现藏：榆林市文物保护研究所。

著录：《榆林碑石》《新中国出土墓志·陕西叁》。

备注：部分文字漫漶。

提要：志主臧一，字怀一。志文记载其籍贯、家世及生平情况。

武夫人墓志

全称：唐故武夫人墓志铭并序。

年代：唐天宝六年（747）刻。

形制：盖盝形，志正方形。志、盖尺寸相同。边长 0.52 米。

行字：盖文篆书 2 行，满行 2 字，题"武氏墓志"。志文楷书 18 行，满行 18 字。

纹饰：盖四刹饰缠枝海石榴纹，四角饰几何纹。志四侧饰十二生肖图案。

出土：出土于靖边县红墩界乡圪坨河村，时间不详。

现藏：榆林市文物保护研究所。

著录：《榆林碑石》《全唐文补遗》（第八辑）《新中国出土墓志·陕西叁》。

提要：志文记载武夫人的生平情况。

赵明墓志

全称：唐故承奉郎平凉郡平凉县令天水赵君墓志铭并序。

年代：唐天宝六年（747）刻。

形制：盖盝形，志正方形。志、盖尺寸相同。边长 0.42 米，厚 0.08 米。

行字：盖文篆书 3 行，满行 3 字，题"大唐故赵府君墓志铭"。志文楷书 23 行，满行 23 字。

纹饰：盖题四周、四刹均饰牡丹纹，志四侧饰团云纹。

出土：出土于长安县王曲镇，时间不详。2001 年入藏西安碑林博物馆。

现藏：西安碑林博物馆。

备注：右下角残缺。

提要：志文记载赵明的家世及生平情况。

张去奢墓志

全称：大唐故少府监范阳县伯张公墓志铭并序。

年代：唐天宝六年（747）刻。

形制：盖盝形，志正方形。志、盖尺寸相同。边长 0.88 米。

行字：盖文篆书 4 行，满行 4 字，题"大唐银青光禄大夫少府监张公墓志铭"。志文楷书 35 行，满行 35 字。

撰书：韦述撰，裴冕书。

纹饰：盖四周饰卷叶牡丹纹，盖四刹饰四神图案，志四侧饰十二生肖图案。

出土：1953 年出土于咸阳市底张湾。

现藏：西安碑林博物馆。

著录：《隋唐五代墓志汇编》《全唐文补遗》（第三辑）《新中国出土墓志·陕西贰》。

备注：盖右上角残缺。

提要：记述张去奢的家世及生平情况。其历官左卫率府、左金吾卫二长史、太子司议郎、右赞善大夫、郓沁二州刺史、殿中少监、京兆尹、右金吾卫大将军等。

蔺元亮墓志

全称：左金吾卫昌化郡善训府左果毅上柱国蔺君墓志文。

年代：唐天宝六年（747）刻。

形制：志正方形。边长 0.39 米。

行字：志文楷书 19 行，满行 20 字。

纹饰：盖顶刻 9 个方格，无字。四刹饰牡丹花纹。

出土：1956 年出土于西安市东郊韩森寨。

现藏：西安碑林博物馆。

著录：《全唐文补遗》（第六辑）《西安碑林全集》《新中国出土墓志·陕西贰》。

提要：志文记载墓主蔺元亮的家世及生平。其历官原州板井戍主、鄜州修武府别将、昌化郡善训府左果毅等。

李臣墓志

全称：唐故将仕郎上柱国李府君墓志铭并序。

年代：唐天宝七年（748）刻。

形制：盖盝形，志正方形。志、盖尺寸相同。边长 0.52 米。

行字：盖文篆书 3 行，满行 3 字，题"大唐故李府君墓志铭"。志文楷书 20 行，满行 20 字。

纹饰：盖四刹饰缠枝卷叶纹。

出土：出土于靖边县红墩界乡圪坨河村，时间不详。

现藏：榆林市文物保护研究所。

著录：《榆林碑石》《全唐文补遗》（第八辑）《新中国出土墓志·陕西叁》。

提要：志文记载李臣的家世及生平情况。其曾任将仕郎。

李璲墓志

全称：唐故益昌郡绵谷县令李府君墓志铭并序。

年代：唐天宝七年（748）刻。

形制：志正方形。边长 0.35 米。

行字：志文楷书 18 行，满行 18 字。

出土：出土时间、地点不详。

现藏：西安市长安博物馆。

著录：《长安新出墓志》《长安碑刻》。

提要：志文记载李璲的家世及生平情况。其历官彭山县尉、西河郡显城主簿、益昌郡绵谷县令等。

吴巽墓志

全称： 大唐故右威卫兵曹参军吴府君墓志铭并序。

年代： 唐天宝七年（748）刻。

形制： 盖盝形，志正方形。志、盖尺寸相同。边长 0.59 米。

行字： 盖文楷书 3 行，满行 3 字，题"大唐故吴府君墓志铭"。志文楷书 23 行，满行 26 字。

纹饰： 盖四周饰牡丹纹，四刹饰四神图案，志四侧饰蔓草纹。

出土： 1956 年出土于西安市东郊洪庆村。

现藏： 西安碑林博物馆。

著录：《唐代墓志汇编续集》《西安碑林全集》《新中国出土墓志·陕西贰》。

提要： 志文记载吴巽的生平情况。其曾任蜀郡双流尉、右威卫兵曹参军。

吴守忠墓志

全称： 大唐故游击将军守庆王府左亲事典军员外置同正员别敕右羽林军长上上柱国吴府君墓志铭并序。

年代： 唐天宝七年（748）刻。

形制： 盖盝形，志长方形。志、盖尺寸相同。长 0.45 米，宽 0.46 米。

行字： 盖文篆书 3 行，满行 3 字，题"大唐故吴府君墓志铭"。志文楷书 22 行，满行 22 字。

纹饰： 盖四刹饰四神图案，志四侧饰蔓草纹。

出土： 1954 年出土于西安市东郊高楼村。

现藏： 西安碑林博物馆。

著录：《唐代墓志汇编续集》《西安碑林全集》《新中国出土墓志·陕西贰》。

提要： 志文记载吴守忠的生平情况。

张去逸墓志

全称： 故银青光禄大夫太仆卿上柱国张府君墓志铭并序。

年代： 唐天宝七年（748）刻。

形制： 盖盝形，志正方形。志、盖尺寸相同。边长 0.75 米。

行字： 盖文篆书 3 行，满行 3 字，题"大唐故张府君墓志铭"。志文楷书 27 行，满行 27 字。

撰书： 李贲撰。

纹饰： 盖四周饰卷叶牡丹纹，四刹饰四神图案，志四侧饰蔓草纹及十二生肖图案。

出土： 1953 年出土于咸阳市底张湾。

现藏： 西安碑林博物馆。

著录：《隋唐五代墓志汇编》《全唐文补遗》（第三辑）《新中国出土墓志·陕西贰》。

提要： 记述张去逸的家世及生平情况。张去逸为唐玄宗姨表兄弟，曾任左卫率府兵曹参军、太子家令丞、太子舍人、殿中少监、银青光禄大夫等。

严令元墓志

全称： 大唐故宣德郎庆州马岭县令会稽严府君墓志铭并序。

年代： 唐天宝七年（748）刻。

形制： 盖盝形，长 0.43 米，宽 0.45 米。志长 0.43 米，宽 0.44 米。

行字： 盖文篆书 3 行，满行 3 字，题"大唐故严府君墓志铭"。志文楷书 20 行，满行 20 字。

纹饰： 盖四刹饰牡丹花纹，志四侧饰番石榴纹。

出土： 1955 年出土于西安市东郊郭家滩。

现藏： 西安碑林博物馆。

著录：《唐代墓志汇编续集》《西安碑林全集》《新中国出土墓志·陕西贰》。

提要：志文记载严令元之生平。其曾任宁州安定县丞、马岭县令。

桓义成墓志

全称： 大唐故宁远将军河东郡盐海府折冲都尉致仕桓府君墓志铭并序。

年代： 唐天宝七年（748）刻。

形制： 志长0.44米，宽0.43米。

行字： 志文楷书24行，满行24字。

纹饰： 志四侧饰宝相花纹。

出土： 1984年出土于乾县薛禄镇南里村，同年入藏西安碑林。

现藏： 西安碑林博物馆。

著录：《唐代墓志汇编续集》《西安碑林博物馆新藏墓志汇编》《新中国出土墓志·陕西贰》。

提要： 记述桓义成的家世及生平情况。其历官灵州武略府别将、银州龙川府左果毅都尉、坊州杏城府左果毅都尉、蒲州六军府折冲都尉、盐海府折冲都尉等。

韩王妃杜氏墓志

全称： 大唐故国子祭酒鲁郡太守（下缺）嗣韩王妃京兆杜氏墓志并序。

年代： 唐天宝七年（748）刻。

形制： 盖盝形，志正方形。志、盖尺寸相同。边长0.60米。

行字： 志文楷书27行，满行29字。

撰书： 王涣撰。

纹饰： 盖四刹饰流云及兽纹。

出土： 1972年出土于富平县吕村乡古留村。

现藏： 西安碑林博物馆。

著录：《全唐文补遗》（第三辑）《新中国出土墓志·陕西贰》。

备注： 志断为两块，有残缺，盖残破。

提要：志文记载杜氏的家世及生平情况。

常无逸神道碑

全称： 唐故朝请大夫内事省内给事上柱国常府君神道碑。

年代： 唐天宝八年（749）刻立。

形制： 螭首。高2.51米，宽0.87米，厚0.26米。

行字： 额篆书4行，满行3字，题"大唐故内给事常府君神道碑"。正文楷书31行，满行59字。

撰书： 常无求撰，法融书。

纹饰： 碑两侧饰朱雀及缠枝牡丹纹。

出土： 1974年出土于临潼县西泉乡椿树村。

现藏： 西安市临潼博物馆。

著录：《临潼碑石》《全唐文补遗》（第三辑）。

提要： 碑文记载常无逸的生平、历官情况等。

耿重琇墓志

全称： 大唐故尚书祠部主事巨鹿耿公墓志铭一首并序。

年代： 唐天宝八年（749）刻。

形制： 盖盝形，志正方形。志、盖尺寸相同。边长0.40米。

行字： 盖文篆书3行，满行3字，题"大唐故耿府君墓志铭"。志文楷书23行，满行22字。

撰书： 常慇撰，耿宅相书。

纹饰： 盖四刹及志四侧均饰蔓草纹。

出土： 出土时间、地点不详。

现藏： 西安交通大学博物馆。

著录：《西安交通大学博物馆藏品集锦——碑石书法卷》。

提要： 志文记载耿重琇的家世、生平及历官情况。其历官将作监左校署丞、内侍省主事、殿中省主事、尚书祠部主事等。

魏惠奴墓志

全称： 魏氏女墓志铭并序。

年代： 唐天宝八年（749）刻。

形制： 志正方形。边长 0.36 米。

行字： 志文楷书 17 行，满行 18 字。

出土： 出土时间、地点不详。

现藏： 西安市长安博物馆。

著录：《长安新出墓志》《长安碑刻》。

提要： 志文记载魏惠奴之生平。

独孤祎之妻张金额墓志

全称： 唐故左骁卫将军兼羽林将军独孤公夫人清河张氏墓志铭并序。

年代： 唐天宝八年（749）刻。

形制： 盖盝形，志正方形。志、盖尺寸相同。边长 0.55 米，厚 0.07 米。

行字： 盖文楷书 3 行，满行 3 字，题"大唐故张夫人墓志石"。志文楷书 29 行，满行 30 字。

纹饰： 志四侧饰缠枝蔓草纹。

出土： 1990 年出土于高陵县崇皇乡船张村砖厂。

现藏： 高陵县文化馆。

著录：《高陵碑石》《新中国出土墓志·陕西壹》。

提要： 志文记载独孤祎之及其夫人张金额的生平简况及子嗣情况。

张氏墓志

全称： 唐故范阳张氏墓志铭。

年代： 唐天宝八年（749）刻。

形制： 志正方形。边长 0.34 米，厚 0.07 米。

行字： 志文楷书 10 行，满行 14 字。

纹饰： 志四侧饰卷叶纹。

出土： 出土时间、地点不详。

现藏： 西安博物院。

著录：《隋唐五代墓志汇编》《全唐文补遗》（第五辑）。

备注： 志面有残损，四侧残损严重。

提要： 志文记载范阳张氏的生平及子嗣等。

李忠义墓志

全称： 唐故云麾将军左龙武军将军上柱国渭源县开国男李府君墓志铭并序。

年代： 唐天宝八年（749）刻。

形制： 志正方形。边长 0.60 米。

行字： 志文楷书 30 行，满行 30 字。

撰书： 申屠泚撰，赵守□书。

纹饰： 志四侧饰十二生肖图案。

出土： 1987 年出土于西安市东郊韩森寨，同年入藏西安碑林。

现藏： 西安碑林博物馆。

著录：《唐代墓志汇编续集》《西安碑林博物馆新藏墓志汇编》《新中国出土墓志·陕西贰》。

提要： 志文记载李忠义的家世及生平情况。其历官扶风郡玉泉府左果毅、水衡府左果毅、扶风郡邵吉府折冲、河东郡秦城府折冲、左龙武军右郎将、忠武将军、云麾将军等。

王思庄墓志

全称： 大唐故云麾将军右龙武军大将军上柱国封芥休县开国男王府君墓志铭并序。

年代： 唐天宝九年（750）刻。

形制： 志正方形。边长 0.51 米。

行字： 志文楷书 26 行，满行 26 字。有界格。

纹饰： 志四侧饰十二生肖图案。

出土： 出土时间、地点不详。2006 年入藏西安碑林博物馆。

现藏：西安碑林博物馆。

著录：《西安碑林博物馆新藏墓志汇编》。

提要：志文记载王思庄的家世及生平情况。

韦巽墓志

全称：唐故新平郡三水县主簿韦君墓志铭
并序。

年代：唐天宝九年（750）刻。

形制：志正方形。边长 0.43 米。

行字：志文楷书 25 行，满行 25 字。

撰书：于休烈撰。

出土：出土时间、地点不详。

现藏：西安市长安博物馆。

著录：《长安新出墓志》《长安碑刻》。

提要：志文记载韦巽的家世及生平情况。其
曾任邠州三水县主簿。

尉迟阿道墓志

全称：大唐故四品子尉迟府君墓志铭并序。

年代：唐天宝九年（750）刻。

形制：志正方形。边长 0.32 米。

行字：盖文楷书 4 行，满行字数不等，题"大
唐天宝九载三月一日尉迟阿道墓志石
记"。志文楷书 11 行，满行 21 字。

出土：1956 年出土于西安市东郊王家坟。

现藏：西安碑林博物馆。

著录：《全唐文补遗》（第五辑）《新中国出
土墓志·陕西贰》。

备注：砖志，断裂为两块，并残一角。

提要：志文记载尉迟阿道的卒葬时间、地点
等情况。

李琬第八女墓志

全称：大唐荣王故第八女墓志铭并序。

年代：唐天宝九年（750）刻。

形制：盖盝形，志长方形。志、盖尺寸相同。
长 0.74 米，宽 0.70 米。

行字：盖文篆书 3 行，满行 3 字，题"唐荣
王故八女墓志铭"。志文行书 25 行，
满行 25 字。

撰书：赵楚宾撰，李思诠书。

纹饰：盖四周饰牡丹花纹，盖四刹饰四神图
案，志四侧饰十二生肖图案。

出土：1966 年出土于临潼县西泉乡唐村。

现藏：西安碑林博物馆。

著录：《唐代墓志汇编续集》《西安碑林全
集》《新中国出土墓志·陕西贰》。

备注：盖残损严重。

提要：志文记载唐玄宗之孙女、荣王李琬第
八女的生平。

朱祥妻蔺氏龛铭

全称：有唐故蔺夫人龛铭并序

年代：唐天宝九年（750）刻。

形制：志长 0.35 米，宽 0.46 米。

行字：志文楷书 21 行，满行 16 字。

撰书：赵克勋撰。

出土：出土于西安市近郊，时间不详。

现藏：西安碑林博物馆。

著录：《隋唐五代墓志汇编》《全唐文补遗》
（第三辑）《新中国出土墓志·陕西贰》。

提要：志文记载吴县令朱祥之妻蔺氏的生平。

田福仙墓志

全称：大唐故云麾将军行左龙武将军员外置
同正员上柱国田府君墓志铭并序

年代：唐天宝九年（750）刻。

形制：盖盝形，志正方形。志、盖尺寸相同。
边长 0.59 米。

行字：盖文篆书 3 行，满行 3 字，题"大唐
故田府君墓志铭"。志文楷书 17 行，

满行 17 字。

纹饰：盖四刹及志四侧饰蔓草纹。

出土：出土于西安市近郊，时间不详。

现藏：西安碑林博物馆。

著录：《全唐文补遗》（第五辑）《新中国出土墓志·陕西贰》。

提要：志文记载田福仙的生平、历官和子嗣情况。其历官凉川镇副、右金吾卫绛州景山府左果毅、右领军卫华州神水府左果毅等。

王润墓志

全称：琅耶王润墓记铭并叙。

年代：唐天宝九年（750）刻。

形制：志正方形。边长 0.42 米。

行字：志文楷书 16 行，满行 18 字。

撰书：李谦述。

纹饰：盖四刹饰牡丹纹，志四侧饰卷云纹。

出土：1956 年出土于西安市东郊韩森寨。

现藏：西安碑林博物馆。

著录：《全唐文补遗》（第三辑）《西安碑林全集》《新中国出土墓志·陕西贰》。

提要：志文记载王润的家世、生平情况。

屈元寿墓志

全称：大唐故云麾将军右龙武军将军同正上柱国南浦县开国男屈府君墓志铭并序。

年代：唐天宝九年（750）刻。

形制：盖盝形，志正方形。志、盖尺寸相同。边长 0.59 米。

行字：盖文篆书 3 行，满行 3 字，题"大唐故屈府君墓志铭"。志文楷书 32 行，满行 33 字。

撰书：申屠泚撰，张少悌书。

纹饰：盖四周饰牡丹纹，四刹饰四神图案，志四侧饰十二生肖图案。

出土：1956 年出土于西安市东郊郭家滩。

现藏：西安碑林博物馆。

著录：《唐代墓志汇编续集》《西安碑林全集》《新中国出土墓志·陕西贰》。

备注：盖裂为 3 块。

提要：志文记载屈元寿的家世、生平及历官情况。其历官平阳郡晋安府果毅都尉、华阴郡义津府折冲都尉、宁远将军、右武卫翊府左郎将、定远将军、右龙武军右郎将、右龙武军将军等。

王公妻李二娘墓志

全称：大唐华原县丞王公故美人李氏墓志铭并序。

年代：唐天宝九年（750）刻。

形制：盖盝形，志正方形。志、盖尺寸相同。边长 0.35 米。

行字：盖文篆书 3 行，满行 3 字，题"故美人李二娘墓志铭"。志文楷书 16 行，满行 17 字。

纹饰：盖四刹饰蔓草纹，志四侧饰卷云纹。

出土：1956 年出土于西安市东郊韩森寨。

现藏：西安碑林博物馆。

著录：《唐代墓志汇编续集》《西安碑林全集》《新中国出土墓志·陕西贰》。

提要：志文记载李二娘的家世及生平情况。

郭文喜墓志

全称：唐故云麾将军左龙武军将军郭府君墓志铭并序。

年代：唐天宝九年（750）刻。

形制：志正方形。边长 0.58 米。

行字：志文行书 19 行，满行 22 字。

纹饰：志四侧刻有十二位身穿长袍的人物，均双膝跪地，双手抱于胸前，每人手中各拿一笏板，帽上分别刻有十二生肖图案。

出土：2000 年出土于西安市东郊。

现藏：西安碑林博物馆。

著录：《碑林集刊》（第 9 辑）《全唐文补遗》（第八辑）《西安碑林博物馆新藏墓志汇编》。

提要：志文记载郭文喜的家世及生平情况。

陈祎墓志

全称：唐故承议郎行临海郡宁海县令陈府君墓志铭并序。

年代：唐天宝九年（750）刻。

形制：志正方形。边长 0.60 米。

行字：志文楷书 25 行，满行 25 字。

撰书：魏凌撰。

出土：出土时间、地点不详。

现藏：西安市长安博物馆。

著录：《全唐文补遗》（第五辑）《长安新出墓志》《长安碑刻》。

备注：志石残断。

提要：志文记载陈祎的家世及生平情况。

安公妻宇文八娘墓志

全称：大唐卫尉寺少卿安公故妻宇文氏墓志铭并序。

年代：唐天宝九年（750）刻。

形制：志正方形。边长 0.53 米。

行字：志文行书 20 行，满行 20 字。

出土：出土时间、地点不详。

现藏：西安博物院。

提要：志文记载安公妻宇文氏的家世及生平情况。

宇文君妻白氏墓志

全称：唐故绛郡翼城县丞宇文府君夫人太原白氏权厝文。

年代：唐天宝十年（751）刻。

形制：志正方形。边长 0.35 米。

行字：志文楷书 22 行，满行 23 字。

出土：出土时间、地点不详。2007 年入藏岐山县博物馆。

现藏：岐山县博物馆。

提要：志文记载白氏的家世及生平情况。

臧怀亮墓志

全称：大唐故冠军将军左羽林军大将军东莞郡开国公上柱国臧府君墓志铭并序。

年代：唐天宝十年（751）刻。

形制：盖盝形，志正方形。志、盖尺寸相同。边长 0.75 米，厚 0.11 米。

行字：盖文篆书 3 行，满行 3 字，题"大唐故臧府君墓志铭"。志文楷书 37 行，满行 37 字。

撰书：颜真卿书。

纹饰：盖四周饰卷云、蔓草纹，四刹饰四神、卷云和蔓草纹，志四侧饰十二生肖图案。

出土：1985 年出土于三原县陵前镇三合村臧怀亮墓。

现藏：三原县博物馆。

著录：《文博》（1996 年第 1 期）《隋唐五代墓志汇编》《新中国出土墓志·陕西壹》。

提要：此墓志为臧怀亮妻死后于天宝十年所制的合祔墓志。

王秀墓志

全称：故德阳郡金堂县王君墓志铭并序。

年代：唐天宝十年（751）刻。

形制：志长 0.67 米，宽 0.66 米。

行字：志文楷书 24 行，满行 23 字。

纹饰：志四周饰牡丹纹。

出土：出土时间、地点不详。

现藏：西安市长安博物馆。

著录：《长安新出墓志》《长安碑刻》。

提要：志文记载王秀的家世及生平情况。

陆振墓志

全称：大唐故陆府君墓志并序。

年代：唐天宝十年（751）刻。

形制：盖盝形，志正方形。志、盖尺寸相同。
边长 0.38 米。

行字：盖文篆书 3 行，满行 3 字，题"大唐
故陆府君墓志铭"。志文楷书 21 行，
满行 21 字。

出土：1956 年出土于西安市东郊韩森寨。

现藏：西安碑林博物馆。

著录：《全唐文补遗》（第五辑）《新中国出
土墓志·陕西贰》。

备注：盖左下角断裂，志已裂为三块。

提要：志文记载陆振的家世及生平情况。其
历任左卫率府录事参军、左金吾卫胄
曹参军。陆振曾祖陆元方、祖陆象先，
两《唐书》均有传。

朱元昊墓志

全称：大唐故中大夫行盛王府咨议直集贤院
朱府君墓志铭并序。

年代：唐天宝十一年（752）刻。

形制：盖盝形，志正方形。志、盖尺寸相同。
边长 0.58 米，厚 0.10 米。

行字：盖文篆书 3 行，满行 3 字，题"大唐
故朱府君墓志铭"。志文隶书 26 行，
满行 26 字。

撰书：于休烈撰，张芬书并篆盖，张灌、杨
秀岩刻。

纹饰：盖四周饰几何纹，盖四刹饰瑞兽及云
纹。志四侧饰团花纹。

出土：2001 年出土于西安市东郊高家沟村。

现藏：西安碑林博物馆。

著录：《碑林集刊》（第 9 辑）《全唐文补遗》
（第八辑）《西安碑林博物馆新藏墓志
汇编》。

提要：志文记载朱元昊的家世生平及历官情
况。其历官丽正殿御书手、左卫翊一府
兵曹参军、工部主事、门下主事、门下
录事、少府监丞、盛王府咨议等。

解舜墓志

全称：大唐故宁远将军守右金吾卫平阳郡羊
邑府折冲都尉员外置同正员解府君
墓志铭并序。

年代：唐天宝十一年（752）刻。

形制：志正方形。边长 0.36 米。

行字：志文楷书 23 行，满行 23 字。

撰书：张遇撰。

出土：出土时间、地点不详。

现藏：西安市长安博物馆。

著录：《长安新出墓志》。

提要：志文记载解舜的家世及生平情况。其
历官沔阳郡阁川府别将、盐川郡盐川
府果毅都尉、宁远将军、敦煌文城平
阳三郡折冲都尉。

李琰第五女墓志

全称：大唐赠南川县主墓志铭并序。

年代：唐天宝十一年（752）刻。

形制：志正方形。边长 0.61 米。

行字：志文楷书 21 行，满行 23 字。

撰书：赵楚宾撰，韩择木书。

出土：1954 年出土于西安市东郊郭家滩。同
年入藏西安碑林。

现藏：西安碑林博物馆。

著录：《唐代墓志汇编》《全唐文补遗》（第
一辑）《新中国出土墓志·陕西贰》。

提要：志文记载唐玄宗之孙即棣王李琰的第
　　　五女的生平情况。

多宝塔碑

全称：大唐西京千福寺多宝佛塔感应碑文。
年代：唐天宝十一年（752）刻立。
形制：螭首龟座。通高 3.95 米，宽 1.04 米，
　　　厚 0.30 米。
行字：正文楷书 34 行，满行 66 字。
撰书：岑勋撰，颜真卿书，徐浩题额。
出土：原在长安千福寺，宋初移至文庙，后
　　　移藏西安碑林。
现藏：西安碑林博物馆。
著录：《西安碑林全集》《金石萃编》《石墨
　　　镌华》。
备注：座已残，额有断痕。碑阴为唐《楚金
　　　禅师碑》，左侧为金刘仲草书游诗。
　　　右侧为金莲峰真逸楷书题记。
提要：碑文记载多宝佛塔建塔之原委及建造
　　　经过。

*杨珣碑

年代：唐天宝十二年（753）刻立。
形制：螭首方座。通高 6.77 米，宽 2.19 米，
　　　厚 0.65 米。
行字：额篆书 2 行，满行 4 字，题"弘农先贤
　　　积庆之碑"。正文隶书 26 行，满行 57 字。
撰书：李隆基书，李亨篆额。
纹饰：碑座饰瑞兽图案。
出土：此碑自立未移。
现藏：扶风县法门镇石碑村。
提要：碑文记载杨珣的家世及生平情况。

王守节墓志

全称：故云麾将军行右龙武军将军上柱国清
　　　源县开国男王府君墓志文并序。

年代：唐天宝十二年（753）刻。
形制：志正方形。边长 0.75 米。
行字：志文行书 24 行，满行 25 字。
撰书：阎伯璵撰。
纹饰：志四侧饰十二生肖图案。
出土：出土时间、地点不详。
现藏：西安博物院。
著录：《隋唐五代墓志汇编》《全唐文补遗》
　　　（第二辑）。
提要：志文记载王守节的家世、生平及历
　　　官情况。其历官上党郡从善府别将、
　　　雁门郡凤池府左果毅都尉、宝鼎府
　　　果毅、银川郡龙川府折冲都尉等。

张元忠妻令狐氏墓志

全称：唐故银青光禄大夫行内侍员外置同正
　　　员上柱国张公夫人雁门郡夫人令狐
　　　氏墓志铭并序。
年代：唐天宝十二年（753）刻。
形制：志正方形。边长 0.55 米。
行字：志文行书 20 行，满行 20 字。
出土：出土于西安市近郊，时间不详。1949
　　　年前入藏西安碑林。
现藏：西安碑林博物馆。
著录：《唐代墓志汇编》《西安碑林全集》。
提要：志文记载令狐氏的生平及其夫张元忠
　　　的官职情况。

郭英奇墓志

全称：大唐故壮武将军守左威卫大将军兼五
　　　原太守郭府君墓志铭并序。
年代：唐天宝十二年（754）刻。
形制：盖盝形，志正方形。盖边长 0.93 米，
　　　厚 0.15 米。志边长 0.83 米，厚 0.16 米。
行字：盖文篆书 3 行，满行 3 字，题"大唐
　　　故郭府君墓志铭"。志文行书 35 行，

满行 35 字。

撰书：韦述撰。

纹饰：盖四周饰卷云纹，四刹饰四神图案，间饰卷云纹、蔓草纹。志四侧饰十二生肖图案。

出土：1993 年出土于兴平市西吴镇北吴村砖厂。

现藏：兴平市茂陵博物馆。

著录：《全唐文补遗》（第六辑）《文博》（1998年第 3 期）。

备注：志盖一角微残。

提要：志文记载郭英奇的家世及生平情况。其历官朝散大夫、太子典设郎、左骁卫翊府左郎将、丰州都督府别驾、陇右经略使、朔方军讨击副使、五原太守等。

炽俟汕墓志

全称：唐故游击将军右武卫衔中郎将炽俟公墓志铭并序。

年代：唐天宝十三年（754）刻。

形制：志正方形。边长 0.52 米。

行字：志文楷书 26 行，满行 27 字。

撰书：米士炎撰。

出土：出土时间、地点不详。

现藏：西安市长安博物馆。

著录：《长安新出墓志》《长安碑刻》。

提要：志文记载炽俟汕的家世及生平情况。其曾任游击将军、左威卫翊府右郎将、左骁卫中郎将、右武卫中郎将等。

孟宾墓志

全称：唐故翊麾副尉安定郡泾阳府别将孟公墓志并序。

年代：唐天宝十三年（754）刻。

形制：盖盝形，志正方形。志、盖尺寸相同。

边长 0.58 米。

行字：盖文篆书 3 行，满行 3 字，题"大唐故孟公墓志之铭"。志文楷书 20 行，满行 20 字。

纹饰：盖四刹、四侧饰缠枝牡丹纹。志四侧饰缠枝海石榴纹。

出土：1995 年出土于靖边县红墩界乡圪坨河村。

现藏：榆林市文物保护研究所。

著录：《榆林碑石》《全唐文补遗》（第八辑）《新中国出土墓志·陕西叁》。

提要：志文记载孟宾的生平及历官情况。其曾任洛交郡龙交府别将、安定郡泾阳府别将。

武令漳墓志

全称：唐故壮武将军行右司御率府副率使持节银川郡诸军事兼银川太守元押本郡吐蕃党项使沛县开国男赐紫金鱼袋上柱国武公墓志铭并序。

年代：唐天宝十三年（754）刻。

形制：盖盝形，志正方形。志、盖尺寸相同。边长 0.75 米，厚 0.15 米。

行字：盖文篆书 3 行，满行 3 字，题"唐故府君武公之墓志"。志文楷书 25 行，满行 25 字。

纹饰：志四侧饰牡丹花蕾，盖四侧饰卷云纹。

出土：2002 年出土于靖边县红墩界乡下城子村。

现藏：志丹县文物管理所。

提要：志文记载武令漳的家世、生平及历官情况。由志文可知，武令漳死于天宝七年，天宝十三年迁葬。

韦豫墓志

全称：大唐故普安郡司马韦君墓志铭并序。

年代：唐天宝十三年（754）刻。

形制：盖盝形，志正方形。志、盖尺寸相同。边长 0.54 米。

行字：盖文篆书 3 行，满行 3 字，题"大唐故韦府君墓志铭"。志文楷书 24 行，满行 25 字。

纹饰：盖四周饰牡丹纹，四刹饰卷叶纹。

出土：1989 年出土于长安县韦曲镇少陵原。

现藏：西安碑林博物馆。

著录：《唐代墓志汇编续集》《西安碑林博物馆新藏墓志汇编》《新中国出土墓志·陕西贰》。

备注：志右下角残缺。

提要：志文记载韦豫的家世及生平情况。其历官邛州参军、剑州司兵、凉王府功曹、兴宁陵令、普安郡司马等。

李训妻王氏墓志

全称：唐故鸿胪寺丞李府君夫人琅琊王氏墓志铭并序。

年代：唐天宝十三年（754）刻。

形制：盖盝形，志正方形。志、盖尺寸相同。边长 0.42 米。

行字：盖文篆书 3 行，满行 3 字，题"大唐故王夫人墓志铭"。志文楷书 26 行，满行 26 字。

撰书：李促撰并书。

纹饰：盖四刹及志四侧均饰卷叶纹。

出土：2000 年出土于眉县常兴镇砖场。

现藏：西安碑林博物馆。

著录：《西安碑林博物馆新藏墓志汇编》。

提要：志文记载李训妻王氏的家世及生平。

李岘妻独孤峻墓志

全称：唐将作监李岘故妻南华县君独孤氏墓志铭并序。

年代：唐天宝十三年（754）刻。

形制：志正方形。边长 0.73 米。

行字：志文楷书 31 行，满行 31 字。

撰书：李岘撰，徐浩书。

出土：出土时间、地点不详。

现藏：西安市长安博物馆。

著录：《长安新出墓志》《长安碑刻》。

提要：志文记载独孤峻的家世及生平情况。

何德墓志

全称：唐故云麾将军右龙武军将军同正员庐江县开国伯上柱国何公墓志铭并序。

年代：唐天宝十三年（754）刻。

形制：志正方形。边长 0.61 米。

行字：志文楷书 25 行，满行 25 字。

撰书：米士炎撰，成公镇书。

出土：1956 年出土于西安市西郊土门。

现藏：西安碑林博物馆。

著录：《唐代墓志汇编续集》《西安碑林全集》《新中国出土墓志·陕西贰》。

备注：志文已漫漶。

提要：志文记载何德的家世及生平情况。其历官延安郡敦化府果毅、京兆平乡府折冲、左威卫翊府右郎将、右龙武军翊府中郎将等。

郭宣妻贾氏墓志

全称：唐故郭君武骑尉夫人贾氏墓志。

年代：唐天宝十三年（754）刻。

形制：志正方形。边长 0.39 米。

行字：志文楷书 17 行，满行 17 字。

纹饰：志四侧饰壶门图案。

出土：出土时间、地点不详。2006 年入藏西安碑林博物馆。

现藏：西安碑林博物馆。

著录：《西安碑林博物馆新藏墓志汇编》。

提要：志文记载郭宣妻贾氏的家世及生平。

王潜墓志

全称：大唐故长城府果毅太原王府君墓志铭。

年代：唐天宝十四年（755）刻。

形制：志正方形。边长 0.45 米。

行字：志文楷书 20 行，满行 28 字。

撰书：郑虔撰。

出土：出土时间、地点不详。

现藏：西安市长安博物馆。

著录：《长安新出墓志》《长安碑刻》。

提要：志文记载王潜的家世及生平情况。其曾任长城府左果毅都尉。

辩惠禅师墓志

全称：大唐法云寺尼辩惠禅师神道志铭并序。

年代：唐天宝十四年（755）刻。

形制：志正方形。边长 0.36 米。

行字：志文楷书 25 行，满行 25 字。

出土：出土时间、地点不详。

现藏：西安市长安博物馆。

著录：《全唐文补遗》（第五辑）《长安新出墓志》《长安碑刻》。

提要：志文记载唐法云寺尼辩惠禅师房氏的家世及生平情况。

宋公妻章令信墓志

全称：云麾将军行右龙武军将军广平宋公夫人豫章郡君章氏墓志之铭。

年代：唐天宝十四年（755）刻。

形制：盖盝形，志正方形。盖长 0.65 米，宽 0.64 米。志边长 0.63 米。

行字：盖文篆书 3 行，满行 3 字，题"大唐故章夫人墓志铭"。志文楷书 15 行，满行 18 字。

纹饰：盖四周及四刹、志四侧均饰蔓草纹。

出土：出土时间、地点不详。

现藏：西安交通大学博物馆。

著录：《西安交通大学博物馆藏品集锦——碑石书法卷》。

提要：志文记载章令信的家世及生平情况。

宋应墓志

全称：唐故殿中省进马宋公墓志铭并序。

年代：唐天宝十四年（755）刻。

形制：盖盝形，志正方形。志、盖尺寸相同。边长 0.43 米。

行字：盖文篆书 3 行，满行 3 字，题"大唐故宋府君墓志铭"。志文楷书 20 行，满行 20 字。

撰书：陈章甫撰。

纹饰：盖四刹饰牡丹纹。

出土：1952 年出土于西安市南郊新开门。

现藏：西安碑林博物馆。

著录：《唐代墓志汇编续集》《西安碑林全集》《新中国出土墓志·陕西贰》。

提要：志文记载宋应的家世及生平情况。

*高盖妻刘宝墓志

年代：唐天宝十四年（755）刻。

形制：志正方形。边长 0.37 米。

行字：志文楷书 24 行，满行 23 字。

撰书：高盖书。

出土：出土时间、地点不详。

现藏：西安市长安博物馆。

著录：《长安新出墓志》《长安碑刻》。

提要：志文记载刘宝的家世及生平情况。

李玄德墓志

全称：大唐故云麾将军行右龙武军将军上柱国陇西县开国伯李府君墓志铭并序。

年代：唐天宝十四年（755）刻。

形制：盖盝形，志正方形。志、盖尺寸相同。边长 0.48 米。

行字：盖文篆书 3 行，满行 3 字，题"大唐故李府君墓志铭"。志文楷书 18 行，满行 18 字。

纹饰：盖四刹饰卷叶纹。

出土：1954 年出土于西安市东郊郭家滩。

现藏：西安碑林博物馆。

著录：《唐代墓志汇编续集》《西安碑林全集》《新中国出土墓志·陕西贰》。

提要：志文记载李玄德的家世及生平情况。

丘君妻刘至柔墓志

全称：大唐故洛交郡大同府果毅丘府君夫人彭城刘氏墓志铭并序。

年代：唐天宝十四年（755）刻。

形制：盖盝形，志正方形。志、盖尺寸相同。边长 0.36 米。

行字：盖文篆书 3 行，满行 3 字，题"大唐故刘夫人墓志铭"。志文行书 22 行，满行 22 字。

撰书：张清撰。

纹饰：盖四刹、志四侧均饰牡丹纹。

出土：1956 年出土于西安市东郊洪庆村。

现藏：西安碑林博物馆。

著录：《唐代墓志汇编续集》《西安碑林全集》《新中国出土墓志·陕西贰》。

提要：志文记载刘至柔的家世及生平情况。

张登山墓志

全称：唐元功臣故冠军大将军右龙武军大将军张公墓志铭并序。

年代：唐天宝十四年（755）刻。

形制：盖盝形，志正方形。志、盖尺寸相同。边长 0.59 米。

行字：盖文楷书 3 行，满行 3 字，题"大唐故张府君墓志铭"。志文楷书 33 行，满行 33 字。

撰书：申参撰。

纹饰：盖四周饰牡丹纹，四刹饰四神图案，志四侧饰十二生肖图案。

出土：出土时间、地点不详。1952 年段绍嘉捐藏西安碑林。

现藏：西安碑林博物馆。

著录：《唐代墓志汇编》《全唐文补遗》（第三辑）《西安碑林全集》。

提要：志文记载张登山的家世、生平及历官情况。其历官游击将军、宁州静难府右果毅、岐州义伏府左果毅、游骑将军、华州郑邑府左果毅、京兆府元城府折冲、甘泉府折告、明威将军、京兆大明府折告、壮武将军、左骁卫翊府右郎将、左领军卫翊府中郎、云麾将军、右龙武军翊府中郎、右清道率府率、冠军将军、本军大将军等。

张四胡墓志

全称：唐古侍老张公墓志铭并序。

年代：唐天宝十四年（755）刻。

形制：志正方形。边长 0.38 米。

行字：志文楷书 14 行，满行 14 字。

纹饰：志四侧饰壶门图案。

出土：出土时间、地点不详。2006 年入藏西安碑林博物馆。

现藏：西安碑林博物馆。

著录：《西安碑林博物馆新藏墓志汇编》。

提要：志文记载张四胡的家世及生平情况。

马元场墓志

全称：大唐故左武卫中候马府君墓志铭并序。

年代：唐天宝十四年（755）刻。

形制：志正方形。边长 0.48 米，厚 0.11 米。

行字：志文楷书 25 行，满行 25 字。

撰书：安逊撰并书。

出土：出土时间、地点不详。20 世纪后期打击盗墓活动中缴获。

现藏：西安市长安博物馆。

著录：《全唐文补遗》（第七辑）《新中国出土墓志·陕西叁》《长安新出墓志》。

提要：志文记载马元场的家世及生平情况。其历官右卫左执戟、左卫右司戈、左武卫中候。

高元珪墓志

全称：大唐故明威将军检校左威卫将军赠使持节陈留郡诸军事陈留郡太守上柱国高府君墓志铭并序。

年代：唐天宝十五年（756）刻。

形制：盖盝形，志正方形。志、盖尺寸相同。边长 0.76 米。

行字：盖文篆书 5 行，满行 4 字，题"大唐故左威卫将军赠陈留郡太守高府君墓志铭"。志文隶书 19 行，满行 25 字。

撰书：苏预撰，顾诫奢书。

纹饰：盖四刹饰四神图案，志四侧饰兽首人身十二生肖图案。

出土：1954 年出土于西安市东郊高楼村。

现藏：西安碑林博物馆。

著录：《唐代墓志汇编续集》《西安碑林全集》《新中国出土墓志·陕西贰》。

提要：志文记载高元珪的家世及生平情况。高元珪，原姓冯，为宦官高力士之胞兄，曾任泸川果毅、鸿门折冲、领军郎将、金吾中郎、左威将军等。

姜遐碑

全称：大唐故礼部尚书姜府君之碑。

年代：唐玄宗时期（712—756）刻立。

形制：螭首方座。高 2.90 米，宽 1.04 米，厚 0.29 米。

行字：额篆书 3 行，满行 4 字，题"大唐故吏部尚书姜府君之碑"。正文楷书 34 行，满行 70 字。

撰书：姜晞撰并书。

出土：原立于于礼泉县昭陵乡庄河村姜遐墓前。

现藏：昭陵博物馆。

著录：《关中金石记》《寰宇访碑录》《昭陵碑石》。

备注：碑首行题款有泐灭。

提要：碑文记载姜遐的家世及生平情况。姜遐，字柔远，18 岁入仕，历东宫通事舍人、左卫翊府郎将、内供奉、检校光禄少卿、左豹韬卫将军、左鹰扬卫将军等。天授二年（692）八月十四日卒，享年 52 岁，赠吏部尚书，同年十月十日与先陪葬昭陵的夫人窦氏合葬。其夫人窦氏，为唐太宗女兰陵公主与驸马窦怀哲之女。

雷洵墓志

全称：大唐故处士陪戎副尉雷君墓志铭并序。

年代：唐天宝年间（742—756）刻。

形制：志正方形。边长 0.47 米。

出土：出土时间、地点不详。

现藏：合阳县博物馆。

提要：志文记载雷洵的家世及生平情况。

徐怀隐墓志

全称：大燕故处士徐君墓志铭并序。

年代：大燕圣武二年（757）刻。

形制：志长 0.41 米，宽 0.40 米。

行字：志文楷书 17 行，满行 17 字。

出土：洛阳出土，时间不详。1938 年经于右
任捐藏西安碑林。

现藏：西安碑林博物馆。

著录：《全唐文补遗》（第七辑）《唐代墓志
汇编》《西安碑林全集》。

提要：志文记载徐怀隐的家世及生平情况。

王玭墓志

全称：太原王府君铭一首并序。

年代：大燕圣武二年（757）刻。

形制：志正方形。边长 0.47 米。

行字：志文楷书 21 行，满行 22 字。

纹饰：盖四刹饰流云纹。

出土：出土于西安市西郊枣园村，时间不详。
1951 年入藏西安碑林。

现藏：西安碑林博物馆。

著录：《唐代墓志汇编续集》《西安碑林全
集》《新中国出土墓志·陕西贰》。

提要：志文记载王玭的家世及生平情况。

弥姐亮墓志

全称：故左领军卫大将军赐紫金鱼袋上柱国
弥姐公墓志铭并序。

年代：唐至德二年（757）刻。

形制：盖盝形，志正方形。志、盖尺寸相同。
边长 0.45 米，厚 0.08 米。

行字：盖文楷书 3 行，满行 3 字，题"大唐
故弥姐公墓志铭"。志文楷书 18 行，
满行 20 字。

纹饰：盖四刹饰牡丹纹饰，志四侧饰云纹。

出土：1990 年出土于蒲城县罕井镇蒲白矿
物局基建工地。

现藏：蒲城县博物馆。

著录：《全唐文补遗》（第三辑）《新中国出
土墓志·陕西壹》《书法丛刊》（2007
年第 1 期）。

提要：志文记载弥姐亮的家世及生平情况。
其曾任华阴郡潼津镇将，后拜大将军。

李瑁第六女墓志

全称：大唐寿王故第六女赠清源县主墓志铭
并序。

年代：唐至德二年（757）刻。

形制：盖盝形，志正方形。志、盖尺寸相同。
边长 0.51 米。

行字：盖文篆书 4 行，满行 3 字，题"大唐
故赠清源县主墓志之铭"。志文行书
20 行，满行 20 字。

撰书：秦立信撰，李瑁书。

纹饰：盖四周饰蔓草纹，四刹饰四神图案。
志四侧饰缠枝蔓草纹。

出土：1958 年出土于长安县庞留村。

现藏：西安碑林博物馆。

著录：《唐代墓志汇编》《西安碑林全集》
《新中国出土墓志·陕西贰》。

备注：盖左下角缺，志面剥蚀严重。

提要：志文记载唐玄宗之子寿王李瑁第六女
的家世及生平情况。

*颜真卿金天王庙题记

年代：唐乾元元年（758）刻立。

形制：螭首龟座。高 4.09 米，宽 0.32 米。

行字：志文楷书 4 行，满行 22 字。

撰书：颜真卿撰。

出土：镌刻于《西岳华山神庙之碑》左侧棱。

现藏：华阴市西岳庙文物管理处。

著录：（乾隆）《华阴县志》《华岳志》《华
山碑石》。

提要：碑文记载颜真卿游西岳庙题记。

李镐墓志

全称：大唐宁远将军守左金吾卫翊府中郎将

上柱国赐紫金鱼袋李公墓志铭并序。

年代：唐乾元元年（758）刻。

形制：盖盝形，志正方形。志、盖尺寸相同。边长 0.56 米。

行字：盖文篆书 3 行，满行 3 字，题"大唐故李府君墓志铭"。志文楷书 22 行，满行 22 字。

纹饰：盖四刹饰流云纹，志四侧饰十二生肖图案。

出土：1955 年出土于西安市西郊土门。

现藏：西安碑林博物馆。

著录：《隋唐五代墓志汇编》《全唐文补遗》（第五辑）《新中国出土墓志·陕西贰》。

提要：志文记载李镐的家世及生平情况。

*张惟一等祈雨记

年代：唐乾元元年（758）刻立。

形制：高 1.57 米，宽 0.36 米。

行字：正文隶书 4 行，满行 37 字。有界格。

撰书：李权书。

出土：原立于华阴县西岳庙，1948 年移藏西安碑林。

现藏：西安碑林博物馆。

著录：《西安碑林全集》《金石萃编》。

备注：碑文多漫漶，且有残损。

提要：此碑记载张惟一与其属下华阴县令、县丞及主簿等祈雨之文。

周晓墓志

全称：唐故赞善大夫赠使持节都督原州诸军事原州刺史赐紫金鱼袋上柱国周府君墓志铭并序。

年代：唐乾元二年（759）刻。

形制：志正方形。边长 0.60 米。

行字：志文行书 27 行，满行 27 字。

出土：出土时间、地点不详。

现藏：西安市长安博物馆。

著录：《全唐文补遗》（第五辑）《长安新出墓志》《长安碑刻》。

提要：志文记载周晓的家世及生平情况。其曾赠使持节都督原州诸军事、原州刺史。

韦光闰暨妻宋氏墓志

全称：大唐故朝请大夫内侍省内给事京兆韦公广平县君宋夫人墓志并序。

年代：唐乾元二年（759）刻。

形制：志正方形。边长 0.51 米，厚 0.10 米。

行字：志文行书 23 行，满行 25 字。

纹饰：志四侧饰缠枝蔓草纹。

出土：出土时间、地点不详。

现藏：西安博物院。

著录：《隋唐五代墓志汇编》《全唐文补遗》（第五辑）。

提要：志文记载韦光闰的家世及生平、历官、夫人及子嗣等。其曾任内侍省掖庭局宫教博士、宫闱令、内谒者监、内给事、十六宅使等。

鲁君妻裴氏墓志

全称：唐故开府仪同三司太仆卿兼御史大夫陈郑等州节度使郑州刺史上柱国公鲁君夫人河东裴氏墓志铭并序。

年代：唐乾元二年（759）刻。

形制：志正方形。边长 0.60 米，厚 0.08 米。

行字：志文楷书 30 行，满行 31 字。

撰书：姚南仲撰并书。

纹饰：志四侧饰缠枝蔓草纹。

出土：出土时间、地点不详。

现藏：西安博物院。

提要：志文记载鲁君夫人河东裴氏的家世及生平情况。

*胡君妻成氏墓志

年代：唐乾元二年（760）刻。

形制：志长 0.37 米，宽 0.35 米。

行字：志文楷书 15 行，满行 15—23 字不等。

出土：1956 年出土于西安市东郊韩森寨。

现藏：西安碑林博物馆。

著录：《全唐文补遗》（第六辑）。

备注：墨书砖志。

提要：志文简述志主卒年、葬地等信息。

康氏墓志

全称：大唐故康夫人墓志并序。

年代：唐乾元三年（760）刻。

形制：志正方形。边长 0.47 米。

行字：志文楷书 19 行，满行 21 字。

撰书：史恒撰，康景云书。

出土：出土于西安市近郊，时间不详。1956 年刘伯训捐藏西安碑林。

现藏：西安碑林博物馆。

著录：《唐代墓志汇编续集》《全唐文补遗》（第三辑）《西安碑林全集》。

提要：志文记载康氏之生平情况。

回纥琼墓志

全称：大唐故瀚海都督右领军卫大将军经略军使回纥府君墓志铭并序。

年代：唐乾元三年（760）刻。

形制：盖盝形，志正方形。志、盖尺寸相同。边长 0.44 米。

行字：盖文篆书 3 行，满行 3 字，题"大唐故回纥府君墓志"。志文楷书 20 行，满行 20 字。

撰书：杨仲举撰并书。

纹饰：盖四周均饰卷叶纹，四刹饰牡丹纹。志四侧饰卷叶纹。

出土：1987 年出土于西安市西郊。

现藏：西安碑林博物馆。

著录：《唐代墓志汇编续集》《西安碑林博物馆新藏墓志汇编》《新中国出土墓志·陕西贰》。

提要：志文记载回纥琼的家世及生平情况。

大唐故通灵寺之碑

年代：唐上元元年（760）刻立。

形制：螭首。碑残损，残高 1.30 米，宽 0.73 米，厚 0.21 米。

行字：额篆书 2 行，满行 4 字，题"大唐故通灵寺之碑"。碑文楷书，行字数无法辨识。

撰书：韩文肇撰。

纹饰：碑首正中龛内有一佛，佛头残。

出土：1964 年出土于临潼县纸李乡通灵寺小学。

现藏：西安市临潼博物馆。

著录：《临潼碑石》。

备注：此碑利用永徽六年（655）感应寺新修记碑重刻。

提要：碑文漫漶严重，不可辨识。

韦讽墓志

全称：唐故长安县尉韦公墓志。

年代：唐上元元年（760）刻。

形制：志正方形。边长 0.33 米，厚 0.09 米。

行字：志文楷书 20 行，满行 21 字。

撰书：令狐简撰，韦逊书。

出土：1989 年出土于长安县南里王村。

现藏：陕西省考古研究院。

著录：《全唐文补遗》（第七辑）《文博》（1999 年第 6 期）。

提要：志文记载韦讽的家世及生平情况。其历官宋州虞城县尉、汴州浚仪县尉、三原县尉、长安县尉等。

崔凤举墓志

全称：大唐和州司马博陵崔府君墓志铭并序。

年代：唐上元二年（761）刻。

形制：盖盝形，志正方形。盖边长 0.55 米，厚 0.05 米。志边长 0.57 米，厚 0.10 米。

行字：盖文篆书 4 行，满行 3 字，题"大唐故崔府君墓志铭"。志文楷书 33 行，满行 34 字。

纹饰：盖四周饰蔓草卷枝纹，四刹饰卷草纹，志四侧饰蔓草卷枝纹。

出土：1995 年出土于富平县留古镇贺兰村。

现藏：富平县文庙。

提要：志文记载崔凤举的家世及生平情况。

*亡宫七品墓志

年代：唐上元二年（761）刻。

形制：志正方形。边长 0.41 米。

行字：志文楷书 12 行，满行 13 字。

出土：洛阳出土，时间不详。1938 年经于右任捐藏西安碑林。

现藏：西安碑林博物馆。

著录：《西安碑林全集》。

备注：志面已漶损。

提要：志文简述志主卒年、葬地等信息。

翟洪景墓志

全称：大唐故骑都尉翟府君墓志铭。

年代：唐上元二年（761）刻。

形制：盖盝形，志长方形。志、盖尺寸相同。长 0.34 米，宽 0.37 米。

行字：盖文篆书 3 行，满行 3 字，题"大唐故翟府君墓志铭"。志文楷书 13 行，满行 13 字。

纹饰：盖中间刻铺首，四刹及志四侧饰牡丹纹。

出土：出土时间、地点不详。2006 年入藏西安碑林博物馆。

现藏：西安碑林博物馆。

著录：《西安碑林博物馆新藏墓志汇编》。

提要：志文记载翟洪景的家世及生平情况。

*大福和尚碑

年代：唐宝应二年（763）刻立。

形制：螭首龟座。通高 4.80 米，宽 1.40 米，碑身高 2.50 米。

行字：额篆书 2 行，满行 4 字，题"大唐故大福和尚碑"。正文行书 21 行，满行 60 字。

撰书：陆海撰，惟嵩书。

纹饰：碑阴线刻佛像一尊，碑身四周饰蔓草纹。

出土：原立于蓝田县厚镇乡空寂寺。

现藏：蓝田县水陆庵文物管理所。

著录：《宝刻丛编》《京兆金石录》《关中金石文字存佚考》。

提要：碑文记载大福和尚的生平事迹，碑阴载关于蓝田、渭南、临潼三地县令划拨空寂寺田之事。

高力士墓志

全称：大唐故开府仪同三司兼内侍监上柱国齐国公赠扬州大都督高公墓志铭并序。

年代：唐宝应二年（763）刻。

形制：盖盝形，志长方形。志、盖尺寸相同。长 1.20 米，宽 0.80 米。

行字：盖文篆书 6 行，共 18 字。志文行楷 4 行，满行 34 字。

撰书：潘炎撰，张少悌书。

纹饰：盖四刹饰四神图案，志四周饰十二生肖图案。

出土：1999 年出土于蒲城县保南乡高力士墓。

现藏：蒲城县博物馆。

著录：《全唐文补遗》（第七辑）《书法丛刊》
（2007 年第 1 期）。

备注：志盖断裂。

提要：该志记载宦官高力士的家世及生平。

李盈墓志

全称：唐故陇西李君墓志铭并序。

年代：唐宝应二年（763）刻。

形制：志正方形。边长 0.44 米。

行字：志文楷书 22 行，满行 22 字。

纹饰：志四侧饰忍冬纹。

出土：1986 年出土于长安县韦曲北原。

现藏：西安碑林博物馆。

著录：《唐代墓志汇编续集》《西安碑林博物
馆新藏墓志汇编》《新中国出土墓
志·陕西贰》。

提要：志文记载李盈的家世及生平情况。

*别部司马妻柳氏墓志

年代：唐宝应二年（763）刻。

形制：志正方形。边长 0.35 米。

行字：志文楷书 14 行，满行 10—24 字不等。

出土：1956 年出土于西安市东郊韩森寨。

现藏：西安碑林博物馆。

备注：朱书砖志。

提要：志文简述志主卒年、葬地等信息。

李相妻司马和墓志

全称：唐长安县主簿李公故夫人司马氏墓志
铭并序。

年代：唐广德二年（764）刻。

形制：盖盝形，志正方形。志、盖尺寸相同。
边长 0.37 米。

行字：盖文篆书 3 行，满行 3 字，题"唐故
司马夫人墓志铭"。志文楷书 17 行，
满行 16 字。

纹饰：盖四刹饰牡丹纹，志四侧饰几何纹。

出土：1955 年出土于西安市东郊郭家滩。

现藏：西安碑林博物馆。

著录：《唐代墓志汇编续集》《西安碑林全
集》《新中国出土墓志·陕西贰》。

提要：志文记载司马如的家世及生平情况。

郭家庙碑

全称：有唐故中大夫使持节寿州诸军事寿州
刺史上柱国赠太保郭公庙碑铭并序。

年代：唐广德二年（764）刻立。

形制：螭首方座。通高 3.71 米，宽 1.26 米，
厚 0.42 米。

行字：额隶书 3 行，满行 4 字，题"大唐
赠太保祁国贞懿公庙碑"。碑阳楷书
30 行，满行 58 字。碑阴行书 3 栏，
共 34 行。

撰书：颜真卿撰并书，李豫题额。

出土：原立于长安县郭子仪家庙，1951 年移
藏西安碑林。

现藏：西安碑林博物馆。

著录：《西安碑林全集》《金石萃编》。

备注：碑石两面均已漫漶，碑阴尤甚。

提要：此碑是郭子仪为其父郭敬之所立的家
庙碑。正文详细记载郭子仪的家世及
生平、历官及子嗣等情况。

康晖墓志

全称：大唐故赠左武卫翊府左郎将康府君墓
志铭并序。

年代：唐永泰元年（765）刻。

形制：盖盝形，志正方形。盖边长 0.53 米。
志边长 0.51 米，厚 0.10 米。

行字：盖文篆书 3 行，满行 3 字，题"大唐
故康府君墓志铭"。志文楷书 26 行，
满行 27 字。

纹饰：盖四刹饰缠枝牡丹纹，志四侧饰十二
　　　生肖图案。

出土：出土时间、地点不详。

现藏：西安博物院。

著录：《隋唐五代墓志汇编》《全唐文补遗》
　　　（第五辑）。

提要：志文记载康晖的家世及生平情况。

白道生神道碑

全称：大唐故左武卫大将军赠太子宾客白公
　　　神道碑铭并序。

年代：唐永泰元年（765）刻立。

形制：高 1.87 米，宽 0.96 米。

行字：正文行书 21 行，满行 40 字。

撰书：于益撰，挚宗书并篆额。

出土：原立于咸宁县凤栖原。

现藏：西安碑林博物馆。

著录：《西安碑林全集》《金石萃编》。

备注：碑文漫漶尤甚，右下有清道光二年
　　　（1822）陶山唐仲冕等题记四行，左
　　　下有席凝题记一行，题记均为楷书。

提要：白道生为突厥后裔，曾任宁朔州刺史、
　　　左卫大将军等，卒赠太子宾客。其生
　　　平事迹《新唐书·白元光传》有载。

郑守讷墓志

全称：大唐故郑公墓志铭并序。

年代：唐永泰二年（766）刻。

形制：志正方形。边长 0.37 米。

行字：志文楷书 20 行，满行 22 字。

撰书：撰者姓名泐蚀。

纹饰：志四侧饰变形兽纹。

出土：出土时间、地点不详。1993 年段绍嘉
　　　捐藏西安碑林。

现藏：西安碑林博物馆。

著录：《西安碑林全集》《唐代墓志汇编》《西

安碑林博物馆新藏墓志汇编》。

提要：志文记载郑守讷的家世及生平情况。

姚贞谅墓志

全称：文林郎吴兴郡姚公墓志铭并序。

年代：唐永泰二年（766）刻。

形制：志长 0.27 米，宽 0.31 米。

行字：志文楷书 19 行，满行 16 字。

出土：出土于西安市近郊，时间不详。1952
　　　年入藏西安碑林。

现藏：西安碑林博物馆。

著录：《唐代墓志汇编》《全唐文补遗》（第
　　　五辑）《陕西金石志》。

提要：志文记载姚贞谅的家世及生平情况。

陈希烈墓志

全称：大唐故左相兼兵部尚书集贤院弘文馆
　　　学士崇玄馆大学士上柱国许国公陈
　　　府君墓志。

年代：唐永泰二年（766）刻。

形制：志正方形。边长 0.43 米。

行字：志文行书 17 行，满行 22—24 字不等。

出土：洛阳出土，时间不详。1938 年经于右
　　　任捐藏西安碑林。

现藏：西安碑林博物馆。

著录：《唐代墓志汇编续集》《全唐文补遗》
　　　（第七辑）《西安碑林全集》。

提要：志文记载陈希烈的家世及生平情况。

*牛敬福墓志

年代：唐永泰二年（766）刻。

形制：志正方形。边长 0.51 米。

行字：志文楷书 18 行，满行 18 字。有方
　　　界格。

纹饰：志四侧饰十二生肖图案。

出土：出土时间、地点不详。1981 年入藏西

安碑林。

现藏：西安碑林博物馆。

著录：《西安碑林博物馆新藏墓志汇编》。

提要：志文记载牛敬福的家世及生平情况。

孙进墓志

全称：大唐中书省主事乐安孙府君墓志铭并序。

年代：唐大历二年（767）刻。

形制：志正方形。边长 0.37 米。

行字：志文楷书 19 行，满行 18 字。

纹饰：志四侧饰波浪纹。

出土：出土时间、地点不详。1993 年段绍嘉捐藏西安碑林。

现藏：西安碑林博物馆。

著录：《唐代墓志汇编》《全唐文补遗》（第六辑）《西安碑林博物馆新藏墓志汇编》。

提要：志文记载孙进的家世及生平情况。其历官中书掌事堂要、京兆府录专尹、尚书职方主事、中书主事。

*三坟记碑

年代：唐大历二年（767）刻立。

形制：螭首龟座，双面刻。碑残损，残高 2.05 米，宽 0.79 米，厚 0.24 米。

行字：正文篆书，碑阳 13 行，碑阴 11 行，满行 20 字。有界格。

撰书：李季撰，李阳冰书。

纹饰：碑侧花纹漫漶。

出土：原立于咸宁县凤栖原李氏墓地。

现藏：西安碑林博物馆。

著录：《西安碑林全集》《金石萃编》《石墨镌华》。

备注：此碑传为宋大中祥符年（1008—1016）重刻，重刻之记刻于《栖先茔记》，

故不再重记，此碑也可能为姚宗莘等重刊。碑首及座均已残断，碑左上角残缺，中部断裂。

提要：此碑文与《栖先茔记》内容相关，主要记载李季卿三位兄长的生平事迹及迁葬之原委。

李光弼神道碑

全称：大唐太尉兼侍中临淮武穆王赠太保李公神道碑。

年代：唐大历三年（768）刻立。

形制：螭首圭额。高 3.92 米，宽 1.25 米，厚 0.40 米。

行字：额篆书 4 行，满行 5 字，题"大唐太尉兼侍中临淮武穆王赠太保李公神道碑"。正文隶书 22 行，满行 34 字。

撰书：颜真卿撰，张少悌书。

出土：原立于富平县觅子乡李光弼墓前。明天启二年（1622）县令孙如兰移回富平县文庙。

现藏：富平县文庙。

著录：《金石萃编》。

提要：碑文记载李光弼的生平、历官情况。其历任河西节度副使、河东朔方节度使、天下兵马副帅，封临淮郡王，进临淮王。李光弼卒于广德二年（764），赠司空，谥曰"武穆"。李光弼，两《唐书》有传。

闾守元墓志

全称：大唐故文林郎守将作监左校署丞员同正云骑尉河内闾公墓志铭并序。

年代：唐大历三年（768）刻。

形制：盖盝形，志正方形。志、盖尺寸相同。边长 0.39 米。

行字：盖文篆书 3 行，满行 3 字，题"大唐

故闾府君墓志铭"。志文楷书 18 行，满行 18 字。

纹饰： 盖四刹及志四侧均饰牡丹纹。

出土： 1955 年出土于西安市东郊韩森寨。

现藏： 西安碑林博物馆。

著录：《全唐文补遗》（第五辑）《西安碑林全集》《新中国出土墓志·陕西贰》。

提要： 志文记载闾守元的家世及生平情况。其历官御史台令史、将作监左校署丞等。

李良金墓志

全称： 唐故金紫光禄大夫试太子詹事兼晋州刺史上柱国陇西郡开国公李公墓志铭并序。

年代： 唐大历三年（768）刻。

形制： 志长 0.58 米，宽 0.57 米。

行字： 志文楷书 21 行，满行 25—28 字。

纹饰： 志四侧饰龙凤纹及云纹。

出土： 出土时间、地点不详。1981 年入藏西安碑林。

现藏： 西安碑林博物馆。

著录：《北京图书馆藏中国历代石刻拓本汇编》《全唐文补遗》（第六辑）《西安碑林博物馆新藏墓志汇编》。

提要： 志文记载李良金的家世及生平。

李君妻高氏墓志

全称： 大唐故银青光禄大夫秦州刺史李府君夫人渤海郡太夫人高氏墓志铭并序。

年代： 唐大历三年（768）刻。

形制： 志正方形。边长 0.43 米，厚 0.10 米。

行字： 志文楷书 24 行，满行 24 字。

撰书： 张彧撰，李奂书。

纹饰： 志四侧饰宝相花纹，盖四刹饰卷草纹。

出土： 1971 年出土于咸阳市渭城区药王洞村。

现藏： 咸阳博物馆。

著录：《隋唐五代墓志汇编》《全唐文补遗》（第一辑）《咸阳碑石》。

提要： 志文记载秦州刺史李府君夫人高氏的家世及生平情况。

慕容曦皓墓志

全称： 唐故大同军使云麾将军左武卫大将军宁朔县开国伯慕容公墓志铭并序。

年代： 唐大历四年（769）刻。

形制： 志正方形。边长 0.63 米，厚 0.10 米。

行字： 志文行楷 25 行，满行 26 字。

撰书： 孙成撰，刘朝书。

纹饰： 志四侧饰荷花纹。

出土： 出土时间、地点不详。

现藏： 西安博物院。

著录：《隋唐五代墓志汇编》《全唐文补遗》（第二辑）。

提要： 志文记载慕容曦皓的家世及生平。

李论女墓志

全称： 大唐英武军使开府仪同三司兼太常卿上柱国萧国公论第八女所生夫人墓志。

年代： 唐大历四年（769）刻。

形制： 志正方形。边长 0.36 米。

行字： 志文楷书 19 行，满行 19 字。

撰书： 赵芳撰。

纹饰： 志四侧饰荷花纹。

出土： 出土时间、地点不详。

现藏： 西安博物院。

著录：《隋唐五代墓志汇编》《全唐文补遗》（第二辑）。

提要： 志文记载李论女的家世及生平情况。

元瑰墓志

全称： 唐故金紫光禄大夫颖王府司马上柱

国元府君墓志铭。

年代：唐大历四年（769）刻。

形制：志正方形。边长 0.44 米。

行字：志文楷书 23 行，满行 23—29 字不等。

纹饰：志四侧饰十二生肖图案。

出土：1954 年出土于西安市西门外。

现藏：西安碑林博物馆。

著录：《唐代墓志汇编续集》《西安碑林全集》《新中国出土墓志·陕西贰》。

备注：志右下角缺。

提要：志文记载元瑰的家世及生平情况。其历官左千牛备身、尚衣奉御、尚乘奉御、左监门卫将军、卫尉少卿、虢州刺史、怀州刺史、丰王府长史、颍王府司马等。

康孝义墓志

全称：唐故内供奉游击将军守晋州平阳府别将赐绯鱼袋上柱国康府君墓志铭并序。

年代：唐大历四年（769）刻。

形制：志正方形。边长 0.38 米，厚 0.10 米。

行字：志文楷书 18 行，满行 20 字。

出土：出土于西安市西郊三桥村，时间不详。

现藏：陕西历史博物馆。

提要：志文记载康孝义的生平及历官情况。其曾任游击将军、晋州平阳府别将。

法津禅师墓志

全称：大唐荷恩寺故大德敕谥号法津禅师墓志铭并序。

年代：唐大历五年（770）刻。

形制：志长 0.46 米，宽 0.44 米。

行字：盖文篆书 3 行，满行 3 字，题"大唐故法津禅师墓志"。志文楷书，志阳 22 行，志阴 11 行，满行 22 字。

撰书：姚骥撰并书。

出土：1980 年出土于西安市东郊席王乡卞家村。

现藏：西安碑林博物馆。

著录：《全唐文补遗》（第七辑）《新中国出土墓志·陕西贰》。

提要：志文记载法津禅师的家世及生平情况。法津禅师，俗姓姚，字常一。

臧怀恪神道碑

全称：唐故右武卫将军赠工部尚书上柱国上蔡县开国侯臧公神道碑铭并序。

年代：唐大历五年（770）刻立。

形制：螭首方座。通高 4.66 米，宽 1.24 米，厚 0.42 米。

行字：额题篆书 3 行，满行 3 字，题"唐故东莞臧公神道碑"。正文楷书 28 行，满行 58—64 字不等。

撰书：颜真卿撰并书。

纹饰：碑侧花纹漫漶。碑座饰宝相花、狮子等图案。

出土：原立于三原县臧怀恪墓前，1980 年移藏西安碑林。

现藏：西安碑林博物馆。

著录：《西安碑林全集》《金石萃编》《石墨镌华》。

备注：碑文漫漶，且有残缺字。

提要：此碑记载臧怀恪的家世及生平情况。碑未署年月，但从碑文内容颜真卿所署官职分析，当为大历五年。

*大历六年陀罗尼经幢

年代：唐大历六年（771）刻立。

形制：八棱柱形。高 1.46 米，每面宽 0.17 米。

行字：每面行书 7 行，满行 62 字。

撰书：僧首真撰，康盼书。

出土：出土时间、地点不详。

现藏：蒲城县博物馆。

备注：仅存柱部，四面残缺。

提要：正文刻《佛顶尊胜陀罗尼经》经文。系前潞州黎城县尉曹秀瑧为其女所立。

朱君妻雷定真墓志

全称：唐故左武卫泽州安平府折冲都尉吴郡朱府君夫人冯翊县太君雷氏墓志铭。

年代：唐大历六年（771）刻。

形制：盖盝形，志正方形。志、盖尺寸相同。边长0.41米。

行字：盖文篆书3行，满行3字，题"大唐故朱府君墓志铭"。志文楷书23行，满行24字。

撰书：衡履清撰。

纹饰：盖四刹及志四侧均饰牡丹纹。

出土：出土于西安市近郊，时间不详。

现藏：西安碑林博物馆。

著录：《唐代墓志汇编续集》《西安碑林全集》《新中国出土墓志·陕西贰》。

提要：志文记载雷定真的家世及生平情况。

大戒德律师碑

全称：上都荐福寺临坛大戒德律师之碑。

年代：唐大历六年（771）刻立。

形制：螭首龟座。高2.23米，宽0.80米，厚0.24米。

行字：正文隶书，碑阳16行，满行36字。碑阴19行，满行39字。左侧76行，满行12字。右侧57行，满行9字。

撰书：韩云卿撰，韩择木书，史惟则篆额，强勖刊。

纹饰：碑阴刊有佛龛。

出土：1957年出土于泾阳县高庄镇蒋刘村。

现藏：泾阳县太壶寺文物管理所。

提要：碑文记载唐大戒德律师在荐福寺主持佛事60年之事迹，左侧为死者的遗言，右侧书写佛经，碑阴记载弥勒佛成佛记。

*重修邠州开元寺碑

年代：唐大历六年（771）刻立。

形制：碑残损。残高1.61米，宽0.96米，厚0.27米。

行字：正文行书，残存行字数不等。

撰书：高郢文、张信明书。

出土：20世纪90年代初彬县公安局基建时从旧县府衙门洞中拆出。

现藏：彬县文化馆。

备注：碑残损严重，断裂为数块。

著录：《碑林集刊》（第11辑）。

提要：碑文记载大历六年汾阳王郭子仪率部驻邠期间修缮开元寺的情况。

宇文子贡墓志

全称：唐故北海郡太守赠左散骑常侍宇文公墓志铭并序。

年代：唐大历六年（771）刻。

形制：盖盝形，志正方形。盖长0.58米，宽0.57米，厚0.07米。志边长0.61米，厚0.11米。

行字：盖文篆书3行，满行3字，题"大唐故宇文府君墓志"。志文楷书27行，满行27字。

撰书：陆长源撰。

出土：1998年出土于咸阳市渭城区。

现藏：咸阳市渭城区文物保护中心。

提要：志文记载宇文子贡的家世、生平及历官情况。其曾任北海郡太守。

孙希岩妻刘氏墓志

全称： 元从朝散大夫行内侍省内常侍员外置
同正员上柱国赐紫金鱼袋孙公故妻
彭城郡夫人刘氏墓志铭并序。

年代： 唐大历七年（772）刻。

形制： 盖盝形，志长方形。志、盖尺寸相同。
长 0.40 米，宽 0.30 米。

行字： 盖文楷书 3 行，满行 3 字，题"大唐
故刘夫人墓志铭"。志文楷书 18 行，
满行 18 字。

撰书： 韦杼撰。

纹饰： 盖四周、四刹饰牡丹纹，志四侧饰卷
叶蔓草纹。

出土： 1956 年出土于西安市东郊韩森寨。

现藏： 西安碑林博物馆。

著录： 《唐代墓志汇编续集》《西安碑林全
集》《新中国出土墓志·陕西贰》。

提要： 志文记载刘氏的家世及生平情况。

段晏墓志

全称： 唐故凤翔观察使神策行营兵马上都留
后段府君墓志铭。

年代： 唐大历七年（772）刻。

形制： 盖盝形，志正方形。志、盖尺寸相同，
边长 0.36 米。

行字： 盖文楷书 3 行，满行 3 字，题"大唐
故段府君墓志铭"。志文楷书 22 行，
满行 22 字。

撰书： 从庭训撰。

纹饰： 盖四刹饰蔓草纹。

出土： 1956 年出土于西安市东郊韩森寨。

现藏： 西安碑林博物馆。

著录： 《唐代墓志汇编续集》《西安碑林全
集》《新中国出土墓志·陕西贰》。

提要： 志文记载段晏的家世及生平情况。

李震墓志

全称： 唐故成都府户曹参军李府君墓志铭
并叙。

年代： 唐大历八年（773）刻。

形制： 志正方形。边长 0.37 米。

行字： 志文楷书 12 行，满行 12 字。

撰书： 庾佋撰。

出土： 出土时间、地点不详。

现藏： 西安交通大学博物馆。

著录： 《西安交通大学博物馆藏品集锦——
碑石书法卷》。

提要： 志文记载李震生平、卒年、葬地情况。

杨秀墓志

全称： 杨府君墓志兼序。

年代： 唐大历九年（774）刻。

形制： 盖盝形，志正方形。志、盖尺寸相同。
边长 0.47 米，厚 0.10 米。

行字： 盖文篆书 3 行，满行 3 字，题"大唐
故杨府君墓志铭"。志文行书 12 行，
满行 13 字。

纹饰： 盖四侧及志四侧饰卷云纹及四灵图案。

出土： 1970 年出土于高陵县马家湾乡东营
村渭河沿。

现藏： 高陵县文化馆。

著录： 《高陵碑石》《新中国出土墓志·陕西
壹》《隋唐五代墓志汇编》。

提要： 志文记载杨秀的生平简况。

陆众妻杨氏墓志

全称： 陆太守夫人杨氏墓志铭。

年代： 唐大历九年（774）刻。

形制： 盖盝形，志正方形。盖、志尺寸相同，
边长 0.36 米。

行字： 盖文篆书 3 行，满行 3 字，题"唐故

陆太守夫人墓志"。志文楷书 16 行，满行 16 字。

撰书： 陆康撰并书。

纹饰： 盖四周饰卷叶纹，四刹饰缠枝蔓草纹，志四侧饰缠枝蔓草纹。

出土： 1956 年出土于西安市东郊韩森寨。

现藏： 西安碑林博物馆。

著录：《全唐文补遗》（第三辑）《新中国出土墓志·陕西贰》。

提要： 志文记载陆众及夫人杨氏的家世、生平情况。陆众曾任刑部郎中、长安县令、洋州郡守。

谒岳庙文

年代： 唐大历九年（774）刻立。

形制： 高 1.02 米，宽 0.36 米。

行字： 志文楷书 9 行，满行 28—30 字不等。

出土： 原在华阴县西岳庙，1948 年移藏西安碑林。

现藏： 西安碑林博物馆。

著录：《西安碑林全集》《金石萃编》。

备注： 此碑文刻于唐《述圣颂碑》碑阴中部，因碑身断裂，碑文残损。

提要： 碑文记载大历九年时任华阴县令的卢朝彻莅任时谒庙之词。

程希诠墓志

全称： 唐故元从朝议大夫行内给事大盈库副使广平郡开国男上柱国赐紫金鱼袋程公墓志铭并序。

年代： 唐大历十年（775）刻。

形制： 志正方形。边长 0.55 米。

行字： 志文楷书 28 行，满行 26 字。

撰书： 吕巽撰。

纹饰： 志四侧饰兽首人身十二生肖图案。

出土： 1985 年出土于西安市近郊。

现藏： 西安碑林博物馆。

著录：《唐代墓志汇编续编续集》《西安碑林全集》《西安碑林博物馆新藏墓志汇编》。

提要： 志文记载程希诠的家世及生平情况。

陈君妻李氏墓志

全称： 大唐故陇西李夫人墓志铭并序。

年代： 唐大历十年（775）刻。

形制： 盖盝形，志正方形。盖、志尺寸相同，边长 0.36 米。

行字： 盖文篆书 3 行，满行 3 字，题"大唐故李夫人墓志铭"。志文楷书 18 行，满行 18 字。

纹饰： 盖四刹饰海石榴纹，志四侧饰蔓草纹。

出土： 1954 年出土于西安市东郊王家坟。

现藏： 西安碑林博物馆。

著录：《隋唐五代墓志汇编》《全唐文补遗》（第五辑）《新中国出土墓志·陕西贰》。

提要： 志文记载颍川陈君妻李氏的家世及生平情况。

吴君妻独孤氏墓志

全称： 左金吾兵曹吴公妻独孤氏墓志铭并序。

年代： 唐大历十一年（776）刻。

形制： 盖盝形，志正方形。盖、志尺寸相同，边长 0.32 米。

行字： 盖文楷书 3 行，满行 3 字，题"大唐故夫人独孤墓志"。志文楷书 15 行，满行 17 字。

撰书： 独孤恼撰。

纹饰： 盖四刹及志四侧均饰流云纹。

出土： 1956 年出土于西安市东郊洪庆村。

现藏： 西安碑林博物馆。

著录：《全唐文补遗》（第三辑）《新中国出

土墓志·陕西贰》。

提要：志文记载左金吾兵曹吴君之妻独孤氏的家世及生平情况。

瞿昙撰墓志

全称：唐故银青光禄大夫司天监瞿昙公墓志铭并序。

年代：唐大历十一年（776）刻。

形制：志正方形。边长 0.66 米，厚 0.16 米。

行字：志文楷书 29 行，满行 29 字。

撰书：张翊撰，张士□书。

纹饰：志四侧饰十二生肖图案。

出土：出土时间、地点不详。

现藏：西安博物院。

著录：《隋唐五代墓志汇编》《全唐文补遗》（第一辑）。

提要：志文记载瞿昙撰的家世及生平情况。其曾授银青光禄大夫，赠太子詹事。

高力士神道碑

全称：大唐故开府仪同三司赠扬州大都督陪葬泰陵高公神道碑并序。

年代：唐大历十二年（777）刻立。

形制：螭首圭额。通高 4.00 米，宽 1.50 米，厚 0.25 米。

行字：额篆书 4 行，满行 5 字，题"大唐故开府仪同三司赐扬州大都督高公神道碑"。正文行书 30 行，满行 55 字。

撰书：潘炎撰，张少悌书，李阳冰篆额，徐济刻。

纹饰：碑侧饰缠枝卷叶牡丹图案及缠枝卷叶纹。

出土：原立于蒲城县高力士墓前，清乾隆时仅存上截，1971 年又发现下截。

现藏：蒲城县博物馆。

著录：《潜研堂金石文跋尾》《金石萃编》《蒲

城县志》。

提要：碑文记载宦官高力士的家世及生平。

周惠墓志

全称：唐故朝散大夫行内侍省内给事周公墓志铭兼序。

年代：唐大历十二年（777）刻。

形制：盖盝形，志正方形。志、盖尺寸相同。边长 0.54 米。

行字：盖文篆书 3 行，满行 3 字，题"唐故周府君墓志之铭"。志文楷书 25 行，满行 25 字。

撰书：沙门有则述，沙门道秀书。

纹饰：盖四周饰几何纹及牡丹纹，盖四刹饰四神图、牡丹纹及云纹。

出土：1955 年出土于西安市东郊韩森寨。

现藏：西安碑林博物馆。

著录：《新中国出土墓志·陕西贰》《全唐文补遗》（第三辑）。

提要：志文记载周惠的家世及生平情况。

高义忠墓志

全称：唐故中散大夫试少府监高府君墓志铭并序。

年代：唐大历十二年（777）刻。

形制：盖盝形，志正方形。志、盖尺寸相同。边长 0.33 米。

行字：盖文篆书 3 行，满行 3 字，题"大唐故高府君墓志铭"。志文楷书 18 行，满行 19 字。

纹饰：盖四刹及志四侧饰蔓草纹。

出土：1956 年出土于西安市东郊韩森寨。

现藏：西安碑林博物馆。

著录：《新中国出土墓志·陕西贰》《唐代墓志汇编续集》《全唐文补遗》（第五辑）。

提要：志文记载高义忠的家世及生平情况。

刘镐澄墓志

全称： 故朝议郎掖庭局宫教博士彭城刘府君墓志铭并序。

年代： 唐大历十三年（778）刻。

形制： 志正方形。边长 0.63 米，厚 0.11 米。

行字： 志文楷书 32 行，满行 33 字。

纹饰： 志四侧饰牡丹花纹。

出土： 出土于西安市西郊枣园村，时间不详。2004 年入藏陕西历史博物馆。

现藏： 陕西历史博物馆。

著录：《碑林集刊》（第 10 辑）。

提要： 志文记载刘镐澄的家世及生平情况。其为宦官，曾任淮西军普润县行营监军使、朝议郎行掖庭局宫教博士。

曹慧琳墓志

全称： 唐故游击将军守左领军卫翊府郎将上柱国曹府君墓版文。

年代： 唐大历十四年（779）刻。

形制： 盖盝形，志正方形。志、盖尺寸相同。边长 0.58 米。

行字： 盖文篆书 3 行，满行 3 字，题"大唐故曹府君墓志铭"。志文楷书 22 行，满行 22 字。

撰书： 令名叙，沙门道秀书。

纹饰： 志四侧饰兽首人身手执笏板十二生肖图案，盖四刹饰四神图案和云纹。

出土： 1956 年出土于西安市东郊韩森寨。

现藏： 西安碑林博物馆。

著录：《新中国出土墓志·陕西贰》《唐代墓志汇编续集》《全唐文补遗》（第一辑）。

提要： 志文记载曹慧琳的家世及生平情况。

颜勤礼神道碑

全称： 唐故秘书省著作郎夔州都督府长史上护军颜君神道碑。

年代： 唐大历十四年（779）刻立。

形制： 螭首方座。通高 3.18 米，宽 0.92 米，厚 0.25 米。

行字： 正文楷书，碑阳 19 行，碑阴 20 行，满行 38 字。左侧 5 行，满行 37 字。

撰书： 颜真卿撰并书。

出土： 1922 年出土于西安西大街社会路附近，1948 年移藏西安碑林。

现藏： 西安碑林博物馆。

著录：《西安碑林全集》《金石录》《陕西金石志》。

备注： 据载此碑原为四面刻字，碑右侧铭文部分被磨去。出土时，此碑倒放在土坑沿上，震断碑身，致字有残。碑右侧上部刻楷书 2 行，共 16 字。下部有民国十二年（1923）宋伯鲁楷书题记 5 行，记此碑出土经过等。

提要： 此为颜真卿为其曾祖父颜勤礼所立墓碑，碑文记载其家世及生平情况。

马璘碑

全称： 唐故尚书左仆射知省事扶风王赠司徒马公庙碑。

年代： 唐大历十四年（779）刻立。

形制： 螭首。碑残损，残宽 1.14 米。

行字： 额隶书 4 行，满行 5 字，题"唐故尚书左仆射知省事扶风王赠司徒马公庙碑"。正文楷书，行字数不详。

撰书： 程浩撰，颜真卿书，韩秀实题额。

出土： 碑原立于长安城，后佚，清光绪十七年（1891）重新出土，1951 年移藏西安碑林。

现藏： 西安碑林博物馆。

著录：《西安碑林全集》《宝刻丛编》。

备注： 螭首已残断，碑身已破损为不规则小块，残存碑文多漫漶残损。

提要：碑文记载马璘的家世及生平情况。马璘，岐州扶风人。唐肃宗、代宗时，曾任御史大夫、节度使，大历间封扶风郡王，卒赠司徒。

*唐段府君神道碑

年代： 唐大历年间（766—779）刻立。

形制： 螭首。通高 3.90 米，宽 1.28 米，厚 0.25 米。

行字： 碑文楷书 26 行，满行 54 字。

撰书： 张曾书。

出土： 此碑自立未移。

现藏： 千阳县草碧镇上店村冯湾岭。

提要： 碑文记载段府君生平事迹。惜碑身表面剥蚀，碑文多数无法辨识。

王训妻李氏墓志

全称： 唐故博平郡主陇西李氏墓志铭。

年代： 唐建中元年（780）刻。

形制： 盖盝形，志正方形。志、盖尺寸相同。边长 0.44 米。

行字： 盖文楷书 3 行，满行 3 字，题"皇堂姑博平郡主墓志"。志文楷书 22 行，满行 22 字。

撰书： 独孤□撰。

纹饰： 志四侧及盖四刹饰流云纹。

出土： 1956 年出土于西安市郊区。

现藏： 西安碑林博物馆。

著录： 《隋唐五代墓志汇编》《全唐文补遗》（第三辑）《新中国出土墓志·陕西贰》。

提要： 志文记载王训妻李氏的生平简况及卒年、葬地等信息。

祁日进墓志

全称： 大唐故内寺伯祁府君墓志铭并序。

年代： 唐建中元年（780）刻。

形制： 盖盝形，志正方形。志、盖尺寸相同。边长 0.49 米。

行字： 盖文篆书 3 行，满行 3 字，题"大唐故祁府君墓志铭"。志文楷书 22 行，满行 27 字。

纹饰： 志四侧饰十二生肖图案，盖四周饰牡丹纹，四刹饰四神图案。

出土： 1955 年出土于西安市西郊枣园村。

现藏： 西安碑林博物馆。

著录： 《新中国出土墓志·陕西贰》《全唐文补遗》（第五辑）《西安碑林全集》。

提要： 志文记载祁日进的家世及生平情况。

*张堪贡墓志

年代： 唐建中元年（780）刻。

形制： 志正方形。边长 0.28 米。

行字： 志文楷书 9 行，满行 8—16 字不等。

出土： 1955 年出土于西安市东郊郭家滩。

现藏： 西安碑林博物馆。

著录： 《全唐文补遗》（第六辑）。

提要： 志文记载志主姓名、卒年等。

陆邑墓志

全称： 大唐故殿中侍御史内供奉赐绯鱼袋陆公墓志铭并序。

年代： 唐建中元年（780）刻。

形制： 志长 0.72 米，宽 0.71 米。

行字： 志文楷书 27 行，满行 28 字。

撰书： 姚齐梧撰。

出土： 出土时间、地点不详。

现藏： 西安市长安博物馆。

著录： 《长安新出墓志》《长安碑刻》。

提要： 志文记载陆邑的家世及生平情况。其历官太子宫门丞、醴泉主簿、大理司直、潼关防御判官等。

傅珍宝墓志

全称： 唐故傅府君墓志铭并序。

年代： 唐建中元年（780）刻。

形制： 志正方形。边长 0.38 米。

行字： 志文楷书 16 行，满行 22 字。

纹饰： 志四侧饰壶门图案。

出土： 出土时间、地点不详。2006 年入藏西安碑林博物馆。

现藏： 西安碑林博物馆。

著录：《西安碑林博物馆新藏墓志汇编》。

提要： 志文记载傅珍宝的家世及生平情况。

颜惟贞碑

全称： 唐故通议大夫行薛王友柱国赠秘书少监国子祭酒太子少保颜君庙碑铭并序。

年代： 唐建中元年（780）刻立。

形制： 螭首方座，四面刻字。通高 3.94 米，宽 1.36 米，厚 0.33 米。

行字： 额题篆书 3 行，满行 2 字，题"颜氏家庙之碑"。碑阳、碑阴各 24 行，满行 47 字。碑两侧各 6 行，满行 52 字。有界格。

撰书： 颜真卿撰并书，李阳冰篆额。

出土： 原在长安敦化坊颜氏家庙，宋太平兴国年间（976—983）移入文庙，后入藏西安碑林。

现藏： 西安碑林博物馆。

著录：《西安碑林全集》《金石萃编》。

备注： 碑阳右下刻宋太平兴国七年（981）李准题记一则，楷书 4 行。碑阳末行后有李延袭题记 1 行，梦英篆书。碑阴额部有颜真卿楷书 10 行，满行 9 字。

提要： 此为颜真卿为其父颜惟贞所立之家庙碑，碑文记载颜氏之由来，对颜氏先世和家族世系、仕官及事业、学问等记述颇详。

郭太夫人墓志

全称： 唐故隰城郡太夫人太原郭氏墓志并序。

年代： 唐建中元年（780）刻。

形制： 志长 0.40 米，宽 0.39 米。

行字： 志文楷书 20 行，满行 20 字。

纹饰： 志四侧饰蔓草纹。

出土： 出土时间、地点不详。1999 年入藏西安碑林博物馆。

现藏： 西安碑林博物馆。

著录：《西安碑林博物馆新藏墓志汇编》。

提要： 志文记载郭太夫人的家世及生平。

元怀晖墓志

全称： 大唐故朔方左衙副兵马使前中受降城使同节度副使开府仪同三司试秘书监临洮郡开国公上柱国元府君之墓志铭并序。

年代： 唐建中元年（780）刻。

形制： 志正方形。边长 0.49 米，厚 0.07 米。

行字： 盖文篆书 3 行，满行 3 字，题"大唐故元府君墓志铭"。志文楷书 24 行，满行 25 字。

纹饰： 盖四刹饰牡丹图案。

出土： 1980 年出土于彬县小章乡武家庄村。

现藏： 彬县文化馆。

著录：《咸阳碑刻》《新中国出土墓志·陕西壹》《隋唐五代墓志汇编》。

提要： 志文记载元怀晖的家世及生平情况。

大秦景教流行中国碑

全称： 景教流行中国碑颂并序。

年代： 唐建中二年（781）刻立。

形制：螭首方座。通高 3.56 米，宽 0.99 米、
　　　厚 0.28 米。

行字：额楷书 3 行，满行 3 字，题"大秦景
　　　教流行中国碑"。正文楷书 32 行，满
　　　行 62 字。

撰书：僧景净撰，吕秀岩书并题额。

出土：原在长安大秦寺，明天启三年（1623）
　　　出土，清光绪三十三年（1907）移藏
　　　西安碑林。

现藏：西安碑林博物馆。

著录：《西安碑林全集》《金石萃编》《关中
　　　金石记》。

备注：碑左侧有清韩泰华题记，右侧有李
　　　根源等题记。碑文前后两行及下部
　　　且两侧有叙利亚文，其下部间有汉
　　　文题名。

提要：此碑文记载唐贞观九年（635）至建
　　　中二年（781）间，景教在中国的流
　　　传过程。

不空和尚碑

全称：唐大兴善寺故大德大辩正广智三藏和
　　　尚碑铭并序。

年代：唐建中二年（781）刻立。

形制：螭首方座。通高 3.65 米，宽 1.04 米，
　　　厚 0.31 米。

行字：正文楷书 23 行，满行 48 字。

撰书：严郢撰，徐浩书。

出土：原在长安靖善坊大兴善寺，宋初移至
　　　文庙，后移藏西安碑林。

现藏：西安碑林博物馆。

著录：《金石萃编》《金石录》《石墨镌华》。

备注：座已残，碑身右上角及中部断裂，字
　　　有缺损，碑阴有楷书"太华"二字，
　　　其时代不祥。

提要：此碑为不空和尚弟子为追叙先师之功

绩而建，主要记载不空和尚之生平事
迹、师承情况等。

安公妻康氏墓志

全称：唐故中散大夫河州别驾安公夫人康氏
　　　墓志铭并序。

年代：唐建中二年（781）刻。

形制：盖盝形，志正方形。盖边长 0.47 米，
　　　厚 0.09 米。志边长 0.44 米，厚 0.09 米。

行字：盖文篆书 3 行，满行 3 字，题"故安
　　　公夫人康氏墓志"。志文行书 21 行，
　　　满行 20—24 字不等。

纹饰：盖四刹饰卷叶纹。

出土：出土时间、地点不详，后由民间征集。

现藏：陕西历史博物馆。

著录：《全唐文补遗》（第六辑）《陕西历史
　　　博物馆馆刊》（第 6 辑）。

提要：志文记载康氏的家世、婚姻及子嗣
　　　情况。

杜秉周妻韦氏墓志

全称：有唐故云麾将军右武卫大将军东京副
　　　留守上柱国濮阳郡开国公杜府君夫
　　　人扶风郡夫人京兆韦氏墓志铭并序。

年代：唐建中三年（782）刻。

形制：盖盝形，志正方形。志、盖尺寸相同。
　　　边长 0.44 米，厚 0.06 米。

行字：盖文楷书 3 行，满行 3 字，题"唐扶
　　　风郡夫人墓志铭"。志文楷书 21 行，
　　　满行 25 字。

撰书：崔滔撰。

出土：1973 年出土于长安县。

现藏：西安市长安博物馆。

著录：《全唐文补遗》（第三辑）《长安新出
　　　墓志》《长安碑刻》。

提要：志文记载杜秉周夫人韦氏的家世及生平情况。

庞履冰墓志

全称： 大唐故汉州司马朝散大夫庞府君墓志铭并序。

年代： 唐建中三年（782）刻。

形制： 盖盝形，志正方形。盖长 0.39 米，宽 0.40 米。志边长 0.40 米。

行字： 盖文篆书 3 行，满行 3 字，题"大唐故庞府君墓志铭"。志文楷书 23 行，满行 22 字。

纹饰： 盖四侧饰蔓草、几何纹，盖四刹、志四侧均饰蔓草纹。

出土： 出土时间、地点不详。

现藏： 西安交通大学博物馆。

著录：《西安交通大学博物馆藏品集锦——碑石书法卷》。

提要： 志文记载庞履冰的家世及生平情况。

*麻元泰妻梁氏墓志

年代： 唐建中三年（782）刻。

形制： 志正方形。边长 0.36 米。

行字： 志文楷书 12 行，满行 16 字。

出土： 出土时间、地点不详。

现藏： 西安市长安博物馆。

著录：《长安新出墓志》《长安碑刻》。

提要： 志文记载梁氏的生平、婚姻情况。

独孤桢妻宇文氏墓志

全称： 唐故司农丞独孤府君夫人宇文氏墓志铭并序。

年代： 唐建中三年（782）刻。

形制： 盖盝形，志正方形。志、盖尺寸相同。边长 0.37 米。

行字： 盖文楷书 3 行，满行 3 字，题"大唐故宇文夫人墓志"。志文楷书 23 行，满行 24 字。

撰书： 常孟明撰。

纹饰： 志四侧饰卷云纹，盖四刹饰牡丹纹。

出土： 1955 年出土于西安市东郊韩森寨。

现藏： 西安碑林博物馆。

著录：《新中国出土墓志·陕西贰》《全唐文补遗》（第三辑）。

提要： 志文记载宇文氏的生平、婚姻情况。

*郭希仙墓志

年代： 唐建中三年（782）刻。

形制： 志正方形。边长 0.42 米，厚 0.03 米。

行字： 志文楷书，行字数不详。

撰书： 王叔詹撰。

出土： 1993 年出土于彬县炭店乡水北村。

现藏： 郴县炭店乡水北村郭锁柱家。

提要： 志主郭希仙，山西文水人。曾任陈王府（玄宗子李琬）内典军二副。卒于宝应二年（763），建中三年（782）与夫人张氏合葬于邠州新平县公刘乡。

李僙墓志

全称： 唐故彭王赠司空墓志铭。

年代： 唐应天元年（783）刻。

形制： 盖盝形，志长方形。志、盖尺寸相同。长 0.38 米，宽 0.44 米。

行字： 盖文篆书 4 行，满行 3 字，题"唐故彭王赠司空李公墓志铭"。志文楷书 16 行，满行 17 字。

纹饰： 志四侧饰蔓草纹，盖四周饰缠枝牡丹纹，四刹饰海石榴纹。

出土： 1956 年出土于西安市东郊韩森寨。

现藏： 西安碑林博物馆。

著录：《新中国出土墓志·陕西贰》《全唐文补遗》（第五辑）。

提要：志文记载李僅的家世及生平情况。

张希见墓志

全称： 故普安郡王赠工部尚书清河张府君讳
希见墓志铭并序。

年代： 唐应天元年（783）刻。

形制： 志正方形。边长 0.47 米，厚 0.08 米。

行字： 志文楷书 17 行，满行 17 字。

撰书： 赵公辅撰。

纹饰： 志四侧饰卷叶纹。

出土： 出土时间、地点不详。

现藏： 西安博物院。

著录：《隋唐五代墓志汇编》《全唐文补遗》
（第二辑）。

提要： 志文记载张希见的生平，并记载其平
定朱泚之乱之事。

唐安公主墓志

全称： 故唐安公主墓志铭并序。

年代： 唐兴元元年（784）刻。

形制： 盖盝形，志正方形。志、盖尺寸相同。
边长 0.66 米。

行字： 盖文篆书 3 行，满行 3 字，题"大唐
故唐安公主墓志"。志文楷书 16 行，
满行 17 字。

撰书： 吴通微撰。

纹饰： 志四侧饰牡丹纹。

出土： 1989 年出土于西安市东郊王家坟西
北电力职工医院外。

现藏： 西安碑林博物馆。

著录：《西安碑林博物馆新藏墓志汇编》。

提要： 志文记载唐安公主的家世及生平。

吕遥墓志

全称： 唐故常州无锡县令东平吕君墓志。

年代： 唐兴元元年（784）刻。

形制： 盖盝形，志正方形。志、盖尺寸相同。
边长 0.36 米。

行字： 盖文篆书 3 行，满行 3 字，题"大唐
故吕府君墓志铭"。志文楷书 20 行，
满行 20 字。

撰书： 孙叔明撰。

纹饰： 志四侧饰流云纹，盖四刹饰牡丹纹。

出土： 1954 年出土于西安市东郊洪庆村。

现藏： 西安碑林博物馆。

著录：《全唐文补遗》（第三辑）《新中国出
土墓志·陕西贰》。

提要： 志文记载吕遥的家世及生平情况。

冯朝光墓志

全称： 大唐故辅国大将军行左龙武军将军知
军事兼光禄卿扶风县开国伯上柱国
冯府君墓志。

年代： 唐贞元元年（785）刻。

形制： 盖盝形，志正方形。志、盖尺寸相同。
边长 0.46 米。

行字： 盖文篆书 3 行，满行 3 字，题"大唐
故冯府君墓志铭"。志文楷书 28 行，
满行 29 字。

撰书： 翁慎名撰。

纹饰： 志四侧饰卷云纹。

出土： 出土时间、地点不详。1999 年入藏西
安碑林博物馆。

现藏： 西安碑林博物馆。

著录：《全唐文补遗》（第八辑）《西安碑林
博物馆新藏墓志汇编》《考古与文物》
（2002 年增刊）。

提要： 志文记载冯朝光的家世及生平情况。

梁升卿墓志

全称： 唐故前左神武军使奉天定难功臣右卫
大将军梁州元从骠骑大将军弘农郡

开国公梁府君墓志铭并序。

年代：唐贞元元年（785）刻。

形制：志正方形。边长 0.45 米，厚 0.08 米。

行字：志文楷书 24 行，满行 24 字。

纹饰：志四侧饰十二生肖图案。

出土：出土时间、地点不详。

现藏：西安博物院。

提要：志文记载梁升卿的家世、生平等。

明觉石幢

全称：大唐零起寺比丘明觉石幢铭并序。

年代：唐贞元二年（786）刻立。

形制：圆座，八棱柱形。高 1.54 米，每面宽 0.14 米。

行字：正文楷书，每面 6 行，满行字数不等。

出土：出土时间、地点不详。

现藏：蒲城县博物馆。

提要：幢身刻比丘明觉生平简况及《佛顶尊胜陀罗尼经》经文。

雷彦芬妻冯氏墓志

全称：唐故扶风县君冯氏墓志铭并序。

年代：唐贞元三年（787）刻。

形制：志长 0.40 米，宽 0.38 米。

行字：志文楷书 22 行，满行 21 字。

撰书：吴通玄撰，雷讯书。

纹饰：志四侧饰卷云纹。

出土：1954 年出土于西安市东郊郭家滩。

现藏：西安碑林博物馆。

著录：《新中国出土墓志·陕西贰》《全唐文补遗》（第三辑）。

提要：志文记载冯氏的生平、婚姻及子嗣情况。

剡国长公主墓志

全称：大唐故剡国大长公主墓志铭并序。

年代：唐贞元三年（787）刻。

形制：盖盝形，志长方形。志、盖尺寸相同。长 0.54 米，宽 0.55 米。

行字：盖文楷书 4 行，满行 3 字，题"大唐故剡国大长公主墓志铭"。志文楷书 29 行，满行 28 字。

撰书：马锡撰。

纹饰：志四侧饰十二生肖图案，盖四周饰牡丹纹，盖四刹饰四神图案。

出土：1953 年出土于咸阳市底张湾。

现藏：西安碑林博物馆。

著录：《新中国出土墓志·陕西贰》《唐代墓志汇编续集》《全唐文补遗》（第三辑）。

提要：志文记载剡国大长公主的家世及生平情况。

万齐岳墓志

全称：唐故宁远将军守左武卫翊府中郎将万公墓志铭并序。

年代：唐贞元三年（787）刻。

形制：志正方形。边长 0.46 米。

行字：志文楷书 18 行，满行 27 字。

出土：出土时间、地点不详。

现藏：西安碑林博物馆。

著录：《西安碑林博物馆新藏墓志汇编》。

提要：志文记载万齐岳的家世及生平。

氾惆墓志

全称：唐故游骑将军守左卫率府兼蜀州别驾氾府君墓志铭并序。

年代：唐贞元三年（787）刻。

形制：盖盝形，志正方形。志、盖尺寸相同。边长 0.51 米。

行字：盖文篆书 3 行，满行 3 字，题"大唐故氾府君墓志铭"。志文楷书 27 行，满行 29 字。

撰书：员南溟撰，阴冬曦书。

纹饰：盖四刹饰四神图案。

出土：出土时间、地点不详。2005 年入藏西安碑林博物馆。

现藏：西安碑林博物馆。

著录：《西安碑林博物馆新藏墓志汇编》。

提要：志文记载氾愔的家世及生平情况。其历官恒王府参军、通事舍人、少府监丞、均州别驾、虢州长史、蜀州别驾等。

栗浼墓志

全称：唐故临黄县栗少府墓志铭并序。

年代：唐贞元四年（788）刻。

形制：盖盝形，志正方形。志、盖尺寸相同。边长 0.52 米，厚 0.12 米。

行字：志文行楷 19 行，满行 19 字。

纹饰：志四侧饰牡丹花纹。

出土：1992 年出土于陇县原子头唐墓。

现藏：陇县博物馆。

著录：《全唐文补遗》（第八辑）《新中国出土墓志·陕西叁》《陇县原子头》。

提要：志文记载栗浼的家世及生平情况。

张君妻姚氏墓志

全称：唐故游击将军□蜀州金堤府左果毅都尉张府君夫人吴兴姚氏墓志。

年代：唐贞元四年（788）刻。

形制：志长 0.47 米，宽 0.46 米。

行字：志文楷书 30 行，满行 32 字。

撰书：甘伾撰，麋宽书并篆盖。

纹饰：志四侧饰蔓草纹。

出土：出土时间、地点不详。

现藏：西安碑林博物馆。

著录：《唐代墓志汇编》《全唐文补遗》（第四辑）《北京图书馆藏中国历代石

刻拓本汇编》。

提要：志文记载姚氏的家世及生平情况。

陈诚墓志

全称：大唐故特进兼试太常卿上柱国陈府君墓志铭并序。

年代：唐贞元四年（788）刻。

形制：志正方形。边长 0.41 米。

行字：志文楷书 17 行，满行 21 字。

纹饰：志四侧饰壸门图案。

出土：出土时间、地点不详。

现藏：西安碑林博物馆。

著录：《西安碑林博物馆新藏墓志汇编》。

提要：志文记载陈诚的家世及生平情况。其曾任卫州防城将作坊大使。

李元谅碑

全称：大唐镇陇右节度使右仆射李公懋功昭德颂。

年代：唐贞元五年（789）刻立。

形制：螭首方座。高 4.45 米，宽 1.54 米，厚 0.40 米。

行字：额篆书 4 行，满行 5 字，题"大唐镇国军陇右节度使右仆射李公懋功昭德颂"。正文隶书 32 行，满行 65 字。

撰书：张濛撰，韩秀弼书，李彝篆额。

纹饰：碑侧饰蔓草纹。

出土：明万历六年（1578）华州知州石元麟将此碑从废署中移置今地。

现藏：华县人民政府大门外东侧。

提要：碑文记李元谅的生平及功业。

*贞元五年陀罗尼经幢

年代：唐贞元五年（789）刻立。

形制：仰莲底座，八棱柱身，顶部桃形。高 1.00 米，每面宽 0.37 米。

行字：正文楷书 12 行，满行字数不详。

撰书：郭谓书。

出土：原在蒲城县椿林乡敬母寺村。1997
年移藏蒲城县博物馆。

现藏：蒲城县博物馆。

备注：顶部造像佚，字迹剥落，石面风化
严重。

提要：正文刻《佛顶尊胜陀罗尼经》经文及
比丘明觉生平简况。

江士汪妻张氏墓志

全称：大唐故南阳张氏墓志铭并序。

年代：唐贞元五年（789）刻。

年代：志正方形。边长 0.45 米。

行字：志文楷书 20 行，满行 20 字。

撰书：霍正叔撰。

纹饰：志四侧饰卷云纹。

出土：出土时间、地点不详。

现藏：西安碑林博物馆。

著录：《隋唐五代墓志汇编》《新中国出土墓
志·陕西贰》《全唐文补遗》（第三辑）。

提要：志文记载江士汪妻张氏的家世及生
平情况。

韩涓墓志

全称：唐故朝散大夫前彭州长史韩公墓志铭
并序。

年代：唐贞元五年（789）刻。

形制：盖盝形，志长方形。志、盖尺寸相同。
长 0.49 米，宽 0.50 米。

行字：盖文隶书 4 行，满行 4 字，题"大唐
故朝散大夫彭州长史韩公墓志铭"。
志文楷书 20 行，满行 22 字。

撰书：韩伯庸撰，韩秀弼书。

出土：2004 年出土于西安市东郊灞桥区纺
织城正街。

现藏：西安碑林博物馆。

著录：《西安碑林博物馆新藏墓志汇编》。

提要：志文记载韩涓的家世及生平情况。其
曾任眉州长史、彭州长史等。

韦藉墓志

全称：唐故朝请郎行太子内直郎京兆韦君墓
志铭并序。

年代：唐贞元六年（790）刻。

形制：志正方形。边长 0.44 米。

行字：志文楷书 23 行，满行 23 字。

撰书：王及撰。

出土：出土时间、地点不详。

现藏：西安市长安博物馆。

著录：《长安新出墓志》《长安碑刻》。

提要：志文记载韦藉的家世及生平情况。

冯承宗墓志

全称：唐故正议大夫行绥州别驾充本州团练
蕃落等副使冯公墓志铭并序。

年代：唐贞元六年（790）刻。

形制：盖盝形，志正方形。志、盖尺寸相同。
边长 0.53 米，厚 0.04 米。

行字：盖文篆书 3 行，满行 3 字，题"大唐
故冯府君墓志铭"。志文楷书 21 行，
满行 20—23 字不等。

撰书：王叔詹撰。

纹饰：盖四刹饰十二生肖图案。

出土：1979 年出土于彬县小章乡赵寨村。

现藏：彬县文化馆。

著录：《咸阳碑刻》《隋唐五代墓志汇编》《新
中国出土墓志·陕西壹》。

提要：志文记载冯承宗之生平及子嗣情况。
其历官太子家令、宁州司马、绥州别
驾、蕃落团练副使等。冯承宗曾参与
平定朱泚之乱。

秦公妻孟氏墓志

全称: 唐开府仪同三司试太常卿秦公夫人平昌孟氏墓志。

年代: 唐贞元六年(790)刻。

形制: 盖盝形,志正方形。志、盖尺寸相同。边长 0.38 米。

行字: 盖文楷书 3 行,满行 3 字,题"唐故平昌郡孟氏墓志"。志文楷书 19 行,满行 20 字。

撰书: 秦士衡撰。

纹饰: 志四侧饰如意云纹,盖四周刻三条弧线,四角饰团花纹,四刹饰卷云纹、牡丹纹。

出土: 1956 年出土于西安市东郊十里铺。

现藏: 西安碑林博物馆。

著录:《新中国出土墓志•陕西贰》《唐代墓志汇编续集》《全唐文补遗》(第三辑)。

提要: 志文记载孟氏的家世及生平情况。

杨万荣墓志

全称: 唐故奉天定难功臣骠骑大将军行右领军卫大将军兼御史大夫归义郡王赠代州都督杨公墓志铭并序。

年代: 唐贞元六年(790)刻。

形制: 盖盝形,志长方形。志、盖尺寸相同。长 0.57 米,宽 0.56 米。

行字: 盖文篆书 3 行,满行 3 字,题"大唐故杨府君墓志铭"。志文楷书 34 行,满行 34 字。

撰书: 于损述,郭孚书。

纹饰: 志四侧饰卷云纹,盖四周、四刹均饰牡丹卷云纹。

出土: 1956 年出土于西安市东郊韩森寨。

现藏: 西安碑林博物馆。

著录:《新中国出土墓志•陕西贰》《全唐文补遗》(第三辑)。

提要: 志文记载杨万荣的家世及生平情况。

俱慈顺墓志

全称: 唐故元从朝议大夫行内侍省内常侍上柱国赐紫金鱼袋俱府君墓志铭并序。

年代: 唐贞元七年(791)刻。

形制: 盖盝形,志正方形。志、盖尺寸相同。边长 0.51 米。

行字: 盖文篆书 3 行,满行 3 字,题"唐故常侍俱府君墓志"。志文楷书 19 行,满行 20 字。

撰书: 吴通微撰。

纹饰: 志四侧饰蔓草纹,盖四刹饰牡丹花纹。

出土: 1955 年出土于西安市东郊韩森寨。

现藏: 西安碑林博物馆。

著录:《新中国出土墓志•陕西贰》《唐代墓志汇编续集》《全唐文补遗》(第三辑)。

提要: 志文记载俱慈顺的家世及生平情况。

权秀墓志

全称: 唐故左神策军先锋突将兵马使开府仪同三司试太子宾客兼御史中丞洋川郡王权君墓志铭。

年代: 唐贞元七年(791)刻。

形制: 志正方形。边长 0.45 米,厚 0.13 米。

行字: 志文楷书 27 行,满行 27 字。

撰书: 冯越撰。

纹饰: 志四侧饰云纹。

出土: 出土时间、地点不详。

现藏: 西安博物院。

著录:《隋唐五代墓志汇编》《全唐文补遗》(第二辑)。

提要: 志文记载权秀的家世及生平情况。其历官云麾将军、左金吾卫大将军,封冠军大将军、洋川郡王，加开府仪同三司、太子宾客、御史中丞。

王偕墓志

全称：唐故左神策军散将左骁卫大将军太原王府君墓志铭并序。

年代：唐贞元八年（792）刻。

形制：盖盝形，志正方形。志、盖尺寸相同。边长 0.39 米，厚 0.08 米。

行字：盖文篆书 3 行，满行 3 字，题"大唐故王府君墓志铭"。志文楷书 21 行，满行 23 字。

撰书：刘弼撰，白清刻。

纹饰：盖四周饰番莲纹。

出土：1984 年出土于户县渭丰乡真守村。

现藏：户县文物管理委员会。

著录：《全唐文补遗》（第七辑）《新中国出土墓志·陕西叁》《户县碑刻》。

提要：志文记载王偕的家世及生平情况。

张维岳神道碑

全称：唐故开府仪同三司兼左御林军大将军知军事文安郡王赠工部尚书清河张公神道碑铭并序。

年代：唐贞元八年（792）刻立。

形制：螭首方座。高 3.15 米，宽 1.13 米，厚 0.32 米。

行字：额篆书 4 行，满行 4 字，题"大唐故赠工部尚书张府君神道之碑铭"。正文楷书 28 行，满行 55 字。

撰书：邵说撰。

纹饰：碑身两侧饰宝相花纹。

出土：原立于高陵县奉政原。

现藏：高陵县文化馆。

著录：《汉唐存碑跋》《善本碑帖录》《高陵碑石》。

备注：碑面断为两截。

提要：碑文记载张维岳的生平事迹。其曾随郭子仪平定安禄山之乱，立功于清渠之战。内容涉及李光弼、仆固怀恩、史朝义等诸多唐代著名人物。

王崇俊墓志

全称：唐故鄜坊节度都营田使兼后军兵马使军前讨击使同节度副使云麾将军试鸿胪卿兼试殿中监太原县开国子食邑五百户上柱国王府君墓志铭并序。

年代：唐贞元九年（793）刻。

形制：盖盝形，志正方形。志、盖尺寸相同。边长 0.52 米，厚 0.06 米。

行字：盖文篆书 3 行，满行 3 字，题"大唐故王府君墓志铭"。志文楷书 22 行，满行 31 字。

纹饰：盖四周饰朵花纹，志四侧饰壸门、兽首人身十二生肖图案。

撰书：徐钏撰。

出土：出土于宜君县彭镇彭村，时间不详。

现藏：宜君县文物管理所。

著录：《唐代墓志汇编》《全唐文补遗》（第七辑）《文博》（2010 年第 4 期）。

提要：志文记载王崇俊的家世及生平情况。

姜嫄公刘新庙碑

年代：唐贞元九年（793）刻立。

形制：螭首。高 2.10 米，宽 0.77 米，厚 0.23 米。

行字：正文行书 28 行，满行 49 字。

撰书：高郢撰，张谊书，张琯篆额。

出土：1935 年彬县城中修建碉堡时，于姜嫄庙残砖中发现。后移存彬县县署，又移置县西街忠烈祠戏台后。1972 年移存彬县文化馆。

现藏：彬县文化馆。

备注：碑前两行空处有明末邠州学官范文光题记。

提要：碑文颂扬周族远祖姜嫄之德行。记载贞元六年邠宁节度使张献甫迁建姜嫄公刘庙于州城南郭的经过。

*卢俟第三女十七娘墓志

年代：唐贞元九年（793）刻。

形制：志正方形。边长 0.32 米。

行字：志文楷书 9 行，满行 12 字。

出土：出土时间、地点不详。

现藏：西安市长安博物馆。

著录：《长安新出墓志》《长安碑刻》。

提要：志文记载卢俟第三女十七娘的生平。

郭胤墓志

全称：唐故郭君墓志铭并序。

年代：唐贞元九年（793）刻。

形制：盖盝形，志正方形。志、盖尺寸相同。边长 0.42 米。

行字：盖文篆书 3 行，满行 3 字，题"唐故郭君墓志之铭"。志文楷书 17 行，满行 17 字。

纹饰：盖中饰铺首，四周及四刹饰卷叶纹，四侧左右下饰火焰纹，志四侧饰壸门图案。

出土：出土时间、地点不详。2006 年入藏西安碑林博物馆。

现藏：西安碑林博物馆。

著录：《西安碑林博物馆新藏墓志汇编》。

提要：志文记载郭胤的家世及生平情况。

李元光墓志

全称：唐故华州潼关镇国军陇右节度支度营田观察处置临洮军等使开府仪同三司检校尚书左仆射兼华州刺史御史大夫武康郡王赠司空李公墓志铭并序。

年代：唐贞元十年（794）刻。

形制：志正方形。边长 0.99 米，厚 0.15 米。

行字：盖文篆书 4 行，满行 4 字，题"大唐故尚书左仆射赠司空李公墓志铭"。志文楷书 40 行，满行 44 字。

撰书：杜确撰，李平书。

纹饰：盖四周饰牡丹纹。

出土：1967 年出土于潼关县吴村乡管南村。

现藏：潼关县东门博物馆。

著录：《潼关碑石》《全唐文补遗》（第三辑）《新中国出土墓志·陕西壹》。

提要：志文记载李元光的家世及生平情况。其历官太子詹事、潼关镇国军防御副使、御史中丞、御史大夫、华州刺史、陇右节度、支度营田观察处置临洮军使，赠司空。

武侯新庙碑

全称：蜀丞相诸葛忠武侯新庙碑铭并序。

年代：唐贞元十一年（795）刻立。

形制：圆首龟座。通高 2.37 米，宽 1.03 米，厚 0.29 米。

行字：志文楷书 23 行，满行 37 字。

撰书：沈迥撰，元锡书。

出土：此碑自立未移。

现藏：勉县武侯祠博物馆。

著录：《关中金石记》《金石萃编》《汉中碑石》。

备注：此碑于南宋末年被暴风雨催倒，碑额受损。元代至元六年（1340）复立时，另配碑额，并于额上题记。碑阴有南宋绍兴题记一段，明嘉靖题诗一首，右侧棱有明嘉靖题记一行。

提要：此碑由晚唐时期山南西道节度行军司

马、检校尚书刑部员外郎、侍御史沈迥撰写，碑文记载严武带领身边将士曾路过武侯祠，见祠庙破败不堪，十分荒凉，于是倡导山南西道所辖地区民众为重修武侯祠捐款及修建的经过。

杨君妻高氏墓志

全称： 故江陵郡太君高氏墓志。

年代： 唐贞元十一年（795）刻。

形制： 盖盝形，志正方形。志、盖尺寸相同。边长0.37米。

行字： 盖文篆书3行，满行3字，题"大唐故夫人高氏墓志"。志文楷书17行，满行22字。

纹饰： 盖四周、四刹饰牡丹和几何棱格纹，四侧饰蔓草纹。

出土： 1958年出土于西安市东郊韩森寨。

现藏： 西安碑林博物馆。

著录：《新中国出土墓志·陕西贰》《唐代墓志汇编续集》《全唐文补遗》（第五辑）。

提要： 志文记载高氏的家世及生平情况。其夫为明威将军、守左清道率府率。其父为朔方营田副使高献诚。

萧季江墓志

全称： 唐故朝散大夫行太子洗马上柱国萧公墓志铭并序。

年代： 唐贞元十一年（795）刻。

形制： 盖盝形，志正方形。志、盖尺寸相同。边长0.48米。

行字： 盖文篆书3行，满行3字，题"大唐故萧府君墓志铭"。志文楷书25行，满行25字。

撰书： 韩章撰，杜沔书。

纹饰： 盖四周、四刹饰宝相花纹。

出土： 1953年出土于长安县。

现藏： 西安碑林博物馆。

著录：《全唐文补遗》（第三辑）《新中国出土墓志·陕西贰》《长安碑刻》。

提要： 志文记载萧季江的家世及生平情况。

元重华墓志

全称： 故太原府太谷县尉元君墓志铭并序。

年代： 唐贞元十一年（795）刻。

形制： 志正方形。边长0.34米。

行字： 志文楷书21行，满行20字。

撰书： 元翻撰。

出土： 出土时间、地点不详。

现藏： 西安市长安博物馆。

著录：《全唐文补遗》（第三辑）《长安新出墓志》《长安碑刻》。

提要： 志文记载元重华的家世及生平情况。

李君妻刘氏墓志

全称： 唐故成都府士曹参军李府君夫人沛国刘氏墓志并序。

年代： 唐贞元十二年（796）刻。

形制： 盖盝形，志正方形。志、盖尺寸相同。边长0.40米。

行字： 盖文篆书3行，满行3字，题"大唐故夫人刘氏墓志"。志文楷书21行，满行22字。

撰书： 徐弘毅撰。

纹饰： 盖四周饰蔓草、几何纹。

出土： 出土时间、地点不详。

现藏： 西安交通大学博物馆。

著录：《西安交通大学博物馆藏品集锦——碑石书法卷》。

提要： 志文记载刘氏的家世及生平情况。

李秀琼墓志

全称： 唐故奉天定难功臣游骑将军守左金吾

卫大将军员外置同正员试光禄卿赐紫金鱼袋李公墓志铭并序。

年代：唐贞元十二年（796）刻。

形制：盖盝形，志长方形。志、盖尺寸相同。长 0.34 米，宽 0.33 米。

行字：盖文篆书 3 行，满行 3 字，题"大唐故李府君墓志铭"。志文楷书 19 行，满行 19 字。

纹饰：志四侧、盖四刹饰缠枝蔓草纹。

出土：出土时间、地点不详。

现藏：西安碑林博物馆。

著录：《隋唐五代墓志汇编》《全唐文补遗》（第五辑）《新中国出土墓志·陕西贰》。

提要：志文记载李秀琮的家世及生平情况。其历官游骑将军、守左金吾卫大将军员外等。

卢之翰墓志

全称：唐故魏州临黄县尉范阳卢府君玄堂记。

年代：唐贞元十二年（796）刻。

形制：志正方形。边长 0.58 米。

行字：志文楷书 22 行，满行 23 字。

撰书：卢纶撰。

出土：出土时间、地点不详。

现藏：西安市长安博物馆。

著录：《长安新出墓志》《长安碑刻》《新中国出土墓志·陕西叁》。

提要：志文记载卢之翰的家世及生平情况。其曾任魏州临黄县尉。

刘升朝墓志

全称：唐故元从定难功臣金紫光禄大夫行左金吾卫大将军兼试殿中监上柱国彭城县开国侯刘府君墓志铭并序。

年代：唐贞元十三年（797）刻。

形制：志长 0.36 米，宽 0.34 米。

行字：志文楷书 26 行，满行 24 字。

撰书：刘晅撰。

出土：1955 年出土于西安市东郊郭家滩。

现藏：西安碑林博物馆。

著录：《隋唐五代墓志汇编》《全唐文补遗》（第三辑）《新中国出土墓志·陕西贰》。

提要：志文记载刘升朝的家世及生平情况。

李通进墓志

全称：唐正议大夫行邵州别驾充右神策军判官食邑三千户上柱国李府君墓志铭并序。

年代：唐贞元十四年（798）刻。

形制：盖盝形，志正方形。志、盖尺寸相同。边长 0.40 米。

行字：盖文楷书 3 行，满行 3 字，题"大唐故李府君墓志铭"。志文楷书 24 行，满行 27 字。

纹饰：志四侧及盖四周饰牡丹纹，盖四刹饰如意云纹。

出土：1955 年出土于西安市西郊土门。

现藏：西安碑林博物馆。

著录：《唐代墓志汇编续集》《新中国出土墓志·陕西贰》《全唐文补遗》（第五辑）。

提要：志文记载李通进的家世及生平情况。

马浩墓志

全称：大唐故金紫光禄大夫行潭州别驾上柱国扶风郡开国公马府君墓志铭并序。

年代：唐贞元十四年（798）刻。

形制：盖盝形，志、盖尺寸相同。长 0.45 米，宽 0.44 米。

行字：盖文楷书 3 行，满行 3 字，题"大唐故马府君墓志铭"。志文楷书 27 行，满行 28 字。

撰书：马莘撰并书。

纹饰：志四侧饰卷云纹，盖四周饰宝相花纹，四刹饰卷云纹。

出土：1987 年出土于西安市南郊。

现藏：西安碑林博物馆。

著录：《新中国出土墓志·陕西贰》《唐代墓志汇编续集》《全唐文补遗》（第六辑）。

提要：志文记载马浩的家世、生平、历官、婚姻及子嗣情况。

裴衡墓志

全称：故右司御率府录事参军裴君墓志铭并叙。

年代：唐贞元十四年（798）刻。

形制：志正方形。边长 0.37 米。

行字：志文楷书 23 行，满行 23 字。

撰书：裴佶撰。

纹饰：志四侧饰牡丹纹，盖四刹饰宝相花纹。

出土：1985 年出土于长安县郭杜镇大居安村。

现藏：西安碑林博物馆。

著录：《新中国出土墓志·陕西贰》《全唐文补遗》（第六辑）《碑林集刊》（第 2 辑）。

提要：志文记载裴衡的生平及历官情况。

释超寂墓志

全称：唐故法云寺内外临坛律大德超寂墓志。

年代：唐贞元十四年（798）刻。

形制：志正方形。志边长 0.36 米。

行字：志文楷书 19 行，满行 19 字。

撰书：韩晤撰并书。

纹饰：志四侧饰蔓草纹。

出土：1955 年出土于西安市东郊新生机械厂。

现藏：西安碑林博物馆。

著录：《唐代墓志汇编续集》《全唐文补遗》（第六辑）。

提要：志文记载超寂大师的家世及生平。

刘奇秀墓志

全称：大唐故元从朝议郎行内侍省内府局令上柱国刘公墓志铭并序。

年代：唐贞元十四年（798）刻。

形制：盖盝形，志正方形。志、盖尺寸相同。边长 0.37 米。

行字：盖文篆书 3 行，满行 3 字，题"大唐故刘公墓志之铭"。志文楷书 21 行，满行 22 字。

纹饰：盖四周及四刹饰宝相花纹。

出土：1957 年出土于西安市东郊国棉三厂。

现藏：西安碑林博物馆。

著录：《新中国出土墓志·陕西贰》《唐代墓志汇编续集》《全唐文补遗》（第五辑）。

提要：志文记载刘奇秀的家世及生平情况。

吕崇一墓志

全称：大唐故府君东平郡吕氏墓志铭并序。

年代：唐贞元十四年（798）刻。

形制：志正方形。边长 0.46 米。

行字：志文楷书 20 行，满行 23—27 字不等。

出土：出土时间、地点不详。2005 年入藏西安碑林博物馆。

现藏：西安碑林博物馆。

著录：《西安碑林博物馆新藏墓志汇编》。

提要：志文记载吕崇一的家世及生平情况。

氾惛妻张氏墓志

全称：唐故蜀州别驾氾府君夫人清河郡君张氏墓志铭并序。

年代：唐贞元十四年（798）刻。

形制：志正方形。边长 0.43 米。

行字：志文楷书 26 行，满行 27 字。

撰书：王博达撰，刘宗甫书。

纹饰：志四侧饰十二生肖图案。

出土：出土时间、地点不详。2005 年入藏西安碑林博物馆。

现藏：西安碑林博物馆。

著录：《西安碑林博物馆新藏墓志汇编》。

提要：志文记载张氏的家世及生平情况。

史承式墓志

全称：唐故大理司直杜陵史公墓志铭并序。

年代：唐贞元十四年（798）刻。

形制：盖盝形，志正方形。志、盖尺寸相同。边长 0.60 米。

行字：盖文篆书 3 行，满行 3 字，题"大唐故史府君墓志铭"。志文楷书 31 行，满行 31 字。

撰书：庾承宣撰。

纹饰：志四侧饰如意云纹，盖四周饰牡丹纹，四刹饰如意云纹。

出土：出土时间、地点不详。2005 年入藏西安碑林博物馆。

现藏：西安碑林博物馆。

著录：《西安碑林博物馆新藏墓志汇编》。

提要：志文记载史承式的家世及生平情况。其历官太常寺奉礼郎、河南府参军、河南府洛阳县主簿、大理司直等。

王求古墓志

全称：唐故苻宝郎王府君墓志铭并叙。

年代：唐贞元十五年（799）刻。

形制：盖盝形，边长 0.49 米，厚 0.10 米。志正方形，边长 0.49 米，厚 0.12 米。

行字：盖文篆书 3 行，满行 3 字，题"大唐故王府君墓志铭"。志文行书 20 行，满行 33—34 字不等。

纹饰：志四侧饰缠枝牡丹花纹。

出土：1996 年出土于户县大王镇王守村东原砖厂，1999 年入藏西安碑林博物馆。

现藏：西安碑林博物馆。

著录：《户县碑刻》《新中国出土墓志·陕西贰》《西安碑林博物馆新藏墓志汇编》。

提要：志文记载王求古的家世及生平情况。其历官恒王府参军、太原府京兆府二参军、潞府户曹参军。

王求舄墓志

全称：唐故右武卫司阶王府君墓志铭并叙。

年代：唐贞元十五年（799）刻。

形制：志长 0.50 米，宽 0.48 米，厚 0.13 米。

行字：志文楷书 21 行，满行 27—34 字不等。

出土：1996 年出土于户县大王镇王守村东原砖厂。

现藏：户县文物管理委员会。

著录：《户县碑刻》《全唐文补遗》（第七辑）《新中国出土墓志·陕西叁》。

备注：志石左上部漫漶，部分文字无法辨识。

提要：志文记载王求舄的家世及生平情况。其历官左武卫执戟、泾州四门府折冲、右骁卫中候、右武卫司阶、游击将军、京兆府义阳府右果毅。

崔篤墓志

全称：唐故通直郎前京兆府好畤县尉博陵崔府君墓志铭并序。

年代：唐贞元十五年（799）刻。

形制：志正方形。边长 0.48 米，厚 0.09 米。

行字：志文楷书 27 行，满行 28 字。

撰书：韩南史撰并书。

纹饰：志四侧饰十二生肖图案。

出土：出土时间、地点不详。

现藏：西安博物院。

著录：《全唐文补遗》（第二辑）。

提要：志文记载崔篤的家世及生平情况。其曾任华州郑县主簿、好畤县尉等。

*李□倩墓志

年代：唐贞元十五年（799）刻。

形制：志正方形。边长 0.36 米。

行字：志文楷书 20 行，满行 20—27 字不等。

撰书：□登撰。

纹饰：志四侧饰兽首人身十二生肖图案。

出土：出土时间、地点不详。

现藏：西安碑林博物馆。

著录：《西安碑林博物馆新藏墓志汇编》。

备注：志首行题残损，存"大唐故神策行营节度副使三军下营使兼都教练使开府仪同三司试太常卿上柱国陇西"等字。

提要：志文记载志主生平、婚姻情况。

仇千光照墓志

全称：唐故京兆仇夫人墓志铭并序。

年代：唐贞元十五年（799）刻。

形制：盖盝形，志正方形。志、盖尺寸相同。边长 0.71 米。

行字：盖文篆书 3 行，满行 3 字，题"大唐故仇夫人墓志铭"。志文楷书 24 行，满行 27 字。

撰书：郭清撰。

纹饰：志四侧饰十二生肖图案，盖四周饰牡丹纹，四刹饰四神图案。

出土：1956 年出土于西安市东郊韩森寨。

现藏：西安碑林博物馆。

著录：《全唐文补遗》（第三辑）《新中国出土墓志·陕西贰》《唐代墓志汇编续集》。

提要：志文记载仇氏的生平、婚姻及子嗣等。

裴君妻元氏墓志

全称：唐故右卫率府胄曹参军裴府君夫人河南元氏墓志铭并序。

年代：唐贞元十五年（799）刻。

形制：盖盝形，志正方形。志、盖尺寸相同。边长 0.35 米。

行字：盖文篆书 4 行，满行 3 字，题"唐故裴府君夫人元氏墓志铭"。志文楷书 24 行，满行 23 字。

撰书：元公弼撰。

纹饰：志四侧饰卷云纹，盖四周及四刹饰牡丹纹。

出土：1985 年出土于长安县郭杜镇大居安村。

现藏：西安碑林博物馆。

著录：《全唐文补遗》（第六辑）《新中国出土墓志·陕西贰》《唐代墓志汇编续集》。

提要：志文记载元氏的家世、生平、婚姻及子嗣情况。

郭远墓志

全称：唐故天兴观主太原郭府君墓志铭并序。

年代：唐贞元十五年（799）刻。

形制：盖盝形，志正方形。边长 0.46 米。

行字：盖文篆书 3 行，满行 3 字，题"大唐故郭府君墓志铭"。志文楷书 18 行，满行 22 字。

纹饰：盖四周刻挽歌，四侧饰八卦及折线纹，四刹饰卷叶纹，志四周饰壸门图案。

出土：出土时间、地点不详。2006 年入藏西安市碑林博物馆。

现藏：西安碑林博物馆。

著录：《西安碑林博物馆新藏墓志汇编》。

备注：盖四面刻挽歌："明神无所鉴，贞良命不延，送终从此隔，号恸别坟前。"

提要：志文记载郭远的家世及生平情况。

王驾墓志

全称：大唐故王府君墓志铭并序。

年代：唐贞元十五年（799）刻。

形制：志正方形。边长 0.39 米。

行字：志文楷书 19 行，满行 21 字。有方界格。

纹饰：志四侧饰壶门图案。

出土：出土时间、地点不详。2006 年入藏西安碑林博物馆。

现藏：西安碑林博物馆。

著录：《西安碑林博物馆新藏墓志汇编》。

提要：志文记载王驾的家世、生平及历官情况。其曾任方州仁里府折冲都尉，赐绯鱼袋。

冯唐庆墓志

全称：唐故南朝元从奉天定难功臣太原开阳府折卫冯府君墓志铭并序。

年代：唐贞元十六年（800）刻。

形制：志、盖均为正方形。尺寸相同。边长 0.40 米，厚 0.07 米。

行字：盖文篆书 3 行，满行 3 字，题"大唐故冯府君墓志铭"。志文行书 17 行，满行 15 字。

纹饰：志四侧饰云纹，盖四刹饰四神图案。

出土：出土时间、地点不详。

现藏：蒲城县博物馆。

备注：盖右上角残。

提要：志文记载冯唐庆曾参与平定奉天之难。

夫蒙锽墓志

全称：唐故左神威军正将元从奉天定难功臣辅国大将军兼试太子宾客武威郡开国侯食邑一千户上柱国夫蒙府君墓志铭并序。

年代：唐贞元十六年（800）刻。

形制：志正方形。边长 0.36 米。

行字：志文楷书 20 行，满行 19 字。

出土：1955 年出土于西安市东郊郭家滩。

现藏：西安碑林博物馆。

著录：《隋唐五代墓志汇编》《全唐文补遗》（第五辑）《新中国出土墓志·陕西贰》。

提要：志文记载夫蒙锽的家世、生平等。

李宾客妻第五雅淑墓志

全称：唐陇西李宾客夫人第五氏墓志铭并序。

年代：唐贞元十六年（800）刻。

形制：盖盝形，志正方形。盖边长 0.57 米。志边长 0.61 米，厚 0.10 米。

行字：盖文篆书 3 行，满行 3 字，题"大唐故第五氏墓志铭"。志文行楷 23 行，满行 24 字。

撰书：田滈撰，李景初书。

纹饰：盖四周饰牡丹纹，四侧饰几何纹，四刹饰四神图案。志四侧饰十二生肖图案。

出土：出土时间、地点不详。

现藏：西安博物院。

提要：志文记载李宾客妻第五雅淑的生平。

证真禅师墓志

全称：唐故法云寺大德真禅师墓志铭并序。

年代：唐贞元十六年（800）刻。

形制：志正方形。边长 0.42，厚 0.07 米。

行字：志文行楷 18 行，满行 19 字。

撰书：沈遶撰。

纹饰：志四侧饰卷云纹。

出土：出土时间、地点不详。

现藏：西安博物院。

著录：《隋唐五代墓志汇编》《全唐文补遗》（第二辑）。

提要：志文记载法云寺大德证真禅师家世及生平情况。

马斡墓志

全称：唐故右龙武军折冲扶风郡马公墓志铭并序。

年代：唐贞元十六年（800）刻。

形制：盖盝形，志正方形。志、盖尺寸相同。

边长 0.31 米。

行字：盖文楷书 3 行，满行 3 字，题"大唐故马府君墓志铭"。志文楷书 12 行，满行 12 字。

纹饰：志四侧及盖四刹饰卷云纹。

出土：1956 年出土于西安市东郊韩森寨。

现藏：西安碑林博物馆。

著录：《新中国出土墓志·陕西贰》《唐代墓志汇编续集》《西安碑林博物馆新藏墓志汇编》。

提要：志文记载马幹的家世及生平情况。

张朝清墓志

全称：大唐故太原府竹马府折冲都尉上柱国清河郡张府君墓志铭并序。

年代：唐贞元十六年（800）刻。

形制：志正方形。边长 0.36 米。

行字：志文楷书 14 行，满行 16—19 字。有界格。

纹饰：志四侧饰壸门图案。

出土：出土时间、地点不详。2006 年入藏西安碑林博物馆。

现藏：西安碑林博物馆。

著录：《西安碑林博物馆新藏墓志汇编》。

提要：志文记载张朝清的家世及生平情况。

张公妻荆肆墓志

全称：唐故赵州林城县令张公夫人荆氏墓志铭并序。

年代：唐贞元十七年（801）刻。

形制：志长 0.34 米，宽 0.35 米。

行字：志文楷书 19 行，满行 20 字。

撰书：常巨川撰并书。

纹饰：志四侧饰兽首人身十二生肖图案。

出土：1956 年出土于西安市西郊土门。

现藏：西安碑林博物馆。

著录：《全唐文补遗》（第三辑）《新中国出土墓志·陕西贰》《唐代墓志汇编续集》。

提要：志文记载荆氏的家世、生平、婚姻及子嗣情况。

谢詹墓志

全称：唐故试左武卫兵曹参军谢府君墓志。

年代：唐贞元十七年（801）刻。

形制：志正方形。边长 0.48 米。

行字：志文楷书 26 行，满行 29 字。

撰书：裴遂撰并书。

出土：出土时间、地点不详。

现藏：西安市长安博物馆。

著录：《长安新出墓志》《长安碑刻》。

提要：志文记载谢詹的家世及生平情况。其曾任左武卫兵曹参军。

尼惠因墓志

全称：唐故静乐寺尼惠因墓志铭并序。

年代：唐贞元十八年（802）刻。

形制：志长 0.48 米，宽 0.50 米。

行字：盖文隶书 3 行，满行 3 字，题"唐故尼律师惠因墓铭"。志文楷书 20 行，满行 20 字。

撰书：周晧撰，姬珣书。

纹饰：盖四周及四刹均饰团花纹。

出土：出土时间、地点不详。

现藏：西安市长安博物馆。

著录：《隋唐五代墓志汇编》《长安新出墓志》《长安碑刻》。

备注：志盖左上角残阙，四刹磨损。

提要：志文记载静乐寺尼惠因的家世及生平情况。惠因，俗姓姬氏。

独孤申叔墓志

全称：故秘书省校书郎独孤君墓志。

年代：唐贞元十八年（802）刻。

形制：志长 0.41 米，宽 0.40 米。

行字：志文楷书 21 行，满行 22 行。

撰书：柳宗元撰。

纹饰：志四侧饰团花纹。

出土：1999 年出土于长安县大兆乡三益村。

现藏：西安碑林博物馆。

著录：《全唐文补遗》（第九辑）《中国典籍与文化》（2002 年第 3 期）《西安碑林博物馆新藏墓志汇编》。

提要：志文记载独孤申叔的家世及生平。

韦甫墓志

全称：唐故朝议郎使持节普州诸军事守普州刺史赏紫金鱼袋京兆韦府君墓志铭并序。

年代：唐贞元十八年（802）刻。

形制：盖盝形，志正方形。志、盖尺寸相同。边长 0.59 米。

行字：盖文篆书 3 行，满行 3 字，题"大唐故韦府君墓志铭"。志文楷书 27 行，满行 29 字。

撰书：王良士撰，韦行素书。

纹饰：盖四周、四刹均饰牡丹纹，志四侧饰卷叶牡丹纹。

出土：1989 年出土于长安县子午镇风雷仪表厂基建工地。

现藏：陕西省考古研究院。

著录：《全唐文补遗》（第九辑）《长安碑刻》《考古与文物》（2005 年第 3 期）。

提要：志文记载韦甫的家世及生平情况。其历官绛州太平县主簿、青州北海县丞、泸州参军、河南府洛阳县丞、河南府田曹参军等。

韩弇妻韦氏墓志

全称：大唐故朔方节度掌书记殿中侍御史昌

黎韩君夫人京兆韦氏墓志铭。

年代：唐贞元十九年（803）刻。

形制：志正方形。边长 0.38 米。

行字：志文楷书 24 行，满行 23 字。

纹饰：志四侧饰缠枝蔓草纹。

出土：出土时间、地点不详。

现藏：西安碑林博物馆。

著录：《唐代墓志汇编》《隋唐五代墓志汇编》《全唐文补遗》（第五辑）。

提要：志文记载韦氏的生平、婚姻及子嗣情况。

徐思倩墓志

全称：唐故右龙武军同正将奉天定难功臣宁远将军守左金吾卫大将军员外置同正员试殿中监赐紫金鱼袋上柱国徐府君墓志铭并叙。

年代：唐贞元十九年（803）刻。

形制：盖盝形，志正方形。志、盖尺寸相同。边长 0.42 米。

行字：盖文楷书 3 行，满行 3 字，题"大唐故徐府君墓志铭"。志文楷书 26 行，满行 26 字。

撰书：王恒述，徐有信书。

纹饰：志四侧饰云纹，盖四周饰牡丹纹，四刹饰卷云纹。

出土：1955 年出土于西安市东郊郭家滩。

现藏：西安碑林博物馆。

著录：《全唐文补遗》（第三辑）《新中国出土墓志·陕西贰》。

提要：志文记载徐思倩的家世及生平情况。

张明进墓志

全称：唐故扈从监右银台门进奏使朝议郎守内侍省掖庭局丞上柱国赐绯鱼袋张府君墓志铭并序。

年代：唐贞元十九年（803）刻。

形制：盖盝形，志长方形。志、盖尺寸相同。
　　　长 0.42 米，宽 0.43 米。

行字：盖文篆书 3 行，满行 3 字，题"大唐
　　　故张府君墓志铭"。志文楷书 24 行，
　　　满行 25 字。

撰书：张据撰并书。

纹饰：志四侧饰流云纹，盖四周饰牡丹纹及
　　　几何纹，四刹饰牡丹纹。

出土：1955 年出土于西安市东郊韩森寨。

现藏：西安碑林博物馆。

著录：《全唐文补遗》（第三辑）《新中国出
　　　土墓志·陕西贰》《唐代墓志汇编续集》。

提要：志文记载张明进的家世及生平情况。

柳昱妻宜都公主墓志

全称：大唐故宜都公主墓志铭并序。

年代：唐贞元十九年（803）刻。

形制：志长 0.79 米，宽 0.78 米。

行字：志文楷书 30 行，满行 28 字。

纹饰：志四侧饰十二生肖图案。

出土：1955 年出土于西安市东郊洪庆村。

现藏：西安碑林博物馆。

著录：《全唐文补遗》（第三辑）《新中国出
　　　土墓志·陕西贰》《唐代墓志汇编
　　　续集》。

提要：志文记载宜都公主的生平及婚姻情况。

李渝妻王氏墓志

全称：京兆府参军李公故夫人王氏墓志铭并序。

年代：唐贞元十九年（803）刻。

形制：志正方形。边长 0.47 米。

行字：志文楷书 19 行，满行 20 字。

撰书：南宫位撰。

出土：出土时间、地点不详。

现藏：西安市长安博物馆。

著录：《长安新出墓志》《长安碑刻》。

提要：志文记载王氏的家世及生平情况。

任令琏妻刘氏墓志

全称：大唐故任公夫人刘氏墓志铭并序。

年代：唐贞元二十年（804）刻。

形制：志正方形。边长 0.46 米，厚 0.07 米。

行字：志文楷书 23 行，满行 23 字。

撰书：张申约撰并书。

纹饰：志四侧饰壶门图案。

出土：出土时间、地点不详。

现藏：西安博物院。

著录：《隋唐五代墓志汇编》《全唐文补遗》
　　　（第二辑）。

提要：志文记载任令琏夫人刘氏的家世及生
　　　平情况。

韦巽墓志

全称：唐故邠州三水县主簿京兆韦府君墓志
　　　铭并序。

年代：唐贞元二十年（804）刻。

形制：志正方形。边长 0.46 米。

行字：志文楷书 21 行，满行 21 字。

撰书：房寔书。

出土：出土时间、地点不详。

现藏：西安市长安博物馆。

著录：《长安新出墓志》《长安碑刻》。

提要：志文记载韦巽的家世及生平情况。

柳昱墓志

全称：大唐故银青光禄大夫行殿中少监驸马都
　　　尉赠工部尚书河东柳府君墓志铭并序。

年代：唐贞元二十年（804）刻。

形制：盖盝形，志正方形。志、盖尺寸相同。
　　　边长 0.76 米。

行字：盖文楷书 3 行，满行 3 字，题"大唐
　　　故柳府君墓志铭"。志文楷书 35 行，
　　　满行 35 字。

撰书：李再荣撰，柳正仪书。

纹饰：盖四周饰牡丹纹，四刹饰四神图案。

出土：1955 年出土于西安市东郊洪庆村。

现藏：西安碑林博物馆。

著录：《全唐文补遗》（第三辑）《新中国出土墓志·陕西贰》《唐代墓志汇编续集》。

提要：志文记载柳昱的家世及生平情况。

杨志廉妻刘氏墓志

全称：唐左神策军护军中尉特进行左监门卫大将军知内侍省事杨公故夫人赠鲁国夫人刘氏墓志铭并序。

年代：唐贞元二十年（804）刻。

形制：盖盝形，边长 0.59 米。志正方形。边长 0.60 米，厚 0.17 米。

行字：盖文篆书 4 行，满行 3 字，题"唐故赠鲁国夫人刘氏墓志铭"。志文行楷 29 行，满行 28 字。

撰书：王涮撰，毛伯良书，赵诜刻。

纹饰：盖四周饰牡丹纹，四刹饰四神图案，志四侧饰人形十二生肖图案。

出土：出土时间、地点不详。

现藏：西安博物院。

著录：《全唐文补遗》（第二辑）。

提要：志文记载杨志廉夫人刘氏家世及生平情况。

郭君妻赵氏墓志

全称：大唐故郭府君夫人赵氏墓志铭并序

年代：唐贞元二十年（804）刻。

形制：志长 0.45 米，宽 0.43 米。

行字：志文楷书 15 行，满行 19—21 字不等。

纹饰：志四侧饰壸门图案。

出土：出土时间、地点不详。2006 年入藏西安碑林博物馆。

现藏：西安碑林博物馆。

著录：《西安碑林博物馆新藏墓志汇编》。

提要：志文记载赵氏的家世及生平情况。

李山宝墓志

全称：唐故李公墓志铭并序。

年代：唐贞元二十年（804）刻。

形制：志正方形。边长 0.46 米。

行字：志文楷书 17 行，满行 25 字。

纹饰：志四侧饰瑞兽纹。

出土：出土时间、地点不详。2006 年入藏西安碑林博物馆。

现藏：西安碑林博物馆。

著录：《西安碑林博物馆新藏墓志汇编》。

提要：志文记载李山宝的家世及生平情况。

王忠亲墓志

全称：大唐故开府仪同三司试殿中监上柱国王府君墓志铭并序。

年代：唐贞元二十一年（805）刻。

形制：盖盝形，志正方形。盖边长 0.41 米，志边长 0.40 米。

行字：盖文篆书 4 行，满行 2 字，题"大唐故王府君墓志"。志文楷书 18 行，满行 21 字。

撰书：王牟撰并书。

出土：出土于内蒙古自治区乌审旗纳林河乡背锅沙村，时间不详。

现藏：榆林市文物保护研究所。

著录：《榆林碑石》《全唐文补遗》（第八辑）《新中国出土墓志·陕西叁》。

提要：志文记载王忠亲的家世及生平情况。

索玄爱墓志

全称：大唐故银青光禄大夫蜀王府长史索府君墓纪铭并序。

年代：唐贞元二十一年（805）刻。

形制：盖盝形，志正方形。志、盖尺寸相同。
边长 0.37 米。

行字：盖文楷书 3 行，满行 3 字，题"大唐
故索府君墓纪铭"。志文楷书 18 行，
满行 24 字。

撰书：舒绛撰，索庆复书。

纹饰：盖四侧饰宝相花及蔓草纹，四刹饰缠
枝蔓草纹。

出土：出土于西安市西郊枣园村，时间不详。

现藏：西安碑林博物馆。

著录：《唐代墓志汇编续集》《全唐文补遗》
（第三辑）《新中国出土墓志·陕西贰》。

提要：志文记载索玄爱的家世及生平情况。

韦孟明妻元氏墓志

全称：唐同州澄城县主簿韦公故夫人河南元
氏墓志铭并序。

年代：唐贞元二十一年（805）刻。

形制：盖盝形，志正方形。志、盖尺寸相同。
边长 0.39 米。

行字：盖文篆书 3 行，满行 3 字，题"唐故
夫人元氏墓志铭"。志文楷书 24 行，
满行 23 字。

纹饰：志四侧及盖四刹饰蔓草纹。

出土：1954 年出土于西安市东郊郭家滩。

现藏：西安碑林博物馆。

著录：《全唐文补遗》（第三辑）《新中国出
土墓志·陕西贰》。

提要：志文记载元氏的家世及生平情况。

楚金禅师碑

全称：唐国师千福寺多宝塔院故法华楚金禅
师碑。

年代：唐贞元二十一年（805）刻立。

形制：高 3.95 米，宽 1.04 米，厚 0.30 米。

行字：正文楷书 32 行，满行字数不等。

撰书：沙门飞锡撰，吴通微书。

出土：原在长安千福寺，宋初移至文庙，后
移藏西安碑林。

现藏：西安碑林博物馆。

著录：《西安碑林全集》《金石萃编》《石墨
镌华》。

备注：此碑刻于《多宝塔碑》碑阴。

提要：此碑为该寺为显扬其先师事迹及功
德，于贞元二十一年刊立。此碑内容
与《多宝塔碑》相关，可相互参照。

敬太芝墓志

全称：平阳郡故敬府君墓志铭并序。

年代：唐贞元年间（785—805）刻。

形制：志正方形。边长 0.46 米，厚 0.10 米。

行字：志文楷书 21 行，满行 20 字。

撰书：段光献撰并书。

纹饰：志四侧饰牡丹纹。

出土：出土时间、地点不详。

现藏：西安博物院。

著录：《全唐文补遗》（第八辑）。

备注：志石残损。

提要：志文记载敬太芝的家世及生平情况。

韩肃太夫人赵楚俊墓志

全称：唐朝请郎行司农寺导官署令上柱国韩
肃故太夫人天水郡赵氏墓志铭并序。

年代：唐贞元年间（785—805）刻。

形制：志正方形。边长 0.43 米，厚 0.07 米。

行字：志文楷书 26 行，满行 26 字。

撰书：王敬仲撰并书。

纹饰：志四侧饰十二生肖图案。

出土：出土时间、地点不详。

现藏：西安博物院。

提要：志文记载韩肃故太夫人赵楚俊的生平
及子嗣等。